ULRIKE DOTZER

GOLDENER BODEN

ROMAN

EUROPAVERLAG

EUROPAVERLAG

EAST RIVER
OUTLINE AND INDEX
MAP OF
NEW YORK CITY
MANHATTAN ISLAND.
Scale 1800 feet to the Inch.
Note. The Red Numbers & Lines indicate Numbers & Boundaries of the Plates in the Atlas.

Für Kristin

Inspiriert ist dieser Roman durch Erzählungen in meiner Familie. Seine Figuren sind indes erfunden, sie lösen sich von Personen, die existiert haben oder existieren. Wo historisch existente Personen vorkommen, ist dies kenntlich gemacht.

Im Roman kommen Begriffe wie »Negerjunge« und »Zigeunerin« vor, die wir heute diskriminierend finden. Ich habe sie verwendet, wo sie dem historischen Geist und Sprachgebrauch entsprachen. Ihre Verwendung charakterisiert die erzählte Zeit, nicht aber meine Haltung.

PROLOG

Kiel, Gründonnerstag 1956

Fünf Kilo Kartoffeln, wie jeden Tag. Gustav Hirsch sitzt auf dem Stuhl zwischen Küchentisch und Spülstein und schält. Die Kartoffeln landen im Kochtopf zwischen seinen Füßen, ihre Schalen in den *Kieler Nachrichten* auf seinem Schoß. Mit den Kartoffeln treibt er ein Spiel, wie immer, wenn er vergnügt ist. Meistens zielt er flach und direkt in Richtung Topf, manchmal wirft er die Kartoffel aber auch in einem leichten Bogen. Platsch! Besonders den kleinen gönnt er gern mal einen hübschen Flug – einen Sprung ins Nass sozusagen. Er stellt sich vor, es wären Jungs, die mit Anlauf in einen See springen. Je nach Gewicht und Größe variiert er ihre Flugbahn. Warum soll einer nicht mal übermütig sein und einen Salto wagen?

Wasser platscht auf den Terrazzo-Boden, sobald eine Kartoffel im Topf landet. Wasser tropft von seiner schwarzen Schürze.

Seine Tochter wird mit ihm darüber schimpfen, wie jeden Tag. Das gehört zum Ritual, aber der Tag ist zu schön, um sich zu grämen. Durch das halb geöffnete Fenster hört er die Meisen und dann die Spatzen, wie sie auf dem Balkon zum Hof miteinander streiten, ein Spektakel veranstalten sie. Er löst den Blick vom Kochtopf und den Kartoffeln und schaut ihnen zu, wie sie unablässig auf der Brüstung entlanghüpfen und einander jagen. Was für ein Rabatz! Er freut sich. Der Winter ist vorbei, endlich! Bereits seit Tagen kündigt sich der Frühling an, mit milden Temperaturen und einer Luft, die lau und voller Verheißung ist. Verheißungsvoll, genau das ist das richtige Wort.

Fast ein Menschenleben ist es nun her.

Dieser Tag im Frühling, an dem alles neu war. Der Tag, als er an der Reling stand, die Möwen in der Luft schrien und sich seine Brust weitete und er darin so viel Platz fühlte, dass der Atem kaum reichen konnte, sie zu füllen.

Der alte Mann wiegt sich ein wenig hin und her. Die Schürze spannt leicht über seinem Bauch, das weiße Hemd – er hat die Ärmel sorgfältig aufgekrempelt – sitzt tadellos. Der Küchendienst ist für ihn kein Grund, sein Äußeres zu vernachlässigen. Er lässt das Schälmesser sinken und schließt die Augen.

In allen Einzelheiten erinnert er sich an den Tag, als …

»Bist du noch nicht fertig?« Clara ist da, unversehens, wie eine Gewitterwolke am Frühlingshimmel. Sie hat die Tür mit dem Ellenbogen aufgestoßen und lässt ihre Einkaufsnetze und ein Bund Forsythien auf den Küchentisch fallen. Sofort gehört der Raum ihr: »Schnell, schnell, ich muss anfangen!«

So ist die tägliche Arbeitsteilung. Er hat die Kartoffeln zu schälen, seine Tochter, die Herrscherin des Haushalts, bereitet das Abendessen. Sie kocht für die große Familie, nachdem sie aus dem Geschäft gekommen ist. Heute, am Gründonnerstag, ist auch noch das Osterfest vorzubereiten. Ihre Haare sind schon gemacht, ein Clip steckt in der frisch gefärbten Strähne direkt über ihrer Stirn. Gustav nickt in sich hinein:

»Mein Liebeken, stell dir vor, heute vor sechzig Jahren« – er tippt mit dem Messer auf das feuchte Zeitungspapier und die Datumszeile –, »heute vor sechzig Jahren, das fiel mir gerade ein, bin ich angekommen in *Am-err-ri-ka*«, er streckt die Silben und reckt die Messerspitze in die Luft, »stell dir vor, wir gingen an Land und …«

»Machmachmach!« Clara reißt die weiße Schürze vom Haken, bindet sie hastig um und verschwindet mit zwei Salatköpfen in der Speisekammer. Während sie das Licht im Türrahmen verdunkelt mit ihrem fülligen Körper, wendet sie sich zu ihm um, ihr Ton ist Befehl: »Du raubst mir mit deinen Geschichten den letzten Nerv!«

Kleinlaut plumpst die nächste Kartoffel ins Wasser. Der Topf ist kein See mehr, sondern allenfalls ein schwarzer Tümpel.

Auch diese Art der Zurechtweisung gehört zum Ritual.

Clara ist Gustav Hirschs einziges Kind, und nie ist er ihr wirklich böse. Er erträgt ihre Tyrannei mit Gleichmut. Als junger Mann hatte er geradezu verzückte Bewunderung für sie empfunden, im Alter, nach dem Tod seiner Frau, hat sich seine Liebe in Unterwerfung gewandelt. Er fühlt, dass seine Kräfte schwinden, und es ist so viel einfacher, sich dieser energischen Tochter zu beugen, als mit ihr zu kämpfen. Freilich hat er um diese Fügsamkeit ringen müssen, Tage und Stunden über der Bibel gebrütet und gebetet, er hat wach gelegen und nachgedacht. Am Ende ergab er sich, es war seine Einsicht in die Notwendigkeit.

Zu viel hat er verloren, um Bedeutung in ihr Benehmen zu legen. Mochte sie auch noch so respektlos sein, eines steht für ihn unumstößlich fest:

Clara ist seine Lebensversicherung.

Die Versicherung, dass nicht alles vergebens war.

TEIL I

PERSONEN DER HANDLUNG

Gustav Hirsch	Junge aus Budow in Hinterpommern
Max Brausewetter	sein Freund aus Kolberg
Franz Samtmann	Barbier an der Lower East Side
Luise Samtmann	seine Frau
Margarethe, gen. Margie, und Lisbeth, gen. Lizzie	ihre Töchter
Leon Ferenz	junger Arzt aus Berlin
Anton Paruske	Einwanderer aus Pommern, Geschäftsführer des Clothing House Uhlig & Co.
Carl Uhlig	Gründer und Besitzer des Clothing House Uhlig & Co.
Augusta Uhlig	seine Frau
Freddie	Zeitungsjunge aus dem Newsboys Lodging House

Wilhelm Hasselmann	ehemaliger Reichstagsabgeordneter, Wirt des Lokals Faffner
Peter Doelger	New Yorker Bierkönig
Lillian Wald	Krankenschwester, Gründerin des Henry-Street-Settlement
Konrad Augustin	Zigarrenhändler, stammt aus Hannover
Victoria Augustin	seine Frau
Matthew McFinchley	Friseur, eingewandert aus Irland
Willi Wöhlke	Junge aus der Broome Street
Mutter Wöhlke	Besitzerin eines Grocery Shops
Edgar und Jacob	junge Schlachterei-Arbeiter

1. KAPITEL

Ellis Island, 2. April 1896

Gustav steht auf dem Platz vor der Halle und hat Angst. Den Koffer hält er in der einen Hand, das mit dem Federbett verschnürte Paket und die Geige in der anderen. Drei Gepäckstücke sind erlaubt. So viele Menschen auf einem Haufen! Ein Gewirr von Sprachen, Gerüchen, Kommandos, die er nicht versteht. Die Menge schiebt sich langsam voran. Wo ist Max abgeblieben? Max aus Kolberg, der einzige ihm halbwegs vertraute Mensch, abgesehen von Leon, den sie beide erst an Bord kennengelernt haben. Max Brausewetter, eine Bekanntschaft, so wichtig wie eine Fahrkarte.

Dass sie sortiert würden bei der Ankunft in Ellis Island, das war schon klar, das hatten sie ihnen schon in Hamburg und auf dem Schiff gesagt. Am Abend vor dem Einlaufen kam ein Offizier aufs Zwischendeck, teilte die Papiere aus und sagte ihnen, dass zuerst die Gesundheitsprüfung käme. Aber dass so viele andere Schiffe da sein würden, mit Scharen von Passagieren, und sie alle hier gemustert würden, sich wie beim Kommiss ausziehen müssten, damit hat er nicht gerechnet.

Er ist zwar gesund, ein neunzehnjähriger Junge aus Pommern, der alles auf eine Karte setzt, aber er hat diese rechte Hand, die nicht so gut zufassen kann wie die andere, und vielleicht ist das nicht genug. *Nicht genug, um Amerikaner zu werden!* Vielleicht nehmen sie hier nur Arbeiter, größer als einen Meter achtzig und mit zwei Pranken, Händen, denen man zutraut, Häuser entlang dem Hudson River hochzuziehen. Schultern, die Balken tragen können. Herzen, die schwindelfrei sind.

Gustav zuckt zusammen.

Ein Schrei hackt hinein in seine Gedanken.

Eine magere Frau mit Kopftuch, ein Kleinkind auf dem Arm, kreischt, als gelte es ihr Leben. Offenbar schreit sie nach ihrem Sohn, der abhandengekommen ist. Drei weitere Rotzlöffel drängen sich an sie. Italienisch, das muss Italienisch sein. An Bord hatte es keine Italiener gegeben, da waren die meisten Russen, Deutsche und Leute aus der Habsburger Monarchie. Familien, aber auch viele junge Männer, einige aus Polen, allein wie er. Wo ist Max geblieben? Vergeblich späht er in alle Richtungen.

Es ist ein warmer Nachmittag, und der nervöse Lärm der Menge mischt sich mit ihren Ausdünstungen, sie alle haben sich seit zehn Tagen kaum waschen können. Einige, er rümpft die Nase, tun das vielleicht auch nie. Für die Einreise hat er an diesem Morgen einen weißen Kragen angelegt.

Die Menschen bilden Trauben, die in Bewegung geraten, sich verschlanken, bis eine einzige Schlange sich auf den Eingang zu bewegt. »Gepäckaufbewahrung rechts« – er atmet auf, als er Worte in seiner Sprache liest.

Die Prozedur in der roten Halle dauert vier Stunden.[1] Schemenhaft nimmt er die amerikanische Flagge wahr, die unter der Decke hängt. Darunter ein Labyrinth von Gängen und kleinen Räumen, durch Metallgitter gebildet, so platzsparend wie auf einer Viehauktion und von Stimmengewirr erfüllt. »Männer nach rechts!« »Wollen Sie Gepäck aufbewahren?« Auf keinen Fall! Bestohlen zu werden steht ganz oben auf der Liste seiner Ängste. Taugt sein Körper für die Neue Welt? Schon steht er im Unterhemd. Ein Arzt für Rachen, Nase und Lunge, zwei andere für die Augen. Die Untersuchung, im Stehen durchgeführt, ist scheußlich: Mit einem Haken hebt der

Doktor die Augenlider, während ein anderer hineinleuchtet. Der Junge vor ihm in der Reihe erntet ein Kopfschütteln, dann drückt ihm der Arzt einen gelben Zettel in die Hand.

»Get your things, come along!«

Hinter der Stellwand aus Stoff, die die Sicht kaum und Geräusche gar nicht hindert, steigt ein Schluchzer empor. Und schon führen zwei Männer in blauen Anzügen den Jüngling ab.

Gustavs Beklommenheit wächst. Musterung, das gibt es in Pommern auch. Da wird es nur viel sperriger ausgedrückt und umständlicher betrieben. Dem hat er sich entzogen, das ist sein Geheimnis, er teilt es mit Max, das haben sie einander schon in Hamburg auf dem Grasbrook anvertraut, als sie ihr Gepäck aufgaben, und es schweißt sie zusammen. Den Aufruf der »Ober-Ersatz-Kommission«, veröffentlicht im Kreisblatt für Lauenburg, am 30. März vor dem »Gasthof Jäger« zu erscheinen, wie alle Jünglinge, die in diesem Jahr zwanzig werden, hat Gustav ignoriert. Da war er schneller. Er hatte die Anzahlung an die HAPAG schon gemacht. Sollte doch das »Departement-Ersatz-Geschäft« andere Jungs in die Kasernen holen!

Die Beamten hier mustern auch, aber keiner trägt Uniform – die Männer in Westen und Hemden sehen eher aus wie Buchhalter. Ob sie was gegen seine Einwanderung haben? »Naturalisation«, das hat er auf der *Augusta Victoria* gelernt, darum geht es hier nicht, das kommt später. So lautet das Wort für Einbürgerung: Na-tju-rae-lei-säi-schen.

Tatsächlich muss Gustav auch die Füße zeigen, vor kritischen Blicken einige Schritte machen. Sein Herz flattert. Was werden sie zu seinen Händen sagen? Da reicht dem Doktor ein kurzer Blick. Dann ein barscher Befehl. Schuhe anziehen! Und weiter geht es. Die Gänge münden in Wartebereiche, so eng, dass die Bänke hintereinanderstehen wie in der Kirche. Da hocken die Wartenden und kämpfen um Fußraum, darum, Bündel und Koffer in der Nähe zu behalten. Die meisten haben – misstrauisch wie er – das Angebot, Gepäck aufzubewahren, abgelehnt. Ein Trommelfeuer von Namen prasselt durch den Raum: Sie werden einzeln aufgerufen. Jeder lauscht angestrengt in der Furcht, seinen Aufruf zu verpassen.

»Gustav Hirsch!«

Er springt auf die Füße. An einem Pult warten die nächsten Gatekeeper zur Neuen Welt.

»Where are you from?« Zwei Beamte blicken prüfend auf ihn herab.

»Germany.«

Einer wechselt ins Deutsche: »Wie alt sind Sie?«, »Wohin wollen Sie?« Und dann: »Warum nach New York?«

Das ist eine naheliegende Frage, aber sie bringt ihn ins Schwitzen. Dabei hat er seit Monaten an nichts anderes gedacht! »Ich … ich will mir Arbeit suchen. Eine große Stadt … ich hoffe …«

»Bargeld?«

Er nestelt umständlich an seinem Gürtel. Die beiden runzeln die Stirn.

»Fifty dollars are requested!«, sagt der eine, und der andere übersetzt. Gustavs Herz schlägt bis zum Hals. Mehr als vier Dollar hat er nicht.

»Ich hab zwei Hände zum Arbeiten!« Er zeigt seine Hände.

»Oh boy, there are thousands like you in Manhattan, all of them unemployed«, sagt der andere.

Die Beamten, es sind Männer mittleren Alters mit Stirnglatzen, für Gustav sind es alte Männer, sehen einander an. Der eine seufzt. Dann schießt er weiter Fragen ab: Wohin genau und zu wem? Angehörige? Adressen!

Gustav nestelt ein Blatt mit den Adressen des Deutschen Emigrantenhauses, der Kirchengemeinde St. Paul und des Christlichen Wohnheims aus seinem Gürtel und hält den Atem an.

»Wollen Sie in den USA bleiben?«

»Ja«, sagt Gustav entschlossen.

Hinter ihm weht ein Weinen und Klagen durch die Halle, einem Seufzen gleich, das erklingt und verebbt. Dies ist das erste Mal, dass er seit seinem Aufbruch mit Wehmut an seine Mutter in Budow denkt. Und es schnürt ihm den Hals zu. Mütter mit Kindern dürfen – anders als die anderen – in der Halle zusammenbleiben. Hat so eine Mutter aber keinen Mann, der kommt, um sie abzuholen, hat sie keine Briefe von Angehörigen, die irgendwo in Amerika warten, geschweige denn Bargeld vorzuweisen, dann steht es schlecht für sie. Diese Unglücklichen bleiben hängen, wie Klumpen im Sieb, zu eng die Maschen, kein Loch groß genug für sie, schon werden sie abgeführt und eingesperrt. Auf einem der nächsten Schiffe geht es für sie zurück nach Europa.

Aber irgendwann ist es geschafft: Gustav gehört zu den Glücklichen, die auf der richtigen, Manhattan zugewandten Seite die Halle wieder verlassen dürfen. Die Erleichterung macht sich Luft. Ihre Stimmen heben sich wie Lerchen in den Himmel, während die Sonne des späten Nachmittags den Hudson und die Silhouette von Manhattan zum Glühen bringt. Goldbraun und gewaltig. Eine Welle der Euphorie gleitet durch die Menge und eint sie für eine kleine Weile. Sie alle sind da, haben ihre Papiere in der Hand. Und Gustav gehört zu ihnen!

Einen solchen Augenblick hatte es auch an Bord gegeben, als sie noch an Deck standen, schweigend, weil überwältigt vom Anblick der Freiheitsstatue.

»America, I kiss your ground«, rief plötzlich ein alter Jude. Da ging eine Bewegung durch die Menge, ein Räuspern und Schniefen. Für Sekunden verschmolz, was jeder Einzelne fühlte, es floss zusammen, als wären sie ein einziges fühlendes Wesen.

Hier ist er allein.

Dort, das ist doch die blaue Mütze von Max! Der Anblick erleichtert ihn unendlich.

»Gustav!«

»Max!« Am liebsten würde er seinen Hut in die Luft werfen,

aber keine Hand ist frei. Er bahnt sich, so gut es das Gepäck erlaubt, einen Weg zu seinem Freund.

»Ham sie dich nach dem Kommiss gefragt?«, ruft Max.

»Nein! Aber wie die sich für mein Bargeld interessiert haben. Mann, war mir mulmig!«

Vor ihnen, über wenige Stufen zu erreichen, warten die Fähren, die die Einwanderer nach Manhattan, Brooklyn und Staten Island übersetzen.

Das Christliche Wohnheim für junge Männer, so viel wissen sie, liegt an der Lower East Side, Second Avenue, nahe Houston Street. Den Plan, dahin zu Fuß zu marschieren, um Geld zu sparen, verwerfen sie schon auf der Fähre, kurz vorm Anlegen an der Battery: Die Stadt türmt sich an der Südspitze Manhattans wie ein Ungeheuer vor ihnen auf, Gebäude, die ein Riese wie Bauklötze auf die Welt gewürfelt zu haben scheint, werfen pechschwarze Schatten. Darin öffnen Straßenschneisen ihre dunklen Mäuler und gähnen ihnen entgegen.

Wie lächerlich von ihm! Gustav schämt sich ein bisschen. Er kommt sich vor wie eine Ameise am Fuße der Alpen. Das wird schlimmer dadurch, dass Leon, den sie auch wiedergefunden haben, herzlich lacht. Die Hände in den Hosen und den Koffer zwischen den Beinen, steht er lässig an der Reling und ist schlauer als sie, die beiden Bauern aus Hinterpommern.

»Ihr könnt beides nehmen – die Streetcar oder die Hochbahn.« Leon ist ein junger Jude aus Berlin, ein paar Jahre älter als die beiden Jungen aus Pommern. Mit blitzenden braunen Augen und braunen Locken.

Auf dem Schiff hat Leon den Schabbat gehalten, Gustav nahm am lutherischen Gottesdienst teil. Scheu hat er beobachtet, wie sich am Freitag die jüdischen Familien versammelten, ein Rabbi die Menora entzündete und aus dem Talmud las. Wie viele sie waren! Und wie andächtig. Er mag das Jiddische, das viele untereinander sprechen; irgendwie, er weiß nicht warum, berührt es sein Herz. In

Budow sind alle evangelisch, und die Dorfkirche ist der Mittelpunkt. Der einzige Jude, den Gustav in der Heimat kennt, ist der Hausierer Morgentaler, der dreimal im Jahr vorbeikommt. Jemand, den alle duzen, nützlich für die Hausfrauen und wenig geachtet.

Mit Leon wären sie nicht ins Gespräch gekommen, wenn nicht am vierten Tag ein kleines Mädchen böse gestolpert wäre, sich die Knie aufschlug und dabei seine blondbezopfte Puppe verlor. Sie rutschte über das Passagierdeck und landete jenseits der Reling auf einer nur der Mannschaft zugänglichen Fläche. Die Kleine weinte bitterlich. Während Gustav sich über das Geländer schwang, um die Puppe zu bergen, hob Max das Kind auf. Blut rann von seinem Knie. Da war plötzlich Leon zur Stelle, hockte sich vor das Kind und öffnete eine kleine schwarze Tasche. Mit geschickten Handgriffen verband er die Wunde des Mädchens und beruhigte gleichzeitig die Mutter:

»Keine Sorge. Ich hab es desinfiziert, ich bin angehender Arzt.«

Später lachten sie über die kleine Rettungsaktion.

»Gentlemen!« Leon lüftete den Hut und deutete eine Verbeugung an. »May I introduce myself?«

Wie sich herausstellte, war er Medizinstudent und auf dem Weg zu seiner Familie in Manhattan. Er fuhr nicht das erste Mal hin. Dass er im Zwischendeck reiste, wunderte Gustav, so offensichtlich ist er ein junger Herr. Außer Deutsch und Jiddisch spricht Leon Englisch – und sogar etwas Ungarisch:

»Ein Teil meiner Familie lebt in Ungarn«, erzählte er, »mein Bruder hat eine Ungarin geheiratet.« Er brachte ihnen englische Phrasen bei: »How are you?«, »May I ask you?«, »How much is that?« Und er ist schnell im Kopf.

»Was ist was wert?« Max bombardierte Leon mit Fragen.

Leon kannte die Preise für Brot: ein Laib fünf Cents. Ein Pfund Butter neun Cents, ein Steak zwölf Cents und die Streetcar: einen Nickel. Abends vertrieben sie sich zu dritt leere Stunden auf der *Augusta Victoria* mit der Umrechnung (auf Schnelligkeit kam es an) von Mark in Dollar.

»Hütet euch vor den Arbeitsvermittlern!« Leon wiederholt auch jetzt auf der Fähre seine guten Ratschläge. »Die warten an der Battery auf Opfer und machen Knebelverträge. Da kommt keiner mehr raus. Wendet euch lieber an eure Kirche. Ob fromm oder nicht, geht zu denen, sie helfen euch.«

Das stört Gustav ein bisschen – er ist fest entschlossen, einer evangelischen Gemeinde in New York beizutreten, und wahrhaftig nicht nur um des Nutzens willen. Aufrecht im Glauben zu bleiben, dieses Versprechen hat er Pastor Schröder in Budow gemacht, und das will er beherzigen. Die Juden halten zusammen, aber die Christen doch auch! Er muss sich von Leon nicht belehren lassen. Mag Leons Familie eine Wohnung mit Esszimmer und Klavier haben, so nämlich stellt er sich dies vor, mit deutlichem Gespür für den sozialen Unterschied, der zwischen ihm und Leon besteht, er selber ist ebenfalls gewitzt und sich obendrein des rechten Glaubens gewiss.

Tatsächlich steckt in seiner Jackentasche die Adresse der St. Pauls Gemeinde, die ihm Pastor Schröder gegeben hat: Ecke 15th Street und Sixth Avenue. Und Broschüren des Christlichen Wohnheims für Männer, wo sie logieren wollen, haben sie schon in den Auswandererbaracken in Hamburg eingesteckt.

»Warum fahrt ihr da nicht erst hin«, fragt Leon und weist auf das Gepäck, »und gebt das ab? Noch einfacher habt ihr's, wenn ihr zum Deutschen Emigrantenhaus in der State Street lauft. Da könnt ihr zu Fuß hin.«

Max und Gustav sehen sich an. Dann schüttelt Gustav entschieden den Kopf: Zuerst auf den Broadway! Das war ihr Plan, davon haben sie geträumt. Das ziehen sie durch.

An der Battery spreizen sich die Schiffsanleger entlang Manhattan Island wie die Beine eines riesigen Tausendfüßlers, der im Wasser liegt. Die Fähre, die sie verlassen, ist nur eine unter Dutzenden Dampfern, die, als hätten ihre Kapitäne keine Zeit zu verlieren, mit Tempo an- und ablegen. Schiffshörner tuten um die Wette. Links dehnt sich eine Parkanlage, weiter rechts ragen zahllose Masten in den Abendhimmel, dort liegen dicht an dicht Schoner und andere Segelboote. Und natürlich Menschen, überall fremde Menschen. Gustav ist dann doch dankbar, als Leon versöhnlich sagt: »Dann haben wir denselben Weg. Kommt, wir nehmen die Streetcar!« Streetcar. Eines der ersten englischen Worte, die sie an Bord von ihm gelernt haben. Und einen eigenen Bahnhof gibt es hier für diese Dinger! Unablässig fahren die Wagen ein und aus.

Und schon geht es hinein in den Bauch der Stadt.

Drei Stationen fahren sie den Broadway hoch. Wie von Geisterhand gezogen, gleitet die Streetcar durch die Stadt. Gleise, es muss Gleise dafür geben, auch wenn sie nicht zu sehen sind. Eine kühle Brise zieht durch den Waggon. Max und Gustav sitzen still und haben runde Augen.

Die *Augusta Victoria* mit ihren Stockwerken, über ihnen die Herrschaften der ersten und zweiten Klasse auf ihren Promenaden- und Sonnendecks, mit ihren Sonnenschirmen, Paletots, Lackschuhen und livrierten Pagen, von denen man hin und wieder eine Ansicht erhaschte, das war ja schon imponierend gewesen. Wie in Southampton massenweise feine Leute über eine Gangway an Bord gekommen waren, mit Schrankkoffern, Damen mit ihren Zofen und Schoßhunden, das war ein Schauspiel! Sie hatten sich gegenseitig angestoßen und ihren Spaß gehabt. Es hieß, das Schiff sei so groß, dass es darauf ein Schwimmbad und einen Speisesaal gebe, so groß wie der im Berliner Stadtschloss. Da sie beide das Berliner Stadtschloss nie gesehen haben – über Stolp und einen Besuch in Stettin ist keiner von beiden hinausgekommen –, beeindruckte sie das nicht.

Dies hier ist etwas anderes: Hier brodelt es.

An der dritten Station, Broadway Ecke Fulton Street, steigen sie aus. Der Lärm ist ohrenbetäubend. Etwas Übermächtiges senkt sich über die Jungen und drückt sie zu Boden. Wie einen Schemen nimmt Gustav noch Leon wahr, sein freundliches Gesicht inmitten des Summens und Brummens, er lehnt aus dem offenen Fenster und winkt. Vorher hat er ihnen noch etwas zugerufen, sehr eindringlich, aber was es ist, versteht Gustav nicht mehr. Mit Sack und Pack, insgesamt haben sie vier verschnürte Pakete, einen Koffer und die Geige von Gustav, schleppen sie sich von der Fahrbahnmitte in Richtung Gehsteig, angeschoben von hastenden ungeduldigen Fremden.

Leon ist weg, ein Mensch, der ihnen die Hand gereicht hat in diesem Getümmel, jetzt sind sie auf sich gestellt. Kutschen rattern heran und vorbei, nehmen keinerlei Rücksicht auf irgendeinen Passanten. Plötzlich ist Gustav zum Weinen. Ein Schmerz zieht ihm die Kehle hoch, er möchte schluchzen. Er fühlt, was er ist: ein tumber Bauernjunge in New York. Vollkommen verloren.

Große Häuser neben kleinen, aus Backstein, Sandstein, Holz, da eine Baulücke, weiter hinten erheben sich Gebäude so hoch, wie sie noch keines gesehen haben. Riesen, die über all dem wachen. Sind das Wolkenkratzer? An den Fassaden gibt es Schilder, deren Worte für sie keinen Sinn ergeben, teilweise riesige Lettern, einige leuchten. Und Plakate überall. Lichter in Fenstern gehen an, Straßenlaternen tun es ihnen gleich. So viele Läden.

Was ist einschüchternder? Die Wagen, die einander die Fahrbahn streitig machten – oder die Leute? Männer, Kinder und Frauen sind an diesem frühen Abend unterwegs. Arme und Reiche, mit verschiedenen Hautfarben, in Gruppen, allein und paarweise. Elegante Damen, Arbeiter, Herren mit Zylinder oder Bowler, Dienstmädchen. Ein Gewirr von Stimmen und Sprachen. Von unsichtbarer Hand gezogen, von geheimen Zielen programmiert, hasten diese Menschen an ihnen vorbei. Jeder bewegt sich selbstverständlich. Fädelt sich über die Fahrbahn, durch Kutschen, Pferdewagen aller Art, Automobile und Fahrräder. Überwältigt und stumm stehen Gustav und Max, stapfen ein paar Schritte, bleiben stehen; wie an Kieseln der Bach strömt die Menge an ihnen vorbei. Es ist das erste

Mal, dass sie Autos sehen. Aber ein »Schau mal!« bleibt Gustav im Halse stecken. Er tippt Max an: dort, das Fahrzeug dort, mit roten Speichen, roter Karosserie und pechschwarzen Aufbauten – wie eine Kutsche! Keine Pferde davor, seltsam abgebissen sieht das aus. Wo ist das Steuerrad? Während sie das Mobil mit den Augen verfolgen, rempelt ein großer Kerl Gustav an und flucht. Instinktiv pressen beide ihre Habseligkeiten an ihre Körper.

»Ich möchte mich setzen«, stammelt Max.

Der Broadway gibt ihnen an diesem Tag den Rest. Das denken sie.

Für ihre Moral soll es jedoch noch schlimmer kommen. Sie laufen zu Fuß in die Houston Street, entlang an einem halben Dutzend Häuserblocks, bepackt und hungrig. Die elektrischen Straßenlaternen, die am Broadway strahlen, stehen inzwischen nur noch spärlich. Erleuchtete Schaufenster werden seltener, der Trubel nicht geringer. Mit Mühe versuchen sie, sich auf dem Gehsteig zu behaupten, und bei alldem nagt der Hunger. Sie gehen weiter. In den Seitenstraßen flackert Licht, dort brennen Feuerkörbe.

Da lauert die Wildnis.

Das Christliche Wohnheim für junge Männer ist ein braunroter, neu errichteter Kasten über fünf Stockwerke. Gravitätisch daran ist das Portal aus hellem Sandstein, auf dem – irgendwie tröstlich – der deutsche Namenszug in der Dunkelheit noch immer gut zu lesen ist. Drinnen wartet die Enttäuschung: Sie werden abgewiesen. Der Portier, ein hagerer schnurrbärtiger Mann, blickt sie aus müden Augen an. Er schüttelt den Kopf:

»Tut mir leid, Jungs, alle Betten sind belegt.«

Die Möglichkeit, kein Bett für die Nacht zu finden, haben sie gar nicht in Betracht gezogen. Immerhin fügt der Mann hinzu: »Versucht es morgen wieder.«

Wo sollen sie hin? Mit einem Anflug von Mitgefühl sagt der

Portier: »Kann gut sein, dass es morgen besser aussieht. Hier darf niemand länger als drei Wochen bleiben.« Er mustert sie einen Moment: »Wenn ihr wollt, könnt ihr euer Gepäck hierlassen«, dann fügt er – mit Blick in ihre ängstlichen Augen – hinzu: »Ich verwahr es für euch. Glaubt mir, das ist besser.«

Der Mann verstaut die Pakete und den Koffer in einer Kammer hinter seiner Loge. Als Gustav darauf besteht, die Geige mitzunehmen, erntet er ein resigniertes Kopfnicken:

»Good luck.«

Gleich darauf schließen sich die Doppelflügel der Tür hinter ihnen. Ein Schlüssel dreht sich geräuschvoll im Schloss. Sie stehen auf der Straße.

Die Neue Welt macht ihre Pforten zu.

Wie abgewetzt der Anzug dieses Mannes ausgesehen hat, wie grau und wie alt er gewirkt hat! Dass man ein Deutscher sein kann in New York, *ohne* sein Glück zu machen, das schimmert Gustav erst in dieser Nacht.

»Und jetzt – ein Lodging House?«, überlegt Max laut. Gustav schüttelt den Kopf: »Ich halt meine paar Dollars zusammen. Wer weiß, wann wir Arbeit kriegen. Billiger als dieses Wohnheim ist nichts in Manhattan.« Jedenfalls hat Gustav das gelesen.

»Na, dann suchen wir uns einen gemütlichen Winkel«, sagt Max ergeben.

Ihre Blicke gleiten die Fassaden hinauf und entlang. Alle möglichen Läden gibt es in dieser Straße – jetzt wird ein Rollladen nach dem anderen donnernd auf den Gehsteig gelassen. Es ist empfindlich kalt geworden, und vielleicht ist das der Grund, dass sie das gelbe und rote Licht, das warm in einem Souterrainfenster leuchtet, magnetisch anzieht. Sie steigen die Stufen hinunter. *Jolly Jocelyn* liest Gustav auf dem Schild über dem Keller.

Der Raum ist eingenebelt von Zigarrenrauch und einem anderen süßen Duft. Im Schein einer Gaslampe sitzt ein Frauenzimmer hinter der Theke, ein anderes mit hoch aufgetürmten braunen Locken davor. Max sagt etwas, und die Frau hinter der Theke lacht kieksend – warum ist sie so angemalt, fragt sich Gustav. Da steht das Mädchen, das ihnen bislang den Rücken zugewandt hat, auf und legt Max eine Hand aufs Revers. Sie kommt ihm sehr nahe, und erst jetzt erkennt Gustav, dass sie kein Mädchen, sondern ein Junge ist. Ein halbwüchsiger Junge in den Unterkleidern einer Frau, mit längs gestreiftem Korsett, rotem Haarband und angemalten Lippen! Und offenbar gibt es noch mehr wie ihn. Zwischen den Rauchschwaden im Raum nimmt er erst jetzt andere Personen wahr, direkt neben ihm steht ein Paar, das sich eng umschlungen hält und dabei etwas wie einen Morgenmantel über sich geworfen hat. Grinsend löst sich der Mann aus der Umarmung und sieht ihn an: Sein Mund ist rot verschmiert vom Lippenstift einer zierlichen Gestalt, von der Gustav nicht weiß, ob sie Mann oder Frau ist.

Erschrocken stolpern die Jungs – Gustav voran, Max hinterher – hinaus und die Stufen hinauf auf die Straße. Bordelle gibt es in jeder Kleinstadt in Deutschland. Auch wenn Gustav noch nie da gewesen ist, weiß er, wohin Männer für so was gehen in Stolp. Aber das hier verstört ihn.

»Ich hab Angst«, entfährt es ihm und – um das im gleichen Moment zu kaschieren – fügt er schnell hinzu: »… dass wir uns verlaufen.«

Max scheint gar nicht hinzuhören, er hockt sich resigniert auf den Treppenabsatz des nächsten Hauses und schlägt die Arme um seinen Körper. »Was soll's. Der nächste Morgen kommt bestimmt.«

Auch Gustav friert. Aus einem Fenster über ihnen hört man eine Frau kreischen. Eine Droschke gleitet ratternd vorbei, die Hufe des Pferds klappern auf dem Pflaster.

»Greenhorns, wat?«

Woher die Stimme kommt, ist zunächst nicht auszumachen.

Ein Mann ist dabei, die Fensterläden eines Ladens zuzuklappen. Er ist so dunkel gekleidet, dass Gustav ihn in der Nacht gar nicht wahrgenommen hat. Der Mann blickt über die Schulter auf Max hinab, das Weiße in seinen Augen blitzt, und dann wieder rüber zu Gustav. Schließlich klopft er sich die Hände ab. Er sagt: »Geht zu den Marschalls. Die müssen euch nehmen.«

So kommt es, dass sie die Nacht auf der Police Station verbringen, die sich wie ein Keil am östlichen Ende der Houston Street zwischen zwei Straßen schiebt, auf dem nackten Steinboden einer großen Zelle.

Kurz angebunden, nur mit einer Handbewegung, weist ihnen ein Polizist in blauer Uniform den Weg:

»No moonshine!«

Zwei ratlose Gesichter.

»No schnapps!«

Die beiden nicken. Gierig schöpfen sie Wasser aus einer Holztonne, die mitten im kahlen Raum steht. Ihre Hoffnung, wenigstens genug Platz zu haben, um sich auszustrecken, erfüllt sich nicht: Sie bleiben nicht allein. Bis tief in die Nacht kommen weitere Zellengenossen dazu, abgerissen wirkende Männer jeden Alters.

In dieser Gruft stranden Nacht für Nacht die, die es in der großen Stadt nicht mal zu einem Platz in den Slums der Lower East Side geschafft haben: Strauchdiebe jeden Alters, viele betrunken. Jeder Landstreicher in Pommern ist besser gekleidet als sie. Gegen Mitternacht rasselt der Gendarm mit seinem Schlüsselbund, die Zelle wird tatsächlich abgeschlossen. Verstohlen pressen die Jungs ihre Brieftaschen, die sie an Gürteln unter den Hemden tragen, an ihre Körper; an Schlaf ist nicht zu denken, nicht nur, weil ihre Mägen knurren. Wenigstens haben sie, sobald sie die fensterlose Zelle betreten hatten, einen der Kübel für ihre Notdurft genutzt. Inzwischen ist klar, warum dort mehrere stehen. Bis zum Morgengrauen steigt ein unerträglicher Gestank von den Eimern auf.[2]

Kritisch wird es, als ein Besoffener über Max' Beine stolpert und dem ein »Aeiiie« entfährt. Der Halunke beugt sich schwankend zu ihm herunter und stiert ihn lange an:

»Kiek een an. He is noch nich dröög achter de Ohren, aver he maakt gaanz schön op dicke Büx. Willst du de Mors vullkriegen?« Und nach einer Pause im Kommandoton: »Giff mi dien Dahlers!«

Heimatliche Klänge also, wenn auch alles andere als zärtliche. Gemeiner als der Betrunkene klingt ein zweiter, kleiner Mann, der sich nun neben Gustav wirft. Er hat die geballte Energie eines Kampfhunds und an der Wange eine Narbe, die ihn entstellt. Er knurrt leise: »Laat doch mal sehn, wat Ji twee Lütten so as Proviant dorbi hebbt.«

Ein Messer blinkt unter Gustavs Kehle. Böse Augen glitzern: »Money, at once!«

»Wi hebbt nix, dorüm sünd wie doch hier«, stammelt Gustav. Verzweifelt blinzelt er Richtung Ausgang.

»Den Schandarm kannst du vergeten.« Der Kerl genießt die Lage und grinst widerlich: »Wat hier passeert, dat is em gliek.«

Das wird wohl stimmen.

»He will wat achter de Ohren hebben, Willi«, lallt der andere, »her mit dien Geldbüdel!«

Wie ein Schild schiebt sich plötzlich der Geigenkasten zwischen die Angreifer und den erstarrten Gustav. Max hat ihn aus dem Sitzen heraus vor die Brust der beiden gerammt: »Hier, de Fiedel, dat is allens, wat wi hebbt.«

Wir ist gut, denkt Gustav.

Als das Messer augenblicklich von seinem Hals verschwindet, beginnt sein Körper zu schlottern. Beide Halunken lassen ab von ihm und untersuchen den Kasten mit der Violine.

Der Handel geht – hast du dich nicht versehen – über die Bühne. Gustav tut es weh, als er sieht, wie der Besoffene nach dem Instrument greift.

»Poten wech!«, ruft Willi, offensichtlich der Boss, und gibt ihm eins auf die schmutzigen Finger. Anerkennend grunzt er: »Nich schlecht, de Vigelien.«

Das Mahagoniholz der Geige leuchtet warm im Halbdunkel der Zelle, warm wie die Sommerabende, an denen Gustav ihr die erste Melodie entlockte. Er denkt daran, wie er sich selbst das Spielen beigebracht hat, an all die Mühen und die Freude und an die Nachbarin, die sie ihm gegeben hat, nachdem ihr Mann gestorben war, damit, wie sie sagte, nicht auch die Fiedel für immer verstummte. Die Geige, sie sollte seine Begleiterin in der Fremde sein, seine Trösterin.

Nix mit Sentimentalitäten. Sie sitzen hier, gefangen und abgerissen. Bald hören sie Willi schnarchen. Sein Haupt mit der Narbe vom Ohr bis zum Kinn, hat er majestätisch auf den Geigenkasten gebettet. Eigenwilligerweise kehren ausgerechnet an diesem Punkt Max' Lebensgeister zurück. Noch immer sitzen sie auf dem Hosenboden, mit dem Rücken an die Wand gelehnt.

»Dafür hätten wir nicht über den Teich gemusst!«, seine Schultern machen ein kratzendes Geräusch am Mauerwerk, so sehr müht er sich, nicht herauszuprusten. »Das hätten wir zu Hause billiger haben können.« Und: »Beim Kommiss kann's auch nicht schlimmer sein.«

Max ist ein stämmiger Junge aus der Nähe von Kolberg, mit Augen so blau wie Kornblumen. Ein hübscher Kerl ist er, mit einer schmalen Nase und breiten Schultern. Seine Eltern halten eine Bauernstelle in den Auen der Persante. Max hat sechs Geschwister. Für ihn, den fünften Sohn der Familie Brausewetter, das hat er Gustav auf dem Atlantik erzählt, stand immer fest, dass er nie Land haben wird. Auf einem Gut als Landarbeiter (»Knecht« nennt es Max) arbeiten und vorher zur Armee gehen, vielleicht dortbleiben, das waren seine Aussichten. Kräftig ist er und genommen hätten sie ihn wahrscheinlich überall gern, aber »dienen« will Max auf keinen Fall. Der Kaiser ist ihm egal, sagt er, miese Buben seien die Gutsbesitzer. Also hat er sich dem Lauf der Dinge entzogen. Nix da von wegen Musterungskommission!

»Meinste, der Kaiser kriegt ein Bajonett in' Bauch? Nee, dat überlässt er gnädig den Kleinen.«

Gustav ist ebenfalls nicht vor dem »Departement Ersatz-Geschäft« erschienen, aber er hat noch nie jemanden so despektierlich vom Kaiser reden hören, und er mag das nicht. Max sympathisiert mit dem Marxismus, das hat sich bei ihren abendlichen Gesprächen an Bord des Ozeandampfers herausgestellt, er kennt die Namen von Sozialisten und Sozialdemokraten. Er spricht von Liebknecht und Lassalle, als wären das seine Nachbarn, aber er ist nicht zu helle dabei, wie Gustav für sich befindet. (Tief im Innern muss er sich eingestehen, dass er selbst viel weniger über Politik weiß.) Dennoch beschließt er: Max plappert da allerhand nach.

»Glaubst du im Ernst, Herr Lassalle oder sonst wer von deinen Sozialdemokraten interessiert sich für die Bauern?«

»Arbeiter und Bauern eint eins. Sie sind unten, sie sind das Proletariat.«

Proletariat! Noch mehr wurmt ihn, wie Max über Religion redet: »Opium fürs Volk«, nennt er den Glauben, das verschlägt Gustav die Sprache. Es ist gut, dass sie über Politik erst auf der *Augusta Victoria* gesprochen haben, als Leon dabei war, sonst hätte Gustav diesen Max Brausewetter schon in Hamburg gemieden. Ein Sozialist! Dann hätte er jetzt keinen Kameraden, der ihm den Platz freihält, während er – welche entsetzliche Demütigung – inmitten dieser Lumpen den Kübel benutzt. Ohne Max wäre er allein.

Gustav ist kaisertreu, weil er es nicht anders kennt, und seiner Kirche ergeben, weil alles andere seine Mutter noch unglücklicher gemacht hätte. Sonntags den Gottesdienst zu besuchen, auch in Amerika, das hat er ihr beim Abschied versprochen. Natürlich – das ergibt sich daraus – lehnt er jeglichen Marxismus ab. Zwar kennt er dieses Zeug nicht im Einzelnen, aber er weiß: Diese Leute sind gegen das Eigentum. Umstürzler! Das erscheint ihm falsch. Etwas zu besitzen, und zwar persönlich, erscheint ihm als Ausweg aus der Misere. Das Licht am Ende des Tunnels.

Deshalb ist er hier.

Bei Gelegenheit würde er Max fragen, ob er all das Geld, das er zu verdienen plant, einer Partei spenden will. Jetzt aber nicht, jetzt ist er demoralisiert und hungrig. Er träumt von Brot, von süßen Wecken und Brezeln. Auf ihrem Weg zum Christlichen Wohnheim sind sie an Läden mit Backwaren vorbeigekommen, haben sich aber nicht hineingetraut. Ein Fehler war das. Er flüstert in Richtung Max: »Morgen werden wir uns wieder Vorräte anlegen.«

Sie verbringen eine Weile damit, einander mit Schilderungen zu übertreffen, was sie am liebsten essen würden, sobald sie nur können. Während Gustav genüsslich in sich hineingluckst, spricht Max sehr farbig über Schweinebraten, Kartoffeln und Rotkohl.

Ein Blaurock geht langsam an der Gittertür vorbei, die Schlüssel an seinem Gürtel klirren, als sie die Stäbe berühren, und der Mann äugt auf die am Boden liegenden Obdachlosen wie ein Habicht auf die Feldmäuse. Der Anblick erinnert Max an ihr Abenteuer: »Weißt du noch an Bord? Wie sie zum Appell gerufen haben?«

Polizisten waren auf die *Augusta Victoria* gekommen: Kontrolle! Alle Männer unter fünfundzwanzig an Deck! Papiere dabei! Da waren sie erst in Cuxhaven und hatten gerade ein Stockbett bezogen. Ein Offizier riss alle Türen zum Zwischendeck auf.

»Los, Gustav – ab zum Lokus!«, flüsterte Max und war – haste nicht gesehen – verschwunden. Gustav zögerte einen Moment, er war perplex, da hob die Frau, die neben ihm an einem der Holztische saß und ihre kleinen Kinder fütterte, den Kopf: »Junge, da – kriech unter die Kojen! Das ist sicherer als bei den Wasserklosetts!«

Sie sagte das vollkommen ungerührt, fixierte Gustav nur kurz, um sich dann wieder ihrer Fünfjährigen zuzuwenden und ihr einen Löffel mit Haferbrei in den Mund zu schieben.

»Warum bist du übrigens nicht zur Musterung gegangen?«, fragt Max unvermittelt, »du mit deiner kaputten Pfote, dich hätten die doch sowieso abgelehnt!«

»Weil ich nicht wollte«, antwortet Gustav. Erst nach einer Weile fährt er fort: »Ich mag, was du übers Bajonett gesagt hat. Dass du damit nicht in Bäuche stechen willst. Und dich auch nicht stechen lässt.« Entsetzlich ist Gustav genau diese Vorstellung: die Lanze aufpflanzen und einen Menschen aufspießen!

»Das ist so grauenhaft, da muss ich mich schütteln, früher konnte ich nachts nicht schlafen, wenn ich nur dran dachte.«

»Tja, aber Knast ist Knast und überall nur blöd«, sagt Max schläfrig. Richtig ist: Sie beide haben sich strafbar gemacht im Deutschen Kaiserreich. Wie gut, dass sie nicht vorhaben, sich da wieder blicken zu lassen.

Am nächsten Morgen ist die Geige also weg.

Sie schrecken hoch, als ein Polizist die Zelle aufschließt. Irgendwie müssen sie doch noch eingenickt sein, im Sitzen, mit dem Rücken an der Wand. Die finsteren Gestalten drängeln hinaus, verflüchtigen sich wie Dampf in der Luft. Mit ihnen die Halunken, die die Geige abgezogen haben. Im Handumdrehen ist die Zelle leer. Max findet das amüsant: »Nun kannst du nicht mehr fiedeln, dazu hast du sowieso keine Zeit!«

»Spar dir deine Schadenfreude!« Gustav ist aufgebracht. Am liebsten würde er jemanden verprügeln. Er versucht vergeblich, sich dem Polizisten, der neben der Zellentür wacht, verständlich zu machen: »Herr Gendarm, ich möchte …«

Fehlanzeige. Barsch weist der ihn ab.

Die Jungs sammeln ihre Siebensachen, klopfen ihre Kleider ab und stapfen hinaus in die Freiheit.

»Ich glaub, das heißt hier ›Sadschent‹. Du musst ›Sadschent‹ sagen«, meint Max.

Zum Frühstück teilen sie sich auf den Treppen eines Kellereingangs einen Laib Brot und einen Liter Milch – aus einer Bäckerei, die deutsch ist und in der ihnen das Angebot verblüffend vertraut vorkommt. Auf Wunsch hätten sie hier auch Semmeln und Berliner haben können. Das Fräulein in der weißen Schürze bedenkt sie mit einem spöttischen »Bitte schön, die Herren«.

Attorney, Suffolk, Essex Norfolk, Clinton, Ludlow: Die Namen der Straßen, die von Süden in die Houston Street münden, lesen sich sehr britisch, nach Norden nennen sie sich »Avenues«. Aber in Straßen und Shops wird mindestens so viel Deutsch und Jiddisch wie Englisch gesprochen. In der Orchard Street sehen sie eine Walhalla Hall – geradezu germanisch! Das Gebäude ist bescheiden und wirkt eher wie ein Saloon.

Die Namen von Versammlungshäusern, Germania und Concordia, künden vom deutschen Gemüt in New York. Gustavs Stimmung steigt.

»Dat verdreite Inglisch«, sagt er erleichtert, »brauchen wir hier nicht.«

Überhaupt die Lokale: Weißwurst & Lagerbeer, Lagerbeer & Oyster Saloon.

»Wie man zum Bier Austern essen kann!« Max schüttelt den Kopf. *Frankfurter* klingt da schon besser.

Synagogen zählt Gustav so viele wie Kirchen, sie sind nur unauffälliger. Fremd ist der Anblick der schwarz gekleideten Männer mit langen Locken unter steifen Hüten.

»Orthodoxe Juden«, weiß Max.

Gustav staunt, ihm wird mulmig. Von einer Lederfabrik stinkt es erbärmlich, besser ist der Geruch nach Sauerkraut und nach Kohlenfeuer. Sie laufen bis zur Grand Street: Was für eine Vielfalt an Gewerbe und Shops! Gemüse, Zeitungen und Zigarren gibt es im Souterrain, darüber Stores mit Kurzwaren, Kleidung, Haushalts- und Gemischtwaren. Schuster, Trödler, Drogisten sowie ein Geigenbauer und ein Korsettagenhändler (offenbar führt er auch Federboas) flankieren ein Gas-Supply-House; ein anderer Laden bietet Grabsteine direkt neben der Zufahrt zu einem Kohlenhandel an. Zwei Fuhrwerke blockieren einander auf dem Weg in seinen Hinterhof. Aber auch ein imposantes Kaufhaus sehen sie: Ridley's dominiert mit vier Stockwerken eine Straßenecke, an der auch die Hochbahn hält, schwarzen Qualm schnaubend. Und fliegende Händler überall. Schubkarren haben sie hier, mobile Stände mit großen Rädern, die von Früchten und Obst nur so überquellen. Max stößt Gustav an: »Guck mal, Zitronen und Tomaten im März. Gibt's so was?« Unter dem Karren gackern Hühner.

Drei Stunden später erhalten sie Einlass im Christlichen Wohnheim für junge Männer. Der Portier hockt über einem großen Buch und lässt sie ein Weilchen warten, ehe er aufblickt.

»Da seid ihr ja«, stellt er fest und dann: »Ich bin der Hauswirt.«

Gustav hat seine Position also unterschätzt.

Der Mann nickt ihnen zu und sagt: »Heute sieht es besser aus.«

Dreißig Cent die Übernachtung, Vorauszahlung für eine Woche, macht zwei Dollar zehn. Badbenutzung ist extra, zehn Cent.

»Gepäck nehmt ihr mit nach oben«, befiehlt er, »die Schränke im ersten Stock könnt ihr abschließen, Schlüssel zurück zu mir!«

Ihr Schlafsaal, hören sie, befinde sich im zweiten Stock. Das Stakkato der Anweisungen ist noch nicht beendet: »Laken sind inklusive, ihr findet sie auf den Betten. Einlass erst ab sechs Uhr abends. Abendandacht um sieben. Die Teilnahme«, sagt der Schnurrbärtige und blickt ernst, »ist Pflicht. Heute Abend spricht Pastor Birkemeier persönlich.«

Ein gewaltiges schwarzes Kreuz an der Wand hinter ihm verleiht seinen Worten Gewicht. Aufhalten dürfen sie sich hier tagsüber nicht, erfahren sie. Alkohol trinken erst recht nicht. Was bleibt? Sie können spazieren gehen.

Wohin?

»Zur Brooklyn Bridge«, sagt Max.

Neben dem Eingang hängt eine Karte von Manhattan. Gustav

tippt mit dem Finger auf eine Ausbuchtung, die wie ein Bug in den East River ragt, und liest vor: »Cor-le-ars Ho-o-k. Einen guten Blick muss man von dort haben!«

Seine Bemerkung bringt den Hauswirt an seinem Pult in Fahrt: »Auf keinen Fall dorthin!« Er schüttelt den Kopf energisch und droht mit dem Zeigefinger. »Nichts für Christenmenschen! Bleibt da weg!«

»Aha, guter Tipp«, sagt Gustav, als sie vor der Tür stehen. Sie grinsen.

»Das gucken wir uns an«, meint Max großspurig, »sobald wir was verdient haben.«

Sie gehen die Montgomery Street hinunter, den kürzesten Weg zum Wasser. Sie mündet auf die South Street, wo Pier neben Pier liegt und das Wasser des Flusses braun und schlammig vor sich hin gurgelt. Bugspriete und Masten ragen in die Luft, Möwen kreischen. Die Taue der Segelboote, Kähne und Schaluppen bilden ein scheinbar unentwirrbares Gestrüpp, wie Spinnweben die Beute umspannen sie die im Wasser dümpelnden Schiffsrümpfe.

Die Luft ist in Bewegung, eine leichte Brise geht, und das ist vertraut. Häfen kennen sie von der Ostsee, aber die sind Miniaturen, verglichen mit dem, was sie hier sehen. Über allem erhebt sich das kolossale Panorama der Brooklyn Bridge. Sie beginnt irgendwo zwischen den Dächern, spreizt sich nach links über den Fluss, erhaben und kraftvoll, und neigt sich auch drüben in ein Häusermeer. Was für ein Bauwerk! Sonnenstrahlen dringen durch Wolkendunst, der Dunst zerstäubt zu Fetzen und löst sich dann auf. Es ist atemberaubend schön, und es beschwingt ihre Herzen.

»Wie ein Gebet ist das, ein Gebet an die große Stadt«, denkt Gustav, aber er hütet sich, es laut zu sagen. Max soll nicht wieder spotten.

Einträchtig marschieren sie weiter nach Süden, zum Glück gibt es Gehsteige; neben ihnen scheint alles unterwegs, was Räder hat. Zu ihrer Linken säumt den East River eine Kette von Werften, Schuppen und Lagerhäusern, einige versperren ihnen die Sicht. Aus den Hafenbecken ragen die Bugspriete der Schoner wie lange Zähne über die Pier. An riesigen Flößen hämmern Arbeiter und rufen einander etwas zu. Mit den Geräuschen wehen die Gerüche der See heran. Diese Geschäftigkeit, den Hafen, das mögen sie.

Als sie die Brooklyn Bridge erreichen, verschieben sie den Plan, zu Fuß darüber zu spazieren. Voraus liegt die Fischauktionshalle, sie zieht mit ihrem Lärm und Treiben die Aufmerksamkeit in ihren Bann. Der Fulton Fish Market ist ein zweigeschossiges Karree aus roten Steinen, mit fahnenbewehrten Türmchen, wie ein Bahnhof sieht er aus mit seinem umlaufenden Vordach. Darum herum ist kein Fußgänger seines Lebens sicher, so viele Pferde und Wagen sind kreuz und quer rund um das Gebäude in Bewegung.

Bevor sie einen Fisch zu Gesicht kriegen, haben sie so viele Gäule gesehen, dass eine Schwadron Husaren damit auskommen würde. Gustav kann im letzten Augenblick einem Fass ausweichen, das ein Arbeiter mit lautem Knattern über das Pflaster rollt. Fässer und Tonnen werden aufgeladen, Kommandos fliegen durch die Luft. Aus der Markthalle dringen kalte Luft, Geruch nach Fisch und Stimmen, die Waren anpreisen.

»Los, komm mit!« Max betritt die Halle, so fasziniert ist er.

Gustav folgt ihm mit einem Anflug von Ekel – er müsste lügen, dass er den Geruch hier mag. Die Markthalle ist voller Wände aus dunklem Holz; Stand an Stand lehnt sich an diese Wände. Es ist, als rissen die Shops ihre Mäuler für die Käufer auf. Hier liegen sortiert: Schellfisch, Kabeljau und Flundern, Austern getürmt zu Bergen, riesige Krabben – und blinkende, kleine Fische, kleiner als Heringe, die sie noch nie gesehen haben.

»Guck mal, das müssen Hummer sein!« Kistenweise liegen die roten Tiere da, mit verbundenen Scheren, Gustav hat Hummer bislang nur als Zeichnung gesehen. Während er sie noch bestaunt, wendet sich Max an einen Verkäufer:

»Jobs? Have you?« Der weist mit einer Kopfbewegung zum Ende des Gangs, zum Administration Office.

»Komm mit!« Max zwinkert Gustav zu. »Die Brooklyn Bridge ist doch schon fertig!«

Fische tonnenweise schleppen, hinein in Dunkelheit und Kälte? Gustav schaudert. Das will er partout nicht. »Nee«, sagt er widerwillig, »das hätt ich ja in Stolpmünde auch gekonnt«.

Max verschwindet im Office und ist wenig später zurück: »Gut, dass wir nix an den Landungsbrücken unterschrieben haben«, sagt er gut gelaunt, »bei so 'nem Kontrakt wären wir reingefallen!«

»Hast du denn jetzt was unterschrieben?«

»Nö, ich soll morgen früh um vier da sein. Dann geht es los: zwei Dollars pro Tag!«

Gustav fühlt sich überrumpelt: »Haben wir nicht heut Nacht vereinbart, gemeinsam irgendwo anzufangen? Uns erst mal schlauzumachen?« Nur wenige Stunden später ist von dem Freundschaftsschwur nichts übrig.

»Lass gut sein«, erwidert Max, »du findest auch noch was, an Jobs ist doch kein Mangel!«

Das stimmt so nicht. An einer Wand im Wohnheim, haben sie gesehen, hängen zwar Anschriften von Unternehmen: von Schlachthöfen, Brauereien, Textilfabriken und Bauunternehmen. Aber dass sie Leute suchen, heißt das noch lange nicht. Gustav fällt der Officer auf Ellis Island ein und wie der zu ihm sagte: »Junger Mann, weißt du eigentlich, wie viele in New York ohne Arbeit sind?«

Aber so ist es nun. Anders als Gustav weiß Max schon an diesem Abend, wo er den nächsten Tag verbringen wird: auf dem Fulton Fish Market, denn der steht auch zu Ostern nicht still. Max ist so begeistert, dass er während des gesamten Rückmarsches auf Gustav einredet: »Wenn ich's mir aussuchen kann, schufte ich lieber im Hafen als auf irgendeinem Baugerüst. Das ist richtig für'n Kerl! Wirst sehen, bald schonglier ich die Fässer überm Kopf, so stark macht mich das.«

2. KAPITEL

Am nächsten Morgen – Max ist schon weg – steht Gustav um fünf Uhr auf. Er will auf keinen Fall Schlange stehen, und er hat Glück: Ein Wasserhahn ist frei. Er kommt über den Paneelen aus der Wand, ein Ding zum Aufdrehen. Zu Hause holten sie jeden Morgen Wasser aus dem Brunnen im Hof. Hier gibt es sechs Zapfhähne, einen mit Eimer, fünf davon über einem langen, hölzernen Waschbecken – für vierzig Männer. Nur über zweien sind Wandspiegel angebracht.

Viel Platz ist für die Hygiene nicht: Der Raum mit den Wasserhähnen ist Teil des Treppenhauses. Durch die Fenster unter der Decke fällt milchiges Licht auf die Waschbecken. Draußen, das hört Gustav, während er einen Wasserhahn aufdreht, erwacht die große Stadt. Fließendes Wasser und beim Waschen allein sein, das ist für ihn Luxus pur. Er macht sein Handtuch nass (er nimmt sein eigenes – den an Stangen hängenden Baumwolltüchern sieht man den Gebrauch durch fremde Hände an) und klatscht damit den Oberkörper. Wie sehr er den Geruch von Seife liebt!

In Budow haben sie über ihn immer gelacht. *Du Weib*, pflegten seine Brüder ihn zu schimpfen, wenn er sich im Morgengrauen Wasser vom Brunnen holte, um sich zu waschen, während sie sich noch einmal in ihren Betten umdrehten. Ihm wiederum war unbegreiflich, dass sie sich eher widerwillig und nur von der Mutter angetrieben von ihren eigenen Ausdünstungen befreiten. Denn schweißtreibend war sie: die Arbeit am offenen Ofen in der Schmiede, die glühende Hitze und der Odem, der sich von diesem Ort ausbreitete, an dem Menschen schwitzten, aus Anstrengung oder Furcht.

Jetzt blickt ihn aus dem kleinen Spiegel sein rundes, frisch rasiertes Gesicht an. Eine Welle von Zuversicht hebt ihn und macht ihn froh. So mickrig er sich gestern noch gefühlt hat, klein und verloren, so stark und jung fühlt er sich jetzt. Ein neuer Tag, ein guter Tag! Zuletzt bürstet er die Melone, wie durch ein Wunder ist das gute Stück den Lumpen in der Police Station entgangen. Sorgfältig gekleidet, den Zettel mit der Adresse in der Westentasche, tritt er auf die morgendliche Straße. Einen Augenblick verharrt er auf dem Treppenabsatz und atmet tief.

An diesen Morgen, das beschließt er, will er sich sein Leben lang erinnern. Die Welt ist gut, und sie wartet auf ihn!

Wie gern wirft er ab, was hinter ihm liegt. Hufschmied, das war sein Vater; Gustav und seine beiden Brüder mussten ihm zur Hand gehen, solange er denken kann. Nach der Schule hieß es: ab in die Schmiede! Die Schmiede lag hinter dem Haus und sah von außen aus wie eine Scheune, tatsächlich nahm in ihrem Inneren Eisen tausenderlei Gestalt an. Werkzeuge, die der Vater brauchte, und solche, die er schuf, standen und lehnten an den Wänden oder stapelten sich in einer Ordnung, die nur der Alte begriff. Es war heiß in der Schmiede, aber auch dunkel. Hier flogen Funken, aber keiner sprang über. Gustav war schon froh, wenn er die Werkzeuge benennen konnte, die für den Hufbeschlag nötig waren: deutscher und französischer Hammer, Hauklinge, Wirkmesser, Kneipzange, Raspel, Reifkolben. Für ihn eine tote Welt.

Auch seine Brüder ließen Geschick, Kraft und Interesse vermissen. Vielleicht lag es am Naturell des Vaters, dass es selbst im Winter niemand in die Nähe seines Ofens zog. Schlimmer als seine Griesgrämigkeit war der Jähzorn, der aus ihm manchmal hervorbrach. Seine drei Jungen fürchteten ihn. Gustav, der langsam wuchs und verschmitzter war als Richard und Hans, stand dem wortkargen Vater besonders fern. Und dann kam der Tag, an dem Gustav mal wieder durch die Werkstatt flitzte, dem Kater hinterher, ein Spiel, das keinem außer ihm gefiel. Da packte ihn der Vater und zwang seine Hand auf den Amboss: »Wenn du zuckst, schmeiß ich dich in den Ofen!« Er holte aus, das Gesicht lodernd vor Wut, und mit Wucht fuhr der Hammer auf – den nackten Amboss. Gustav hatte die Hand im letzten Augenblick weggezogen.

Diesen Schlag würde er sein Lebtag nicht vergessen.

In der Folge geschah etwas Merkwürdiges. Gustav konnte den kleinen Finger und den Ringfinger der rechten Hand nicht mehr bewegen. Sie blieben krumm. Es half nichts, dass der Vater den Lederriemen nahm und ihn schlug. Und die Mutter weinte. Sie besprach sich mit dem Pastor, und Gustav musste im Pfarrhaus antreten. Es war das erste Mal, dass er mit Pastor Schröder allein in einem Raum war.

Auf dem Fensterbrett standen rosa Geranien in Übertöpfen aus weißem Porzellan mit feinem Goldrand. Das gefiel ihm.

Der Pastor fragte: »Weißt du, was ein Simulant ist, Gustav?«, und antwortete selbst: »Ein Simulant ist einer, der nur so tut als ob. Bist du ein Simulant?«

»Nein, Herr Pastor, ich bin kein Schummulant. Ich tu nur so«, versetzte Gustav. Der Pastor guckte einen Moment verdutzt, holte dann aus zu einer Backpfeife, aber er tat es unentschlossen, wie Gustav deutlich bemerkte. Die Finger des Gottesmanns streiften nur sein Kinn.

Ein Gutes hatte die Sache: Fortan musste Gustav nicht mehr in die Schmiede, sondern war verantwortlich für das Schwein, das die Familie hielt; und er half seinen Schwestern im Gemüsegarten. Den Stall auszumisten war ihm grässlich, aber es ging ganz gut auch mit drei Fingern an der armen rechten Hand. Das nahm er hin. Über die Arbeit in den Beeten war er hingegen froh, er mochte seine Schwestern, besonders Helene. Die Mädchen waren anders als seine Brüder, sie lachten über seine Scherze und mieden den Vater. Wie das Schilf den Wind ertrugen sie dessen Jähzorn, biegsam und still. Im Sommer, wenn sie ihre Arbeit getan hatten und niemand sie störte, versuchten Helene und er mit dem Bleistift in ihre Notizbücher zu zeichnen: Vergissmeinnicht, Ehrenpreis und Fingerhut. Die Blätter hob er in einem Kasten unter seinem Bett auf.

Hat ein Mensch je einen Fingerhut betrachtet, die gepünktelten Zeichen in jedem einzelnen Kelch? Und wie der Kelch so geformt ist, dass eine Hummel genau hineinpasst? Solche Vollendung ist in der Natur! Und da soll einer im Dunkeln stehen und Nägel in Form klopfen, so wie Vater Hirsch; und Großvater Hirsch vor ihm? Seither galt er in der Familie als *der Schöngeist*. Tatsächlich aber hatte ihn der Geist der Rebellion gepackt. War es ein Reflex, der ihn hieß, die Hand in letzter Sekunde zurückzuziehen? Nein, davon war Gustav überzeugt, es war sein Schutzgeist! Ein guter Geist, stärker als der Gehorsam, der ihm eingetrichtert worden war, solange er denken konnte. Dieser Geist erfüllte ihn mit Zuversicht. Für ihn gab es im Leben eine andere Aufgabe als im Stall und in der Schmiede. Niemals, das schwor er sich, würde er dem Dreck erlauben, sich unter seinen Fingernägeln einzunisten, dem Ruß, sich in seine Haut zu fressen – ein Fraß, gegen den Wasser und Seife nichts ausrichteten. Niemals, nie würde er den Schmutz für unabänderlich, für sein Schicksal halten.

Er, Gustav Hirsch, würde die Schönheit suchen!

Er war dreizehn Jahre alt, als er begann, den Traum von Amerika zu träumen. Er sog alles auf, womit er diesen Traum nähren konnte: Berichte in der *Stolper Post*, der »Zeitung für Hinterpommern mit Stolper Wochenblatt«, Erzählungen von Nachbarn über noch so entfernte Verwandte und nicht zu vergessen: die Artikelserie in der »Gartenlaube«. Der Pastor selbst gab sie ihm zu lesen.

Jetzt, sechs Jahre später, ist er also hier in New York, er steht vor seiner Unterkunft und ist sich sicher: Die *unbegrenzten Möglichkei-*

ten liegen vor ihm. Gustav birst fast vor Energie. Er wird alles genauso machen wie am Abend beschlossen: zu Fuß bis in die Bowery, dann drei Stationen nach Norden, von da zu Fuß am Washington Square entlang und nach St. Paul. An der Kreuzung schräg gegenüber hält tatsächlich eine Straßenbahn, eine Streetcar. Es ist das zweite Mal, dass er einen solchen Waggon besteigt, und heute kommt er sich bereits sehr weltmännisch vor. In Budow gab es Wagen, die von Pferden gezogen wurden, freilich nicht für jedermann, nach dem Tod seines Vaters hatte die Mutter das Pferd verkaufen müssen. Bis zum Bahnhof in Stolp hatte ihn der Bauer Mahlke auf seinem Fuhrwerk mitgenommen.

Einen Nickel legt er dem Schaffner hin. Ob er sich in Zukunft eine tägliche Fahrt würde leisten können, das entscheidet vielleicht schon dieser Tag.

Die Bahn zieht mit einem Ruck an. Er hangelt sich an den Obergriffen durch den Waggon zu einem freien Sitzplatz, kaum hat er sich gesetzt, bedauert er seine Wahl schon: Vor ihm, sich an den Haltegriff klammernd, krümmt sich ein Kerl, das Haar quillt unter der Mütze fettig hervor, er dünstet so viel Alkohol aus, dass es Gustav mit nüchternem Magen augenblicklich schlecht wird. Aber er ist zu schüchtern, um wieder aufzustehen, und gleichzeitig froh über den Fensterplatz. Er wendet sich ab. Die Bahn rattert durch Straßen, die ihm wie Schluchten vorkommen. Voll Ehrfurcht blickt er an fünfstöckigen Fassaden hoch, zu beiden Seiten der Straße, so hoch, dass man ihre Schornsteine nicht erblicken kann. Was für hohe Fenster! Und eiserne Treppen an den Fassaden – ob man über die tatsächlich ganz nach oben kommt? Überall ist es geschäftig. Gemüsehändler öffnen ihre Läden, schleppen Waren in Kisten und Körben auf die Straße. So viele Fuhrwerke stehen am Rand, dass er die Läden nur mit Mühe sehen kann. Männer rollen Fässer über den Gehweg, Arbeiter mit langen Schürzen werfen Kohlensäcke in Kellereingänge. Dienstmädchen, an Hauben erkennbar, drängeln sich vor einer Bäckerei, wo junge Männer dabei sind, Fensterläden abzunehmen und zu stapeln.

Ein würgendes Geräusch unmittelbar neben ihm lässt ihn zusammenfahren. Der stinkende Kerl bäumt sich auf und kotzt in hohem Bogen Flüssiges und Festes – auf Gustavs Brust und Gesicht. Ein scharfer Geruch, noch warm, sticht in seine Nase.

»Du Schweineschwanz, vermaledeites Aas!« Er springt auf und packt den Übeltäter am Schlafittchen. Eklige kleine Brocken kleben an seiner Jacke und sogar am Revers, sodass er das Zeug noch riechen muss. Jäh platzt der Zorn aus ihm heraus. Er schüttelt den Jämmerling, der Unverständliches stöhnt, und nur die Bewegung der Straßenbahn, die eine Kurve nimmt, verhindert, dass seine Faust den Kerl mitten ins Gesicht trifft.

Oh, ihm ist nach Morden zumute!

Sein Anzug, der einzige, den er besitzt, ist ruiniert. Von vorn ruft der Schaffner etwas, das ihm drohend vorkommt, Gesichter wenden sich ihm zu, er sieht nur helle Flächen, hört unfreundliches Gemurmel. In Rage stößt er den Mann von sich, greift sein Taschentuch (eines von drei feinen Taschentüchern, die er hat und das er jetzt entweihen muss). Beim nächsten Halt springt er auf die Straße – die Wut macht ihn wendig: Er wartet auf eine Lücke zwischen den Kutschen, springt dann auf den Gehsteig und marschiert in die Richtung, aus der die Bahn gekommen ist, im grimmigen Zickzack durch das bewegliche und unbewegliche Inventar der Bowery, zwischen Menschen, Fässern, Milchkannen und Körben. Ein Junge tritt ihm in den Weg:

»Shine, Sir? Shine.«

Er versteht nicht, was das Kind will. Am liebsten hätte er ausgeholt und eine Tonne mit überquellendem Unrat auf die Fahrbahn gekickt. Im letzten Moment beherrscht er sich.

Zurück im Wohnheim, muss er mit anderen Lodgern an den Waschbecken anstehen. War er es, der in der Frühe Männer, die nach Schlaf riechen, gemieden hat, sind nun sie es, die vor ihm zurückweichen – dafür sorgt der saure Geruch, der von ihm ausgeht. Immerhin, sie lassen ihm genug Platz. Drei Stunden später steht er dann doch vor der Paulskirche. Geputzt und gebürstet, aber die Begeisterung des frühen Morgens ist verflogen.

Anderswo hätte ihn die Paulskirche tief beeindruckt. Ein Kirchenschiff aus dunklem Sandstein, das wohl tausend Menschen fassen kann, alt sieht das aus, Jahrhunderte alt. Hier, wo sich Sixth Avenue und 15th Street kreuzen, lenken ihn Baustellen ab und der Verkehr.

Die Hochbahn passiert direkt neben der Kirche die Sixth Avenue. Die Station liegt an der Straßenkreuzung, Dampfrösser schnauben und tuten furios beim Ein- und Ausfahren. Sie ziehen ihre Waggons auf einer Konstruktion aus Stahl, zehn Meter über der Straße, Ruß und Rauch fauchend. Unter dem Gerüst tummeln sich Fahrzeuge aller Art. Automobile – wieder sieht er diese amputierten Kutschen – kreuzen Fahrräder, Fuhrwerke, Droschken und von Hand gezogene Gefährte. Während von oben die Schmutzwolken der Lokomotive stieben, hasten die Menschen auf der Fahrbahn und auf dem Gehsteig ihren Geschäften entgegen.

Er nimmt den Hut ab, tritt ins Halbdunkel der Kirche und setzt sich in eine Kirchenbank. Der Altar und das Kreuz sind schwarz verhängt – beinah hätte er es vergessen:

Morgen ist Ostersonntag.

Gustav besinnt sich und senkt das Haupt.

»Er erquicket meine Seele; er führet mich auf rechter Straße um seines Namens willen. Und ob ich schon wanderte im finster'n Tal, fürchte ich kein Unglück; denn du bist bei mir, dein Stecken und dein Stab trösten mich …«

Aber er kann im Gebet keine Ruhe finden und auch nicht an den Gekreuzigten denken. Er ist zu aufgeregt. Draußen donnert die

Bahn im Zweiminutentakt und bringt die Fenster zum Klirren, und auch seine Gefühle sind laut und ohne Rast.

Um das halbdunkle, mittlere Kirchenschiff läuft an drei Seiten eine Galerie, darauf ist Platz für viele Menschen. Vorn neben der Kanzel sieht er eine schwarz gekleidete Gestalt, die er für den Küster hält. Er steht auf und geht auf ihn zu:

»Bitte, wo finde ich Pastor König?«

Der Mann schickt ihn zu einem Nebengebäude, das so winzig ist wie die Kirche groß. In einem Raum, der einer Schalterhalle ähnelt, wenn auch kleiner ist, herrscht Andrang, immerhin gibt es auch eine Wartebank. Schließlich hört ihn eine blasse ältere Dame mit hohem Kragen und runder Brille an, zerstreut wie es ihm scheint.

»Pastor König hat viel zu tun, wegen des Umzugs. Er ist Ostersonntag nach dem Gottesdienst zu sprechen.« Sie sortiert Papiere, während sie mit ihm spricht.

»Die Kirche zieht um?«, fragt Gustav schüchtern.

»Beschluss des Kirchenvorstands«, versetzt die Dame, »der Verkehr stört den Ort der Andacht.«

Was sie nicht sagt: Die Honoratioren haben ein sagenhaftes Angebot für das Grundstück erhalten. Zwar wurde St. Paul an dieser Stelle erst vor drei Jahrzehnten errichtet – doch nun erscheint es ihnen vernünftig, weiter nördlich an der 22. Straße neu zu bauen. Nichts, nicht mal ein Gotteshaus, ist in dieser Stadt für die Ewigkeit gemacht.

Gustav zeigt seinen Tauf- und Konfirmationsschein. Das Fräulein notiert seinen Namen. »Der Kirchen-Beitrag wird fällig mit Ihrem ersten Lohn. Gottesdienst sonntags und feiertags um zehn. Willkommen dazu!«

Noch eine Ausgabe. Darüber, dass auch die Kirche Kosten verursachen würde, hat er nicht nachgedacht. Das Leben ist teuer in New York. Gustav dreht den Hut in den Händen. Dann endlich rückt er raus mit seinem Anliegen: »Ich such eine Arbeit.«

»Die vermitteln wir hier nicht«, schnappt sie. »Da gehen Sie besser zum Emigrantenhaus oder zur Agentur in der Canal Street … aber«, plötzlich hält sie inne, »manche Gemeindemitglieder heften nach dem Gottesdienst Angebote ans Schwarze Brett, haben Sie sie gesehen?« Sie weist zum Eingang.

Und dann hat er Glück.

»Lagerist gesucht. Sauber u. pünktlich. Uhlig & Co. Clothing House, Duane Street.«

Uhlig, der Name klingt für ihn vertraut. Den Rest des Firmennamens auszusprechen ist schier unmöglich, aber er hat den Zettel, und nachdem er die Wartebank ein zweites Mal gedrückt hat, schmilzt die frostige Dame angesichts seines Eifers dahin. Sie steht auf und gestikuliert: »Die Sixth Avenue hinunter, dann links der Church Street folgen …«

»Ein Frage noch, ähm … was bedeutet ›klossing‹?«

Sie schaut verdutzt, dann lächelt sie:

»Was ein ›Clothing House‹ ist? Herr Uhlig handelt mit Herrenbekleidung.«

Gustav ist gut zu Fuß. Church, das heißt Kirche, das kann er sich merken. Er hat keinen Stadtplan, das geht nicht, den muss er sich zulegen. Aber er findet die Duane Street, sie quert die Church Street. Es ist eine ehrwürdige Gegend mit gewaltigen Gebäuden, als hätte man lauter Rathäuser nebeneinandergestellt. Das Clothing House ist nicht zu übersehen, es nimmt das gesamte Parterre in einem Backsteingebäude ein.

Hut und Zettel in der Hand, betritt er den Laden – und ist prompt wieder draußen: Ein Verkäufer schickt ihn zum Hintereingang. Es ist eine streng hierarchische Welt – für alle Angestellten ist das Geschäft nur vom Hof zu betreten. Dort führt eine Treppe zum Kontor.

Mit vor Aufregung roten Wangen steht Gustav dann vor einem Herrn, der, wie er erst später erfährt, Anton Paruske heißt. Der Geschäftsführer sitzt im tadellosen Anzug an einem Schreibtisch, der übersät ist mit Stempeln und Lieferzetteln, und mustert ihn aus melancholischen Augen. Das Kontor hat nur ein Fenster zum Hof, das vergittert ist, und auch Herr Paruske sieht aus, als sei er selten dem Licht ausgesetzt.

»Woher bist du?«, ist seine erste Frage an Gustav. »Aus Budow? Das wird Herrn Uhlig gefallen. Nun ja, sauber siehst du aus. Pünktlichkeit ist ebenso wichtig. Die muss hier jeder beweisen.«

Das Clothing House Uhlig & Co. besteht an dieser Stelle seit 1878. Mit der Gründung hat Carl Uhlig aus Köslin einst den Schritt vom Schneider zum Händler gemacht, mit dem richtigen Riecher für das überlegene Geschäftsmodell. Das Tempo seiner Anpassung an eine sich unerbittlich wandelnde Welt kombiniert Mister Uhlig mit einer nostalgischen Anhänglichkeit an die Alte Welt. »Die alte Heimat« gehört zu den stehenden Redewendungen des Senior-Chefs. Für ihn, aber auch für seinen Sohn, der in New York aufgewachsen ist, ist sie so selbstverständlich wie der Besuch der deutschen Kirche St. Paul. Pommern in New York zu sein, ist Teil ihres Stolzes. Und wenn sie die Wahl haben, stellen sie Pommern ein. Auch Anton Paruske, Carl Uhligs rechte Hand, ist vor zweiundvierzig Jahren in Pommern geboren.

Paruske ist ein schmaler Mann mit sanfter Stimme und einer Stirnglatze, die er versucht zu kaschieren, indem er das seitlich verbliebene Haar mit dem Kamm über den Kopf legt. Gustav muss sich bemühen, den Blick nicht in dieser heiklen Zone verweilen zu lassen, während er vor ihm steht – das ist nicht einfach, denn der Herr sitzt am Schreibtisch und heftet Auftragszettel ab.

»Wir lassen viel ändern«, erklärt er. »Ich brauche einen Jungen, den ich mit Aufträgen zu den Nähern schicken kann.« Er guckt skeptisch. »Die Adressen sind nicht immer leicht zu finden, auch für Leute, die hier aufgewachsen sind. Traust du dir das zu?«

Und ob sich Gustav das zutraut. Er nickt eifrig.

Aufgabe des Gehilfen, erfährt er, ist es außerdem, im Hof alle Pakete in Empfang zu nehmen und im Lager nach Anweisung von Herrn Paruske weiter zu verteilen.

Hemden sind vom Packpapier zu befreien und auf Borde zu stapeln. In Anzüge sind Bügel zu schieben, und diese sind auf mobile Kleiderständer zu hängen. Die Verkäufer (und niemand sonst) rollen sie – nach Prüfung durch Anton Paruske – in die Verkaufsräume. Zuvor heißt es, alle Textilien nach Größen zu sortieren. Geht etwas zurück in die Fabrik oder zu den Näherinnen, ist es fachgerecht zusammenzulegen und in das – aufzubewahrende – Papier einzuschlagen. Auf Kante! Gustav sieht im Geiste, wie seine Schwestern schnell und geschickt Hemden nach dem Plätten zusammenlegten, Frauensache. Er bedauert jetzt, dass er es nicht gelernt hat.

»Wie sieht es aus mit deinem Englisch?«, fragt Herr Paruske. Er blickt ihn an. »Das musst du lernen!«

Gustav nickt.

Denim, Cotton, Wool, Linen, Muslin – Tie, Jacket, Collar, Suit, Button, Cuff, Trousers …

Er wird das meistern.

»Dann ist es also abgemacht, Gustav. Du kommst für zwei Wochen auf Probe.«

Erst als Herr Paruske das Gespräch beendet hat, nimmt Gustav sich die Zeit, die Schaufenster von Uhlig & Co. anzuschauen – so übereifrig ist er in das Geschäft gestürzt. Er schlendert an der Hausfront entlang, wo der Laden sich den Passanten mit einer respektablen Reihe von Auslagen präsentiert: Im größten Fenster flankieren zwei Puppen im besten Zwirn, die eine im Paletot, die andere im Peacoat, eine mächtige Kommode, auf der sich blütenweiße Hemden stapeln. Spazierstöcke in der Hand, Bowler und Zylinder auf dem Kopf, scheinen die Herren dem Betrachter zuzunicken und zu versichern: Die Ehrbarkeit selbst, soweit sie männlich ist, ist hier zu Hause. Dass drinnen Mäntel, Westen, Jacken und Hosen, in jedem gängigen Tuch, der Jahreszeit und der Mode gemäß, zu finden sind, vermag der interessierte Kunde nur zu erahnen, denn die gut sortierte Welt des Stores ist durch einen Vorhang, der in halber Höhe an einer Messingstange hängt, abgeschirmt.

Herr Uhlig ist Geschäftsmann genug, das zeigen weitere Fenster, sich ebenfalls an die zu richten, die zweimal im Jahr eine neue Hose kaufen, robust und aus Drillich, damit sie auf der Baustelle vorhält. Diejenigen, die eher zur Mütze greifen als zum Hut – auch wenn die Melone (»Bowler«, wie es hier heißt) in New York nicht mehr denen vorbehalten ist, die sich die Hände nicht schmutzig machen. Ein kurzer Blick und die Verkäufer wissen, ob sie den Kunden nach rechts oder nach links zu leiten haben: Arbeiter finden sich in einem Raum wieder, in dem sich Regale bis zur Decke ziehen und sie für die Anprobe kleine Kabinen nutzen.

Angestellte, »White Collars« genannt, werden in den deutlich großzügigeren Räumen auf der rechten Seite des Ladens bedient. Es sind die, die sich wie Uhlig selber emporgearbeitet haben aus der Handwerker- und Arbeiterschaft und die ihre Hemdenkragen täglich wechseln. Dort ist auch der Lieblingsplatz des Herrn Paruske, das wird Gustav später erfahren, wenn es gilt, die richtige Krawatte und das passende Einstecktuch für den Kunden auszusuchen. Das dekorative Zubehör ist Anton Paruskes Marotte.

Alle Verkaufsräume sind Gustav versagt, das hat sein neuer Chef klargestellt. Vorn bei den Kunden hat er nichts verloren. Er hat nur den Nachschub sicherzustellen. Ob Angestellte oder Arbeiter, alle kaufen von der Stange: Hosen, Jacken, Mäntel und Hemden sind Konfektion, gefertigt in den Fabriken Manhattans und Brooklyns. Ab morgen gehen diese Textilien durch Gustavs Hände.

Lagerist im Clothing House Uhlig & Co. und Aussicht darauf, ab der dritten Woche zwei Dollar pro Tag zu verdienen! Das ist eine schnelle Karriere für den Sohn eines Schmieds in Hinterpommern: Jeder Herrenausstatter in der Kreisstadt Stolp hätte sich zunächst sein Zeugnis zeigen lassen, dann auf den Herbst als Beginn der Lehre verwiesen – und am Ende einen Jüngling mit städtischem Volksschulabschluss dem Bauernbengel aus Budow vorgezogen.

Heute Abend würden sie feiern! Gustav platzt fast, so groß ist sein Mitteilungsdrang. Wie gut es ist, einen Freund zu haben. Was Max wohl heute erlebt hat? Max ist im Morgengrauen zum Fulton Fish Market aufgebrochen. Und es ist das erste Mal seit drei Wochen, die Quarantäne in Hamburg mitgezählt, dass sie den ganzen Tag getrennt waren. Gustav setzt mit langen Schritten die Stufen zum Heim hinauf, beschwingt, er möchte erzählen. Doch weder im Schlafsaal noch im Aufenthaltsraum findet er seinen Freund. Da zieht er die Schuhe aus, hängt die Jacke sorgfältig auf und legt sich auf die mit Stroh gefüllte Matratze.

Genugtuung fühlt er, ein großartiges Gefühl. Sein erster Tag mit Arbeitssuche und schon so erfolgreich. Er wird Geld verdienen. Dollars in Scheinen. Was alles so reinpasst in einen einzigen Tag! Er wird der Mutter schreiben, vielleicht sogar ein Telegramm schicken, das nimmt Gustav sich vor, da fallen ihm die Augen zu – schon morgen früh wird er schreiben …

Als er sechzehn war, starb der Vater. Bis dahin hatten sie ein Auskommen, wie man so sagt, nun gerieten die Mutter und ihre halbwüchsigen Kinder an den Rand des Elends. Kartoffeln, Wurzeln, Rüben und Kohl, und das täglich. Der Vater hatte zwei Winter lang gehustet. Etwas war mit seiner Lunge, der mächtige Körper schrumpfte, sein Atem ging rasselnd. Stumm beobachtete Gustav die Mutter, wie sie um den Sterbenden herumwieselte, ihn wusch und ihm kühlende Tücher auf die Stirn legte. Seine Dienerin bis in den Tod. War das Liebe? Gustavs Mitgefühl schwieg.

Der Alte stand nicht mehr auf, und eines Morgens lag er tot im Bett. Wie letzte Federn am Körper eines gerupften Hahns klebten einige wenige Haare an seinem Kopf; der einst gewaltige Mann sah jämmerlich aus. Das Kopfkissen darunter wies eklige braune

Flecken auf. Gustav fühlte erst nichts, dann pure Freude. Der Tyrann war tot.

So weit kannte er das Evangelium, Vater und Mutter sollte man ehren. Aber ihm stand der Sinn nicht danach. Es war ihm nicht abzuzwingen. Im Gegenteil, er fühlte eine wütende Freude, einer Stichflamme gleich. Ein Lodern und Prasseln. Konnte nicht das die Erlösung sein? Der Erlöser war gekommen und hatte den bösen Alten mitgenommen. Gustav gönnte dem Vater sein elendes Ende. Sein Herz klopfte heftig bei diesem gotteslästerlichen Gedanken. Aber sein Fleisch und sein Blut waren stärker: Herz und Wut. Wut und Herz. Herz. Schlag. Wut. Schlag um Schlag. Alles sehr schnell.

Bei der Aussegnung schlug er die Augen nieder, so als könnte er verhindern, dass Christus ihm direkt ins Herz sah. Als er aufblickte, trafen seine Augen die von Pastor Schröder, der ihn nachdenklich musterte.

Ab sofort versuchte sich sein großer Bruder Hans in der Schmiedewerkstatt. Das lief nicht besonders, Hans kam nicht zurecht mit den Pferden, sie scheuten, sobald er sie anfasste. Wenn es ans Beschlagen ging, brauchte es zwei Männer, um sie im Zaum zu halten, und für jeden einzelnen Huf viel Zeit. Zeit, die selbst die Geduldigen unter den Bauern nicht hatten. Sie tauschten Blicke, schüttelten die Köpfe und blieben weg. Ein Gutes musste man dem toten Vater nachsagen, mit Pferden konnte er umgehen, so, als hätte er alle Zuneigung, die ihm im Leben möglich war, auf die Tiere gerichtet. Immer seltener lenkten Bauern ihre Fuhrwerke in den Hof der Schmiede. Richard, der jüngere Bruder, suchte sich eine Lehre in Stolp. Gustav half Hans, so gut es ging, aber er spürte deutlich: Er war nun ein Esser zu viel, dort, wo es kein Fleisch im Kochtopf gab.

»Rattatata!!« Gustav muss eingenickt sein. Neben ihm sitzt Max und rüttelt ihn an der Schulter. »Rattatata!«

Dann senkt er die Stimme. »Komm mit«, flüstert er, verstohlen über die Schulter blickend. »Rate, was ich habe! Geistige Stärkung!« Er grinst breit. »Die Auferstehung naht. Wir müssen den Ostersonntag begrüßen.«

Max hat also denselben Gedanken gehabt: zu feiern. Benommen greift Gustav seine Jacke, es geht die Treppe hinunter, sie drücken sich am Aufenthaltsraum vorbei und am Hauswirt in seiner Loge. Dann sind sie auf der Straße. Die Luft ist überraschend warm, als wollte sie die beiden umarmen. In einer Lücke, zwei Häuser weiter, biegen sie ab. In dem Gang hockt auf einer Kellertreppe ein kleiner, drahtiger Kerl, rechts und links von ihm jeweils ein schlanker hölzerner Eimer. Den Jungen kennt er, es ist Edgar aus ihrem Schlafsaal. Er kommt aus Hamburg und hat das Bett gleich neben Max. Gestern am Abend saß er auf seiner Pritsche und knackte lautstark mit den Fingergelenken, ein Geräusch, das Gustav schaurig findet.

»Ich hab mich heute nützlich gemacht«, Max lüftet einen der Deckel: Bier aus Eimern! Das hat Gustav noch nicht gesehen. Bier holt man in Deutschland in gläsernen Seideln vom Brauer. Andere Länder, andere Sitten. Zwei Eimer, das wird wohl reichen.

»Wir lassen die Abendandacht sausen«, stellt Max klar, »von schwarzen Gendarmen hab ich für mein Leben genug!«

Gustav muss lachen. Sie sind selig. »Wie kommen wir nachher wieder in das Heim?«, fragt Gustav noch. Zum Glück hat Edgar da eine Idee.

~

Die Ernüchterung folgt tags darauf. Richtig Ärger macht ihnen die geschwänzte Andacht. Schon am zweiten Abend haben sie gefehlt – und das in der Osterwoche. Dass sie betrunken waren, verschärft den Groll der Herbergsleute. Fast hätten die drei es geschafft, unbemerkt über den Hintereingang hereinzutorkeln, leider hat sich

Gustav dann aber auf der Treppe übergeben. Die Haushälterin – es stellt sich heraus, dass sie die Gattin des Wirts ist – hat sich am Morgen rundweg geweigert, die Schweinerei wegzumachen. Dass Ostersonntag ist, verschärft das Delikt. Und auch Gustavs Beschämung: Für ihn ist es schlimm genug, dass er zu besoffen war, um hinter sich sauber zu machen. Und das ausgerechnet am höchsten Fest der Christenheit.

Nun der Appell.

Der Prediger, ein dünner junger Mann, ganz in Schwarz mit Beffchen, spricht erbittert auf Gustav, Max und Edgar ein. Die drei stehen mit gesenkten Köpfen im Aufenthaltsraum, an der Wand hinter ihnen hängt das schwarze Kreuz. Die Mission der Luther League ist nicht nur, den Geist des Reformators unter jungen Leuten zu stärken, seine Kirchen in Amerika zusammenzuführen, nein, es ist selbstverständlich auch die Rettung junger Menschen vor dem Teufel Alkohol. Die Stimme des Mannes vibriert: »Irret euch nicht: Weder Unzüchtige noch Götzendiener, weder Ehebrecher noch Weichlinge, noch Knabenschänder, weder Diebe noch Habsüchtige«, der Gottesmann holt tief Luft, »noch Trunkenbolde, noch Lästerer, noch Räuber werden das Reich Gottes erben.«

Für Gustav ist das klar. Der Herr hat die Händler aus dem Tempel vertrieben, und er macht dasselbe mit denen, die sich besaufen.

»Hat er nicht auch Wasser zu Wein verwandelt?«, fragt Max später. Aber er ist clever genug, erst mal den Mund zu halten.

Zerknirscht geloben sie Besserung – sie sind auf ihre Unterkunft angewiesen. Der Herr ist auferstanden, doch dieser Ostersonntag ist kein Fest. Zu dritt putzen sie das Treppenhaus: Von oben nach unten, dabei fünfmal das Wasser in den Eimern wechseln. Das Wasser ist kalt, sie klatschen Feudel und Bürsten freudlos auf die Dielenbretter. Einmal stößt Edgar aus Versehen den Eimer um, was die Schweinerei größer macht.

»Hee, warum passt du nicht auf?«, herrscht er Gustav an. Was für ein Arsch, denkt er. Er versteht nicht, was Max an dem findet, dieser Edgar hat so was Lauerndes an sich. Außerdem sieht er aus wie ein Iltis.

Schlimmer ist, dass sich Max' Job auf dem Fish Market in der Folge als unsicher erweist. Auf drei Tage Säcke schleppen und Fässer rollen folgen zwei Tage ohne Arbeit: Wenn nicht genug angelandet wird von den Trawlern, so lautet die Auskunft an Max, dann brauche man auch keine Hilfsarbeiter. *No catch no job.* Also auch keine Dollars für Max.

Der lässt den Kopf hängen. »Wir Arbeiter sind ganz unten, das Kapital ist überall, das nutzt uns aus, du wirst das auch noch sehen.«

Dass die Bäume nicht in den Himmel wachsen, das muss Gustav nun wirklich keiner erzählen. Ein Bild von seiner Mutter blitzt in ihm auf – und wie sie jahrein, jahraus Näharbeiten für andere Leute erledigt. Der Gedanke daran betrübt ihn. »Hör auf mit deinem Sozialismus. Das nützt gar nichts.«

Sie sitzen auf ihren Betten und haben die Abendandacht zum siebten Mal hinter sich gebracht. »Selber Handel treiben müsste man«, denkt Gustav laut, und ein Anflug von Stolz legt sich in seine Stimme, als er dabei an das Clothing House denkt. »Aber erst mal brauchen wir ein Dach über dem Kopf.«

Plötzlich geht Max zum Angriff über:

»Du bist doch derjenige, der alles vollgekotzt hast.«

Dass ihm das vorgehalten wird!

»Ach nee, und wer ist mit den Biereimern aufgekreuzt? Wer wusste denn so genau, dass wir unbemerkt wieder reinkommen?«

Die Wut über die verlorene Geige steigt in Gustav hoch, jeden Kommentar dazu, dass Max sie vertickt hat und hinterher noch gelacht, hat er sich verkniffen. Bislang. Laut sagt er: »Und hast du mich gefragt, auf dem Fischmarkt, bevor du den lausigen Job angenommen hast? Wir wollten was gemeinsam machen!« Er ist wirklich sauer.

Max aber auch: »Immer geht es nach deiner Mütze, und was haben wir davon: unbedingt den Broadway sehen, unbedingt ins christliche Wohnheim. Gelandet sind wir bei der Polente! Und wer hat dich da gerettet? Ich! Ich sag dir, das ist scheiße. Dein Fein-Getue, dein Hut, das geht mir auf den Sack!«

»Pass besser auf, dass du nicht ständig nach Fisch stinkst«, pariert Gustav. Im nächsten Moment tut ihm das leid.

Sie schweigen grollend. An diesem Abend wechseln sie kein Wort mehr. Dass Max ebenfalls nicht einschlafen kann, merkt Gustav daran, dass die Strohmatratze neben ihm noch lange raschelt.

Die feine Ware bei Uhlig & Co. steht erst mal nicht im Zentrum von Gustavs Tätigkeit. Sein Morgen beginnt mit Fegen, zweimal die Woche ist zu feudeln.

»Im Winter täglich«, kündigt Herr Paruske an und reicht ihm eine Schürze. »Die Pumpe ist im Hof, Wasser machst du auf dem Ofen im Keller heiß, auch für die Scheuerfrau.«

Zu putzen sind von Gustav nämlich nur die Dielen im Kontor und die Treppenstufen am Hinter- und Vordereingang. Um die Böden der Verkaufsräume und das Büro von Herrn Uhlig kümmert sich eine verhärmt aussehende Frau im grauen Kittel. Sie würdigt Gustav keines Blicks, als er die Zinkeimer mit warmem Wasser an die hintere Tür des Ladens schleppt, wo sie mit Bürsten, Fegern und Putzzeug bereits wartet. Warum bloß kann die Alte das nicht selber machen? Gleich am zweiten Tag lässt Paruske Gustav auf einer Stange im Hof Teppiche klopfen. Beim Schleppen hilft ihm die Frau. Sie spricht in einer Sprache, die er nicht versteht.

So viel erklärt ihm sein neuer Chef: »Teppichklopfen ist jeden zweiten Freitag dran.«

Gustav hat auch den Hof und den Gehsteig vor dem Haus zu säubern. Beide scheinen Unrat nur so anzuziehen, jeden Morgen muss er sie von Zigarettenkippen, Papier und Speiseresten befreien. Das Unternehmen Uhlig & Co. ist nämlich nur Mieter im Newsboys Lodging House, einer christlichen Stiftung, die Waisen eine Unterkunft bietet, die in der City Zeitungen austragen. Für die Verlage sind die Jungen billige Arbeitskräfte, aber die Verleger sind auch angewiesen auf sie. Die Jungs entwickeln Selbstbewusstsein, sie lassen sich das Geschäft nicht aus der Hand nehmen.

Diese Lodger wohnen in den vier Stockwerken über dem Clothing House und verursachen steten Ärger: Sie werfen ihren Abfall aus dem Fenster. Bananen- und Ananasschalen, leere Brottüten, Kippen und massenweise alte Zeitungen. Auch Schuhe hat Gustav schon abgeräumt. Kinderschuhe, ausgetreten und zerrissen, er hat sie in der Hand gedreht, sie gähnten ihn an. Im Hof gibt es zwar Müllkübel, aber sie quellen über. Der sonst so sanfte Herr Paruske gerät in Zorn, wenn er darüber spricht: »Die Bengel respektieren nichts. Herr Uhlig hat sich schon mehrfach beschwert, aber die Hauswirtin versteht nicht, sich durchzusetzen.«

Ich bin jetzt der, der den Dreck für Waisen wegmacht, denkt Gustav. Im Schwarm laufen die Kinder drei- bis viermal am Tag aus dem Haus, überqueren den Hof und kehren gemeinsam zurück, kreischend und lachend. Gustav versteht kein Wort von ihrem Englisch und auch nicht, warum sie im Pulk auftreten. Ein harter Ton herrscht, das hört er. Es sind keine Schulbuben, wie er sie kennt. Die jüngsten mögen elf oder zwölf sein, die ältesten sechzehn. Mager, mit spitzen Knien unter kurzen Hosen.

Aber er will sich von ihnen nicht ablenken lassen. Seine Aufmerksamkeit gehört Anton Paruske und der neuen Aufgabe.

Anton Paruske hat feine weiße Hände, die er beim Sprechen gern ineinanderlegt, sodass sich die Spitzen seiner langen Finger berühren. Seine dunklen Augen schauen Gustav freundlich an, es sieht ulkig aus, wenn er den Kopf dabei zur Seite legt und mit sanfter Stimme spricht. So, wenn er ihn nachmittags mit Paketen in die Stadt schickt. Canal Street, Houston, Delancey, Crosby. Er geizt nicht mit Wegbeschreibungen, Gustav ist dafür dankbar, er spürt, dass der Chef ihn gut behandeln will. Aber etwas ist auch merkwürdig an dem Herrn Paruske, er weiß nicht, was. Immerhin ist er jetzt im Besitz eines Stadtplans, den er abends im Bett studiert. Der Tipp kam von Edgar. »Kriegst du beim Hauswirt. Wenn du sagst, du betest einmal mehr, gibt's ihn umsonst.« Gustav hat das überhört und fünf Cent bezahlt.

Dass er damit ein Instrument hat, mit dem er sich im Gewirr von Hinterhöfen, Ställen, Saloons und Gassen zuverlässig zurechtfinden kann, das lässt sich leider nicht sagen. Die Straßen sind zwar geometrisch angelegt, aber es gibt zu viele Baustellen: Häuser wachsen in die Höhe, Höfe schrumpfen, weil Fabriken erweitert werden. Die Höfe sind aber für ihn wichtige Plätze, weil hier viele Werkstätten liegen. Wo der Stadtplan freie Flächen ausweist, stehen oft längst Mietshäuser.

Er steht mit der Karte vor dem Clothing House und blättert unschlüssig in den Seiten. Es gibt noch eine Schwierigkeit. Ob eine Werkstatt im Hof oder im Mietshaus (viele Näherinnen haben ihre Nähmaschinen in der Wohnung) gemeint ist, das ist anhand von Herrn Paruskes Angaben nicht unbedingt klar. Also spricht er einen der Jungs an, der mit den Händen in den Hosentaschen von der Eingangstreppe des Newsboys Lodging House herumhüpft.

»Di-vi-sion Street, parlor 312, left?«, buchstabiert er mühsam. »You know?« Er tippt auf den Stadtplan und hält ihn dem Jungen hin. Die Division Street ist lang.

Der Bengel reißt die dunklen Augen grotesk weit auf. Die geschwungenen braunen Augenbrauen schnellen in die Höhe.

»Diiiwiii--schenn? Dere d'uu wonna go? Go, go, go! Jussstaff wonna go dere?«

Es ist klar, dass dieser Kerl mit den Haaren aus Stroh sich über ihn lustig macht. Gustav reißt den Plan an sich.

»Knock at the doors of City Hall, ask se mayor!«, kräht der Junge, dann spuckt er ihm direkt vor die Füße und läuft über das Kopfsteinpflaster davon. Eine Tracht Prügel sollte er kriegen!

»Du bekloppte Göre!«, schreit Gustav und fuchtelt mit dem Stadtplan hinter ihm her, es ist ihm egal. Einer in kurzen Hosen und so unverschämt!

Unterdessen vergehen die Tage, vierzehn sind fast um. Die Probezeit bei Uhlig & Co. genauso wie die Zeitspanne, in der junge Kerle den christlichen Schutz des Wohnheims genießen können. Darf Gustav bei Uhlig bleiben und kriegt er zwei Dollar am Tag? Er fasst sich ein Herz und fragt Anton Paruske. Sie stehen im Lagerraum und stellen Hemden zusammen, die in die Plättanstalt zum Bügeln und Stärken geschickt werden, ehe sie im Verkauf landen. Paruske wählt aus, und Gustav packt ein.

Die Antwort ist in beiden Fällen: »Ja!« Paruske zwirbelt seinen Schnurrbart und nickt. »Du bist ein anstelliger Jung, Gustav.« Er lächelt väterlich. »Du passt hierher!«

Und, eine zweite Frage, hat Herr Paruske einen Rat für eine Unterkunft? Die Bowery, die Grand Street, aber auch kleinere Straßen sind voller Boarding Houses. Pensionen gibt es wie Sand am Meer.

»Besser als ein Boarding House für dich ist ein Logis bei einem Landsmann«, sagt Paruske. »Das kommt günstiger. Lass mich mal schauen«.

Zwei Tage später schickt er Gustav zu Franz Samtmann. Die Herren singen jeden Donnerstag zusammen im Teutonia Männerchor. Den Aufwand mit dem Untermieter hat zwar weniger der Landsmann als dessen Frau Luise. Das ändert nichts daran, dass Gustav zuerst beim Hausherrn vorstellig zu werden hat. Samtmann – in seinen Adern fließt kein Pommernblut, aber immerhin ist er Preuße – führt ein Friseurgeschäft in einem Souterrain in der Broome Street. Anton Paruske reicht Gustav ein in Packpapier eingeschlagenes Paket. »Nimm das mit, das haben wir für ihn machen lassen. Auf dem Rückweg geh in die Division Street und hol dort Krawatten ab.« Er gibt ihm beide Anschriften. »Und richte Herrn Samtmann meine Grüße aus.«

Drei Stufen geht es hinunter in den Laden. Eine Glocke ertönt, und mit der Tür öffnet sich eine kleine Welt, die Gustav vertraut vorkommt. Nur das hölzerne Schild draußen, mit den geschwungenen schwarzen Lettern auf weißem Grund über der gesamten Breite des Schaufensters, ist ein Indiz, dass er hier nicht in einer deutschen Kleinstadt, sondern in Amerika ist: Barber steht dort – und Samtmann. Gegen »Friseur Samtmann« hat sich der Inhaber nach längerer Debatte mit seiner Frau Luise entschieden. (Ob und wie viel Deutschtum an diesem Ort angebracht ist und ob dieses überhaupt zu retten ist, ist ein Dauerthema ihrer Ehe. Aber davon wird Gustav erst viel später erfahren.)

Herr Samtmann, das sieht Gustav sofort, hält viel auf die Farbe Weiß. Das sieht reinlich aus, für den Friseur ist sie, das wird er bald hören, noch viel mehr: Sie ist der Ausweis von Rechtschaffenheit.

Bis zu vier Kunden gleichzeitig kann Herr Samtmann in seinem Geschäft bei Laune halten. Im Moment ist die Situation entspannt. Nur ein Herr sitzt auf einem der schwarz lackierten Stühle aus Bugholz, den Kopf nach hinten gelehnt, damit ihm der Barbier die Haare aus der Nase zupfen kann.

Die Ordnung des Ladens sieht so aus:

An der Wand links stehen die Stühle für die Wartenden, rechts vor der Wand nehmen die Kunden an schmalen schwarzen Tischen Platz, damit der Friseur sie rasiert, ihre Schnurr- und Backenbärte stutzt, ihnen Haarschnitte verpasst und den Geschichten lauscht, die sie ihm und ihrem Konterfei im Spiegel erzählen.

Weit hinten begrenzt den Laden ein quer aufgestellter, weiß bezogener Paravent, vor dem eine schwarze Registrierkasse prangt. Dahinter verborgen ist der Raum für die Herstellung der Seifen. Alle Mittel, die dazu nötig sind, rührt Samtmann selber an. Soda, Borax und Fette bewahrt er in Tiegeln auf, die sich wie Zinnsoldaten auf einem Regal reihen. Zum Sieden von Wasser und Seife dient ein kleiner Ofen.

Herr Samtmann cremt, wäscht, rasiert und zupft – und kürzt

Fingernägel. Das Schneiden ist nur eine seiner Tätigkeiten, und er macht alles allein. Zum Waschen (gewaschen wird grundsätzlich nach dem Schneiden, und sparsam, wie die Kunden sind, kommt das selten vor, die meisten waschen ihre Haare zu Hause) beugen sich die Herren nach vorn, über eine Schüssel aus weißer Emaille mit schwarzem Rand.

Diese trägt bei Bedarf seine Tochter Lisbeth herbei, nachdem sie das Wasser über dem Ofen erhitzt hat, ein weißes Handtuch über dem Arm. Lisbeth ist ein schlaksiges fünfzehnjähriges Mädchen mit langen Zöpfen, und an diesem Tag ist sie nicht gut aufgelegt. Als Gustav hereinkommt, fegt sie gerade verdrossen den weiß getünchten Holzfußboden und, wie er bald erfahren wird, sehnt sie sich fort. Viel lieber wäre sie in der Schule, aber leider ist ihre Schulzeit vorbei. Wie gern ist sie hingegangen! Bestimmt würde sie dort inzwischen Liz, nicht mehr Lisbeth genannt, aber das ist wirklich nur einer unter mehreren Gründen.

Gustav präsentiert das Paket.

»Guten Tag. Ich bin Gustav Hirsch, ich möchte mich als Untermieter vorstellen. Bin ich hier richtig?« Samtmann blickt erstaunt, Lisbeth neugierig. Gustav korrigiert sich sofort: »Verzeihung. Dies soll ich von Herrn Paruske abgeben.«

Der Friseur hat die Schere beiseitegelegt. Er greift nach dem Paket und wiegt es erfreut in den Händen. »Ach ja, die neuen Kittel.«

Er ist ein Mann Ende vierzig, er hat in Preußen gedient, und er mag Uniformen. Das Militär, findet er, ist der Triumph des Menschen über die Unordnung, über das natürliche Chaos. Das Militär hat Formationen erfunden und Schlachtreihen. Gut so, denn Aufgabe des Menschen ist es, die Welt zu ordnen. Genauso wichtig und oft unterschätzt, findet Samtmann, ist es, sie reinzuhalten. Hygiene! Eine Erfindung der Neuzeit, vielleicht ihre wichtigste. Friseur zu sein ist für ihn ein Beruf, dem des Arztes sehr verwandt. Sozusagen eine Abteilung des Stabsarztes. Barbiere sind schon mit den Armeen gezogen, als die Medizin noch nicht erfunden war. Wie präsentieren sich heute die Doktoren? In Weiß natürlich. Ein weiß gekleideter Friseur in New York, das ist für ihn die Ankunft in der Moderne.

»Warte einen Augenblick, du kannst da Platz nehmen.« Samtmann deutet auf einen schwarzen Schemel, legt das Paket auf die Theke und beugt sich wieder über den Kunden.

Gustav hat Zeit, sich umzugucken. Er riecht Rasierwasser und sieht durch das Fenster Menschen vorbeigehen – ihr Schuhwerk sieht man aus dieser Perspektive im Souterrain recht gut: Holzpantinen, Lederschuhe, Stiefeletten, Latschen. Allerdings hat man keine Chance auf einen Blick in die Gesichter der Passanten, die Ansicht endet bei den Hüften. Lisbeth klappert unterdessen unwirsch mit Schaufel und Feger – er muss die Füße anheben und ist an diesem tadellosen Ort froh, dass seine Schuhe geputzt sind.

Lisbeths Vater ist ein erklärter Anhänger der geometrisch angelegten Straßen von New York, das teilt er Frau und Töchtern regelmäßig und jetzt auch dem zu barbierenden Herrn mit, sie gefallen ihm hinsichtlich ihrer Ordnung sehr.

»Der Dreck ist eine andere Sache, ein Preis, den alle hier zahlen«, sagt Samtmann. »Hinter meine Tür und auch auf die Stufen davor gelangt dieser Schmutz jedenfalls nicht. Sauberkeit ist ein deutsches Markenzeichen, etwas, das ich gern importiert habe.«

Sauberkeit – ein Ausdruck von Würde. Im Kaiserreich wird mächtig strammgestanden, in Reih und Glied vom Schulkind an, aber, und das ist ein wichtiges *Aber:* Es ist ein lausiger Ort für kleine Leute, und sauber, davon kann Franz Samtmann ein Lied singen – er hat Berliner Hinterhöfe gesehen, als Kind schon –, sauber war es im deutschen Kaiserreich auch nicht überall.

»Nur Tschingderassassa und sich in die Brust zu werfen«, sagt Samtmann mit Verve. »Das allein reicht eben nicht!«

Jetzt freut er sich auf die neuen weißen Kittel. Seine Erfindung! Sie sind Teil der Hygiene, sie bedeuten Innovation und Zukunft. Lisbeth, denkt er, wird sich schon dran gewöhnen, sie bekommt auch einen. Er nimmt dem Kunden den schwarzen Umhang ab, wirft mit ihm gemeinsam einen prüfenden Blick in den Spiegel, wobei er kurz den hinter ihm sitzenden Gustav scharf fixiert, und bittet den frisch rasierten Herrn an die Kasse.

Die Wohnung der Samtmanns liegt nördlich der Houston Street in der 3rd Street, in einem Mietshaus im dritten Stock. Dort besteht Gustav wenig später die eigentliche Prüfung. Er ist klug genug, das zu ahnen. Trotzig schweigend hat Lisbeth ihn zu ihrer Mutter geführt. Luise Samtmann ist eine kleine Frau, die sich sehr aufrecht hält und die Schürze nur ablegt, wenn sie das Haus verlässt. Ihren Haushalt führt sie mit derselben Verve wie ihr Gatte seinen Laden, ist dabei aber ein Kontrapunkt zu ihm: Während er zackig und redselig auftritt, geizt sie mit Worten – und wenn sie spricht, ist ihre Stimme leise. Die Haare trägt sie in der Mitte gescheitelt und hinten zu einem Knoten aufgesteckt. Die paar grauen Strähnen darin trägt sie mit Stolz, wie Gustav später erfahren wird, jedenfalls ist sie taub gegen Vorschläge ihres Manns, sich seiner professionellen Verschönerung anzuvertrauen.

Die Familie lebt zu viert auf fünfundfünfzig Quadratmetern, eine Errungenschaft: Das ist doppelt so viel Platz, wie andere Familien haben. Zwei Räume, eine Küche und das Kabuff für den Untermieter. Die Pumpe auf jedem Stock im Treppenhaus ist durch Wasserhähne ersetzt, und ein Wasserklosett pro Stockwerk, erklärt Frau Samtmann, soll in naher Zukunft ebenfalls eingebaut werden. Komfort also. Noch allerdings stehen im Hof sechs Latrinen für zwölf Familien zur Verfügung. Das Kabuff (Frau Samtmann nennt es Kammer) hat genau wie die Küche kein Fenster, sondern nur einen Schlitz zum Lichtschacht, und ist gerade frei: Die Hausfrau nimmt drei Dollar die Woche mit Abendbrot. Vom Kostgänger (so sagt Frau Samtmann für Untermieter) wird – neben den üblichen Tugenden – vor allem Ruhe erwartet, denn »meine Tochter«, Frau Samtmann hebt die Stimme und blickt den Bewerber geradezu herausfordernd an, »braucht Ruhe, sie arbeitet bei Ridley's«. Gustav ist leicht irritiert, er blickt seitwärts zu Lisbeth, offenbar ist die nicht gemeint, denn sie schaut unfroh zu Boden.

»Meine Tochter Margarethe«, trumpft die Mutter auf, »hat außerdem bereits ein Angebot bei Siegel & Cooper.«

Ridley's, so viel weiß auch das Greenhorn Gustav schon, ist ein namhaftes Kaufhaus an der Ecke von Grand Street und Allen Street, Siegel & Cooper heißt ein gigantisches Kaufhaus, das bald an der Sixth Avenue öffnen wird. Fräulein Margarethe ist also Verkäuferin und nebenbei der Star der Familie. So aufgeklärt über die Hierarchie des Haushalts, stimmt Gustav allen Bedingungen zu und verabschiedet sich, nicht ohne noch ein Kompliment an die Kochkunst der Hausfrau zu vergeben: Der vertraute Geruch eines Kohlgerichts, dessen Zubereitung er offenbar unterbrochen hat, macht ihn hungrig. Das mit dem Abendbrot, überlegt er, während er vergnügt durch das dunkle Treppenhaus hinuntertrabt, ist eine gute Regelung. Hoffentlich hat Frau Samtmann es mit dem Begriff nicht zu wörtlich gemeint. Er kann abends was Warmes gebrauchen.

~

Sein Arbeitstag ist noch nicht beendet. Er läuft die First Avenue hinunter, um Herrn Paruskes Auftrag im Necktie Workshop in der Division Street zu erledigen.

Der Laden liegt im Hinterhof. Wäsche hängt kreuz und quer an Leinen, gespannt über mehrere Etagen. Augenblicklich ist das Tageslicht wie abgesaugt. Unter den Laken, die das bisschen Licht auffangen, das hierhin vordringt, spielen Kinder. Schmutzig und dünn sind sie und immerzu in Bewegung. Sie springen über die Schwellen, verschwinden in Treppenhäusern, dann wieder flitzen andere hinter einem Stall hervor.

Die Werkstatt selbst ist ein düsterer Schlauch aus Holz mit verglasten Wänden, die längst blind sind, sie filtern das letzte Licht heraus. Als Gustav eintritt, schlägt ihm verbrauchte Luft entgegen. Seine Augen mühen sich eine Weile, bis sie sich an die Düsternis gewöhnt haben: In dem Verschlag sitzen mehrere Personen – acht zählt er – so verteilt, dass auch drei Nähmaschinen Platz haben. Wer nicht an der Maschine arbeitet, näht mit der Hand. Vorn sitzen die Männer, hinten fünf Frauen. Wie in diesem trüben Licht eine Nadel in feinem Stoff die richtige Stelle finden soll, von Menschenhand Stich um Stich geführt, das ist ihm ein Rätsel. Tatsächlich nähen sie hier im Schein von Petroleumlampen. Die Frauen, tiefe Ringe unter den Augen, blicken auf, als er eintritt. In ihren Händen und auf ihrem Schoß leuchten Satin und Krawattenseide in Gelb, Türkis und Rosa. Der Kontrast dieses Anblicks ist schlagend: Die Näherinnen selbst wirken grau wie Gespenster. Es umgibt die Szene eine Atmosphäre von solcher Hoffnungslosigkeit, dass er im ersten Augenblick vergisst zu grüßen. Mit der Mütze in der Hand steht er stumm, bis ein Mann an der Nähmaschine, offenbar der Vorarbeiter, seine Arbeit unterbricht und aufsteht.

»Herr Paruske schickt mich. Ich soll das Paket für Uhlig abholen.« Er hat den Mann selbstverständlich in seiner Muttersprache angeredet.

»Bist du bei ihm angestellt?«, fragt der Schneider. Er nickt stolz. »Da kannst du von Glück sagen«, seufzt der andere. »Warte.«

Er tritt zu den Frauen im Hintergrund, sie murmeln etwas, eine legt Packpapier aus und beginnt, Krawatten einzuschlagen. »Sag Herrn Paruske, dass mir die Verspätung leidtut. Wir sind hier nicht vollzählig.« Er weist mit dem Daumen in Richtung Hof, wo man die Kinder kreischen hört. »Das Fieber. Eine Näherin begräbt heute ihr Kind.«

Hinter ihm schluchzt eine der Frauen laut auf. Gustav weiß nicht, was ihn mehr erschreckt: dass ein Kind gestorben ist oder dass in dem stickigen Kabuff sonst noch mehr Menschen hocken würden.

So schnell er kann, flieht Gustav den Hinterhof, die armen Näher und ihre erbärmliche Werkstatt, er eilt vorbei an Mietskasernen der Hester Street, hinter denen sich ebensolche Höfe schachteln wie der, dem er entronnen ist, mit baufälligen Baracken darin, die sich anzulehnen scheinen an die Kasernen für die Armen, als suchten sie dort Halt. So also hausen die Ärmsten. Das Vieh hat es besser dort, wo er herkommt! Das Vieh kennt saftige, grüne Weiden und die Strahlen der Sonne. Im Stall atmet es den Duft des Strohs, das die Menschen erneuern. Es hat zu fressen, und es kann sich zum Schlafen legen.

Hier hingegen herrschen Schatten, Feuchtigkeit und Gestank. Block um Block geht das so. Straßenzug um Straßenzug. Es ist die Hölle! Gustav weiß nicht, dass es seit Jahren eine Reformbewegung gibt in Manhattan, die für bessere Wohnungen für die Armen eintritt. Es ist nicht der erste Anlauf, aber 1890 haben Reportagen und vor allem Fotos die Verhältnisse in der Lower East Side angeprangert und die Öffentlichkeit aufgerüttelt.[3] Bürger haben sich zusammengetan, Kirchengemeinden engagieren sich. Es ist mindestens so viel Eigennutz wie Nächstenliebe dabei: Seuchen und Revolten gehen von solchen Quartieren aus, Gefahren für die ganze riesige Stadt. Auch das Christliche Wohnheim für junge Männer, in dem Max und Gustav untergekommen sind, ist ein Resultat dieser Bewegung. Ein Puzzlestein in dem Versuch, den Strom der Einwanderer unterzubringen – und diese nebenbei zu braven Protestanten zu erziehen.

Gustav Hirsch aus Budow muss niemand missionieren. In religiöser Hinsicht ist er urbarer Boden. Der Neunzehnjährige ist einfach Herrn Paruske und seiner Kirche dankbar – Max mag die so schlechtmachen, wie er will: Der liebe Gott und seine Vertreter, davon ist er überzeugt, meinen es gut mit ihm. Ein Sturm von Gefühlen erfasst ihn, während er zurück zu Uhlig & Co. marschiert. Er entsinnt sich an die Gottesferne, in die ihn der Tod seines Vaters stürzte, an den Hass in seinem Herzen. Längst hätte er Buße tun müssen für diese Sünde! Doch er hat sie verweigert. Und wie hat Gott geantwortet?

Er hat ihm, dem Sünder, die Hand ausgestreckt, ein ums andere Mal. Arbeit, ein Dach über dem Kopf – und nun hat er sogar eine Anschrift, die er der Mutter schicken kann. Briefe aus der Heimat haben eine Adresse.

Der Herrgott selber ist es, der es für ihn immer und immer wieder fügt.

Im Rausch solcher Gefühle läuft der Jüngling in westliche Richtung, überquert die Bowery und marschiert in die Duane Street, das Paket mit den Krawatten unterm Arm.

3. KAPITEL

So ist es also abgemacht. Gustav wird bei Samtmanns einziehen, und er verdient Geld. In der folgenden Zeit lernt er bei Uhlig & Co., lernt vor allem Unterschiede: Wie dicht ein Tuch gewebt ist, wie Kettschuss und Längsschuss verlaufen, das bestimmt dessen Qualität. Baumwolle ist nicht gleich Baumwolle. Nicht Drillich, sondern Denim, erklärt ihm Herr Paruske, wird in den USA für Arbeiterhosen verwendet. Diese derben Hosen mit Nieten nimmt Gustav im Hof in großen Stapeln entgegen.

Seine Bewunderung gilt der Mode für den Herrn. Er prüft die Bügelfalten der Hosen, glättet Mantelschöße und knöpft Jacketts. Er lernt den Ulster vom Peacoat und vom Chesterfield zu unterscheiden, den Cut vom Paletot. Er bürstet Fräcke (Frogs), lernt, was ein Kummerbund ist (Cummerbund). Andächtig gleitet seine Hand über Krawatten und Westen. Besonders die aus Seide und Satin, garniert mit zarten Blüten, erscheinen ihm als Gipfel der Eleganz. Freilich trübt die Erinnerung an den Necktie Workshop diese Bewunderung. Es gibt dunkle Bedingungen für die Schönheit, er mag nicht dran denken. Und dass der Filz seines Huts, auf den er so stolz ist, jedem Kenner verrät, dass er aus billigster Wolle gepresst ist, nicht aus Kaninchenhaaren, und sein Träger mithin ein Habenichts, gehört zu den ernüchternden Erkenntnissen. Verwehrt bleibt Gustav das heilige Dunkel der Verkaufsräume, der Dienst am Kunden:

Es ist Hoheitsgebiet der Herren Uhlig, Paruske und einer kleinen Schar Verkäufer.

Bei seinen Botengängen fühlt er sich inzwischen viel besser. Den Stadtplan hat er immer noch dabei, aber er schnürt nun durch die Lower East Side wie ein junger Fuchs, der die Fährte aufgenommen hat. Er kennt den Knick, den die Broome Street macht, wenn man Richtung Osten läuft und die Bowery überquert, die Stände mit Küchengeräten aller Art und den Schuster mit gebrauchten, aber noch guten Schuhen in der Essex Street. Synagogen gibt es südlich der Houston Street so viele wie Kirchen, für alle gilt, dass sie oft unspektakulär sind und nicht auf den ersten Blick als Gotteshäuser zu erkennen. Fabriken und Werkstätten produzieren einfach überall, in unmittelbarer Nachbarschaft zu Mietskasernen und Geschäftshäusern.

Auch Erstaunliches wird hergestellt, einmal bleibt Gustav stehen, er kann das Wort kaum entziffern: »Re-fri-dge-ra-tors«. Das sind elektrische Kühlanlagen; so was gibt es in den Schlachthöfen, damit das Fleisch nicht verdirbt. Auch Züge, die Lebensmittel nach Westen transportieren, sollen damit ausgerüstet sein. Neben Möbeln werden vor allem Schuhe, Lederwaren und Textilien produziert. Jeden Morgen strömen Männer – und noch mehr Frauen – an die Nähmaschinen der Fabriken.

»Herr Uhlig ist als Schneider eingewandert«, erzählt ihm Anton Paruske, »dann hat er Tuche in einer Manufaktur zugeschnitten, aber er hat früh erkannt, dass diese Arbeit Maschinen machen werden, deshalb hat er den Store gegründet.« Gewichtig fügt er hinzu: »Das Clothing House nimmt eine besondere Stellung ein. Ohne uns kommt die Kleidung nicht an den Kunden.« Er nimmt von Gustav die frisch gebügelten Hemden entgegen, und als er weiterredet, schwingt in seiner Stimme ein Anflug von Sorge mit: »Mal sehen, wie es mit den Department Stores weitergeht.«

Er meint die riesigen Kaufhäuser entlang der Sixth Avenue,

Macy's ist schon da, Siegel & Cooper eröffnet mit Herrenabteilung im Juni.

Es ist schon so, denkt Gustav für sich, der Fabrikant hat den Profit, er diktiert auch den Preis, solange es nicht zu viele andere Fabrikanten gibt, und wenn man Pech hat, macht er auch noch ein Warenhaus auf.

Nur mit Max spricht er über diese Gedanken. Mit wem auch sonst sollte er darüber reden? Sie sind Wasser auf die Mühlen von Max: »Oft müssen die Textilarbeiter die Maschinen auch noch selber kaufen«, berichtet er, »vor allem die Frauen, die zu Hause arbeiten und die zugeschnittenen Stoffe an ihren Maschinen zusammennähen.«

»Irgendwie hast du recht«, sagt Gustav, »die Arbeiter haben immer das Nachsehen.«

Die Beziehung zwischen Gustav und Max hat sich so rasch wieder aufgeheitert, wie sie sich eingetrübt hatte. Das Gewitter ist vorbei – allerdings fürchtet Gustav, dass erneut dicke Luft herrscht, wenn er mit der Nachricht von seiner neuen Unterkunft rausrückt. Das hat er vor sich hergeschoben, aus gutem Grund: Diese Neuigkeit wird Max enttäuschen. Max lässt prompt den Kopf hängen und sieht ihn traurig an:

»Wollten wir nicht alles gemeinsam machen? Zusammen durch dick und dünn gehen?«

Gustav schluckt. Dieses Mal ist er es, der wortbrüchig wird.

»Wir können doch nicht alles wie Zwillinge unternehmen.«

Angesichts der Kammer bei den Samtmanns, in der nur das schmale Bett, ein Stuhl und die Kommode passen, die so eingeklemmt ist, dass die Schubfächer sich nur halb herausziehen lassen, hat Gustav sich die Frage gespart, ob Frau Samtmann einen zweiten Untermieter akzeptieren würde.

»Mein Kabuff hat noch nicht mal ein Fenster!«

»Du hast gut reden. Hast gleich zwei Jobs und 'ne Logis!«

Max sitzt auf der Pritsche im Christlichen Wohnheim; so niedergeschlagen hat Gustav ihn noch nicht gesehen. Tatsächlich hat

Gustav eine zweite Beschäftigung: Kaum war er als Untermieter akzeptiert, hat Barbier Samtmann ihn gefragt, ob er ihm abends zur Hand gehen würde – anders als Uhlig & Co. hat er seinen Laden auch abends geöffnet.

Max hingegen geht es nicht gut.

Die Arbeit auf dem Fischmarkt ist hart, aber kein Job, mit dem er rechnen kann. Ob die nächste Woche Beschäftigung und Lohn bringt, weiß er nicht. Sein Übermut ist verflogen, ihm ist nicht mehr danach, Fässer überm Kopf zu jonglieren. Niedergeschlagen sagt er: »Na, dann kann ich wohl bald in der Bowery Schlange stehen.«

Das ist ein Bild, das sie beide im Kopf haben: Vor der katholischen Mission stehen im Morgengrauen Männer jeden Alters geduldig nach einem Kaffee und einem Stück Brot an. Es sind Dutzende, die dicht an der Häuserfront den Gehsteig säumen, sodass Fußgänger genug Platz haben vorbeizugehen. Als sie an ihrem ersten Morgen in der Stadt, nach der Nacht auf der Polizeiwache, diese Garde von Armen passierten, hat Max ihm zugeflüstert: »Mann, ich schwöre dir, das mach ich nie.«

Das sprach Gustav aus dem Herzen.

Die Mission in der Bowery ist ein hübsches rotes Haus mit runden Bogen über bunten Fenstern. Eine Darstellung zeigt fröhliche weiße Schweine. Erzählt nicht die Bibel, dass Dämonen in die Schweine fuhren auf Jesu Geheiß, worauf die Schweine einen Abhang hinunter in einen See stürzten und tot waren? Was ist die Lehre daraus, fragte sich Gustav. Und warum hier? Er stieß Max an: »Guck mal, die Schweine da oben sehen wohlgenährter als die Menschen aus.« Max, der das Fenster nicht bemerkt hatte, grinste zustimmend.

Beide Jungs wissen inzwischen, dass es in der Bowery Boarding Houses fast aller Preisklassen gibt, die billigsten Übernachtungen für sieben Cent, aber dafür hat man wirklich nur eine schmutzige Pritsche und ist eingepfercht zwischen vielen ungewaschenen Männern. Das Christliche Wohnheim ist ein Kurheim dagegen!

Gustav setzt sich neben Max auf das Bett.

»Komm, ich helfe dir auch, was zu suchen. Bestimmt lässt sich eine Pension finden, wo ein Frühstück drin ist!«

»Du meinst, mir winkt dann auch ein Direktorenposten?« Die blauen Augen blinken schon wieder. Max ist kein Mensch, der lange böse ist.

Gustav fasst seinen Arm: »Bitte bleib bei mir in der Nähe – dann können wir uns abends sehen«, sagt er inständig. »Ich möchte doch, dass wir Freunde bleiben. Versteh doch, ich hab nur meine Chance ergriffen!«

»Welcome to America«, sagt Max mit schiefem Lächeln.

~

Die Hausfrau hat Gustav gestattet, zwei Regale und auch Haken anzubringen, an denen er seine beiden Jacken und die gute Hose auf Bügeln aufhängen kann. Der Koffer passt unter das Bettgestell. Max ist versöhnlich gestimmt. Er besteht darauf, seinen Freund zu begleiten und ihm zu helfen, das Gepäck zu schleppen. »Ich muss doch wissen, wo ich dich in Zukunft abhole.« Befeuert wird diese Absicht durch die Begegnung mit Margarethe Samtmann, Lisbeths älterer Schwester.

Die Tür der Samtmanns im dritten Stock geht auf, und vor ihnen steht eine germanische Göttin – so, wie sich Gustav jedenfalls eine solche vorstellt. Ihm bleibt die Spucke weg. Was für eine Erscheinung! Hochgewachsen und stattlich steht Fräulein Samtmann da, selbst barfuß, wie sie ist, überragt sie die beiden jungen Männer. Ohne ein Wort zu sagen, dreht sie sich um, setzt sich wieder auf einen der Stühle in der Küche und fährt mit der Beschäftigung fort, bei der sie gestört worden ist: Sie bürstet ihr dunkelblondes Haar, das ihr in schönen Wellen auf die Schultern fällt. Die Haarnadeln klemmen zwischen ihren Lippen, während sie bürstet, und lenken den Blick auf einen Schmollmund, der – Gustav hört, wie Max sich räuspert – einfach herrlich ist. Sie hebt die Augenbrauen über scharfen grauen Augen und mustert die Besucher. Die gar nicht kleinen Füße hat sie von zwei Schnürstiefeletten befreit, um die sich gerade die Mutter kümmert. Frau Samtmann lässt eine Schuhbürste über das glänzende braune Leder tanzen.

Wie eine so zierliche Person eine solche Walküre hervorbringen konnte, ist Gustav ein Rätsel. Während sie also die Stiefel ihrer Erstgeborenen wienert, befiehlt Frau Samtmann: »Lisbeth, hilf Gustav, sein Gepäck zu verstauen!«

So sehr durchstrahlt der Sonnenglanz ihrer Schwester den Raum, dass keiner der beiden Jungen Lisbeth bemerkt hat – das Mädchen steht am Herd und schnippelt Gemüse.

»Hello, and how are you?«, sagt Margarethe da gerade. »I am Margie.« Sie streckt majestätisch eine Hand aus, die Haarnadeln sind in der anderen.

Max stolpert voran, um sie zu ergreifen: »Äh, I am Max«, Gustav will sich ihm anschließen.

»Stop making fools of them, Margie«, schnappt Lisbeth und fügt mit einer Kopfbewegung zu Gustav hinzu: »Sie spricht auch Deutsch, keine Sorge.«

Nun fühlt sich Gustav noch unbehaglicher.

Max, die Mütze in der Hand, dienert verlegen in Richtung von Mutter und Schwester. »Mein Englisch lässt noch zu wünschen übrig«, räumt er ein, die Augen schnell wieder auf das Fräulein richtend, »ich bin Max Brausewetter, der Freund von Gustav.«

»As I was told, gentlemen«, sagt Margie voll Huld. »Welcome to our house.« Ihre Stimme ist schön, ein Alt, tief und melodiös.

Von diesem Tag an gibt es noch einen weiteren Grund, dass Gustav sicher sein kann, Max nicht aus den Augen zu verlieren: Miss Margie. Jegliche Information über sie ist Musik in dessen Ohren. Plötzlich interessiert den Freund auch das Geschehen an der Sixth Avenue, die Warenhauseröffnungen, die Ladies Mile, all die sensationellen Angebote, der teure Firlefanz.

»Nichts für Arbeiter!«, hat er sonst wegwerfend gesagt und sich in seine sozialistische New Yorker Volkszeitung vertieft. Flanieren? Schaufenster anschauen? Nix da. Diese Ordnung hat jetzt Risse. Margarethe Samtmann und alles, was sie tut, bewegt seine Gedanken und versetzt ihn in Unruhe. Spätestens am Sonntag, da kann Gustav sicher sein, wird Max vor der Tür stehen, um ihn abzuholen; und mit seinen kornblumenblauen Augen in die Küche linsen, in der Hoffnung, einen Blick auf die Schöne zu erhaschen.

»Sie ist eindeutig eine Nummer zu groß für dich«, sagt Gustav unbarmherzig. Warum soll er ihn schonen? »Dich hat es erwischt, aber das wird nix.«

Stolp, 24. Mai 1896

Lieber Gustav,

von Deiner Logis mit Kost haben wir vernommen und auch von Deiner Arbeit. Es mögen ordentliche Landsleute sein. Führ Dich nur gut bei ihnen. Von hier gibt es Neues zu berichten. Der Onkel hat für uns zwei Zimmer gefunden, in Stolp. Da bin ich nun bei Richard, was ein Gutes ist. Zur Miete in der Schmiedestraße. Wo auch Richards Arbeit ist. Ich nähe für den Schneider Quebben. Die große Stadt ist fremd. Mir fehlt Hans. Unsere Katzen. Bin doch immer in Budow gewesen. Gesundheit und Gottesfurcht.

Deine Mutter.

Die Mutter in Stolp? Warum bloß? Gustav hat den Brief bereits dreimal gelesen. Für ihn ist er voller Rätsel. Richard kann seine Lehre doch wohl allein absolvieren, da braucht es nicht die Mutter an seiner Seite. Der Onkel hat also die Regie übernommen. Ist Hans jetzt mit der Schmiede allein? Das kann nicht gut sein! Wo sind die Schwestern? Führen sie ihm den Haushalt? Was ist los?

Der Brief, der so viele Fragen aufwirft, verstärkt sein schlechtes Gewissen. Wie krakelig und verbogen die Handschrift ist. Zart und schwach erscheint ihm seine Mutter. Mit Ingrimm denkt er an den Onkel. Eisenbahnschaffner a. D. ist der, mit einer Pension, und ein Kleinkrämer vor dem Herrn. Noch so ein alter Mann, der die Macht hat.

Überall auf der Welt muss man sich den alten Männern beugen. Auch in New York.

An einem Morgen steht Anton Paruske vor Gustav und sagt: »Komm mit, Herr Uhlig möchte dich kennenlernen.«

Gustav hat gerade den Hof in Ordnung gebracht (die Zeitungsjungs hatten ihn wie üblich mit Abfall übersät) und den dürren roten Kater verscheucht, der ihm immer schnurrend um die Beine streicht. Dass Katzen es auf ihn abgesehen haben, ist er von zu Hause gewohnt. Nie war er ein Katzenfreund, aber die Viecher lieben ihn doch. Helene, seine Schwester, hat oft gesagt: *Die Katzen erkennen deine schöne Seele.* Diesen hungrigen Kater hier mag Gustav nicht. Wenn er mittags mit seinem Brot auf der Treppe sitzt, kommt er und bettelt. Gustav gibt ihm nichts. Es ist so was Fieses an ihm, ähnlich wie an Edgar. Etwas Verschlagenes.

Herr Paruske geht jetzt voraus, am Kontor vorbei und durch den Verkaufssalon, der den besser gestellten Kunden vorbehalten ist. Ein Herr steht dort in Hemd und Weste auf dem schweren Orientteppich, zwei Angestellte hocken zu seinen Füßen und stecken die grau-schwarz gestreiften Hosenbeine ab. Ein dritter hält beflissen die Jacke über dem Arm.

»Ein Cut«, sagt Paruske und nickt der Gruppe im Vorbeigehen zu, »das verlangt Präzision.«

Ob ich hier auch mal jemanden bedienen werde, fragt sich Gustav und schaut sich neugierig um. Ihm imponiert, wie wohlhabend der Raum wirkt: Er ist mit dunklem Holz getäfelt, Mahagoni muss das sein; daraus sind auch die Regale an den Wänden sowie die Rahmen der ovalen Spiegel, die auf kleinen Beinen überall im Raum stehen. Ebenfalls aus Mahagoni ist die halbhohe Wand, die den Laden zum Schaufenster hin abgrenzt und das Licht dämpft, davor stehen in üppiger Gruppe Palmen in Messingtöpfen. Von draußen kann keiner hereinschauen.

Vor einer Tür an der Stirnseite des Raums bleibt Paruske stehen, betrachtet Gustav und zieht einen Kamm aus der Tasche, mit dem er ihm durch sein dunkelblondes Haar fährt. Erst dann klopft er. Während sie warten, legt er ihm kurz die Hände auf die Schultern. »Nur ruhig!«

»Herein!«

Sie treten ein. Im Zimmer ist es so düster, dass sich Gustavs Augen erst an die Dunkelheit gewöhnen müssen. Carl Uhlig thront hinter einem mächtigen Schreibtisch aus dunklem Holz, umwölkt von Zigarrenqualm. Falls es Fenster gibt, sind sie verborgen hinter schweren, dunklen Vorhängen.

»Herr Uhlig, das ist Gustav Hirsch.«

Anton Paruske und Gustav stehen in gebührendem Abstand vor dem Schreibtisch. Gustav tritt vor und macht einen Diener: »Guten Morgen, Herr Uhlig.«

Der Senior-Chef lässt sich Zeit mit seiner Antwort und hebt nicht mal den Blick. Er liest etwas und gibt Gustav so Gelegenheit, ihn zu betrachten. Ein Zwicker klemmt auf einer fleischigen Nase, die weißen Haare stehen erstaunlich dicht auf einem würfelförmigen Kopf und sind zur Bürste geschnitten. Erstaunlich sind auch die Hände. Dass diese Pranken mal zu einem Schneider gehörten, ist kaum vorstellbar – so dick sind die Finger. Schließlich brummt der Alte, den Blick weiter auf seine Unterlagen gerichtet:

»Herr Paruske hat mir berichtet, dass Sie Ihre Sache gut verrichten. Das ist gut, sehr gut.«

Herr Paruske, die Fingerspitzen vor der Brust zusammengelegt, steht stramm wie ein Soldat und nickt.

Jetzt erst hebt der Alte die Augen und schaut Gustav an, an Paruske vorbei: »Junger Mann, Sie sind aus Stolp, wie ich höre.«

»Jawohl. In Budow zur Schule gegangen, aber meine Mutter lebt in Stolp.«

»Sie sind auch fromm?«

»Ich besuche den Gottesdienst in St. Paul, ja.«

»Das ist gut, sehr gut. Sie wissen, dass die Kirche umzieht?«

»Jawohl.«

»Nehmen Sie im Juli teil an unserer Wasserfahrt?«

Gustav schluckt, er hat nicht erwartet, dass er bei seiner Vorstellung seine aktive Beteiligung am Leben der Kirchengemeinde nachweisen muss. Die Wasserfahrt ist ein Schiffsausflug, zu dem die Sonntagsschule von St. Paul alljährlich startet; Pastor König hat dazu am Sonntag nach der Predigt eingeladen, und ein Aushang am Kirchentor ist nicht zu übersehen. Die Teilnahme kostet fünfzig Cent; eine Lustbarkeit also, die auch für Gustav erschwinglich ist.

»Dann erwarte ich Sie am Anleger. Ich möchte Sie meiner Frau vorstellen.«

Herr Paruske räuspert sich, er will etwas sagen, aber was immer es ist, Herr Uhlig wischt die Bemerkung mit einer Bewegung seiner dicken Hand aus der Welt, noch ehe ein Wort den Lippen seines Geschäftsführers entschlüpfen kann.

»Unsere Gemeinde bedeutet uns viel«, brummt er, »wir sind aufeinander angewiesen, auch auf junges Blut.« Er zieht an der Zigarre. »Meine Frau ist in Stolp zur Schule gegangen, wissen Sie, aufs Lyzeum.«

Seine Augen gleiten an Gustav herab: »Herr Paruske wird Sie beraten, Sie brauchen neue Kleidung.«

Damit wendet sich der alte Uhlig wieder seiner Lektüre zu, die Audienz ist vorbei. Gustav verbeugt sich, Paruske räuspert sich erneut und geht dann gemessenen Schritts voraus zur Tür. Schweigend durchqueren sie den Laden. Dort harren die Verkäufer auf den Herrn, der sich offenbar hinter einem dunkelroten Samtvorhang mit goldenen Tressen befindet, wo er sich umkleidet. Als die Angestellten den Geschäftsführer kommen sehen, nehmen sie Haltung an. Im Treppenhaus angelangt, weist Herr Paruske auf die Pakete, die in der Kleiderkammer lagern. »Das muss ausgeliefert werden. Guck nach, ob die Adressen vollständig sind. Wegen des Anzugs sprechen wir später.« Was immer der Mann über die Begegnung mit dem Senior-Chef denken mag, er lässt es sich nicht anmerken.

Am Nachmittag hängen an der Kleiderstange in der Kammer zwei neue dunkelgraue Jacken und zwei nicht ganz so dunkelgraue Hosen. »Such die richtigen aus. Ich empfehle die festere Hose, die kannst du auch im Winter tragen.«

Offenbar malt sich ein Fragezeichen in Gustavs Gesicht, denn er fährt fort: »Du erhältst einen Nachlass und kannst sie abbezahlen.«

Gustav bedankt sich artig. Am Abend zieht er ab mit einem Zweiteiler. Wenn er ehrlich ist, fühlt er sich nicht gut. Die Stücke haben gute Qualität, keine Frage. Aber warum hat er nicht anprobieren dürfen wie ein richtiger Kunde? Und was soll diese Wasserfahrt?

Max, dem er die Geschichte erzählt, fängt gleich an, ihn zu foppen: »Vermutlich hat dieser Herr Uhlig eine Tochter. Die muss an den Mann gebracht werden, an *junges Blut aus Pommern!* Du heiratest ein und wirst reich. Aber pass auf: Sie hat bestimmt nur ein Auge und Warzen auf der Nase!«

Gustav lacht auch, aber überhaupt nicht fröhlich. »Dann musst du mich raushauen! Versprich es!« Vielleicht bin ich wirklich ein Tölpel, denkt er. Zumindest einen Hut hätte ich raushandeln können.

Er beginnt eisern zu sparen. Zehn Dollar verdient er in der Woche im Clothing House, Auszahlung am Sonnabend. Drei davon gehen noch am selben Abend an Frau Samtmann. Bleiben sieben Dollar, von denen er vier weitere in der Woche verbraucht: für Streetcar und El (so nennen sie die Hochbahn), Bierhalle, Laundry (Frau Samtmann wäscht nicht für ihn, darauf legt sie Wert), seinen Obolus an St. Paul und eine Mahlzeit am Mittag – Stullen, Äpfel und Milch, geholt an der Ecke. Manchmal auch Frankfurter und Sauerkraut von einem fliegenden Händler, der durch die Chrystie Street läuft. (Der hat doch tatsächlich zwei riesige Kochtöpfe dabei, sie hängen an einer Stange über seinen Schultern. Wie der Mann es schafft, dass der Inhalt heiß bleibt, ist sein Geheimnis.)

Investiert hat Gustav in zwei Hemden, eine Hose und eine neue Jacke. Macht dreizehn Dollar, die stottert er ab. »Nachlass« hat Herr Paruske gesagt. Aber der Nachlass, den das Clothing House seinem Angestellten gewährt, ist so überschaubar wie Gustavs Portionen von Frau Samtmanns Sonntagsbraten. Immerhin lässt ihn Franz Samtmann die New Yorker *Staats-Zeitung* lesen, das führende deutsche Blatt in der Stadt.[4]

Das macht: drei Dollar Rücklage pro Woche. Falls er die schafft, kann er in einem Jahr über hundertfünfzig Dollar sparen. Theoretisch. Wenn er nur nicht immer so hungrig wäre!

Der Juni vergeht, die Tage sind lang, aber verstreichen dennoch im Nu. Die Charaktere und Eigenheiten seiner Vermieter enthüllen sich Gustav mit der Zeit. Wie sparsam, um nicht zu sagen geizig, Luise Samtmann ist – und dass sie laut schnarcht. Wie wenig ihr Gatte, der zackige Herr Samtmann, im Haus zu sagen hat. Wie launenhaft die schöne Margie ist. Das allerdings hatte er sich gleich gedacht.

Lisbeth hingegen überrascht ihn.

Lisbeth, die Widerborstige, hat auch andere Seiten. Blitzschnell und still erledigt sie den Abwasch. Die dünnen Zöpfe schleudert sie mit einer trotzigen Bewegung auf den Rücken. Gustav versucht, sie zum Lachen zu bringen: Was ist ein Matrose, der sich ein Jahr lang nicht wäscht? Ein Meerschweinchen. Abgeblitzt. Zugegeben, ein müder Witz.

Gustav nimmt die Schütte und stapft drei Stockwerke und dann noch eine Stiege hinunter, um die Kohlen aus dem Keller zu holen. Das quittiert sie mit einem dankbaren Lächeln. Es gleitet wie Sonnenschein über ihr kleines blasses Gesicht. Das rührt ihn, und er beschließt, das jetzt täglich zu machen. Irgendwie, ahnt er, stimmt es sie versöhnlich, dass sich seine Bewunderung für Margie in Grenzen hält.

Abends sitzt Lizzie zu Hause und liest. Die Wohnung der Samtmanns ist so aufgeteilt, dass man vom Treppenhaus direkt in die Küche tritt, rechts daneben liegt das Kabuff, links führt die Küche in »die gute Stube«, das Sofa hier verwandelt sich nachts in das Bett der Eheleute. Die Stube geht über in einen weiteren, kleineren Raum, in dem schlafen die Mädchen. Nur dieses Zimmer hat Fenster, abgesehen von den Klappen zum Lichtschacht in der Küche und in seiner Kammer. Also sitzt Lisbeth hier abends mit ihrem Buch. Es wird Sommer, das Licht hält länger.

Lisbeth hat einen Traum. Sie will weiter zur Schule gehen, auf die Highschool. Die Public School hat sie vor mehr als einem Jahr abgeschlossen. Deswegen hat sie Zeit, dem Vater im Shop zu helfen, der Mutter geht sie ja sowieso zur Hand.

»Die erste Highschool für Mädchen soll im August öffnen: East 12th Street, ich weiß das von meiner ehemaligen Lehrerin.«

Gustav und Lisbeth sind auf dem Weg vom Barber Shop zur Wohnung, als sie davon erzählt, sie laufen die Allen Street entlang und wollen die Houston Street überqueren. Fuhrwerke rollen von beiden Seiten heran, der Lärm ist groß, die beiden müssen ihr Gespräch unterbrechen. Die Kreuzung brummt nur so, die Straße nimmt ihre Aufmerksamkeit in Anspruch.

»Wie kann ich die Eltern überzeugen?«, fragt Lisbeth, sobald sie auf der anderen Straßenseite sind. Gustav hat mitgekriegt, dass der Vater ihr den Abendkurs in Literatur kategorisch untersagt hat. »Meine Mutter war noch nie auf meiner Seite«, beschwert sich Lizzie.

Eine Fünfzehnjährige habe abends auf der Straße nichts zu suchen! Dass Margie dem Verbot mit keiner Silbe widersprochen hat, hat die Beziehung zwischen den Schwestern vergiftet und ist ein Grund für Lisbeths stummen Trotz.

Gustav erstaunt es, dass jemand darum kämpft, in die Schule gehen zu dürfen. Noch dazu ein Mädchen. Ein Mädchen heiratet doch! Laut sagt er: »Ich bin nur froh, die Schule hinter mir zu haben. Siebzig Kinder waren wir im Dorf, alle in einer Klasse.«

Sie erreichen die First Avenue.

»Das war ein Drill! Der Schulmeister war gar nicht übel, hatte aber seine Not, uns unter Kontrolle zu bringen.« Im Winter roch es nach feuchter Wolle und man fror; von den Sommern erinnert er die Ungeduld rauszukommen.

»Wenigstens war dann schon mittags Schluss, das war gut. Lesen, Schreiben, Rechnen, was braucht der Mensch mehr?«

»Viel mehr«, sagt Lisbeth entschieden. »Wir waren vierundfünfzig in der Klasse, alle gleich alt. Gesungen haben wir immer, einmal sind wir ins Museum gegangen. Und haben hinterher gezeichnet.«

»Musik, Malen und Zeichnen. Das ist, was höhere Töchter auf dem Lyzeum lernen«, sagt Gustav vorsichtig. »Das tät mir auch gefallen. Ich hatte eine Geige …«, er zögert und bricht ab, augenblicklich denkt er an ihren Verlust, und das schmerzt ihn.

»Was hast du gespielt?«, fragt Lisbeth.

So kommt es, dass das Mädchen etwas von ihm erfährt und er etwas von ihr.

Lisbeth leiht sich Bücher von gleich zwei Leihbibliotheken, aus der Ottendorfer Library in der Second Avenue und einer Leihbibliothek am Chatham Square. »Es ist gut, dass du freitags im Shop bist, und ich wegkann«, vertraut sie Gustav an, »ich muss da oft lange warten. Manchmal geht die Schlange über zwei Stockwerke und endet auf der Straße!«

Sie zeigt Gustav ein Buch, das sie begeistert: *Little Women*. Es geht um vier Schwestern. Am meisten gefällt Lizzie von den vieren die, die sich Jo nennt, sich Geschichten ausdenkt und aufschreibt. »Jo will auf keinen Fall heiraten.«

Gustav runzelt die Stirn.

»Warum liest du nicht auf Deutsch?«

Lisbeth schüttelt den Kopf. »Ich bin doch Amerikanerin! Das ist auf Englisch geschrieben. In der Highschool nehmen sie mich außerdem nur, wenn mein Englisch perfekt ist!« Englisch, erklärt sie ihm, sei mehr als die Redewendungen, die Margret benutzt: »Sie gibt doch nur an. Die Sprache beherrschen heißt viel mehr als das, was eine Verkäuferin bei Ridley's so redet.« Sie senkt die Stimme und sucht seinen Blick: »Es ist mein Geheimnis, und du musst darüber schweigen: Ich hab dir doch von der Wadleigh Highschool erzählt, der ersten Highschool für Mädchen in New York. Ich mache im August die Aufnahmeprüfung – und ich werde bestehen!«

Sie strafft ihren Körper und runzelt die Stirn, ihre dunklen Augen blitzen. Wie wenig sie ihrer Schwester ähnelt, denkt Gustav nicht zum ersten Mal, dünn und zart, und dann diese Augen.

»Du bist man een echt verdreitn deern!« Er schüttelt ungläubig den Kopf. Aber das Mädchen imponiert ihm doch.

Herr Samtmann, erfährt Gustav, hat auch seine Pläne. Er will expandieren. Aus dem Souterrain aufsteigen und den Store darüber, Conrad's Cigars & Tobacco, übernehmen. Mit dem Zigarrenhandel aufhören und seinen Barber Shop in Zukunft mit Läden sowohl im First Floor als auch im Souterrain führen. Er ist in intensiven Verhandlungen, denn Konrad Augustin, der Landsmann und Shopkeeper von oben, ist über siebzig, er will sich zur Ruhe setzen. Franz Samtmann denkt laut: »Die Miete ist kein Pappenstiel, ist ja mehr als doppelt so viel.« Gustav und er stehen vor dem Haus und blicken auf den stattlichen Laden im Hochparterre, Samtmann im weißen Kittel, Gustav mit schwarzer Schürze.

»Hm, zieht nicht der Zigarrenladen auch Ihre Kunden an? Zigarren kaufen, sich rasieren lassen, und der Sonntag kann kommen?«, fragt Gustav. Skeptisch gleiten seine Augen über das große Schaufenster, das gegenwärtig eine riesige aufgemalte Zigarre schmückt. Überrascht funkelt der Friseur ihn von der Seite an: Dieser Jüngling ist manchmal naseweis.

Ob sich Samtmann ins eigene Fleisch schneidet mit der Expansion, diese Frage vertiefen sie nicht weiter. Gustav kommt jetzt immer freitags und sonnabends kurz vor Feierabend und hilft. An beiden Abenden herrscht Hochbetrieb. Gustav reinigt die Rasierpinsel und -schalen, schüttelt Servietten und Umhänge aus, putzt die Spiegel und kriegt dafür einen Dollar. Sonnabends, wenn erst nach neun Uhr dichtgemacht wird, wäscht Lizzie die Handtücher, und Gustav schrubbt die Böden. Sein 150-Dollar-Ziel pro Jahr muss er ja irgendwie erreichen.

Eines Freitagabends muss Franz Samtmann dringend weg, er trifft sich mit Nachbar Augustin. Gerade hat er zwei Kunden abkassiert und hat es nun eilig: »Mach du weiter. Seif sie ein, und sei anstellig«, sagt Samtmann, während er seinen Kittel ablegt. Gustav ist verblüfft, will etwas entgegnen, aber der Friseur wehrt jeden Einwand ab: »Ach was, das kannst du!« Auf der Treppe dreht er sich noch einmal um und kommt zurück: »Und zieh meinen Kittel an!«

Ehe er sich's versieht, ist Gustav Hirsch allein mit dem nächsten Kunden. Es ist ein dicker Mann, der die Stufen hinunterschnauft, sich auf einen Handstock stützend, ein White Collar. Noch dazu spricht er nur Englisch: *»Haircut and shave, please!«*

Schon sitzt er breitbeinig im bequemsten der schwarzen Bugholzstühle, dem mit den Armlehnen, und lockert den Kragen: Einen Kopf ohne Hals hat er – wie viele Dicke. Im Sitzen wölben sich im Nacken üppige Wülste. Das Haupthaar hingegen ist spärlich. Es zu stutzen wird nicht das Problem sein. Ihn zu rasieren, ihm mit dem scharfen Messer über die stoppeligen Wangen zu fahren, diese Aussicht hingegen entsetzt Gustav. Ein Rasiermesser hat er zweimal im Leben an sich selber ausprobiert, zuletzt an seinem ersten Tag in New York. Da wächst noch nicht viel.

Immerhin, gelobt sei Jesus Christus, hat Samtmann ihm die Handgriffe gezeigt. Er bereitet den Rasierschaum in einer Blechschüssel vor, niemals zuvor ist irgendwo Rasierseife so gründlich aufgeschäumt worden wie an diesem Freitagabend in New York City! Und er schwitzt, kein Mensch hat in einem weißen Kittel jemals so geschwitzt wie er. Es quillt ihm aus allen Poren.

»*Come on, boy*, Junge, mach schon«, drängelt der Mann und reckt sein Kinn in die Höhe. Also spricht er doch Deutsch. Gustav legt eine frische Serviette über den rechten Arm und klappt das Rasiermesser auf. Wie gut, Landsmann, dass du nicht ahnst, in welcher Lebensgefahr du schwebst!

Entschlossen beugt er sich über die Kehle des Dicken.

»Seif ihn ein, Junge, sei anstellig!« Max kann sich nicht halten vor Lachen. Er krümmt sich so vor Vergnügen, dass ihm das Bier einen Moment lang aus der Nase kommt. Es schwappt auch über das Glas, das er ruckartig zurück auf den Tisch stellt, weil er so sehr prusten muss.

Es ist derselbe Abend, sie sitzen mit Edgar in der Lager Beer Bar. Den vigelienschen Auftrag hat Gustav hinter sich gebracht. Ihm war richtig flau hinterher. Der dicke Mann hat überlebt, wenn auch erzürnt: Auf seinem weißen Kragen waren zwei Blutstropfen von einer Schramme vor dem linken Ohr, verursacht von Gustav. Immerhin, geradezu ein Triumph, der Mann hat die Zahlung nicht verweigert! Gustav hat demütig angeboten, den Kragen zu reinigen und ihn dem Herrn vorbeizubringen, doch der hat unwirsch abgewunken.

»Seif ihn ein, sei anstellig!« Wann immer in Zukunft Ermunterung nottut: Diese Worte sind nun der Schlachtruf der Jungs. Max schlägt Gustav krachend auf die Schulter. »Seif ihn ein, du kannst das!« Anerkennung schwingt in seinen Worten mit: Schau an, in diesem Beruf wirst du noch Karriere machen.

Der Wirkungskreis von Gustav erweitert sich also. »Wenn ich rasiere, muss ich mehr Geld kriegen«, für diese Worte, Franz Samtmann vorgetragen, braucht es zwei weitere Wochen und Gustavs ganzen Mut (Seif ihn ein, du kannst das!, hört er Max rufen).

»Du kriegst doch jetzt Trinkgeld«, brummelt Samtmann, aber er erhöht das Salär ohne weitere Diskussion auf zwei Dollar die Woche. Eventuell, überschlägt Gustav, schaffe ich es, vier Dollar pro Woche zurückzulegen.

4. KAPITEL

Im Clothing House ist die Sommerware einsortiert. Die Schaufensterpuppen tragen Anzüge aus leichten Stoffen, auf dem Kopf Strohhüte und überm Arm lässig Staubmäntel aus hellem Gabardine (Duster heißen sie hier). In die Brusttaschen hat Anton Paruske sorgfältig weiße Nelken gesteckt. Zu dekorieren liebt er, er lässt es sich nicht nehmen, alle paar Tage frische Blumen mitzubringen.

Die unverkauften Wintermäntel hängen auf Stangen in der Kammer neben dem Kontor und warten auf ihre Chance im nächsten Herbst. »Gustav, bring sie in den Hof, bürste sie und lass sie dann noch etwas lüften«, ordnet Paruske an. Bevor Gustav die Ladenhüter in Uhligs Bodenkammern unterm Dach schleppen kann, hat er Mottenkugeln in die Manteltaschen zu füllen.

»Und pass auf, dass die Schlingel dir nichts klauen!«, warnt ihn sein Chef. Die Zeitungsjungen aus den Etagen über Uhlig & Co. sind ihm ein Dorn im Auge. Nur Lärm, Dreck und freche Worte, sonst nichts!

Da Tageszeitungen rund um die Uhr erscheinen – die letzten gegen elf Uhr abends, die ersten im Morgengrauen –, sind einige Jungs auch in der Nacht unterwegs. Überall in der City bieten sie die *Evening World*, das *New York Journal*, die *New York Times* und die *New York Tribune* an. Die Arbeitszeiten vertragen keinen Schulbesuch, deswegen gibt es im christlichen Haus Unterricht zu ungewöhnlichen Uhrzeiten, auch spät am Abend. Erst dann kehrt Ruhe ein.

»Das nützt uns gar nichts – wir haben dann geschlossen«, hat Herr Paruske dazu gallig angemerkt.

Die christliche Obhut hat Lücken. Zwischen den Schichten lungern die Jungen im Hof, um zu rauchen – was verboten ist –, dabei streiten sie sich und reißen Witze, auch über ihre Nachbarn: »*Germings*« und »*German ox*«, ein paar Schimpfwörter hat Gustav schon gelernt. Wortführer an diesem Nachmittag ist der dünne Kerl mit den Segelohren, Freddie, den Gustav schon kennt. Die rotblonden Haare stehen strubbelig auf seinem Kopf. Zwölf mag er sein, er pafft vor sich hin wie ein Schlot, und wenn er nicht pafft, krakeelt er.

Während Gustav einen Mantel nach dem anderen vom Kleiderständer nimmt und am Bügel an die Teppichstange hängt, müht er sich, nicht zu ihnen hinüberzuschauen.

Sie stehen im Kreis, ein Dutzend Kinder mögen es sein, ein paar sitzen auf Zeitungspacken. Keiner ist älter als fünfzehn, und ihre Zungen sind so flink wie ihre Füße.

»Is he givin' it to you? How does the fag do it with you? Where d'you do it?«, so kreischt das Großmaul Freddie.

Die Gören johlen und klatschen sich auf die Schenkel. Gustav versteht nicht, was Freddie gesagt hat. Nur, dass er verspottet wird. Er lässt die Bürste auf dem guten Stoff tanzen und verwünscht den Kerl. Ein paar einfache Cabans hat er zu bearbeiten, aber auch seine Lieblingsstücke unter den Mänteln. Wie gern würde er dabei nicht gestört werden. Aus den Augenwinkeln sieht er, wie Freddie, der Angeber, eine obszöne Geste macht.

»They're doin' it in the closet! That's where he sticks his in!«

Plötzlich durchläuft es Gustav heiß: Meint der Schreihals, dass Herr Paruske …? Dass Herr Paruske und er …, dass sie beide? Er schlägt mit der Bürste auf die Mäntel ein.

Paruske schimpft oft über die Frechheit der Jungs, sein Widerwillen gegen diese Nachbarn kommt einer Feindschaft gleich. Vielleicht liegt das nicht nur am Geschrei, den Kippen und dem Müll, den sie überall hinterlassen? Und daran, dass sie so gut wie nichts bei Uhlig kaufen? Ihr Lohn reicht für ein paar neue Schuhe im Jahr, und die führt das Clothing House nicht.

Nein, Anton Paruske versteht, was sie reden! Das muss so sein! Und die Gören machen sich nicht nur über *Germings* lustig, weil die angeblich langsam und begriffsstutzig sind. Sie sind böse. Wie ein körperlicher Schmerz sticht es Gustav. Er gönnt der Rotte keinen Blick.

Ich mach jetzt meine Ohren zu, denkt er, und erledige meine Arbeit. An der Reihe ist sein Lieblingsstück, ein schmal geschnittener Chesterfield aus feinem englischem Melton-Tuch. So lange gewalkt, bis die Webart nicht mehr zu erkennen ist. Gustav knöpft ihn zu und hängt ihn an die Teppichstange. Der graue Stoff bleibt rau, als er die Bürste darüber gleiten lässt. Er mag die verdeckte Knopfleiste, die gesäumten Knopflöcher und den handpikierten Kragen. Als er fertig ist, hängen zwanzig Mäntel an der Stange, in jeder Tasche eine Mottenkugel. Um sie einzulagern, muss er mehrmals vier Stockwerke hinauf zum Boden steigen, denn mehr als fünf auf einmal schafft er nicht. Aus jedem Packen Mäntel über dem Arm steigt ihm der scharfe Geruch des Naphthalins in die Nase und macht ihn benommen. Als er hinunterstapft in den Hof, die letzte Ladung zu holen, tun ihm die Füße weh. Wenn er nur leichtere Schuhe hätte! Oder sie ausziehen könnte.

Im Hof sieht er sofort: Der Chesterfield ist weg. An der Stange hängen nur noch vier Mäntel, ein Bügel ist leer. Und von den Zeitungsjungen fehlt jede Spur.

Was würde Max jetzt raten? Bestimmt nicht gleich zu Paruske zu laufen! Ein paar Rotzlöffeln wegen! Gustav stellt die verbliebenen vier Mäntel sicher. Dann schnappt er sich den verwaisten Bügel und steuert kurz entschlossen zum Hintereingang des Newsboys Lodging House. Er weiß nicht, was er machen wird. Nur, dass er handeln muss. Er setzt die Treppenstufen aus Stein hinauf, eilt durch eine Flügeltür und bleibt einen Moment stehen. Hinter ihm schwingen die Türblätter aufgeregt hin und her. Drinnen ähnelt alles frappierend dem Christlichen Wohnheim für junge Männer: der breite, weiß gestrichene Flur, die Loge für den Wirt mit dem schwarzen Kreuz an der Wand und gleich daneben das mit Holz getäfelte Treppenhaus. Das gibt ihm Auftrieb.

Im ersten Stock muss der Speisesaal sein.

Dort beendet Freddie gerade sein Abendessen. Sein Revier liegt zwischen Brooklyn Bridge, East River und Bowery, im Norden bis Delancey, ein Gebiet mit heftiger Konkurrenz. Gleich muss er los, bald strömen die Fußgänger aus den Fabriken und Büros in beide Richtungen über die Brooklyn-Bridge und kaufen auf dem Weg nach Hause Abendzeitungen. Er ist spät dran, schließlich muss er seine frischen Zeitungspakete noch am Sammelpunkt abholen. Freddie setzt seinen Becher noch einmal an die Lippen, reißt sich vom Essen los und erhebt sich.

Da steht auf einmal Gustav in der Tür des Saals. Rotgesichtig, schwitzend, den Bügel in der Hand. Er sieht Kinder in Reihen an langen Holztischen sitzen, über Teller mit Rouladen gebeugt. Nicht schlecht essen die hier! Eine Betreuerin, zwei Emaillekannen mit Milch in der Hand, kommt auf ihn zu und sieht ihn fragend an. Er zwingt sich ein Lächeln ab:

»I looking for Freddie.« Schon sieht er das Bürschlein, wie es gerade von seiner Bank aufsteht. Das ist Gustavs Glück; er hätte ihn sonst unter den vielen Jungen so schnell nicht ausmachen können.

Auf den ersten Blick ähneln sich hier alle, sie tragen dunkle kurze Hosen und helle Hemden – keins ist wirklich weiß. Gustav geht entschlossen durch die Tischreihen auf Freddie zu. Schlägt den Bügel von der linken in die rechte Hand und wieder in die linke. Das ist eine Geste der Verlegenheit, aber offenbar wirkt sie anders. Sie macht Eindruck. Drei Dutzend Augenpaare haben sich vom Tisch und den Näpfen gelöst und starren ihn an. Freddie vergisst vor Schreck, sich die Milch von der Oberlippe zu wischen. Gustav bleibt vor ihm stehen und sagt laut:

»Look, boy, tomorrow the coat to be back!«

Und häng ihn gefälligst auf den Bügel, will er sagen. Aber ihm fällt partout das Wort für Bügel nicht ein. Da drückt er Freddie den Bügel einfach in die Hand. Der ist so verdutzt, dass er zugreift.

»Tomorrow morning the coat muss back sein in the yard. You understand?« Gustav starrt ihn drohend an.

»Please, give answer.«

Freddie, die Bank zwischen den Beinen, ist perplex. Er nickt. »Alright, 'be okay.«

»Thank you.« Gustav dreht sich um und steuert auf den Ausgang zu. Die Aufwärterin steht noch immer verdutzt an derselben Stelle, zwei blaue Kannen in der Hand.

»You are from the Clothing House?«, fragt sie.

»Yes, Uhlig & Co.«

Da kräht Freddies Stimme hinter ihm durch den Saal: »Ten mo'alls and the coat'll be back!« Offenbar hat der Milchbart sich erholt, seine Lebensgeister sind zurück.

Ohne sich umzuschauen, verlässt Gustav den Speisesaal. Das war die längste Unterhaltung, die er bislang auf Englisch geführt hat, er kann es selbst nicht fassen und ist zufrieden mit sich.

Ten heißt zehn. Aber was zur Hölle sind moals?

~

»Mothballs! Was er damit will? Natürlich verkaufen!« Als sie sich treffen, hat Max seinen Spaß an der Geschichte. »Mottenkugeln helfen auch gegen Flöhe. Zeitungsjungs sind geschäftstüchtig! Du musst ihm ja richtig imponiert haben. Für den Mantel hätte er mehr gekriegt!«

Sie sitzen in der Lager Beer Bar, vor beiden ein Glas Bier auf dem Tisch. Eine Pause tritt ein, dann sagt Gustav:

»Sie machen auch blöde Witze über Herrn Paruske. Ich versteh nicht genau, aber …«

»Was für Witze?«

»Ich glaub, dass er ein warmer Bruder ist.«

»Und is er?«

»Weiß nicht.«

»Hauptsache, dir kommt er nicht zu nah. Tut er das?«

»Nein.« Gustav schüttelt entschieden den Kopf.

»Von denen gibt's mehr, als wir denken. Bei uns im Dorf war einer, den wollten sie abholen, weil sie ihn erwischt hatten, sie wollten ihn einsperren. Gericht und so. Da hat er sich in der Scheune erhängt. Seine Mutter hat so geschrien, das war noch auf dem Feld zu hören. Es war ihr einziger Sohn. Sie ist blöd geworden im Kopf davon.« Max dreht sein Glas in den Händen. »Einsperren nützt nichts. Wenn du so bist, bist du so. Hauptsache, er fasst dich nicht an.«

Sie schweigen einverständig.

Zwischen Max und mir ist es gut, denkt Gustav. Wie bin ich froh, dass Edgar nicht immer dabei ist, wenn wir uns treffen.

Am nächsten Morgen ist er früher im Clothing House als sonst. Er stellt die Kleiderstange, die er über Nacht ins Haus geholt hat, in den Hof und hängt daran ein weißes Säckchen mit Mottenkugeln. Dann geht er ins Kontor. Wenig später trifft Herr Paruske ein und entdeckt im Hof den Chesterfield.

Er schimpft: »Was macht der Mantel da? Hast du ihn etwa über Nacht vergessen?«

»Nein«, sagt Gustav treuherzig. »Er brauchte nur eine Extra-Behandlung gegen Motten.«

Und um weiteren Erkundigungen zu entgehen, fragt er: »Warum bietet die Firma nicht billige Hemden an? In kleinen Größen?« Anton Paruske blickt ihn erstaunt an.

»Die Jungs wachsen doch, die brauchen oft ein neues Hemd. Warum sollen sie das woanders holen?«

»Zerbrich dir nicht für andere den Kopf, junger Mann«, sagt Paruske mürrisch. Verstimmt wendet er sich ab.

Das war zu forsch von mir, erkennt Gustav.

Gustav kommt aus einem Haushalt, in dem Männer das Sagen hatten. Das Regiment seines Vaters war zum Fürchten, er sprach wenig, und um ihn nicht zu provozieren, konzentrierten sich alle anderen Familienmitglieder auf das Nötigste. Zu plaudern war verpönt. Nach dem Tod des Vaters hätte sich das ändern können, aber es war, als kämen seine Mutter und die Schwestern gar nicht auf die Idee, dass sie jetzt Platz einnehmen, besser atmen und sich mitteilen könnten. Das Wort führten nun die Brüder, mit mehr oder weniger derben Späßen und Debatten darüber, was zu tun sei.

Anders bei Samtmanns. Die Frauen geben hier den Ton an, und das ist komplett neu für Gustav. Die Schwestern sind mal kess und mal schnippisch, da muss er sich hüten.

Aber auch die scheinbar so stille Frau Luise kann zu ganz anderer Form auflaufen. Das erweist sich, als der Barbier das Geschäft erweitern will. Sie ist dagegen und sagt das auch. Mit einer solchen Komplikation hat Franz Samtmann nicht gerechnet: Was das für eine Widerrede ist, Gegenwehr geradezu! Auch Gustav staunt. Er kann sich dem Streit, der sich zum Ehekrach auswächst, nicht entziehen, auch wenn er es möchte. Dafür ist die Wohnung in der 3rd Street zu klein und die Wände darin zu dünn. Sein Chef ist so erschüttert, dass er später gar nicht anders kann, als mit Gustav über dieses Erdbeben, das ihn als Geschäftsmann und als Gatten infrage stellt, zu sprechen.

Ursächlich für den Zwist ist nicht der Umstand, dass Herr Samtmann das Geschäft erweitern will. Nein. Es ist der Umstand, dass er das in der Broome Street machen will.

»Franz, der Ort ist falsch!«, sagt Frau Samtmann eines Abends mit sanfter Stimme. Der Abwasch ist gemacht, ihr Gatte sitzt mit der *Staats-Zeitung* am Küchentisch, sie sortiert Löffel in die Schublade. Ohne auf seine Reaktion zu warten, fährt sie fort, jetzt eindringlich:

»Warum glaubst du, gibt Konrad Augustin seinen Laden auf? Warum ziehen die Augustins aus der Wohnung aus?« Das Ehepaar Augustin wohnt seit mehr als zwanzig Jahren direkt über seinem Tabakladen.

»Weil er sich zur Ruhe setzt und zu seinen Kindern nach Cincinnati geht! Darauf kann man doch mit siebzig Jahren auch mal kommen!«

»Weil er begriffen hat, dass Italiener und Juden das Viertel übernehmen! Guck doch hin, täglich werden es mehr. Und sie kaufen keine Zigarren! Hast du ihn gefragt, wie sich sein Absatz entwickelt hat?«

Franz Samtmann ist überrascht, er brummt: »Auch Italiener rauchen.«

»Aber orthodoxe Juden nicht! Und Juden aus Przemysl«, sie spricht das Wort so aus, dass das P knallt und es dann mehrfach zischt, »werden sich bei einem deutschen Christen ganz bestimmt nicht die Bärte scheren lassen!«

Das ist ein Argument, denkt Gustav, der in seiner Kammer auf dem Bett liegt und zuhört. Noch nie ist einer der Männer mit Bart, Hut und schwarzem Mantel die Stufen zum Barbier Samtmann heruntergekommen.

Frau Samtmanns Stimme ist jetzt nicht mehr sanft:

»Die Deutschen ziehen fort! Jakob Schäfer in der Orchard Street hat sein Lokal aufgegeben. Frau Gumpertz aus demselben Haus zieht in die 52nd Street.«

»Du weißt genau, dass sie geerbt hat!«

»Und wer zieht in ihre Wohnung? Eine Familie aus Krakau! Nur noch eine einzige deutsche Familie wohnt im Haus.«

Franz Samtmann schweigt. Man hört, wie Frau Luise den Geschirrschrank auf- und zumacht, viel lauter als sonst. Dann wieder sie:

»An der Hester Street der jüdische Fischmarkt. Überall die Synagogen. War das so vor fünf Jahren?« Sie senkt die Stimme: »Nicht nur du liest die *Staats-Zeitung*. Hier!«

Zeitungspapier raschelt. Mit erhobener Stimme liest sie vor: »Kleindeutschland ist in Bewegung.« Und zwar nach Norden! Such einen neuen Laden in der Second Avenue, der Avenue A oder am Tompkins Square. Ist es da so viel teurer? Ich bitte dich, Franz!«

Noch nie hat Gustav Frau Samtmann so viel und so eindringlich sprechen hören.

Jetzt ist ihr Gatte dran:

»Unsinn. Zwischen Bowery und Chrystie Street: Das ist ein guter Platz, ich werde immer Laufkundschaft haben. Und der Fischmarkt zieht auch deutsche Juden an.«

»Hausfrauen!«, zischt Frau Samtmann. »Der Fischmarkt zieht Frauen an.«

Der eheliche Dissens endet damit, dass Franz Samtmann sich durchsetzt. Er wählt die Form des Machtworts.

»Ich bin der Haushaltsvorstand, ich entscheide«, donnert er. Gustav hört seiner Stimme an, wie sehr ihn diese Behauptung anstrengt.

Frau Luise reagiert mit eisigem Schweigen und hält dies die nächsten zwei Wochen durch. Aus einem Gustav unerfindlichen Grund straft sie damit nicht nur ihren Ehemann, sondern auch ihn, den Untermieter.

Etwas erreicht sie: Samtmanns Plan, nicht nur den Laden, sondern auch die Wohnung des Zigarrenhändlers über dem Shop zu übernehmen, wie es eigentlich seine Absicht war, wird aufgegeben. Die Familie bleibt in der 3rd Street. Gustav findet das alles andere als schlecht: Man stelle sich vor, das Geschäft und die Wohnung wären im selben Haus, dann wäre er noch mehr unter Kontrolle! Herr Samtmann ist ein paar Tage wortkarg, dann verwandelt er seine Enttäuschung in einen guten Rat an seinen Lehrling: »Frauen verstehen nichts vom Geschäft, Gustav, aber man muss sich arrangieren mit ihnen.« Er seufzt: »Nur die Treppe hoch, und das Essen steht auf dem Tisch. Das wär's gewesen …«

In die Wohnung von Familie Augustin zieht wenig später eine Familie aus Italien. Sie sind zu neunt, heiligen den Sonntag und machen Lärm. Signore Biarini grüßt freundlich, aber wo immer sich er und sein Schwager rasieren lassen, ist ihr Geheimnis. Den Barbier Samtmann im selben Haus suchen sie nicht auf.

~

Max hangelt sich derweil von einem Job zum nächsten. Transportunternehmer brauchen Arbeiter, genau wie der Fischmarkt, aber auch sie heuern immer nur für ein paar Tage an, das ist billiger für sie. Ist der Umzug gemacht oder der Fang eingebracht, steht Max wieder Schlange vor der Arbeitsvermittlung in der Canal Street. An einem Abend, an dem er zwei Stunden auf der Straße gewartet hat, – mit staubiger Kehle, wie er sagt –, um dann auf den nächsten Tag vertröstet zu werden, holt er Gustav von Uhlig ab. »Vielleicht geh ich doch weiter in den Westen!«, stößt er bedrückt hervor. »Sie brauchen immer noch Arbeiter, die Bahngleise in Kalifornien legen. Heute war ein Agent für die Santa Fé Railroad da!«

»Unterschreib bloß nicht so 'nen Kontrakt!« Gustav ist erschrocken.

»Du hast gut reden! Du hast gleich zwei Jobs!« Max lehnt an der Hofzufahrt des Newsboys Lodging House, die Hände in den Taschen. Es ist ein schöner Sommerabend, und er hat hier schon eine Weile gestanden und darauf gewartet, dass Gustav bei Uhlig fertig ist und rauskommt. Mit einem kleinen Ruck stößt er sich nun von der Wand ab. Wie so oft bei ihm zeigt eine Bewegung an, dass er das Thema wechseln will, dass er sich auch innerlich einen Schubs gegeben hat. Mit dem Kopf deutet er in den Hof und fährt leichthin fort:

»Was ist mit dem Kleinen? Der keucht wie eine Lok.«

Er hatte Zeit, die Zeitungsjungen zu beobachten, die sich auf dem Hof vergnügen.

»Das ist Freddie.«

»Ach, dein kleiner Freund!«

»Der ist nicht mein Freund.« Jetzt ist Gustav missmutig. »Lass uns gehen!«

»Sein Atem rasselt, der hat was mit der Lunge.«

»Ach was, er raucht. Das machen sie alle.«

Als ahnte er, dass sie über ihn sprechen, hebt Freddie in diesem Augenblick den Kopf und winkt herüber – einen Moment lang mustert er Max neugierig.

Richtig ist, seit der Geschichte mit den Mottenkugeln tut Freddie, als wären Gustav und er alte Kumpel. Tatsächlich hat Gustav ihn bereits zwei Mal wegen Adressen, zu denen er geschickt wurde, konsultiert. Erfolgreich. Außerdem hat Freddie ihm seinen Kater gezeigt. Es ist das dürre Tier mit hellrotem Fell, das er schon kennt. Es streicht um die Müll- und Aschtonnen und faucht alle furchterregend an, die ihm zu nahe kommen. Bis auf Gustav, an dem es einen Narren gefressen hat. Jetzt gibt es gleich zwei solche Streuner, die mich verfolgen, hat Gustav schon gedacht. Irgendwie ist Freddie eine Ausgabe des Katers in Menschengestalt. Unausstehlich und kratzig, warum will er ausgerechnet mich zum Freund? Mit welcher Hingabe Freddie für das Tier sorgt. Milch in einem Schüsselchen stellt er dem Vieh hin, als lebten sie hier in einer Villa.

Jetzt hört man Freddie heiser krähen, er steht im Pulk der Newsboys. Jungs in kurzen Hosen bilden einen Kreis um einen Kasten herum, mehr kann man aus dieser Entfernung nicht sehen. Offensichtlich bannt es die ganze Aufmerksamkeit der Kinder. Es ist noch warm, und Gustav zieht es weg an einen schöneren Ort, den Broadway hoch, zum Union Square oder rüber zu Tompkins Park.

Aber Max hat es nicht eilig. Er beharrt auf seinem Thema: »Freddie sollte aufpassen. Tierkämpfe stehen unter Strafe.«

»Wovon redest du? Was macht er denn?«

»Weißt du nicht? Sie hetzen eine Ratte und eine Katze aufeinander. Rate, wer gewinnt!«

Gustav ist überrascht. »Die Katze?«

»Ja, meistens. Ist aber nicht garantiert. Sie wird verwundet, schafft aber am Ende oft den Genickbiss.«

Augenblicklich hat Gustav den dürren Kater vor Augen und wie zärtlich Freddie ihn immer streichelt. »Das heißt, sie züchten Ratten?!«

»Sie fangen sie – und mästen sie. Das Biest eben hättest du sehen sollen!« Max lacht. Er zeigt mit zwei Zeigefingern die Größe eines Brotlaibs. Angewidert verzieht Gustav das Gesicht.

»Guck's dir an!« Max geht in Richtung der Kinder, und Gustav bleibt nichts anderes übrig, als ihm zu folgen. »Wenn das dein Herr Paruske wüsste!«

Genau das hat Gustav auch gerade gedacht. Wenn Herr Paruske das spitzkriegt, wird Freddie mit Pauken und Trompeten aus dem Lodging House fliegen. Paruske hätte einen Hebel. Ratten halten im Keller, dagegen gibt es eine Allianz der Erwachsenen. Eine Stadt, von Ratten gepeinigt, kennt da kein Pardon.

Ein hohes dünnes Fiepen erklingt. Zwischen den nackten Waden der Jungs, die gespannt hin und her springen, ist ein Kasten sichtbar – und darin ein rasendes Knäuel: rotes Fell und etwas Dunkles – offenbar der Leib der Ratte. Die Wände des Kastens sind von Blut bespritzt. Gustav wird bewusst, dass er das Fiepen nicht das erste Mal hört. Er schaudert. So also schreit eine Ratte in Todesnot.

»Lass uns weggehen, bitte!« Aber auch er kann die Augen nicht von der Szene lösen.

Mit bloßen Händen greift Freddie fachmännisch den Kater, der knurrt, als wäre er ein Hund, öffnet ihm den Kiefer, löst daraus die Ratte und schmeißt sie auf einen Haufen. Ein Haufen toter Ratten! Unmittelbar neben der Teppichstange! Eine Welle von Ekel erfasst Gustav. Ratten. Ratten mit fetten Schenkeln und Gequieke, Ratten, die huschen und kratzen und die Pein des Menschen sind. Allein ihretwegen hasste er das Landleben! Sie huschten durch dunkle Ecken in Scheunen, in der Schmiede – und immer wieder auch durchs Haus. Er sieht eine graue Ratte unmittelbar vor seinem Gesicht baumeln, Hans, wie er sie ihm am Schwanz vor die Nase hielt und ihn so aus dem Schlaf weckte. Ihm ist, als kitzelten ihre Barthaare noch einmal sein Gesicht! Er könnte kotzen.

Während Gustav sich abwendet, streift sein Blick Freddie, der in der Gruppe von Jungen steht, seinen Kater auf dem Arm, und ihn tätschelt. Sein Gesicht drückt tiefe Befriedigung aus. Paruske hat recht, der muss weg, denkt Gustav.

»Ich glaube, einer hat 'nen Hund. Der geht gleich in den Ring … wollen wir …?« Max hebt mit einer Frage an, seine Stimme klingt lebhaft, aber dann hört er auf. Er hat einen Blick in Gustavs Gesicht geworfen: »Ich seh schon, wir ziehen jetzt lieber ab.«

Während Franz Samtmann und Gustav der Schweigebann der Hausfrau trifft, plaudert sie umso demonstrativer mit ihrer ältesten Tochter. Die Eröffnung von Siegel & Cooper an der Sixth Avenue naht, und Frau Samtmann und Margie haben kein anderes Gesprächsthema. Die Werbekampagne der Kaufhausmanager läuft auf Hochtouren; die deutschen Zeitungen sind voll davon – wie auch die anderen Zeitungen Manhattans. Sonntags beim Kirchgang hat Gustav beobachten können, mit welchem Tempo die Bauarbeiten vorangingen. Noch steht seine Kirche, St. Paul's, an der Ecke Sixth Avenue und 15th Street. Was ist sie für ein Spielzeughäuschen verglichen mit dem Koloss von Bau, der zwischen 18th und 19th Street entstanden ist!

Das neue Kaufhaus hat mehr als 70 000 Quadratmeter Verkaufsfläche auf fünf Stockwerken und ist das größte der Welt. Ein Tempel der Kauflust. Neben Herren-, Damen- und Kinderabteilung beherbergt es auch ein Post Office, eine Zahnarztpraxis, Kinderbetreuung, ein Theater, eine Galerie mit Kunstausstellungen, Abteilungen für Weißwäsche und Kurzwaren, Haushaltswaren, Confiserie, Feinkost sowie Lebensmittel aller Art, Porzellan und Glas, dazu schöne Dinge für Haustiere und eine Auswahl an Pets sowieso (die Attraktion am Eröffnungstag sind die Krallenäffchen). Es gibt einfach alles. Fein abgeschmecktes Gänseschmalz ist an diesem Tag umsonst – eine Armee von Verkäuferinnen in strahlend weißen Blusen überreicht den Kundinnen die Kostproben in der Lebensmittelabteilung. Aber die Krönung der Anlage befindet sich im Foyer, das sich, einem Atrium gleich, über alle miteinander durch Aufzüge verbundenen Stockwerke öffnet: Darin erhebt sich die Fontäne, sie sprudelt, von Palmen umgeben, aus einem gewaltigen Brunnen aus Marmor.

»Meet Me at the Fountain!«, lautet der Slogan.

150 000 Menschen folgen der Einladung und strömen allein am Tag der Eröffnung herbei, die Gehwege quellen über. Zeitweise steht der Verkehr in der Sixth Avenue still – die gläsernen Drehtüren hingegen bewegen sich ununterbrochen. Und auf den Türmen sind Fahnen gehisst; sie flattern festlich im Wind: Was hat die Welt nicht alles an Herrlichkeiten zu bieten!

Margie ist aus dem Häuschen. Am Morgen hat sie die Papilloten aus dem Haar entfernt (den schönen Wellen hilft Papa Samtmann regelmäßig nach, so viel weiß auch der Untermieter schon), jetzt sitzt sie im grauen Kostüm (ihrem einzigen) und trommelt mit den schönen Fingern voll Ungeduld auf die Tischplatte. Sie ist drauf und dran, etwas zu verpassen. Denn die Firma Ridley's hat ihr nicht freigegeben, um zur Konkurrenz zu laufen und das Angebot zu bestaunen. Zum Glück ist dort in dieser Eröffnungswoche bis zehn Uhr abends geöffnet. Jetzt ist es acht, sie kann es also noch schaffen. Endlich klopft es an der Tür. Und Gustav, der mit Lisbeth in der Küche sitzt und Schuhe putzt, traut seinen Augen nicht: Es ist Max Brausewetter, der die Damen Samtmann abholen kommt. So geschniegelt und geschrubbt hat Gustav ihn noch nie gesehen.

»Dass sie ein Angebot von Siegel & Cooper hat, ist geflunkert. Sie hat sich dort beim Hairdresser auf der dritten Etage beworben, aber ihr Englisch reicht nicht«, teilt Lisbeth ihm mit, sobald sich die Tür hinter den dreien geschlossen hat. Unbarmherzig fügt sie hinzu: »Floskeln allein sind es eben nicht.«

»Hairdresser?«, Gustav ist verblüfft. »Warum hilft sie nicht eurem Vater?«

»Warum? Der schert doch Bärte! Sie träumt davon, eine Frau zu sein, die anderen Frauen die Haare und Haut schön macht.«

»Sie wird es schon schaffen. Man muss nur wollen«, entgegnet Gustav.

Dabei ist er sich dessen gar nicht so sicher. Ihm fällt das Englischlernen nach wie vor schwer. Sein Auftritt bei den Newsboys war gut, er ändert aber nichts daran, dass seine Zunge sich normalerweise in ein fremdes Tier verwandelt, das schwer und pelzig in seinem Mund klebt, sobald er sich an den fremden Lauten versucht. Die Welt bei Uhlig & Co. stellt in dieser Hinsicht kaum eine Herausforderung dar.

Als Lagerarbeiter eingestellt, ist er zwar zum »jungen Mann für alles« avanciert, was Botengänge quer durch die Stadt einschließt, aber er hat nach wie vor wenig Kontakt mit Kunden. Zudem sind viele von ihnen so deutsch wie er. Deutsch sprechen auch fast alle Nachbarn im Mietshaus der Samtmanns.[5] Deutsch ist die Schlachterei an 3rd Street, deutsch sind die Bierhallen, in die er mit Max und Edgar zieht. Ein ganzer Straßenzug ist von schwäbischen Familien okkupiert. Das Idiom ist ihm ein Graus, lieber ist ihm da Jiddisch. Aber natürlich kann er als Preuße auch die Schwaben verstehen.

»Warum machst du nicht abends einen Kurs?«, spricht Lisbeth in seine Gedanken hinein. »Das ist leichter, als allein zu lernen.«

Offenbar ist sie im Kabuff gewesen und hat das Lehrbuch »Englisch lernen« gesehen, an dem er sich schon auf dem Schiff versucht hat. »Ich komm nicht vor acht bei Uhlig weg, und freitags und sonnabends geht es schon gar nicht«, brummt er.

Sie zwinkert ihm zu: »Du musst nur wollen.«

Lizzies Ehrgeiz und auch ihr Fleiß, was das Lernen angeht, beeindrucken ihn. Diese magere kleine Person. Es steckt allerhand in ihr.

»Vielleicht wirst du eines Tages Lehrerin, Lisbeth. Oder Ärztin«, sagt er, während sie da am Küchentisch sitzen.

Lisbeth widerspricht nicht.

Da fühlt Gustav sich unterlegen. Wann hat Max bloß angeboten, Mutter und Tochter zu Siegel & Cooper zu begleiten? Wie kam es zu dieser Verabredung? Er grübelt. Wäre es nicht an Gustav gewesen, den ritterlichen Begleiter zu geben? Verdrossen bearbeitet er seinen Schuh. Der Glanz reicht schon für drei Kaufhaus-Eröffnungen. Max zieht von dannen mit Margie. Gestern stank er noch nach Fisch.

5. KAPITEL

Gustav hat den neuen Anzug an und steht im warmen Sommerwind auf dem Anleger. Auf dem East River blinken kurze kleine Wellen im Sonnenschein. Es sieht aus, als ob ein Schwarm von Heringen unter der Wasseroberfläche gleitet. Inmitten freudiger Erwartung fühlt er sich allein: Um ihn herum schnattern aufgeregte Mädchen. Ihre kleinen Brüder flitzen hin und her. Bänder flattern, Röcke bauschen sich. Herren halten ihre Hüte, lachen einander zu und reichen ihren Gattinnen den Arm. Ganz in Weiß sind die Damen, mit Sonnenhüten so groß wie Wagenräder. Diesen Hüten kann der Wind nichts anhaben, sie sind festgesteckt im Haar – die Mütter haben die Hände frei, ihre Kinder zu greifen und sie zu ermahnen. Und alle haben prall gefüllte Körbe dabei: Der Dampfer soll in Long Island anlegen, das Picknick am Oriental Grove ist der Höhepunkt der Unternehmung.

Nur Gustav hat nicht daran gedacht, etwas Essbares mitzunehmen. Und offenbar hat auch Herr Uhlig ihn vergessen – der Quadratschädel mit dem Bürstenschnitt seines Chefs ist jedenfalls nicht in der Menge zu entdecken.

Der Dampfer tutet, alle Wartenden setzen sich in Bewegung. Da ruft jemand seinen Namen. »Gustav! Herr und Frau Uhlig sind schon an Bord. Lass uns einsteigen.«

Anton Paruske kommt auf ihn zu, auch er ausgerüstet für die Sommerfrische. Er trägt ein helles Jackett mit aufgesetzten Brusttaschen und auf dem Kopf die obligate Kreissäge. Gustav ist erleichtert. Die beiden fädeln sich mit den anderen Ausflüglern über die Gangway.

Das Ehepaar Uhlig residiert mit anderen Honoratioren an einem weiß gedeckten Tisch unter Deck; die Gruppe ist bereits umnebelt von Zigarrenqualm, den der alte Herr produziert. Zu schade, Gustav wäre gern oben auf dem Sonnendeck geblieben, um das Ablegemanöver zu verfolgen.

»Dieser junge Mann hier heißt Gustav und stammt aus Stolp«, so stellt ihn Herr Uhlig vor. Gustav verbeugt sich und taxiert schnell die Runde.

Eine warzennasige Tochter ist nicht in Sicht, zum Glück. Frau Uhlig ist eine Matrone mit roten Wangen und enormem Busen, ein Eindruck, der verstärkt wird durch eine Kaskade von Rüschen, die diesen Vorbau behängen wie eine Tribüne. Mit der einen Hand wedelt sie einen hellen Fächer, mit der anderen bedeutet sie Gustav und Herrn Paruske, Platz zu nehmen. Dabei lächelt sie wohlwollend. Neben ihr sitzt Pastor König, den Gustav nur aus dem Gottesdienst kennt. Trotz der sommerlichen Temperaturen trägt er sein Beffchen unter einem schwarzen Gehrock, dabei blickt er ernst – genau wie seine Gemahlin neben ihm. Sie ist die einzige Lady, soweit Gustav sieht, die ein dunkles hochgeschlossenes Kleid trägt. Die beiden sind so dünn, wie die Uhligs dick sind. Dass der Pastor wahrscheinlich klug, aber so gut wie nie froh ist, das hat Gustav schon im Gottesdienst bemerkt. Von der Kanzel schimpft er über Protestanten, die den falschen Weg einschlagen, genau verstanden, worum es geht, hat Gustav bislang nicht.

Die Herren reden über den Umzug. Der Spatenstich für das neue Gotteshaus in der 22nd Street ist erfolgt und das Grundstück mit der alten Kirche verkauft. Für die Bauzeit von einem Dreivierteljahr ist eine Kapelle zu mieten. Zwei, erfährt Gustav, stehen zur Auswahl, eine davon ist die der Episcopal-Gemeinde an der Sixth Avenue. Herrn Uhlig interessiert das Thema ersichtlich nicht allzu sehr. Er klingt etwas herablassend, als er zum Pastor sagt: »Völlig richtig, für die kurze Zeit ist das günstigste Angebot das beste. Sie können nichts falsch machen.«

Gustav mag seinen Ohren nicht trauen, als er hört, dass das gesamte Mobiliar für die neue Kirche erneuert werden soll. Die gepolsterten Bänke aus Walnuss werden einfach verschenkt! Selbst neue Gesangsbücher sollen gekauft werden. Seltsam, was die Gemeinde mit seinem mühsam abgedrückten Beitrag so anstellt. Er mustert verstohlen den Pastor König. Eigentlich sieht er so aus, als lebte er nur von Wasser und Brot. Trotzdem, Pastor Schröder in Budow wäre garantiert sparsamer.

Dann nimmt Herr Uhlig Herrn Paruske in Beschlag, der ihm gegenübersitzt. Er hat irgendwas wegen der Firma zu besprechen und redet mit gedämpfter Stimme eindringlich auf ihn ein.

»Carl macht sich Sorgen wegen dieser Kaufhäuser. Die Leute laufen doch alle dorthin«, sagt Frau Uhlig in die Runde und wendet sich an Frau König, »aber ist es nicht wirklich entzückend, bei Siegel & Cooper einzukaufen?«

Eine Antwort erwartet sie nicht; der Dampfer gleitet gerade an Blackwell's Island vorbei und zieht die Aufmerksamkeit in ihren Bann: »Schaut, die Irrenanstalt steht doch tatsächlich leer.«

Durch das Fenster sieht man ein paar trostlose alte Gebäude. Alle recken den Hals, bis auf Paruske und Uhlig, die weiter die Köpfe zusammenstecken. Frau Uhlig wendet sich Gustav zu und erklärt ihm, dass man bis vor Kurzem dort verrückte Frauen einsperrte. »Dann hat eine Reporterin getan, als wäre sie krank, und sich dort einliefern lassen. In der Zeitung hat sie dann geschildert, wie die irren Weiber dort gequält wurden.«

Der Pastor schaut Gustav an. »Junger Mann, wofür interessieren Sie sich, wenn Sie nicht arbeiten?«

»Malerei«, sagt Gustav wie aus der Pistole geschossen. Er weiß nicht, wieso er das sagt. Viel Zeit hat er ja nach der Arbeit nicht.

Aber daheim, in Budow, da hat er gezeichnet, keine Frage. »Meine Geige hab ich in Deutschland gelassen.«

Warum lüge ich, denkt er. Weil ich diesen Leuten gefallen will? Das muss am Zigarrenqualm liegen. Er trinkt hastig von der Limonade.

»Ach?« Der Pastor klingt aufrichtig interessiert. »Es gibt so großartige deutsche Maler in Amerika. Ich besorge Ihnen Karten für das Metropolitan Museum.«

Der Picknickplatz ist eine kleine grüne Anhöhe mit einem Steg davor, an dem der Dampfer festmacht. Es lässt sich von dort lieblich über den Sund blicken und den Segelbooten zuschauen. Frau Uhlig zeigt nun ihre Qualitäten. Schnaufend erklimmt sie den Hügel, wirft ein Kissen auf das Gras, lässt sich mit der Anmut eines Walrosses darauf fallen und öffnet ihren Picknickkoffer, den sie Gustav unter Ermahnungen hat tragen lassen. »Waagerecht halten, damit das Glas mit den Gürklein nicht ausläuft!«

Zutage kommen: gebratene Hähnchenschenkel, panierte Schnitzel, Bretzel, Würstchen mit Kartoffelsalat, weißes Brot und Butter, eingelegte Gurken und riesige rote Tomaten. Und was riecht da so gut? Bratwürste! Zwei junge Männer hantieren an einem mächtigen Grill. Offenbar hat die Gemeinde sie zur Bedienung engagiert. Ein dritter schleppt in einem Bottich Eiswürfel vom Schiff. Ein Fass Bier wird angeschlagen. Kein deutscher Gentleman macht sich beim Ausschenken oder Grillen die Hände schmutzig. Die Familienväter lassen sich die Gläser füllen und prosten einander zu. In einer Gruppe steht der alte Herr Uhlig und führt im Wechsel eine Zigarre und ein Henkelglas mit Bier zum Mund.

»Herr Gustav!«, ruft Frau Uhlig. »Hier ist auch Senf, den vergessen die Boys gern.« Unablässig zaubert seine Gastgeberin Dinge aus dem Korb hervor.

»Nimm! Und iss, mein Junge, lass es dir schmecken!«

Gustav zögert keinen Moment und greift zu.

Auf seiner Zunge schmilzt eine Tomatenscheibe, er schließt

überrascht die Augen, so süß und köstlich schmeckt das. Frau Uhligs Freude an seinem Appetit ist ehrlich und spinnt ein Band der Sympathie zwischen den beiden. Längst ist sie zum mütterlichen Du übergegangen: »Ja, die Tomaten! Die sind wunderbar, man nennt sie Ochsenherz, ihrer Form wegen. Solche Tomaten kriegst du nur bei den Italienern ...« Ihre roten Wangen und das Fleisch unter ihrem Kinn schlottern glücklich, sie ähnelt einer Glucke, die in ihrem Element ist. »Nimm noch ein wenig Salz!«

Es ist heiß, der Wind hat sich gelegt. Die Damen kümmern sich geschäftig darum, alle zu versorgen; dann zücken sie ihre Sonnenschirme. Die Herren haben die Jacken über die Schultern gelegt und lockern die Hemdenkragen. Sie spazieren in Grüppchen, einige organisieren Spiele für die Kinder. Gustav bleibt lieber in der Nähe von Frau Uhlig und dem Picknickkorb. Inzwischen ist die dicke Lady von anderen Damen, von Klappstühlen, Sonnenschirmen und ausgebreiteten Tischtüchern umringt.

»Dieser Hut bringt mich noch um«, klagt die alte Dame. Sie zieht die Hutnadeln heraus, setzt die imposante Kopfbedeckung ab und zutage kommt ein gewaltiger Haarkranz aus grauen Zöpfen, die um ihren Kopf geschlungen sind. Sie beklagt den Aufwand, den sie damit hat. Stunden bringe sie damit zu, ihr Haar nach dem Waschen zu trocknen. Und zu legen. Gustav liegt aufgestützt auf der Seite und betrachtet sie stumm.

Was für ein Haar! Wer kümmert sich um die Frisuren all dieser Damen? Sie legen doch viel mehr Wert darauf, schön zu sein, als Männer ... Müsste man nicht ... man könnte ...

Müdigkeit überfällt ihn. Er ist so erleichtert, dass seine neue Freundin keine Tochter hat ... wie sähe eine Tochter von Frau Uhlig aus? In seiner Fantasie hatte er sich vorgestellt, dass ein solches Fräulein ihn anschielte unter widerborstig schwarzem Haar ... Daran ist nur Max schuld, dies Schandmaul ...

»Unser Sohn will nach Michigan ... Seine ganze Hoffnung ist, dass ...« Wer das sagt und worauf der Sohn hofft, kriegt Gustav nicht mehr mit. Er ist eingenickt.

»Sprich das Dankgebet in Zukunft lieber, bevor die Leute die Picknickkörbe auspacken! Die Männer sollten auch mit dem Bier warten. Das ist ja alles etwas hemmungslos«, sagt Frau König später zu ihrem Mann. »Hast du gesehen? Ein Jüngling hat seinen Rausch ausgeschlafen, während du gepredigt hast.«

Es gibt etwas, das Gustav in Manhattan mindestens so beeindruckt wie das größte Warenhaus der Welt. Es ist Andronelli's.

Der erste Anblick trifft ihn wie ein Donnerschlag. Wie angewurzelt bleibt er auf der Straße davor stehen. Besäße er einen Spazierstock, würde er ihn in der Hand wirbeln und sich dabei um die eigene Achse drehen. Gerade macht er sich so seine Gedanken darüber, wie schön es doch wäre, solch einen Handstock zu besitzen. Denn er flaniert so gern. Flaniert wie an diesem Mittag die Sixth Avenue entlang, in einer Welt der Eleganz. Eine Stunde in der Woche scheint sie ihn einzuschließen. Die Ladies Mile! Der sonntägliche Spaziergang hier nach dem Kirchgang ist ein Höhepunkt in seiner Woche, Belohnung für allen Fleiß – und obendrein kostenlos. In dieser Stunde ist er nicht mehr der Bauerntrampel, der mit seinen Schnürpaketen auf dem Broadway stand und Maulaffen feilhielt. Gewaschen und gekleidet wie er ist, fühlt er sich in dieser Welt präsentabel, »piccobello«, wie die Italiener sagen.

Und nun steht er vor diesem Schaufenster.

Die gläserne Fassade erstreckt sich drei Meter in die Höhe und mindestens acht in die Breite und ist in der Mitte durch den Eingang geteilt. Sie besteht aus mehreren Fenstern, die, von innen eingerahmt von Vorhängen aus goldbraunem Brokat, den Blick auf einen Raum in tiefem Rot und Braun freigeben. An drei dunkel getäfelten Wänden hängen hohe Spiegel, zwölf insgesamt, und davor, in Sitzhöhe, gibt es Konsolen aus Marmor. Auf ihnen drapiert liegen Utensilien für die Haar- und Bartpflege. Das Großartigste aber sind die Sessel, mit weinrotem Samt gepolstert, die akkurat vor jedem Spiegel stehen.

Das ist die Gegenwelt zum schwarz-weiß-kargen Samtmann-Shop!

Offensichtlich, er tritt näher und späht hinein, hat ein jeder dieser Sessel ein Gerüst aus Metall, kann sich drehen und ist in der Höhe verstellbar – an den Füßen sind kleine Räder, die jetzt hochgeklappt sind. Der Polsterstuhl ist also bei Bedarf fahrbar. Sicherlich können sich die Kunden darin auch zurücklehnen. Die Sessel haben alle eine Kopfstütze und sind auch im Rücken zu regulieren.

Niemand beugt sich also hier zum Haarewaschen nach vorne! Nein, das ist anders gelöst: Ein Porzellanbecken, das sich wie ein gewaltiger Blütenkelch auf einem hohen Stängel öffnet, dominiert die Mitte des Salons. Am meisten verblüffen ihn die Wasserhähne darauf: Sollte es möglich sein, dass Wasserleitungen unter dem gekachelten Boden bis in die Mitte des Raums führen? Ist das vorstellbar – oder ist es bloße Attrappe?

Beeindruckt tritt er ein paar Schritte zurück und schaut nach oben: »Antonio Andronelli – Barber« prangt in goldenen Lettern auf dem Fenster.

In solcher Pracht schneidet dieser Italiener also feinen Leuten die Haare! Einen Tempel der Schönheit hat er geschaffen dafür. Einen Ort zum Verweilen.

Dieser Luxus begeistert Gustav, das ist die große Welt, etwas, was nur New York bieten kann. Es setzt Maßstäbe. Was ist das Basement der Samtmanns dagegen!

Dies hier ist Schönheit, das ist Kultur. Das lohnt es anzustreben. Erst einmal in seinem Leben ist Gustav im Theater gewesen. In einem Vaudeville am Union Square. Das Stück wurde auf Englisch gegeben, zum Glück kannte er die Geschichte von Onkel Tom schon, Lisbeth hatte sie ihm erzählt, sonst hätte er nichts verstanden. Was ihn beeindruckte, waren die schweren Samtvorhänge und das dunkle Holz, Mahagoni wahrscheinlich. Andronelli's hat etwas von dieser Szenerie. Haarpflege hat auch mit Theater, mit Kunst, zu tun, und so etwas lieben die Menschen.

Deutsche Friseurläden sind in der Tat frei von Schönheit. Hygienisch und nüchtern wie bei Franz Samtmann, so sehen sie im besten Fall aus. Die bescheidenen Stuben liegen genau wie sein Shop oft im Souterrain von vernachlässigten Häusern, und das Beste, was man über sie sagen kann, ist: Sie sind sauber.

Gustav bleibt nun auch wochentags vor Andronelli's Atelier stehen, er beobachtet die Barber mit ihren imponierenden, gezwirbelten Schnurrbärten und weißen Schürzen, freilich tragen sie nicht alle eine, hier scheint sich eine geheime Hierarchie abzubilden. Er sieht, wie sie sich über Herren in respektablen Anzügen beugen, und fragt sich, wer von ihnen wohl Andronelli ist und was er von deutschen Friseuren denken mag. Auch die Preise würden ihn interessieren. Er traut sich allerdings nicht hinein und verflucht seine schwere Zunge. Englisch ist für ihn schon schwierig genug, das Italienische ist ihm erst recht nicht geheuer.

Anton Paruske, der von Gustavs Betrachtungen keine Ahnung hat und sie wahrscheinlich befremdlich fände, denn was ist schon ein Barbier – ob Samtmann oder Andronelli, das macht für ihn keinen Unterschied – gegen einen namhaften Herrenausstatter und Händler? Anton Paruske plagen in diesem Sommer andere Sorgen. Sie haben mit Siegel & Cooper zu tun. Das Clothing House ist unter Druck, es leidet stark unter der Konkurrenz.

An einem Vormittag Anfang August, es ist drückend heiß, aber nicht mehr so schwül wie an den vorangegangenen Tagen, nimmt Anton Paruske Gustav beiseite. Er ist gerade damit fertig, den Aufgang im Hof zu fegen. Man muss sagen, es ist inzwischen der sauberste Hintereingang, den er so kennt.

»Komm mal rein, Gustav!« Herr Paruske räuspert sich und hakt den linken Daumen in die graue Westentasche. Es ist eine Weste aus hellgrauem Stoff, auf der in großem Abstand feine dunkelgraue Streifen abwärtslaufen. Herr Paruske trägt immer sehr schöne Westen. Er setzt sich umständlich in seinen Stuhl; sobald er sitzt, wippt seine rechte Fußspitze auf und ab. Man sieht ihm an, dass er sich nicht wohlfühlt.

»Gustav, es gibt Veränderungen. Das Clothing House wird verkleinert. Für dich ist keine Arbeit mehr.«

Der Schreck fährt Gustav in die Glieder. Er schaut den Geschäftsführer stumm an. »Herr Uhlig behält nur noch die Abteilung für Arbeitskleidung. Das Geschäft mit der Herrengarderobe wird eingestellt. Wenn wir überhaupt dabeibleiben.« Seine letzten Worte sind nur noch ein Murmeln. Paruskes Gesicht besteht plötzlich nur noch aus Sorgen.

Gustav ist so erschrocken, dass er sich erst einmal auf einen Schemel setzen muss, der neben Herrn Paruskes Kontortisch steht. Das erlaubt er sich sonst nur, wenn der ihn ausdrücklich dazu auffordert. »Es tut mir leid, Gustav.«

»Muss ich gleich gehen?«

»Du kriegst noch den Wochenlohn, aber morgen brauchst du nicht mehr zu kommen.«

Heute ist Donnerstag.

»Weißt du, Gustav, die Dinge verändern sich schnell in New York.« Gustav hat sich schon gewundert, dass die Lieferungen in den letzten Wochen seltener wurden. Und dass Herr Paruske seit der Wasserfahrt so einsilbig war.

»Ich hab das Jackett und die Hose noch nicht abbezahlt.«

Paruske winkt müde ab. »Such dir eine Krawatte aus. Komm, ich zeig dir, wie man sie bindet.«

Er führt Gustav in den Verkaufssalon für Herren, den er zuvor nur einmal hat betreten dürfen, nämlich als sie Herrn Uhlig aufsuchten. Weder Verkäufer noch Kunden sind an diesem Morgen da, dafür verirren sich durch die Schaufenster ein paar Sonnenstrahlen. Sie fallen auf den Teppich und legen bloß, wie ausgetreten er ist.

»Ein Händler sollte keinen Laden mieten. Mieter sind den Eigentümern ausgeliefert«, sagt Herr Paruske. Vielleicht, ahnt Gustav, hatte der alte Herr Uhlig einfach keine Lust mehr, auf die Konkurrenz zu reagieren. Ausgeliefert, das sind jedenfalls auch Paruske und er.

Besonders schön dekoriert ist der Tisch mit den Einstecktüchern und den Krawatten – Herr Paruske hat ein echtes Händchen dafür. Wie eine Spirale drehen sich hier Hemdenkragen mit Fliege, Krawatten und Binder der Mitte zu, wo die Büste eines lächelnden Herrn mit Strohhut steht, der Inbegriff der Sommermode. Aber Gustav kann sich gar nicht konzentrieren. Da greift sein Chef ein rostrotes Band mit dunkelgrünen Punkten, die winzig blau getüpfelt sind. Erst beim genauen Hingucken sieht man, dass die Punkte und Tüpfel Veilchen darstellen.

»Ich rate dir zu dieser hier. Und ich gebe dir einen Rat, Gustav: Halte dich fern von Streifen, mein Junge! Die sind für einen anderen Menschenschlag.«

Dann stehen sie vor einem der großen ovalen Spiegel. Herr Paruske greift ihm von hinten über die Schultern und führt geschickt seine Hände.

»So, so und dann so. Den Windsor-Knoten kennst du ja schon.«

Und er lächelt Gustav im Spiegel an.

Gustav trottet durch die Duane Street in Richtung Osten. Er sieht und hört nichts. Alle seine Berechnungen sind hinfällig. Zehn Dollar sind in seiner Hosentasche. Er knüllt die Scheine in seiner Hand. Übermorgen gehen vier an Frau Samtmann. In der Dose in seiner Kammer, in der mittleren Schublade der Kommode, bewahrt er fünfzehn weitere auf. Macht unterm Strich einundzwanzig Dollar. Davon kann er Kost und Logis erst mal weiterbezahlen. Eine ganze Weile! Zwei Dollar kriegt er im Friseurgeschäft. Haushaltskasse und Geschäftskasse, das wird strikt unterschieden, Frau Samtmann legt Wert darauf, und das ist ihm ganz recht so.

Wenn man bedenkt, dass er mit vier Dollar eingereist ist, war sein Kalkül bislang Quatsch: hundertfünfzig im Jahr zu erarbeiten, was für eine Illusion! Er ist jetzt vier Monate hier. Sein Plus beträgt siebzehn Dollar. Immerhin, er hat der Mutter zwanzig geschickt, das muss man berücksichtigen. Das steht auf der Habenseite. Aber wenn er bedenkt, dass er eigentlich auch Herrn Paruske noch acht Dollar geschuldet hätte, hat er es nur auf neun Dollar Gewinn gebracht.

Das sind weniger als vierzig Mark. Davon könnte er nicht mal eine Rückfahrt über den Atlantik bezahlen.

Die ganze Rechnerei, mit der er seinen Schmerz bekämpft, macht ihn ganz wirr im Kopf. Er hat keine Arbeit mehr. Wie lächerlich, einen Sonntag lang, auf dem Picknick, da hatte er sich eingebildet, er gehörte zu diesen Herrschaften! Er hat die Welt der Uhligs, vertreten durch Anton Paruske, bewundert, und nun ist sie für ihn untergegangen. Es bleibt die bei Samtmanns.

Es ist schon nach neun, als er die Treppen in der 3rd Street hinaufsteigt. Er hat das Abendbrot verpasst. Frau Samtmann wird unzufrieden sein.

Seine Wirtin sitzt mit ihrem Mann und Lisbeth am Tisch, als er hereinkommt. Aber sie guckt gar nicht böse:

»Gustav, setz dich zu uns«, sagt sie freundlich und zu Lisbeth: »Schenk Gustav ein Glas Milch ein.« Dann atmet sie hörbar ein und wieder aus. »Ein Telegramm ist gekommen für dich, Gustav.« Sie rückt ihm einen Stuhl zurecht, wartet, bis er sich gesetzt hat, und reicht ihm das Papier.

Hans verstorben. Unfall mit Fuhrwerk. Beerdigung war Freitag. Onkel hat Bestattungskosten vorgestreckt.

Gottessegen. Mutter

Datiert ist das Telegramm bereits auf den 24. April 1896.

Heute ist der 5. August.

»Es ist im Emigrantenhaus gelandet und dann im Christlichen

Wohnheim, und von dahin ging es zurück ins Emigrantenhaus«, hebt Franz Samtmann an zu erklären. »Da warst du dann und hast Geld aufgegeben und dein Absender …«, er bricht ab, als er in Gustavs bleiches Gesicht sieht. »Es ist ja auch egal.«

Nun ist es hier.

Den nächsten Tag verbringt Gustav im Bett. Er bleibt einfach liegen und starrt in die Luft. Die lichtlose Kammer kommt ihm vor wie ein Sarg, nur etwas größer. Ob er die Augen offen lässt oder schließt, ist gleich. Wenn er sie schließt, ist es nur wenig dunkler. Er ist dankbar, dass die Samtmanns ihn in Ruhe lassen. Eine fremde Familie sind sie, ein Fremder in der Fremde ist er selbst.

Vergeblich bemüht er sich, die Gesichter seiner Brüder aufzurufen. Hans. Richard. Beide sind ihm seltsam entrückt. Da er es mit ihren Gesichtern nicht schafft, versucht er es mit den Stimmen, und sie entziehen sich ihm ähnlich wie ein Traum, der im Aufwachen noch da ist – und im selben Moment zerstoben. Je mehr er versucht, sie zu fassen, umso stärker entgleiten sie ihm … Das Haus, die Schmiede, das ist alles weg. Er versucht es mit Erinnerungen aus dem Sommer: Hans, der ihm zeigt, wie man auf einem Grashalm pfeift. Aber sosehr er sich müht, Bilder aufzurufen, *sehen* kann er sie nicht. Ein Loch tut sich auf, und es breitet sich in ihm aus. Leere. Hans ist tot, unter der Erde. Schwarze, kalte Erde. Die wiederum kann er fühlen, er weiß sogar, wie sie riecht. Wo würden sie ihn, Gustav, hier hinpacken, wenn er stürbe? Es gibt Friedhöfe in Manhattan, einer ist nah, zwischen der First und Second Avenue. Aber die ganz Armen kommen nach Potter's Field. Da verscharrt man sie in großen Gruben.

Richard, der Schlaks, ist nun so was wie der einzige Sohn. Der Mutter Halt geben, das schafft Richard doch nicht! Ein Kind ist der noch. So rumpeln die Gedanken in ihm. Verlieren sich irgendwie in Umständen, die er nicht kennt. Ottilie und Helene, eine in Diensten auf dem Gut, die andere zu Hause.

»Wenn doch mal eine heiraten tät! Leider sind unsere Schwestern nicht hübsch!« Das hat Hans einmal zu ihm gesagt, daran erinnert er sich. Immer still war der. Und dann plötzlich – haute er so einen Spruch raus. Drei Jahre hat Hans gerackert, die Familie ernährt. Der Kommiss hatte Hans nicht haben wollen, mit der Musterung in Pommern war das wie in der Lotterie. Bevor er selber drankam, sein Los zu ziehen, hat Gustav sich von dannen gemacht. Ist ausgebüxt.

Im Stich gelassen hat er Hans.

Aber es ist Freitag. Er ist hier. Am Abend wird er wieder der nützliche Bursche sein. Anstellig. Der Mutter wird er schreiben und Geld schicken. Zwanzig Dollar kann er anweisen, nein dreißig. Das sind fast hundertzwanzig Mark, die Mutter hat Schulden gemacht.

Der Onkel hat die Kosten für die Bestattung vorgestreckt …

Was kostet ein Sarg? Das dürfte für die Beerdigung reichen. Wenn's ums Geld geht, endet die Freundschaft, heißt es. Auch die Liebe endet, wo sie Geld kostet, jedenfalls in seiner Familie. Der Onkel ist der ältere Bruder der Mutter. Der käme nie auf den Gedanken zu zahlen, ohne eine Rechnung aufzumachen – auf Heller und Pfennig. Dabei hat er es im Leben deutlich besser getroffen als die Mutter. Ein verwitweter Eisenbahner ist er, mit einer Pension.

Sein Sparziel, das sieht Gustav, war lächerlich. Naiv war er. Er streichelt mit der Hand über die Veilchen-Krawatte, die Herr Paruske ihm geschenkt hat. Dann steht er auf und legt sie vorsichtig in die unterste Schublade der Kommode.

Nichts hören, bloß nicht reden. Nur schlafen. Gustav meidet sogar die Mahlzeiten seiner Wirtsleute. Irgendwann hört er es in der Küche wispern, dann klopft es. Max ist da, mit einer braunen Papiertüte in der Hand.

Es sind die Tomaten, die Gustav so mag. Groß wie Kartoffelknollen und seltsam zerklüftet. Ochsenherz-Tomaten. Vor den Grocer Shops und auf Pushcarts türmen sie sich zu Hügeln. Plump sehen sie aus und alt. Aber ihr Geschmack! Er erinnert sich gut an Frau Uhlig und wie sie ihm auf dem Picknick davon gab. Er musste die Augen schließen, so süß schmeckte das Fleisch dieser Frucht.

»Herzlichen Glückwunsch zum Geburtstag«, sagt Max. Und ein wenig verlegen reicht er ihm ein kleines Messer: »Hier, das schneidet alles.« Es ist ein Messer mit leicht gebogener Klinke und schwarzem Knauf. »Sei vorsichtig, das ist so scharf, dass du einen Schreck kriegst. Qualität.« In Max' Stimme schwingt Stolz.

Gustav bringt kein Wort über die Lippen. Um seine Rührung zu verbergen, steht er auf und sucht erst mal nach dem Salz, dann setzt er sich zu Max und Lisbeth an den Küchentisch. Vorsichtig schneidet er mit dem neuen Messer eine Tomate in mundgerechte Stücke, die Lisbeth bestreut. Stumm genießen sie die Scheiben.

»Ob das Herz eines Ochsen wirklich so aussieht?«, fragt Gustav schließlich.

Lisbeth schüttelt entschieden den Kopf: »Nein, es sieht aus wie unseres.«

»Doch, genauso sieht das Herz eines Ochsen aus!«, protestiert Max, nimmt eine Tomate und wiegt den dunkelroten Klumpen in seiner Hand. »Und es ist auch genauso schwer.« Er ist der Sohn eines Bauern, er muss es wohl wissen.

Unser Herz sieht nicht nur so aus, es gleicht auch sonst dem eines Ochsen, denkt Gustav. Es ist voll Furchen, Einbuchtungen und dunklen Kammern.

~

»Was für ein Mensch war dein Bruder so?« Die Jungs sind mit der Hochbahn bis zum Battery Park gefahren. Die Sonne über dem Hudson steht noch hoch am Himmel und wärmt die Luft. Hier schaltet die City sonntags ihr Tempo zurück, in Scharen bummeln Spaziergänger am Ufer entlang. Von der Esplanade können sie in der Ferne Ellis Island sehen und Liberty Island mit der Freiheitsstatue. Klein schaut sie aus, entrückt, wie ein Wink aus der Vergangenheit.

»Immer still war er und hielt sich im Hintergrund. Obwohl er der Älteste war.« Er hat mir den Vortritt gelassen, und deshalb fühle ich mich jetzt schlecht, fährt Gustav in Gedanken fort. »Nur bei den Pflichten hatte Hans Vorfahrt! Da hat keiner nachgefragt.« Es gibt so Erinnerungen, die würde Gustav gern beiseiteschieben, aber sie drängen sich ihm auf.

Er räuspert sich. »Da war noch was mit der Schmiede zu regeln, ein Pachtvertrag, der erneuert werden sollte. Mein Bruder war ganz allein damit. Er hat mich um Rat gefragt. Aber ich hab mit den Schultern gezuckt. Ich wusste ja, ich geh weg. Ich fühl mich mies deshalb.«

»Als Ältester musst du am meisten arbeiten«, pflichtet ihm Max bei. »Da vergeht dir das Lachen. Es ist besser, nicht als Erster geboren zu sein. Das war auch bei uns so.« Sie haben auf einer Bank Platz genommen. »Außer halt, dass du nichts erbst. Falls es was zu erben gibt.«

Vor ihnen defilieren die Ausflügler. Max scharrt mit der Fußspitze im Sand und betrachtet nachdenklich seine Füße. Dann lacht er: »Dümmer ist nur, ein Mädchen zu sein. Schuften von früh bis spät. Als Mädchen sollte man nicht auf die Welt kommen!«

Gustav fühlt sich nicht wohl mit diesem Teil seiner Erinnerung, er muss sich eingestehen, dass er es ist, der der Liebling der Mutter war und das weidlich ausgekostet hat.

»Ich galt als der Pfiffikus, *unser begabter Gustav*. Wie Hans das wohl gefunden hat?« Es gab keinen Streich, den seine Mutter ihm nicht im Nu verzieh. »Ich hab gezeichnet, gemalt, eine Geige gekriegt. Hans striegelte die Pferde, Hans hackte Holz. Hans führte die Befehle des Vaters ohne Murren aus – und kassierte trotzdem Prügel.«

Sie schweigen. Auf dem Weg vor ihnen knirschen Räder: Die große Sonntagsparade der Kinderwagen, von Müttern, Großmüttern oder Kindermädchen geschoben, zieht an ihnen vorbei.

»Aber er konnte lächeln, du dachtest, die Sonne geht auf! Dann verwandelte sich alles, so sehr strahlten seine Augen.«

Max hört zu und nickt.

»Leider hab ich ihm nie so was Schönes geschenkt wie du mir heute. Hans hat von niemandem je etwas geschenkt gekriegt.« Seine Stimme versagt.

Max legt Gustav die Hand auf die Schulter. »Das weißt du nicht«, sagt er tröstend. »Hans hat bestimmt auch viel Spaß mit *dir* gehabt. Worüber hat er sich so gefreut, wenn er gestrahlt hat?«

Gustav denkt nach. »Oft über meine Witze … einmal hab ich einen Frosch gefangen und ihn in das Wasser für die Bohnen gesetzt. Als meine Schwester Helene den Deckel abnahm, sprang er raus.« Er bricht ab. Hans war dann der, der das Tier mühevoll einfing und in den Garten brachte.

Max dringt nicht weiter in ihn. Sie schweigen eine Weile; es ist wieder ein Schweigen, das sie vereint. Max hat … Gustav sucht in seinen Gedanken nach Worten … Max weiß, dass mein Herz auch eine dunkle Kammer hat.

6. KAPITEL

Franz Samtmann ist bei aller Gewogenheit für seinen Sangesbruder Paruske nicht böse darüber, dass Gustav aufgrund gewisser Umwälzungen in der Textilbranche aus der Zunft der Herrenausstatter verstoßen worden ist und einen neuen Broterwerb braucht. Er engagiert ihn für seinen expandierenden Betrieb. »Ich ernenne dich zu meinem Gehilfen, Gustav!«, verkündet er gewichtig. »Acht Dollar die Woche. Mit Trinkgeldern kommst du locker auf elf.« Das ist nicht wahr, die Kunden in der Lower East Side sind sparsam. Wenn einer zehn Cent gibt, ist das schon gut. Gustav fühlt das Gewicht von Samtmanns väterlicher Hand schwer auf der Schulter ruhen.

Am 22. August 1896 – es lastet weiter brutschwere Hitze auf Manhattan, und wer kann, ist aus der Stadt geflohen – schließt Herr Samtmann, dessen Familie zu diesen Privilegierten nicht gehört, zum ersten Mal die Tür seines neuen Shops in der Broome Street auf. Ein Barber im First Floor, das ist ein Aufstieg. Er pfeift fröhlich vor sich hin. Die Renovierungsarbeiten beginnen. Gustav weißelt die beiden Räume und die dahinterliegende Kammer, unterdessen empfängt sein Boss im kühlen Souterrain Bewerber, um sie auf Tauglichkeit für die Anstellung als Barbier zu prüfen. Zumindest einen weiteren Gehilfen braucht er.

Gustav hat eindeutig den schlechteren Part, er schwitzt so, dass ihm ganz schummrig vor Augen wird. Samtmann hat ihm mitgeteilt, dass er in Zukunft das Rasieren und Schneiden im Kellergeschoss übernehmen soll. Die neu einzustellende Fachkraft will der Chef zunächst im First Floor beschäftigen, um sie unter Kontrolle zu haben. Der Plan, so sieht es Franz Samtmann, ist ein Vertrauensbeweis an seinen jungen Mann.

Auf Granit gebissen hat Gustav mit dem Vorschlag, bei der Renovierung die samtmannsche Farbwelt zu erweitern: »Komm mir nicht mit blümeranten Ideen!« Auch jede noch so diplomatisch vorgebrachte Anregung, bei der Ausstattung etwas mehr auf den Komfort der Besucher zu achten, hat der Chef abgewehrt, als handelte es sich um Ungeziefer: »Hier geht es um Hygiene, nicht um Gemütlichkeit! Hygiene macht, dass Menschen gesund bleiben und sich wohlfühlen!«

Gustav seufzt in Gedanken daran.

Eine natürliche Verbündete im Kampf für Schönheit, wie er sie versteht, das hat er sich überlegt, ist Margie. Er muss ihr Andronelli's zeigen! Noch am selben Abend stellt er sich bei Ridley's vor den Angestelltenausgang, um sie abzuholen. Falls sie überrascht ist von seinem Vorschlag, lässt sie es sich nicht anmerken.

Eine ganze Weile steht sie da und betrachtet das Geschäft durch das große Fenster.

»Papa ist kein Italiener. Wie in der Oper wird das bei ihm nie aussehen!«

»Aber muss es so sein wie beim Zahnarzt?«

Margie tippt mit den Fingerknöcheln ihrer rechten Hand leicht gegen seine Schulter: »Es ist ein kleiner Laden – für kleine Leute.« Sie lächelt.

Es ist lange her, denkt Gustav, dass sie mir wie eine Hoheit vorgekommen ist.

»Aber Vorhänge und Kissen könnte der neue Laden brauchen«, stimmt sie zu. »Ich rede mit ihm.«

Auch Margie entschließt sich nun, ein Geheimnis zu teilen: »Komm mit, jetzt zeige ich dir etwas.«

Es ist das erste Mal, dass sie ihn duzt. Sie gehen ein Stück die Sixth Avenue entlang, dann tritt Margie kerzengerade wie eine Lady durch die Drehtür von Siegel & Cooper. Hätte Gustav das gewusst, hätte er die gute Jacke angezogen. Margie steuert in den Fahrstuhl, nickt dem Liftboy huldvoll zu – sie kennt sich aus. Im dritten Stock steigen sie aus: Mit dem Tempo einer Fregatte hält sie auf »Ladies' Underwear« zu, Gustav wird unbehaglich. Da bleibt sie mit einem Ruck stehen. Rechts von ihnen liegt ein Shop hinter Glas. Er liest: »Martha Mathilda Harper. Ladies' Hair Salon«.

»Gustav, ist das nicht wunderbar?« Ganz verzückt ist sie. »Schau nur!« Noch nie hat er sie so begeistert erlebt.

Das Innere des Raums ist hell und freundlich und von weiß bespannten Paravents in Minikabinen unterteilt. Dass Betrieb ist, erkennt man an den Rocksäumen, die unter diesen Raumteilern hervorlugen. An einem Stehpult am Eingang steht eine in schlichtes Grau gekleidete Dame mit weißem Kragen. Vor ihr eine Vase mit rosa Rosen.

»Das ist die Chefin«, flüstert Margie, Bewunderung in der Stimme.

»Eine Frau?« Gustav ist ehrlich erstaunt. »Ist das Mrs. Harper?«

»Nein, Mrs. Harper gehört die Kette. Sie zieht diese Läden in ganz Amerika auf. Die Leitung vergibt sie an Frauen vor Ort. Liest du denn keine Zeitung, Gustav? Sie hat auch selbst so wunderbares Haar!«

Gustav schweigt betreten. Er entsinnt sich an einen Abend, als die drei Damen Samtmann sich gemeinsam über ein Inserat in der *Staats-Zeitung* beugten, mit der Fotografie einer Frau mit Haaren bis zu den Knöcheln. Eine Zirkusnummer, dachte er damals, vielleicht engagiert Barnum[6] ja die Tante. Wie dumm von ihm!

»Mrs. Harper war Dienstmädchen, schon als kleines Mädchen musste sie von zu Hause fort. Mit neunundzwanzig hat sie die Ersparnisse ihres Lebens in ihren eigenen Betrieb investiert. Heute vertreibt sie sogar eigene Haarpflegemittel«, erzählt Margie auf dem Weg nach Hause. »Papa sollte auch was für Frauen machen!«

Gustav überlegt. Tatsache ist, Frauen waschen sich die Haare zu Hause. Sie legen sie selbst. »Wie machen sie es eigentlich mit dem Schneiden? Nicht alle haben schließlich einen Friseur zum Vater.«

»Viele helfen sich gegenseitig. Bei feinen Leuten kommen Hairdresser nach Hause«, klärt ihn Margie auf, »aber Hairdresser sind immer nur Männer.« Und dann strahlt sie.

»Aber nicht bei Mrs. Harper. Alle ihre Angestellten sind Frauen. Das ist doppelt gut: Du kannst ihnen vertrauen, und sie verstehen viel besser, was schön ist!«

Letzteres findet Gustav nicht, aber er schweigt dazu. Nachdenklich sieht er Margie von der Seite an. Zugeben muss er: Er hat was übersehen. Auch an Margarethe Samtmann.

In der Ausstattungsfrage plädiert Margie noch am selben Abend beim Vater für Gustavs Vorstoß: »Vorhänge, Umhänge, die können doch Farben haben, vielleicht auch geblümt sein.« Sie bietet an, bei Ridley's nach Stoffen zu schauen. Oder – billiger – Bartek, den Hausierer, der mit seiner Schubkarre an der Ecke zur Chrystie Street steht, aufzusuchen. Bartek ist Pole und hat einen Wagen mit Kurzwaren. Zu seinem Sortiment gehören auch Stoffe, teilweise von erstaunlicher Qualität: Brokate, Seiden und Damast. Sie türmen sich als Vorhänge, Tischdecken und Kissenbezüge auf seinem Wagen. Wo er seine Ware ersteht, ist sein Geheimnis, offenbar entgeht ihm keine Haushaltsauflösung nördlich der 14th Street.

Bartek sitzt oft am Montag im Barber Shop, denn montags rasiert Franz Samtmann die Hausierer. Dann kriegen sie bei ihm Rabatt. Was Kundschaft angeht, stellt sich die Woche nämlich dar wie eine Welle, die am Freitag ihren Höhepunkt hat und am Sonntag verebbt. Im Laufe des Freitags kommen deutsche oder österreichische Juden (mit Ausnahme der orthodoxen), die zum Sabbat gepflegt sein wollen, am Sonnabend Christen, die den Sonntag heiligen oder an dem Tag ausgehen wollen. Der Sonntagvormittag ist ruhig. Gustav hat dann ganz frei, Franz Samtmann geht erst später ins Geschäft. Mittags erscheinen Ehemänner, die keinen Gottesdienst aufsuchen und von ihren Frauen geschickt werden; sie hocken verschlafen auf den Stühlen, mit der Sonntagszeitung in der Hand. Montags herrscht Flaute, deswegen der Rabatt. Dann kommt oft dieser Bartek, fuchtelt mit seinen ungepflegten Krallen und verstrickt den Barbier in Gespräche über Politik.

Was die Dekoration angeht, fruchten alle Ratschläge der beiden jungen Leute nichts. Sie scheitern an Franz Samtmanns Vorstellung von der Moderne und seinem unerschütterlichen republikanischen Geist.

»Vorhänge?«, schimpft er. »Blumen und Bordüren? Vielleicht noch ein paar goldene Troddel? Nein! In meinem Shop eröffnet ihr mir nicht das Kaiserreich wieder.«

Auf Verständnis stößt diese rigorose Ablehnung ausgerechnet bei Max. Er kommt im Shop vorbei, um Gustav auf seine Weise bei der Renovierung zu unterstützen – er zieht zwei gekühlte Bierflaschen aus der Tasche.[7]

»Herr Samtmann wäre nicht Herr Samtmann, wenn er das zuließe. Er hat eben Überzeugungen! Das zeichnet ihn aus.« Max kneift die Augen zusammen und starrt auf die Wände. »Überlegen wir lieber, was sich draus machen lässt!«

Obwohl Sonntag ist, ist Gustav fleißig. Er ist dabei, den Raum bis zu einer Höhe von 1,20 Meter weiß zu kacheln. Am oberen Rand sollen auch einige schwarze Kacheln zum Einsatz kommen. Fliesen zu legen ist nicht einfach, er muss es erst lernen.

»Du solltest ein Muster machen, guck mal: So!«

Max spielt mit einer schwarzen Kachel herum. »Stell die schwarzen einfach auf die Spitze! Dann gucken die Kunden auf riesige Salmiak-Pastillen!«

»Quatsch!«, Gustav nimmt sie ihm aus der Hand.

»Dafür müsste ich die weißen zerschneiden. Womit?!« Er blickt konzentriert an die Wand. »Oben mach ich einen schwarzen Rand. Schwarz-weiß und ordentlich wird es auch so!«

Max sitzt rittlings auf einem schwarzen Bugholzstuhl, die Arme auf die Lehne gestützt, und während Gustav schafft, erzählt er. Er hat inzwischen einen Job in einer Brauerei, die einem Deutschen gehört: Peter Doelger. Zehn Stunden täglich, an sechs Tagen die Woche. Das Unternehmen liegt weit oben im Norden, wo nahe dem East River eine Brauerei neben der anderen ihren Sitz hat. New York ist eine Stadt der Bierbrauer; das Geschäft ist fest in deutscher Hand. Nicht nur die Unternehmer, sondern auch die Arbeiter sind Deutsche. In Max' Augen ein Vorteil: »Alle Schilder sind zweisprachig, aber sprechen tun wir nur deutsch.«

Es war schwer, den Job zu kriegen. »Ich hab tagelang Brauereien abgeklappert. Sie nehmen eigentlich nur Brauergesellen! Alle bilden sich 'ne Menge auf ihre Zunft ein, auch die, die in der Gewerkschaft sind.« Er schweigt einen Moment. »Ich hatte nur noch einen Dollar in der Tasche und seit zwei Tagen nichts gegessen, weißt du.«

Gustav erschrickt. Das erfährt er erst jetzt! Dabei ist es doch Ehrensache, einander in Schwierigkeiten zu helfen.

Aber Max redet schon weiter: »Dann half mir ein Zufall. Von Glück mag ich nicht reden: Stell dir vor, die Diphtherie brach aus, in einem Haus, in dem Brauer wie Doelger mit ihren Familien wohnen. Diphtherie, daran krepieren nicht nur Kinder!« Einen Moment lang schweigt er betroffen.

»Bei der Brauerei war ich schon zweimal gewesen, vergebens, ich wäre nicht mehr reingegangen, aber als ich am Abend am Tor vorbeikam, stand ein Vorarbeiter neben 'nem Fuhrwerk, der hat mich reingewunken: ›Du siehst kräftig aus. Uns fehlen Hände‹, hat er gesagt.«

Jetzt ist Max der Bursche für alles. Für neun Dollar die Woche, er hat also mehr als Gustav.

»Jede Woche 'ne neue Ansage: Fässer schleppen, aufladen oder abfüllen. Aber ins Malzhaus und ins Brauhaus lassen sie mich nicht. Brauergeselle wird man nicht über Nacht.«

»Zahlt sich aber aus, dass du Turner bist«, sagt Gustav anerkennend. Zweimal die Woche trainiert Max schon eine Weile im Sozialistischen Turnverein.

»Prost!«, ruft er. »Auf uns, die Burschen für alles!«

Sie stoßen an und trinken und wischen sich den Mund mit dem Handrücken ab.

»Kriegst du denn Bier umsonst?«

»Nee, da hab ich gleich 'ne Absage gekriegt!« Max setzt so abrupt ab, dass das Bier überschwappt. »Für die Neuen fließt erst mal gar nichts.«

Dann erzählt er von der Anlage, vom Eishaus, dem Brauhaus, den blinkenden Kesselanlagen in den Fabrikhallen. Und nicht zuletzt dem riesigen Storehouse, wo das Bier monatelang gelagert wird, bevor es abgefüllt und verkauft werden kann.

»Das ist da wie eine Stadt in der Stadt. So viel Technik hab ich überhaupt nicht erwartet, nicht nur bei den Abfüllanlagen!« An vielen Tagen schleppt Max Kästen mit Peter Doelger's First Prize Lager Beer zu den Fuhrwerken im Hof.

»Und überall Aufpasser, nicht nur die Vorarbeiter und Braumeister. Wo abgefüllt wird, steht immer ein Kontrolleur. Aber der kommt nicht vom Patron, sondern vom Staat! Der zählt die Flaschen.«

Dass das Bier nicht mehr in Fässern zu den Abfüllanlagen transportiert werden muss, sondern dass sie im eigenen Unternehmen abfüllen dürfen, haben die Bosse gerade erst durchgesetzt. An manchen Tagen steht Max an einem Bierhahn und muss Ventile und Flaschen so bedienen, dass nichts danebengeht, bevor andere Männer die Flaschenhälse verkorken. Immerzu kalt ist es ihm an den Händen.

Das bringt ihn auf die Sozialisten, die er so mag, wobei sich nicht alles, was er berichtet, nach Sozialismus anhört. Die Gewerkschaft sei mal sehr stark gewesen, den United Brewery Workmen gehörten fast alle deutschen Arbeiter an. »Achtzehnhundert allein in New York! Jetzt sind nur noch wenige organisiert. Sogar 'ne eigene Zeitung hatten sie.«

In harten Kämpfen hätten sie viel durchgesetzt. »Früher schufteten die Leute wenigstens vierzehn Stunden täglich«, erzählt er, »und sonntags den halben Tag. Jetzt gibt es sechs Werktage und keine Sonntagsarbeit mehr. Die Union hat dafür gesorgt, dass kein Brauer mehr in der Brauerei logieren muss. Dafür haben die Bosse einem früher die Hälfte vom Lohn abgezogen.«

Die Unterkunft! Eine wichtige Frage!

»Wo schläfst du?«, fragt Gustav.

»In einem Boarding House, First Avenue, ein paar Blocks südlich der Brauerei.«

Pause.

»Und? Wie ist es?«

»Es gibt Wanzen, und es ist eng. Gambrinus heißt es, der Wirt war selbst mal Braumeister bei Doelger. Acht Kerle in einer Butze, und alle Lodger gehen zu Doelger!«

»Also seid ihr doch unter Kontrolle!«

Max guckt kurz irritiert, dann singt er weiter das Heldenlied: »Und weißt du, wie sie es damals geschafft haben?«

»Was?«

»Na, sich durchzusetzen!«

Max sieht zu, wie Gustav den Mörtel rührt. Er dreht die Flasche in der Hand.

»Sie haben einfach aufgehört, Bier zu trinken! Sie haben zum Boykott aufgerufen und selber kein Bier mehr getrunken. Irgendwann haben alle mitgemacht, und dann hatten die Bosse ein Problem.«

Sie lachen.

Gustav schüttelt ungläubig den Kopf.

Bier ist das Getränk der Arbeiter, Handwerker und ihrer Familien. Überhaupt aller Deutschen. Avenue A und die Bowery, die großen Schneisen von Lower Manhattan, bestehen fast nur aus Theatern und Bierlokalen. Weißwurst mit Bier! Die erste Wurst, seltener das erste Bier, gibt es oft kostenlos.

»Wenn die eigenen Arbeiter darauf verzichten und ihre Angehörigen auch, und außerdem die Arbeiter in anderen Branchen – dann«, Max triumphiert und hebt die Flasche wie die Freiheitsstatue die Fackel, »… dann ist der Markt futsch!«

Er ist begeistert von solcher Solidarität. Seine Augen glänzen. »Aber irgendwie kam es dann anders. Das mit dem Boykott klappte nur einmal, später haben die Brauer Verträge mit den Saloons geschlossen. Die Gewerkschaft hat geschlafen. Sie haben nicht genug Beiträge erhoben und den Bossen zu sehr vertraut. Warum haben sie nicht alle Arbeiter aufgenommen? Anfänger, so wie ich, blieben draußen.«

»Was meinst du – wie müssten es die Textilarbeiter machen?«, fragt Gustav nachdenklich. »Die verdienen am wenigsten.«

Das Thema bringt Max in Fahrt: »Im Bürgerkrieg brauchte man massenhaft Uniformen, deshalb hat sich die Konfektion durchgesetzt. Sonst gäbe es nicht so viele Manufakturen. Die Leidtragenden waren die Schneider. Nicht alle konnten Zuschneider werden wie dein Herr Uhlig.«

»Es war clever von ihm, dass er sich selbstständig gemacht hat. Er hat seine Ersparnisse für den Store genutzt.«

»Und das kann ein normaler Arbeiter mit seinen Ersparnissen schon lange nicht mehr schaffen. Aber Gewerkschaften haben die Textilarbeiter auch, und die kämpfen. Eines Tages schaffen die es! Prost!« Max leert seine Flasche mit einem letzten großen Schluck.

Dann redet er über den sagenhaften Aufstieg seines Patrons Peter Doelger. Der war als Achtzehnjähriger aus Bayern gekommen, angeblich ohne irgendwas, und hatte im zweiten Anlauf erfolgreich eine Brauerei gegründet, zusammen mit seinem Bruder, der vor ihm eingewandert war. Geschichten wie diese haben die Jungs in Pommern früher in der Zeitung gelesen. Es ist ihr American Dream, der hat sie befeuert.

Das Bierbrauen, erzählt Max, hätten die Doelgers von ihrem Vater gelernt. Allerdings sei das schon vierzig Jahre her.

»Doelger wohnt oben an der Riverside Drive, 100th Street, mit Blick auf den Hudson River, ein riesiges rotbraunes Haus hat der sich bauen lassen, das müsstest du sehen, mit Balkonen und vielen Kaminen, von 'nem deutschen Architekten namens Schickel.«

Gustav wundert sich, dass Max das Haus kennt. Die Plakate und Inserate für First Prize Lager Beer von Doelger sind hingegen jedem bekannt, besonders mag Gustav die farbigen Zeichnungen, auf denen bernsteingoldenes Bier in Gläsern leuchtet, über die sich lächelnde Männer und Frauen beugen. Die Frauen sind blond und rosig – wie in Pommern.

»Er hat die vielen Deutschen und Österreicher in Amerika gesehen und dass die nix Richtiges zu trinken hatten. Ale, was ist das schon«, sagt Max wegwerfend und fährt fort: »Uns muss auch was einfallen, Gustav!«

»Was ist, wenn Samtmann hier auch Wässerchen verkaufen würde?«, entgegnet Gustav. »Allerdings welche für die Haare. Das passt doch zu den weißen Kitteln.«

Max stellt die Bierflasche auf den Boden und nickt langsam: »Das ist gut. Herr Samtmann sieht aus wie ein Doktor«, er grinst. »Dem glauben die Leute!«

»Genau. Wir müssen ihn nur überzeugen!«

»Wir?« Max klingt augenblicklich skeptisch. »Du zerbrichst dir den Kopf für deinen Boss, glaub mir, das zahlt sich nicht aus.«

Aber Gustav denkt schon weiter. Man müsste Regale in die Schaufenster einbauen. Platz, um Ware zu präsentieren, gibt es hier ja genug.

Franz Samtmann investiert. In der nächsten Woche werden zwei neue Stühle für den First Floor geliefert. Ein Kutscher hievt die monströsen Holzkisten vom Pferdewagen.

Selbst in der belebten Broome Street ist das ein Ereignis.

»Wozu brauchen Sie die Särge, Herr Samtmann?« Frau Wöhlke, die Frau des Gemischtwarenhändlers, ist gerade dabei, ihre Ware aus der Sonne zu holen. »Ham Se wen um die Ecke gebracht?«

»Das sind neue Geräte, die brauch ich, um Ihren Mann ordentlich über den Löffel zu balbieren!«

Die Frau stemmt die Hände in die Hüften und lacht so laut, dass alles an ihr wackelt.

Während Samtmann den Erhalt quittiert, hilft Gustav dem Fuhrmann, die Kisten in den Shop zu schleppen. Aus der Verpackung schälen sie zwei Ungetüme, Stühle aus Ahorn, mit schwarzem Leder gepolstert, mit Kopf- und Fußstütze und ausgerüstet mit Kipp- und Drehfunktion. Samtmann ist begeistert.

»Natürlich eine deutsche Erfindung! Von Theodore Koch in Minnesota.« Ausgiebig prüfen Franz und Gustav die Funktionen.

»Niemand wickelt mir mehr seine Füße um die Beine!« Der Chef lacht wie ein Schuljunge, stößt sich mehrmals ab, um sich im Stuhl zu drehen, wobei er ausnahmsweise vergisst, darauf zu achten, dass sein Kittel nicht knittert. Schließlich rückt er zwei schwarze Bugholzstühle an die Wand: »Das ist der Wartebereich. Trag die Schemel ins Basement, Gustav!«

Die Hierarchie ist klar.

»Aha, oben die erste Klasse, unten die zweite Klasse!«

»Werd nicht frech, Gustav! Innovation ist alles! Du erlebst die Ankunft in der Moderne!« Der Barbier reibt sich vergnügt die Hände: »Gleich zeige ich dir, wie man Seife macht.«

Aber erst einmal wird der neue Barbierstuhl eingeweiht. Frau Wöhlke steht mit ihrem kleinen Willi in der Tür. Samtmann packt ein steifes Kissen in der Form eines Riesenknochens, wirbelt es mit der ihm üblichen Grandezza in der Hand, als handele es sich um einen Tamburinstab, und legt es auf die Sitzfläche. Dann hebt er den blonden Willi in den mächtigen Stuhl, der ihn fast verschluckt, und wirft ihm eine riesige weiße Serviette um den Hals. Frisch wie Milch und Honig schaut der Kleine aus der Wäsche, wenn auch ein wenig ängstlich. Der Friseur zwinkert ihm im Spiegel zu: »Ich verspreche, es tut nicht weh!«

Der Kamm fährt dem Knaben ins Haar, die Schere klappert, und im Nu verpasst er ihm einen Kopf, der gemeißelt ausschaut wie der einer griechischen Statue.

»Auch waschen?«

Frau Wöhlke steht neben ihrem Willi, der das Geschehen mit tiefem Ernst im Spiegel verfolgt, und seufzt: »Ja, bitte!«

Gustav holt warmes Wasser vom Ofen.

»Das schäumt so schön«, piepst Willi, »meine Mama macht das zu Hause mit Seife! Und das mag ich nicht.«

Samtmann nickt: »Kernseife macht die Haare stumpf. Und du hast so schöne blonde Haare. Du wirst sehen, wie sie glänzen!«

»Was ist das für ein Zeugs und wo bekommen Sie das her, Herr Samtmann?«, fragt die Mutter. »Meinen Jungs die Haare zu waschen ist ein Kampf. Bei vier Rangen tät mir das helfen!«

»Das ist Shampoo. Ich stelle es selber her. Mein Secret!«

Seine Seife und sein Rasierwasser macht Samtmann selbst, seit er in Manhattan ist.[8] Gustav lernt es von ihm. Unangenehm ist nur, dass er für die Seifenproduktion auch an heißen Tagen den Ofen feuern muss.

»Notier die Mischungsanteile, Gustav!« Er hält sein handgeschriebenes Rezept in die Höhe und liest vor: »Man schmelze Hammeltalg (600 Gramm), Kokosöl (350 Gramm) und Wollfett (50 Gramm) in einem Topf und verrühre das nach dem Abkühlen, solange das Fett noch lauwarm ist, mit Natronlauge und kristallisiertem Soda zu einer Masse. Dazu einen Schuss Wasser (nur 80 Milliliter), noch weniger Alkohol (20 Milliliter) und ein paar Tropfen Bergamott- und Lavendelöl sowie Perubalsam.«

Perubalsam! Die kostbaren Ingredienzen bewahrt Samtmann in einem kleinen metallenen Wandschrank auf.

»Die männliche Note«, doziert er, »machen zehn Tropfen Kümmelöl sowie je fünf Tropfen Nelken- und Zimtöl.«

Die Masse füllt Gustav nach Samtmanns Anweisung in eine mit Pergamentpapier ausgelegte Form.

»Es ist gut, dass es so warm ist, es darf nämlich nicht zu kalt sein im Raum. Sobald das getrocknet ist, kann man Scheiben abschneiden, die können dann portionsweise aufgeraspelt werden. Mit Wasser vermengt, schäumt es ganz herrlich und duftet auch schön. Der Geruch von Hammel und Kokos verschwindet. Es gibt aber auch Leute«, fügt Samtmann hinzu, und es klingt fast entschuldigend, »die mögen den Geruch von Kokos.«

Kokos gehört zwar nicht zu Gustavs Lieblingsdüften, aber Hammel stinkt schlimmer. Das Wichtigste, ermahnt ihn Samtmann: »Nimm nie zu viel von der Natronlauge, sei immer vorsichtig damit!«

Der Patron, denkt Gustav anerkennend, ist ein großer Fachmann, das hab ich nicht geahnt.

Sein Chef ist in Fahrt: »Man kann dieses Rezept noch ergänzen, indem man – solange die Masse warm und leimig ist – 30 Gramm Salol hinzufügt. Das wirkt antiseptisch und schützt gegen Bartflechte.«

»Salol, was ist das?«

»Das lernst du das nächste Mal!«

~

Am zweiten Sonntag im September putzen sich alle Mitglieder des samtmannschen Haushalts heraus. Sie haben Großes vor! Frau Luise trägt ein braunes Kleid mit Stehkragen und ihre Kameenbrosche, Herr Samtmann ist wie immer in Schwarz-Weiß. Auch sein Schnurrbart ist frisch gefärbt. Aber das weiß nur Gustav.

Der Friseur hat für den Nachmittag in den Concordia Beer Garden gebeten, zur Feier der Übernahme der Räume von Conrad's Cigars & Tobacco durch Barber Samtmann. Konrad Augustin und Gattin sind eingeladen und – zu seiner Genugtuung – auch Gustav. Für die Damen gibt es Limonade und Kuchen und für die Herren

Kaffee. Es versteht sich, dass Herr Augustin die Zigarren beisteuert. Der Mann zieht kolossale Exemplare aus einem Etui in seiner Weste, die sich über seinen ebenfalls bemerkenswerten Bauch spannt, und kniept sie mit dem Messer, bevor er sie Samtmann und Gustav reicht.

Gustav muss sich konzentrieren, um nicht zu husten, wenig später kriegt er Kopfweh vom Zigarrenrauch.

»Das ist Gustav Hirsch, meine rechte Hand!«, so hat der Chef ihn Herrn Augustin vorgestellt. Dabei kennt der ihn vom täglichen Sehen. Und was das Arbeiten angeht, steht Lisbeth ihm in nichts nach und bleibt doch wie immer unerwähnt. Er ist überrascht und ein bisschen verlegen wegen des väterlichen Stolzes in der Stimme seines Chefs.

»Gustav kann mit Menschen umgehen.« Samtmann legt ihm die Hand auf die Schulter. »Er ist fix, anstellig!«

»Na, helfende Hände werden Sie ja brauchen«, Herr Augustin nickt freundlich. »Wenn wir nur drauf anstoßen könnten! Ist 'ne Schande, dass ein anständiger New Yorker am Sonntag kein Bier mehr kriegen deiht.«

Seit April gibt es sonntags ein Ausschankverbot für Alkohol, auch in solch ordentlichen Lokalen wie diesem. Das will ein neues Gesetz. Dennoch ist es brechend voll: An den weiß gedeckten Tischen versammeln sich Familien. Der Concordia Beer Garden ist eine Halle mit Galerie, der Name trügt also, einen Garten gibt es nicht, das winzige Stück im Hof kann niemand im Ernst so bezeichnen, und es gibt zwei Kapellen.

Wegen gewisser landsmannschaftlicher Loyalitäten hat es im Vorfeld eine kleine Turbulenz zu der Frage gegeben, ob man, wie von den Augustins vorgeschlagen, in den Germania Assembly Rooms oder, wie Frau Samtmann es wollte, hier zu Tisch bittet, wo der Eigentümer gebürtiger Berliner und damit Preuße ist wie sie selber.

Aber jetzt wird eine Polka aufgespielt, und der Streit ist beigelegt. Margie schaut gelangweilt an Gustav vorbei in die Menge.

»Das ist wirklich von gestern«, befindet sie. »In jedem anderen Lokal wird Two Step getanzt.«

Plötzlich blitzt in ihren Augen ein Erkennen auf, und Gustav dreht sich um: Am anderen Ende des Saals sieht er Max Brausewetter an einem Tresen stehen und sich mit einem Unbekannten unterhalten. Dass der hier aufkreuzt? Ob Herr Samtmann ihn etwa auch eingeladen hat?

Immer mehr Gäste erheben sich, um zu tanzen. Der nächste Tanz verlangt ein paarweises Marschieren. Stühle werden gerückt.

Viele klatschen begeistert mit. Am Ende der Tanzfläche trennen sich die Paare – nicht ohne sich einander noch einmal zuzuwenden, beide Hände des Gegenübers zu ergreifen, zu nicken und im Takt den anderen zu sich herzuziehen.

»One, two, up and bump!«

Im Saal ist es heiß und stickig, und der Geräuschpegel steigt. Wer spricht, muss die Stimme erheben, um sich verständlich zu machen. Gustav ist froh über die Zigarre in seiner Hand. Tanzen ist etwas so Verwirrendes. Ob er von Margie einen Korb bekäme, wenn er sie auffordern würde? Wird Max ihm zuvorkommen? Er weiß es nicht und pafft lieber weiter.

Doch sein Freund bleibt am Tresen stehen, ins Gespräch vertieft mit dem Mann, den Gustav nicht kennt. Er gestikuliert heftig. Merkwürdig, denkt Gustav, warum kommt er nicht rüber? Einen Moment später sitzt Max Brausewetter neben ihm am Tisch.

»Gustav, lass uns ein Verjüngungs-Öl verkaufen!«

Und eh er etwas sagen kann, hat Max bereits drei kleine Flaschen auf das weiße Tischtuch vor ihn hingestellt. Sie sind braun mit schwarzem Deckel und ziehen sofort die Aufmerksamkeit der Damen an. Alles schaut erst auf die Fläschlein, dann auf Max. Der wirft sich in die Brust: »Dies ist ein Mittel, das jede Lady schöner macht!«

Margie sagt nichts, sondern nimmt eine Flasche, dreht den Deckel auf und schnuppert an dem Inhalt. Sie lässt zwei Tropfen auf ihren Handrücken fallen, verreibt sie mit dem Zeigefinger und führt sie unter die Nase.

»Dafür müsste es eindeutig besser riechen!« Ein Dämpfer für Max' Begeisterung.

Die Fläschlein gehen von Hand zu Hand, werden gedreht und beschnuppert. Sie sind oben bauchig und verjüngen sich nach unten hin.

»Aber die Flakons sind genau richtig!«, strahlt Margie ihn plötzlich an.

Seltsam, findet Gustav, sie wirkt gar nicht überrascht. Ob Max bereits mit ihr gesprochen hat? Und wenn ja, was hat er ihr erzählt? Die Sache geht doch erst einmal nur sie beide an!

In diesem Augenblick kommt der Kellner herangefegt und unterbricht sie. Er will sicherstellen, dass die Hausordnung eingehalten wird.

»Nein, das ist kein Schnaps! Nein, sicher«, beruhigt ihn Gustav. »Wir trinken hier keinen Alkohol! Wir nehmen nur das zu uns, was Sie ausgeschenkt haben.«

7. KAPITEL

An die frisch geweißte Wand im Barber Shop hängt Franz Samtmann zwei schwarz gerahmte Fotos. So würdigt er seine beiden Helden. Eines zeigt den Arzt Ignaz Semmelweis (den kennt in Manhattan keiner seiner Kunden), das andere Colonel George E. Waring (den kennt jeder). Bürgermeister Strong hat den Colonel, der im Bürgerkrieg die Kavallerie anführte, 1895 zum Chef der Straßenreinigung gemacht. Bis dahin stank der Dreck Manhattans zum Himmel. Waring setzte dem ein Ende und sandte seine *White Wings* aus, Straßenfeger in weißen Uniformen. Weiße Uniformen! Es ist, als hätte Samtmann einen Zwilling in der City Hall. In ganz Manhattan springen sie mit ihren Besen von den Sprenklerwagen. Das ist auch neu, dass sie Straßen mit Wasser schrubben. Nur die Kutscher der Einspänner, die Asche und Unrat abholen, sind noch dunkel gekleidet.

»Alles Hygienische lässt sich am besten militärisch lösen!«, findet Samtmann. Die Straßenreinigung ist ein ergiebiges, weil Einmütigkeit mit nahezu jedem Kunden erzeugendes Thema. Zwar stinkt es nach wie vor im Sommer, zwar landet immer noch Abfall in Lichtschächten, Hinterhöfen oder einfach vor der Tür – auch in den deutschen Quartieren. Aber ein Anfang ist gemacht.

»Colonel Waring kennt die Menschen!«, sagt Samtmann gern, während er sich über die Schöpfe seiner Kunden beugt. Besonders imponiert ihm ein Effekt: »Die weiße Uniform diszipliniert. Keiner geht im Dienst in einen Saloon und trinkt!« So sehr im Einklang mit der Administration New Yorks fühlt sich der Friseur, dass er dem Teutonia Männerchor einen Vorschlag gemacht hat: Bei der nächsten City-Parade soll Teutonia mit den White Wings marschieren!

Während sich draußen der Sommer verabschiedet, läuft das Geschäft nur gemächlich an, und so bleibt manche Minute für das Gespräch mit dem Lehrling.

Gustav lernt einiges, was mit Haareschneiden wenig zu tun hat, zum Beispiel über den Zusammenhang zwischen Kindbettfieber und mangelnder Hygiene:

»Das hat Ignaz Semmelweis herausgekriegt: dass Ärzte sich die Hände nicht wuschen, ehe sie Entbindungen machten, und so die Mütter infizierten. Deswegen starben so viele Frauen. Seine Kollegen haben ihn bekämpft wegen seiner Behauptung. Aber der Fortschritt«, sagt Samtmann, während er sich die Hände in einer Serviette abtrocknet, »ist nicht aufzuhalten!«

»Ich will dir noch was erzählen. Als ich so alt war wie du, war ich Soldat in der Preußischen Armee. Wehrdienst. Das war nicht so schlecht, wie es euch Jungs heute scheint«, er sieht Gustav scharf an. »Ich bin jedenfalls nicht auf den Gedanken gekommen auszubüxen.« Er wehrt mit einer Handbewegung einen möglichen Einwand Gustavs ab. »Nein, ich kam gar nicht drauf. Ich mochte die Uniform! Es ging mir besser als zu Hause. Ich hab mich an das Kasernenleben gewöhnt, dann kam der Krieg gegen Frankreich. Er streicht mit der Rechten seinen Schnurrbart und versinkt eine Weile in Gedanken.

»Die Schlacht von Sedan … habt ihr doch in der Schule gelernt?«

»Klar! 1870. Wir haben gesiegt, und dann hat Bismarck in Paris das Deutsche Reich proklamiert.«

»In Sedan war ich dabei. Glaub mir, ich bin nicht stolz darauf. Fast einen Tag haben wir im Gebüsch gelegen, geladen und geschossen und wieder geladen. All die armen Teufel in dem Tal … so ein Blutvergießen.« Samtmann bricht ab.

»Warum sind Sie nicht Soldat geblieben?«, fragt Gustav.

»Der Krieg war vorbei. Und es ist falsch, auf Menschen zu schießen.« Er schweigt eine Weile und raspelt mit einem Hobel Flocken von einem Seifenblock. »Dass man dabei zu den Siegern gehört, macht es nicht besser. Aber in der Armee bin ich geblieben, in der Etappe, ein Barbier nahm mich in die Lehre. Jeder, vom Gefreiten bis zum General, braucht schließlich die Klinge! Schnurrbart ist nicht gleich Schnurrbart, und alle müssen gepflegt sein.«

Gustav, der die Seifenflocken in Schalen füllt, nickt zustimmend: »Das klingt nach einem sicheren Auskommen!«

»Sollte man meinen! Frau und Kind konnte ich davon aber nicht ernähren. Als Bismarck dann auch noch die Arbeitervereine verbot, da wusste ich, ich muss weg.« Er schüttelt den Kopf, seine dunklen Augen blitzen. »Bismarck hat einen Bart wie ein Walross. Die Greisenhaare sträuben sich in seinem Gesicht! Was soll man von so einem auch erwarten, es ist immer schlimmer geworden mit ihm.«

Gustav muss lachen. Der Reichsgründer ein Walross?! Solche Respektlosigkeiten kann sich ein Friseur hier erlauben, das gefällt ihm an Amerika.

Und nun kann Gustav seinen Chef beeindrucken: »Ich habe ihn gesehen!«

»Wen?«

»Na, den Fürsten Bismarck!«

»Nu verblüffste mir wirklich, Gustav!« Wenn er überrascht ist, berlinert Franz Samtmann gern mal.

»Herr von Bismarck hat doch ein Gut in Pommern. Das ist gar nicht weit weg von uns, und da haben wir geholfen.« Und jetzt ist er derjenige, der dem Samtmann erzählt.

An einem Tag im Spätsommer 1894, der Wind jagte tiefe Wolken über den Himmel, sind die drei Brüder Hirsch nach Varzin[9] gefahren. Ein Aufruf von Bismarcks Verwalter an die Burschen der Umgebung, auf dem Gut zu helfen, hatte sich bis nach Budow herumgesprochen: Mehrere Hundert Wagen und Kutschen wurden erwartet und noch mehr Pferde und Männer, alle aus der Provinz Westpreußen. Gutsbesitzer und Landwirte kamen, um dem alten Kanzler zu huldigen.[10] Der war zwar längst nicht mehr im Amt, aber diese Leute sahen ihre politischen Anliegen bei ihm besser aufgehoben als bei der Regierung in Berlin.

Also war Arbeit für Hufschmiede zu erwarten. Gustav hatte Hans gedrängt:

»Die fahren so viele Meilen, das geht ans Geschirr. Die werden dich brauchen. Da verdienen wir bestimmt mehr als hier in Budow in einem Monat!«

Der Bruder zögerte, er hatte nicht viel Geschäftssinn, aber schließlich stimmte er zu.

So kam es, dass Gustav Bismarck sah. Als der auf den Balkon des Schlosses trat, ging ein Raunen durch die Menge. Der Reichsgründer war viel kleiner, als er ihn sich vorgestellt hatte. Er attackierte, so viel verstand Gustav, die Regierung in Berlin: »Wir singen ›Fest steht und treu die Wacht am Rhein‹, aber sie steht an der Warthe und Weichsel ebenso. Wir können nach keiner von beiden Seiten hin auch nur einen Morgen Landes missen.«

Großer Applaus.

Jede Annäherung an die Polen bezeichnete Bismarck als vergebens, da Adel und Kirche ihr Trachten nach dem eigenen Staat niemals aufgeben würden. Was man aber von den Polen lernen könne, sei ihr fester Zusammenhalt.

Letzteres sahen die Zuhörer offenbar anders.

»Nein! Weisen wir sie in die Schranken!«, rief einer.

»Von den Polacken will ich gar nix lernen!«, murrte ein Kutscher auf dem Wagenplatz.

»Warum spendiert der Alte keine Gulaschkanone?«

Der Fürst verhielt sich in der Tat sparsam. Ein Volksfest auf Kosten seines Haushalts war nicht vorgesehen.

Erstmals hörten die Brüder die »Ostwacht« zur Melodie der »Wacht am Rhein«. Inbrünstig sangen Bauern und Gutsbesitzer:

»Aus Deutschlands Ostmark ziehn wir her
Vom Weichselstrom und Baltenmeer
Aus deutscher Niederung grünen Au'n
Wo Ritterburgen niederschaun
Ob Slawensturm uns wild umtost
Wir halten treu und fest die Wacht im Ost.
… Dem Vaterland zur Freud und Zier:
Heil – Fürst und Vorbild Bismarck, Dir! …«

Später, als das alte Pferd gemächlich den Leiterwagen Richtung Budow zog, summte Hans: »Ob Slawensturm uns wild umtost, wir halten treu und fest die Wacht im Ost.« Dann fielen seine Brüder ein, den Text hatten alle drei behalten. Und musikalisch waren sie in der Familie Hirsch.

Auch jetzt, in Manhattan, singt Gustav die »Ostwacht«. Er singt sie Franz Samtmann und dem kleinen Willi vor. Die beiden sind an diesem Tag sein einziges Publikum im Laden. Der Junge ist da, weil Gustav lernen soll, wie man Haare rund um ausgeprägte Wirbel schneidet. Der kleine Willi hat nämlich einen solchen am Hinterkopf, und er ist ein geduldiges Modell.

Kaum ist Gustav verstummt, schüttelt Samtmann unwillig den Kopf. Er fuchtelt mit Schere und Kamm in der Luft.

»Dieser Bismarck-Kult, das ist ja fürchterlich!«, ruft er und klingt erzürnt. Willi und Gustav sind erschrocken. »Nichts gegen dich, Gustav, du singst gut«, lenkt er ein, um dann eindringlich fortzufahren: »Bismarck sollte schweigen! Dass die neue Regierung in Berlin einen Ausgleich mit Polen sucht, ist doch richtig. Es ist ganz schlecht, dass viele Deutsche meinen, dass die Polen ihnen zu gehorchen haben. Es reicht ihnen nicht, dass sie ihnen Land weggenommen haben!«

Und nach einer Pause: »Warte einen Augenblick, Willi, ich will Gustav was zeigen.«

Er öffnet die Ladentür und winkt ihn heran.

Von der mittäglichen Broome Street dringen die Rufe der Kutscher, die einander zum Ausweichen auffordern. Droschken und Fuhrwerke drängeln sich in beide Richtungen und blockieren einander. Die ohnehin schmale Fahrbahn ist zu beiden Seiten regelrecht zugewuchert mit Warenständen, zwischen denen sich die Fußgänger drängen. Gerade passiert eine Gruppe von Juden in schwarzen Mänteln, mit langen Locken unter großen Hüten, ihr Geschäft. Offenbar kommen sie aus der ungarischen Synagoge. Ein Hausierer tritt mürrisch zur Seite, sodass das Metall an den Hosenträgern, die von seiner Rückentrage baumeln, nur so klirren.

»Was siehst du, Gustav?«

»Eine Straße?« Gustav geht spontan in die Reserve.

»Du siehst viele verschiedene Menschen. Was jeder einzelne von ihnen hat, ist die eigene Sprache und die eigene Geschichte. Die Polen haben seit hundert Jahren keinen eigenen Staat. Warum sollten sie sich nicht danach sehnen? Nun wird ihnen in ihrer Heimat sogar ihre Sprache verboten. Und katholisch sein dürfen sie auch nicht mehr!«

»Polnisch reden können sie doch zu Hause!« Gustavs Stimme klingt trotzig. »Hier müssen auch alle Kinder in der Schule Englisch lernen.« Lisbeth hat ihm gesagt, dass es neuerdings eine solche Regelung gibt. Der Unterricht wird ohnehin auf Englisch gehalten.

»Richtig. Aber verlangt hier sonst irgendwer von dir, englisch zu sprechen? Außer mir?« Samtmann grinst. »In dieser Straße sprechen sie ungarisch, jiddisch, deutsch, englisch, italienisch und polnisch. Wichtig ist doch, dass alle zusammenleben können, oder? Leben und leben lassen.«

Gustav zögert. »Ich weiß nicht«, sagt er. Irgendwie ist er nicht überzeugt, diese Unordnung hier in Amerika kann man doch nicht mit dem Kaiserreich vergleichen. »Eine Nation – eine Sprache! Danach streben sie nun mal in Europa.«

»Bartek! Wo ist Bartek?« Samtmann reckt den Hals: »Den fragen wir!« Bartek, der Hausierer, ist Pole. Gustav kann gern auf ihn verzichten. Er hat einen Grind am Kopf, vor dem er sich ekelt, wenn er montags kommt, gibt er nie Trinkgeld. Normalerweise steht er mit seinem Schubkarren an der Ecke schräg gegenüber, aber heute ist er nicht an seinem angestammten Platz neben dem Maronenverkäufer. Offenbar ist der zahnlose Alte gerade auf Akquise. Gustav ist erleichtert.

»Bartek sollte dir erzählen, wie es ihm und den Seinen in Bromberg ergangen ist«, ruft der Friseur. »Seine Kinder durften nicht mehr polnisch sprechen in ihrer Schule, und die katholische Kirche haben sie dichtgemacht.«

Gustav wundert sich über Samtmanns Aufregung, mehr noch, er ist auch etwas verärgert darüber. Wie kann ein Deutscher, und irgendwie bleibt man doch auch als Einwanderer Deutscher – wie kann er für die Polen und gegen die Deutschen sein?

Sie sprechen darüber nicht weiter, weil ein Kunde den Laden betritt. Verstimmt bleibt Gustav auf der Schwelle stehen und horcht einen Moment in sich hinein: Amerika ist so anders als das Deutsche Reich. Stimmt, sie streiten sich hier in Manhattan nicht um Land und wer die älteren Rechte hat, aber durchsetzen tun sich auch hier die Stärkeren.

»Bananen! Billige Bananen!«, ruft der Mann am Stand gegenüber und weist mit großer Geste auf die Südfrüchte auf seinem Wagen. »25 Cent die Staude, so billig sind sie nur bei mir!«

Die *Staats-Zeitung* ist voller Berichte über eine sensationelle Erfindung: einen Apparat, der dafür sorgt, dass sich Bilder auf einer weißen Leinwand bewegen. In der Koster and Bial's Music Hall am Broadway kann man das »Vitascope« erleben. Im dunklen Saal rollen Brandungswellen auf das Publikum zu. Die Gischt spritzt über den Meeresstrand! Das Ganze muss so täuschend echt sein, dass die

Leute vor Aufregung schreien und sich kaum auf den Stühlen halten können.

Es ist die erste Kinovorführung in Manhattan. Gern würde Gustav Margie dazu einladen, und er denkt lange nach, wie er das anstellen soll. Würde sie mit ihm ausgehen? Er traut sich nicht, sie zu fragen. Und was wäre mit Lisbeth, würde sie sich nicht zurückgesetzt fühlen? Er ahnt, dass auch die Eltern Samtmann eine solche Einladung nicht schätzen würden.

Im Oktober haben beide Samtmann-Töchter Geburtstag. Also nimmt er das zum Anlass, sie beide zu beschenken. Er besorgt drei Tickets, legt zwei auf jeweils ein Stück Pappe und schlägt sie in weiß-rosa Geschenkpapier ein, das er mit grünem Band umwickelt. Es sind Präsente, auf die er sehr stolz ist. Das Vaudeville-Theater mit den Ausmaßen eines Opernhauses ist eine der imponierendsten Adressen am Broadway. Er ist noch nie drin gewesen, aber seit Monaten sieht man Plakate, die die Vorführung anpreisen:

»*First Public Exhibition of Edison's Latest Marvel*«.

Das Haus kann fast 3700 Besucher aufnehmen und soll statt eines Vorhangs einen riesigen Fächer haben, der sich entfaltet. So umgehen die Betreiber das Alkohol-Verbot für Theater. Wo kein Vorhang fällt, da ist keine Bühne – und folgerichtig ist Alkohol gestattet!

Die finanzielle Frage hat er genauso gründlich bedacht wie alles andere. Einen Dollar und fünfzig Cent kostet ein Sitzplatz, einer, auf dem man auch bewirtet wird. Zwar gibt es Karten schon für 25 Cent, aber die sind für Stehplätze ganz oben in der Galerie, damit wird er Margie nicht zufriedenstellen. Er muss die jungen Damen ja auch zu Drinks einladen! Für drei Personen wird er also fast einen Wochenlohn los. Er seufzt. Alles wäre leichter, wenn er mit Margie allein gehen könnte. Aber nicht kleinlich sein! Er freut sich: Zum ersten Mal wird er Anton Paruskes Krawatte anlegen.

Margies Geburtstag, ihr zweiundzwanzigster, ist ein Mittwoch. Gustav wartet bis zum Abend, bis sich die Familie am Tisch versammelt hat. Nach dem Essen entzündet Frau Luise eine Kerze und schneidet zur Feier des Tages einen Napfkuchen an. Es hat ganz wunderbar geduftet, als sie ihn gebacken hat. Gustav räuspert sich – der Moment ist gekommen –, er überreicht sein Präsent, und eigentlich will er ein paar Worte sagen, erklären, dass Lizzie ebenfalls eingeladen ist … doch er kommt nicht dazu, denn Margie plappert munter drauflos:

»Stellt euch vor, was mir Max Brausewetter geschenkt hat.« Sie streift das grüne Band ab und zerreißt das weiß-rosa Papier – nachlässig macht sie das, arg nachlässig. Und dann fährt sie fort: »Er hat mich ins Vitascope eingeladen! Ist das nicht großartig?«

Gustav ist wie versteinert. Die Pappe mit der Karte kommt zum Vorschein.

»Oh! Eine Karte für das Vitascope! Oh! Danke, Gustav … aber ich … geh doch schon mit Max.« Margie lässt die Hände in den Schoß sinken und blickt ihn ratlos an. »Ich hab schon zugesagt, aber …«

Bitte, mach es nicht noch schlimmer, denkt Gustav, aber die Person ist nicht zu bremsen.

»Willst du nicht vielleicht mit Lizzie gehen?«

»Lisbeth kriegt ebenfalls eine Karte zum Geburtstag«, sagt er steif. Er könnte im Boden versinken.

Ein peinliches Schweigen folgt.

»Für wann«, fragt schließlich Herr Samtmann und wendet sich an Margie, »sind die Karten?«

»Für den 23. Oktober.«

»Und wann ist die Vorstellung, die du mit Max besuchst? Ich meine, die andere Vorstellung?«

Wieso ist das eigentlich schon ausgemacht, fragt sich Gustav empört. Er schiebt seinen Stuhl ruckartig nach hinten.

»Für den 21. Oktober.«

Gustav möchte am liebsten in sein Kämmerchen fliehen.

»Vielleicht können wir die Karten tauschen und alle vier zusammen gehen?«, fragt Lizzie.

Das ist freundlich gemeint, aber bei aller Mühe gelingt es ihm nicht, seinen Unmut zu verbergen. In den Hintern beißen könnte er sich, dass er Edgar und Max vorgeschwärmt hat, wie fabelhaft es sein muss, in Koster and Bial's Music Hall, und was für eine sensationelle Erfindung das Vitascope sei.

Ich bin ein Ochse! Max ist ein verschlagener Fuchs.

Am Ende kommt es so, dass Gustav mit Lisbeth und Frau Luise ins Theater geht. Lizzie wird erst sechzehn, da begleitet sie die Mama. Frau Samtmann hat sich lächelnd für die dritte Karte bedankt, aber darauf bestanden, sie zu bezahlen. Sie hat Takt.

Anders Margie. Sie geht zwei Tage früher mit Max und erzählt am nächsten Morgen schon beim Frühstück, während sie ein Stück Brot in Milch tunkt, begeistert von den Brandungswellen und dem Boxkampf, die das Vitascope zeigt. Der Boxkampf endete mit einem K.o. Immer wieder dieselben Bilder seien aneinander geschnitten gewesen, aber: »Das macht nichts! Es ist einfach großartig, unglaublich, wie die beiden Boxer herumhüpfen und aufeinander eindreschen!«

~

Dann kommt es zum Knall zwischen Max und Gustav. Eines Abends im Herbst, es dämmert schon, der letzte Kunde ist gegangen und Gustav ist allein, steht Max in der Ladentür des Souterrains, und an einem Strick führt er einen weiß-braunen Foxterrier. Es ist ein keckes Tier, das unruhig um seine Beine wuselt und leise jault. Noch ehe Gustav etwas sagen kann, sind Herr und Hund drinnen, und Max hat die Tür hinter sich zugemacht.

»Schließ ab«, fordert er Gustav auf, der dabei ist, den Laden zum Feierabend in Ordnung zu bringen. »Das ist Foxi, er braucht für diese Nacht ein Zuhause. Können wir den irgendwo unterbringen?« Er blickt sich unruhig um.

»Was willst du mit dem?«

»Das soll ein Geschenk werden für Fräulein Margie«, behauptet Max.

»Du spinnst ja. Wie soll die einen Hund halten?«

Niemand hält in den Mietshäusern einen Hund. »Wo hast du ihn her?«

»Jemand wollte ihn loswerden«, sagt Max unbestimmt. »Ich kann ihn doch unmöglich mit ins Boarding House nehmen. Morgen früh hol ich ihn wieder ab.«

Gustav weiß gleich, dass es ein Fehler ist, aber er lässt sich breitschlagen, den Hund im Hintereingang übernachten zu lassen. Da ist ein kleiner Verschlag, der das Souterrain mit dem Hof verbindet.

»Ich hol ihm noch 'ne Wienerwurst.«

Schon ist Max weg.

Zum Glück ist Herr Samtmann nicht mehr da, er hat die Abrechnung bereits gemacht und die Kasse geleert, wie jeden Abend. Wenig später erhält Foxi ein Paar Würste und wird in den Hinterausgang gesperrt. Alleinsein mag er nicht. Sie hören ihn schon kläffen und jaulen, als sie vorn die Treppen auf die Broome Street steigen.

Er jault auch am nächsten Morgen noch, als Gustav wiederkommt. Unter einem Vorwand hat er sich deutlich vor Franz Samtmann auf den Weg ins Geschäft gemacht. Foxi empfängt ihn mit überbordender, kläffender Freude. Und entleert sich sofort vor der Hintertür, als Gustav ihn hinausführt. Zum Glück hat er drinnen keine weiteren Spuren hinterlassen. Von Max ist weit und breit nichts in Sicht.

Dafür kommt schon ein Kunde die Stufen hinunter, den *New York Herald* unterm Arm. Es ist ein Advokat aus dem Nachbarhaus, der sich auf dem Weg ins Office das Haupthaar stutzen lässt. Gustav muss das Tier schnell wieder einsperren. Kaum ist es allein, beginnt es wieder zu winseln. Während draußen die Schubkarren der Hausierer über das Kopfsteinpflaster heranrattern, die Streetcar an der Kreuzung bimmelt und der Grocer nebenan seine Kisten und Fässer aufstellt, schnüffelt, fiept und kratzt es hinter der Stube.

»Du hast ja man heute ungeduldige Gesellschaft hier«, sagt der Mann gutmütig und schlägt den *Herald* auf.

»Der Hund gehört meinem Freund«, sagt Gustav wahrheitsgemäß. Tapfer widmet er sich dem Haarkranz des Kunden.

Plötzlich knallt die Hand des Kunden auf die Zeitung. »Oder habt ihr den etwa gefangen?«, fragt er und lacht so laut, dass es dröhnt. Mitten auf der Seite prangt ein Foto. Es zeigt Foxi.

»Jack the fox – 50 $ reward«.

Darunter steht auf Deutsch: »Wo ist Jack? Peter Doelger bietet fünfzig Dollar Finderlohn.«

Gustav fallen Schere und Kamm fast aus der Hand.

»Ich habe ihn nicht entführt!« Wie zwei Kampfhähne stehen sie im Hof, Gustav in Weiß, Max in Braun. Zwischen ihnen der kleine Hund mit braunen Flecken auf weißem Fell. »Er ist mir zugelaufen!«

»Du lügst!«

Erst am Nachmittag ist Max im Shop aufgekreuzt. Gustav ist so wütend, er kann zunächst keinen Ton hervorbringen.

»Was halst du mir die Töle auf? Und warum musst du nicht zur Arbeit?« Ein leichter Regen fällt draußen, die Straße sieht schmutzig aus, die Leute hasten mit hochgezogenen Schultern vorbei, nur noch wenige Kinder spielen zwischen den Ständen. Gustav fühlt sich wie besudelt.

Max' Version ist, dass er in der Nähe der 100th Street spazieren gegangen ist. Da sei plötzlich der Hund aufgetaucht und an ihm hochgesprungen. Nicht mehr loszuwerden sei er gewesen. Weit und breit kein Mensch, der dazugehörte. Er habe sich erbarmt und ihn mitgenommen.

»Was läufst du da rum? Meilenweit weg im Norden, bei den Reichen?« Gustav glaubt ihm kein Wort. »Du warst auch vorher schon da und hast die Familie ausgespäht!« Er redet sich in Rage. »Was hattest du vor, Lösegeld zu fordern? Die Leute zu erpressen?«

»Von der Belohnung hab ich nichts gewusst. Konnte ich doch gar nicht«, sagt Max treuherzig.

»Wuff«, macht Jack. Er setzt sich auf die Hinterbeine und blickt mit keck aufgestellten Ohren von einem zum anderen. Stumm starren die Jungs ihn an.

»Fünfzig Dollar! Gustav, bring du den Hund hin, und wir teilen.«

Das ist bodenlos. Der Ausputzer sein! Gustav dreht sich um und will die Tür hinter sich zuknallen. Doch eine Frage drängt sich auf: »Warum machst du das nicht selbst?«

»Weil ich zum Betrieb von Doelger gehöre und …«, Max zögert, »… weil ich rausgeflogen bin, letzte Woche.«

»Wieso bist du rausgeflogen?«

»Ich hab Flaschen mitgehen lassen. Nur einmal, aber das reicht. Weißt du, es war bestimmt dumm von mir, aber …«

»Warte in der Lager Beer Bar. Ich komm hinterher«, stößt Gustav zornig zwischen den Zähnen hervor.

Zwei Stunden später steht Gustav in der 100th Street. Herzklopfen bis zum Hals. Die Villa liegt erhöht hinter einem Vorgarten, der Eingang ist säulenbewehrt, warmes Licht dringt aus den hohen Fenstern. Ihm ist, als müsste er sich einem Altar nähern und Buße tun. Max, der Scheißkerl, wartet zwei Straßen südlich. Foxi alias Jack hat auf den letzten hundert Metern wie ein Verrückter an seinem Strick gezogen: nach Hause! Die Dunkelheit ist bereits eingebrochen, dennoch war der Weg hierher wie ein Spießrutenlaufen. Passanten haben das Trio misstrauisch beäugt, jedenfalls hatte Gustav das Gefühl. Ein Herr blieb sogar stehen und schaute sich nach ihnen um. Darauf hat Max das Tier über mehrere Blocks getragen, allerdings passte das Vieh nicht unter seine Jacke. Und es zappelte zu sehr.

Kaum hat Gustav geläutet – eine hübsche silberne Glocke hängt direkt am Türrahmen –, öffnet ein Dienstmädchen. Und dann geht in diesem Haus die Sonne auf:

Das Mädchen schlägt die Hände zusammen und ruft in den hell erleuchteten Raum hinter sich: »Jack, Jack ist da!«

Von überall sind plötzlich Frauen da, Foxi zieht Gustav am Strick durch die Tür, und die Frauenspersonen rufen und jauchzen und werfen sich rund um den kleinen Hund auf die Knie.

»Opi, Opi«, ruft ein kleines Mädchen mit Matrosenkragen, »komm! Unser Jack ist zurück!«

Der Hund kläfft wie verrückt.

Ein alter Herr, eine Zigarre in der Hand, kommt eine gewaltige Treppe herunter, man sieht ihm an, dass auch er sich beeilt. Das Haus, scheint es Gustav, blüht von Blumen und Glück. Tatsächlich steht neben der Treppe eine Bodenvase, voll von gelben Lilien und Lobelien. Einer lachenden jungen Frau gelingt es gerade noch, sie aufzufangen – Jack, wie toll, hat sie zum Wanken gebracht und beinahe umgerissen.

Der Herr greift nach Gustavs Hand und schüttelt sie. »Danke, junger Mann! Sie ahnen ja nicht, welche Freude Sie uns machen! Wo haben Sie unseren Jack gefunden?«

Dabei schaut er unter buschigen Augenbrauen zu Gustav auf, er selbst ist klein und untersetzt. Seine Augen strahlen. Auf seine mangelnden Englischkenntnisse kann Gustav, der den Hut abgenommen hat und in Händen hält, sich hier nicht zurückziehen. Jack sei ihm im Central Park zugelaufen, behauptet er, gestern Abend. Heute früh musste er zur Arbeit, mittags habe er dann die Anzeige gelesen. Letzteres ist die Wahrheit. Nicht mehr lügen als nötig! Und jetzt müsse er zurück.

Er macht einen Diener vor dem Hausherrn und stottert – ein grässlicher Moment:

»Äh? Sie schrieben doch in der Zeitung, dass … ehm …«

»Ach ja. Natürlich! Ich danke Ihnen!« Endlich, der alte Herr Doelger, denn das muss er sein, drückt seine erkaltete Zigarre dem

Dienstmädchen in die Hand und zückt seine Brieftasche. Er reicht Gustav einen Fünfzigdollarschein. Noch nie hat er so einen in der Hand gehabt, und er starrt ihn einen Augenblick an.

»Wie ist Ihr Name, junger Mann?«, fragt Herr Doelger.

Darauf ist Gustav vorbereitet. »Du musst partout vermeiden, deinen Namen zu nennen«, hat Max ihm eingeschärft.

Er sagt stolz: »Mein Name ist Gustav Hirsch. Ich arbeite bei Friseur Samtmann in der Broome Street. Es war mir eine Freude.«

Das ist jetzt vier Wochen her.

Seither hat Gustav Max nicht mehr gesehen, und er könnte niedergeschlagener nicht sein. Max ist weg. Einfach auf und davon.

»Meinen Teil gib mir später«, mit diesen Worten hatte er Max nach dem peinlichen Besuch im Haus des Brauers den Fünfziger in die Hand gedrückt und war abgehauen. So weit wäre das ja in Ordnung gewesen. Aber er hatte es nicht dabei belassen, nein, er schrie Max an: »Du bist eine Ratte. Ein echtes Arschloch. Immerzu bist du unaufrichtig, immerzu hast du eins im Sinn. Mach deine Scheißgeschäfte in Zukunft allein.«

Dann war er losgestürmt, aber er war so in Brass, dass er an der nächsten Laterne stoppte, sich noch einmal umdrehte und brüllte: »Mich nutzt du nicht mehr aus! Wehe, Hundsfott, ich sehe meinen Teil nicht wieder!« Dabei hatte er die Faust geschüttelt.

Seine Wut ist inzwischen verflogen. Ende November, vor einer Woche, hat er im Gambrinus Boarding House nach Max gefragt. Die Pension liegt am Rand von Doelgers Brauerei und ist etwa so groß und hoch wie das Haus, in dem Gustav wohnt, aber es kam ihm vor wie ein Verlies. Wo Gustav in Samtmanns Treppenhaus der Geruch von Sauerkraut und Kartoffeln entgegenquillt und Kindergeschrei durch die Türen dringt, weht ihm hier nur kalter Muff und Stille entgegen. »Einlass erst ab 20 Uhr«, stand am Eingang auf einem

Schild. So was wie eine Loge gab es nicht. Nur ein Türfenster im Erdgeschoss, durch das die Ein-und-aus-Gehenden beobachtet werden. Auf sein Klopfen öffnete eine missmutig aussehende Frau die Tür.

»Dieser Herr ist vor zwei Wochen ausgezogen«, beschied sie ihm knapp. Und vorwurfsvoll: »Er ist noch eine Woche schuldig!«

In der Lager Beer Bar, wo sie sich früher regelmäßig auf ein Bier sahen, trifft er Edgar. Er hängt am Tresen und starrt mit seinen Iltisaugen in ein leeres Glas. Doch auf Gustavs Frage nach dem Freund schüttelt er mit stumpfem Blick den Kopf: »Ich hab ihn eine Weile nicht mehr gesehen. Wollte dich schon fragen, was mit ihm ist. Vielleicht ist er doch nach San Francisco und schuftet an der Eisenbahn?« Er lacht meckernd, als wäre das ein guter Witz, und Gustav wendet sich ab.

Nach Westen zu gehen, darüber hat Max also auch mit anderen gesprochen. Dass er möglicherweise New York verlassen haben könnte, ist Gustav auch schon in den Sinn gekommen. Die Vorstellung erfüllt ihn mit dunkler Furcht.

Oder sollte es tatsächlich so sein: Max hat ihn geprellt? Dass der Knabe es mit der Wahrheit nicht so genau nimmt, hat er ja gemerkt. Freilich, wenn hier einer ihre Freundschaft verraten hat, dann ist er selbst es. Wie Max so logiert und ob er satt wird, dafür hat er sich herzlich wenig interessiert. Ratte! Hundsfott! Gustav schämt sich über seine Worte. Was, wenn Max in ernsten Schwierigkeiten steckt?

Ein neuer Kunde nimmt Platz. Gustav hängt seinen Mantel auf. Ein gut gearbeiteter brauner Peacoat mit schwarzem Samtkragen. Der schwarze Frisierumhang landet auf den Schultern des Herrn, seine schönen dunklen Locken berühren den Stoff – Gustav wartet auf Anweisungen.

»Bitte sehr kurz schneiden!« Die Stimme kommt ihm seltsam bekannt vor. Er schaut auf. Aus dem Spiegel blickt ihn ein lachendes

Gesicht an: Leon! Vor ihm sitzt Leon, ihr Reisegefährte von der *Augusta Victoria!*

»Mensch, Gustav, nun erkennst du mich doch noch! Du hast durch mich durchgeguckt wie durch Glas! Was ist los?«

Gustav ist verdattert. »Woher weißt du, dass ich hier bin?«

»Ich hab dich neulich vor dem Shop gesehen. Im weißen Kittel! Da dachte ich, meinen nächsten Haarschnitt lass ich von dir machen.«

Irgendwie fragt Leon dann alles aus ihm raus. Wie er Friseur wurde; zu den Samtmanns kam. Gustav stockt, als Leon sich nach Max erkundigt. Und dann erzählt er die ganze Geschichte. Leon hört aufmerksam zu. Beim Rasieren kann sowieso nur Gustav reden. Manchmal, wenn es schwieriger wird, lässt Gustav die Klinge sinken und redet intensiv auf den Spiegel ein. Zum Beispiel, wenn es um Max und Margie geht.

Es ist spät am Nachmittag, und er ist mit Leon allein, niemand kommt herein. Samtmanns Geschäft floriert nämlich entgegen jeder Hoffnung nur mäßig. Manchmal steht Gustav allein im Basement; die Leute ziehen eine Behandlung im Obergeschoss vor. Samtmann hat wenig mehr Kunden pro Woche als vor der Erweiterung. Auch das erzählt er Leon. Unterdessen fallen die schönen braunen Locken auf den weißen Boden.

»Willst du es wirklich so kurz haben?«

»Ja. Meine Schwägerin hat sich schon über meine Künstlertolle beschwert. Und nicht nur sie! Wenn alles gut geht, darfst du mir bald gratulieren: Ich habe alle Prüfungen gemacht und arbeite hoffentlich nächsten Monat als Arzt!«

Gustav ist ehrlich beeindruckt: »Dann kenne ich jetzt also einen Herrn Doktor!«

»Genau, eine ganz honorige Person!« Leon wirft sich in die Brust und spricht mit tiefer Stimme: »Sie müssen mich dann regelmäßig rasieren!« Er lacht fröhlich und fährt fort: »Bitte erinnere mich in Zukunft daran, dass ich mir nie einen Backenbart zulegen wollte!«

Auch Gustav lacht, dann wird er still.

Seine Gedanken wandern zurück zu dem Tag auf der *Augusta Victoria*, als sie zu dritt Erste Hilfe für das kleine Mädchen leisteten. Er sieht Max vor sich, wie er das weinende Kind aufhebt und auf die Füße stellt, während er selbst die blondbezopfte Puppe rettet …

Vom Bord an der Wand holt er einen runden Spiegel, damit Leon seinen Hinterkopf betrachten kann. Hätten doch alle Kunden solche Haare!

»Sieht sehr gut aus.« Leon prüft zufrieden sein Spiegelbild, um dann Gustavs Blick zu suchen:

»Max ist dein Freund. Finde ihn wieder! Das ist das Wichtigste!«

Gustav nimmt Leon den Umhang ab, bürstet die Haare vom Kragen und klopft ihm die noch verbleibenden mit einer Serviette von den Schultern.

»Ich glaube nicht, dass er was Unrechtes anstellt. Er hat's zurzeit schwer.«

Gustav schweigt.

»*Du* hast die Samtmanns. Max hat nur dich.«

Wenn etwas stimmt, dann das. Gustav denkt an das grässliche Boarding House Gambrinus. Hatte er nicht eigentlich geschworen, an Max' Seite zu bleiben? Dann hört er wieder Leon zu: »Übrigens, was du von Fräulein Margie erzählst: Sie hat gute Ideen! Und die braucht ihr Vater doch.«

»Aber wie finde ich Max?«

Gustav steht mitten im Raum und schlägt die weiße Serviette mit der rechten in die linke Hand.

»Sagtest du nicht, dass er Turner ist? Geh zur Turnhalle! Vielleicht kommt Miss Samtmann ja mit.«

Später, Leon hat den Hut gerade aufgesetzt und die Türklinke schon in der Hand, dreht er sich noch einmal zu Gustav um, ein

Lächeln im Gesicht. »Meine Nichte schwärmt übrigens auch von dem Shop dieser Dame, du weißt schon: der mit den langen Haaren. Meine Schwägerin hört das gar nicht gern! Bis zum nächsten Mal, Gustav!«

Gustav sieht ihm nach, wie er die Stufen nach oben steigt. Ein eleganter junger Mann, im kurzen braunen Mantel und mit weißem Schal, gut frisiert und rasiert. Sein Werk.

Im Schein der Straßenlaterne sieht er große Flocken, sie fallen auf den Gehsteig und die Stufen zum Barber Shop, wo sie langsam schmelzen und dunkle Flecken hinterlassen. Der erste Schnee in diesem Jahr. Bald ist Weihnachten in New York.

»Du hast schon recht, Leon«, murmelt Gustav.

Es stimmt. Er hat die Samtmanns. Max hat nur ihn.

8. KAPITEL

Liebe Mutter, *New York, den 4. Dezember 1896*

mein erstes Weihnachten ohne Euch. Und für Dich und die Geschwister, für uns alle, ist es das erste ohne den Hans. Das wird ein trauriges Fest sein.
Weihnachtsbäume stellen die Leute hier auch auf, manche hängen Strümpfe an den Kamin, oder die, die keinen haben, hängen sie über die Tür. (Bei meinen Vermietern gibt es keinen Kamin.) Die Strümpfe füllt der Weihnachtsmann dann mit Gaben. Den nennen sie hier Santa Claus. Auch bei Samtmanns gibt es ein Weihnachtsessen, das die Frau Samtmann mit viel Aufwand kocht. Nichts, liebe Mutter, reicht aber an Deinen Entenbraten! Ich arbeite auch am Heiligen Abend. Feiertage kennen die New Yorker nicht. Aber die Trinkgelder sind zu Weihnachten hoffentlich gut! Herr Samtmann hat das Geschäft vergrößert. Das schrieb ich Dir ja. Ich bin allein im Laden. Meinen Freund Max habe ich lange nicht gesehen.
Auch für mich ist es ein trauriges Fest.
Antwortet mir bitte bald.
Grüße mir weihnachtlich Richard, Ottilie und Helene.

Dein Sohn Gustav

PS: Eine neue Anweisung ist gemacht.

Die Turnhalle des »Socialistischen Turnvereins« an der 4th Street liegt zwei Blöcke benachbart zum Wohnhaus der Samtmanns. Sie ist eine stolze Errungenschaft deutscher Arbeiter und Handwerker, die gemeinsam mehr erreichen konnten als allein. Vor einem Vierteljahrhundert hat der Verein das Gebäude mit vier Stockwerken und seinem prächtigen weißen Portikus errichten lassen. Trotz seiner Stattlichkeit ahnt man von außen nicht, dass es Platz birgt für eine große Turnhalle und mehrere Versammlungsräume. Früher war genau hier das Herz der deutschen Siedlung Manhattans, mittlerweile ziehen Deutschamerikaner, die es zu etwas gebracht haben, fort und lassen sich weiter im Norden nieder.

»Auch die Turner wollen in den Norden.« Das hat Max Gustav erzählt.

»Die sind ähnlich mobil wie meine Kirchengemeinde!«, hat Gustav kopfschüttelnd entgegnet. Und dann weigerte er sich standhaft, mit Max bei den Turnern einzutreten, obwohl die Aufnahmegebühr selbst für ihn kein Problem dargestellt hätte.

»Was soll ich da mit meinen krummen Fingern. Mit dieser Pfote fall ich von den Ringen wie eine reife Tomate vom Strauch.« Er reckte seine Rechte in die Höhe.

»Unfug! Von Bewegung kann's nur besser werden!«, widersprach Max. Die Erinnerung gibt ihm jetzt einen Stich. Wie Max ihm fehlt!

Dienstags und donnerstags hat Max hier Turnstunden.

Also wartet Gustav an beiden Tagen abends vor dem Eingang. Erstaunlich, wie viel Betrieb ist. Im Schein der Laternen strömt am Dienstag aus der offen stehenden Tür eine Schar Kinder, während Männer hineingehen. Bei seinem zweiten Besuch begleitet ihn Margie. Drinnen fragen sie den Turnwart. Der stämmige Mann in mittleren Jahren hat einen imposanten Schnurrbart, mit dem Namen kann er sofort etwas anfangen:

»Max Brausewetter? Ein guter Turner!« Aber dann muss er passen. »Den hab ich schon eine Weile nicht gesehen.«

Der breite Flur ist voll von jungen und älteren Männern. Margie erntet viele bewundernde Blicke. Als sie wieder hinausgehen, kommt ihnen ein junger Mann im Arbeitsdrillich eines Werftarbeiters hinterher.

»Ihr sucht den Max? Den hab ich neulich in der Bowery getroffen. Ich mein, er war auf dem Weg zur Arbeit, in 'nen Saloon.«

»Weißt du den Namen?«

Der Bursche überlegt eine Weile.

»*Schaffner?*« Er schüttelt den Kopf. »Zu merkwürdig, oder? Schad ist's, dass er nicht mehr kommt. Wenn ihr ihn findet, sagt ihm, er soll wieder turnen kommen!«

Immerhin eine Spur.

Doch Max bleibt verschwunden. Er ist in den Bars, Billardhallen und Saloons der Bowery nicht aufzuspüren, egal, ob Gustav den Süden, die Mitte oder den Norden durchstreift. Er hat sich die Hacken wund gelaufen und überall Ausschau gehalten. Die große Stadt hat seinen Freund verschluckt. Er sieht Manhattan in diesem Winter mit anderen Augen: sieht die Betrunkenen, die vor ihm auf den Fußwegen schlingern, die Obdachlosen, die zwischen Müll auf den Straßen und in Hauseingängen liegen. Trotz der Kälte stockt ihm der Atem, wenn er an mancher Toreinfahrt vorbeigeht, so widerlich ist der Gestank des Abfalls.

Samtmann, denkt er, ist ein unverbesserlicher Optimist. Sein Chef hat zwei Fotos aus einer Illustrierten ausgeschnitten und im Geschäft an die Wand gehängt, eins zeigt die Sullivan Street vor, das andere nach Colonel Warings Maßnahmen. Auf Bild eins liegt ein Pferdekadaver, um den sich der Unrat zu einem Hügel türmt. Bild zwei zeigt dieselbe Straße abfallfrei und sauber.

Tatsächlich aber ist nichts in Ordnung, was für eine Illusion!

Selbst wo kein Schmutz ist, ist Armut. Einmal läuft Gustav in der Sixth Avenue an einer Bettlerin vorbei. Sie liegt, in ein dünnes braunes Tuch gehüllt, zitternd auf der Straße. Sie muss noch jung sein, eine Schwarze ist es, es sieht aus, als besäße sie rein gar nichts außer diesem Laken. Gerade hat er den Kragen seines Mantels hochgeschlagen und fröstelnd empfunden, wie bitterkalt es ist, es friert, und nun ist er schon vorbei an dem Elend, schwimmt mit im Strom der Passanten. Die Menge stoppt an der nächsten Kreuzung, ein Schutzmann dirigiert Wagen vorbei. Mit scharfem Knirschen rollen die Räder an. Da kehrt Gustav um und gibt der Frau einen Nickel.

Sie hebt den Blick und lächelt ihn an: »Thank you, honey.«

Das Lächeln trifft Gustav. Wenn ich ein Christ wäre, müsste ich ihr nicht meinen Mantel geben? Und zwar jetzt? Ohne zu zögern?

Oft kann er nicht einschlafen in diesen Tagen.

Seine Suche hat Gustav auch ins Tenderloin, das Rotlicht-Quartier westlich der Sixth Avenue, geführt. Südlich der Houston Street gibt es auch Bordelle, aber Max hat beim Bier immer wieder von dem einen erzählt: »Haymarket: sieht aus wie ein Theater, draußen ist sogar ein Programm angeschlagen. Aber drinnen ist Bühne frei – frei für Ladies zum Wohlfühlen!« Und auf Gustavs Stirnrunzeln reagierte er: »Ich bin nicht so brav wie du und auch nicht so 'ne Spardose! Warum soll ich meine Kröten nicht ausgeben? Wofür schufte ich denn? Pakete tragen ist nicht genug!« Das war eine Anspielung auf Margie und ihre Ansprüche.

Gustav fühlte sich sofort provoziert. »Warum tust du ihr dann überhaupt schön?«

Dieses romantische Theater, das könnte Max sich sparen. Es wurmte ihn, dass einer, der so liederlich ist, bei Margie landen kann. Leider ist es einfach so: Max hat ihm, was Frauen angeht, was voraus.

Am Haymarket fühlt Gustav sich zurückkatapultiert in einen Status der Ohnmacht und des Unterlegenseins, so erschrocken und fremd, wie damals in der ersten Nacht in Manhattan. In grelle Farben gekleidete Frauen warten in den Basements auf Freier. Sie sprechen ihn an, auf Englisch, mit derben Lauten und ebensolchen Gesten, er kann nicht mal etwas stammeln. Was sie hier treiben, das widert ihn an, gleichzeitig fasst es nach ihm. Einmal taumelt ein hagerer Mann mit glasigen Augen auf ihn zu und stößt ihn in einen Eingang. Als Gustav sich aufrappelt und umwenden will, findet er sein Gesicht direkt im Dekolleté einer Frau. Warmes Fleisch berührt ihn, eine Welle von Parfüm streift ihn, und ein geöffneter Mund ist ganz nah. Im selben Augenblick schießt ihm heißes Begehren zwischen die Beine.

Das macht ihm Furcht. Sündiges Fleisch! Sündig ist das Fleisch, das sich meldet.

»Dieses Gerede ist Kram, mit dem die Kirche uns bedroht«, das hat Max gesagt in der Lager Beer Bar. Als er jetzt nachts wieder in seiner Kammer liegt, wirft er sich auf dem Bett hin und her, er sieht die weißen Brüste der Frau, das vulgäre Gesicht, dann wandern seine Gedanken zu Margie, und er stellt sich vor, dass auch sie Brüste hat und wie sie duftet und dann …

Er hasst sich selbst.

Die Welt ist ebenso grob wie diese Zuhälter und Dirnen. Er mag in ihr nicht allein sein, er vermisst Max. Mit dem besten Freund sich überwerfen, wegen eines albernen Hundes! Sollte er zur Polizei gehen und nach ihm fragen? Wahrscheinlich würde das Max erst richtig in Schwierigkeiten bringen. Mit wem er wohl sonst noch Geschäfte macht … Wer weiß, was es noch für Gründe für sein Verschwinden gibt?

Mit Max verschwunden ist auch der einzige Mensch, mit dem er über die Heimat reden konnte. Der weiß, wie es ist, am Ostseestrand mit Kieseln zu ditschen. Der den Gesang der Lerchen im Sommerhimmel kennt und das Bild der Störche, die im Mai mit roten Beinen über fette grüne Wiesen stelzen und im August über gelbe, abgedroschene Felder. Auf dem Bett sitzend, nimmt er das kleine Messer in die Hand, das Max ihm geschenkt hat, und betrachtet es lange.

Jeden Abend liest er in der Bibel.

»Wachet und betet, dass ihr nicht in Anfechtung fallt! Der Geist ist willig; aber das Fleisch ist schwach.«

Matthäus 26, Vers 41 kennt jedes Kind aus dem Konfirmandenunterricht. Die Ermahnung des Petrus mag Gustav lieber, weil sie konkreter ist:

»Seid nüchtern und wachsam! Euer Widersacher, der Teufel, geht wie ein brüllender Löwe umher und sucht, wen er verschlingen kann.«

Der Apostel Petrus, so liest er das, verbietet Alkohol. Zweimal in der Woche trinkt Gustav Bier. Betrunken ist er eigentlich nie, schon weil er sich vor Frau Samtmann fürchtet. Eines Sonntagmorgens, er lag noch im Bett, hat er sie laut in der Küche sagen hören: »Hier stinkt es ja wie in einer Bierhalle!«

Diese Versuchung beschließt er, in Zukunft ganz zu meiden. Er will sich nicht treiben lassen. Dann wird er mithilfe des Glaubens auch den anderen, dunkleren, den unheimlichen Mächten entkommen.

Wie sagt Timotheus?

»Fliehe die Begierden der Jugend, jage vielmehr der Gerechtigkeit und dem Glauben, der Liebe und dem Frieden nach im Verein mit denen, die den Herrn aus reinem Herzen anrufen.«

Oje, sein Herz ist nicht rein. Er muss sonntags wieder in die Kirche gehen, wie es sich gehört! Doch die geweihten Mauern von St. Paul sind abgerissen, und das ging schnell. Eines Sonntags war die Kirche einfach weg: ein Gotteshaus, dem Erdboden gleichgemacht. Selbst die Trümmer waren schon abgeräumt, als Gustav an der Kreuzung aus dem Waggon der Hochbahn schaute. Ein Loch klaffte im Boden. Es gruselte ihn, als er daran dachte, wie Pastor König davon gesprochen hatte, dass auch Tote umzubetten seien, die in der Kirche begraben waren. Niemals werde ich ein Amerikaner sein! Man stelle sich das vor: Die Marienkirche in Stolp oder die Dorfkirche in Budow, und die Leute reißen sie ab, als wären es baufällige Scheunen!

Wie kalt und reich ist dieses Land. Mit lauter verrückten Leuten.

Die Gemeinde St. Paul hält den Gottesdienst nun weiter nördlich in einer Kapelle, die der Kirchenvorstand von der Episkopalkirche für die Zeit gemietet hat, solange die neue Kirche im Bau ist. Dass es weniger Plätze gibt, hat Gustav zum Vorwand genommen, den einen oder anderen Gottesdienst sausen zu lassen. Er hat sogar überlegt, ob er sich nicht lieber eine andere Gemeinde suchen sollte, die näher liegt, dort könnte er nach der Arbeit beten. Aber wäre das recht den Landsleuten gegenüber? Den Uhligs und Herrn Paruske? Eher nicht. Frau Uhlig mag zwar reich sein, aber kalt ist sie nicht, sie freut sich jedes Mal, wenn sie ihn sieht, und richtet immer ein paar freundliche Worte an ihn.

Die Familie Samtmann gehört nicht zu den Frommen, das hat ihn offenbar nachlässig gemacht. »Warum fütterst du den Klingelbeutel mit deinen Trinkgeldern?«, hat Franz Samtmann ihn mehr als einmal gefragt und gleich einen Rat nachgeschoben: »Tritt doch lieber dem Teutonia-Unterstützungsverein bei!«

Unterstützungsvereine helfen bei Krankheit und Tod, gegen geringe Beiträge springen sie Mitgliedern in Not bei. Dem nüchternen Geist von Samtmann liegt das näher, als den Gekreuzigten anzubeten und auf die himmlische Fügung zu vertrauen.

Aber es ist nicht recht, das eigene Versäumnis auf andere zu schieben! Ein Christenmensch, das will er sein. Er schließt Max in seine Abendgebete ein:

»Bitte lass Max zu Weihnachten wieder auftauchen! Lieber Gott, es ist doch unser erstes Weihnachten so weit weg von zu Hause!«

Wie muss es sein, jetzt in einer Herberge? Einlass erst ab 20 Uhr. Wenn er Max nur wiedersehen könnte.

~

Das Fest kommt, und es überschwemmt Gustav mit Heimweh.

Frau Samtmann holt eine kleine Tanne vom Markt in der

Grand Street, wo viele deutsche Händler Weihnachtsbäume auf der Straße anbieten, und beauftragt Gustav, ihn neben dem Ofen aufzustellen. Der Duft breitet sich in der Küche rasch und betörend aus, und er muss an die Weihnachtsvorbereitungen seiner Mutter denken.

Kerzen gibt es nicht. Das wundert ihn sehr, wie arm sie auch waren zu Hause, die Mutter hatte immer Kerzen, die auf den Weihnachtsbaum gesteckt wurden. Er sieht Ottilie und Helene vor sich, wie sie Engel aus Filz und Watte machten, mit feinen Nadeln die Bausche bearbeiteten, bis diese Gestalt und Gesicht annahmen. Am Heiligabend bevölkerten diese Wesen dann die Tanne. Wegen ihres »Engelsglaubens« foppte Gustav seine Schwestern. Selige Abende waren das.

Im Hause Samtmann hält sich die Bastelei in Grenzen. Lisbeth verteilt ein paar Strohsterne im Tannengrün, mehr nicht. Margie hält sich zurück, ihre Neigung zu Putz und Prunk erstreckt sich eigenwilligerweise nicht auf das heilige Fest. Dass Gustav sich in diesen Tagen einsam und fehl am Platz fühlt, hat aber einen anderen Grund: Ob sie ihn teilhaben lässt am Weihnachtsessen, das hat Frau Samtmann bislang im Dunkeln gelassen. Tagelang, so kommt es ihm vor, wird in der Küche Teig für Stollen, Lebkuchen und Pfeffernüsse geknetet, werden Backbleche vorbereitet, Rot- und Weißkohl eingekocht und Fragen diskutiert, etwa ob und bei welchem Schlachter eine Gans zu bestellen sei – ohne dass eine Einladung an den Untermieter ergeht, am Festschmaus teilzunehmen. An *meinem* Tisch wird immer Platz sein für einen Gast! Das schwört er sich. Und er grollt Frau Samtmann. Ausgerechnet dieser Frau bin ich im Begriff zu helfen! Nein, ich mache es für ihre Töchter, denkt er – und für mich selbst.

Am Donnerstag vor Weihnachten sind die drei jungen Leute abends allein zu Haus. Herr Samtmann probt mit dem Teutonia Männerchor, seine Frau ist bei ihrer Freundin in der Orchard Street, der sie beim Packen hilft. Frau Gumpertz, eine Schneiderin, will noch im alten Jahr mit ihren drei Kindern umziehen. Das ist die Gelegenheit für Gustavs Vorstoß.

»Euer Herr Vater sollte nicht nur Männer bedienen! Warum nicht auch Damen frisieren?«, sagt er leichthin. Das Geschäft muss angekurbelt werden. Dafür braucht er Samtmanns Töchter. »Davon müssten wir ihn überzeugen!«

Er hat nachgedacht: Um genug sparen zu können, muss er deutlich mehr verdienen. Er ist auf Trinkgelder angewiesen, und zwar auf viele: zwanzig Cent, das ist in seinem Gewerbe schon fürstlich. Genug Trinkgeld kriegt er nur, wenn viele Kunden kommen. Genau davon kann aber im Basement nicht mehr die Rede sein.

Margie sagt nichts, Lisbeth reagiert sofort: »Ha!«, ruft sie. »Die Gretel« – den deutschen Namen benutzt sie immer dann, wenn sie Margie besonders ärgern will –, »die Gretel ist sich doch für den Laden zu fein!«

Die drei sitzen am Küchentisch. In der Luft der Duft von Kardamom, Nelken, Piment und Ingwer. Lisbeth ist dabei, die Pfeffernüsse einzeln aufs Blech zu legen, während ihre Schwester sie aus dem Mürbeteig sticht. Nun zieht Margie die Augenbrauen zusammen. Eine Weile schweigen sie. Dann unterbricht sie die Stille.

»Im Shop oben die Frauen bedienen – und unten die Männer … oder umgekehrt?«, überlegt sie laut. »Damen kommen jedenfalls lieber, wenn sie von Frauen bedient werden. Mrs. Harper hat das richtig erkannt.«

Gustav nickt. »Genau. Und deswegen solltet ihr mittun!« Er blickt Lisbeth an. Eine steile Falte legt sich auf ihre Stirn. Es ist für sie ein ganz empfindliches Thema.

Der Vater hatte ihr den Besuch der Oberschule untersagt. »Ich brauche im Laden jede Hand.«

Es hatte Tränen gegeben. Viele.

»Wenn du mir nicht helfen willst, dann gehst du eben in die Fabrik!« So herrisch und laut hatte Gustav seinen Chef noch nicht erlebt – auch nicht, als er mit Lizzies Mutter stritt. Die Tür zu seinem Kabuff war zwar dicht, aber die Papierwände ließen ihn wie immer teilhaben am Familienleben. Die Rede war von Leiserson's Textilfabrik.

»Elf Stunden am Tag an der Nähmaschine! Das will ich nicht!«, schluchzte Lisbeth.

Der Vater blieb unerbittlich. »Meinst du, für deine Schwester war die Plättanstalt ein Traum?«, brüllte er. »Jeder muss zu diesem Haushalt beitragen!«

Gustav hat das deutliche Gefühl, dass Samtmanns Zorn sich aus etwas anderem speiste und Lisbeth es ausbaden musste. Sein eigener Vater fiel ihm ein und seine irrlichternde Wut. Der Chef hat Sorgen. Tatsächlich ist es nämlich so, dass für Lisbeth im Barber Shop nicht viel Arbeit ist. Herr Samtmann und Gustav können froh sein, wenn beide Kundschaft haben und keiner Däumchen dreht. Oft bleibt Gustav so viel Zeit, dass er die Ladenräume schon unter der Woche blitzblank putzt. Das entlastet Lisbeth. Sie braucht dann sonnabends nach Geschäftsschluss nur noch Handtücher und Rasierservietten zu waschen und aufzuhängen, damit sie die sonntags bügeln kann.

Barber Samtmann hat höhere Mietkosten als früher, aber nicht mehr Einnahmen. Den neuen Angestellten hat er bereits im November entlassen. Und mit ihm auch die ihm eigene fröhliche Mitteilsamkeit: Lang ist es her, dass er mit der Grandezza eines Toreros den schwarzen Frisierumhang über Brust und Schultern eines Kunden warf. Während er früher beim Klappern der Schere die Vorzüge der modernen Hygiene beschwor, ist sein Redestrom inzwischen versiegt.

Gustav hat sich nicht vorstellen können, dass er eines Tages Samtmanns Lieblingswitz vermissen würde:

»Wie möchten Sie Ihre Haare geschnitten haben?«, fragt der Friseur. »In Ruhe«, antwortet der Kunde.

»Man könnte im Shop auch Schönheitstinkturen anbieten!« Gustavs Idee ist heraus. Für sich denkt er: Und du, Margie, musst im Laden stehen. Jeder Mann kauft bei dir noch ein Wässerchen, bevor er rausgeht. Frauen mögen so was kaufen, um schöner zu werden. Die Männer werden es tun, um einen Blick auf dich zu werfen. Gespannt schaut er in die Runde.

»Hm. Ein Store mit Haar- und Hautpflegemitteln ... wie bei Mrs. Harper's ... Aber Lotionen fallen ja nicht vom Himmel ...« In Margies grauen Augen blitzt ein Feuer: »Wo kriegen wir sie her?«

Gustav sieht das Funkeln. Sie springt an, denkt er und freut sich. Was er nicht ahnt: Er ist gerade dabei, Margarethe Samtmann einen Ausweg zu weisen. Einen Pfad, der ganz nah liegt und der sie herausführt aus einem tiefen Tal.

Auch wenn kein Mensch in ihrer Familie etwas gemerkt hat: Das Kaufhaus Ridley's hat sich für Margie als Falle erwiesen. Eine auffallende Schönheit zu sein ist unter jungen Frauen nur bedingt von Vorteil. Noch dazu, wenn eine so wenig daran interessiert ist, neue Freundschaften zu knüpfen, wie sie. Sich mit Freundinnen zu treffen, darauf hat sie nie viel Zeit verwendet. Es entspricht nicht ihrem Naturell, das eher einem vor sich hin plätschernden Bach gleicht als einem Strom, der neue Wege sucht. Wie wichtig private Beziehungen am Arbeitsplatz sind, hat sie lange Zeit gänzlich unterschätzt.

Welche Aussichten hat ein Mädchen? Ein paar Jahre hart arbeiten, dann heiraten. Viele Türen bieten sich nicht an. Zwei von Margies Schulkameradinnen sind nach der Schule in Haushalten am Gramercy Park untergekommen, aber das hat ihr der Vater strikt untersagt: seine Töchter – Dienstmädchen?

»Dafür bin ich nicht nach New York gekommen!«

Also begann sie nach der Schule in einer Bügel- und Plättanstalt zu arbeiten. Das hieß, den ganzen Tag stehen, in der Hitze, die von den Bügeleisen aufstieg, und das gusseiserne Monstrum so führen, dass die Wäsche frei von Brandstellen blieb.

Am Anfang kam sie abends mit Blasen an den Händen nach Hause und weinte. Die Mutter erschrak und pflegte ihre Wunden mit Salbe. Die schönen Hände! Margie hielt durch. Nach einem Jahr war die Inhaberin klug genug, sie nach vorn in den Laden zu holen, wo die Wäschepakete über den Tisch gingen. Eine schöne Erscheinung mit guten Umgangsformen, und rechnen konnte sie auch! Die Beförderung trug ihr nicht mehr Lohn, dafür die Missgunst der anderen Mädchen ein. Wenn Neid die Luft einfärben könnte, dann hätte jede Kundin den giftgelben Brodem gesehen, der hinter Margie her dünstete, aus dem Plättraum kommend, über den Bügeleisen wabernd, um sich dann am Empfangstisch um ihre schöne Gestalt zu legen wie eine hässliche Glocke.

Margie kümmerte das nicht. Ein weiteres Jahr später stellte sie sich im Kaufhaus Ridley's vor, bei Mister Keller, einem Manager, der so liebenswürdig war, sie noch am selben Tag einzustellen. Sie fing in der Abteilung für Strümpfe an, mit der Aussicht, zur Damenwäsche zu wechseln. Alles erschien ihr als Sprung in die große Welt, und ihre Familie bestärkte sie darin. Die neue Arbeit war angenehm und erlaubte ihr, den Haushalt der Eltern weiterhin mit Geld zu unterstützen.

Noch mehr Eindruck als das Kaufhaus mit seinen vier Etagen machte allerdings Mister Keller persönlich auf Margie.

Das behielt sie natürlich für sich.

Hardy Keller war ein großer blonder Mann von Anfang dreißig mit glatt rasiertem Gesicht, braunen Augen und enormem Selbstbewusstsein. Er verstand sich als Offizier, der ein Elitecorps befehligt: Seine Verkäuferinnen waren seine Soldaten. Neben Gehorsam, Pünktlichkeit und Loyalität, erfuhr sie bei der Einstellung, gehörte ein tadelloser Lebenswandel dazu. Sie seien mit ihrem kleinen Leben Botschafterinnen des Kaufhauses. Ridley's Leumund sei jederzeit zu wahren! Nach solchen rhetorischen Fanfaren dämpfte Mister Keller unvermittelt die Stimme für eine zartere Botschaft: »Ihre Schönheit, Miss Samtmann, ist ein Schmuck für unser Haus!«

So schlicht Mister Kellers Komplimente waren, sog Margie, die am Plätteisen gedarbt hatte, sie doch auf wie ein Schwamm. Sollte ihr Leben sich, sollte dieser Verehrer es zum Schönen wenden?

Bald machte Margies Herz immer einen kleinen Sprung, sobald sie Mister Keller sah, und es hüpfte ganz schrecklich, wenn er sie anlächelte. Das geschah immer öfter, da er die Abteilung Damenwäsche, in die sie wunschgemäß wechseln durfte, mit schöner Regelmäßigkeit inspizierte.

»Miss Margie, Sie sehen heute besonders bezaubernd aus. Wir sollten überlegen, ob wir Sie nicht stärker in unser Botschafterinnen-Konzept einbinden … *Oh, Margie!*«, hauchte er dann voll Glut, konnte aber den Satz nicht fortsetzen: Die Abteilungsleiterin war auf leisen Sohlen herbeigeeilt, wie er aus dem Augenwinkel wahrgenommen hatte.

Im Geschäftston fuhr er fort: »Was meinen Sie, Mrs. Pigeon?«

Unfroh hob diese die Augenbrauen. Dass Mister Keller von Miss Margie magnetisch angezogen war, blieb keiner Verkäuferin verborgen.

Und dann war Mr. Keller von einen Tag auf den anderen verschwunden.

»Wo ist Mr. Flirty?«, fragte eine der Verkäuferinnen. Eine andere antwortete prompt und ließ dabei den »Mister« gleich weg: »Flirty muss nicht bis zur Hochzeit warten, der Schwiegerpapa hat ihn jetzt schon in die Teppichetage geholt.«

Das Geschwätz der Kolleginnen klärte Margie darüber auf, dass ihr Romeo im Begriff war, eine gute Partie zu machen – dem Vater der Braut gehörte das Kaufhaus –, und die Zeit, die er an der Front mit Kunden und Verkäuferinnen verschwenden musste, war offensichtlich vorbei.

Das war ein böses Erwachen für Margie. Dumm kam sie sich vor, hatte sie doch bereits überlegt, ob und wann sie Mister Keller ihrer Mutter vorzustellen habe. Denn es konnte sich nur um Tage handeln, dass er sie einlud, mit ihm auszugehen – mit ernsten Absichten, versteht sich. Sie war so naiv gewesen, dass ihr allein der Gedanke daran die Schamesröte ins Gesicht trieb.

Schlimmer als die Enttäuschung ihrer Herzensangelegenheit war, dass Mrs. Pigeon umgehend alles dransetzte, Miss Samtmann loszuwerden. Niemals, nie hätte sie ein so attraktives Mädchen in einer Abteilung wie Ladies' Underwear eingesetzt! Denn eine Dame, die Miederwaren kauft, so wusste sie, will sich von einer reifen Frau beraten lassen. Keine Sekunde darf sich bei einem solch vertraulichen Kontakt der Verdacht aufdrängen, die Verkäuferin könnte das Korsett oder die Chemise eventuell besser tragen als sie selbst.

Keine jungen Mädchen bei den Miederwaren!

Das war eine alte Regel, gegen die der Dilettant Keller verstoßen hatte. Mindestens so schlimm wie seine Gockelei, fand Mrs. Pigeon, war, dass er ihre Expertise ignorierte.

Ab sofort fragte keiner mehr nach Miss Margies Wünschen. Unversehens fand sie sich in der Kinderabteilung wieder. Lieber wären ihr Textiles oder Shoes gewesen. Die Stoffabteilung hätte in der Tat eine kundige Kraft in ihr gehabt, denn sie näht alle ihre Kleider selbst. Die Schuhabteilung hätte die Chance geboten, auch auf männliche Kunden zu treffen, was für ein junges Mädchen ja niemals schädlich sein kann.

Doch Mrs. Pigeon hatte ihr Werk gründlich getan: »Flirtet gern« war das Etikett, mit dem sie Miss Samtmann dem Direktor des Hauses Ridley's beschrieb, eine Botschaft, die ihre Wirkung nicht verfehlte.

Ihre Bewerbung bei Siegel & Cooper war der Versuch, erhobenen Hauptes Ridley's hinter sich zu lassen und in eine elegante Welt vorzustoßen, die zu ihr passte. Sie ahnte, dass an der Sixth Avenue die Kämpfe nicht kleiner sein würden. Dass das große Kaufhaus sie ablehnte, erschütterte ihr Selbstvertrauen stärker, als sie sich anmerken ließ. Allerdings: Um länger deprimiert zu sein, war Margie zu pragmatisch. Das Bächlein ihrer Seele hüpfte ein paar Mal über Geröll, um dann verlässlich weiterzufließen. Sie musste ihr Englisch verbessern! Wirklich schade war, dass sie zu spät erfahren hatte, dass Martha Mathilda Harper im Palast von Siegel & Cooper einen Shop eröffnet hatte …

Und nun kommt Gustav mit dieser Idee daher: ein Beauty Salon. Das ist es! So etwas fehlt! Frauen schön zu machen, davon versteht sie etwas. Haare legen sich ja nicht automatisch zu Frisuren. Warum kümmern sich Hairdresser nur um Männer? Bei Ridley's zu kündigen ist unmöglich, weil das Geschäft ihres Vaters schlecht läuft. Ihre Eltern sind auf ihren Lohn angewiesen. Aber dass die Abteilung Children schließt, kann schon in der nächsten Woche der Fall sein – und sie macht sich nichts vor: Dann steht sie auf der Straße.

Das also ist Margarethes Situation, von der nicht nur Gustav, sondern auch die Samtmanns nichts wissen. Als Gustav anregt, das Friseurgeschäft solle sein Angebot erweitern, ist das für Margie, als lüftete sich der Nebel an einem grauen Morgen nach durchwachter Nacht. Die Welt erscheint auf einmal voll Licht und Möglichkeiten. Darum blitzt es in ihren Augen.

Gustav würde gern noch eine Weile in diese grauen Augen schauen. Aber er bremst sich, er muss beide Mädchen gewinnen.

»Lizzie, was meinst du?«

»Der Vater könnte einiges anders machen. Da hast du recht«, sagt die. »Warum sollte er seine Mixturen nicht verkaufen? Ihr stellt sie doch sowieso her.«

Sie nimmt die Topflappen, zieht ein Blech aus dem Herd und stellt es auf den Küchentisch.

»Die müssen abkühlen, dann kannst du sie in die Dose schichten«, erklärt sie ihm. Dann fragt sie unvermittelt: »Was ist mit Max? Der weiß doch bestimmt, wo man alle möglichen Zutaten besorgt. Habt ihr Max nicht gefunden?«

»Nein, leider nicht!«, antworten Gustav und Margie wie aus einem Mund.

Und in Gedanken sieht Gustav Max vor sich und wie er den Kopf schüttelt: »Da zerbrichst du dir den Kopf für deinen Boss. Der mag ja ein netter Kerl sein, aber du bist nur sein Bursche. Was hast du davon, wenn er den Profit steigert? Kriegst du Prozente?«

Am nächsten Morgen wird Gustav Zeuge eines Gesprächs. Draußen ist es noch dunkel, er steht mit der Kohlenkiepe in der Wohnungstür. Längst haben sich alle daran gewöhnt, dass er nicht nur seinen Nachttopf selbst in den Hof trägt – er weiß sehr wohl, dass für andere Lodger das die Wirtin macht –, sondern dass er auch neue Kohlen nach oben schleppt.

Die Eheleute haben ihn nicht kommen hören.

»Einmal im Jahr, Franz, wäre ich gern mit euch allein. Privat!«, hört er Frau Luise sagen. Sie ist dabei, das eheliche Bett zurück in ein Sofa zu verwandeln, und verpasst den Kissen Knüffe. »Ist das zu viel verlangt?«, schnappt sie. Und schiebt gleich noch eine gereizte Frage nach: »Geht er nicht sowieso zur Kirche?«

»Nun, das dauert doch nicht den ganzen Abend. Luise, er ist weit weg von zu Hause …«, hört er Herrn Samtmann beschwichtigend sagen. Er klingt ratlos. Seine Stimme ist schwach.

Gustav tritt ein und schließt geräuschvoll die Wohnungstür.

Sein Stolz ist verletzt. Diese alte Hexe, was hat sie gegen ihn? Soll sie doch ihre Gans allein verschlingen! Das traute Heim der Samtmanns wird er nicht durch seine Gegenwart stören.

»Ich verbringe den Heiligen Abend in der Gemeinde«, antwortet er knapp, als seine Wirtin ihn am nächsten Abend bei Tisch scheinheilig nach seinen Plänen fragt. Zum Glück ist er drauf vorbereitet, sonst hätte man ihm angesehen, wie sehr ihn ihr Verhalten trifft.

Am 24. Dezember, als Samtmann endlich Anstalten macht, den Laden zu schließen, verabschiedet sich Gustav. Im Hauseingang trifft er auf die italienische Familie, alle in Schwarz, alle im Sonntagsstaat, offensichtlich auf dem Weg in die Kirche. Vater, Mutter und fünf Kinder, Onkel und Tanten – wie viele, ist schwer zu zählen. Der kleinste Sohn hüpft vor Ungeduld auf und ab und zerrt an der Hand seiner Mutter. Während er ihnen den Vortritt lässt, empfindet Gustav stark die freudige Erwartung, die die Gruppe eint und ihn ausschließt. Er schaut ihnen nach, wie sie durch die Broome Street nach Westen zu ihrer Kirche streben. Kirchenglocken läuten inzwischen von allen Seiten und rufen die Gläubigen zum Gebet. Offenbar gibt es viel mehr Glocken, als Kirchtürme zu sehen sind.

Er geht in die andere Richtung. An der Straßenecke kauft er sich eine große Tüte mit heißen Maronen. Nachdem er bezahlt hat, bleibt er einen Moment bei dem Verkäufer stehen. Das hat er noch nie gemacht. Hungrig fängt er zu essen an und schaut dem Alten zu, wie er sich die Hände über der Glut wärmt. Wie gut, dass Juden den Heiligabend nicht feiern.

»Schmeckt gut«, sagt er kauend.

Der Mann nickt: »Jingelchen, nimm noch zwei, is doch dein Weihnachten. Werd ich nicht los, heute.«

Viele Schaufenster sind dunkel, Bars und Lokale liegen da wie in Totenstarre. Gustav läuft die Orchard Street gen Norden, hier sieht es anders aus, etliche Shops sind offen, in New York ist das Fest der Christen nicht jedermanns. Nicht nur Juden bieten weiter ihre Waren an, auch orthodoxe Christen aus der Ukraine und aus Griechenland feiern heute nicht den Erlöser. Ein Schuhmacher sitzt über ein Paar Stiefel gebeugt, hell erleuchtet ist die Bäckerei eines Russen. Irgendwie ist er diesen Leuten dankbar dafür.

Um möglichst lange unterwegs zu bleiben und dabei nicht zu sehr zu frieren, hat er beschlossen, mehrere Gottesdienste hintereinander zu absolvieren. Dabei soll ihm auch eine katholische Kirche

Zuflucht gewähren – Jesus wird das nicht stören. Die Kathedrale *Holy Redeemer* in der 3rd Street hat er bislang nur von außen bewundert: Sie hat den prächtigsten Turm weit und breit, und ihr heller Sandstein leuchtet freundlich in der Dunkelheit. Er reiht sich ein in den Strom der festlich gekleideten Familien, die ins Innere streben, während draußen das Glockengeläut verebbt.

Während er dem unvertrauten liturgischen Wechselgesang der Gemeinde lauscht, studiert er die Reliefs an den Kirchenwänden, die Jesu Lebensweg zeigen. Es duftet nach Weihrauch und Myrrhe – fremde Gerüche, die seine Verlorenheit noch verstärken. Lange betrachtet er ein Rundbild, auf dem der erwachsene Jesus seine Mutter trifft, und er sehnt sich nach der seinen.

Die Familie daheim ist kleiner geworden. Hans lebt nicht mehr. Wo sie sich wohl heute versammeln?

Dann ist der Gottesdienst zu Ende, und die Familien zerstreuen sich rasch in der dunklen Straße, ihre Gesichter strahlen, alle streben mit Macht an ihren eigenen Herd. Als er über die First Avenue weiter nach Norden wandert, zieht er seinen Mantel so fest um sich, wie er kann. Weihnachten in der Fremde – dass das kommt, das wusste er doch.

Die St. Marks Church ist festlich erleuchtet; vor dem Eingang brennen Fackeln, und Laternen säumen den kleinen Platz vor der Kirche. Ein halbes Dutzend wohlhabend wirkende Equipagen und Droschken stehen dort und warten auf ihre Besitzer. Kleine weiße Wolken steigen von den Nüstern der Pferde in die Nachtluft, während die Kutscher auf und ab gehen und sich die Arme um den Körper schlagen, so kalt ist es.

Hier hat der Gottesdienst offenbar schon angefangen, Gustav zaudert, ob er hineingehen soll, und verwirft es, er ist zu schüchtern. Für den Klingelbeutel braucht er Geld, das will er für die Christmette in St. Paul aufbewahren, schließlich ist das seine Gemeinde, auch wenn sie keine Scheine kriegen werden von ihm.

Er schlägt den Mantelkragen hoch und marschiert weiter durch die Kälte, den Blick auf den Gehsteig gerichtet. Bloß nicht in festliche Fenster schauen! Mit der Linken tastet er nach den restlichen Maronen. Längst kalt sind sie, er wird sie später sorgfältig kauen. Die Samtmanns haben wahrscheinlich längst die Gans vertilgt. Hätte er dickfellig sein und einfach dableiben sollen? Schließlich zahlt er für Kost und Logis. Wie sagt das Sprichwort? Dummheit und Stolz wachsen auf einem Holz.

Der Fußmarsch hält ihn eine Dreiviertelstunde warm. Gut, dass er so rechtzeitig ist: Die kleine Kirche, in der die Gemeinde St. Paul der Bauarbeiten wegen feiert, wird zum Bersten voll, aber Gustav hat einen Platz mit Blick auf den Altar. Dann braust die Orgel, und mit der Melodie hebt sich sein Sinn. Hier ist es schöner als bei den Katholiken. Inbrünstig fällt er ein in den Gesang der Gemeinde:

Großer Gott, wir loben dich!

»Was für ein hanebüchener Unfug!« Franz Samtmanns Abwehr-Salve kommt prompt. Aber er schießt in die Luft, das merkt Gustav sofort. Ein Kanonendonner auf breiter Front hört sich anders an. Es ist ein Sonntagnachmittag im Januar des Jahres 1897, draußen klirrt der Frost, und auch drinnen ist es so kühl, dass die Frauen Umschlagtücher aus Wolle über den Kleidern tragen. Obwohl der Ofen unaufhörlich Kohlen frisst – Samtmann hat seine Frau bereits zweimal ermahnt, nichts zu vergeuden –, wird es in der Wohnung nicht warm.

Sechs Fläschchen stehen auf dem Küchentisch. Dunkelbraunes Glas, schwarze Deckel. Darauf hat Margie weiße Etiketten geklebt, in der Form einer auf der Spitze stehenden Raute. Gustav hat die Form angeregt, Margie hat sie angefertigt. Auf jeder Flasche steht: *Samtmann's Secret.* Jede hat ihren eigenen Untertitel: *Beauty Elixir, Hair Tinting Lotion, Shampoo Powder, Aftershave, Fountain of Youth* und *Hair Oil.*

Über die Beschriftung der Etiketten hatten sie heftig debattiert. *Samtmann's Secret.*

Gustav war überzeugt, dass das Franz Samtmann zu blümerant sein würde. Nicht seriös genug! Und warum überhaupt englisch?

»Weil wir Amerikaner sind!«, gab Lisbeth mit Nachdruck zurück. Schließlich sei sie – anders als Margie – in New York geboren.

Margie pflichtete ihrer kleinen Schwester bei, allerdings war ihr Argument nüchterner: »Neue Produkte richten sich an alle, nicht nur an Deutsche.« Dann wurde sie geradezu euphorisch: *Fountain of Youth* sei ihr Favorit in der »Produktpalette«. Ja, den Begriff gebrauchte sie tatsächlich. Sie konnte sich gar nicht wieder beruhigen, so sehr hatte sie sich begeistert. In seltener Einmütigkeit warfen Lisbeth und Margie einander die Begriffe zu. *Youth Tonique*, *Youth Essence* oder *Fountain of Youth*? Was klingt besser? Was würdest du kaufen?

Gustav, genervt, erfuhr, dass Margies Heldin Martha Matilda Harper ein *Tonique* verkauft, das in die Kopfhaut massiert wird. Dass sie selbst noch überhaupt keine Essenzen, Öle und Shampoos und schon gar nicht welche mit Wunderwirkung haben, die sie in die Flaschen füllen können, hat die Mädchen in ihrem Enthusiasmus nicht gestört. Immerhin hatten sie die Mutter eingeweiht und für die Sache gewonnen.

»Warum soll man nicht etwas verkaufen?«, hatte Frau Samtmann gefragt. »Nur schädlich sein darf es nicht! Nicht, dass jemandem die Haare ausfallen!«

Gustav war beeindruckt von so viel weiblichem Pragmatismus.

An diesem Neujahrsnachmittag aber sitzt die alte Samtmann schweigend am Tisch, als ihr Gatte sich entrüstet: »Ich kann doch kein *Secret* verkaufen! Geheimnis! Die Leute müssen doch wissen, worauf sie sich einlassen! Und überhaupt: Warum sollen Männer etwas anderes kaufen als Rasierwasser?«

»Weil sie das ihren Frauen schenken!« Margarethe legt ihre schöne Hand auf den Arm ihres Vaters. »Das können doch Mittel sein, die wir außerdem im Laden anwenden!«, sagt sie schmeichelnd.

»Wir? Frauen frisieren?« Ihr Vater ist verblüfft. Margie blickt zunächst ihn und dann Gustav an und sagt: »Frauen lassen sich heute gern außer Haus frisieren. Warum nicht bei uns?«

Das sind eine Menge neue Ideen auf einmal. Gustav runzelt die Stirn. Margie verstößt gegen die Verabredung. Ihm wäre es lieber, sie würden sich erst mal auf die Tinkturen konzentrieren.

»*Aftershave* … mmh … *Beauty Elixir* …« Samtmann dreht ein Fläschchen nach dem anderen in der Hand und stellt es wieder auf den Tisch. »Eleganter würde es aussehen, wenn sie ganz schwarz wären«, knurrt er.

Topp! Gustav könnte vor Freude in die Hände klatschen: Herr Samtmann ist und bleibt ein Mann mit Stil.

»Sechs Mittel, das ist zu viel«, befindet der Chef, »und über den Namen müssen wir reden. Der muss zu mir ja passen.« Er zwirbelt seinen Schnurrbart, die Enden weisen optimistisch nach oben, und er zwinkert Gustav zu.

»Wir stellen alles weiter im Basement her.«

Zwei Monate später sind die Produkte von *Samtmann's* auf dem Markt. Das »Secret« im Namen wurde kurzerhand gestrichen. Der Barber verkauft oben im Laden vier Schönheitsmittel. Alle Rezepte stützen sich auf Franz Samtmanns bald drei Jahrzehnte währende Erfahrung. Sie stehen in strammen Reihen auf vier weiß lackierten Regalen, die Gustav eingezogen hat. Vier kürzere baut er direkt ins Fenster ein, damit man die schwarzen Flaschen mit der weißen Raute von draußen sehen kann. Das sieht gut aus, ein wenig nach Drugstore, findet Gustav, wie man hier die Apotheken nennt.

Rasierwasser hat Samtmann immer selbst hergestellt, aus Wasser, Alkohol, Kampfer und Menthol. Für das Haarwasser der Damen reduziert er den Alkoholanteil leicht und ersetzt die Zusätze durch Lavendel und Hamamelis. Die Zutaten besorgen Gustav und Lisbeth aus den Drugstores der Nachbarschaft. Schwieriger herzustellen sind Lotionen.

»Öl und Wasser trennen sich nach einiger Zeit. Das fällt auseinander.« Der Chef ist skeptisch. »Bloß nicht. Die Kunden vergessen zu schütteln und richten ihren Ärger am Ende auf uns.«

»Du brauchst einen Emulgator«, sagt Lisbeth. Sie hat inzwischen Feuer gefangen, endlich ist ihre Wissbegierde gefragt. Sie verbringt Tage in der Bibliothek und liest in Chemiebüchern. Es interessiert sie, welche Substanzen miteinander wie reagieren. »Eines Tages«, glaubt sie, »stellen wir nicht nur Seife her, sondern auch Lotionen für die Haut.«

»Unfug! Wir konzentrieren uns!« Samtmann ist zurück in der Rolle des Patrons. Im Souterrain ist der Paravent entfernt und das Labor erweitert, Kunden dürfen ab sofort nur noch den Laden im First Floor betreten. Methanol, ihre kostbarste Zutat, lagert in zwei kleinen Fässern. Natrium und Soda in Bottichen mit Deckeln. »Alkohol ist nicht gleich Alkohol. Ich verwende den teuren«, doziert Samtmann. Sein lebhaftes Interesse aber gilt dem Shampoo. Es ist, als hätte er auf ein Signal gewartet.

Das Sieden und Anrühren der Seife übernimmt Gustav, das Abfüllen und Schneiden macht er gemeinsam mit Lizzie. Geraspelt wird mit Küchenreiben, bei Bartek auf der Broome Street besorgt. Den Verbindungen des Hausierers und Margies hartnäckigen Verhandlungen verdanken sie den Extrakt von Veilchen, den ihr Vater neuerdings der Seife zusetzt. Eine Essenz, die nach Blumen riecht, kommt auch in das *Beauty Tonique.* Samtmanns Schnauzbart hebt sich leicht, während er daran schnuppert.

»Schönheit riecht besser als Hygiene«, räumt er ein.

Samtmann's Aftershave und *Samtmann's Shampoo Powder* laufen vom ersten Tag an gut. Der Renner aber wird ein fünftes Produkt: *Samtmann's Little Auxiliator,* präsentiert in einer runden Dose. Das ist das Wachs, mit dem der Barbier den getrimmten Schnurrbart festigt, nachdem er es zuvor zwischen den Fingerspitzen zerrieben hat.

Eine Hürde aber bleibt bestehen: Sie müssen Samtmann überzeugen, dass nicht er, sondern Margie den Verkauf übernimmt. Hier ist Gustavs Diplomatie gefragt. Schließlich kann er weder dem Vater noch der Tochter sagen, dass Margies Anwesenheit im Shop sich nach seiner Meinung mindestens so geschäftsfördernd auswirken wird wie die neuen Mittel für die Haare. Welcher Kunde würde nicht Gefallen daran finden, ihr zuzusehen, wie sie mit elegantem Schwung die Kurbel an der Kasse dreht? Wer nicht gern dem Timbre ihrer Stimme lauschen und ihr in die grauen Augen blicken? Zumindest, wenn diese Kunden männlich sind. Und bislang sind alle Kunden Männer.

Der Tochter sagt er: »Du bist eine erfahrene Verkäuferin. Frag doch beim Kassieren ganz beiläufig, ob der Herr etwas für die Gattin oder Tochter mitnehmen möchte … und nimm ein Fläschchen in die Hand!«

Aber da ist er zu weit gegangen.

»Ach, nee! Kleiner Mann ganz groß!« Margie stemmt die Hände in die Hüften und lacht ihn aus. Als ob sie etwa seinen Ratschlag braucht.

Gustav schrumpft und fühlt sich wie ein Knabe.

Das geht vorbei. Er rafft sich auf und sagt zu seinem Chef: »Die prächtigen Haare Ihrer Tochter sind für Sie als Friseur das beste Aushängeschild! Ihre Kunden sollten Fräulein Margie sehen!«

Franz Samtmann ist dagegen: »Den Barbier suchen Männer auf, um unter Männern zu sein!« Ein Satz, so sagt sein Ton, der keine Widerworte duldet.

Offensichtlich macht dann Frau Samtmann ihren Einfluss geltend. Gustav hört sie am Abend von ihrem Schlafsofa neben der Küche wispern: »Was spricht gegen ein Familienunternehmen? Willst du denn beide Mädchen in die Fabrik schicken? Während du Geld für Angestellte ausgibst?« Das ist mal wieder eine Spitze gegen Gustav, und er schluckt.

Tatsächlich nimmt Margie den Platz an der Kasse vom ersten

Tag mit großer Selbstverständlichkeit ein. Dort steht sie und behauptet – ein souveräner Umgang mit der Wahrheit –, dass sie sich selbst das *Beauty Tonique* »seit Jahren« in die Haare reibe – »möglichst nah der Kopfhaut«. Bei diesen Worten zaust sie mit einer reizenden Bewegung beider Hände ganz leicht das aufgesteckte Haar. Der Kunde nimmt gleich zwei Flakons, und die Kasse klingelt.

Wenn Siegel & Cooper wüssten, denkt Gustav, was ihnen an Margie entgangen ist.

9. KAPITEL

Während der Frühling die Parks von Manhattan ergrünen lässt und Sonnenlicht den Staub auf Straßen, Plätzen und Fenstern unbarmherzig bloßlegt, nimmt das Geschäft der Samtmanns weiter Fahrt auf. Margie bietet an der Kasse nun auch Bürsten und Bartbinden an, ebenso schmucke kleine Kämme aus Schildpatt als Präsent für Damen. Diese laufen besonders gut. Lächelnd schlägt sie jedes verkaufte Teil an der Kasse in rosa Seidenpapier ein – eine Aufmerksamkeit des Herrn für eine ihm nahestehende Lady.

Als Mann mit Sinn für Details lässt der Chef auch das Firmenschild der neuen Marke anpassen. Aus »Barber Samtmann« wird ein einfaches »Samtmann's«.

Das ist selbstbewusst – genau wie der Schriftzug auf den Flakons und Dosen. Wieder muss Gustav den Pinsel schwingen, allerdings tut er das inzwischen ziemlich missmutig. Der Einzige, der nicht vom Aufschwung profitiert, ist nämlich er. Im Gegenteil: Während der Umsatz steigt, hat er weniger Chancen, Trinkgelder einzunehmen. Weder mit dem Pinsel in der Hand noch wenn er Seife rührt und in Pulver verwandelt oder Aftershave anmischt. Nicht selten endet sein Arbeitstag nach elf Stunden, und er kann froh sein, dass er am Sonntag in Ruhe gelassen wird, um zum Gottesdienst zu gehen. Der fleißige Herr Samtmann öffnet sowohl am Sonntagmorgen als auch am Sonntagabend.

Es kostet Gustav Überwindung, aber schließlich ringt er sich durch und fragt nach einer Lohnerhöhung. Samtmanns Ablehnung kommt prompt. Er habe seine Ersparnisse in die Ausweitung des Geschäfts investiert. Mehr noch, er habe Schulden. Keine Erhöhung möglich. Konrad Augustin hat Herrn Samtmann Geld geliehen, das hat Gustav mitbekommen. Dennoch ist er zornig, ja erschüttert. Der Laden war in einer Krise, *seine* Ideen und *seine* Tatkraft sind es gewesen, die hier alles vorangetrieben und schließlich die Wendung zum Guten herbeigeführt haben. Ein Dreivierteljahr nach der Erweiterung steht Samtmann's prächtig da. Gustavs Spardose hingegen will und will sich nicht füllen. Er fühlt sich ausgenutzt.

Max hatte recht, der Patron profitiert, der Arbeiter verliert.

»Ich bin kein Seifensieder!«, sagt er trotzig. »Wenn ich einer sein soll, muss ich anders bezahlt werden.« Es ist sehr heikel, einem Chef so etwas zu sagen, dessen Untermieter man nebenbei noch ist. Und zu dem man bislang aufgeblickt hat.

Ein Frosthauch zieht ein in das Verhältnis zwischen Meister und Gesellen. Lang ist es her, dass zwei Weißkittel auf der Broome Street standen, die Fassaden hinaufblickten und vertrauensvoll über Zigarren, Kanzler Bismarck oder den perfekten Barber-Stuhl schwadronierten. Neuerdings verstummt oft auch das Gespräch, wenn er die Wohnung betritt: Seit er um eine Lohnerhöhung gebeten hat, vermeidet die Familie Samtmann in seiner Gegenwart das Thema Geld.

Alle möglichen Gedanken gehen Gustav durch den Kopf. Was, wenn er sich selbstständig machen würde? Ausgeschlossen. Niemand wird ihm, einem jungen Kerl ohne Kapital, einen Geschäftsraum vermieten. Ein anderes Gewerbe? Mit der vermaledeiten Hand kann er nicht auf die Baustelle. Vor den Schlachthöfen fürchtet er sich. Edgar hat Dinge erzählt, die ihn schaudern lassen. Es ist ja wahrhaftig nicht so, dass er diesen weißen Kittel liebt: Aber inzwischen versteht er was von der Zunft.

Die Krönung ist, dass Samtmann einen weiteren Gehilfen einstellt, einen Iren namens McFinchley, und dies ausdrücklich damit begründet, dass Gustavs Englischkenntnisse noch immer nicht ausreichend seien. Das kränkt ihn sehr. Noch dazu ein Katholik! Matthew McFinchley hat rote Haare, ist hoch aufgeschossen und zehn Jahre älter als er. Von Mixturen hat er keine Ahnung und wird mit deren Herstellung auch nicht behelligt. Dass er nichts von der Schönheitsküche im Souterrain versteht, trübt McFinchleys Selbstbewusstsein nicht, im Gegenteil, er lässt Gustav deutlich fühlen, dass er sich selbst für den Ranghöheren hält:

»Fancy job. But not a man's business, lad. I am a skilled hairdresser, you know.«

Wenn er spricht, sieht man unter dem roten Schnurrbart eine Zahnlücke hervorblitzen, die Gustav besonders hässlich findet. Komplimente austeilen, das kann auch Gustav. Er lässt sich nicht lumpen: »There is a dentist nearby that could help!«

Herrn Samtmann beeindruckt der Neue damit, dass er behauptet, an der Fifth Avenue ein und aus gegangen zu sein und feine Ladies in ihren Privathaushalten frisiert zu haben. Davon glaubt Gustav kein Wort. Ganz anders sein Chef, schon teilt er die nächste Dusche aus:

»Gustav, mit Matthew kann ich bald auch Kundinnen bedienen. Ich werde das Geschäft ausbauen!« Ganz offenbar hat der gute Mann vergessen, dass Margie und Gustav diese Ideen bereits im Januar am Küchentisch vorgetragen haben. Lieber glaubt er diesem Aufschneider! Es gibt reichlich Gründe dafür, dass Gustav und Matthew einander innerhalb weniger Tage durch herzliche Abneigung verbunden sind.

An einem Sonnabend geht Gustav in den Keller, um Kohlen zu holen. Alltagspflichten wie diese machen ihm jetzt schlechte Laune. Lisbeth hat sich daran gewöhnt, dass er ihr diese Arbeiten abnimmt. Sie blickt gar nicht mehr von ihrem Buch auf, wenn er mit den Kohlen in die Küche kommt. Ähnlich verhält es sich mit der Hausfrau. Die Stiegen knarren, während Gustav die gefüllte Kiepe im dunklen Treppenhaus nach oben schleppt. Im zweiten Stock bleibt er eine kleine Weile stehen. Ein paar Nachbarinnen versammeln sich um die Wasserpumpe. Sie stehen und ratschen, während sie ihre Eimer füllen.

Weiber! Ich will mich nicht mehr bei Frau Samtmann dafür rechtfertigen, dass ich mich jeden Morgen wasche, denkt er missmutig. Diese engherzige Madam, die am Heiligen Abend keinen Platz an ihrem Tisch für mich hatte!

Und dann weiß er, dass Schluss sein muss. Schluss mit dem Buckeln, nützlich sein und ausgenutzt werden: Er muss abhauen. Nicht mehr der Knecht sein! Die Zeit ist reif für Veränderung. Er wird fortgehen und etwas Neues machen, was auch immer es sein wird. Der Zorn fühlt sich gut an und verleiht ihm Kraft. Beherzt nimmt er die Treppe in den dritten Stock. Sein Entschluss steht fest.

Am nächsten Tag aber geschieht etwas so Außerordentliches, dass alle diese Beschlüsse verblassen.

Als Gustav in den First Floor kommt, sitzt Leon bereits auf dem Barbierstuhl. Er hat wie immer darauf bestanden, von Gustav bedient zu werden und, während er wartete, aufmerksame Blicke auf Miss Margie geworfen. Leon war einer der Ersten, die *Samtmann's Shampoo* erworben haben.

»Ich werde Sie weiterempfehlen, Miss Samtmann«, hat Gustav ihn sagen hören, als er an der Kasse stand und bezahlte.

Sieh an, auch Leon war von Margie beeindruckt! Gustav grinste innerlich.

Seit Leon im Krankenhaus arbeitet, kommt er jede Woche und gönnt sich außer einer Rasur eine Haarwäsche. Heute kommt er ins Plaudern. Während Gustav warmes Wasser in die Schüssel füllt, erzählt er von seinem Bruder. Der war zunächst Ingenieur in Berlin. Dann gehörte er zu den Pionieren, die am Bau der Budapester U-Bahn mitwirkten, der Felafötti.

»Sagt dir die Felafötti was?«

»Aber klar!« Gustav ist augenblicklich interessiert. Sie ist die erste Untergrundbahn Europas. Er erinnert sich, wie er mit seinen Brüdern darüber gesprochen hat, wie ein Wunder kam ihnen das vor. »Ich hab Bilder in der Zeitung gesehen, als ich noch in Pommern war!« Dass diese U-Bahn das Modell auch für New York wurde, wusste er hingegen nicht.

»Die guten Sachen kommen aus Europa«, sagt Leon und zwinkert ihm im Spiegel zu. »Der Chefkonstrukteur brauchte Ingenieure mit Erfahrung und holte deshalb meinen Bruder über den Teich.«

Aber dann, erfährt Gustav, verließ sie alle das Glück. Nur zwei Jahre nach seiner Ankunft in New York City starb der Bruder an einem Herzinfarkt.

»Samuel ist nur dreiundvierzig geworden. Meine Schwägerin ist seither mit drei Töchtern allein«, erzählt Leon.

Sie haben also beide einen Bruder verloren! Gustav will gerade etwas erwidern, da sieht er aus dem Augenwinkel, wie sich eine kleine Gestalt an der Ladentür vorbeidrückt, gleich darauf zurückkommt und mit Schwung die Tür aufreißt.

Freddie, der Zeitungsjunge, steht auf der Schwelle. Gustav hat ihn nicht mehr gesehen, seit er bei Uhlig entlassen wurde.

Die Türklingel bimmelt nervös. »Komm rein oder bleib draußen, Bengel!«, ruft Herr Samtmann. Seine Stimme klingt gereizt, er verpasst gerade einem guten Kunden eine Kopfmassage und nutzt die Gelegenheit, Ansichten über den neuen Polizeichef auszutauschen.

Wie ein kleiner Hahn stolziert nun Freddie in den Laden, ein Zeitungspaket unterm Arm. Er reißt die Mütze vom Kopf, sein strohfarbenes Haar steht wirr nach allen Seiten, und kräht: »Jusstaff! Heard you're lookin' for Max. Why don't you ask me?«

»Was weißt du?« Gustav ist perplex. »Spuck's aus, Lümmel!«

Das klingt unfreundlicher, als er es meint. Freddie, unbeeindruckt, wirft den Zeitungspacken auf den Boden, lässt sich in einen Bugholzstuhl fallen und versucht vergeblich, sich darin zu drehen.

»I met him!« Es durchzuckt Gustav wie ein Schlag.

»Woher weißt du, dass ich ihn suche?«

»Well, you have buddies who buy papers from me! D'you want any, too?«

Freddie zieht die Nase hoch und schiebt mit dem rechten Fuß die Zeitungen in Gustavs Richtung. Er badet in der Aufmerksamkeit: »Wanna know where?«

Gustav nickt.

»German bar!« Und nach einer weiteren Kunstpause: »Faffner's the name.«

»Faffner? Ja, das ist deutsch – so heißt der Drache bei Richard Wagner«, lässt Leon sich vernehmen.

»Faffner? Fafnir?«, echot Franz Samtmann. Alle scheinen sich plötzlich für dieses Lokal zu interessieren. »Die Kneipe kenn ich. Sie gehört Wilhelm Hasselmann!«

Samtmann wedelt seinem Kunden mit kurzem Pinsel die abgeschnittenen Haare vom Revers. »Der Herr war oft hier. Ein Sozialist – war mal Reichstagsabgeordneter in Berlin, bevor ihn Bismarck aus dem Amt getrieben hat … Merkwürdig, er ist lange nicht gekommen … Vollbart und Naturkrause.«

»Wo genau liegt das Lokal?«, fragt Gustav ungeduldig. »Und was hat Max gesagt?«

Freddie grinst. Seine Hand fährt in die Hosentasche und lässt dort ein paar Münzen klimpern. Er springt auf und stellt sich breitbeinig vor Gustav.

»I'll take you there. But it should mean somethin' to you. Max with 'is beautiful blue eyes …« Er blinzelt affektiert mit den Wimpern. »Go and talk to 'im yourself!«

Und dann kräht er laut in Richtung Samtmann: »Sir, fancy a German paper? I've got them all.« Er verbeugt sich mit übertriebener Ehrerbietung: »At your service!«

»Leg eine *Staats-Zeitung* hin! Gustav, gib dem Bengel das Geld!«

Der Faffner liegt neben einer Toreinfahrt unmittelbar an der Kreuzung von Delancey und Suffolk Street. Das ist so lächerlich nah, dass Gustav es nicht glauben kann. Max war also die ganze Zeit nebenan? Auch am Morgen ist es eine düstere Ecke. Das Lokal hat eine schmale Front, neben der Tür hängen Schilder mit den üblichen Anpreisungen First beer free. One sausage & two beers.

Der Gastraum reicht überraschend tief in das Innere des Gebäudes, darin ist wenig Licht und die Luft verbraucht. Gustav braucht Zeit, bis sich seine Augen an die Düsternis gewöhnen. Die funzelige Beleuchtung rührt von Wandleuchten her, die die Form von Tannenzapfen haben. Einzige Abwechslung an den Wänden stellen ansonsten die Kleiderhaken dar. Schmuckloser kann ein Raum kaum sein: Die Tische sind nackt und alle aus solidem Holz, so wie die Bänke und die Stühle, die an diesem Morgen mit den Sitzflächen nach unten auf den Tischen stehen. Lägen auf dem Tresen nicht ein paar welke rot-weiß karierte Tischdeckchen, deutete nichts darauf hin, dass der Inhaber einst aus Deutschland eingewandert ist – sieht man vom Namen der Kneipe mal ab.

Ein Mann in Hemdsärmeln und brauner Weste ist dabei, überquellende Aschenbecher zum Tresen zu tragen.

Gustav zieht die Mütze vom Kopf, grüßt und fragt: »Sind Sie Wilhelm Hasselmann?«

Ein knappes Nicken. »Was wollen Sie?«

»Ich suche Max Brausewetter. Er ist mein Freund.«

Wilhelm Hasselmann ist Anfang fünfzig, mit dichtem Bart und schwarzen Augen. Was Gustav nicht weiß: Der Mann hat einst geleuchtet wie eine Fackel, wenn er Reden hielt, debattierte oder Artikel schrieb. Inzwischen ist der Bart von weißem Haar durchsetzt, und die Augen sind müde.

Es gibt Gründe, dass in New York aus dem Journalisten Hasselmann ein Gastwirt wurde. Als das Sozialistengesetz im Kaiserreich politische Organisationen der Arbeiter verbot und die weitere Betätigung unter Gefängnisstrafe stellte, blieben nur die Abgeordneten der SAP,[11] die bereits ein Mandat im Reichstag hatten, davon verschont. Zu ihnen gehörte Hasselmann. Im Reichstag saß er wenige Meter entfernt von Großbürgern, die ihr Vermögen ererbt hatten und auf ihn herabschauten. Wie einen halbwegs würdigen Anzug bezahlen? Wie eine Unterkunft in Berlin? Eine Diät gab es für keinen Reichtagsabgeordneten. Größer als materielle Probleme war die ideelle Not. Während die Partei weiter um einen Weg rang, wollte Hasselmann sich mit den Unterdrückern nicht mehr arrangieren. Als er zu gewaltsamem Widerstand gegen die »Kanzlerdiktatur Bismarcks«, wie er sie nannte, aufrief, schlossen die Sozialdemokraten ihn aus der Partei aus. Also emigrierte Hasselmann. Vor sechzehn Jahren, sein Mandat im Reichstag war noch nicht abgelaufen, kam er nach New York mit dem Plan, eine Zeitung zu gründen. Sein Plan ging nicht auf.

Von alldem hat Gustav keine Ahnung. Er weiß nichts von diesem Scheitern, von dem Leidensweg, den die Vertreter der Arbeiter in Deutschland hinter sich haben, von der Verfolgung durch den Staat. Sozialisten haben mit Leidenschaft darum gekämpft, wie und von wem die sozialistischen Ideen richtig zu vertreten sind. Wer sich Sozialdemokrat nennen darf und wer nicht. Mag Max ihm noch so begeisterte Vorträge gehalten haben, für Gustav sind es Kämpfe, so fern wie der Mond.

Gelernt hat Gustav als Kind: Das Wort »Sozialist« bezeichnet etwas Gefährliches. Das Porträt Bismarcks, Vater des Sozialistengesetzes, hing neben dem des Kaisers in der Schule an der Wand – es blieb hängen, auch als der Fürst nicht mehr Kanzler war.

Aufbegehren, zusammen mit anderen, das gehört nicht in Gustavs Horizont. Sich entziehen, wenn es unerträglich wird, das ist sein Thema. Anders Wilhelm Hasselmann als junger Mann. Mit Energie hatte der Sohn eines kleinen Händlers sich sein Studium erkämpft. Er stritt, schrieb und sprach für ein besseres Leben der arbeitenden Massen. Wenn er es für nötig hielt, stand er auf und kämpfte allein gegen alle.

Heute zapft er Bier für Arbeiter – und für viele, die vergeblich nach Arbeit suchen. Männer, die in die Lederfabriken gehen und auf den Schlachthof. Und andere, die nicht nach Hause gehen wollen, weil der Tag wieder ein Reinfall war. Jeden Abend drängen sie sich um die Theke, trinken im Stehen und sprechen deutsch. Ihr Wirt, einst ein mitreißender Redner, hört aufmerksam zu, als sammele er ihre Sorgen. Er spricht wenig und agitiert nie. Nur selten erteilt er Ratschläge.

Gustav sieht nur einen älteren Mann mit ergrautem Backenbart und vollem Haupthaar, wie Franz Samtmann ihn beschrieben hat. Er steht am Tresen und leert ohne Eile Aschenbecher in einen Eimer aus. Seine Miene ist düster.

»Max ist nicht hier«, brummt er.

»Kommt er wieder? Wo kann ich ihn finden?«

»Was willst du von ihm?«

Gustav muss etwas einfallen, wenn er diesen Mann gewinnen will.

Samtmann und Hasselmann, stellt er sich vor, sind in etwa derselbe Jahrgang.

»Ich arbeite bei Friseur Samtmann in der Broome Street, er lässt Sie freundlich grüßen. Max ist mein Freund. Wir haben uns gestritten. Ich suche ihn, denn ich will … mich bei ihm entschuldigen.«

Zwei buschige Augenbrauen ziehen sich zusammen und entkräuseln sich wieder. Die Miene erhellt sich.

»Soso.« Die Erwähnung von Franz Samtmann nötigt dem Wirt ein kleines Lächeln ab.

»Jawoll! Ich entsinne mich. Der Barbier mit der Liebe zum Militär. Der Mann, der die Republik will, aber so gern dem Kaiser gedient hat!«

Er versenkt die leeren Aschenbecher in einen Wasserzuber – mit einer Bewegung, die eine Spur zu heftig ist. Die Brake schwappt hoch und benetzt den Rand seiner Hemdsärmel, die bis zu den Ellenbogen aufgekrempelt sind.

Seine Augen blicken plötzlich freundlich. Kluge Augen, findet Gustav.

Wilhelm Hasselmann und Franz Samtmann sind sich in Berlin nie begegnet. Doch sie sind im selben Jahr aufgebrochen in die Neue Welt. Der Politiker und der Handwerker, beide hatten sie kein Glück in Berlin, aber beiden blieb ihre Energie und die Überzeugung: Es lag nicht an ihnen. Das Deutsche Reich war falsch regiert, ihre Zeit noch nicht gekommen. Amerika! Eine Verheißung für Samtmann. Für Hasselmann ein Notausgang.

Gäbe es nicht die Notwendigkeit, dass sich Menschen hin und wieder die Haare schneiden lassen, hätten sich die Wege der zwei auch in Manhattan nie gekreuzt. Aber Wilhelm Hasselmann hat oft auf einem der schwarzen Stühle von Friseur Samtmann gesessen. Wenn es um Deutschland ging, war er wortkarg. Beim Thema Hygiene hatte er was beizusteuern. Schließlich wäre damit die Kindersterblichkeit aus dem Stand zu halbieren, das Leben der Arbeiter zu verbessern.

Jetzt, sechzehn Jahre nach dem Entschluss, die Heimat zu verlassen, ist der Barbier dabei, sich seinen bescheidenen Platz am Licht zu erkämpfen, während der Intellektuelle nie wirklich Fuß gefasst hat. Es ist ärger: Wilhelm Hasselmann hat den Tritt verloren. Dass er Samtmanns Dienste seit Längerem nicht genutzt hat, liegt nicht daran, dass er jeden Dollar umdrehen muss. *Shave and cut.* Dafür reicht es gerade noch.

Nein, es hat etwas zu tun mit seiner Müdigkeit und mit der

Stille, die er in dieser lauten Stadt sucht, eben weil er so müde geworden ist.

Niemand ist da, der zu Hasselmann sagt: »Wie siehst du eigentlich aus? Wann lässt du dir die Haare schneiden?«

Bewahrt hat er sich sein Mitgefühl. Er sagt: »Na, du musst ja ein schlimmer Bengel sein, Gustav. Was hast du deinem Kumpel denn getan?«

Es entgeht Gustav nicht, dass der andere soeben seinen Namen genannt hat. Verwirrt tritt er näher an den Tresen, die Mütze in der Hand. Im selben Moment nimmt er seitlich eine Bewegung wahr. Eine Tür schräg hinter Hasselmann wird aufgestoßen:

»Schau an, Gustav, alter Ochs! Bist so'n Sturkopp, kannst mich nicht in Ruhe lassen?«

Max Brausewetter lehnt mit verschränkten Armen im Türrahmen. Aus kornblumenblauen Augen funkelt er ihn an, und schmaler ist er, als Gustav ihn in Erinnerung hat.

Gustav schießen die Tränen in die Augen. Was ist mit mir los? So allein war ich doch nicht … so elend ging's doch nicht! Schmerz und Erleichterung steigen in ihm hoch, wollen sich in Wasser verwandeln und geweint sein. Sein Hals tut weh von dem Versuch, die Augen nicht überfließen zu lassen. Die Worte versiegen ihm, so strengt er sich an. Seine Hände umklammern die Mütze.

Sich räuspern hört man schließlich Wilhelm Hasselmann. »Jungs, ich gebe euch beiden ein Bier aus. Ich trag die Gläser mal nach hinten.«

Er nimmt ein Tablett und verschwindet im dunklen Schlund des Gastraums. Die Schenke mag düster sein, aber sie macht ihren Besitzer nicht blind dafür, dass die beiden ihn zur Versöhnung nicht brauchen.

Max löst sich aus dem Türrahmen und geht auf Gustav zu. Verlegen. Ein Bein zieht er nach. »Esel!«

Schultern werden geklopft. Knüffe ausgeteilt.

»Dummbolzen!«

»Nee! Du schaffst det, nu heul ich auch noch.«

»Tränen sind die Perlen der Seele, Liebeken«, so wird Gustav Hirsch ein halbes Jahrhundert später seine kleinen Enkelinnen trösten, wenn sie weinend bei ihm Zuflucht suchen, was oft geschehen wird, meist Malaisen wegen, die so schnell vergessen sind wie die Tränen selbst. Dabei wird er an diese Tränen denken und diesen Tag in Manhattan, an dem er seinen Freund Max wiederfand und der ihn so glücklich machte wie kein Tag zuvor in seinem Leben.

Was hast du gemacht? Warst du die ganze Zeit schon im Faffner? Wieso hast du dich nicht blicken lassen?

Diese Fragen stellt Gustav in den folgenden Tagen oft. Und es geschieht immer das Gleiche: Max reagiert einsilbig. Er hat eine so geschickte Art, sich diesem Thema zu entziehen, dass Gustav es immer erst merkt, wenn er später über ihr Gespräch nachdenkt. Max strahlt ihn aus seinen blauen Augen an und fragt stattdessen Gustav aus – und der sprudelt nur so, er kann nicht anders, als sich dem Freund mitzuteilen: Es gibt so viel zu erzählen. Er schildert, wie es mit Samtmanns Geschäft aufwärtsgeht. Dass er jetzt aber unbedingt fortwill. Einen neuen Job braucht. Und dass das nicht zuletzt am Problem mit dem Angeber McFinchley liegt.

Diese verflixte Sache löst sich indes so unerwartet und schnell, dass Gustav versucht ist zu glauben, er habe McFinchley mit seinen bösen Gedanken was angehext.

Wenige Tage nachdem Gustav und Max sich versöhnt haben, erscheint der Ire nicht zur Arbeit. Franz Samtmann hat alle Hände voll zu tun, die Kunden zu bedienen, und Gustav muss einspringen. Erst am nächsten Vormittag ist Matthew wieder da. Weiß wie die Wand, taumelt er in den Laden, die roten Haare stehen ihm vom Kopf ab. Gustav schaut kurz auf und gleich wieder weg: Na, da haben wir's, die Iren saufen mehr als die Deutschen! Dann guckt er wieder hin, denn er will das Donnerwetter mitkriegen, das dem Suffkopp blüht. Das kann Samtmann unmöglich durchgehen lassen!

Was aber macht Samtmann? Er legt den Arm um McFinchley! Brabbelt was mit dem Rotschopf und schickt Gustav dann runter ins Basement. Erst am Nachmittag sucht der Chef ihn dort auf.

»Matthew's Bruder ist tot. Verunglückt. Seine Schwägerin ist mit den Kindern allein.«

»Was ist passiert?«

»Das möchtest du nicht wissen, Gustav«, entgegnet der Friseur, »ein Unfall im Schlachthof. Die Einzelheiten sind grauenvoll. Man wünscht das seinem ärgsten Feind nicht.«

Er geht in seinem Kittel auf und ab, die Hände so in die Seitentaschen gesteckt, dass nur die Daumen herausschauen. »Die müssen sich erst mal sortieren. McFinchley verlässt vielleicht New York. Irgendwo im Westen haben sie noch Familie.«

Dann bleibt er vor Gustav stehen, legt ihm die Rechte schwer auf die Schulter und blickt ihn über seinem gefärbten Schnurrbart treuherzig wie ein Schnauzerhund an: »Jedenfalls setze ich in dieser Situation auf dich, mein Junge.«

Sieh an, mein Paternoster reist nach oben, denkt Gustav. Und dann: Es tut mir leid für Matthew. Ich weiß, was es heißt, einen Bruder zu verlieren. Aber soo leid tut es mir nun auch wieder nicht. In der Nacht, als er wach liegt, überlegt er, ob er an diesem Tag ein guter Christ war. Nicht wirklich, das gesteht er sich ein. Allerdings geht diese bußfertige Anwandlung vorüber.

An Schlaf ist sowieso nicht zu denken. In der zweiten Junihälfte überrollt die erste Hitzewelle des Sommers die City. In Gustavs Kammer ist es so unerträglich heiß und stickig, dass es unmöglich ist, sich darin aufzuhalten, geschweige denn zu schlafen. Da nützt es nichts, dass alle Fenster und Türen in der Wohnung der Samtmanns – einschließlich der Wohnungstür – offen stehen. Feuerleitern und Dächer verwandeln sich in diesen Nächten in Matratzenlager, und auch morgens um halb zwei ist die Straße voller Menschen. Gustav hilft Lizzie und Margie, eine Matratze auf den Absatz der Feuerleiter vor ihrem Fenster zu bugsieren. Mehr Platz ist nicht, die Schwestern teilen das schmale Nachtlager – die Hitze verordnet Waffenstillstand. Ein Icecream Parlour in der 4th Street hat die ganze Nacht geöffnet, die Leute stehen Schlange. Gustav ist galant und holt nach Mitternacht für die Mädchen Erdbeer- und Vanilleeis. Als rosagelbe Soße liegt es in der Pappe, als er die Wohnung in der 3rd Street wieder erreicht.

Gustav hält es drinnen nicht aus. Es zieht ihn ins Freie, so wie die meisten Nachbarn. Ziellos schlendert er los. Wie lustig wäre es, jetzt mit Max in einem Park zu kampieren, vor einem Zelt zu liegen und so zu tun, als wären sie auf dem Lande. Nach Sternbildern schauen. Aber kein einziger Stern ist in Sicht, eine Wolkendecke drückt schwer auf die Stadt und hält die Hitze am Boden.

Bald bricht der Tag an, und er muss arbeiten. Vielleicht sollte er die nächste Nacht im Barber Shop verbringen? Im Basement ist es sicher kühler als im dritten Stock. Morgen wird er Samtmann um Erlaubnis bitten. Ob Max versucht, in der Bar zu schlafen? Bestimmt ist er längst mit der Arbeit fertig. Max wohnt bei Hasselmann, direkt über dem Faffner. Er hilft bei allem, was zu tun ist: abwaschen, die Fässer anschließen, den Fußboden putzen, Bier zapfen und Würstchen servieren.

Gustav lenkt seine Schritte Richtung Delancey Street.

Das Licht der Laternen ist erloschen, um ihn herum wandeln lauter graue Gestalten. Männer, Frauen und Kinder, alle sind noch auf den Beinen. Ein paar ganz Kleine sind auf die Schubkarren der Straßenhändler gekrochen. Auf den Flächen, wo sich bei Tage die Waren türmen, können sie, wenn auch nicht schlafen, wenigstens etwas dösen.

Auch im Faffner sind die Lichter aus, der Eingang ist schwarz. Schon will Gustav umkehren, als er eine Zigarette glimmen sieht.

Auf dem Treppenabsatz hockt tatsächlich Max. Gustav lässt sich neben ihm auf die Stufe sinken.

»Mensch, ist das heiß!«

»Ein Bier?«

Gustav nickt. Max pufft ihn an der Schulter, steht auf, geht ins Lokal und kommt mit einem Glas zurück. So sitzen sie, bis der Morgen graut, und schweigen.

»Was ist eigentlich mit *deinen* Brüdern?«, fragt Gustav irgendwann. Max hat fünf, das weiß er. Offenbar spricht er direkt in dessen Gedanken hinein, denn die Antwort kommt prompt: »An einen denk ich oft: August, ein romantisches Herz so wie du und so was von fleißig …« Max lächelt Gustav an. »Der war beim Herrn Grafen als Feldarbeiter. Wurde auch immerzu belobigt, aber dann wollt er heiraten. Das hat ihm der hohe Herr untersagt.«

Dass so was passiert, hat Gustav auch schon gehört. Die Gutsbesitzer fürchten lästige Kostgänger, sie wollen keine Familien auf ihren Anwesen.

»Aber dein Bruder ist doch jung und stark?«

»Ja! Aber was, wenn er unter die Räder geriete? Oder an Blutvergiftung sterben würde? Dann hätt die Herrschaft eine Witwe am Hals und vielleicht sogar Blagen. Da sag mal wieder einer, die Leibeigenschaft sei aufgehoben!«

Gustav schnaubt zustimmend. »Na, *frei* sind wir hier, in Amerika!«

»Und arm wie Bettelmäuse!«

Sie schauen über die Straße. Vor dem Haus gegenüber hockt eine Mutter im Rinnstein und stillt ihren Säugling, während neben ihr die Geschwister Schulter an Schulter im Straßenstaub dösen. Sie tragen nicht mehr als ihre Unterhemden.

~

Dass das Familienunternehmen floriert, bringt Gustav zwar keine Teilhabe am wirtschaftlichen Aufschwung, aber es verschafft ihm doch etwas Freiraum. Die Familie gönnt sich in diesem heißen Sommer sonntägliche Ausflüge nach Coney Island. Gustav hält derweilen die Stellung, und er macht das auf seine Weise. Am Vormittag ist er ein mustergültiger Christ und geht zur Kirche. Von dort spaziert er direkt in die Broome Street.

Warum soll er sich ärgern und sich am Abend die begeisterten Berichte vom Sandstrand, vom Ozean und dem Riesenrad anhören? Der Sonntag ist sein Tag! Der Tag, an dem er die Häupter seiner Freunde pflegt. Der Lohn landet nicht in Samtmanns Kasse, sondern fließt direkt in seine Kehle: Gustav lässt sich seine Künste mit Gerstensaft vergelten.

Außer Max kommen auch Edgar und Jacob in den Barber Shop, Kumpel aus der Lager Beer Bar. Mit ihnen und reichlich Bier verbringt Gustav behagliche Nachmittage. Wenn es heiß wird, was meistens der Fall ist, ziehen sie sich ins kühle Basement zurück. Zu achten ist nur darauf, dass Willis Mutter, die mitteilsame Gemischtwarenhändlerin Wöhlke, nicht zu viel mitkriegt. Die Biereimer haben einen diskreten Platz hinter dem Paravent für den Fall, dass sich in diesen schläfrig-heißen Stunden doch ein Kunde in den Laden verirrt.

Auf den Plan ruft die Bierquelle auch Freddie, den Newsboy. Die Broome Street gehört zu seiner Sonntagsroute, und er legt gern einen Stopp ein. Sein Gesicht unter den struwweligen Haaren leuchtet, wenn er die Stufen hinunter und durch die offene Tür poltert: »A pint for a paper!«, fordert er frech, »German gentlemen, fancy a *Staats-Zeitung*? Or would you prefer the New York Volkszeitung?«

Gustav zögert, der Junge ist erst dreizehn, aber er gibt nach und schöpft ihm ein Glas aus dem Eimer. Freddie läuft das Bier am Hals hinunter, so gierig trinkt er – sehr zur Belustigung aller. Der Alkohol wirkt schnell bei ihm. Er lässt sich mit einem Seufzer auf den Boden gleiten, das Glas in der Hand, als gäben die Dielen Kühlung her.

»Was macht dein Kater?«, fragt Max.

Freddie fängt an zu erzählen, seine raue Stimme überschlägt sich fast, so sehr ereifert er sich:

»He's gone and I'm out of that hole.« Im Lodging House ist er rausgeflogen, wofür er den Schuldigen kennt: »I'm sure that faggot snitched on me!«

Seinen Redefluss unterbricht der böse Husten, der ihn immer wieder schüttelt. Der Kater sei ein gutes Tier gewesen und habe doch auch Mäuse gefangen. Und Ratten, die habe er gekillt wie kein zweiter! Wofür sei ein Kater sonst da? Jetzt sei Schluss mit dem Sport, und den Kater sei er los.

»Ran off. No wonder, cats hate moving places.«

Er verstummt einen Augenblick, schlägt die Augen nieder und sieht auf einmal sehr traurig aus.

»Wo schläfst du denn jetzt?«

»Brooklyn Bridge.«

»Wo?«

»Beneath the train tracks. Not a problem tho', it's summer anyway.«

»Kannst du dich bei den Herbergsleuten nicht entschuldigen?«, fragt Gustav.

Freddie schüttelt den Kopf. »Nah, I don't fit in there. Food was okay, hot food. There was meat every night but on Friday. But I did pay for the bed!« Man merkt, es ist ihm wichtig, das klarzustellen. »I earn money, don't I.«

Wieder hustet er rasselnd.

»Would you cut my hair, too, Gustav?«, murmelt er noch, dann ist er eingeschlafen.

Max und Gustav sehen sich über Freddies Kopf hinweg an. Jacob und Edgar feixen.

Sobald das Bier getrunken ist und sie rasiert sind, verschwinden die beiden in den Sommerabend. Während Freddie auf den harten Dielen seinen Rausch ausschläft, setzen sich Gustav und Max draußen auf die Stufen. Von hier hat man einen guten Blick auch auf die Kreuzung mit der Chrystie Street. Die große Hitze lässt ganz allmählich nach, und Gustav genießt diese letzte Stunde, bevor sie auseinandergehen. Er redet so gern mit Max allein.

»Was ist mit deinem Bein passiert, Max?« Dass Max hinkt, nicht zu übersehen, eine Zeit lang hat er sogar eine Schiene getragen.

»Das war beim Turnen. Ich bin von den Ringen gefallen …«

Gustav schaut ihn ungläubig an. »Erzähl keine Märchen!«

Max nickt. »Schon gut. Ich will dich nicht anschwindeln, Gustav. Ich bin in was reingeraten, in eine Rauferei.«

»Mit wem hast du dich geschlagen?«

Keine Antwort.

»Hat jemand damit zu tun, den ich kenne?«

Kopfschütteln. »Nein. Aber Leon hat mir geholfen. Das Bein war gebrochen, und er hat mich behandelt.«

Gustav stutzt. Leon hat nichts dergleichen erwähnt. Kann es sein, dass er die ganze Zeit wusste, wo Max war?

Als könnte der seine Gedanken lesen, fährt er fort: »Das war Zufall, die Leute haben mich ins nächste Krankenhaus gebracht, und zwar in das …«

Gustav lässt ihn nicht ausreden. »Machst du krumme Sachen, Max?«

Ein schiefes Grinsen. »Ich helfe dem Glück nur manchmal nach.«

Es folgt eine lange Pause.

»Mach dir keine Sorgen, Gustav, jetzt wohn ich bei Wilhelm, der macht nix Kriminelles, der ist zu mir wie ein Vater.«

Gustav ist schon in dieser Wohnung gewesen. Sie ist klein und düster, hat nur zwei Fenster zum Hinterhof und liegt direkt über dem Faffner. Außer Max leben noch zwei andere Untermieter bei dem Wirt. Beide sind Drucker, einer hat keine Arbeit mehr.

»Aber Wilhelm behält ihn. Er hat ihm die Miete gestundet.«

»Was ist dieser Herr Hasselmann eigentlich für einer?«

»Aus Deutschland musste er weg, weil er Anarchist ist. Ja, und hier wollte er sich mit August Spies zusammentun.«

»August Spies?«

»Hast du noch nie von der Sache auf dem Haymarket in Chicago gehört? Vor elf Jahren?«

Gustav schüttelt den Kopf.

»August Spies war auch Anarchist, er hatte eine Zeitung.«

»Was ist das, ein Anarchist?«, fragt Gustav.

»Einer, der keine Herrschaft mehr anerkennt. Aus gutem Grund!«

Und Max erzählt: Arbeiterführer hätten einen Streik mit dem Ziel organisiert, die Arbeitszeit von zwölf auf acht Stunden täglich zu reduzieren. Die *Chicagoer Arbeiter-Zeitung*, geführt von August Spies, rief zur Teilnahme auf.

»Auf Spies hat Wilhelm Hoffnungen gesetzt. Die beiden haben sich getroffen, um rauszukriegen, ob die neue Zeitung und die *Chicagoer Arbeiter-Zeitung* sich zusammentun könnten.«

Spies' anarchistische Zeitung – die erste in Amerika – sollte ein Teil von Hasselmanns Blatt werden. Jedenfalls war das seine Idee. August Spies war interessiert, aber sich durchaus bewusst, dass seine Position die stärkere war. Noch ehe sie handelseinig werden konnten, kam das Projekt jäh zum Erliegen.

»In Chicago brach die Hölle los.« Max gerät in Fahrt. »Ein Massaker!« Am ersten Mai 1886 versammelten sich 90000 Leute, ein Arbeitskampf. Die Proteste gingen mehrere Tage. Vor der Fabrik, in der der Streik begonnen hatte, schossen Polizisten in die Menge und töteten mehrere Demonstranten. Aber das war nicht alles. Kurz darauf ging auf einer Kundgebung eine Bombe hoch. Achtzehn Menschen starben, sieben davon Polizisten.

Max ist richtig in Rage. »Wer die Bombe geworfen hatte, weiß keiner. Sie haben aber nicht mal versucht, das rauszukriegen! Die Behörden haben die Veranstalter verhaftet, ihnen den Prozess gemacht und sie hingerichtet. Beweise für ihre Schuld gab es nicht! Einer der vier, die sie aufgehängt haben, war August Spies. Dann war da noch einer, der hat sich in der Zelle umgebracht.«

»Das kann doch nicht sein!«

»Und ob! So was nennt man Justizmord! Und es hat was gemacht mit Wilhelm. Du musst dir vorstellen, was er alles schon in Deutschland hinter sich hatte: ein Staatsfeind zu sein, aus der Partei geworfen zu werden. Dann allein in die Fremde … Der war nicht mehr jung wie wir, dem ging's nicht ums Abenteuer. Bis heute tut er sich schwer damit, englisch zu reden.«

Gustav schweigt. Dass es einem schwerfällt, Englisch zu lernen, kann er sehr gut verstehen. Nicht sicher ist er hingegen, dass die geschilderten Erfahrungen einen davon abhalten, ein Ding zu drehen.

Max seufzt. »Das war zu viel für ihn. Als sie den Spies umbrachten, wollte er keine Artikel mehr schreiben, keine Zeitung mehr gründen.«

Hasselmanns Energie war verbrannt, sein Feuer erloschen. Sich zu ereifern braucht Kraft, und die hatte er nicht mehr. Er eröffnete den Faffner, wo Arbeiter nach der Arbeit einkehrten: ein Bierlokal mit einem deutschen Wirt, mehr nicht.

»Leon sagt, dass Faffner oder Fafnir der Name von einem Drachen war«, Gustav sieht Max fragend an.

»Ach ja? Von 'nem Drachen, der Feuer speit?« Max nickt. »Kann gut sein, dass der sich so was ausdenkt. Wilhelm hat so viele Bücher gelesen wie andere Zeitungen.«

Es entsteht eine Pause, dann fährt Max fort:

»Weißt du, mir tut es gut, mit einem zu reden, der so viel weiß. Und ihm gefällt, glaub ich, dass einer da ist, der ihn auch mal was fragt. Prost!«

~

Wenn Gustav ehrlich ist, ist er ein bisschen eifersüchtig auf diesen Hasselmann. Kluge Gespräche über Wirtschaft und Politik führen, das kann Max ja mit ihm nicht. Aber er ist gewiss schlauer als Edgar, mit dem Max so gern säuft. Gustav weiß inzwischen, was Max an Edgar gefällt: Der hat immer Schauergeschichten parat. Max liebt Storys, in denen die Kapitalisten mies aussehen.

Edgar und Jacob arbeiten beide im Schlachthof. Was sie zu tun haben, ist scheußlich, und die Schilderungen von den Zuständen dort trüben ein ums andere Mal das bierselige sonntägliche Idyll. Aber das, was Edgar am nächsten Sonntag erzählt, ist grässlicher als alles, was ein Mensch sich ausdenken kann.

Jacob gehört zu denen, die die toten Schweine und Schafe zerlegen, Edgar zu denen, die sie abstechen.

»Die Tiere kreischen wie Kinder«, sagt Edgar. »Aber du gewöhnst dich dran.«

»Ich nie«, stößt Jacob hervor, »ich nie.«

Er ist erst achtzehn, ein Kerl, groß und breit wie ein Schrank. Alles andere als grob ist seine Seele. Er leidet unter seiner rohen Arbeit. Er hat alles drangesetzt, nicht bei denen eingeteilt zu sein, die morgens um drei mit dem Töten beginnen. Besonders ekelt er sich vor den Ratten, was keiner so gut verstehen kann wie Gustav. Die Arbeiter ziehen die Schweine, sobald sie in Hälften zerteilt sind, an Haken hoch unter die Decke. »Damit die Ratten nicht ranspringen können«, erzählt Jacob, »manche schaffen es doch. Biester so groß wie Katzen.«

Gustav kann Jacob gut leiden. Anders geht es ihm mit Edgar, dem Iltisgesicht. Seit der Schlachter ist, empfindet Gustav ihm gegenüber immer mehr Unbehagen. Das hat mit der Schnoddrigkeit, ja Brutalität zu tun, mit der Edgar von seiner Arbeit spricht. Ihm und seinem Messer, denkt Gustav bei sich, möchte ich auch nicht nachts begegnen.

»Stellt euch vor«, sagt Edgar jetzt, »da holen sie doch letzte Woche ein Skelett aus einem Brühkessel. Ein menschliches Skelett!«

»Wie? Eine Leiche im Kessel?«

»Diese Dinger sind im Boden eingelassen. Beim Umrühren«, Edgar macht eine weit ausholende Armbewegung, »ist dem Sieder aufgefallen, dass etwas Größeres drin lag. Ja, und dann hat man es rausgeholt, und das war dann einer von den Iren. Die dachten, der wäre einfach weggeblieben. Aber der war reingefallen. Schwups!«

Gustav ist starr vor Entsetzen. Max verschlägt es die Sprache. Edgar setzt sein Bierglas an den Mund, nimmt einen Schluck und setzt es genüsslich grinsend ab: »Und jetzt ist er schon als Schmalz nach Europa verkauft.« Sein Lachen scheppert in Gustavs Ohren.

In den Brühkesseln wird das »Feinschmalz« angerührt, das in Konserven gefüllt und zusammen mit anderen Fleischkonserven auf den Atlantikdampfern nach Europa verschifft wird.

»Kanntest du ihn?« Gustav steht noch immer stocksteif da.

»Klar. Aber nur vom Sehen. Wie gesagt, ein Ire. Drei Kinder. Für die sorgt jetzt die katholische Kirche – kann man nur hoffen.«

Gustav umklammert mit beiden Händen das Rasiermesser, das er gerade hat reinigen wollen. Während Edgar erzählte, hat er sich nicht gerührt. Jetzt fragt er:

»Hieß der Mann McFinchley?«

»Genau! Finchley, Shawn McFinchley. Woher weißt du das?«

Gustav setzt sich auf einen Schemel. »Er ist der Bruder von meinem Kollegen … das heißt, er war der Bruder«, fügt er leise hinzu.

Max ist immer noch ganz weiß. Plötzlich hören sie, dass Jacob leise schluchzt. Er hockt zusammengesunken in einer Ecke. Ich habe keine Lust mehr, Edgar zu sehen, fährt es Gustav durch den Sinn. Nichts mehr wissen will ich von ihm und seinen Schauergeschichten.

So, als wäre Edgar schuld an dem Grauen.

»Ich möchte Edgar hier nicht mehr haben«, sagt Gustav später, als er mit Max allein ist. »Irgendwie wird er mir widerlich. Und schmutzig ist er auch.«

»Na ja. Er hält nur nicht ganz so auf sich, wie du das tust.« Max schüttet die Kehrschaufel aus, in die Gustav die Relikte seines sonntäglichen Schaffens gefegt hat. Nach einer Pause fährt er nachdenklich fort:

»Du willst dich absetzen von denen, die ganz unten sind, aber mach dir nichts vor: Du bist auch ganz unten – beide sind wir ganz unten! Du musst zwar keine Rinder schlitzen und keine Ratten totknüppeln, aber buckeln musst du vor jedem besoffenen Kunden. Egal wie viele Läuse er auf dem Kopf hat!«

Max hat eine unnachahmliche Art, einem das eigene Leben so vor Augen zu führen, dass es die Selbstachtung verletzt. Und Wut auslöst auf ihn, Max, der es so abwertend betrachtet. Es wäre dies der Punkt, an dem sie normalerweise zu streiten beginnen, aber dieses Mal bleibt Gustav stumm. Er weiß sich nicht auszudrücken. Draußen ist es schwül, und er ist müde.

»Hast du eigentlich was gespart?«, fragt Max nach einer Weile.

Gustav macht eine unwillige Bewegung. Was soll das, immerhin schuldest du mir noch fünfundzwanzig Dollar, denkt er, aber er schweigt. Sie haben das heikle Thema nie wieder berührt. Er muss an den Iren denken, ausgekocht im Kessel. In seinem Bauch grummelt es, und ihm ist etwas übel, was auch an dem Bier liegen mag, das er getrunken hat.

Max verabschiedet sich. »Danke, Gustav«, sagt er zögernd, »und …« Einen Moment lang scheint er mit sich zu ringen, als wolle er noch etwas Wichtiges sagen, »… und lass uns bloß aufpassen, dass in Samtmanns Tiegeln nicht zu viel fehlt.« Seine Stimme klingt versöhnlich.

Gustav spart in der Tat sonntags nie mit dem After Shave. Aber meinte Max das?

Gustav blickt ihm nach, wie er in Richtung Bowery schlendert. Lässig sieht er aus, wie er eine leere Konservenbüchse in den Rinnstein kickt, die Hände in den Taschen. Und er hinkt gar nicht mehr.

Warum freue ich mich nicht, denkt Gustav, das ist doch ein Grund, sich zu freuen! Aber irgendwie ist er eher traurig. Manche Dinge im Leben sind rätselhaft.

An diesem Sonntagabend lüftet Gustav den Barber Shop gut durch und hinterlässt ihn so blitzblank wie nie. Mag Franz Samtmann ein Geizkragen vor dem Herrn sein – Gustavs Job ist tausend Mal besser als einer im Schlachthof.

10. KAPITEL

Es gibt einen Menschen, der sich Gustav anvertraut, und das ist Lisbeth. Am Wochenende, wenn sie gemeinsam den Laden putzen, kommen sie ins Plaudern, und manchmal wird daraus sogar eine Diskussion. An diesem Sonnabend hat der Chef bereits die Kasse gemacht und ist fröhlich pfeifend nach Hause gegangen. Dazu hat er Anlass, denn die Kasse hat in dieser Woche besonders oft geklingelt.

Lizzie hat einen Weg gefunden, der Textilfabrik zu entgehen. Ihr Vater hat zugestimmt, dass sie unter der Woche als Servierhilfe in einem Schnellrestaurant in der Park Row arbeitet, in dem Büroangestellte zu Mittag essen. Schon am späten Nachmittag hat sie dort frei. Ihr Verdienst ist gering, er reicht für die Streetcar und dazu, zwei Dollar pro Woche der Haushaltskasse beizusteuern. Immerhin hat Vater Samtmann jetzt Ruhe gegeben.

Lizzie schiebt die Asche aus dem Ofen, während Gustav sich müht, den Boden ringsum zu fegen. Sie sieht ihn von der Seite an: »Schwöre, dass du dichthältst, Gustav, dann sage ich dir, was ich nachmittags mache.«

Er tippt mit zwei Fingern der rechten Hand auf sein Herz. »Ich schwöre.«

»Kennst du die Feuerwache in der Henry Street?«

»Klar!«

Die Henry Street und die Wache kennt er von seinen Botengängen für das Clothing House. Einmal kam er gerade vorbei, als eine Feuerwehr ausrückte – ein dreispänniger Leiterwagen. Der Kutscher imponierte ihm, er hatte die Pferde trotz der Eile im Griff. Auf den Wagen hatten die Feuerwehrmänner Schläuche gestapelt, sie sahen aus wie die leere Haut einer Riesenschlange, und er fragte sich, wie man durch sie das Wasser hochpumpen könnte.

Direkt neben dieser Feuerwache, erzählt ihm Lizzie, sei das Haus der Visiting Nurses. »Ich mache bei ihnen einen Kurs in Kranken- und Kinderpflege.« Dann gerät sie ins Schwärmen: »Es ist einfach fabelhaft dort. Komm mal vorbei, jeder ist in diesen Häusern willkommen. Wenn du da bist, verstehst du, was ich meine.«

In ihrer Verzweiflung, nicht weiter zur Schule gehen zu dürfen, hat sie den Rat ihrer Lehrerin befolgt und die Stiftung in der Henry Street aufgesucht. Sie besteht aus vier Backsteinhäusern mit Sprechzimmern und Wohnräumen für Krankenschwestern. Für Lizzie hat sich dort eine neue Welt aufgetan. Sie lernt, bestimmte Krankheiten zu erkennen und was man wissen muss, um kranke Angehörige zu pflegen. Zwei Schwestern unterrichten, andere behandeln Patienten aus der Nachbarschaft: an sieben Tagen der Woche, egal ob und was die Leute bezahlen können. Frauen im Kindbett und die, die so schwer krank sind, dass sie nicht mehr laufen können, besuchen die Schwestern sogar zu Haus. Das sind viele an der Lower East Side. Nur wenige können sich einen Arzt leisten.

»Hast du je überlegt, was mit all den Kindern ist, Gustav?«

Lisbeth erzählt, wie sie, noch ehe sie die Häuser sah, die Kinder hörte. Kinderlärm gehört zur Geräuschkulisse aller Straßen, aber in den Höfen des Henry Street Settlement verdichtet er sich zum Spektakel. Sie quellen über von Kindern jeden Alters. »Es gibt da Schaukeln, Wippen, Bälle, Klettergerüste – und, ich dachte, ich seh nicht richtig: Hängematten für die Babys!«

Abgesehen von ihrem engen Schulhof, der dem Appell diente, ist dies der erste Platz nur für Kinder, den Lisbeth in ihrem Leben gesehen hat. »Ein Platz nur zum Spielen, Gustav. Kannst du dir so was vorstellen?« Sie taucht einen Lappen in den Eimer, wringt ihn aus und beginnt, damit die Spiegel zu putzen.

»Und sogar Beete gibt es, mit Büschen und Blumen«, sie lacht, »freilich sieht das arg zerrupft aus, oft genug fliegt da ein Ball rein.«

Gustav hört staunend zu. Wenn es an etwas in seiner Kindheit keinen Mangel gegeben hatte, dann war es Platz zum Spielen. Er trat vor die Tür, und die Welt gehörte ihm. Wiesen, Wälder, Bäche und Höfe. Dann fällt ihm Freddie ein und wie ihm das Bier am Kinn hinunterlief.

Auch Lizzie versinkt in ihren Gedanken.

Die Hälfte der Kinder der Lower East Side, ihr Vater hat es ihr oft genug vorgehalten, sieht nie eine Schule von innen, sondern muss arbeiten gehen. Schon Achtjährige verschwinden in Fabriken, viele malochen in Hinterhöfen oder dunklen Wohnungen. Umso tiefer hat die Welt der Henry Street Lisbeth beeindruckt. Den größten Eindruck aber hat die Gründerin selbst auf sie gemacht. Während Lisbeth den Kindern zusah, stand neben ihr plötzlich eine Frau.

»Mein Trick funktioniert«, sagte sie, und ihre Stimme klang zufrieden, »ich hab den Großen gesagt, sie kommen nur rein, wenn sie wenigstens ein Geschwisterkind mitbringen.« Die Frau lächelte. »Ich glaube, manche leihen sich jetzt ein kleines Kind, um hier spielen zu können!« Dann wandte sie Lizzie ihr Gesicht zu, mit hoher Stirn und klugen Augen. »Was kann ich für dich tun?«

Lillian Wald ist eine Frau mit der Gabe, ihre Ideen in Taten zu verwandeln. Jeden Kurs eröffnet sie persönlich und unterrichtet – wenn auch nicht alle Stunden – selbst. Sie sprüht vor Mitgefühl und Energie, eine Mischung, die andere mitreißt. Eine Menschenfängerin ist sie – für Leute, die ihre Hilfe brauchen, genauso wie für die, die sie zum Helfen motiviert. Denn finanziert werden muss ja all das hier: Gebäude, Medikamente, Löhne. Mit ihrem Konzept der »Schwestern vor Ort« hat sie einen reichen Spender gewonnen, der die Häuser gestiftet hat. Unermüdlich kommuniziert sie, sie spricht mit

Hausierern genauso wie mit Bankiers. Oben und unten – das mögen die Kategorien der Gesellschaft sein –, kalte Realität; aber sie, Lillian Wald, ist da, um diese Schranken zu durchbrechen.

Plötzlich sprudelt es aus Lisbeth heraus: »Gustav, es ist so unglaublich hübsch dort. Miss Wald, die Dame, die alles leitet, hat mir das Haus gezeigt. Die Dielen sind aus hellem Holz und gewachst. Das hab ich noch nie gesehen, es ist alles so licht und freundlich.« Zwei Maler waren dabei, die Wände zu streichen. Mit demselben Ernst, mit dem Miss Wald später über Verbände und Jod für den Wandschrank redete, diskutierte sie mit den Männern die Wahl der neuen Farbe.

»Sie wünschte sich eine wie von blassen Rosen und Aprikosen! Glaubst du das, Gustav?! Wir müssen es hier doch schön haben, hat sie gesagt.«

»Nach Hospital klingt das nicht«, stimmt Gustav zu.

»Genau! Da denkt man immer nur an Sauberkeit, nicht an Schönheit. Medizin eben!« Sie kichert.

»Margies Eifer, Menschen herauszuputzen, das ist was ganz anderes. Bei Miss Wald hat Schönheit einen Zweck: dass sich kranke Menschen wohlfühlen! Es hilft ihnen, gesund zu werden.«

»Was Martha Mathilda Harper für Margie ist«, folgert Gustav, »ist für dich Lillian Wald«.

Lizzie runzelt die Stirn. »Stimmt«, antwortet sie. »Mit dem Vorteil, dass ich mit ihr reden kann. Ich will selber so eine Visiting Nurse werden! Sie sagt, am Metropolitan Hospital gibt es eine Training School für Krankenschwestern. Ob Papa dagegen ist, dass ich die besuche?«, fragt sie Gustav. »Ich würde zwei Jahre lang nichts verdienen. Erst wenn ich fertig bin, kriege ich Geld.«

»Pass einen günstigen Moment ab«, rät Gustav. »Du hast übrigens ein starkes Argument.« Er grinst amüsiert, während er gewaschene Handtücher ins Regal stapelt.

Lizzie sieht ihn fragend an.

»Eine Krankenschwester steht eindeutig im Dienst der Hygiene!«

Darüber müssen beide laut lachen.

»Fang!« Lisbeth wirft den Lappen übermütig in Gustavs Richtung, sodass die Tropfen spritzen: »Jetzt bist erst mal du dran! Dienst an der Hygiene!«

An einem Sonntag, an dem der Wind kalten Regen durch die Straßen Manhattans jagt, feiert die Kirchengemeinde St. Paul mit einem Festgottesdienst die Einweihung ihres neu errichteten Gotteshauses. Der helle Sandstein wirkt freundlich, die Kirche hat zwei unterschiedliche Türme, einer groß, der andere klein, die über dem Portal an der 22nd Street in die Höhe streben. Die Türme kommen Gustav vor wie ein großer und ein kleiner Bruder, er mag das leiden. Gern wüsste er, warum der Architekt das so gebaut hat. Auf der Kanzel spricht Pastor König ausführlich über das neue Haus, sagt aber nichts über die Türme.

Die Kirche entspreche nicht der klassischen Ausrichtung nach Osten: »Das war auf unserem schmalen Bauplatz unmöglich, deshalb liegt der Chor nach Norden. Liebe Gemeindemitglieder, Sie werden meine Meinung teilen, mit diesen prachtvollen Fenstern ehren wir dennoch gebührend unseren Herrn.«

Das mittlere der fünf farbenfrohen Fenster zeigt Jesus am Kreuz. »Die Hofkunstanstalt Mayer & Co. aus München hat sie gefertigt«, verkündet der Pastor, »die Firma ist berühmt für ihre Glasmalerei.«

Gustav staunt mit großen Augen, man muss sich das vorstellen, dass diese riesigen Fenster in vielen Einzelteilen über den Atlantik geschifft und hier zusammengeschweißt wurden. Er versinkt im Anblick des Gekreuzigten, der vor einer blutroten Gloriole hängt, unter seinen ausgestreckten Armen ballen sich seltsame Wolken, er würde sich die gern noch aus der Nähe anschauen.

»Nur acht Monate Bauzeit«, ruft Pastor König stolz von der Kanzel, »und unsere Kirche ist abbezahlt!«

Das provoziert teils zustimmendes, teils aber auch erstauntes Gemurmel in den Bänken.

Gustav schaut sich um. Die Kirche ist nicht ganz voll, und das wird wohl nicht nur am garstigen Herbstwetter liegen: Der Vorstand hat ein Fundraising beschlossen. Jeder Stuhl im Gotteshaus hat an diesem Festtag einen Preis, man bezahlt bis zu zehn Dollar. Zu schwänzen ist Gustav nicht eingefallen, er sitzt auf einem der billigen Plätze auf der Ostseite der Empore. Für einen Dollar kann er von dort Pastor König auf der Kanzel hören,[12] aber nicht sehen. In der neunten Reihe auf der Westseite erblickt er das Ehepaar Uhlig.

Er weiß nicht, ob es an der trockenen Art des Pastors liegt, aber seine Gedanken gleiten heute ab und folgen nicht der Predigt. Die Uhligs sitzen auf Neun-Dollar-Stühlen, ergibt seine Berechnung. Nach Herrn Paruske späht er vergeblich aus. Vielleicht sitzt er im Seitenschiff unter ihm?

Wenn Gustav es recht bedenkt, ist das unwahrscheinlich – vermutlich waren seinem alten Chef die Stuhlkarten zu teuer, und er ist weggeblieben. Sehr gut im Blick hat er von seinem Platz die mächtige Orgel mit den rosigen Orgelpfeifen. Was muss es für Freude machen, ein solches Wunderwerk in Gang zu setzen! Herrlich findet er auch das Gestühl. Dunkles Holz und davor das satte Rot des Läufers, das ist eine anheimelnde Kombination … Dem Herrgott wird es sicher gefallen.

Dann hört er den Pastor sagen:

»Nach dem gemeinsamen Lied lade ich Sie alle herzlich zu Kaffee und Kuchen in unseren Schulsaal ein.« Unterkühlt, wie das Naturell von Herrn König ist, klingt er geradezu überschwänglich.

Gustav singt aus voller Kehle mit, als der Organist »Ein feste Burg ist unser Gott« anstimmt. Nach dem Segen lässt der Organist das Instrument weiter brausen, die Gläubigen streben derweil die Treppen hinunter. Zuletzt ist es doch empfindlich kühl geworden in dem großen Kirchenraum.

Eine Besonderheit des Gebäudes besteht darin, dass der Sakralraum im ersten Stock liegt und der Schulsaal zu ebener Erde. Erleichtert notiert Gustav, dass auf dem Weg dorthin kein Klingelbeutel auf ihn wartet. Im Schulsaal, der sich über die Breite aller drei Kirchenschiffe erstreckt, hat man für diesen Tag die Stühle an den Seiten gestapelt. Tassen klappern, nach und nach erfüllen viele Stimmen den Raum. Es riecht nach frisch gebrühtem Kaffee.

Frau Uhlig steht schon hinter einem der Tische, an denen fromme Damen Kuchen anbieten, um den Anschnitt zweier ihrer Marzipantorten vorzunehmen. Gustav steuert direkt auf sie zu. Mit Sicherheit ist es klug, in ihrer Nähe zu sein.

»Mein Junge! Ich hoffe, du magst Marzipan!«, begrüßt sie ihn und gluckst in sich hinein, solche Freude hat sie daran, ihren Kuchen zu verteilen. Während er beobachtet, wie sie mit Akkuratesse ein stattliches Tortenstück mit Walnusshaube auf einen Teller bugsiert, ohne dass es umfällt, legt ihm plötzlich jemand die Hand auf die Schulter:

»Junger Mann!«

Er dreht sich um. Pastor König steht vor ihm, eine Kaffeetasse in der Hand, und ist sichtlich aufgeräumter Stimmung.

»Wir sprachen doch über das Metropolitan Museum! Sie erinnern sich?«

Das ist lange her, ein Jahr vielleicht? Gustav staunt. Nein länger! »Wie war noch Ihr Name? Meine Frau«, er deutet auf die Dame, die neben ihm steht, »hat Karten für Sie!«

»Hirsch, Gustav Hirsch.«

»Ach ja, Leonore, bitte gib Herrn Hirsch die Karten, sie liegen schon so lange im Büro in der Schublade.«

Die sonst so ernste Frau König lächelt Gustav an und bedeutet ihm, ihr zu folgen. Er muss sich mühen, dass das Tortenstück auf seinem Teller nicht umkippt, so schnell ist sie zu Fuß. Im Office angekommen, fragt Frau König ihn: »Wie viele wollen Sie haben? Ich gebe Ihnen vier!«

Offenbar sieht er so verdutzt aus, dass sie fast entschuldigend hinzufügt: »Sie müssen die Tickets ja nicht alle auf einmal einlösen!«

Als Gustav später das Gotteshaus verlässt, dreht er sich noch einmal um. Die neue Kirche sieht älter aus als die Wohnhäuser, die zu beiden Seiten stehen und mit kleinen Vorgärten die 22nd Street prägen. So wohnen New Yorker Bürger, die es zu etwas gebracht haben. In manchen lebt nur eine einzige Familie, man muss sich das vorstellen. Obwohl inzwischen Mittag ist, wird es nicht richtig hell. Auf einigen Treppenabsätzen liegen Kürbisse, das sieht schön aus, als hätte jemand Hoffnung in die Straße gestreut – sie leuchten auch an diesem grauen Tag. Kürbisse zur Dekoration vor die Türen zu legen, denkt Gustav im Weitergehen, was für eine Idee! Das können sich die Leute hier leisten … Hinter den Mauern und Türen dieser Straße liegt eine andere Welt. Für ihn hat sie sich heute einen Spalt geöffnet: Die große Stadt lädt ihn ein.

Ob Lisbeth mitkommen wird ins Museum? Sein Herz klopft schneller bei dem Gedanken, wie sie auf seine Einladung reagieren wird. Seit der Schlacht, die die beiden sich mit dem Lappen geliefert haben, passiert das immer, wenn Gustav an sie denkt. Und er muss oft an sie denken.

~

Zum Museum ist es eine weite Fahrt, Gustav und die Mädchen müssen mehrere Male umsteigen und zwischendurch zu Fuß laufen. Mister Vanderbilt hat an der Fifth Avenue für seine Familie Paläste gebaut, sie sehen wie französische Schlösser aus, eines soll hundertdreißig Räume haben und seiner Schwiegertochter gehören. Nicht überall stehen Häuser, es gibt Lücken in der Bebauung. Prunkstücke sind die neuen Luxushotels. Das Waldorf. Das Astoria. Margie und Lizzie verrenken die Köpfe, um zuzuschauen, wie livrierte Diener Damen aus der Kutsche helfen.

Dort, wo die Fifth Avenue zu Ende ist und der Central Park beginnt, liegt das Plaza. Freilich beeindruckt dieses Hotel mehr durch seine Höhe und Größe als durch Eleganz. Vierhundert Zimmer soll es geben, flüstert Margie, alle mit elektrischem Licht und mit Badezimmer.

»Jedes Zimmer hat ein eigenes Bad?«, fragt Lizzie leise und schweigt dann ehrfürchtig. Ähnliche Kästen erheben sich mit hohen Fronten am Central Park entlang. Das sind *French Flats*, auch das hat Margie gelesen – viele Reiche wohnen jetzt in sogenannten Apartments, sie haben ganze Etagen in diesen Häusern. So beschäftigt sind sie alle drei mit Schauen, dass die Unterhaltung erlischt.

Gustav hat erst Lisbeth eingeladen, dann Max und Margie. Er hat es in genau dieser Reihenfolge getan. Denn zuerst musste er an Lisbeth denken, als er die Karten in der Hand hielt. Sie hat gestrahlt und sofort zugesagt, und Gustavs Herz hat wieder einen kleinen Sprung gemacht. Margie tat, als würde sie den anderen mit ihrer Zusage eine Huld erweisen. Angezogen hat sie dann aber doch ihr bestes Kostüm, mit einer neuen weißen Bluse, die sie am Vorabend sorgfältig geplättet hat. Darüber trägt sie einen dunkelblauen Mantel, er ist halblang und passt zum taubengrauen Kostüm. Lizzie sieht in ihrem grauen, doppelreihig geknöpften Mantel und dem roten Schal mindestens genauso hübsch aus, findet Gustav. Jetzt stehen die drei vor dem Museum und warten auf Max. Er hat es nicht lassen können, Gustav zu foppen: »Uii, zum Museum! Dein Aufstieg in der Gesellschaft geht weiter! Hoffentlich weißt du, wie man da alles richtig macht!«

Sicher fühlt er sich in der Tat nicht. Das Metropolitan Museum ist noch so ein Palast in Rot und Weiß, mit einer Freitreppe davor. Er leuchtet in der Mittagssonne am Rand des Central Park. Strahlend weißer Kies säumt die Beete, und die Bäume wirken vor der mächtigen Fassade klein wie Setzlinge.

»Da seid ihr ja!« Max taucht plötzlich direkt neben ihnen auf, ein wenig atemlos. »Miss Margie! Miss Lizzie!« Mit einem Lächeln und jeweils einer angedeuteten Verbeugung begrüßt er die beiden Mädchen. Charmant, ohne Unterschied zu machen. »Wie ist das werte Befinden?«

Alle lachen. Mit Max kommt wie immer die gute Laune. Gustav ist erleichtert, dass es mit dem Treffen geklappt hat. Warum Max allein herfahren wollte, ist sein Geheimnis. Die Schweigsamkeit, die sich während des Sightseeings auf dem Boulevard der Reichen zwischen ihnen eingestellt hat, löst sich augenblicklich auf. Jetzt gehen sie selbst in einen Palast! Die frische Oktoberluft tut ihr Übriges, um die Stimmung zu heben.

Wie es eigentlich zwischen Max und Margie steht, das ist Gustav nicht ganz klar. Seit sein Freund wieder aufgetaucht ist, ist er offenbar nicht mehr der Verehrer, der er vorher war. Er geht oft zu seinem sozialistischen Verein, ist ernster geworden, ansonsten arbeitet er im Faffner. Jedenfalls macht er keinerlei Anstalten mehr, mit Margie auszugehen. Die, hat Gustav beobachtet, nimmt das mit Gleichmut hin. Das entspannt die Lage genauso wie der Umstand, dass sich das Verhältnis zwischen den Schwestern gebessert hat. So hat Margie Lizzie gegen den Vater darin unterstützt, dass sie nicht in der Fabrik arbeiten muss. Wenn sie nicht weiter zur Schule gehen darf, hat Lizzie verlangt, wolle sie wenigstens selbst bestimmen, wie sie Geld verdient. Auf keinen Fall würde sie an die Nähmaschine gehen. Dass sie sich durchgesetzt hat, ist ihr gut bekommen. Sie sieht nicht mehr aus wie ein Kind. Dünn ist sie immer noch, aber mittlerweile mit ein paar weichen Linien und einem energischen Kinn. Die geflochtenen Zöpfe trägt sie als Kranz um den Kopf, auch das steht ihr gut. Dass sie nach der Arbeit eigene Wege geht, billigen ihr die Eltern zu in dem Glauben, sie säße in irgendeiner Bibliothek. Allein Gustav weiß, dass sie zu den Krankenschwestern geht, um von ihnen zu lernen.

Lisbeth ist die Einzige, die schon einmal im Metropolitan Museum war, für die anderen ist an diesem Sonntag Premiere.[13] »Was schauen wir zuerst an?«, fragt sie energisch. Als alle drei zögern, übernimmt sie die Führung. »Also los!«

Sie rafft den Mantel und geht voran, die große Treppe hinauf zum Eingang. »Ich bin für die Malerei.«

Die Halle macht sie dann alle erst mal stumm. Wie aus dem Kokon geschlüpfte Insekten verharren sie einen Moment, beeindruckt von so viel Licht und Platz. Dass es einen solchen Raum überhaupt gibt! Eine Welt, wo Menschen nicht zusammengepfercht werden. Wo die Decken hoch sind und sich über Hallen wölben und niemand den anderen aus dem Weg stößt, um sich zu bewegen. Sich zurechtzufinden ist nicht ganz leicht. Schilder gibt es zuhauf.

»Gibst du mir die Karten?«, bittet Lizzie Gustav mit andächtig gesenkter Stimme. Dann tritt sie an den Ticketschalter und redet mit einer Dame.

Als sie sich den anderen wieder zuwendet, fragt sie:

»Einverstanden, dass wir anfangen mit den amerikanischen Malern des neunzehnten Jahrhunderts?«

»Viel besser als Antiquitäten!«, stimmt Max ihr zu.

Dass Ölbilder ein solches Ausmaß haben können! »*Washington überquert den Delaware*« von Emanuel Leutze füllt eine ganze Wand. Minutenlang versinken Lisbeth und Gustav im Anblick dieses Heldenepos. Dass einer es schafft, Eisbrocken derart echt darzustellen … Licht bricht sich in den gefrorenen Klumpen. Blaues Weiß ist die Farbe des Frosts. Keiner der Männer auf dem Boot hat Handschuhe an, aber sie setzen ihren General sicher über. Wie eine Statue steht der im Bug des Ruderboots.

»Heldenverehrung«, befindet Max und zuckt abfällig mit den Schultern. Aber auch er schaut sich das Bild lange an. Gustav weiß, dass Washington der erste Präsident der Vereinigten Staaten war, mehr aber nicht. Mit jeder Frage entlarvt er seine Unwissenheit, aber Lisbeth nutzt seine Lücken nicht aus.

»Wir haben das alles in der Schule gelernt«, tröstet sie ihn. »Es war ein Überraschungsangriff. Die Schlacht von Trenton. General Washington zog gegen die Briten und ihre hessischen Truppen.«

Hessische Truppen? Gustav hat keine Ahnung. Bei seinen Lehrern ist es um die Goten gegangen, das Heilige Römische Reich und dann das Kaiserreich. Er wandert weiter zur nächsten Wand.

So monumental die Gemälde sein mögen – es sind die Motive aus der Natur, die bei Gustav Eindruck machen: Ansichten der Rocky Mountains, der Anden, aber auch der Ägäis. Die Maler heißen Albert Bierstedt und Frederic Church.

»Hudson River School«, entziffert Lizzie.

Gustav ist empfänglich für die Erhabenheit dieser Darstellungen und gleichzeitig stolz auf die deutschen Namen, die er auf den Tafeln liest.

»Schau, dieser Maler ist in Deutschland geboren«, sagt er zu Max.

»Das ist dein Pommernblut«, spottet der prompt. »Nix mit Internationalismus! Nur Romantik.«

Ermattet lassen sich Margie und Max schon bald auf einer Bank nieder. Sie stecken die Köpfe zusammen. Margie kichert, offenbar macht Max Späße. Irgendwie stört Gustav das nicht mehr.

»Banausen«, lästert er fröhlich und an Lizzie gewandt: »Schön, dann wandern wir zu zweien.« Er sieht sie von der Seite an: »Ist es dumm, dass ich ein Romantiker bin?«

Eine leichte Röte zieht auf ihre Wangen.

Hübsch sieht das aus, sehr hübsch.

Wie er sich schon auf den nächsten Sonnabend freut, wenn er mit Lizzie wieder allein im Barber Shop ist. Sich ausgerechnet aufs Putzen zu freuen, das ist schon seltsam, wenn nicht verrückt!

Dass der nächste Sonnabend ganz anders sein wird als sonst – furchtbar, niederschmetternd und traurig –, das ahnen weder Gustav noch Lisbeth.

~

Es ist einer der ersten Tage im November und die Broome Street längst dunkel. Sie haben ein bisschen Zeit vertrödelt: Lisbeth hat Maronen mitgebracht, die sie sich geteilt haben, ehe sie sich daranmachen, den Laden zu putzen. Lisbeth beschwert sich schon lange nicht mehr darüber, dass Margie von dieser Arbeit ausgenommen ist, was Gustav sehr wohl bemerkt. Die Arbeit geht ihnen flott von der Hand, zum einen, weil sie ein eingespieltes Gespann sind, zum anderen, weil es kalt wird im Raum: Im Ofen ist die letzte Kohlenladung für diesen Tag bereits verglüht. Herr Samtmann denkt nicht daran, noch am späten Abend Brennmaterial zu vergeuden.

»Euch wird vom Putzen warm.« Das ist seine Devise.

»Dann kann ich hier keine Wäsche mehr waschen, was denkt Papa denn?«, entrüstet sich Lizzie. »Dann müssen die Handtücher eben in die Wäscherei. Gustav, unterstützt du mich, wenn ich's ihm sage?«

Kniend schrubbt Lizzie die Dielen, Gustav will gerade Schmutzwasser in den Hof hinaustragen. Da fliegt die Tür auf, und es poltert. Gustav stellt erschrocken den Eimer ab, sodass das halbe Wasser auf die Dielen schwappt. Auf dem Boden liegt ein Häuflein Mensch, die dünnen Gliedmaßen schlottern.

»Freddie!«

Der Junge hat Fieber, keine Frage, sein schmales Gesicht mit dem spitzen Kinn glüht. Gustav kniet sich neben ihn hin. Entsetzt sieht er, wie der Kleine die Augäpfel verdreht, sodass man einen Moment nur das Weiße sieht.

»Oh, das sieht bös aus.« Lizzie lässt die Bürste in den Eimer fallen. »Der Junge hat Krämpfe. Wo können wir ihn hinlegen?«

Auf Samtmanns schwarze Bugholzstühle gewiss nicht.

»Hier, auf den Frisierstuhl.« Gustav fährt das Prachtexemplar auf volle Länge aus, klappt den Fußteil nach oben und die Lehne nach unten, und gemeinsam betten sie den Jungen darauf. Er wiegt nichts, spindeldürr, wie er ist.

»Jusstaff«, keucht Freddie, »Justaff … the cat. I wanted to … where's mum?«, und dann verliert er das Bewusstsein.

»Hol schnell frisches Wasser«, befiehlt Lizzie. Offenbar weiß sie, was zu tun ist. Als Gustav von der Pumpe im Hof zurückkommt, taucht sie Handtücher in den Eimer. Eines legt sie Freddie auf die Stirn. »Mach ihm die Waden frei.« Das ist nicht schwer – der Junge trägt auch zu dieser Jahreszeit Hosen, die gerade eben die Knie bedecken – Gustav zieht ihm nur Schuhe und Strümpfe aus. Lizzie wringt jedes Tuch sorgfältig aus und wickelt es ihm um die Beine. Kaum ist das getan, schlüpft sie in ihren Mantel. »Bleib du bei ihm und deck ihn zu. Ich hol eine Krankenschwester.«

Dann ist sie weg.

Gustav hat eine dunkelblaue Jacke aus festem Stoff, die legt er über Freddie. Er nimmt seine schwielige Hand, an der die Fingernägel Trauer tragen, in die seine. Eine Kinderhand ist das, aber im Verhältnis zu dem zierlichen Körper ist sie seltsam groß. Ganz schlaff fühlt sie sich an. Gustav sieht Freddie vor sich, wie er fuchtelt und kräht, die ganze Welt herausfordert, und schmerzlich empfindet er, dass alle Energie aus dem Jungen geschwunden ist. So viel Leben! Er betrachtet das Handgelenk, es ist leicht geschwollen.

»Mensch Freddie, was machst du für Sachen«, flüstert er. Ob er die Tücher erneuern soll? Lizzie weiß so gut Bescheid, jetzt fehlt sie hier, da bleibt er bei dem Jungen sitzen. Freddie hat die Augen geschlossen, nur hin und wieder zieht ein Flattern über seine Lider. Zart und blau geädert sehen sie aus. Draußen hört Gustav Menschen palavern und im Vorbeigehen lachen. Hier drinnen scheint die Zeit stillzustehen.

Dann, nach einer Ewigkeit, ist Lizzie wieder da. Mit ihr eine Dame im schwarzen Mantel mit Pelerine und Hut. Gustav weiß sofort, dass das Miss Wald persönlich ist. Sie öffnet eine schwarze Ledertasche und zieht daraus ein kleines Hörrohr. Es ist durch dünne Schläuche mit zwei Stöpseln verbunden, die sie sich in die Ohren steckt. Mit geschickten Handgriffen öffnet sie dem Jungen Hemd und Jacke und richtet ihn auf, als wäre er leicht wie eine Puppe.

Gustav erschrickt, als er den bloßen Oberkörper sieht: Die Haut spannt sich über den Rippen, und heftig und schnell sieht man darunter das Herz pochen. Die Schwester legt ihm das Rohr an die Brust und lauscht. Dann hebt sie Freddies Lider und schaut ihm in die Augen, danach in seinen Hals. Schließlich untersucht sie behutsam seine Hände und Füße.

»Die Lunge?«, fragt Lizzie.

Miss Wald wiegt den Kopf. »Ja, auch die Lunge«, sagt sie ernst. »Der Junge muss sofort ins Krankenhaus.« Sie überlegt. »Nah ist das German Dispensary. Jetzt müsste noch ein Arzt dort sein. Wir können nicht warten, bis eine Ambulanz hier ist.« Fragend schaut sie Gustav und Lizzie an.

»Um den Jungen hinzutragen, ist es aber zu weit. Hat einer eurer Nachbarn einen Wagen?«

»Ich frage Bartek«, sagt Lizzie. Sie tritt entschlossen auf die Straße, an der Kreuzung machen die Straßenhändler bis in die Nacht noch Geschäfte. Den Platz unter der Laterne behauptet Bartek. Gustav sieht, wie sie auf ihn einredet. Der wartet doch nicht darauf zu helfen!

»Wird der seine Waren abladen, um ein Straßenkind zu schieben?«, fragt er laut. Miss Wald folgt seinem Blick, seufzt und verlässt ebenfalls den Laden. Gustav schaut ihr nach, wie sie zu Lizzie und Bartek tritt und mit dem Hausierer spricht. Dann öffnet sie ihre Tasche und zieht das Portemonnaie.

Das Ergebnis: Bartek macht mit, nimmt aber nicht seinen Schiebkarren. Den überlässt er der Aufsicht des Maronenverkäufers. So kommt es, dass Gustav und Bartek Freddie durch die kalte Herbstnacht tragen, auf einem Segeltuch, das Miss Wald aus ihrer Tasche zieht und in das sie an jedem Ende eine kleine Stange schiebt. Weil so viele Menschen auf den Gehsteigen unterwegs sind, spannt Miss Wald kurzerhand ihren schwarzen Regenschirm auf, um dem Krankentransport Raum zu verschaffen.

»Emergency. Get out of the way«, ruft sie. So ziehen sie die Chrystie Street hinauf. Gustav hat alle Mühe, Schritt zu halten und nicht zu stolpern; er ist froh, dass Lizzie in der Nähe ist. An der Kreuzung zur Delancey Street winkt Miss Wald gebieterisch mit dem Schirm, und zu aller Erleichterung hält eine Droschke. Sie steigt ein und lässt sich von den beiden Trägern das Kind hinaufreichen. Dann verabschiedet sie Bartek mit einem Nicken und ruft Lisbeth und Gustav zu: »Kommt zu Fuß hinterher!«

Die Droschke rollt an und setzt den Weg in Richtung Norden

fort, beide sehen noch, wie die Retterin das Segeltuch fest um Freddie schlägt. Bartek zieht die Mütze, grinst und wendet sich zum Gehen. Gustav würdigt ihn keines Blickes, er fühlt sich in allen seinen Vorurteilen bestätigt.

»Ja, der soll sich nur trollen!«, zischt er Lizzie zu.

Doch die widerspricht ihm: »Kann man das erwarten, dass Bartek sein Hab und Gut ablädt und auf der Straße stehen lässt?«

Bevor Gustav etwas erwidern kann, erzählt sie ihm, was für ein Glück es war, Miss Wald persönlich in der Henry Street anzutreffen. »Die anderen Schwestern waren alle unterwegs, überall haben die Leute Keuchhusten.«

Im Geschwindschritt überqueren sie die Kreuzung und marschieren die Second Avenue hinauf. Allen Deutschen ist das German Dispensary ein Begriff, die gesamte Nachbarschaft kann sich hier mit Medizin versorgen, und außer Arzneien gibt es Sprechstunden, in denen Ärzte kostenlos Rat erteilen.

»Im Dispensary ist meine Mutter oft mit uns gewesen, als wir klein waren«, erzählt Lizzie. Nebenan ist die Ottendorfer Library, wo sie ein und aus geht, um Bücher zu leihen. Endlich erreichen sie den Eingang. Die Front des Gebäudes ist mit Steinen verklinkert, die selbst im Dunkeln noch feuerrot leuchten. Die beiden laufen die Stufen hinauf. Offenbar hat Miss Wald sie angekündigt, denn der Pförtner weiß Bescheid. Er schickt sie die Treppe hinauf in den ersten Stock. Dort klopfen sie an eine hohe weiße Tür: »Saal 2«. Sie müssen eine Weile warten – und als sich die Tür öffnet, erleben die beiden eine Überraschung.

Vor ihnen steht Leon Ferenz. Er trägt einen hochgeschlossenen, langen weißen Kittel. Seine braunen Locken fallen ihm bis auf den Kragen. Er sieht kein bisschen verblüfft aus, nur müde. »Kommt rein«, sagt er.

Und zu Lizzie: »Sie sind sicher Miss Samtmann. Ich bin Doktor Ferenz.«

»Ich wusste gar nicht …«, fängt Gustav an. Leon winkt ab. Er geht ihnen voraus durch eine Art Gasse, an der zu beiden Seiten Paravents aufgestellt sind, die kleine Abteile bilden. Der Saal erinnert Gustav an Ellis Island – auch dort wölbte sich hoch oben die Decke. Hier ist sie nur zu ahnen, denn das Licht ist gedämpft. Auch Kranke sind nicht zu sehen, nur keuchen hört man sie. Geräusche machen ansonsten nur ihre eigenen Schritte auf dem grauen Linoleum.

Leon hält vor einem Krankenabteil. Darin steht Lillian Wald, sie hat sich eine Schürze übergezogen und wacht an Freddies Bett. Eine blütenweiße Decke bedeckt ihn bis zum Kinn. Er atmet stoßweise durch den geöffneten Mund.

Leon stellt sich neben Miss Wald.

»Wir können nichts mehr für ihn tun«, sagt er ruhig. »Die Lungenentzündung hat den ganzen Körper erfasst.« Er macht eine Pause. »Aber *ihr* könnt noch etwas für den Jungen tun. Bleibt bei ihm. Lasst ihn jetzt nicht allein.«

Damit hat Gustav nicht gerechnet. Miss Walds Eile, ihre Aktivität, dieser Prachtbau von Krankenhaus, und nicht zuletzt Leon, all das hat so viel Kompetenz ausgestrahlt. So viel Zutrauen in ihm entfacht.

Miss Wald rückt ihm einen Schemel ans Bett. »Setzen Sie sich. Lisbeth, hier ist auch noch einer für dich«, sagt sie sanft.

Gustav starrt die Frau an. Wollte sie Freddie nicht in der ausgekühlten Frisierstube sterben lassen? Offenbar nicht. Auf einem Stuhl mit Klappmechanismen und Rollen …

Nun hat er ein eigenes Bett.

Still setzen sie sich zu ihm. Lizzie öffnet ihren Mantel, über ihrem karierten Kleid trägt sie noch immer die weiße Schürze. Gustav nimmt Freddies schlaffe Hand in die seine und schaut ihn an. Wie schön geschwungen die Augenbrauen dieses Jungen sind, denkt er. Und: Nichts weiß ich von ihm, gar nichts. Er war mir eher lästig … und das hab ich ihn auch fühlen lassen. Auch an seine eigene Mutter denkt er. Ob sie so bei Hans gesessen hat?

Später wacht Freddie noch einmal auf. Seine Augen öffnen sich zu Schlitzen, sie sehen ganz schwarz aus.

»My packages, I must pick up … my packages«, stammelt er.

Dann ist er tot.

Rote und braune Linien auf beigem Grund. Gustav starrt auf einen Zipfel von Lisbeths Rock. Er konzentriert sich auf das Karo, als könnte er sich daran festhalten. Irgendwas hat er falsch gemacht. Er weiß nur nicht, was.

»Komm, Gustav, wir können nichts mehr tun«, sagt Lizzie nach einer Weile. Sie steht auf und schließt dem Jungen die Lider. Sanft löst sie Freddies Hand aus Gustavs und faltet die Kinderhände über der weißen Decke.

Als sie zurück durch den Saal gehen, bemerkt Gustav die Nachtschwester. Im warmen Schein einer kleinen Lampe sitzt sie an einem Tisch neben der Eingangstür. Er tritt auf sie zu.

»Mein Freund ist tot. Freddie …«, sagt er und dann erst mal nichts. Ein Schluchzen bricht mit Gewalt aus seiner Brust. Es braucht eine Zeit, ehe er wieder sprechen kann. Die Worte tun ihm weh.

»Seinen Nachnamen weiß ich nicht.«

Der Satz hallt in ihm nach, als sie das Krankenhaus längst verlassen haben.

11. KAPITEL

Wenn Gustav zurückdenken wird, wenn er blättern wird im Album seiner Erinnerungen, dann wird ein Abend aufscheinen in Manhattan, der sich ihm eingeprägt hat wie ein Bild aus dem Metropolitan Museum – eine Szene aus einer anderen Welt. Als alter Mann wird er diese Erinnerung verbrämen, mit Gold einfassen. Mag sein, dass sie manchmal wie ein altes Foto in einer Schachtel ruht, scheinbar dem Vergessen anheimgegeben. Doch die Erinnerung ist mächtig. Sie bleibt.

Mitte Dezember hat Leon Gustav zu sich nach Hause eingeladen, den Sabbat zu feiern. Er ist deswegen extra zu Samtmann's gekommen. Ausdrücklich hat er gesagt: »Und bring bitte Max mit. Ich möchte euch meiner Schwägerin und meinen Nichten vorstellen!«

Die Schuhe frisch gewienert, mit dem guten Anzug unter dem Mantel, machen sie sich auf den Weg. Gustav hat darauf geachtet, dass Max nicht zu leger aufkreuzt, und ihm am Vorabend noch einen Shave and Cut verpasst. Leon lebt in der Crosby Street, nahebei kreuzt die Broome Street den Broadway, und in unmittelbarer Nachbarschaft steht das Warenhaus Haughwout mit seinen riesigen Fenstern, die elegant in die Höhe streben. Das Eckhaus, in dem die Familie Ferenz wohnt, ist viel kleiner, wirkt aber trotzdem vornehm, es gefällt Gustav wegen seines großzügigen Eingangs. Die Wohnung liegt im ersten Stock. Anders als in den Mietshäusern, die er kennt und in denen sich hinter zwei Fenstern wie in einem Waggon alle Räume staffeln, nimmt diese Wohnung die gesamte Breite des Hauses ein und hat entsprechend viele Fenster. Allerdings dringt durch diese kein Lichtstrahl, als sie eintreten: Schwere Vorhänge schirmen das Innere von der Straße und ihren Laternen ab.

Leons Einladung hat Gustav überrascht und gefreut. Er hat deutlich gespürt, dass sie mit Freddies Tod zu tun hat, und darin liegt für ihn etwas wie Trost.

Es war dann nicht einfach, Herrn Samtmann zu überreden, ihn am Freitag schon vor sieben Uhr abends gehen zu lassen.

Die Dame des Hauses begrüßt sie hoheitsvoll, ganz in Schwarz und aufrecht.

»Good sabbath.« Den Empfang umweht ein kühler Hauch, den Gustav deutlich wahrnimmt. Umso herzlicher fällt die Begrüßung durch ihre Töchter und Leon aus. Sie umringen die beiden Gäste. »Good sabbath!«

Die zwei jüngeren der Mädchen, Mila und Zora, schätzt Gustav auf zehn oder elf; sie tragen Schürzen über den Kleidern, festtäglich gerüscht. Die älteste, Eszther, dürfte so alt sein wie Lizzie und ist eine wahre Schönheit. So dunkel die Mutter ist an Augen, Haar und Teint, so erstaunlich hell leuchtet das blonde Haar ihrer Tochter. Sie trägt es nach hinten gebunden, das bringt ihr schmales Gesicht mit den geschwungenen Augenbrauen über lebhaften blauen Augen zur Geltung. Feine Gesichtszüge und zarte Glieder haben auch ihre kleinen Schwestern. Sie reden unbefangen auf die beiden Gäste ein, mit Stimmen so lieblich wie das Gezwitscher von Vögeln am Morgen. Gustav und Max verstehen kein Wort.

»Hört auf, ungarisch zu reden, unsere Gäste sind deutsch«, ermahnt Leon die Kinder, und zum Erstaunen der beiden wechseln die Mädchen sofort ins Deutsche.

Ihr Gastgeber geht ihnen voran ins Esszimmer und stellt sie

einem uralten Herrn mit weißem Bart vor. Ganz allein sitzt er bereits an einer langen, weiß gedeckten Tafel, seine Hände ruhen auf einem Stock. Er quittiert ihre Verbeugungen mit einem kleinen Nicken.

Für alle anderen geht es ebenfalls zu Tisch. An den Kopfenden nehmen Leon und seine Schwägerin Platz, die Freunde bittet Leon zu seinen beiden Seiten, daneben setzen sich die Mädchen. Alle Stühle haben hohe geschnitzte Rückenlehnen. Rechts von der Mutter stützt sich der alte Herr weiter auf seinen Stock.

»Mein Uronkel aus Philadelphia«, flüstert Eszther Gustav zu. Dann wird es still. Frau Ferenz erhebt sich und entzündet die Kerzen an einem siebenarmigen Leuchter; ihr Schein taucht den Tisch mit Tellern, Schüsseln und Gläsern in warmes Licht. Erschien der Raum vorher düster, so wirkt er jetzt heimelig. Vor Leon stellt die Hausfrau einen zugedeckten Korb. Dass er Kippa trägt, bemerkt Gustav erst, als er nun aufsteht und zu sprechen beginnt. Gustav erschrickt, so fremd klingt Leons Singsang in seinen Ohren, so anders und entrückt sieht er dabei aus. Er sucht Max' Blick, findet ihn, und ihre Blicke haken sich einen Moment lang ineinander. Gedämpft dringt von draußen der Straßenlärm herein und legt sich wie ein Teppich unter die hebräischen Worte.

Leon dankt der Hausfrau, und er dankt Gott, wird Eszther Gustav später erklären.

»Amen«, sagt jetzt die Tischgemeinschaft.

»Amen« murmeln Gustav und Max wie ein Echo.

Leon schenkt roten Wein in einen Becher und trinkt einen Schluck, bevor er ihn schweigend weiterreicht. Einer nach dem anderen trinkt nun daraus, als er bei Gustav ankommt, ist er fast leer. Auch er nippt daran und gibt ihn weiter.

Leon fährt zu beten fort, dann nimmt er die weiße Serviette von dem Brotkorb, bricht das Brot und reicht jedem ein Stück.

Die Andacht ist vorbei. Auf ein Zeichen der Hausfrau greifen alle nach Herzenslust zu bei den Speisen, die in den Schüsseln auf dem Tisch stehen: »gefilte Fish«, Hühnersuppe mit hausgemachten

Nudeln, Hühnerfleisch, süße Karotten und eine Soße mit Äpfeln. Das weiße, frisch gebackene Brot duftet herrlich. Max, gebeugt über seinen Teller, langt tüchtig zu. Wenn er nur nicht so schaufeln würde, denkt Gustav. Er sieht, wie kerzengerade die Mädchen sitzen und wie sie ihre Gabeln zum Mund führen – und nicht den Kopf zum Teller. Tischmanieren! Sich ordentlich zu benehmen strengt ihn so an, dass er zunächst nicht bemerkt, dass Eszther ihn etwas gefragt hat.

»Trinken Sie Wein zu Hause?«

Gustav muss zugeben, dass er ihn zum ersten Mal kostet – roten Wein! Die kleinen Mädchen kichern. Es sieht aus, als rutschten ihre kleinen Köpfe hinein in die Schürzenrüschen. Zora verschluckt sich fast. Zur Feier des Sabbats nippen die Kinder aus Gläsern, klein wie Eierbecher. Es gibt ein scharfes Wort von ihrer Mutter. Zora stellt erschrocken ihr Glas ab, betretene Stille tritt ein.

»Dann wird es Zeit, Jingele!«, dröhnt plötzlich vernehmlich der alte Mann mit dem schlohweißen Bart und erhebt sein Glas: »Le Chaim! Mazel tov!« Auch Gustav hebt sein Glas und prostet zurück.

»Zum Wohle! … Gnädige Frau, es schmeckt vorzüglich«, erlaubt er sich dann in Richtung der Hausfrau und nötigt ihr damit ein Lächeln ab. Die Befangenheit beginnt von ihm zu weichen. Er wagt zu fragen, wie es kommt, dass die Mädchen so gut Deutsch sprechen.

»Die Familie meines Vaters lebt in Berlin, mein Vater und auch Leon sind dort aufgewachsen«, erzählt Eszther. Und nach einer Pause: »Mein Papa hat darauf bestanden, dass wir Deutsch in der Schule lernen. Er war Konstrukteur für Siemens und Halske.« Das deutsche Unternehmen aus Berlin! Das hat Leon bei einem Besuch im Barber Shop erwähnt. Und auch, dass sein Bruder ein begabter Ingenieur war, der in Budapest die Untergrundbahn gebaut hat.

»Erzählen Sie, wie es in Pommern ist«, verlangt Zora.

»Es gibt Kiefern, die sind blau und schwarz, und sie duften«, platzt es aus Gustav heraus. »Der Strand ist schneeweiß, und manchmal träume ich, eine Möwe zu sein, die darüber segelt.« Sofort ist ihm das peinlich. Was werden sie von ihm denken?

Aber Zora plappert schon weiter: »Nach Berlin möchte ich auch mal fahren! Leon hat versprochen, dass er mich mitnimmt. Ich stelle es mir schöner vor als New York.«

Warum, das geht unter.

Max hat inzwischen seinen Hunger gestillt und zeigt jetzt seine unterhaltsame Seite. Auf die Frage, ob er Musik möge, erzählt er sehr farbig davon, wie Gustav seine Geige verlor. Eine Nacht in der Zelle! Unter Halunken! Die Kinder lauschen mit glänzenden Augen.

»Sie spielen Geige? Eszther auch!«, sagt die Dame des Hauses. Das Klavier am anderen Ende des Zimmers hat Gustav schon gesehen. Einen Augenblick fürchtet er, dass sie ihn auffordern wird vorzuspielen.

Aber dann sprechen sie über etwas anderes: die große Feier zu New Year's Eve.

Anlass des besonderen Festumzugs ist, dass die City wächst. Ab dem 1. Januar 1898 wird Greater New York nach London die größte Stadt der Welt sein und fast dreieinhalb Millionen Einwohner zählen. Brooklyn, Queens, Teile der Bronx und Staten Island kommen zu Manhattan dazu.

»Sind das nicht zu viele Menschen?«, fragt die kleine Zora.

»Das frage ich mich auch«, antwortet Leon ernsthaft und fährt fort: »Aber es gibt viele Vorteile. Zum Beispiel sind Straßen zu pflastern und Trinkwasserleitungen zu legen. Das lässt sich besser gemeinsam planen.«

»Die Feuerwehren von Brooklyn und Manhattan arbeiten schon zusammen«, weiß Mila, »sie kommen über die Brücke. Manchmal sind die aus Brooklyn schneller in Manhattan als die New Yorker.«

Mit den Kindern wird an diesem Tisch aufmerksam gesprochen, das gefällt Gustav. *Kinder haben bei Tisch den Mund zu halten!* Wie oft hat er das zu Hause gehört. Eine gemeinsame Mahlzeit, das hieß lastendes Schweigen, untermalt vom Geräusch der Löffel und Gabeln – allenfalls hatte es mal eine Zurechtweisung gegeben.

»Wir dürfen doch hingehen?«, fragt Mila ihre Mutter. »Bitte, Edeschanjaan,[14] lasst uns hingehen!« Sie spricht vom Feuerwerk vor der City Hall: New Year's Eve wird ein Fest, wie es die Stadt noch nicht gesehen hat. Gustav erzählt, dass sein Chef, Friseur Samtmann, mit dem Teutonia-Männerchor singen wird. Am Union Square wird eine große Parade in Richtung City Hall starten; verschiedene Organisationen, darunter viele deutsche Schützen-, Turn- und vor allem Gesangsvereine, marschieren mit. Mit den White Wings zu laufen, wie es Samtmanns Plan war, davon konnte der seine Sangesbrüder hingegen nicht überzeugen.

Leon lacht herzlich.

»Auf Leons Schultern lastet ziemlich viel«, sagt Max nachdenklich, als Gustav und er an diesem Abend nach Hause gehen. »Ich beneide ihn nicht.«

Ihr Freund, das haben sie heute gelernt, steht dem Haushalt der Familie Ferenz vor. Dabei dürfte er nur ein paar Jahre älter sein als sie beide. Es ist offenbar so, dass Leon nach Manhattan gekommen ist, um seiner verwitweten Schwägerin zur Seite zu stehen. Darüber hat er nie gesprochen. Vielleicht hat er ganz andere Pläne gehabt?

»Jüdischer Familiensinn«, sagt Max.

»Ich bewundere ihn«, entgegnet Gustav aus ganzem Herzen.

»Warum?«, fragt Max.

»Er spricht drei Sprachen, mindestens … und …«, Gustav sucht nach Worten, »… und ihre Zeremonie gefällt mir.«

»Sie haben dich beeindruckt. Aber war es nicht vor allem das weiße Tischtuch? Der silberne Leuchter? Und die große Wohnung?« Max macht sich mal wieder lustig über ihn. Lässig kickt er eine Büchse vom Gehsteig, das ist so eine Angewohnheit von ihm. Er kennt mich ziemlich gut, denkt Gustav, während sie gemächlich nach Hause schlendern. Aber die schöne Wohnung, das ist es eben nicht allein.

Als er später im Bett liegt, sieht er noch einmal die Tafel, die ein siebenarmiger Leuchter in warmes Licht taucht. Die Menschen am Tisch. Er riecht das Brot und hört, wie die Mädchen Edeschanjaan zu ihrer Mutter sagen.

Zärtlich klingt das und tröstlich. Die ungarische Sprache ist schön … und die Welt auch … die Welt ist doch wunderbar.

Diese Welle der Freude trägt Gustav bis zum New Year's Eve.

Es wäre fabelhaft gewesen, mit Max und den Mädchen zusammen zur Silvesterfeier an der City Hall zu gehen! Aber Max kann nicht weg, ihn hat am letzten Abend des Jahres der Faffner in den Fängen. Also sind Gustav und die Schwestern zu dritt unterwegs, drei von mehr als 50 000 Menschen, die am späten Abend zusammenströmen, um Greater New York zu feiern. Das Spektakel beginnt mit einer Parade, und um Mitternacht soll es das Feuerwerk geben. Der Festzug bewegt sich vom Union Square den Broadway hinunter bis zur City Hall; sie wollen versuchen, neben dem Teutonia-Männerchor und Vater Samtmann mitzumarschieren.

Leider jagt ein Regenschauer den nächsten. Die Bürgersteige wimmeln von Menschen, die nach nasser Wolle riechen und sich gegenseitig mit ihren Regenschirmen piksen.

Gustav erfährt leidvoll, was es heißt, den Gentleman zu geben: Lizzie, Margie und er haben nur zwei Regenschirme, und er schafft es im Gedränge nicht immer, es so einzurichten, dass er sich einen mit Lizzie teilt. Das heißt, dass er schon um zehn Uhr abends durchnässt ist. Wäre er mit seinen Kumpeln unterwegs, hätte er inzwischen wenigstens etwas Bier im Bauch.

Das Wetter ist so grauslich, dass Frau Samtmann zu Hause geblieben ist. Ihr Gatte hält selbstverständlich fest an seinen Aufmarschplänen, auch wenn die Feuchtigkeit die Gesundheit seiner Stimmbänder bedroht. Die Teutonia-Männer haben sich schon gegen neun am Union Square versammelt, um ihr Programm ein letztes Mal zu proben. Sie singen »Ruhe, Süßliebchen« von Heinrich Zöllner. Das ist nur ein Chorsatz aus ihrem reichen Repertoire, aber beim Wettbewerb der Gesangsvereine vor der City Hall ist angesichts von mehr als einem Dutzend Bewerbern jeweils nur ein Lied zugelassen.

Es sind fast zwei Meilen, die der Festzug zur City Hall zurücklegt. Ihren Plan, zum Union Square vorzudringen und die Umzügler zu begleiten, müssen die drei aufgeben – die Gehsteige sind zu überfüllt. Das Risiko, vor einen Festwagen gestoßen zu werden, ist groß. So bleiben sie an der Kreuzung von Broadway und Broome Street stehen und warten auf die Bayerische Blaskapelle. Genau dahinter, so hat Samtmann angekündigt, wird Teutonia marschieren.

Gerade nähert sich das Gespann, das für die Metropolitan Opera im Zug mitfährt. Der Anblick entlockt der Menge begeisterte Ausrufe: Im Schein der Wagenlaternen bewegen sich Fabeltiere, verkleidete Schauspieler, die sich bizarr verrenken, als wären sie Marionetten. Von anderen Umzugswagen werfen junge Mädchen in weißen Kleidern Konfetti. Dann rücken Kavalleristen hoch zu Ross heran, gefolgt von Grenadieren der US Army. Sogar eine Kanone wird polternd vorbeigezogen. Selbst auf Zehenspitzen können sie die Hälse nicht hoch genug recken, um alles mit anzuschauen.

»Die armen Pferde«, sagt Lizzie, »hast du gesehen, wie die mit den Augen rollen?«

Plötzlich erhebt sich Geschrei. »Hold! Pickpockets!« Augenblicklich erfasst Unruhe die Menge. Ein paar Jungen mit tief gezogenen Mützen drängeln durch die Passanten, wie ein grober Kamm durch widerborstige Haare fährt. Gustav sieht nur die Mützen. Im nächsten Augenblick wird Lizzie empfindlich gestoßen. Er kann sie gerade noch auffangen, während die Spitze ihres Regenschirmspitze gefährlich nah am Kinn einer blonden Frau vorbeischrammt.

Ein dicker Herr packt einen Jungen am Schlafittchen und zerrt ihn davon, der kleine Kerl schreit wie am Spieß. Der Mann hat einen hochroten Kopf, seine fetten Wangen wackeln, so erregt ist er.

»Ein Truthahn! Na, der wird's ihm zeigen!«, ruft Margie befriedigt aus. Lizzie und Gustav können nicht anders, sie müssen trotz des Regens lachen.

Noch bevor sie dazu kommen, ihre Taschen zu prüfen, sind sie schon wieder abgelenkt, Posaunen tröten, im Gleichschritt naht von links die Blaskapelle, angeführt von Trompetern. Kleine Rinnsale laufen die Posaunenkelche hinunter, im Licht der Laternen funkeln die Tropfen auf dem Metall. Die deutschen Vereine! Die Bayern tragen Lederhosen, dicke wollene Wadlstutzen und warme Lodenjoppen. Die Gamsbärte hängen ihnen traurig tropfend vom Hut.

Und da, groß wie ein Wandteppich, die Fahne der Teutonia! Die Mädchen rufen und winken. Lizzie hüpft in die Höhe. Gustav ist nicht ganz sicher, dass er Herrn Samtmann gesichtet hat, Margie schon. Dass der Chor so viele Köpfe zählt, hat er nicht erwartet! Mit gravitätischem Ernst, in Sechserreihen, marschieren da mehr als achtzig Männer in dunklen Anzügen, den Blick fest auf die schwarzgoldene Fahne gerichtet. Greater New York! Und dort, das ist doch Herr Paruske! Bleich sieht er aus, verfroren, und er trägt tatsächlich einen Zylinder.

Was hat Frau Samtmann gesagt? »Wenn sie sich bei dem Wetter bloß nicht den Tod holen.« Recht hat sie. Auf dem Rückweg drängeln sich die drei in eine überfüllte Streetcar Richtung Süden. Erst da bemerkt Lizzie, dass ihr der Beutel fehlt, den sie als Handtasche benutzt. Abgeschnitten hat man ihn, an ihrem Handgelenk baumelt nur noch das rote Band. Bis auf einen Nickel hatte sie kein Bargeld drin, aber der Verlust drückt auf die Stimmung: Das gute Stück war von Hand bestickt und ist ein Geschenk ihrer Mutter.

Wind und Regen haben sich gegen das Spektakel verbündet. Die Grünflächen vor der City Hall sind so aufgeweicht, dass sie sich unter den Füßen der Massen in Matsch verwandeln – längst nicht alle finden Platz auf dem gepflasterten Hof. Die Menschen ruinieren sich ihre Schuhe.

In Fetzen zerzaust wehen auch die Töne heran, als die Chöre um die Wette singen, von Zuhören kann keine Rede sein. Einzig die Festbeleuchtung strahlt: Fünfhundert Lichter glühen an der City Hall. Um Mitternacht entrollt sich auf Knopfdruck eine blau-weiße Fahne. Elektrisch!

»Das ist die Zukunft. Es kommt mir vor wie ein Wunder«, sagt Margie ehrfürchtig, und Gustav kann ihr nur zustimmen.

Pünktlich zum neuen Jahr – der Regen verwandelt sich derweil in nassen Schnee – mischt sich das dumpfe Heulen der Schiffssirenen mit dem Glockengeläut der Trinity Church. Kanonen donnern ihren Salut durch die Nacht.

»Wie geht das, wohin schießen sie?«, fragt Gustav erschrocken.

»Weg von uns. Sie feuern vom Post Office über den Fluss!«, beruhigt ihn Lizzie. »Da, endlich, das Feuerwerk!« Gustavs Brust weitet sich: Wie er die Nähe des Mädchens genießt!

Wie Sternschnuppen verglimmen Bänder aus Licht in feuchten Höhen, die Wolken saugen die Raketen förmlich auf. Dass dort ein ganzer Obstgarten in die Luft gemalt wird, erkennt er erst, als Lizzie aufhört, es ihm zu erklären. Wenn Max das doch auch sehen könnte! Schließlich stimmen die deutschen Chöre ein in ein gefühlvolles Lied: »Auld Lang Syne«.

Viele der Umstehenden singen aus voller Kehle mit, auch Margie und Lizzie fallen ein. Lizzie schiebt ihre Hand unter Gustavs Arm, ihre dunklen Augen strahlen, und die Haut an ihren Schläfen schimmert feucht. Gustav stört der Regen nicht mehr. Er beschließt, nicht von ihrer Seite zu weichen, egal wie sehr die Leute auch drängeln. Auf dem Weg zur Hochbahn summt er weiter die Melodie, und seine Hand berührt Lisbeths am Regenschirm. Kann so ein Fußweg zu weit sein?

Die Stationszugänge der El an der City Hall sind schwarz von Menschen; wie ein Bienenvolk beim Wabenbau drängeln sie sich auf den Treppen, die hinauf auf den Bahnsteig führen. Gustav schlägt vor, bis zum Chatham Square zu laufen. Auch dort wird es schwierig, in die Station zu gelangen, ohne sich im Gedrängel zu verlieren oder schlimmer noch: niedergetrampelt zu werden. Ganz New York hat es eilig heimzukommen, und es ist ein Wunder, dass es zu keiner Panik kommt. Gustav und Lisbeth indes sind rundum sorglos, so sehr erfüllt sind sie von ihren Gefühlen.

12. KAPITEL

Das neue Jahr hat überhaupt nicht vor, irgendjemanden in Behaglichkeit zu hüllen. Es ist rau und kalt, und es wälzt Gustavs Leben noch einmal um. Zweimal ist er jetzt morgens aufgewacht mit dieser überbordenden Freude auf den neuen Tag und darauf, Lizzie sehen und mit ihr sprechen zu können.

Aber an diesem dritten Tag ist es da, das Telegramm aus der Heimat.

Stolp, 1. Januar 1898

Richard schwer krank. Tuberkulose. Bin verzweifelt. Bitte heimkommen. Mutter.

»Bitte« hat die Mutter hineinschreiben lassen, obwohl doch jedes Wort kostet. Das ist das Erste, was Gustav gedacht hat – dann hat er ihre Hände vor sich gesehen und wie sie auf das Postamt in Stolp gegangen ist, nach Neujahr, um das Telegramm aufzugeben.

Eine kleine abgearbeitete Frau im schlechten Mantel. Müde und dünn.

Es ist acht Stunden her, dass er die Nachricht erhalten hat. Wie eine kalte Klatsche hat sie ihn aus dem Schlummer gerissen. Den fragenden Blicken von Frau Samtmann ist er ausgewichen, mit

Lizzie reden, das konnte er schon gar nicht. Nur etwas Mechanisches tun: Er ist in seine Kammer gegangen und hat die Sparbüchse in seiner Kommode geleert. Dann ist er – zunächst ziellos – durch die Straßen gewandert, die Botschaft in seiner Jackentasche wog schwer wie ein Ziegelstein.

Neben dem Telegramm steckt jetzt eine Fahrkarte für die nächste Passage auf der *Pennsylvania* nach Hamburg. Er hat sie im HAPAG-Büro am Broadway erworben, für einen Platz im Zwischendeck. Der Dampfer legt in fünf Tagen ab.[15]

Irgendwie ist er dann den Broadway und die Bowery hinaufgelaufen, alles Äußere ausblendend, ohne zu hören und zu sehen. Weder die eigenen Bewegungen hat er gespürt noch die feuchte Kälte, als er schließlich nach Osten abbog. Nur das Bedürfnis, Max zu sehen, hat er empfunden.

An der Ecke Delancey und Suffolk Street betritt Gustav den Faffner. Seine Seele ist verdüstert, es braucht einige Sekunden, bevor er bemerkt:

Etwas ist anders. Dunkle Wut füllt den Raum. Er kann sie fühlen.

Vor der Theke stehen drei irische Cops, um sie herum, im Abstand von zwei Metern, haben die Gäste einen Halbkreis gebildet. Zwei weitere Polizisten haben zu beiden Seiten des Eingangs Posten bezogen. Niemand von ihnen sagt einen Ton. Hinter der Theke steht Hasselmann, er hat die Hände aufgestützt wie ein Raubtier, das zum Sprung ansetzt. Sein Gesicht ist dunkel, und die Augen blitzen. Jetzt spricht einer der Uniformierten zu Hasselmann. Gustav hört nur einen Teil.

» … no idea at all … You don't? So if you don't, you have to follow us …«

»… names?«

»… you will be questioned at the station …«

Was sie reden, versteht er nicht. Nur, dass es hier gleich zu einem Kampf kommt. Die Männer im Saal knurren wie wütende Hunde. Einer wird laut:

»Werfen wir sie doch raus …!«

»Stay in the line!«

Ein anderer beginnt zu rempeln. Da brüllt Hasselmann wie ein Tier: »Hört auf! Keiner rührt sie an!«

Die Männer murren, lockern aber den Ring, den sie gebildet haben. Jetzt erst sieht Gustav Max. Trotzig steht er da mit verschränkten Armen, schräg hinter Hasselmann.

Aber der Alte ist es, der magnetisch alle Blicke anzieht. Gebannt schaut auch Gustav wieder auf Hasselmann. Der Mann strahlt ein Licht aus – er leuchtet förmlich auf eine dunkle, ganz merkwürdige Weise! Mit einer Geste bringt er alle zum Schweigen.

Wie hat Max gesagt? »Wilhelm hat mal die Energie einer Dampflok besessen!«

Das kann sich Gustav jetzt gut vorstellen. »Wäre nicht das Massaker auf dem Haymarket gewesen, dann gäbe er jetzt eine Zeitung für ganz Amerika raus.«

Der Mann, der vor ihnen steht, sieht aus, als würde er im nächsten Augenblick Flammen spucken, sodass alles um ihn herum in gewaltigem Lodern untergeht. Faffner, auf einmal versteht Gustav, warum die Kneipe so heißt. Der Feuer speiende Drache! Leon hatte das damals erklärt. Kein Gast hat hier je nach dem Namen gefragt. Wer im Schlachthof, auf dem Bau oder in einer Manufaktur schuftet, besitzt selten Kenntnis der Mythologie. Kampfgeist aber, den haben diese Kerle. Sie sind bereit, sich für ihren Wirt zu schlagen. Hasselmann befiehlt ihnen mit donnernder Stimme: »Ruhe! Keine Bewegung!«

Und an die Iren gewandt: »You may ask whatever you wish. Take a seat, please.«

Widerstrebend ziehen sich die Männer zurück, der Ring um die Polizisten löst sich auf.

»Nobody leaves the hall!«, bellt einer von ihnen.

Hasselmann kommt mit finsterem Blick hinter der Theke hervor – auf sein Zeichen folgt ihm Max – und führt die drei Polizisten nach hinten an einen der Tische. Auf dem Weg müssen alle direkt an Gustav vorbei, der noch immer an der Tür steht, die Cops halten die Knüppel gezückt. Der Wirt glüht am ganzen Körper. Max ist totenblass. Sein kaum merkliches Kopfschütteln sagt Gustav, dass er den Mund halten soll. Was immer geschehen ist, es muss mit ihm zu tun haben.

Zwischen den Gästen sieht Gustav Jacob stehen. Er geht zu ihm und fasst ihn am Ärmel: »Was ist los?«

»Die Cops verdächtigen uns, was mit ’nem Überfall in der Avenue A zu tun zu haben. Da ham sie Meatpacker Harry vorgestern Nacht erleichtert.«

»Meatpacker Harry?«

»Harry Monroe. Einer der Bosse von Sulzberger.«

Sulzbergers Schlachterei, in der Jacob und Edgar so wie viele von Hasselmanns Stammgästen arbeiten, liegt mehrere Blocks weiter nördlich nahe dem East River. Im Sommer, wenn der Wind ungünstig steht, wabert Blutgeruch in die angrenzenden Viertel. Zu jeder Jahreszeit erinnern die Schreie der Schlachttiere die Anwohner in der Frühe an den grausigen Alltag. Die Entlohnung im Slaughterhouse ist miserabel, die Arbeitsbedingungen sind fürchterlich. Die Geschichte von dem Iren, der in den Kessel stürzte, ist nur eine von vielen, die im Faffner die Runde machen. Zwischen den Zähnen hervorgestoßen, mit wenigen Worten und ohnmächtiger Wut erzählt.

»Aber was schert es uns?«

Jacob zischt: »Der is hier reingetorkelt, an New Year’s Eve. Zu besoffen, um zu merken, dass er im Faffner in Feindesland ist, und besoffen genug, um mit seiner Uhr zu prahlen.« Und nach einer Pause: »An seinen fetten Fingern steckten lauter Goldringe.« Es klingt hasserfüllt. »Komm mit!«

Die beiden schieben sich, soweit es die Cops erlauben, in die Nähe des Tisches, an den sich Hasselmann, Max und einer der Polizisten gesetzt haben. Offenbar ist das der Ranghöchste, er hat seinen schwarzen Helm abgesetzt.

»Ein Junge mit sehr *blauen Augen*?« Die letzten beiden Worte betont der Wirt übertrieben. »Natürlich kann ich nicht ausschließen, dass gestern ein Mann mit *blauen Augen* unter meinen Gästen war. Genauso wenig, wie ich ausschließen kann, dass unter meinen Gästen *Männer* sind!«

Hasselmanns Worte triefen vor Sarkasmus. Er spricht so laut, als hielte er eine Rede. Alle im Saal können es hören.

»Wenn einer blau war, dann doch wohl der Kerl selber!«, ruft einer der Stammgäste.

Die anderen lachen.

»Sternhagelvoll war der!«

Gustav kann nicht hören, was der Beamte sagt. Nur den Wirt versteht er gut.

In Richtung Max sagt er: »Der? Der arbeitet hier. Aber gestern hatte er frei. Er wollte unbedingt zur City Hall. Wem immer der Herr, von dem Sie sprechen, in meiner Bar begegnet sein will: Dieser junge Mann war nicht da.«

Gebieterisch wie ein Feldherr sieht er die rundum stehenden Männer an:

»Oder hat ihn gestern einer von euch hier gesehen?«

Max senkt den Kopf und atmet aus wie ein junger Stier. Im Saal rumort es.

»Nein!«, ruft einer entschieden.

Dann ist wieder der andere Großsprecher zu vernehmen: »Der gestern, der konnte doch'n Kerl nicht mehr vom Karnickel unterscheiden!«

Wieder bricht alles in Gelächter aus.

Mit einem Ruck erhebt sich der Officer, setzt seinen Helm wieder auf und befiehlt:

»Sie begleiten uns beide auf die Wache, um Ihre Aussagen zu Protokoll zu geben.« Und mit einer Kopfbewegung in Richtung des Gasts, der sich lauthals eingeschaltet hat, fügt er hinzu: »Sie auch, da Sie alles so genau beobachtet haben.«

Hasselmann schreitet erhobenen Hauptes zur Tür. Obwohl er nicht groß ist, weichen vor ihm nicht nur die Gäste zur Seite, sondern unwillkürlich auch die Uniformierten. Max folgt ihm mit funkelnden Augen im blassen Gesicht, dicht dahinter geht der Dritte, die Hände in den Hosentaschen vergraben.

Noch bevor sich die Tür hinter ihnen schließt, ist Gustav am Tresen, schnappt sich einen Zettel, kramt nach einem Bleistift und schreibt: »Max, ich muss fort. Ich fahre am Donnerstag auf der *Pennsylvania* in die Heimat. Bitte komm zu mir!« Dann zögert er. Er kommt sich hilflos und ein bisschen lächerlich vor. Ist er nicht gerade Zeuge geworden, wie Max verhaftet wurde? Wohin mit dem Zettel? Er wagt nicht, auf die andere Seite der Theke zu gehen – noch stehen zwei Cops am Ausgang und beobachten alles mit Argusaugen.

Schließlich beugt er sich vor und steckt den Zettel verstohlen zwischen die Gläser.

Niedergeschlagen läuft er nach Hause. Was hat Max getan? Er war am Silvesterabend nicht im Faffner, behauptet Hasselmann … Warum macht er das? … Um ihn zu decken? Es ist so verwirrend.

Am Hauseingang trifft er mit Margie zusammen, die vom Einkaufen kommt. Sie drückt ihm ein prall gefülltes Einkaufsnetz in die Hand.

»Du siehst aus wie 'ne eingelegte Gurke, Gustav. Ich hab gehört, du hast ein Telegramm gekriegt?« Für ihre Verhältnisse ist das sehr einfühlsam gefragt.

»Ja. Das auch. Aber es ist was mit Max. Sie haben ihn mit aufs Revier genommen. Sie verdächtigen ihn, am New Year's Eve was angestellt zu haben.«

»Was Schlimmes?«

Sie steigen nebeneinander die dunkle Stiege hoch. Es ist so eng, dass sich ihre Schultern berühren.

»Ja. Einer der Bosse der Schlachterei wurde überfallen und ausgeraubt. Nach Mitternacht.«

Abrupt bleibt Margie auf dem Treppenabsatz stehen.

Sie sieht ihn unverwandt an.

»Der, bei dem Matthew's Bruder gearbeitet hat?«

»Weiß nicht. Der Mann war vorher im Faffner und wirft wohl Max was vor.«

»Was weißt du noch?«

»Der Kerl war besoffen! Und Hasselmann, der Wirt, behauptet, Max wäre die ganze Nacht überhaupt nicht im Faffner gewesen! Trotzdem mussten beide mit auf die Wache.«

In Margies Gesicht arbeitet es, die grauen Augen blitzen. Dann sagt sie entschlossen:

»Recht hat er! Der Mann hat Schneid. Denn Max war ja mit uns unterwegs, bis halb drei in der Früh!«

»Wie bitte?«

»Lauf nach oben und hol Lisbeth runter. Sie soll ihren Mantel anziehen. Schnell!« Sie holt tief Luft. »Und nimm das mit.«

Mit ausgestrecktem Arm reicht sie ihm eine weitere Tragetasche: Darin stapeln sich kleine schwarze Kartons. Die neue Verpackung für Samtmann's Pflegeprodukte.

Diese Mädel sind mir überlegen, denkt Gustav, während er die Treppe hinauf in den dritten Stock stürmt. Aber ich sehe nicht aus wie eine Gurke.

~

Die Police Station in der Houston Street noch einmal von innen zu sehen ist so ungefähr das Letzte, was Gustav sich im Leben erhofft hat.

Die Wache kommt ihm kleiner vor als damals. Bald zwei Jahre ist es her, dass er die Nacht mit Max in der Sammelzelle verbracht hat. Irgendwo im hinteren Teil des Gebäudes lag sie, wie eine Gruft. Erinnerungen an die Wartehalle, die die Mädchen und er jetzt betreten, hat er so gut wie keine. Es ist ein quadratischer Raum, erleuchtet von Gaslampen an der Decke, einige hängen tiefer über einer fast brusthohen Barriere aus Holz. Dahinter sitzen Uniformierte an Schreibtischen. Eine Schreibmaschine klappert.

Margie zieht herein wie ein Komet, der unweigerlich alle Blicke auf sich zieht. Die Gestalten, die mit gesenkten Köpfen ringsum auf den Bänken hocken, aber auch die beiden Gendarmen, die einen kleinen Mann vorbeiführen, verdrehen die Köpfe nach ihr. Ihr Auftritt im Revier hat eine ähnliche Strahlkraft, schießt es Gustav durch den Kopf, wie der von Hasselmann im Faffner.

»Good evening.« Lächelnd legt sie eine weiße Hand auf den brusthohen Tresen, hinter dem fünf Polizisten wie verschanzt an ihren Tischen sitzen. Das Klappern der Schreibmaschine verstummt.

»Wir sind hier, um eine Aussage zu machen. Ein Vorfall am New Year's Eve.« Margies Stimme klingt bestimmt, aber auch so beiläufig, als wolle sie ein Bahnticket kaufen. Auf dem Weg hierher haben die drei besprochen, wie sie ihr Anliegen vortragen sollen. Bloß nichts von irgendeinem Vorwurf erwähnen! Nur sagen, dass sie erfahren hätten, dass ihr Freund hier auf der Wache sei! Das hat Margie ihnen eingeschärft.

Ein Officer schiebt seinen Stuhl zurück, steht auf – nicht ungern, wie Gustav bemerkt – und kommt auf sie zu.

»Ist Mr. Brausewetter hier?«, fragt Margie. »Wir suchen ihn. Ich glaube, es gibt ein Missverständnis.« Sie lächelt. Neben ihr an der Brüstung lehnt Lizzie, schmal und zart, mit großen, dunklen Augen. Während ihre Schwester spricht, wandert ihr Blick aufmerksam durch den Raum.

Plötzlich greift sie nach Gustavs Hand und deutet mit einer kaum merklichen Kopfbewegung zu einem Punkt schräg hinter Gustav.

»Ist das nicht der Wirt?«, raunt sie ihm zu.

Gustav wendet sich um. Tatsächlich, da sitzt Wilhelm Hasselmann in einem abzweigenden Korridor. Mit den Armen auf die Knie gestützt, starrt er vor sich hin. Das ist der Gang zu den vergitterten Zellen!

»Sprich doch mit ihm!«

Gustav vergewissert sich, dass niemand auf ihn achtet. Sein Puls schlägt schneller, als er auf leisen Sohlen zu ihm hinübergeht.

»Herr Hasselmann«, sagt er leise und legt so viel Nachdruck wie möglich in seine Stimme. »Wir drei«, er zeigt zu den Mädchen, »waren in der Silvesternacht mit Max unterwegs!«

Der blickt auf. Eine dunkle Wolke jagt über sein bärbeißiges Gesicht – dann geht darin die Sonne auf.

»Ja, und zwar bis zwei Uhr früh.« Er nickt. »Unbedingt bis zwei Uhr früh!«

»*Stop ganging up!*« Eine Stimme so scharf wie ein Rasiermesser unterbricht ihr Flüstern. »*Stay in the line! No talking!*«

Gustav dienert sich zurück in die kleine Halle. Argwöhnisch mustern ihn zwei der Beamten.

Dann sitzen sie auf einer Bank und warten. Nach schier endloser Zeit führt sie der Polizist vom Empfang in einen kahlen Raum. Dort sitzt ein anderer an einem Tisch und liest, ohne aufzusehen, in irgendwelchen Papieren. Sein Haar ist fettig und seitlich gescheitelt.

Es wird dann nicht einfach.

»Take a seat«, sagt der Mann schließlich. Er sieht sie lange an. Nach einer Pause erklärt er:

»There will be a written report.«

Ein Protokoll, ja. Sie nicken.

Er seufzt gelangweilt und fährt fort: »Personal information, please.«

Gustavs Hände schwitzen, wenigstens werden sie nicht getrennt! Lisbeths Nasenspitze ist ganz weiß, allein Margie ist keinerlei Nervosität anzumerken. Während der Mann schreibt, betritt ein zweiter im blauen Rock den Raum, er ist älter und wird vom anderen als Detective vorgestellt. Ob er ranghöher ist, das kann Gustav nicht erkennen, in jedem Fall spricht er deutsch.

Zuerst befragen die beiden Margie.

Sie erzählt vom New Year's Eve, schildert sogar den Taschendiebstahl. Teil ihrer Erzählung ist Max, der angeblich immer dabei war. »Der junge Mann hat nichts von Ihnen erwähnt«, sagt der Detective. »Wie erklären Sie sich das?«

»Oh, wirklich?«, es klingt, als dächte sie ernsthaft über diese Seltsamkeit nach. »Vielleicht schämt er sich, hier zu sein.« Lächelnd fährt sie fort: »Aber er hat Ihnen doch sicherlich gesagt, dass er die Parade angeschaut hat?« Wobei sie von einem zum anderen blickt. Doch ihr Charme verfängt nicht.

»Die Fragen hier stellen wir. Welcher Art ist Ihre Beziehung zu ihm?«

Es entsteht eine winzige Pause – Lizzie und Gustav stellen die Ohren auf –, dann sagt Margie leichthin: »Wir gehen schon eine Weile zusammen aus. Verlobt sind wir noch nicht, wenn Sie das meinen.« Gustav schluckt, und während er noch über ihre Antwort nachsinnt, wendet sich der Ermittler abrupt ihm zu:

»Woher kennen Sie den Beschuldigten?«

Es ist das erste Mal, dass jemand Max einen Beschuldigten nennt. Gustav sinkt das Herz in die Hose. Er antwortet, ohne zu zögern. Aufrichtig. Und vollständig. Im nächsten Moment weiß er, dass das ungeschickt war, denn es würde ja völlig reichen zu sagen, dass er Untermieter bei den Samtmanns ist und die vier zusammen ausgehen. Aber er erzählt von der gemeinsamen Einreise – er sieht, wie Margie eine Augenbraue hebt, leicht, ganz leicht nur –, und schon eröffnen die beiden Ermittler ein Trommelfeuer an Fragen:

»Wie oft sehen Sie sich?«

»Verkehren Sie auch im Faffner?«

»Wann waren Sie das letzte Mal dort?«

»Wissen Sie, wo Mister Brausewetter wohnt?«

»Waren Sie schon dort?«

Verflixt! So wenig erzählen wie möglich hatten sie verabredet. Gustav schwitzt. Er antwortet, so gut er kann.

Dann entsteht eine lange Pause. Der ältere der Polizisten räuspert sich, lehnt sich zurück und lässt die Fingerspitzen vor der Brust aufeinander tippen, eine Geste, die Gustav an Anton Paruske erinnert. Der Gendarm, der mitgeschrieben hat, blättert derweil in seinen Unterlagen, wechselt mit seinem Kollegen einen Blick, schaut dann von Gustav zu Margie und zurück, um schließlich Gustav Bescheid zu geben:

»Hier sind Sie falsch. Der Beschuldigte wird zum Jefferson Market Court überführt und dort vernommen.«

Unvermindert barsch fügt er hinzu: »Sie können versuchen, dort Ihre Aussage zu machen.«

Offenbar liest er in Gustavs Gesicht, dass der ihn nicht verstanden hat, denn er schiebt nun Margie einen Zettel zu. Darauf kritzelt er einen Namen: Inspector F. Walker, 2nd floor, 114.

»Vielen Dank.« Margie nimmt das Papier irritiert entgegen. »Können wir jetzt gleich dort hingehen? Ist dieser Herr Inspektor jetzt noch da?«

Der Polizist steht achselzuckend auf: »Long working hours everywhere.«

Der Detective hat sich ebenfalls erhoben, mit sichtlicher Ungeduld öffnet er die Tür und weist den dreien den Weg nach draußen.

In der Wartehalle laufen sie fast in Wilhelm Hasselmann. Kerzengerade steht er da und würdigt sie keines Blickes.

»May I have a word, gentlemen?«, fragt er die beiden Ermittler lächelnd. Er ist die Höflichkeit in Person.

Während sich die Tür hinter den Uniformierten und dem Wirt wieder schließt, stehen Gustav und die Mädchen ratlos in der Halle. Etwas ist am Ende falsch gelaufen. Was war es bloß?

Gustav fühlt sich ganz elend.

»Ach was, du warst fabelhaft«, tröstet ihn Lizzie, als sie wieder auf der Straße sind. Aber es klingt verzagt. Der Januarwind pfeift kalt um die Ecken, es ist unmöglich, im abendlichen Straßengedränge zu dritt auf dem Fußsteig zu stehen und zu reden. Der Not gehorchend bleiben sie im Eingang des Polizeireviers stehen.

»Jefferson Market Court! Das ist weit. Fahren wir da jetzt hin?«, fragt Gustav.

Den Jefferson Market Court an der Sixth Avenue kennt Gustav von seinen Spaziergängen, das Gebäude ist nicht zu übersehen, es wirkt wie ein Schloss. Was im Haus mit dem Turm geschieht, hat ihn bislang nicht beschäftigt. Nachdenklich fährt er fort: »Ist es nicht sonderbar, dass sie uns nicht gleich da hingeschickt haben?«

»Was bedeutet das? Was geschieht da?«, fragt auch Lizzie.

»Soviel ich weiß, werden die Verbrecher da einem Richter vorgeführt, mit einem Urteil ist schnell zu rechnen.« Margie kaut nachdenklich auf ihrer Unterlippe. »Es kann Haft, es kann Zwangsarbeit bedeuten.«

»Aber es muss doch eine Verhandlung geben?!« Gustav ist erschrocken. »Und braucht er nicht einen Anwalt?«

Er kennt sich mit Gerichtsverfahren nicht aus, aber so viel weiß er, dass es einen Verteidiger geben muss. »Kommt, lasst uns gleich hinfahren!« Vor seinem inneren Auge sieht er, wie Max in einen Kerker geworfen wird, direkt unter dem mächtigen Uhrenturm, da, wo Sixth Avenue und 10th Street aneinanderstoßen.

»Nein, fahrt nicht!«, sagt plötzlich eine sonore Stimme hinter ihnen. Es ist Wilhelm Hasselmann, im schwarzen Wintermantel und den Hut tief in die Stirn gezogen. Er lüftet ihn in Richtung der jungen Frauen und fährt mit einem Blick über die Schulter fort: »Lasst uns lieber ein Stück gehen.«

Das ist leichter gesagt als getan, halb New York scheint an diesem Abend unterwegs zu sein. Als ein Taxi Cab sich dem Gehsteig nähert, ergreift Herr Hasselmann die Gelegenheit und winkt dem Kutscher zu. Der Wagen hält.

»Wohin darf ich Sie bringen?«, fragt er, als sie Platz genommen haben. Zur 3rd Street ist es nicht mehr weit, aber so viel Zeit nimmt die Strecke doch, dass Hasselmann berichten kann: »Die Chancen stehen gut, dass Max nicht vor Gericht kommt.«

»Warum?«, ruft Lizzie.

»Die Gendarmen haben eure Aussage. Ihr wart schnell, und das war gut.« Er macht eine Pause, bevor er fortfährt: »Und ich habe das noch unterstützt. Auf meine Weise.« Bei den letzten Worten nickt er und lächelt, wodurch sein dunkles, halb zugewachsenes Gesicht sich verwandelt, es sieht einen Moment lang geradezu gütig aus.

Lizzie ist die Jüngste, aber sie begreift augenblicklich und ruft überrascht: »Also deshalb, darauf haben sie gewartet! Darum ging es!«

Ihre Schwester legt die Stirn in Falten: »Ach so«, nickt sie dann. »Jetzt begreif ich! Sie wollten uns Gelegenheit geben, ihnen Geld zu geben.«

»Wie?« Bei Gustav ist der Groschen noch nicht gefallen.

»Gustav, Sie wollten ein Bestechungsgeld«, belehrt ihn Margie in einem Ton, als rede sie mit einem Kind.

Da hält die Kutsche schon in der 3rd Street vor ihrem Haus, und es ist Zeit, auszusteigen. Auch Gustav dämmern endlich die Zusammenhänge. Man kann also Einfluss nehmen. Wenn festgestanden hätte, dass Max vor den Jefferson Market Court kommt, hätten sich die Cops gar nicht mit ihnen beschäftigt.

Hasselmann tippt sich an den Hut: »Gute Nacht!«

Schon setzt die schwarze Kutsche den Weg durch die winterliche Straße fort. Nebelschwaden wabern in der Dunkelheit, in dem Dunst scheint das Licht in den Fenstern wärmer zu leuchten. Einladend wirkt das.

»Wir kommen doch noch rechtzeitig zum Abendessen!«, ruft Margie überschwänglich und läuft vor ihnen ins Haus. Auf der Treppe dreht sie sich beschwingt zu ihnen um. »Wir drei sind hochrespektable Leute!«, ruft sie und schwenkt ihre kleine Handtasche. »Max ist bestimmt bald draußen!«

Gustav ist da nicht so sicher. Vor allem möchte er nicht wissen, was Herr Samtmann sagen wird, wenn er von ihrer Unternehmung erfahren sollte. Die Antwort kennt er sowieso: gemeinsame Falschaussage. Alibi für einen möglichen Kriminellen. Aktenkundig. Samtmann muss doch denken, er habe seine Töchter zu einer Straftat angestiftet.

Lizzie legt ihre Hand auf seinen Arm. »Du hast dem Herrn Hasselmann Bescheid gesagt. Das war wichtig. Mehr konntest du nicht tun für Max«, sagt sie eindringlich. »Außerdem«, lächelnd schaut sie ihn von oben bis unten an, »dir traut sowieso niemand etwas Böses zu!«

Er bezweifelt, dass das ein Kompliment ist. Wenigstens hat er auf dem Revier kein Sterbenswort von seiner bevorstehenden Abreise gesagt … Ihm fällt das Telegramm ein. Er muss ja fort!

Dieser Tag stellt sein Leben auf den Kopf.

Gleich wird er oben sein und es den Samtmanns mitteilen müssen. Er greift nach Lizzies Händen. »Lisbeth, bleib bitte stehen. Ich muss dir was sagen. Sofort.«

Voll Erwartung schaut sie ihn an, ihr kleines Gesicht strahlt vor Glück, gerade haben sie ja gemeinsam ein Abenteuer bestanden.

»Mach keine bösen Witze, Gustav!«

Sie versteht nicht. Nicht gleich.

Und dann, dann fehlen die Worte.

»Ich …. Warte auf mich… bitte«, stammelt er. »Ich komm zurück«, will er sagen, aber es bleibt ihm im Halse stecken.

»Schhh!«, macht sie da und legt ihm den Finger auf die Lippen.

Irgendwann müssen sie doch ins Haus. Das Treppenhaus ist ein Tunnel und oben kein Licht.

~

Margies Prophezeiung erfüllt sich nicht. Max taucht nicht auf. Nicht am nächsten und auch nicht am übernächsten Tag. Weder bei Samtmanns zu Hause noch im Geschäft. Er bleibt verschwunden. Ein Déjà-vu.

Gustavs Tage in New York sind gezählt, und sie sind ausgefüllt. Ausgerechnet bei Bartek, dem Herrn der Stoffe, beginnt seine Shoppingtour. Den Hausierer hat er nie leiden können, aber dass sein

Schubkarren auch wahre Schätze birgt, das weiß er längst. Gustav kämpft den Anflug von Ekel herunter, den der Anblick der Trauerränder an seinen Nägeln bei ihm auslöst.

Nach hartem Gefeilsche ersteht er für die Mutter ein seidenes Tuch, gerollt an den Rändern: Auf cremefarbenem Grund windet sich eine einzige dunkellila Lilie mit zartgrünen Blättern. Für die Schwestern nimmt er zwei weiße Spitzenkragen. Auch für Lizzie hatte er schon einen ausgewählt, legt ihn aber nach kurzem Überlegen zurück. Ihr will er etwas anderes, etwas Besonderes schenken.

Bartek bemerkt sein Zögern: »Was ist mit Paföng, Jungchen? Ob Frolleins oder Ladies, sie lieben doch Paföng!?« Bartek legt den Kopf schief und sieht ihn erwartungsvoll von unten an: »Kann ich dir besorgen, Jungchen.«

Die Warze auf seiner Nase funkelt rot. Parfüm. Darüber hat Gustav auch schon nachgedacht … aber Wohldüfte und Bartek – was für ein Widerspruch!

»Nein danke, kommt nicht infrage.«

Parfüm, so ein Geschenk ist eine Nummer zu groß für ihn.

In der Damenabteilung von Ridley's kauft er schließlich ein Paar Handschuhe. Sie sind aus feiner dunkelroter Wolle, haben am Handgelenk einen schmalen, farblich passenden Lederbesatz und ein Loch in der Form eines Tropfens auf den Handrücken.

Bei Richard hat er lange gegrübelt. Er ist krank, was könnte ihm Freude machen? Nicht nur über Hans, auch über diesen Bruder weiß er wenig. Wenn er versucht, sich sein Gesicht vorzustellen, geistert ihm jedes Mal Freddie durch den Kopf, wie er die Tür aufreißt und ihm das strohige Haar vom Kopf steht … Ich habe mich für alle zu wenig interessiert. Bei wem geht Richard eigentlich in die Lehre? Was lernt er? Er hat versäumt, in seinen Briefen danach zu fragen.

Viel leichter fällt es ihm, etwas für Max zu besorgen. In der Rivington Street kauft er ihm einen Ledergürtel mit einer silbernen Schnalle, die wie ein Hochseedampfer geformt ist. Der Gürtel ist ihm schon vor Wochen ins Auge gestochen. Für Richard nimmt er einen zweiten mit, der – mit etwas Fantasie – das höchste Gebäude New Yorks zeigt: das Manhattan Life Insurance Building. Hundertsechs Meter misst es mitsamt seinem Turm. Er kauft auch eine Postkarte davon. Solch einen Berg von Haus kann sich doch in Stolp kein Mensch vorstellen! Beim deutschen Konditor in der Houston Street holt er schließlich einen Kuchen mit rosa Zuckerguss, sein Abschiedsgruß an die Samtmanns. Das Schaufenster, in dem auf weißem Rüschenpapier Torten in die Höhe wachsen, hat er oft zusammen mit Lisbeth bewundert.

Der letzte Abend kommt und mit ihm das gemeinsame Abendessen. Es verläuft wortkarg. Die Mädchen und ihr Vater sind still; Lizzie sieht blass aus. Mit allerhand praktischen Fragen nach Gustavs Reise bestreitet Frau Luise die Unterhaltung nahezu allein.

»Wie lange dauert die Fahrt, Gustav?«

»Zwölf Tage.« Er erläutert umständlich, dass man für die Überfahrt nach Europa auf der *Pennsylvania* länger braucht als für die in Richtung Amerika, »weil das Schiff in England und Frankreich noch Ladung löschen wird«.

Zum Nachtisch verteilt Frau Samtmann den Kuchen, den Gustav bereits vor dem Essen überreicht hat. Wie jeden Abend greift der Hausherr dann nach der *Staats-Zeitung* und beginnt zu lesen. Die Kuchenkrümel neben seinem Teller hat er mit den Fingern sorgfältig zu einem kleinen Häufchen gestrichen. Wenig später hebt er – als Zeichen an seine Frau – die leere Kaffeetasse.

»Hört euch das an!«, sagt er.

Dreister Überfall in der Avenue A

In der Nacht zum ersten Januar wurde Mr. Harold M., Agent eines international tätigen Schlachthauses, ausgeraubt. Banditen überfielen ihn gegen zwei Uhr morgens in der Avenue A, Ecke 11th Street. Sie schlugen ihn bewusstlos und raubten seine Uhr, seine Schlüssel sowie seine Brieftasche mit mehreren Hundert Dollar. Wie die Polizei mitteilte, gingen die Täter besonders dreist vor. Mit den Schlüsseln öffneten sie kurz darauf seine Wohnung in der 14th Street, wo sie weiteres Bargeld, Schmuck und Silber stahlen. Dort schliefen zum Zeitpunkt des Einbruchs die Hausfrau und zwei Angestellte. Die polizeilichen Ermittlungen führen in das Lokal Faffner, das Mr. M. zuletzt besuchte und das bekannt dafür ist, dass hier Sozialisten und Anarchisten verkehren …

»Faffner – ist das nicht die Bar, in der Max arbeitet?«, unterbricht Margie ihn. Woher sie die Nerven nimmt, so leichthin zu sprechen, ist Gustav ein Rätsel. Sie spielt mit dem Feuer. Der Vater liest weiter, seine Stimme klingt grimmig.

»*… Das Opfer wird im Metropolitan Hospital behandelt. Die Zunahme der Straßenkriminalität ist auch Thema bei der ersten Sitzung des New York Councils …*«

Gustav ist aufgestanden und nun angelegentlich dabei, Lizzie beim Abräumen des Tisches zu helfen.

»Gustav?«, fragt Herr Samtmann.

Alle Augenpaare der Familie richten sich auf ihren Untermieter. Der räuspert sich.

»Ja, das ist das Lokal von Herrn Hasselmann«, Gustav vermeidet es, seinen Chef anzuschauen, »Max arbeitet da.«

»Ich wusste gar nicht, dass es da so viele Staatsfeinde gibt!« Frau Samtmann ist richtig erschrocken. Sie hält die Kanne in der Hand, aber vergisst Kaffee nachzuschenken. Gustav beginnt, den Küchenfußboden zu fegen. Schweigend nimmt Lizzie ihm den Besen aus der Hand.

»Lass mal. Du hast noch so viel zu tun, Gustav«, sagt sie sanft.

Gustav packt. Er besitzt drei Hemden, zwei Hosen und einen Anzug. Unterwäsche zum Wechseln, einen Mantel, Hut und Mütze. Eine Krawatte und zwei Bücher: den Sprachführer und seine Bibel.

Außer dem Messer von Max – Gustav steckt es in die Hosentasche – hat er noch sein Handwerkszeug: Scheren, Kamm und Rasiermesser stecken in einer Ledertasche, jedes Teil hat ein eigenes Fach. Die Tasche nebst Inhalt ist bis auf zwanzig Cent an seinen Chef abbezahlt, was diesen nicht hindert, grandios zu erklären, Gustav dürfe sie behalten.

Bevor er zu Bett geht, leert er die Spardose.

Nach dem Kauf der Rückfahrkarte und der Geschenke bleiben ihm neun Dollar. Er ist kein reicher Mann geworden in Amerika. Was für Träume hatten ihn begleitet, als er herkam! Wie lange ist das her? Zwanzig Monate, vielleicht einundzwanzig. Eine Ewigkeit. Er steckt die neun Dollar zu seinen Papieren in die Innentasche seines Mantels.

Morgen schon wird er nicht mehr hier übernachten, sondern auf der *Pennsylvania*, dem größten Schiff der Welt.

Max hat sich für diese Ozeanriesen und ihre Rekorde immer interessiert. Gustav sieht Max' blaue Augen strahlen, wenn er von den Triumphen der deutschen Reedereien im Wettlauf mit der White Star Line schwärmte. Schiffe konnten ihn so begeistern, dass er das Ausbeutungsthema mal beiseiteließ. Daran, dass die HAPAG und der Norddeutsche Lloyd Kapitalisten gehören, hat Max sich jedenfalls nie gestört.

Voller Sorge um den Freund ist Gustav noch dreimal im Faffner gewesen. Beim letzten Besuch stand Hasselmann wieder hinter dem Tresen. Sein Herz machte einen Hüpfer. Also war vielleicht auch Max wieder da! Sobald der Wirt seiner ansichtig wurde, schüttelte er aber den Kopf und stieß zwischen den Zähnen hervor: »Er weiß Bescheid, dass du wegmusst. Aber hier wirst du ihn nicht treffen.«

Was für ein grässlicher Knurrhahn, dieser Mann. Als wären ihre Begegnung im Knast und die gemeinsame Kutschfahrt nie gewesen. Mit hängendem Kopf zog Gustav ab.

Er kann nicht einschlafen in dieser letzten Nacht. Ob Lizzie schlafen kann? Er lauscht intensiv. Ihr Bett steht nur ein paar Meter weiter am anderen Ende der Wohnung – und morgen wird der Ozean zwischen ihnen liegen. Etwas Neues, Großes fing gerade an, nun wird das Band zerrissen. Ein schwarzes Loch tut sich auf.

Der Abschied von den Samtmanns fällt knapp aus. Der frühe Morgen eignet sich nicht für viel Sentiment. Herr Samtmann, schon im Mantel, lässt seine Rechte einen Moment schwer auf Gustavs Schulter ruhen, zwirbelt mit der anderen seinen Schnurrbart und murmelt Unverständliches. Dann wendet er sich mit einem Ruck ab und stapft die Treppe hinunter, seinem Alltag entgegen: Montags rasiert er die Hausierer.

Gustav lauscht auf seine Schritte, bis das Treppenhaus sie verschluckt. Er hat sich nicht vorstellen können, dass es ihm so schwer ums Herz werden würde. Als erste Reaktion auf die Nachricht von Gustavs Abreise hatte Samtmann reichlich geschimpft: »So bald? Wie soll ich Ersatz finden?« Er ahnt, dass der Mann hinter dem Gepolter seine Betrübnis verborgen hat. Eine Stunde nach ihrem Vater geht Margie aus dem Haus. Auch sie hat es eilig, sie drückt ihm einen Kuss auf die Wange:

»Mach es gut, Gustav, und vergiss Samtmann's Sortiment nicht!« Und weg ist sie.

Nach dem Abendessen hatte sie Gustav mit einem Augenzwinkern einen schwarzen Karton mit fünf Flakons überreicht. »Halte sie in Ehren, Gustav. Du hast gut mitgemischt!«

Als er schließlich mit Sack und Pack in der Küche steht, den Hut in der Hand, bricht ausgerechnet Frau Luise in Tränen aus. Sie, die Gewitterhexe, die mit ihm oft genug über Kreuz war! Ein wenig hölzern nimmt sie ihn in den Arm. »Auf Wiedersehen, mein lieber Junge. Grüße bitte deine Mutter.«

Dann schnäuzt sie sich in ihr Taschentuch.

Lisbeth lässt es sich nicht nehmen, Gustav an die Battery zu begleiten. Das Wetter ist grauslich. Ihr Schirm bietet an diesem windigen Januartag unmöglich beiden Schutz. Der Regen, vom Wind gepeitscht, hat nichts Besseres zu tun, als sich in Schnee zu verwandeln und dann wieder in Wasser. Wo er in Pfützen fällt, frisst das Schwarze die Flocken im Nu. Der Schmutz, die Nässe und das Gedränge an den Pforten der Schiffsanleger könnten nicht unangenehmer sein.

»Da vorn ist der Anleger B!« Wie immer orientiert sich Lizzie sehr schnell. »Lass mich ein Paket tragen.«

Ein so patentes Mädchen finde ich nie wieder, fühlt Gustav. Das Haar trägt sie aufgesteckt unter einer schwarzen Kappe, an der die Schneeflocken sekundenlang verharren, ehe sie schmelzen. Und auch kein so schönes. In ihrem eng anliegenden Wollmantel sieht sie nicht mehr aus wie ein Kind, sondern wie eine junge Frau. Ganz lieblich kräuselt sich das Haar an ihrer Stirn.

Als sie schließlich stehen bleiben und das Gepäck abstellen, streicht Gustav ihr diese Strähne zur Seite. »Du kriegst ja Locken. Das macht die Feuchtigkeit.«

Da wirft sich Lizzie ihm in die Arme. Sekunden oder Jahre vergehen und alles um sie herum auch.

»Ich würd so gern bei dir bleiben!«

Dann müssen sie sich doch voneinander lösen. Lizzie bückt sich und macht sich mit dem Gepäck zu schaffen. Gustav hebt den Blick und schaut hinauf zur verwaisten Uferpromenade. Dort hat er mit Max im Sommer gesessen.

Grün und hell war der Tag.

Heute ist es finster. An diesem Wintertag entkommt Manhattan nicht eine Stunde der Dämmerung und setzt ihr kein Licht entgegen – es ist, als wäre die Energie der City erloschen. Die Kulisse der Stadt erhebt sich drohend wie ein Gebirge bei Einbruch der Nacht. Warum gehen die Lichter nicht an? Warum sagt mir Max nicht Ade?

Dicht hinter Gustav dröhnt plötzlich das Horn der Barkasse. Die wartende Menge gerät in Bewegung.

»Nimm dies noch, Gustav!«, ruft Lizzie gegen den Lärm und

reicht ihm ein Tütchen. »Deine Ochsenherz-Tomaten! Das sind Samen davon. Steck sie schnell ein, damit sie nicht nass werden.«

Gustav muss sich räuspern. Er nimmt die Tüte und nestelt länger als nötig an seiner Manteltasche. Als er wieder aufschaut, folgen seine Augen unwillkürlich Lizzies ausgestrecktem Arm. Sie zeigt in Richtung Ufer: »Sieh doch, da steht Max!«

Am Geländer der Promenade lehnt er tatsächlich. Sein bester Freund. Er winkt. Das Herz von Gustav macht einen Sprung, als wollte es Fesseln sprengen.

»So viel Zeit hast du noch!«, sagt Lizzie. »Lauf zu ihm, ich passe auf deine Sachen auf!« Gustav kämpft sich durch die Menschentraube zurück an die Pier. Im nächsten Moment steht er drei Meter vor Max, aber unterhalb der Promenade.

»Fang auf, Bruder!«, ruft Max. Dann wirft er ihm etwas zu.

Reflexartig greift Gustavs rechte Hand in die Luft. Sie fängt. Perplex steht er auf dem Steg. Blickt auf den kleinen Lederbeutel in seiner Rechten, dann hoch zu Max. Und zurück auf die Hand.

»Was ist das?«

Max grinst.

Dann gleitet er unter dem Geländer hindurch, springt auf den Steg und ist mit einem Satz bei Gustav.

Er packt ihn bei den Schultern. »Amerika ist deiner Hand gut bekommen! Trotzdem haust du einfach ab?« Max' Körper spricht eine andere Sprache als seine munteren Worte. Er zittert.

»Mein kleiner Bruder«, fängt Gustav zu erklären an, »es steht schlimm um ihn. Ich kann meine Mutter nicht im Stich lassen. Einer ist ja schon tot …«

Max nickt. »Höhere Gewalt. Du musst fahren. Du wirst nicht wiederkommen …«

In den kornblumenblauen Augen stehen die letzten Worte noch als Frage. Die Hoffnung erlischt erst, als er die Antwort in Gustavs Gesicht liest. Der senkt den Blick. Dass es so wehtun kann, da, wo das Herz ist.

Da entfährt Max ein Schluchzen:

»Was soll ich bloß anfangen ohne dich? Du Sausack!«

Wieder dröhnt das Horn.

Eine Viertelstunde später, die Barkasse hat abgelegt, steht Gustav an der Reling und kann nur mit Mühe den Regenschirm ausmachen, unter dem Max und Lisbeth am Kai stehen. Während das Boot über den Fluss stampft, verwandeln sie sich in drei schwarze Punkte. Dann sind auch die verschwunden und mit ihnen die Uferanlage, geschluckt von der gewaltigen Kulisse der Stadt. Diese setzt jetzt mit Macht ihre Lichter der Dunkelheit entgegen. Weißer Schaum kräuselt sich auf dem schwarzen Wasser des Hudson River, so steif bläst der Wind. Die Möwen, die sonst die Boote kreischend begleiten, ziehen es vor, so schnell wie möglich an Land zurückzukehren. Die Menschen an Bord können nicht fliehen, sie kauern sich in der Kälte zusammen, als wollten sie schrumpfen.

Aber all das nimmt Gustav nicht wahr. Die Welt verschwimmt vor seinen Augen.

Erst in der Nacht, die *Pennsylvania* hat die Mündung des East River längst hinter sich gelassen und pflügt durch die offene See, wird er seine Manteltaschen ausleeren und ihren Inhalt auf seine Koje legen. Das Zwischendeck vibriert. Den Lärm der Maschinen hatte er ganz vergessen, er wird sich an das Dröhnen gewöhnen müssen. Zum Glück sind nicht alle Plätze belegt, so hat er ein wenig mehr Ruhe. Er öffnet die kleine Papiertüte von Lizzie, sie ist trocken geblieben. So klein sind also Ochsenherz-Samen. Es sind acht an der Zahl. Sorgfältig verschließt er die Tüte wieder und steckt sie in ein Seitenfach des Koffers. Dann öffnet er den Lederbeutel – er wiegt so viel wie eine schöne Tomate. Darin liegen eine Rolle Geldscheine und ein klein gefalteter Zettel. Langsam entfaltet er ihn. Er liest:

Lieber Gustav, *New York, den 6. Januar 1898*

Das einzig Gute daran, dass du wegmusst, ist, dass wir nicht darüber streiten können: Das hier ist dein Geld. Du kannst es mir nicht zu-

rückgeben. Ich gleiche damit nur meine Schulden aus. Also: Seif sie ein und sei anstellig!

Auf immer dein Freund Max.

PS: Wie sagt dein Lieblingsbuch: »Was du mir Gutes getan hast hienieden, das werde ich dir vergelten zehnfach, im Himmelreich wie auf Erden«

Hinter das angebliche Zitat hat Max ein dickes Ausrufezeichen gemalt. Dieser Ketzer.

Er starrt auf den Zettel. Es dauert eine ganze Weile, ehe er beginnt, die Scheine zu zählen – Dollarnoten, das meiste sind Zehner. Schließlich schiebt er Zettel und Geld zurück in den Lederbeutel und befestigt ihn an seinem Gürtel. Dann streckt er sich auf dem Bett aus. Eine Weile betrachtet er versonnen seine Hände. Wie ein Säugling, der seine Extremitäten entdeckt, lässt er die Finger spielen – er kann tatsächlich auch an seiner Rechten alle fünf bewegen.

Zweihundertfünfzig Dollar. Das sind tausend Mark.

In dieser Nacht verzichtet Gustav darauf, sich auszuziehen. Kein Bett aus Daunen könnte seinen Körper bequemer lagern als die harte Pritsche, auf der er liegt. Das Dröhnen der Maschinen lullt ihn ein wie ein Wiegenlied. Und die Decke des Zwischendecks, in dem die kleinen Leute zusammenpfercht sind auf ihrem Weg über den Atlantik, wölbt sich schützend wie der Himmel über seinen tiefen, traumlosen Schlaf.

Alle Gefühle der Welt reisen im Zwischendeck – ein Wunder, dass es nie geplatzt ist davon. Eine geradezu berstende Ladung Hoffnung ist mit den Menschen auf der New-York-Route unterwegs. Enttäuschung und Verbitterung lasten auf Hunderttausenden, die für immer zurückfahren nach Portsmouth, Cherbourg und Hamburg. Den meisten bleibt nichts anderes übrig, als heimzukehren.

Genau wie Gustav Hirsch.

Und doch ergeht es ihm anders: Das Glück, von dem es heißt, dass es unter die Menge tappt, blind, auf moralische Musterung verzichtend, hat ihn erwählt. Wird es verweilen? Was wird er mit seinen beiden Händen machen? Und was mit dem Geld?

Welch eine Gnade es doch ist, dass der Mensch nicht in die Zukunft schauen kann.

Da liegt der Zwanzigjährige in seiner Koje und schläft, er atmet ruhig, während das Jahrhundert zu Ende geht. Ein neues bereitet sich vor.

Amerika war so ganz anders, als er es sich in seinen Träumen ausgemalt hatte – das Land, in dem Dampfloks nach Osten rasten, Goldminen aus dem Nichts wuchsen und Millionäre unter Mammutbäumen rasteten. Nur viel blondes Bier, das gab es wirklich in New York.

Wie verschieden die Menschen in dieser Stadt waren und wie zahllos, und wie hart sie kämpfen mussten. Wo Schatten lag, da war er kühler und länger als in Pommern, und ein kalter Wind pfiff erbarmungslos durch Hinterhöfe, die armseliger waren als alles, was er kannte. Aber es gab auch Wärme, Freundschaft und Liebe. Gustav hat viel erfahren, in so kurzer Zeit. Das unterscheidet ihn von denen, zu denen er heimkehrt nach Hinterpommern, in eine sehr kleine, sehr deutsche Stadt.

Heimkehren, das sagt man so.

TEIL II

Orte der Handlung · 1935 bis 1956

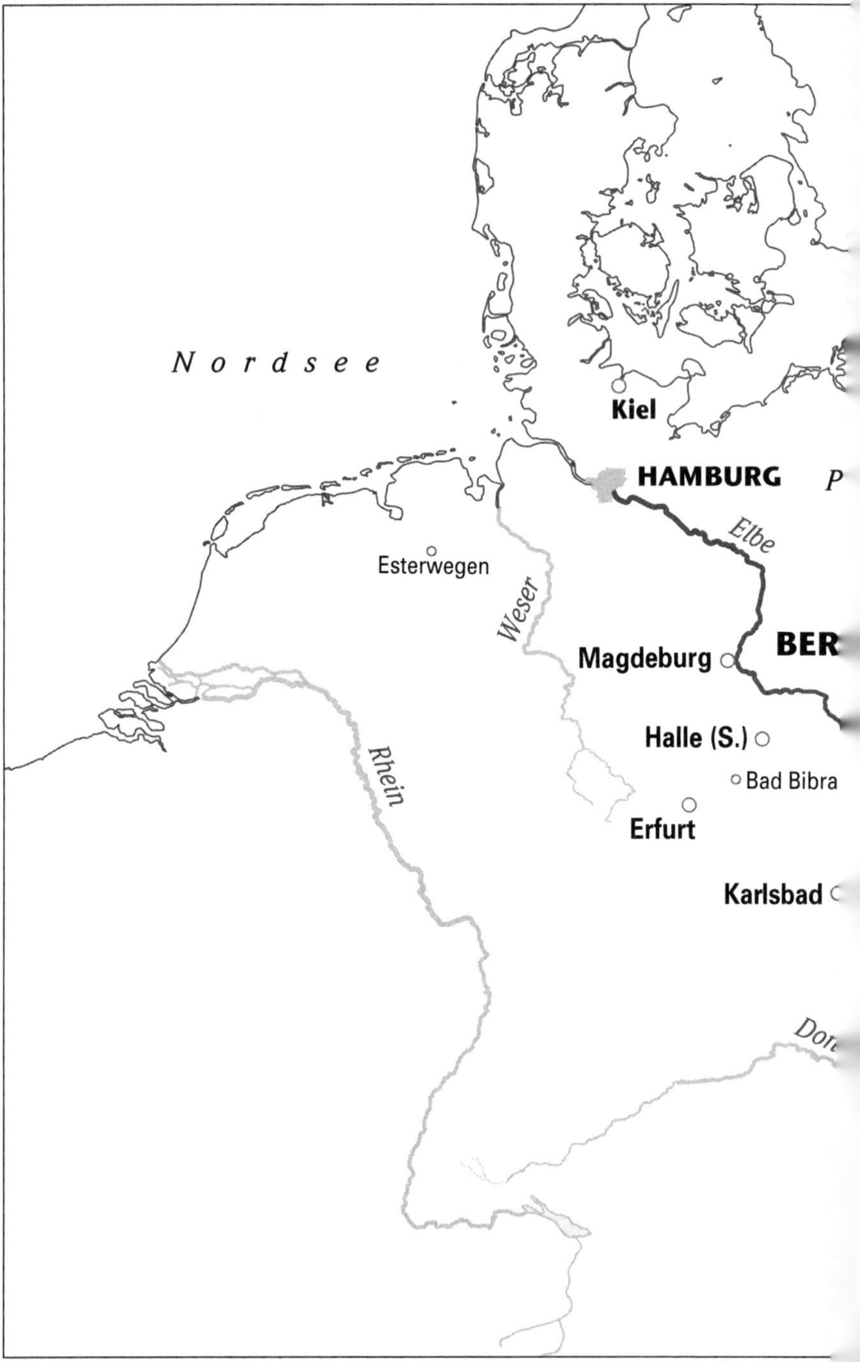

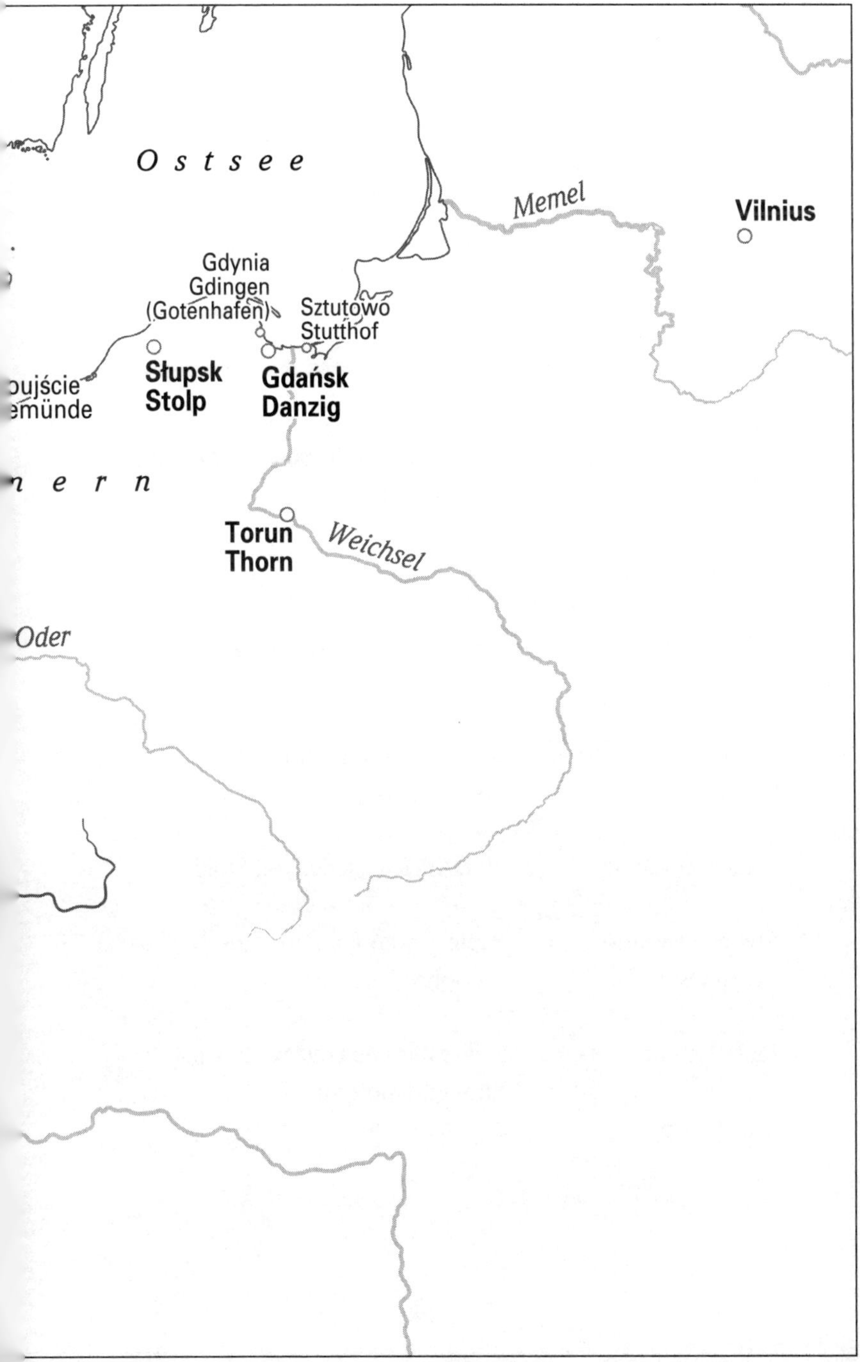

Ostsee
Memel
Vilnius
Gdynia
Gdingen
(Gotenhafen)
Sztutowo
Stutthof
Słupsk
Stolp
Gdańsk
Danzig
emünde
n e r n
Torun
Thorn
Weichsel
Oder

PERSONEN DER HANDLUNG

Clara Sahlcke	Friseurmeisterin
Rudolf Sahlcke	ihr Mann, Kaufmann und Gendarm
Rosalie, gen. Rosa, Mathilda, gen. Mattus, Ursel und Sofie	ihre Töchter
Gustav Hirsch	Claras Vater, Friseurmeister
Marie Hirsch	seine Frau, Claras Mutter
Lucja, genannt Luzie	polnische Zwangsarbeiterin
Florcia und Jerzey	ihre Freunde
Walter Anschütz	NSDAP-Kreisleiter von Stolp
Alwine Oswald	Papierwarenhändlerin und Nachbarin,
Georg Oswald	ihr Sohn
Tante Helene	Schwester von Gustav Hirsch, Blumenhändlerin,
Onkel Otto	ihr Mann

Wolf	Sohn von Helene und Otto, Claras Vetter, Lehrer
Tante Elfi	Rudolfs Schwester
Irmi und Traudl	ihre Töchter, Cousinen der Sahlcke-Mädchen
Franz Bechtmann	Nachbar in Bad Bibra, Sudetendeutscher und Kommunist
Hannelore Schimmert	Lehrerin aus Mühlhausen in Bad Bibra
Hermann Vornstädt	Verlobter von Rosa und Arzt
Jürgen	Hermanns Freund und (heimlicher) Freund von Mathilda Sahlcke
Die Scholle	Nachbarin der Sahlckes in Kiel, geflüchtet aus Köslin in Pommern

1. KAPITEL

Kiel – Karfreitag 1956

Ein tiefer Seufzer ist zu hören. Dann ein Kichern. Es folgt erwartungsvolle Stille.

Der Esstisch im Wohnzimmer ist aus schwarzer Eiche und wird Abend für Abend ausgezogen und mit einem Tischtuch bedeckt. An Feiertagen wie heute ist das Tuch aus gestärktem Damast; der Tisch ist – für zehn – mit dem guten Geschirr, dem Silberbesteck und geschliffenen Gläsern aus Böhmen eingedeckt. *Römer* nennt Clara sie. Jedes hat eine andere Farbe, sie sind erst seit Weihnachten in diesem Haushalt. Für Clara der Beweis, dass Wohlstand etwas ist, das nicht nur verloren, sondern auch wiedererlangt werden kann. *Vor der Flucht* und *nach der Flucht*, das sind die großen Kapitel dieses Lebens. Kapitel eins ist abgeschlossen, Kapitel zwei ist aufgeschlagen.

Clara prangt am Kopfende der Tafel, in einem schlichten schwarzen Kleid, ihr gegenüber sitzt ihr Mann Rudolf. Clara ist nach dem Krieg dick geworden, sie hat sich angewöhnt, nach Herzenslust zu essen – so, als könnten vergangene Entbehrungen durch Nahrung wettgemacht werden. Eines ist nicht von der Hand zu weisen: Sie ist nach wie vor eine schöne Frau – mit ausdrucksvollen Augen, einer hübschen kleinen Nase und hohen Wangenknochen. Gekleidet und frisiert mit Geschmack, verströmt sie in jeder Sekunde: Energie.

Jetzt schaut sie ihren Vater an, ihr Blick ist sein Zeichen. Der alte Mann erhebt sich, um das Tischgebet zu sprechen. Dem Karfreitag zu Ehren trägt er ein weißes, von eigener Hand gebügeltes Hemd und die goldenen Manschettenknöpfe. Er faltet die Hände und überhört den Seufzer. Welche seiner vier Enkelinnen ihn ausgestoßen und wer gekichert hat, ist unklar: Alle vier neigen in scheinbarer Demut die Köpfe. Die Mädchen sitzen mitsamt ihren Galanen (nur Sofie hat niemanden eingeladen, sie hat Verehrer, aber nennt keinen ihren Freund) an den Längsseiten der Tafel. Verglichen mit ihrer Mama sind alle vier Elfen. Sie harren darauf, endlich zugreifen zu dürfen, doch ihr Großvater lässt sich Zeit mit dem Tischgebet. Er mustert kurz Hermann, der ihm gegenübersitzt, den Verlobten von Rosalie. Rosalie, genannt Rosa, ist seine älteste Enkelin, und kein Name könnte passender sein für diese Blume. So schwarzes Haar, so weiße Haut. Eine Rose, das ist sie.

Hermann, du Schlingel, denkt Gustav Hirsch, du kannst warten, dich prüfe ich noch.

Er glättet die Serviette, lässt den Blick in die Runde schweifen und an der Decke enden und erbittet den Segen des Herrn:

»Gesegnet sei diese Mahlzeit«, beginnt er, »an diesem Tag, an dem Du, oh Herr, für uns am Kreuz gestorben bist. Sei mit uns, Jesu Christ, an diesem Tag, der Dunkelheit über die Welt brachte. Wir danken auch Dir, Mutter Gottes, der Heiligen Jungfrau, Du Leidensmutter …« Er mag es salbungsvoll, die Worte kommen beim Sprechen, er liebt es, das Neue Testament ein wenig zu gestalten. »… Wir denken am Karfreitag an das, was Dir, Jesu, widerfahren ist, im Staub von Golgatha, als Menschenhand die Erde zur Hölle machte, als Nacht kam und alles verschlang.«

Sein Schwiegersohn räuspert sich. Gustav senkt den Blick auf seinen Teller, auf die rankende blaue Blume am Rand, und hebt die Stimme, während er weiterspricht:

»Wir danken dafür, dass Du für uns gestorben bist …« Die beiden jüngeren Mädchen beginnen zu kichern. »… und für das, was uns gegeben wurde.«

Ich bin ein ganz guter Prediger, denkt er, aber noch bin ich nicht fertig mit meinem Gebet. Er wiegt sich ein wenig, indem er sein solides Gewicht von einem Bein aufs andere verlagert, und kommt zum Ende: »Bitte segne unsere Mahlzeit. Und bitte, Herr, unser Gott, vergiss uns arme Sünder nicht! Lass uns eines Tages zurückkehren in die Heimat, in unsere verlorene, geliebte Heimat. Ins Pommernland! Und vergib uns unsere Schuld. Amen.«

Heimat ist das Stichwort. Rudolf Sahlcke reicht seiner jüngsten Tochter Sofie eine der Schüsseln mit dem blauen Rand. Darin dampfen die Salzkartoffeln verheißungsvoll, sie sind mehlig, genau wie sie sein müssen. Clara steht auf und zerlegt die drei mächtigen Kabeljaus. Dabei gleitet ihr goldener Armreif auf das schmale Gelenk der rechten Hand. Anmutig sieht das aus.

Wein von der Mosel, Wein aus den Römern: Rudolf prostet erst seiner Gattin, dann Sofie und ihren Schwestern zu. Rosa, Mathilda und Ursel heben die Gläser, genauso die drei jungen Männer. Nur der Alte trinkt keinen Wein, schließlich ist Karfreitag.

Als Clara später die Tafel aufhebt und alle aufstehen, räumt Rosa die Gläser auf ein Tablett. »Bleib du mal hier!«, befiehlt die Mutter der Ältesten. Während die jüngeren Schwestern Geschirr und Gläser in die Küche tragen – der Abwasch bleibt an ihnen hängen –, öffnet Rosa die Balkontür, und ein kühler Luftzug kämpft gegen Fischgeruch und Zigarrenrauch an.

Zigarren bietet Rudolf den Freunden seiner Töchter nur an Festtagen wie diesem an. Die Gesellschaft wechselt vom Esstisch in die Sessel. Die Sitzgruppe am Ende des Zimmers, wo sie sich niederlassen, ist eine Miniatur des »Herrenzimmers«, das Clara und

Rudolf Sahlcke in Stolp in Pommern besessen haben. In der Mitte stehen zwei runde Tische mit Flächen aus rotem Marmor, ihre geschwungenen Beine aus Eiche enden in Löwentatzen. Chippendale-Tische nennt Clara sie.

Sie fühlt sich wohl in diesem Moment, Rudolf und sie sitzen in den beiden tiefen Sesseln, und Clara sonnt sich in der Gewissheit, auch wenn sie wenig spricht, der Mittelpunkt aller Aufmerksamkeit zu sein.

Es wird politisiert – das ist die Stunde der Schwiegersöhne in spe. Drei gibt es, Hermann, den Arzt, Jürgen, den Kaufmann, und Hans, den Soldaten. Die künftigen Brauteltern sind das Publikum, denen die Darbietung gilt, deren schöne Töchter sind dabei nicht ganz so wichtig. Der Großvater ist zwar auch anwesend, aber ihn muss keiner beeindrucken, sein Urteil ist in den Augen der jungen Männer bedeutungslos, man interessiert sich ja auch nicht dafür, was im Theater der diensttuende Sanitäter denkt.

Es geht um die Wiederbewaffnung. Drohungen der Großmächte beherrschen die Schlagzeilen. Was die Bundeswehr angeht, besteht geradezu leidenschaftliche Einmütigkeit.

»Sie muss entschieden ausgebaut werden!«, ruft Rudolf. »Der Russe braucht eine klare Antwort.«

Hermann, der von den politischen Analysen seines Schwiegervaters nichts hält, selbst wenn man einer Meinung ist, nimmt ihm das Wort ab: »Der Russe ist aggressiv wie eh und je. Berlin ’53 war nur der Auftakt. Die Russen machen weiter, wenn sie nicht gestoppt werden. Vermutlich liegen die Pläne schon in der Schublade.«

»Ich vertraue Adenauer«, sagt Clara genüsslich, »der macht das schon richtig.« Sie thront im Sessel, hat die Beine auf ein von Hans eilig herangerolltes Polstermöbel gelegt und ist dabei, dem Kanzler ihre Anerkennung und den Russen ihre Verachtung zu zollen: »Ein Fuchs ist er … Dagegen dieser russische Bauer!« Sie schüttelt den Kopf.

Hermann redet weiter: »Chruschtschow ist nicht besser als Stalin. Jede Krise wird er für Aggression nutzen, wer auch immer die Macht in Moskau hat, wird das tun.«

»Das Westbündnis ist wichtig«, wirft Hans ein, er ist der jüngste unter den Brautwerbern und holt Luft, um fortzufahren – doch er kommt nicht zum Schuss.

Hermann, der Stratege, ist schneller: »Wir müssen entlang der Zonengrenze gewappnet sein.«

Jürgen greift nach seinem Gedanken und ergänzt: »Es gibt zur Aufrüstung keine Alternative. Ohne die NATO sind wir hops.«

Es tut gut, über diese Dinge zu sprechen, wenn man satt, in Sicherheit und einer Meinung ist.

»Kinder, Kinder, wo soll das hinführen? Ein neuer Krieg, nein, das darf nicht sein.«

Gustav ist aufrichtig betrübt, er wiegt sich hin und wiegt sich her – der alte Mann sitzt am vorderen Rand der riesigen, mit blauem Samt bezogenen Couch. Eine Marotte ist diese wiegende Bewegung. Seine Glatze bewegt sich wie eine Kugel vor dem Goldrahmen hinter ihm an der Wand, von links nach rechts und wieder nach links, immer hin und her. Der Rahmen setzt das große Gemälde in Szene, das Clara über der Couch aufgehängt hat – ein Seestück in Öl, angefertigt von ihrem Vater: Ein Dreimaster mit geblähten Segeln gleitet durch stürmische, blaugrüne See.

Warum verschwindet der Alte nicht in seine Kammer, denkt Hermann.

Dich krieg ich hier noch wech, denkt Gustav, du bist ein vermaledeiter Angeber. Du sollst mein Schneewittchen nicht kriegen!

»Wer möchte einen Cognac?«, fragt Clara lässig. Sie lehnt tief in ihrem Sessel, die Beine hochgelegt, die schwarzen Pumps weiterhin an den Füßen, auch in dieser Haltung wirkt sie elegant. »Hermann, wie sieht es aus?«

Zu Hermann blicken in dieser Runde alle auf, er ist *die* Errungenschaft der Familie. Hermann, der Stationsarzt im Uniklinikum.

Ein junger Mann mit glänzenden Aussichten. Das hebt, hebt sie alle. Clara und Rudolf sind hocherfreut über diese Verbindung – die Hochzeit ist für Mai angesetzt. Nur der Großvater auf der Couch spürt, dass die Person, um die es geht, nämlich Rosa, nicht glücklich ist. Vielleicht spüren es die anderen auch, aber es ist eine Wahrnehmung, die sie bereit sind zu ignorieren.

Überhaupt, findet Gustav Hirsch, mischt sich dieser Kerl zu viel ein. Er lehnt den Cognac ab, erhebt sich brummend und trollt sich in sein Zimmer. Niemand hält ihn auf. Schon gleitet Sofie auf den Platz ihres Opas. Der Abwasch in der Küche ist absolviert, und das Gespräch, das einer Kundgebung der jungen Männer gleicht, ist allzu spannend. Jürgen schenkt den Cognac in die Gläser, Hermann gibt den Ton an.

Die beiden sind Freunde, sie waren gemeinsam im Krieg. Panzergrenadiere an der Westfront, man kann ihnen nichts vormachen. Wenn es ums Reden geht, lässt Jürgen Hermann den Vortritt.

»Wir haben noch nicht mal 50 000 Mann unter Waffen, allein in Ostberlin stehen dreimal so viele Russen. Sie warten auf ihre Gelegenheit.« Die Kräfte der Alliierten zählt Hermann bei dieser Rechnung nicht mit.

Eine neue Generation strebt ans Ruder, wie selbstverständlich lassen Eltern und Töchter den jungen Männern das Wort. Der alte Gustav sitzt noch im Beiboot des Familienschiffs, ein Ballast, der bei Bedarf losgeworfen wird. Kaum hat er das Wohnzimmer verlassen, knöpft sich Hermann sein Gemälde vor.

»Da stimmt einfach gar nichts, Clara!« Seit Weihnachten darf er seine zukünftige Schwiegermutter mit dem Vornamen anreden. »Windstärke: sieben. Und der Großsegler hat alle Segel oben? Und alle blähen sich nach vorn. Der Wind kommt doch aber von der Seite, oder?« Hermann pafft seine Zigarre und stößt hektisch Rauch aus. »Jedenfalls rollen die Wellen in Richtung des Betrachters, oder rollen sie nach achtern? In jedem Fall passt das nicht zu den Segeln.« Er rückt seine Brille zurecht und fährt fort: »Das Schiff liegt unbewegt in der See. Wie ein Stein. Völlig unmöglich im Sturm!«

Einen Moment lang herrscht betretenes Schweigen.

Die Hinrichtung des Kunstwerks – Hermann dämpft in keiner Weise seine Lautstärke, und die Kammer des Alten ist gleich nebenan – trifft sie alle. Das Bild ist erst nach der Flucht entstanden, aber es hängt dort an der Wand ihres Wohnzimmers für die vielen anderen, die Meister Hirsch im Laufe der Jahre gemalt und im Schaufenster seines Friseurgeschäfts in der pommerschen Kreisstadt ausgestellt hat.

Damals, in Stolp, waren sie alle stolz drauf.

Als sie selbst die Meisterprüfung bestanden hatte und den Salon von ihrem Vater übernahm, reduzierte Clara diese Galerie, aber auch sie hat die Ölbilder ihres Vaters bis zum heutigen Tag immer geschätzt. Jahrelang blieben die Bauern der Umgebung am Markttag vor dem Geschäft stehen, um die goldgerahmten Werke zu bewundern. In ihren Augen war das Kunst. Und in denen von Claras Töchtern ebenfalls.

Jetzt ist es Clara, die das peinliche Schweigen bricht. Sie legt den gut frisierten Kopf schief, betrachtet das Bild und bemerkt leichthin:

»Du hast recht, das Schiff könnte vielleicht schiefer liegen.«

»Seit wann verstehst du so viel vom Segeln, Hermann?«, wagt Ursel einzuwenden.

Ursula ist die dritte der Sahlcke-Töchter und Opas Liebling. Sie ist auch die schüchternste der vier. Es will was heißen, dass sie diese Frage überhaupt stellt, es kostet sie Überwindung, und ihr Herz klopft. Derart selbstermutigt, setzt sie nach: »Wirst du nicht schon beim Angeln seekrank?« Die zweite Frage ist ein maximales Aufbegehren gegen den allseits verehrten Hermann.

Der zieht Hals und Kopf verkrampft nach hinten, für einen Augenblick sieht er aus wie ein junger Specht, der sich auf einen Hieb vorbereitet. Doch Ursels kratzbürstige Frage bleibt an diesem Karfreitag unbeantwortet, denn Clara stellt ihr Glas energisch zurück auf den Herrentisch aus rotem Marmor.

»Es gibt Schwarzwälder Kirschtorte. Mach die Balkontür zu, Ursel!« Sie klatscht in die Hände: »Kinder, warum habt ihr den Tisch noch nicht gedeckt? Ist der Kaffee gekocht?«

Die Schlacht geht weiter.

Morgens um halb sieben hat sie die Küche noch für sich. Sie genießt diese Minuten. Der Himmel draußen ist grau, rechtzeitig zum Beginn der Arbeitswoche hat sich die Frühlingssonne wieder verabschiedet. Mathilda schneidet einen Laib Brot. Sie schmiert sich Stullen für ihre Mittagspause. Aus dem Bad nebenan dringen unterdessen spitze Schreie: Ursel und Sofie zanken sich, es gehört keine Fantasie dazu, sich vorzustellen, wie die Brünette der Rothaarigen die Haare ausreißt oder umgekehrt. Neulich hat Sofie auf dem Höhepunkt der morgendlichen Auseinandersetzung (wer darf zuerst ins Bad und wie lange bleiben?) die klatschnassen Nylons aus der Badewanne genommen, wo sie über Nacht zum Einweichen lagen, und Ursel um die Ohren gehauen. Mathilda stürzte aus der Küche und schrie: »Gänse! Das macht ihr nie wieder. Rupft euch, aber fasst meine Strümpfe nicht an!«

Sofie ist hemmungsloser, was körperliche Attacken angeht, aber Ursel hat ein probates Mittel entwickelt, das mehr ist als aktive Gegenwehr: Sie stößt ohrenbetäubende Triller aus. Sofie mit sechzehn und Ursel mit achtzehn Jahren sind beide eigentlich zu alt für so was. Aber wenn ihre älteren Schwestern ihnen das vorhalten, herrscht Einmütigkeit: Sie gucken durch einen durch und in die Luft.

»Ich werde euch *mores* lehren!«

Mathilda zuckt zusammen: Ihr Vater greift ein. Im langen Nachthemd aus Musselin kommt er aus dem Schlafzimmer geschossen. Mathilda findet, dass die Hysterie ihrer Schwestern ziemliche Formen annimmt, was ist nur los mit ihnen? Aber nicht minder grässlich ist, dass ihr Vater brüllt. Während er sich einen Morgenrock überwirft, legt er die Reihenfolge der Badbenutzung erneut fest. Morgens um halb sieben zuerst Mathilda, schließlich muss sie ins Geschäft nach Gaarden fahren. Dann die Schulmädchen Sofie und Ursel. Ursel ist schon Lehrling, geht aber noch zur Berufsschule. Die beiden wechseln jetzt jede Woche die Vorfahrt im Bad, so verfügt er, Aufenthalt nicht länger als zehn Minuten. Dann ist das Bad frei zu machen für Rosalie. Rosalie braucht eine Viertelstunde. Ihre Mutter folgt um 7.15 Uhr, tatsächlich wird es oft halb acht, das wissen alle – zuletzt geht er selber.

Im Gegenzug dafür, dass er den Damen den Vortritt lässt, haben alle den Donnerstagabend zu respektieren: Dann nutzt der Hausherr die Badewanne.

Der Großvater holt schon morgens um fünf Wasser aus dem Bad, er trägt seine Schüssel in sein Zimmer und wäscht sich dort. Die Tür zum Flur lässt er offen, manchmal hört Mathilda im Halbschlaf, wie er das Handtuch auf seinen Oberkörper klatschen lässt. Sie hört das gern, sie weiß dann immer, es dauert noch eine Weile, ehe ihr Wecker klingelt. Rosalie ist in sechs Wochen raus aus dem Bad-Belegungsplan. Dann ist sie verheiratet. Es wird auch höchste Zeit, findet Mathilda. Ach, wie ist sie zu beneiden!

Was für ein kalter und düsterer Tag … Wenn sie Pech haben, fängt es sogar noch einmal an zu schneien. Mathilda hat schon gemerkt, wie kalt es ist, als sie das Fenster zum Lüften aufmachte. Die anderen drei rekelten sich da noch in ihren Betten. Kalte Luft schlug ihr entgegen. Auf den Dächern der Garagen unten im Hof hockten die Amseln und plusterten sich freudlos. Dann der Gedanke: Aber ich fahre ja mit dem Wagen! Es durchströmt sie noch immer ein Glücksgefühl, wenn sie morgens das Auto sieht, und es durchströmt sie wieder, als sie nach dem Schlüssel greift und aufbricht. Es ist so weit, sie läuft mit Schwung das Treppenhaus hinunter, stößt die Tür auf und ist im Hof. Zwischen den Garagen wartet der DKW, er hat ein Gesicht, er lacht sie aus runden Augen an. Weißes Dach, schwarze Karosserie, helle Sitze – der nagelneue Wagen ihres Vaters.

»Weil du von uns den weitesten Weg hast«, hat er lapidar bemerkt, als er ihr den Schlüssel gegeben hat. Er macht kein Aufheben um sein Auto. Mehr hat er nicht gesagt, aber gleichzeitig doch viel, ohne es auszusprechen. Sie versteht schon, ihr Vater will irgendwie ausgleichen, dass es bei ihr mit dem Studium nichts wird. Dass sie als Gesellin im Laden steht.

Ausgerechnet Hermann, der Arzt, hat Mathilda das Medizinstudium vermasselt. Mit einer Leidenschaft, die sie ihm gar nicht zugetraut hätte, hat der Verlobte ihrer Schwester bei den Eltern interveniert: »Bei Rosa habt ihr auch darauf bestanden, dass sie eine Friseurlehre macht, also hat das auch für Mathilda zu gelten! Ihr habt sie schon privilegiert, als ihr sie auf die Franckesche Stiftung geschickt habt.«

Dass es ein Stipendium war, das Mathilda den Besuch des Gymnasiums in Halle ermöglichte, das weiß er natürlich genau. Als sie später in Kiel das Abitur an der Gelehrtenschule ablegte, stand Rosa schon lange im Laden. Nun, Rosa ist vier Jahre älter, und sie hat kein Abitur. Und richtig ist: Sie hat nach der Flucht auch nicht den Hauch einer Chance gehabt, weiter zur Schule zu gehen. Rosa musste mit vierzehn leben, als wäre sie erwachsen. Von heute auf morgen. Aber ist es nicht trotzdem merkwürdig, wie sich ihr Zukünftiger der jüngeren Schwester in den Weg wirft? Jedenfalls hat Hermanns Einfluss gewirkt. Mathilda musste ihre Lehre absolvieren. *Dann sehen wir weiter*, hat ihr Vater gesagt. Ich glaube nicht, denkt Mathilda, und sie denkt oft darüber nach, dass die Sache von Rosa ausging. Rosa ist nicht missgünstig. Nicht wirklich.

Es ist Hermann, der Hackspecht.

Sie wirft ihre Handtasche auf den Beifahrersitz und startet den Motor. Wie sie dieses Geräusch liebt, wenn der Wagen kurz aufheult, als freue er sich mit ihr, dass es losgeht. Und das Geräusch, das der Blinker macht! Kein Fußgänger quert den Gehweg vor der Tordurchfahrt. Sie hört so gern, wie der Wagen über das Kopfsteinpflaster rumpelt und wie er zu schnurren beginnt, sobald das Basaltpflaster der Eckernförder Straße unter ihm liegt. Achtung Straßenbahn! Und jetzt noch die Scheibenwischer anstellen: Es tröpfelt von oben. Das macht nichts, ein neuer Tag liegt vor ihr.

Bevor sie am Wilhelmplatz – irgendwas wird dort aufgebaut – schräg rechts in Richtung Ringstraße fahren kann, kommt der Verkehr zum Erliegen. Ein Stau! Das hat sie noch nie erlebt. Autos sind immer noch Luxus. Hat es einen Unfall gegeben? Es muss jedenfalls was passiert sein. Sie reckt den Hals. Zwei Verkehrspolizisten regeln den Verkehr an der Kreuzung, sie sehen schmuck aus. Halt, heißt es für alle. Rechts von ihr reihen sich zahllose blinde Fenster aneinander, das Arbeitsamt gehört zu den Bauten, die die Luftangriffe überstanden haben. Da schiebt sich von links ein Elefant in ihr Gesichtsfeld. Ein Elefant! Majestätisch trottet er auf den Wilhelmplatz zu. Vor ihm ein Mann, der ihn an einer Leine führt. Der Elefant tätschelt ihm mit dem Rüssel die Schulter, das sieht komisch aus. Offenbar kitzelt es auch, denn der Mann fängt an zu lachen – der Rüssel greift nach seiner Ohrmuschel. Ein zärtlicher Elefant! Ob er vom Bahnhof kommt, etwa mit dem Zug gefahren ist? Mathilda lacht nun auch in sich hinein. Der Zirkus ist also wieder in der Stadt. Im letzten Jahr war sie mit Ursel da, aber an einen Elefanten in der Manege entsinnt sie sich nicht.

Ein Elefant am Morgen, wenn das nicht toll ist: ein Wink des Glücks für diesen Tag.

~

Gaarden, Dienstag nach Ostern

Herr Gehlhaar steht schon vor der Tür, als Mathilda mit dem DKW vorfährt. Herr Gehlhaar heißt tatsächlich so, Jürgen und Hermann haben sich schier totgelacht, als sie den Namen zum ersten Mal hörten: ein Friseur, der Gehlhaar heißt! Mathilda fällt es inzwischen gar nicht mehr auf, so sehr gehört der Geselle für sie zum Inventar. Gehlhaar steht da, mit seiner stattlichen Größe, und friert in seinem leichten Mantel. Er wartet auf sie, denn den Schlüssel für den Laden am Vinetaplatz überlässt ihr Vater nie einem Angestellten.

Salon Rosalie steht in schweifender Schreibschrift auf dem Fenster.

Warum ist Gehlhaar so zeitig? Offenbar ist sie spät, denn da kommt auch schon Hugo, der Lehrling. Der Ladenschwengel ist schwer am Pubertieren. Eine einundzwanzigjährige Frau als Vorgesetzte, darauf haben sie hier beide nicht gewartet! Es ist eine Tatsache, die reichlich Spannungen schafft. Herr Gehlhaar ist mehr als doppelt so alt wie sie – und Gesellen sind sie beide.

Allerdings, dass ein Meistertitel an ihrem Verhältnis zu Gehlhaar etwas ändern würde, daran glaubt sie keine Sekunde. Er trägt das Haar in schwarzen Wellen und mit reichlich Pomade, wenig Wert legt er auf seine Kleidung, noch weniger auf seinen Kittel. Es liegt jede Woche an ihr, den Mann dazu zu bewegen, das Stück rauszurücken und ihr mitzugeben für die Wäsche. Überhaupt war sie gezwungen, sich ihm gegenüber einen rustikalen Ton zuzulegen.

»Ah, da ist ja die Frau Statthalterin!«, sagt Gehlhaar jetzt und lüpft seinen Hut. Noch immer wagt er es, sich mokant aufzuführen, aber er hütet sich inzwischen, das vor Kunden zu tun. Wenn hingegen ihr Vater auftaucht oder gar ihre Mutter, ist er geradezu unterwürfig. Widerwärtig findet sie dieses Verhalten.

»Guten Morgen«, sagt Mathilda knapp und schließt die Tür auf. Ein kalter Wind fegt über den Platz, Laub vom letzten Jahr wirbelt hoch, ein paar Blätter treiben vor ihr in den Salon. Es wäre netter, erst einmal vom Elefanten erzählen zu können, aber so sind sie hier nicht miteinander.

An Kundschaft gibt es auch an diesem Tag keinen Mangel, der Vinetaplatz ist eine gute Lage, weil es keinen anderen Friseur in der Nähe gibt. Noch nicht, heißt das – man weiß nie, wann sich ein Konkurrent niederlässt. Könnte passieren, dass einer der benachbarten Kolonialwaren- und Gemüsehändler bald aufgibt, es sind gleich vier.

In Gaarden wohnen die Werftarbeiter und ihre Familien, es ist ein raueres Klima als drüben auf der anderen Seite der Förde, wo die

Eltern drei weitere Geschäfte betreiben. Dieser Salon auf dem Ostufer ist einfacher ausgestattet; ihre Mutter, die überall für die Dekoration zuständig ist, hat ihren Schönheitssinn eindeutig auf die anderen Läden geworfen. Alle Hoffnung ruht auf dem größten, dem jüngst eröffneten *Salon Rosalie* an der Brunswiker Straße, den Mathildas Vater führt. Am Schrevenpark, wo sie auch wohnen, führt ihre Mutter persönlich die Regie. Und in der Holtenauer Straße hält Rosa die Stellung, sie ist ja längst Friseurmeisterin.

Statthalterin – das ist also eigentlich nicht falsch. Und Mathilda erkennt durchaus den Vorteil, den es hat, dass weder Vater noch Mutter ihr täglich über die Schulter schauen.

Salon Rosalie in Gaarden nimmt günstigere Preise als die drei anderen: *Rasieren 2,50 D-Mark, Haarschnitt für den Herrn drei, für die Dame fünf, Waschen und Legen fünfzehn D-Mark.* Freitags und sonnabends kommen Arbeiterinnen aus den Fischfabriken am Ostufer. Wenn mehrere im Laden sind und sie das Kopftuch abnehmen, hält sie den Atem an. Fischgestank kann in Haaren nisten, es ist unglaublich.

Gehlhaar bedient die Herren, sie die Damen. Den Jungen fachlich einzuweisen ist seine Aufgabe. Sie hat darauf bestehen müssen. Mathilda redet mit Hugo über Benimm, wenn es sein muss. Es muss oft sein, es fängt bei »bitte« und »danke« an – und dass es sich gehört, laut genug zu sprechen, so, dass alle Kunden und auch sie selbst ihn verstehen können.

»Aber ja doch, Fräulein Sahlcke«, sagt er, wenn er ihre Einweisungen satthat, und guckt sie triefäugig an. Hugo ist fünfzehn, sein Gesicht mit den abstehenden Ohren von Pusteln übersät.

»Kein *Aber*, kein *Doch*, Hugo, sag einfach: Ja, Fräulein Sahlcke!«

Sie haben den ganzen Vormittag gut zu tun.

Gegen halb zwölf geht wieder die Tür auf. Mathilda steht mit dem Rücken zum Eingang und dreht Wickler in das Haar einer Frau, die sich bereits die dritte Zigarette angesteckt hat, es ist die Pest – auch deshalb, weil Mathilda sich selber gern eine anzünden würde. Hugo reicht ihr die Wickler zu. Er macht keinen Hehl aus seiner Langeweile. Sie kann ihn aber nicht immerzu nur ermahnen. Nun verändert sich seine Mimik und verrät ihr, dass die neue Kundschaft spektakulär sein muss. Sie wendet sich um und erblickt zwei junge schlanke Frauen. Sie sehen aus, wie auf italienischen Ölgemälden Zigeunerinnen aussehen: mit weißen Blusen, gerüscht am Dekolleté, langen farbigen Röcken und Tüchern, die ihre schwarzen Haare nur zum Teil bedecken. Wieso sie bei der Kälte so leicht bekleidet sind und dabei kein bisschen verfroren wirken, ist ein Rätsel. Mathilda wedelt mit der Hand den Zigarettenrauch beiseite, entschuldigt sich bei ihrer Kundin und geht auf die jungen Frauen zu. Beide sehen gut aus, eine ist schön. Die Schönheit lächelt schüchtern.

»Kann ich Termin machen? Später?« Sie sieht Mathilda erwartungsvoll an und schiebt sich eine schwarze Strähne aus der Stirn. An ihrem Handgelenk klirren silberne Armreifen.

Als die Tür sich wenige Augenblicke später hinter ihnen schließt, sagt Hugo frech: »Na, wenn diese Weiber zahlen, fress ich 'nen Besen.«

Gehlhaar grunzt zustimmend, schüttelt den Kopf und schneidet weiter an einem Männer-Haarschopf herum.

Zwei Stunden später ist die Schöne zurück, dieses Mal allein. Aus irgendeinem Grund hat Mathilda angenommen, sie würde mit Mantel und Handtasche zurückkehren – die Handtasche wäre ein Garant für ein Portemonnaie – aber da ist sie im Irrtum. Draußen sind die Temperaturen einstellig, und der Wind fegt über den Platz, aber die Frau ist genauso leicht bekleidet wie vorhin, lediglich um die Schultern trägt sie ein kleines Dreieckstuch. Gehlhaar, der seine Pause noch nicht beendet hat (er achtet sehr genau auf die halbe Stunde, die ihm zusteht), lehnt hinter dem Tresen und grimassiert.

Umso höflicher verhält sich Mathilda; sie komplimentiert ihre Kundin zu einem Stuhl.

»Waschen, schneiden und Welle …« Zwei schwarze Augen suchen Mathildas Blick im Spiegel: »... Welle ... mit Wasser.« Mathilda muss lächeln. »Sie wünschen auch eine Wasserwelle? Gern!«

Kaum hat die Zigeunerin ihr Kopftuch abgenommen, muss Mathilda einen Ausruf des Erstaunens unterdrücken: Sie hält die vollkommensten Haare, die sie je gesehen hat, in ihren Händen. Fast schwarz und glänzend sind sie und fließen in natürlichen Locken über die Schultern und auf den Rücken der Frau.

Diese Haare schneiden? Um jeden Zentimeter ist das schade.

Sie beginnt konzentriert zu arbeiten, Strähnen sind so lang, dass sie für jede zwei Wickler braucht. Dabei kann sie sich einen vergleichenden Blick in den Spiegel nicht verkneifen. Diese Haare hier sind ein Traum. Wie dürftig dagegen ihre eigenen sind! Ihre sind fein und brünett, denen ihrer Mutter sehr ähnlich, sie trägt sie deshalb kurz und zwingt sich jeden Morgen, ein paar kleine Wickler einzudrehen. Deswegen braucht sie die Zeit im Bad. Schließlich repräsentiert sie mit ihrem Aussehen auch den *Salon Rosalie*. Sie kann nicht rumlaufen wie ein gebrauchter Mopp.

Zum Trocknen unter der Haube benötigt die Haarpracht dieser Kundin eine Dreiviertelstunde. Als sie die junge Frau von dem Gerät und den Wicklern befreit hat und die Haare mit einer Bürste auskämmt, strahlt diese. Das sieht so schön aus, dass Mathilda sich von dem Anblick losreißen muss, so umschlungen fühlt sie sich von dem Lächeln, und sie weiß nicht, wie ihr geschieht, es liegt nicht am Haarspray: Sie muss zurücktreten und durchatmen. Das Mädchen erhebt sich und bringt eine duftende schwarze Kaskade zum Schwingen. Sie wirft einen Blick aus dem Fenster.

»Hoffentlich nicht mehr rägnen!«, sagt sie in verschwörerischem Ton zu Mathilda.

Wie Nadelstiche spürt Mathilda in ihrem Rücken die Augen von Gehlhaar und Hugo. Und tatsächlich bekommen sie alle drei im nächsten Augenblick noch mehr zum Gucken: Das Mädchen lüftet nämlich den langen grün-roten Rock, enthüllt ein anmutig angewinkeltes Bein – die Fußspitze tippt leicht auf den Boden – und zieht etwas hinter dem Strumpfband – nein, es ist ein Weckring – hervor: Es sind aufgerollte Hundertmarkscheine.

In Mathilda macht sich ein dankbares Gefühl breit, es ist Erleichterung. Das Mädchen tritt lächelnd zu Mathilda an die Kasse und hält ihr zwei blaue Scheine hin. Ihre Armreifen klirren. »Wie viel brauchen?«, fragt sie. Mathilda nimmt ihr einen Schein aus der Hand, glättet ihn und gibt das Wechselgeld raus. »Ich möchte geben drei Mark mehr!«, sagt die andere und schüttelt die schwarzen Locken.

»Hugo, mach der Dame bitte die Tür auf«, weist Mathilda an.

Als könnte ihr nichts auf der Welt etwas anhaben, weder Regen, Kälte noch Wind, geschweige denn irgendein böswilliger Mensch, schwebt sie hinaus in den grauen Nachmittag. Mathilda steht noch an der Kasse und schaut ihr nach. Die Frau kommt ihr vor wie eine Erscheinung aus einer anderen Welt, wie sie über den Vinetaplatz geht. Stolz und frei sieht sie aus. Ob sie zum Zirkus gehört? Dann kennt sie den Elefanten, schießt es ihr durch den Kopf. Aber warum ist sie hier, weit weg auf der anderen Seite der Förde?

Die drei Friseure sind jetzt allein, das erste Mal an diesem Tag. Mathilda ahnt schon, wie Gehlhaar sich plustert und zu einem Kommentar ansetzt. Deswegen sagt sie schnell: »Ich will nie wieder eine abfällige Bemerkung über eine Kundin hören, Hugo, solange eine andere im Laden ist.« Sie blickt dabei ihre beiden Herren fest an. »Am besten auch dann nicht, wenn keine da ist.« Zumindest in diesem Moment funktioniert es.

Am Abend, als sie mit dem DKW über die Werftstraße Richtung Gablenzbrücke nach Hause fährt, geht ihr das Erlebnis nach. Sie mag diese Strecke, besonders auf dem Rückweg. Die Brücke wird verbreitert und ist gesperrt. Dennoch kann Mathilda rechts kurz auf die Hörn schauen, den inneren Zipfel der Kieler Förde, wo sich jetzt die Möwen über dem Wasser gegen den Wind werfen. Auch die Förde sah hier bis vor Kurzem versehrt aus, weil noch immer Wracks aus dem Wasser ragten. Selbst das Meer kann nicht alles schlucken. Jenseits der Brücke rangieren wieder Güterzüge –

bald wird der Hauptbahnhof vollständig aufgebaut sein. Irgendwann werden alle Spuren des Kriegs getilgt sein, so unermüdlich ist der Mensch darin, Ordnung zu schaffen.

Über Zigeuner hat Mathildas Vater immer geschimpft: Sie stehlen, sie sind Pack. So was kam ins Lager. Heute war ihre erste persönliche Begegnung, die junge Frau – sie war bestimmt nicht älter als sie selber – hat sie beeindruckt, und sie möchte davon erzählen. Wem? Jürgen natürlich! Sie freut sich darauf, ihn zu sehen, aber das wird frühestens am Wochenende sein … wenn überhaupt … Leider! Vorher, beschließt sie, wird sie das für sich behalten, jedenfalls nicht zu Hause davon reden. Warum eigentlich nicht? Sie weiß nicht recht, warum …

Sie hat Lust, noch eine zu rauchen, ehe sie zum Abendessen aufkreuzt. Sie muss dann nur noch ein paar Minuten im Hof bleiben und auslüften, bevor sie auf ihren Vater trifft. Seine Töchter rauchen ja nicht!

Als sie in ihre Straße einbiegt und dann den Blinker setzt, um die Einfahrt zum Hinterhof zu nehmen, sieht sie ihren Großvater aus dem Schusterladen im Souterrain gegenüber kommen. Er ist in Hut und Mantel und mit seinem Stock bewaffnet, offensichtlich hat er seinen Spaziergang mit einem Besuch gekrönt. Mehrmals die Woche kehrt der alte Hirsch beim alten Haar ein, eine Altmännerfreundschaft, die alle ein wenig ulkig finden. Zwei Glatzkugelköpfe leisten einander Gesellschaft. Der eine aus Königsberg, der andere aus Hinterpommern. Und dann schweigen sie gemeinsam. Bei Schuster Haar riecht es immer gut nach Leder. Er sitzt breitbeinig auf seinem Schemel, einen Schuh zwischen den Knien, eine lange Schürze, die aussieht, als wäre sie ebenfalls aus Leder, über dem kugeligen Bauch. Die beiden Alten, davon sind alle überzeugt, reden so gut wie nicht. Haar stiert durch seine kreisrunden Brillengläser und klopft auf die Sohlen, Hirsch lehnt am Ladentisch und studiert die in den Wandregalen aufgereihten Schuhe.

»Die Redseligkeit der Ostpreußen ist berühmt«, sagt Mathildas Vater oft, und dann erzählt er immer denselben Witz. Er erzählt ihn, wenn ein Kunde warten muss oder bevor er kassiert, denn rasieren und schneiden, das macht er nicht selbst. Der Witz geht so: *Zwei Bauern fahren mit ihrem Fuhrwerk, und rechts und links, so weit das Auge reicht, sind wogende Weizenfelder. »Der Weizen steht gut«, sagt ein Bauer zum andern. Zwei Stunden vergehen, allmählich senkt sich die Sonne. Noch immer ziehen die Pferde den Wagen zwischen Kornfeldern. »Hie uk!«, sagt der andere Bauer.*

Dem Haus mit dem Schusterladen gegenüber liegt das Mehrfamilienhaus, in dem die Sahlckes wohnen. Im Erdgeschoss, etwas tiefer gelegt, befindet sich der *Salon Rosalie,* Nummer eins. Gerade schließt ihre Mutter die Ladentür hinter sich ab. Hat denn ihr Vater heute nicht die Kasse gemacht? Das lässt er sich sonst am Abend nicht nehmen. Mathilda fährt im Schritttempo an ihrer Mutter vorbei, sie hat das Fenster heruntergekurbelt und winkt. Die winkt zurück, lacht, sie sieht gut aus, eine helle Strähne über der Stirn, mit einem kleinen Kamm hochgesteckt, die übrigen Haare frisch gelegt. Schade, denkt Mathilda, mit der Zigarette im Hof wird es nun nichts, Mami wird gleich nach mir fragen. Obwohl nicht Mathilda, sondern Sofie Küchendienst hat. Schülerinnen haben – anders als Friseusen – ja den ganzen Nachmittag frei und für die Gemeinschaft ebenfalls ihren Beitrag zu leisten: Das ist der Standpunkt ihrer Mutter und mithin eine Vorschrift.

~

Clara Sahlcke steht derweil vor dem Haus und lässt ihren Blick an der Fassade hinaufwandern. Rot-schwarzer Klinker, weiße Fensterrahmen. Auch die Balkone sind geklinkert, ihre Brüstungen schön gerundet. Das ist das einzig Gefällige, das sich dem Auge an diesem schlichten Gebäude aus den Dreißigerjahren bietet. Sie muss dran denken, ihren Balkon zu bepflanzen. Höchste Zeit, es ist ja schon Anfang April. Eigentlich könnte ihr Vater ein paar Pflanzen vom Markt besorgen, hat sie ihn nicht eben drüben bei Schuster Haar vor der Tür gesehen? Sie will Petunien, keine Begonien oder Geranien. Weiße Petunien in dunkelgrünen Kästen.

Dann gleitet ihr Blick nach unten und verweilt auf dem Schriftzug in goldenen Schwüngen: *Salon Rosalie.* Das ist ihre Handschrift – im wahrsten Sinne des Wortes. Es war nicht einfach, 1949 einen Handwerker zu finden, der den Namen so setzen und großzügig über das Fenster legen konnte. Sie hat aber darauf bestanden. *Salon Rosalie* in der Herder Straße war die erste Perle in der Kette von Friseurgeschäften, die die Sahlckes in Kiel aufgezogen haben.

Bald sieben Jahre ist es her, dass Clara erstmals vor diesem vierstöckigen Haus stand. Im Parterre, wo heute acht Kunden gleichzeitig Platz nehmen können – rechts die Damen, links die Herren –, klaffte im Herbst 1949 eine Lücke wie ein Maul in der Häuserreihe. In den *Kieler Nachrichten* hatte Clara ein Inserat gelesen: *Tordurchfahrt zu verpachten, zum Ausbau als Ladengeschäft geeignet.* Dazu eine Telefonnummer und ein Name. Mehr nicht. Es war die einzige Anzeige, die halbwegs geeignet schien in der ganzen Woche, in der sie in Schleswig-Holstein zu Besuch war und Zeitungen nach Angeboten durchsuchte.

Arm wie die Kirchenmäuse waren sie damals. Flüchtlinge und im Begriff, ein zweites Mal zu fliehen: raus aus der DDR, rüber in die Bundesrepublik. Clara war fest entschlossen, Sachsen-Anhalt mit ihrer Familie zu verlassen. Das nördliche Thüringer Vorland, wo sie wohnten, das war die Zone, rückständiges Land. Es steckte fest in den Klauen der Kommunisten und des Mangels. Lauter Bauern und neugierige Nachbarn. Spitzel und Denunzianten. Mit zu viel Interesse für alles, was vergangen war, für den Nationalsozialismus. Menschen verschwanden und wurden nicht wieder gesehen. Konnte Rudolf sicher sein, wenn es nicht mal ehemalige HJ-Angehörige waren? Sie mussten weg, nach Schleswig-Holstein, wo auch ihre Schwägerinnen lebten, mit denen sie und ihre Töchter 1945 aus Pommern geflüchtet waren.

Ihre letzten fünf D-Mark hatte sie in die Fahrt nach Kiel investiert. An einem zugigen Oktobertag lief ihr Zug in Kiel ein. Als Clara vom Bahnhof aus zu Fuß vom Sophienblatt in Richtung Postamt ging und dann nach links in eine Straße bog, die Ziegelteich hieß, war sie erschrocken. Zwar kannte sie Magdeburg, zwar hatte sie im Kino Bilder der anderen zerstörten deutschen Städte gesehen: Aber so schlimm vorgestellt hatte sie sich das nicht. Eigentlich hatte sie sich gar nichts vorgestellt. Nur gut gefunden, dass Kiel eine große Stadt an der Ostsee war. In der die Luft sich bewegt wie in Stolpmünde. Mit Strand in der Nähe und vielen Leuten, die hochdeutsch reden – wo viele Menschen sind, da ist auch Kultur, da kann man Geld verdienen. In Wirklichkeit aber war Kiel noch immer verwüstet. Sie sah Straßen, die den Namen nicht verdienten, so wenige Häuser standen dort. Sie war inzwischen das kleine Bad Bibra gewohnt, inmitten von Wald, der sich wie die Felder über sanfte Hügel wellte. Da stand der Biberbrunnen unbehelligt nahe am historischen Rathaus. Ein Idyll. Alles war heil geblieben.

Während sie vorbei an Baggern und Kränen lief, fragte sie sich: Wo wohnen die Leute? Hätte sie gewusst, dass in der Stadt fast zehntausend Menschen in Nissenhütten und Baracken lebten, viele von ihnen aus Pommern, wäre sie vielleicht nicht hingefahren.[16] Der Exerzierplatz war riesig – aber Gebäude, die eine freie Fläche zu einem Platz machen, waren rar. Eines gehörte Herrn Bernheim, dem Mann, der die Anzeige aufgegeben hatte. Ein Kinobesitzer, sie traf ihn in seinem Büro. Die Werbung an der Fassade seines Hauses, das erklärte er gleich zur Begrüßung, habe er gerade erst platzieren lassen: *Jantzens Lesemappen*. Die blaue Farbe leuchtete fröhlich. »Als das Eckhaus noch stand, hätt die kein Mensch gesehen«, sagte er gut gelaunt.

Sie standen am Fenster. Herr Bernheim trug einen dunklen Anzug und wies mit großen Gesten auf den Platz, der wie eine riesige Wunde wirkte.

»Im Krieg war hier ein Löschwasserbecken«, erklärte er, »zugeschüttet! Es geht voran!« Überhaupt war er zuversichtlich. »Die Trümmer sind so gut wie alle geräumt, was Sie sehen, ist Baumaterial.« Er wies auf eine Halde – an der nächsten Straßenecke stapelten sich Ziegelbrocken – »Sehen Sie links?« Sie verspürte plötzlich schrecklichen Durst, aber wagte nicht, nach einem Glas Wasser zu fragen. »Von dort geht es zum Rathaus. Der Turm ist noch da«, fuhr er vergnügt fort und paffte seine Zigarre. »In fünf Jahren steht die Stadt wieder. Die Währungsreform treibt alles voran.« Draußen kroch eine Straßenbahn wie eine riesige Raupe den Exerzierplatz entlang.

Er war gleich angetan von ihr, das spürte sie. Carl Bernheim und sie mussten etwa der gleiche Jahrgang sein, er war beleibt, und sein Benehmen war das eines großen Mannes. Sie war eine Frau, die Grund hatte, bescheiden zu sein: Außer der Rückfahrkarte nach Bad Bibra besaß sie nichts. Sie gingen nach unten, er riss ihr den Wagenschlag auf und fuhr mit ihr in seiner schwarzen Limousine in die Herder Straße. Die Straße war kurz und lief hin zu einem Park. Die Etagenhäuser, alle mit kleinen Vorgärten, schienen wie durch ein Wunder von den Bomben verschont geblieben zu sein. Sie stiegen aus. Zwei Hofeinfahrten lagen nebeneinander in zwei benachbarten Häusern.

»Eine kann zugebaut werden, sie ist zu viel. Was die zerbombte Stadt braucht, sind Gewerbe und Menschen, die loslegen«, erklärte Herr Bernheim. Der Krieg hatte ihm nichts getan, er besaß noch immer Häuser, und er sprach so selbstbewusst, als wäre er der Bürgermeister. Innerlich musste Clara ein bisschen lächeln: Mein Junge, welch ein Glück hast du gehabt! Aber sie guckte konzentriert, überschlug in Gedanken die Quadratmeter, bereitete die nächste Frage vor, während Bernheim Zigarre paffte und gestikulierte. Er sagte: »Ich würde ja in Vorleistung gehen und das hier ausbauen …« Dabei warf er sich in die Brust. Dann fragte er jovial: »Was für Sicherheiten haben Sie denn, junge Frau?« Sie sah ihm direkt ins Gesicht.

»Meine Sicherheit sind diese beiden Hände«, sagte sie und drehte ihre Handflächen nach oben.

Sie atmet durch. Ein Gefühl tiefer Genugtuung erfüllt sie. Ja, so war das, sechs Jahre und sechs Monate ist es her, sie hat gewagt und gewonnen, wie man so sagt. Aber der Satz trifft es nicht, denn ein Spiel war es nicht, nein, es war harte Arbeit. Drei Wochen nach dem Treffen mit dem Hausbesitzer waren sie hier: Rudolf, zwei ihrer vier Töchter, ihr Vater und sie selbst. Sie hatten den Laden und dank des Vermieters auch ein Dach über dem Kopf. Die große Wohnung kam später. Und in sechs Wochen bringt sie nun die erste von vier Töchtern unter die Haube! Eine Hochzeit steht ins Haus, wie sehr sie sich auf das Fest freut!

Neben ihr klickt ein Spazierstock auf das Pflaster.

»Mein Liebeken!«

»Papa, da bist du ja«, sagt sie herzlicher als üblich zu ihrem Vater, »bring doch Donnerstag Petunien vom Markt mit! Ich schreib dir auf, wie viele.« Sie hakt sich unter bei ihm und zieht ihren Arm erst wieder weg, als sie mit der anderen Hand die Haustür aufgeschlossen hat und die beiden ins Haus treten. Sie bleibt neben den Briefkästen stehen.

»Lass mich die Post mitnehmen.« Sie hantiert mit dem Schlüssel. Es ist nur ein einziger Brief gekommen, adressiert an sie selbst: Clara Amelie Sahlcke. Absender ist das Städtische Krankenhaus.

Das hätte sie fast vergessen. Sie lässt ihrem Vater den Vortritt. Als sie oben im zweiten Stock ankommen, geht sie in die Küche und steckt den Brief im Küchenbüfett unter die Platte, auf der die Teekanne steht. »Hast du den Tisch schon gedeckt?«, ruft sie ihrer Jüngsten, Sofie, zu, die gerade aus dem Badezimmer kommt.

Dann nimmt sie ihre weiße Schürze vom Haken. Vier Kilo Kartoffeln, die Opa geschält hat, kochen schon im Salzwasser. Auf den Tisch kommt in diesem Haushalt nur die mehlige Sorte. Sie sind doch Pommern.

»Ich will für die Hochzeit auch ein neues Kleid, mit Petticoat, und es soll weiß sein! Runder Ausschnitt.« Sofie liegt bäuchlings auf dem Sofa und blättert in einer Zeitschrift. Sie hat noch die blaue Trainingshose an, in der sie dreimal die Woche am Nachmittag in den Turnverein in der Jahnstraße geht. Sie dreht sich auf den Rücken und hält die Illustrierte über dem Kopf, dabei tut sie eine Weile so, als würde sie weiterlesen. Dann lässt sie sie auf den Bauch sinken, streckt die nackten Füße in die Luft und beobachtet selbstverliebt ihre gespreizten Zehen. »Schau dir diesen Luxuskörper an! Kein Wunder, dass sich die Männer nach mir verzehren. Aber eins ist sicher, ich werde als Jungfrau in die Ehe gehen! Ich werde mich nicht unter Wert hergeben«, lässt sie ihre Schwester Ursel wissen. Ursel sitzt auf dem anderen Sofa ihr gegenüber und zieht neue Schnürsenkel in ein Paar Halbschuhe. Beide Sofas, vom selben Modell, werden abends ausgeklappt und verwandeln sich dann in das gemeinsame Bett von je zwei Schwestern. Außer den Sofas gibt es noch eine *Chaiselongue*, die quer vor dem Fenster steht. Ihre Mutter hat beim Erwerb an die Zukunft gedacht: Wenn die Mädchen verheiratet sind, wird dieses gute Stück – mit englischem Stoff bezogen und teuer – das erste Möbel im Salon sein. In so was soll sich das Zimmer der Mädchen nämlich einmal verwandeln.

»Aha«, sagt Ursel und lacht. »Du willst dich nicht unter Wert *verkaufen?* Das klingt gar nicht anständig!«

»Ich habe *hergeben* gesagt!«

»Du reine Magd, du! Kommt auf dasselbe raus. Du solltest …«

Was Ursel empfiehlt, bleibt ungesagt. Noch bevor sie den Satz beendet hat, wird die Tür aufgerissen, und Rosa stürzt herein, gefolgt von Mathilda. Ihre große Schwester wirkt ganz anders als sonst. Aufgeregt. Sie hat hektische rote Flecken auf den Wangen und ihren Mantel noch nicht ausgezogen. Sie fragt: »Könnt ihr mal rausgehen?! Mattus und ich haben was zu besprechen!«

Mattus ist der Kosename von Mathilda, es ist der Vater, der ihn erfunden hat, und es ist meistens er, der sie so nennt.

»Was ist denn los?«

»Frag nicht, lasst uns bitte einfach allein!«, insistiert Rosa. Ursel und Sofie sehen einander an.

»Wieso? Es ist auch unser Zimmer«, widerspricht Sofie.

Nebenan im Wohnzimmer geht das Radio an. Ihr Vater ist also schon zu Hause, abends vor dem Essen hört er die Nachrichten. Durch die geschlossene Doppeltür, die das Wohn- und Esszimmer mit dem der Mädchen verbindet, versteht man zwar nicht jedes Wort, aber es ist hellhörig, nicht so geschützt, als trennten die beiden Räume eine Wand.

»Komm, Rosa, lass uns besser in die Küche gehen!«, sagt Mathilda vermittelnd.

»Nein, ich will mit dir unter vier Augen reden!« Das ist ein Hinweis darauf, dass ihre Mutter in der Küche steht.

»Kann man denn nicht *einmal* in diesem Haushalt alleine sein?!«, stößt Rosa verzweifelt hervor.

»Dann gehen wir eben kurz runter in den Park. Und du …«, Mathilda dreht sich zu ihrer jüngsten Schwester und herrscht sie an: »Du gehst zu Mami und hilfst ihr!«

Sofie wirft die Illustrierte zur Seite und setzt sich auf. Der Trotz steht ihr ins Gesicht geschrieben: »Was spielst du dich auf? Der Tisch ist gedeckt!«

Einen Augenblick später hören Ursel und Sofie, wie die Wohnungstür zuschnappt. Sie schauen einander fragend an. Ursel stellt die Schuhe vorsichtig aufs Parkett.

»Ich glaube, sie will ihn doch nicht.«

»Wen?«

»Den Hackspecht. Sie sagt die Hochzeit ab!«

»Was?« Sofie ist entsetzt.

»Ich hab so was läuten hören. Kann sein, dass es mit deinem neuen Kleid nichts wird.«

Viele Nachbarn nennen die Anlage noch immer den Hohenzollernpark. Obwohl die Sahlckes Flüchtlinge sind und erst seit sechs Jahren hier, benutzen auch sie meist den alten Namen. Kaum jemand sagt Schrevenpark.[17] Nur Politiker. An das Königsgeschlecht der Preußen wollen die Kieler Stadtväter nicht mehr erinnern, das haben sie schon 1947 beschlossen. In Kiel sind jetzt Sozialdemokraten am Ruder, zum Missfallen der CDU-Fraktion im Magistrat haben sie die Hohenzollern einfach getilgt.

Dass der Park aus einer anderen Zeit stammt, spürt man, sobald man nur ein paar Meter auf einem der breiten Sandwege spaziert ist. Vielleicht liegt sein Zauber vor allem darin, dass er rund ist und sich die Häuser ringsum einander zuwenden. Nicht alle alten Bäume haben Bomben und Feuer überlebt. Neue sind angepflanzt, sie schießen jedoch nicht so schnell aus dem Boden wie neue Häuser. Aber es gibt noch immer einige Weiden mit knorrigen Gestalten. Wie eine Vorahnung von Frühling besprenkelt zartes Grün ihre langen Äste, die über den Teich langen – als wollten die Bäume im Wasser nach Fischen angeln, findet Mathilda.

Rosa und sie lieben diesen Park, erinnert er sie doch an die Stolpe, an deren Ufer sie als Kinder gespielt haben. Wobei das mit dem Spielen für Rosa so eine Sache war. Sie hatte immer auf ihre Geschwister aufpassen müssen: Gib acht auf die Kleinen, klang es stets wie ein Refrain. So wie das Wasser der Stolpe ist auch das Wasser im Teich schwarzgrün.

Es ist zu kalt, um sich zu setzen.

Rosa ist in diesem Moment sowieso nicht danach zumute, auf einer Bank zu sitzen – alles ist so unerträglich, sie muss sich einfach bewegen. Sie läuft mit kurzen schnellen Schritten voran. Es geht um Hermann.

»Sie hat sogar ein Kind mit ihm. Er streitet das auch gar nicht ab.« Schluchzend wischt sie mit dem Zeigefinger beide Nasenflügel, eine typische Handbewegung von ihr, die sonst damenhaft wirkt, jetzt aber verzweifelt. Ihre Stimme versagt. Weinend presst sie die Lippen zusammen.

»Aber es hält doch nicht mehr an?!« Mathilda steht neben ihr, sie wagt nicht, den Arm um ihre Schwester zu legen. Die beiden nehmen sich nie in den Arm. Sie kramt ein Taschentuch aus ihrer Manteltasche und reicht es Rosa. »Hauptsache ist doch, es ist vorbei!«

Rosa bleibt abrupt stehen: »Mein Gott, Mathilda, versteh doch! Wir sind seit fünf Jahren verlobt! Er hat es nach unserer Verlobung …«, sie legt eine Pause ein, so widerlich ist ihr das Wort, »… wie sagt man? … *gezeugt.*« Sie wendet sich ab und läuft weiter. Eine Weile schweigen sie beide. Ihre Schritte knirschen auf dem Sandweg.

»Hast du eigentlich, ich meine, habt ihr …?«, unterbricht Mathilda die Stille.

»Das ist jetzt genau die richtige Frage«, schreit Rosa und stapft wütend voran. Mathilda hat Mühe, Schritt zu halten.

Das Thema Sexualität haben sie bislang selbst unter Schwestern gemieden, über so etwas wird nicht geredet, zumal sie vier Jahre auseinander sind. Ihr ist schon klar, dass Rosa und Hermann miteinander schlafen, schließlich sind die beiden lange verlobt. Dass zwei vor der Ehe intim sind, mag zwar nicht den Vorstellungen ihres Vaters entsprechen. (Meine Töchter sind anständig, hört sie ihn sagen, es klingt wie eine Beschwörung.) Und auch im Ideal ihrer Mutter kommt so was nicht vor. Ja, aber die Welt ist halt anders.

Mathilda hat äußerlich immer Gleichmut bewahrt, wenn ihr Vater andere verurteilte, in diesen heiklen Zonen schweigt ein junges Mädchen und tut so, als wären diese Moralvorstellungen Gesetz, um bloß nicht selbst in Verdacht zu geraten. Die Mutter, vermutet Mathilda, ist nicht so rigoros, sie ist Realistin. Aber das vermutet sie nur, das Thema ist tabu. Dass Hermann und Rosa zwei ewig Verlobte sind und noch nicht verheiratet, liegt ja allein daran, dass sie noch keine Wohnung haben.

Das ist ab Mai aber anders. Sie ziehen endlich in die eigenen vier Wände am Westring.

»Einmal im Leben! Einmal im Leben soll es um mich gehen!«, ruft Rosa jetzt in den Himmel, der sich abendlich zu verfärben beginnt. Sie hat die Hände zu Fäusten geballt und erhoben. Mathilda muss an Scarlett O'Hara denken, an die Szene, in der sie schwört, nie mehr zu hungern. Alle vier Schwestern lieben den Film, sie können ihn mitbeten. Nun also ist Rosa die Tragödin. Mathilda guckt sich verstohlen um. Die beiden sind inzwischen am Ausgang des Parks angelangt, wo man hinausgeht zur Humboldtschule. Zum Glück sind so gut wie keine anderen Spaziergänger in der Nähe.

Plötzlich steckt Rosa die Hände in die Manteltaschen und macht auf dem Absatz kehrt: »Ich werde die Person zur Rede stellen!« Sie klingt jetzt entschlossen und ruhig.

»Wie?«, fragt Mathilda. Sie denkt, sie hat nicht richtig gehört: »Die Frau? Was kann die denn dafür?« Kaum sind die Worte heraus, merkt sie, wie ungeschickt das war. Schon will Rosa ihr ins Wort fallen, doch Mathilda hebt beschwichtigend die Hände. »Was ich sagen will, ist nur: Es ist doch eine Sache zwischen dir und Hermann?!«

»Ja, und er hat's zugegeben. Ich will wissen, ob es stimmt. Dass sie ihn in Ruhe lässt! Ich fahre zu ihr nach Köln. Ich stelle mich nicht im weißen Kleid vor den Altar, bevor ich das nicht weiß.«

»Köln? Wieso Köln? Was willst du da?«, Mathilda ist aufrichtig erschrocken. »Sag mal, solltest du nicht Mami einweihen?«

~

Clara setzt sich an ihre Frisierkommode im Schlafzimmer und legt den Brief aus der Hand. Es ist ganz still, und sie fühlt nichts. Eben stand sie am Küchenbüfett, einem cremeweiß lackierten Möbel, das sie als eines der ersten in Kiel erworben hatte. Sie war dabei, einen Zettel zu machen. Man würde ja das eine oder andere an Besteck, Geschirr und Gläsern ausleihen müssen für die Hochzeit. Sie wollte nachzählen, wie viele Teelöffel in der Schublade sind, also öffnete sie die verglaste Tür in der Mitte – und dann las sie den Brief aus dem

Krankenhaus. Sobald sie fertig war, schloss sie das Türchen ab und steckte den kleinen Schlüssel in die Schürzentasche. Was keinerlei Sinn ergab. Das Schreiben wog schwer wie ein Wackerstein.

Jetzt knipst sie die kleine Lampe auf der Frisierkommode an, das Licht wirft einen warmen Schein über die breiten Betten mit den *Plumeaus*. Sie liest das Schreiben noch einmal. »*Maligne*«, was das heißt, kann sie sich zusammenreimen, auch ohne Latein gelernt zu haben. Sie soll sich umgehend wegen der *Terminierung des Eingriffs* in Verbindung setzen. Eine Telefonnummer ist angegeben. *Totale operative Entfernung*. Der Ton ist imperial. Sie wird das mit Hermann beraten, noch ehe sie Rolli damit behelligt. Sie will ihm nicht ohne Not Kummer bereiten. Dass sie ihn schonen will, ist es aber nicht allein, sie weiß ganz genau, wie sehr seine Aufregung sie anstrengen wird. Sie muss mit ihren Kräften haushalten.

Zum Glück ist jetzt ein Arzt in der Familie.

Sie blickt in den Spiegel und lässt ihren Blick durch den Raum schweifen und an der Balkontür enden. Das Schlafzimmer hat eine behagliche Größe und ist wie immer ungeheizt. Rudolf und sie, sie verschwenden nichts. Aber jetzt ist ihr doch fröstelig. Was war das für ein Tag, als das *Elternschlafzimmer* kam! Schrank, zwei Nachttische, der Frisiertisch und das Bett, alles weiß lackiert. 1950 war das. Fünf lange Jahre hatten sie zuvor kein anständiges Bett gehabt, eine Matratze war schon Luxus. Der Tag war ein Fest. Die Nacht auch. Sie lächelt, immerhin war sie schon sechsundvierzig.

Dann schaut sie sich selbst an im Spiegel. Eine so straffe Haut, ein Teint, um den andere in ihrem Alter sie beneiden. Sie kämmt die Haare zurück und steckt den Kamm neu über der Stirn. Eine ganze Weile sitzt sie so am Frisiertisch. »Reiß dich zusammen«, sagt sie dann laut. Schwach zu sein angesichts von Schwierigkeiten, das hat sie sich nie leisten können.

Dass ein Krebs in ihr frisst, kann sie nicht glauben. Sie will weiter nach vorn sehen. Das heißt, sie wird jetzt den Speisenplan weiter entwerfen: etwas zum Freuen! Der Polterabend kann ruhig rustikal sein. Den plant sie kurzfristig, die Bewirtung schüttelt sie aus dem

Ärmel. Aber das Hochzeitsessen muss ein Hochzeitsessen sein. Sie hatte an Perlhühner gedacht, in Weinsoße. Davor eine mit Sherry verfeinerte Brühe vom Ochsenschwanz. Mit frisch gehackten Kräutern. Dann Fleisch. Ein klassischer Kalbsbraten, gespickt? Wie viele kriegt sie in den Ofen? Zwei verschiedene Soßen … in jedem Fall ist eine Kochfrau zu engagieren. Fürst-Pückler-Eis zum Nachtisch und später zum Kaffee einen Frankfurter Kranz, nein Kränze.

Sie muss mit Rosa noch mal durchsprechen, wie viele Leute es genau werden. Sechsundzwanzig? Neunundzwanzig? Am besten von einem Bankett mit dreißig Leute ausgehen! Wo ist noch die Liste? Sie sucht ihre Brille, die normalerweise neben den Halsketten an ihrem Spiegel hängt. Irgendwie werden auch ihre Augen schlechter.

Es klopft an der Tür, und dann stehen ihre beiden Großen im Raum. Rosa atmet tief ein, sie sieht blass aus.

»Spuckt's aus. Es kann nicht so schlimm sein«, sagt Clara und schaut ihre Mädchen aufmunternd an.

Der DKW schnurrt wie ein Kater. Sie sind schon hinter Hamburg. Mit acht Stunden Fahrt insgesamt rechnet Mathilda. Dass ihr Vater seinen Wagen herausgerückt hat, obwohl Wochenende ist, dafür hat die Mutter gesorgt.

»Geheimnis! Das Bräutchen muss Hochzeitsvorbereitungen machen«, hat sie gesagt und ihren Mann an einem fleischigen Ohrläppchen gezupft: »Wer sollte dafür mehr Verständnis haben als das Brautväterchen?!«

Da sprang ihr Papa aus dem Sessel, zog die Mutter in den Arm und unternahm mit ihr ein Tänzchen: »Das Mütterchen und das Väterchen freuen sich sehr, es ist bald Hochzeit zu feiern! Unser Rosinchen heiratet!«

Mit der Rechten drehte er seine Frau einmal um ihre Achse, die linke Hand in die Hüfte gestemmt. Ursel und Sofie, die am Esstisch saßen, kratzten Schokoladenpudding aus ihren Nachtischschälchen, sahen zu und lachten. Mathilda stand in der Tür und lächelte – was für ein herrliches Paar, ihre Eltern. Rundum glücklich sehen sie aus.

Zum Glück war Rosa nicht da.

Sie sitzt jetzt neben Mathilda auf dem Beifahrersitz und sieht wieder blass aus. Ist sie schwanger? Das hat sie ihre Schwester schon fragen wollen, als sie im Hohenzollernpark waren. Und nun mutet Rosa ihnen beiden diese Tour zu. Eine Art Duell stellt sie sich offenbar vor. Nach wie vor hat Mathilda Zweifel am Sinn der Unternehmung. Sie war überrascht, dass Gerlinde, so heißt die Geliebte, einem Treffen zugestimmt hat – in Anwesenheit von Mathilda. Immerhin, so viel Courage hat Rosa doch aufgebracht, die Frau anzurufen. Obwohl die Fahrt ins Geld geht – sie werden in einer Pension übernachten –, freut sich Mathilda über die kleine Reise. Bestimmt wird sie Gelegenheit haben, den Kölner Dom zu besteigen. Hoffentlich geht das auch sonntags.

Ihre Schwester ist einsilbig. Sie schaut aus dem Fenster. Nach den Elbbrücken können sie eine Weile Autobahn fahren, bis Bremen.

»Was für eine langweilige Landschaft«, findet Rosa.

»Vorkriegsautobahn. Noch Hitler zu verdanken«, sagt Mathilda. »Stört es dich, wenn ich mir eine anzünde?«

»Ja.«

»Eigentlich hast du es doch alles andere als schlecht getroffen«, fängt Mathilda vorsichtig an. »Du bist die Schönste von uns …« Sie kommt nicht weiter.

»Hör auf mit der Litanei! Ich kann es nicht mehr hören.« Rosa spricht langsam, sie hat ohnehin einen tiefen Alt, aber wenn sie traurig ist, hört sich ihre Stimme noch dunkler an.

Mathilda schaut Rosa von der Seite an. Wie fremd sie ihr ist. Sie sind vier Schwestern, aber gleich nah sind sie einander nicht. Rosa hatte immer eine Sonderrolle.

»Rosalie ist meine große Stütze.« Wie oft hat Mathilda ihre Mutter diesen Satz sagen hören. In der schweren Zeit stand ihr die Älteste zur Seite, das wirkt fort. Natürlich ist auch Mathilda eine ältere Schwester. Sie ist die, die sich um Ursel kümmert, während Rosa sich für Sofie zuständig fühlt. Zwischen den beiden liegen fast zehn Jahre.

Sofie ist das Nesthäkchen und verwöhnt von den Eltern, das jedenfalls finden alle anderen drei. Der Schoßhund. Sie versteht es, sich einzuschmeicheln und sich Vorteile zu verschaffen. Mit den großen braunen Augen zu plieren.

Rosa stand immer über diesen kleinen Ränken. Bis heute erwarten das alle von ihr. Sie ist schließlich erwachsen und trägt Verantwortung für Personal. Nicht nur Mathilda blickt zu ihr auf. Sie alle drei tun es: Sie ist die mit dem unbeirrbaren Stil. Niemals greift sie geschmacklich daneben, ob sie zur Schneiderin geht oder Kleider kauft: Das Ergebnis ist elegant. Nie käme sie auf die Idee, mit ihrem feinen, nahezu schwarzen Haar Unfug anzustellen und es mit einer Dauerwelle zu malträtieren – obwohl sie ja an der Quelle sitzt. Rosa mit den hohen Wangenknochen und dem Lächeln einer Fee. Sie sieht aus wie eine Mischung aus Liz Taylor und Schneewittchen. Nur sportlich ist sie nicht, anders als Sofie und Mathilda. Dafür gesegnet mit anderen Talenten, sie malt und zeichnet. Und wenn man sie fragt, hilft sie gern.

Vor ihrer Verlobung haben viele junge Männer sie umschwärmt, und genau genommen haben sie damit auch nie aufgehört. Ihr Vater sagt gern, der hohe Umsatz des *Salon Rosalie* in der Holtenauer Straße sei ihr zu verdanken, so magnetisch sei ihre Wirkung im Herrensalon. Sie wurde zum Segeln eingeladen und zu Tennispartien, zum Tanztee und zum Universitätsball.

Tanzstunden, die haben nur die drei Jüngeren besucht. Als sie nach Kiel kamen, war Rosa schon zu alt. Sie waren nach dem Krieg zu lange in der Walachei, wie es die Mutter gern sagt. Auf dem Dorf gab es, wenn überhaupt, einmal im Jahr einen Tanzabend. Das Tanzen hat Rosa ihr Vetter Wolf beigebracht, als sie noch in Bad Bibra waren. Wolf – auch einer von Rosas Verehrern. Er war, das fühlte Mathilda als Vierzehnjährige, Feuer und Flamme für ihre große Schwester. Gewählt hat sie dann Hermann und kennengelernt hat sie ihn nicht beim Tanzen, sondern nach Ladenschluss in der Milchbar in der Holtenauer Straße. Da trifft sich in Kiel, wer ins Kino im Schlosshof geht und jung ist.

»Was liebst du eigentlich an Hermann?«, fragt Mathilda leichthin. Sie fragt, weil das naheliegt, aber auch, um gleich zu erzählen, was sie selbst an Jürgen so liebt.

»Lass das sein!«, schnaubt Rosa. »Dieses Gequatsche von Liebe, diese süße Soße, ich ertrag es nicht!«

Nun ist auch Mathilda verstimmt. »Na, dafür, dass du kurz vor dem Altar stehst, bist du ja prächtig aufgelegt.«

Da die Sache so heikel ist, fragt sie lieber nicht weiter: Sie weiß nicht, wie zu Rosa vordringen, und irgendwie ist es auch bequemer zu schweigen. Da ist eine unsichtbare Wand zwischen den Schwestern. Mag sein, dass Rosa immer die Auserwählte gewesen ist. Dass man sie ernster genommen hat. Aber tauschen wollte Mathilda nie mit ihr.

Es ist schon spät, als sie Köln erreichen. Zunächst hatte Rosa sie noch souverän durch Hamburg navigiert, mit jedem Kilometer, den sie Köln näher kamen, ließ ihre Aufmerksamkeit jedoch nach. Zweimal verpassten sie eine Abfahrt, Rosa fluchte laut, die Karte auf dem Schoß. Ihre Nerven lagen blank, das war nicht zu übersehen.

Im Stadtplan hatte Rosa einen Kringel um die Adresse von diesem Fräulein gezeichnet, genau wie einen an die Straße, in der die Pension liegt. Dort angekommen, haben sie ein kleines Zimmer zum Hof bezogen.

Draußen ist es längst dunkel, als Mathilda, todmüde, in das blütenweiß bezogene Doppelbett und dann in den Tiefschlaf fällt.

Rosa hingegen liegt noch lange wach. Sie fürchtet sich vor dem kommenden Tag. So oft hat sie sich diese Begegnung vorgestellt: Was sie sagen wird. Wie sie – falls die andere frech werden sollte –

elegant parieren wird. Der Dame ihre Grenzen aufzeigen wird. Hinter allem lauert ein anderes Gefühl, das sie sich nicht eingestehen mag: dass sie unsicher ist, ob es richtig ist, Hermann zu heiraten. Am liebsten hätte sie ihrer Schwester ins Steuer gegriffen, als die von Hermann anfing. Ich bin in einem Gefängnis, und ich komme nicht raus. Was ich auch tue, es gibt keinen Ausweg.

Aber sie muss etwas tun: sich wehren, zumindest gegen die Kränkung sich wehren! Die braucht ein Ventil. Das Ventil heißt Gerlinde Zimmer.

Ein neuer Tag ist ein guter Tag.

»Kölle alaaf«, ruft Mathilda. Sie tritt ans Fenster und reißt die lila-grün-schwarz gemusterte Gardine, ein scheußliches Ding, zur Seite. Unten im Hof wartet der DKW, sie sieht in Gedanken sein lachendes Gesicht. Sie wird sich ihre gute Laune nicht verderben lassen!

Rosa hat Ringe unter den Augen, bestreitet aber, schlecht geschlafen zu haben.

»Komm, lass uns noch ein paar Schritte am Rhein entlang machen!«, drängt Mathilda, während sie zusieht, wie Rosa am Waschbecken steht. »Wir haben doch Zeit genug.«

Rosa wäscht sich ungerührt weiter. »Hast du meine Pantoffeln genommen? Igitt, der Fußboden ist eklig«, schimpft sie. Dann flucht sie, sie mag nicht im Morgenmantel über den Flur gehen – die Toiletten liegen am anderen Ende der Etage.

Mathilda zuckt die Achseln. Sie hat den Gang schon hinter sich (in Rosas Pantoffeln) und auch ihre Tasche bereits gepackt. Beim Frühstück – es gibt für jeden zwei Brötchen, Butter und ein Kännchen Kaffee mit Milch – schafft sie es dann doch noch, ihre Schwester zu einem kleinen Spaziergang zu überreden. Das Rheinufer ist so nah.

Köln ist wie Kiel eine zerstörte Stadt, es wird viel gebaut, aber hier unmittelbar am Rhein sind ein paar Häuser stehen geblieben, meist sind sie alt und klein. Die Baustellen ruhen, es ist Sonntag und das Ufer wenig belebt. Nur ein altes Paar kommt ihnen mit einem Pudel entgegen.

»Das Pflaster ist die Pest für meine Schuhe«, sagt Rosa mürrisch. Sie trägt Pumps, aber keine Pfennigabsätze. »Ich kann so nicht lange wackeln.«

Verwaist stehen Tische und Stühle vor den Wirtshäusern – ein Anblick so trist wie Rosas Stimmung. Auf dem Fluss sind zwei Lastkähne in entgegengesetzter Richtung unterwegs, der eine liegt tiefer als der andere, sie treffen sich und tuckern aneinander vorbei. Dabei grüßen sie mit Signalen, einer der Flussschiffer lehnt an seinem Führerhäuschen. Plötzlich kommt die Sonne hervor, und es ist, als würde in der Welt die Farbe angeknipst: Der Mann auf dem Kahn trägt einen tiefblauen Pullover. Der weiße Pudel hat ein rotes Halsband, an dem ein ebenso knallrotes Herz baumelt. Nur in der Ferne der Dom sieht schwarz aus.

Mathilda ist spontan begeistert. »Is dat nid ein herrlisches Bield, wie da Köllna rischtisch sacht?«, albert sie. Da ihre Schwester nicht reagiert, bekräftigt sie: »Ich freu mich schon darauf, ihn von innen zu sehen.« Nur, dass Rosa Bescheid weiß, ein Programmpunkt geht an sie, schließlich ist sie die Chauffeuse. Wenn die Messe vorbei ist, hat die Wirtin gesagt, wird es kein Problem sein, auf den Turm zu steigen.

»Du siehst fabelhaft aus«, sagt sie anerkennend zu ihrer Schwester, als sie im Hof ihr Gepäck im DKW verstauen. Alles ist recht, um Rosas Stimmung zu heben. Und das Kompliment ist ja auch berechtigt. Sie trägt einen hellen Mantel über dem Arm, eine weiße Bluse und einen weißen Tellerrock, auf den große dunkelrote und blaue Blüten getupft sind, die an den Rändern verschwimmen. Sie könnte ein Filmstar sein! Mathilda hat halt einen anderen Stil. Sie ist viel sportlicher in ihrer langen braunen Hose. Immerhin passen die flachen beigen Schuhe gut zum Pullover.

Der DKW heult auf, als sie den Motor anwirft, die Kupplung kommen lässt und Gas gibt. Mathilda lacht, als wär's ein Duett.

»Mein Gott!«, sagt Rosa. Dann düsen sie los.

Sie können unmittelbar vor dem Haus mit der Nummer 12 parken, in dem Gerlinde Zimmer wohnt.

»Eine Ärztin! Wie die dazu kommt, einer Friseuse aus Kiel den Mann auszuspannen. Das werde ich sie fragen«, sagt Rosa verbissen. Dann stößt sie die Wagentür auf und steigt aus.

In diesem Moment begreift Mathilda, dass es nicht gut laufen wird. Dass sie den Kölner Dom an diesem Tag nicht aus der Nähe sehen wird, ahnt sie indes noch nicht.

~

Das Haus ist neu, es sieht aus wie viele andere, wie sie auch in Kiel fertig geworden sind, eigentlich ist es sehr ähnlich dem Gebäude, in das Rosa und Hermann einziehen werden – fünf Stockwerke, viele kleine quadratische Fenster. Kein Balkon. Nur sind die Häuser in Kiel geklinkert, und dieses Haus ist verputzt – und der Eingang ist hinten.

An der Rückseite liegt abgezäunt eine Grünfläche. Nah am Haus ist eine gepflasterte Fläche mit Teppichstangen. Die Frühlingssonne flutet über den großen Rasen und den Hof, aber nur auf dem kleinen Hof spielt eine Schar von Kindern, von sonntäglicher Ruhe kann nicht die Rede sein. Sie hüpfen und fahren Dreirad, springen Seil und schreien – die Freude über den ersten warmen Tag im Jahr verschafft sich Luft. Weil es so warm ist, haben Mathilda und Rosa ihre Mäntel im Auto gelassen.

Zwei junge Frauen, auch sie ohne Mantel, stehen mit dem Rücken zu ihnen. Eine dreht sich um, sie hat einen kleinen Jungen an der Hand. Mathilda sieht erst das Kind an, dann die Frau: Das ist Hermanns Sohn und die Mutter dazu, es ist eindeutig. Der Kleine ist eine Miniatur von Hermann, eine überaus niedliche Ausgabe von ihm. So muss er ausgesehen haben, als er ein kleiner Wicht war.

Wenigstens ist das schon mal geklärt, denkt Mathilda. Davon, dass Hermann die Vaterschaft untergeschoben wurde, kann nicht die Rede sein.

»Guten Tag, ich bin Gerlinde Zimmer.« Die Frau streckt ihnen die Hand entgegen und begrüßt sie freundlich. Ihr Händedruck fühlt sich kalt an, aber das ist das einzige Indiz, dass sie nervös ist. Sie überlässt ihr Kind der anderen, man merkt, dass die beiden das verabredet haben, und geht ihnen voran in den zweiten Stock. Dann sitzen sie in drei kleinen Sesseln in einem hellen Raum, der kaum breiter ist als sein Fenster zum Hof. Fräulein Zimmer schenkt ihnen Tee ein, der in einer schwarzen Kanne auf einem Stövchen bereitsteht. Daneben eine Vase aus Glas mit fünf roten Tulpen.

Sie ist dunkelblond und ungeschminkt – ihre Gesichtszüge sind fein. Was haben sie sich bloß gedacht? Dass eine Frau, ordinär wie ein Straßenmädchen, vor ihnen sitzen würde? Eine Hure mit abblätternden roten Krallen, angetan mit einem über dem Busen klaffenden Negligé?

Gerlinde muss ein paar Jahre älter sein als Rosa, vielleicht ist sie auch schon dreißig. Sie sitzt sehr gerade auf dem Sesselchen. Jetzt ist es deutlich zu sehen, dass auch sie angespannt ist.

Sie lächelt. »Sie haben ja am Telefon gesagt, dass Sie Fragen haben. Und ich dachte, es ist vielleicht gut, dass wir uns einmal sehen«, fängt sie an. »Ich bin so glücklich, dass ich Hans habe. Sie haben ihn ja gesehen.« Sie stellt die Kanne zurück auf das Stövchen. Sie schweigt einen Augenblick, nimmt ihre Tasse und hält sie mit beiden Händen. »Ich werde Ihnen nicht in die Quere kommen, Fräulein Sahlcke.«

»Das sind Sie ja schon«, schnappt Rosa, »und ich frage Sie, was Sie sich dabei gedacht haben? Sie wussten doch, dass er verlobt ist.«

Die andere stutzt. »Meine Beziehung zu Hermann ist beendet.« Sie sieht Rosa direkt an. »Ich habe ihm, ich habe Hermann gesagt, dass ich nichts von ihm wünsche. Ich weiß, dass Sie bald heiraten werden, und ich wünsche Ihnen Glück.«

»Hans ist ein ganz süßer Fratz«, rutscht Mathilda heraus, »die Ähnlichkeit ist unverkennbar.« Vielleicht hätte sie den Mund lieber halten sollen, genau das nicht sagen sollen, bestimmt sogar, aber sie findet Rosas Ton nicht gut und noch weniger, dass sie hier gleich mit Vorwürfen loslegt.

Rosa ist kreideweiß. Ihre Stimme bebt. »Wann haben Sie ihn genau kennengelernt? Wann und wo fing das an?«

»Es war im Krankenhaus in Flensburg«, antwortet Gerlinde ruhig. »Ich war Krankenschwester, und er war Arzt.« Sie zögert. »Ich habe mich verliebt in ihn. Es ist fast fünf Jahre her.«

»Wie alt genau ist der Junge?«, fragt Rosa mit brennenden Augen. »Ich will das Geburtsdatum wissen!«

Die andere hätte auch sagen können, dass sie sich beide leidenschaftlich ineinander verliebt hätten. Oder dass Hermann sie verführt hat oder irgendetwas, das schmerzhafter für Rosa wäre als das, was sie gesagt hat. Macht sie aber nicht. Die Frau imponiert Mathilda. Sie hat gesagt, sie sei Krankenschwester, notiert sie für sich. Wie kommt Rosa darauf, dass sie Ärztin ist?

»Hans wird Ende August vier«, sagt ihre Gastgeberin.

»Wie lange hat es gedauert?« Rosa hat von dem Tee nichts angerührt. Jetzt schlägt sie mit der Hand auf den Tisch, sodass er aus der Tasse schwappt. »Sagen Sie mir, wie lange das Verhältnis anhielt!«

»Ich bin froh, dass ich mein Kind habe. Ich will keinen Unterhalt für Hans von … Ihrem Verlobten.« Fräulein Zimmer ist jetzt formell geworden. »Das habe ich ihm gesagt, jetzt habe ich es Ihnen gesagt.«

Sie steht auf.

Rosa schnaubt verächtlich. »So einfach stellen Sie sich das also vor? Einer anderen alles wegnehmen und so tun, als wäre nichts geschehen!« Sie schluchzt laut auf.

»Einfach? Glauben Sie mir, *einfach* war das alles nicht«, sagt die andere würdevoll.

Mathilda steht ebenfalls auf. Sacht, als könnte sie so eine weitere Explosion vermeiden, berührt sie ihre Schwester am Arm. Durch das geöffnete Fenster dringt Kinderlachen. In der Ferne läuft ein Hund über den menschenleeren Rasen.

»Haben Sie vielen Dank für den Tee und Ihre Zeit, Fräulein Zimmer. Ich glaube, meine Schwester und ich gehen jetzt lieber.«

Rosa stürzt das Treppenhaus hinunter, Mathilda stolpert irgendwie hinterher. *Geliebte*, was für ein bekloptes Wort, fährt es ihr durch den Sinn.

»Ich will hier weg, ich krieg keine Luft«, keucht ihre Schwester.

Draußen empfängt beide der gleißende Sonnenschein. Vom Licht geblendet, hebt Mathilda eine Hand vor die Augen. »Warum darf der Hund auf den Rasen und wir nicht?«, hört sie einen kleinen Jungen fragen. Dann sind sie im Wagen, der DKW heult auf, darauf ist Verlass, aber dieses Mal macht es Mathilda nicht froh.

Lange Zeit sprechen sie nicht. Rosa weint die ganze Zeit. Kurz nach einem Kreisel, sie haben die Landstraße längst erreicht, hält Mathilda den Wagen an. Rosa hat aufgehört zu schluchzen:

»Mir ist schlecht.« Diese Regung ist mächtig, stärker als der Drang zu weinen. Rosa erbricht sich auf den Grünstreifen, während sie mit den Händen versucht, ihren bauschigen Rock aus der Gefahrenzone zu halten. Mathilda ist ebenfalls ausgestiegen und hält Rosa ein Taschentuch hin.

»Ich kotze mein Leben raus«, schnieft Rosa. Und fügt lauter hinzu: »Vielleicht kommt auch das Kind raus!« Dann fängt sie an, wie wild zu lachen.

Mathilda atmet tief ein und dann aus. »Dachte mir schon, dass du schwanger bist.« Das also auch noch!

»Papi darf es nicht erfahren.«

»Quatsch. Glaubst du, er schlägt dich tot, wenn er das erfährt?« Das glaubt Mathilda keine Sekunde. I wo, es gibt doch schon einen Hochzeitstermin! Hochzeit! Das Zauberwort, das einen Bastard in ein geliebtes Enkelkindchen verwandelt. Ein uneheliches Kind in der Familie, das wäre in der Tat nicht vorstellbar. Ein Fräulein mit

Kind! Wie diese Gerlinde das wohl mit ihren Eltern schafft? Souverän, so ist das Wort für das Verhalten, das diese Frau an den Tag gelegt hat – anders als ihre Schwester. Mathilda fragt sich, ob die so souverän auch den eigenen Eltern gegenüber ist? Dass das Raster ihres Vaters – hier *Schlampen,* da *anständige Mädchen* – auf die Welt nicht passt, das haben sie beide heute gesehen.

Mathilda enthält sich jeder Kritik wegen der Darbietung ihrer Schwester eben – Rosas Zusammenbruch macht sie besorgt. Was für eine unsinnige Tour! Wozu sollte sie führen? Warum hat auch ihre Mutter das noch befördert? *Fahrt hin und klärt das, ehe du Hochzeit machst,* hat sie gesagt, als sie bei ihr im Schlafzimmer standen.

»Komm, ich such einen Platz, wo du dich frisch machen kannst.« Sie steigen ein und fahren ein Stück weiter, dann lenkt Mathilda den Wagen auf einen Parkplatz. Sie ist hungrig, und sie will rauchen. Sie kramt die Butterbrotdose hervor, die sich unter einem karierten Handtuch in einem Korb auf dem Rücksitz befindet.

»Ich nehme an, du hast keinen Hunger?« Während sie aussteigt, ohne eine Antwort abzuwarten, und um den Wagen geht, bleibt ihre Schwester sitzen. Rosa öffnet ihre Tür sperrangelweit und stellt die Füße in den schwarzen Pumps nach draußen. So wie sie dort sitzt, in Weiß, mit ihrem rot und blau getupften Rock in dem schwarzen Wagen, sieht sie schon wieder elegant aus. Als wäre nichts gewesen. Makellos. Mathilda wickelt eine Stulle aus – Rosa hat angewidert abgewunken – und bleibt vor der geöffneten Wagentür stehen.

»Ach Mattus, ich bin ein Nichts!«, sagt ihre Schwester und seufzt. »Du hast Abitur, du wirst nicht immer im Laden stehen, eines Tages sogar studieren! Ich fühl mich so klein, mich kann man betrügen und hintergehen, ich bin nur eine kleine Friseuse. Ich darf dankbar sein, dass er mich nimmt. Nie werd ich was sein.«

Mathilda stellt die Brotdose auf das Autodach und schluckt einen Bissen hinunter. Sie ist auf einmal ärgerlich.

»Was ist so furchtbar an deinem Leben? Warum machst du dich selbst so runter? Du machst uns damit doch alle schlecht: die Friseure. Das sind wir nun mal in dieser Familie.«

Rosa schüttelt den Kopf. »Es ist doch kein Hochmut, es ist …«, sagt sie leise. »Du weißt doch selbst, wie es ist … ich sage nur: *Hugo sein Vater …*« Das ist ein geflügeltes Wort unter den Schwestern: Wenn Hugo aus dem *Salon Rosalie* in Gaarden krank ist oder nicht zur Berufsschule kann, schreibt ihm sein Vater eine Entschuldigung. Er unterschreibt dann in markigen Lettern: *Hugo sein Vater*. Für Rosa umreißen diese Worte die ganze gefühlte Enge ihrer sozialen Existenz. Ehe sie weitersprechen kann, liest ihr Mathilda die Leviten:

»Klar ist ein Frisiersalon kein Kongress von Archäologen! Aber du hast einen Meisterbrief, du leitest einen Laden! Glaubst du, dass mein Kittel in Gaarden sich so anders anfühlt als deiner drüben am Westufer? Was ist bloß los mit dir? Du heiratest, deine Rivalin ist aus dem Spiel, dein Mann ist zwar nicht edel, aber er bietet: Aussichten!« Sie wartet vergeblich auf eine Entgegnung. Rosa blickt zu Boden.

»Apropos«, sie deutet auf Rosas Bauch, »dass du dein Leben im Geschäft fristest, das hat sich jetzt sowieso erledigt …«

»Du bist genauso pragmatisch wie unsere Mutter!«, sagt Rosa niedergeschlagen. »Das ist es ja! Hab ich denn wirklich keine andere Option?«

Eine andere Option? Mathilda hat nie einen Moment daran gezweifelt, dass die Verlobung ihrer Schwester Bestand haben würde. Dass dieser Ausflug nach Köln das Potenzial hat, diese zu sprengen, hat sie nicht bedacht. Bei der Vorstellung, dass Rosa die Hochzeit absagen könnte, wird Mathilda ganz schummrig, da blickt sie wie in ein schwarzes Loch.

»Du meinst doch nicht …?« Sie guckt ganz schnell wieder weg. Sie kommt lieber noch mal zurück zum Kern der Angelegenheit: »Eigentlich hast du doch nur mit Hermann zu reden, mit niemandem sonst.«

»Oh, ja, Hermann«, sagt Rosa tonlos. Es klingt, als spräche sie von einem ehemaligen Klassenkameraden, den sie schon lange aus den Augen verloren hat. Sie wird Hermann nicht behelligen. So wie ihr Vater nichts von der Schwangerschaft erfahren wird. Jedenfalls jetzt nicht.

»Gib mir mal die Zigaretten aus dem Handschuhfach!« Mathilda zündet sich eine an und geht ein paar Schritte weiter, weil Rosa angeblich sofort schlecht wird vom Rauch. Sie wedelt angewidert mit der Hand und bleibt nach wie vor im Auto sitzen. Na gut, damit ist das Gespräch also vorerst beendet.

Mathilda lässt den Blick über den Rastplatz schweifen. An einem der Tische haben Vater, Mutter und zwei Kinder Platz genommen, es ist Mittag und warm genug für ein kleines Picknick. Davor parkt ein roter Opel mit einem Düsseldorfer Kennzeichen, ein Rekord Olympia, sie mag das Modell. Die vier sehen fröhlich aus. Das Mädchen trägt Rattenschwänze, der Junge einen Bürstenschnitt, der geradezu militärisch wirkt. Nur ganz oben auf dem Kopf wippt eine einzelne Strähne, während der Kleine in sein Käsebrot beißt. Wäre es ihr Sohn, sie würde ihn nicht so rasieren, wo doch endlich nicht mehr alle Bengel geschoren sein müssen wie die Hitlerjungen.

Mathilda wünscht sich auch eine Familie. Drei Kinder ist das Minimum! Am liebsten würde sie aber erst noch studieren, in jedem Fall gilt es, etwas aufzubauen. Ihre Vorstellungen sind noch vage. Der Krieg und der ganze Mist sind ja zum Glück vorbei. Die Flucht ist dunkle, schauderhafte Geschichte. Auch die Zone haben sie hinter sich. Die Gegenwart erscheint ihr randvoll an Möglichkeiten. Noch kann sie zwar nicht an die Uni, aber sie hat einen Beruf, und anders als ihre große Schwester sieht sie die Vorteile ihres Handwerks: Sie verdient Geld!

Ein lautes Husten reißt sie aus ihren Gedanken: Der kleine Junge hat sich offenbar verschluckt, er rutscht mit hochrotem Kopf von der Bank, sein Vater zieht ihn an sich und klopft ihm auf den Rücken. Dann ist der Bauch dran: weg mit den Krümeln! Abschließend putzt er dem Kleinen den Mund mit dem Taschentuch ab.

Puh! Sein weißes Oberhemd steht am Hals offen, die Ärmel aufgekrempelt. Gut sieht er aus – sie muss an Jürgen denken, und schon lächelt sie.

Wären sie in Bad Bibra geblieben, hätte sie ihn nie kennengelernt. Beim Gedanken an ihn wird ihr warm in der Magengegend. Wärme steigt höher und strömt überallhin. Bis in die Finger- und Zehenspitzen breitet sie sich aus, in jede Faser scheint diese Energie zu dringen. Eine Wallung, die sie urplötzlich überkommt, schnell wie ein Schuss; sie hat ja keine Ahnung von solchen Dingen, aber so stellt sie sich die Wirkung von Drogen vor. Der Gedanke an diesen Mann macht sie selig. Einen Moment lang ist sie fast gelähmt vor Glück.

Ja, sie und Jürgen werden eine Familie gründen, Kinder haben, die Zukunft leuchtet … Zum Glück musste sie Jürgen nicht absagen wegen dieses Wochenendes mit Rosa in Köln, Jürgen konnte ohnehin nicht weg aus Lübeck. Das ist auch so eine Sache, die nur ihre Mutter weiß. Und Rosa natürlich, aber das versteht sich von selbst, sie war von Anfang an eingeweiht. Die Tragweite war ihr von Anfang an klar. Die Sache ist: Jürgen ist noch verheiratet.

Jürgen ist der beste Freund von Hermann. Mathilda und Jürgen, das war Liebe auf den ersten Blick. *Fallen in love,* so heißt es auf Englisch, und man kann es nicht besser beschreiben: Sie sind tatsächlich *in diese Liebe hineingestürzt,* in einen Zustand, aus dem es kein Zurück gibt. Es begann augenblicklich, als Hermann seinen Freund mit zu Rosas Geburtstagsfeier brachte, es war unausweichlich, weil gegenseitig. Im Radio lief Musik, die Fenster standen offen, es wurde getanzt … und um sie beide war es geschehen. Auf das Klavier hatte ihre Mutter einen Krug mit Fliederzweigen gestellt; der Duft von Flieder vermischt sich mit diesen Erinnerungen, ein Leben lang wird sie ihn mit diesem Abend verbinden.

Jürgen lässt sich scheiden. Es ist langwierig, sie müssen diskret sein, und dazu gehört auch: Ihr Vater darf das nicht wissen. Auf keinen Fall! Seine Tochter und ein geschiedener Mann! Dieser Jürgen hat ein gewinnendes Wesen, sagte ihre Mutter am Morgen nach der Party beiläufig. Rosa und Mathilda standen in der Küche und trockneten Gläser ab. Sie wechselten einen Blick. Selbstverständlich hatte ihre Mutter alle Gäste begrüßt und sich einen Überblick verschafft. Sie hatte Augen im Kopf und durch zwei, drei gezielte Fragen an Rosa bald heraus, dass Jürgens Familienstand noch nachzubessern ist.

»Wir hängen das nicht an die große Glocke«, sagte sie ein paar Tage später zu Mathilda. »Bei Gelegenheit bringe ich es deinem Vater bei.«

Ob die anderen etwas merkten? Ihre kleinen Schwestern, die Hühner? Man musste schon mit Blindheit geschlagen sein, um nicht wahrzunehmen, dass Rosas 24. Geburtstag das Leben von Mathilda umgewälzt hat. Auf den Pragmatismus ihrer Mutter, da hat Rosa schon recht, ist Verlass. Ein Gefühl von Dankbarkeit fliegt sie an.

Freilich, wenn Mathilda es bedenkt, mit Rosa ist es anders. Spielraum gelassen hat ihre Mutter der nicht wirklich. Was hat sie zu ihr gesagt? Fahr zu der Geliebten, wenn dich das erleichtert. Klär das. Aber dann will ich nie wieder davon hören! Offenbar lag die Betonung auf dem letzten Satz. Ein Auftrag: Dieses Problem muss abgehakt werden. Und eine Botschaft unter den Worten: Erspare mir Überraschungen. Clara Sahlcke ist eine Mutter, die Ansagen macht.

Sie würde es natürlich abscheulich finden, Mathilda hier unter freiem Himmel rauchen zu sehen. Eine Frau raucht nicht auf der Straße. Vulgär ist das. Billig. Mach das gefälligst, wenn keiner dich sieht.

Mathilda muss sich in Geduld üben. Es wird noch Monate dauern, ehe Jürgen geschieden und frei sein wird. Freilich, so lange auf die Hochzeit warten, wie Rosa das tat, fünf qualvoll lange Jahre, das wird sie ganz gewiss nicht. Man sieht ja an ihr, dass das nichts bringt. Im Gegenteil, es produziert Schwierigkeiten. Rosa und Hermann: ein schwankendes Boot, das ins Dümpeln gerät und umkippen kann.

Sie wirft den Zigarettenstummel zu Boden und tritt ihn aus. Rosa hat die Beifahrertür zugezogen, durch die Seitenscheibe sieht Mathilda ihr Profil. In sich zusammengesunken sitzt sie da – wie eine Fee, die ihren Zauberstab verloren hat. Jung sieht sie aus und verletzlich, ihre große Schwester.

Auf einmal muss Mathilda an den bitterkalten Tag denken, als sie während der Flucht auf einem Bahnsteig Schlange standen, an einer Suppenküche vom Roten Kreuz. Sie schlotterten und hüpften beide, um sich gegen die Kälte zu wehren. Die doppelten Strumpfhosen unter Mathildas langer Hose schützten dagegen nicht genug. Mami und die anderen waren im Zug geblieben, ihre Mutter verteidigte das Abteil mit den kleinen Schwestern. Rosa und sie sollten etwas Essbares ergattern. Es war einer dieser zahllosen Stopps. Plötzlich heulten Sirenen. Fliegeralarm! Zu ihrer beider Schrecken setzte sich der Zug in Bewegung und rollte vor ihren Augen langsam aus dem Bahnhof. Mathilda war starr vor Entsetzen, sie brach in Tränen aus. Rosa rannte rufend und winkend hinter ihm her, bis sie merkte, dass es ausweglos war: Der Zug war nicht mehr zu sehen. Sie kam zurück und umarmte Mathilda.

Die Frauen vom Roten Kreuz waren beschäftigt, den Stand in Sicherheit zu bringen, während die Sirenen weiter heulten. Die Menschen, die eben noch den Bahnsteig in Trauben bevölkert hatten, waren verschwunden. »Hab keine Angst, der Zug kommt schon wieder!«, tröstete Rosa. Mathilda schluchzte und klammerte sich an ihre Hand. Irgendwann, eine Ewigkeit später, rollte der Zug tatsächlich wieder ein. Er kam zurück! Mathilda hüpfte auf und ab und schrie vor Glück, während ihr die Tränen über die Wangen rannen. Erst als sie wieder im Abteil waren, vereint mit Mami und den Schwestern, von allen in die Arme geschlossen, bemerkte Mathilda, wie sehr ihre Schwester zitterte.

Wenn wir als Pferde zur Welt gekommen wären, wäre ich ein Haflinger und sie ein Lipizzaner, denkt sie jetzt. Und dann fällt ihr ein: Wenn wir heute noch vor zehn Uhr in Kiel sein wollen, dann muss ich Gas geben. Im wahrsten Sinne des Wortes. Es ist wirklich ein unsäglicher Mist, dass Rosa noch keinen Führerschein hat.

Andererseits: In diesem Zustand würde ich sie sowieso nicht ans Steuer lassen.

2. KAPITEL

Stolp 1935

Kleinparis, so bezeichnen die Einwohner von Stolp in Hinterpommern ihre Kreisstadt, mit einem Stolz, so selbstverständlich, wie ihn nur die Provinz hervorbringt. Paris? Vielleicht liegt es daran, dass jenseits der Altstadt die Straßen sternenförmig und schnurgerade aufeinander zustreben, dass es Parks und Plätze gibt, die nirgendwo gepflegter sind als hier. Mit Fantasie kann man in den adretten Bürgerhäusern Miniaturausgaben der prächtigen Gebäude am *Boulevard Haussmann* und an der *Avenue Foch* erkennen.

Stolp ist die wohlhabendste Stadt im Regierungsbezirk Köslin – und keinesfalls abgeschnitten von der Welt. In Berlin ist man mit der Bahn über Stettin in gut fünf Stunden, in Danzig in zweieinhalb – die Fahrt ist allerdings beschwerlich, seit man polnisches Gebiet durchqueren muss. Dieser Sommer ist indes so heiß, dass, wer kann, nur an die Ostsee strebt: Bis zum Strand in Stolpmünde braucht der Zug gerade dreißig Minuten.

Von leisen Wellen und Sand an den Zehen kann Clara Sahlcke nur träumen. An einem brütend heißen Tag im Juli 1935 bringt sie Mathilda, ihre zweite Tochter, zur Welt. Das Kind ist willkommen, die Mutter umhegt und behütet, eine wunschlos glückliche Familie, könnte man meinen. Doch bevor Mathilda ihren ersten Schrei ausstößt, geraten ihr Vater und ihr Großvater aneinander, und schuld ist nicht allein die Hitze.

Draußen steht die Luft still. Am Firmament flirren feine weiße Schleier im Blassblau, fast unmerklich ist diese Bewegung. Ein Kind müsste im Gras liegen und in den Himmel schauen, um sie zu sehen. Aber es ist zu heiß, niemand liegt im Gras, und das Gras verliert schon an Farbe und Kraft, die Halme neigen sich unter dem Staub. Die Mütter haben die Kinder nach drinnen geholt, damit sie den Nachmittag unter Laken verschlafen. Am Abend werden sie munter sein und zu lange wach bleiben wollen, nicht leicht zu lenken. Es ist so drückend heiß, dass draußen selbst ein Kind, sagen die alten Frauen, der Schlag treffen könnte. Nur eine einzelne Lerche schmettert ihr Lied in den Himmel, und würde jemand über sie nachdenken, dann sicher mit der Frage, wo sie die Wassertropfen findet, um ihre Kehle zu benetzen, so trocken ist es überall. Ausgedörrt hängen die Geranien in den Pflanzkübeln am Bismarckplatz. Der Gesang der Lerche ist der einzige Ton, der die Hitze durchbricht, die sich seit Tagen über die kleine Stadt wölbt. Und alles stillstehen lässt.

Nur die Wut macht nicht halt. Die Wut und die Hitze treffen aufeinander, sie vereinigen sich, und die Hitze verleiht der Wut Kraft. Der Zorn zweier Männer bricht sich an diesem Nachmittag Bahn, wie nur lang aufgestaute Gefühle es können – auf der Kellertreppe des Hauses in der Schmiedestraße. Es gehört Gustav Hirsch. Noch. An diesem Julitag geht es über in den Besitz seines Schwiegersohns, und das hat nichts mit dem Grundbuch und viel mit Gefühlen zu tun. Wer die Macht in einer Familie hat, das ist eine besondere Angelegenheit. Bis zu diesem Tag herrschte Unklarheit, was das Besitzen und das Herrschen angeht, und das ist das Problem:

Wer ist der Herr im Haus?

Beide Männer sind nicht groß, Gustav ist stattlich, sein Haar beginnt weiß zu werden, aber es ist dicht, widerborstig. Rudolf, der junge Mann, überragt ihn um einen halben Kopf, er ist kein Schmalhans, aber in jeder Hinsicht, bis auf das tiefe Grübchen am Kinn, eher unauffällig. Beide bewohnen sie das Haus mit ihren Frauen, es bietet Raum für viele Menschen, aber der Platz reicht nicht mehr für

Schwiegervater und Schwiegersohn. Beide bersten vor Energie und Aggression.

Die Treppe, auf der sie ihren Kampf austragen, führt neben der verglasten Veranda hinunter zum Keller. Das Geländer wird jedes Jahr weiß gestrichen, was Mühe bereitet, denn Clara, Gustavs Tochter und Rudolfs Frau, besteht darauf, dass das Geländer nicht nur weiß zu sein hat, sondern dass der wilde Wein, der unter dem Handlauf an den Verstrebungen rankt, seine Ranken behalten muss. Denn es sieht so schön aus, im Spätsommer, wenn die Blätter sich rot verfärben: das Rot und das Grün auf dem Weiß! Auch das Haus ist weiß. Schaut man von der Wilhelmstraße in Richtung Schmiedestraße, leuchtet es über den Weiden, die das Ufer der Stolpe beschatten, während sie sich mit leisem Gurgeln durch das Städtchen schleppt. Und noch färbt sich kein Blatt, alles welkt vielmehr in der Hitze, denn dieser Julitag ist so erbarmungslos heiß, dass selbst das Flüsschen zu ermatten scheint und sein Gurgeln einstellt.

Rudolf will die Treppe hinauf, eine Kiste in beiden Händen, der Alte will hinunter. Keiner weicht aus, sie rempeln einander an. »Bist 'nen vermaledeiten Sausack«, entfährt es Gustav. Die Kiste mit dem Saft scheppert zu Boden, Flaschen bersten auf den Stufen. Kirschsaft spritzt. Am Fuße der Treppe, inmitten der Scherben, beginnen sie zu ringen. Tiefrot färben sich die Holzpantinen des Alten, das Leder von Rudolfs Schuhen bleibt verschont. Rudolf sagt kein Wort, er packt zu. »Du brauchst 'ne Abreibung, det brauchste!«, keucht sein Schwiegervater. Schultern donnern an Wände. Aber dann ist plötzlich der Alte es, der innehält und loslässt. Beschämt. So nah war er Rudolf noch nie – er kann die Pomade in seinem schwarzen Haar riechen. Hier ist die Grenze, das fühlt er. Und so stehen sie einen Moment und starren einander an, feindselig und schwitzend. Die Köpfe wie Hähne gereckt.

»Zieh Leine«, schnappt der junge Mann, während der Alte sich die Schulter reibt. »Ich mach das schon.« Er meint das Desaster am Boden.

Sein Schwiegervater stapft nun finster die Treppe hinauf, zurück in das Licht des Gartens. Er geht zum Fluss, zum Ufer unter den Weiden sind es nur wenige Meter. Dort versucht er, seine Holzschuhe zu reinigen. Das dauert eine ganze Weile, weil in Wasser getauchtes Gras nichts gegen Kirschsaft ausrichtet und weil sein innerer Aufruhr groß ist. Ein leichtes Zittern durchläuft seine rechte Hand. Er hat nur diese eine Tochter: Clara. Ein Enkelkindchen und Marie, seine Frau. Dies ist sein Heim und sein Leben. Allmählich verlängern sich die Schatten der Weiden, sie kriechen über den kleinen Rasen auf das Haus zu, das wie eine weiße Burg über der Stolpe thront. Diesen Platz hier hat er, Gustav Hirsch, gesucht und geschaffen. Ihm ist nichts zugefallen, ein Lied könnte er singen! Sein Vermögen hat er selber aufgebaut; die Frau, die er geheiratet hat, war keine reiche Erbin. Einstecken und schweigen. Das musste er trotzdem. Niemals wäre ihm eingefallen, seinen Schwiegervater von der Treppe zu stoßen! Während er das stille Flüsslein betrachtet, ballt er die Hände zu Fäusten.

Schließlich hört er von der Veranda seine Frau nach ihm rufen, sie klingt ein wenig besorgt. Da trottet er zurück zum Haus. Dort angekommen, vermeidet er den Weg durch den Keller.

»Hast du dich verletzt, Rolli?«, fragt Marie Hirsch oben auf der Veranda ihren Schwiegersohn, der sich zur Kaffeestunde schon eingefunden hat. (Rolli, so nennen beide Frauen im Haus Rudolf liebevoll.) »Ist das Blut auf deinem Hemd?«

Sie weist auf einen kleinen Spritzer am linken, aufgekrempelten Ärmel von Rudolfs ansonsten tadellos weißem Hemd. Sein Haar glänzt, der Scheitel sitzt.

»Ach das«, sagt er und zuckt mit den Achseln, während Marie die Haube von der Kaffeekanne zieht; trotz der Hitze gibt es die Haube, darauf schnäbeln zwei grüne Wellensittiche, und sie schenkt ein. Die weißen Markisen, die in diesem Juli nicht mehr hochgezogen werden, weil es sonst einfach zu warm wird, filtern das Licht und dämpfen die Sonne. Die kleine Rosa zwitschert herein, ihr später Mittagsschlaf ist vorbei, sie trägt ein weißes Kleidchen, frisch wie Schnee. Rudolf murmelt etwas Unverständliches. Marie schaut ihn fragend an. Da stimmt etwas nicht. Ihr Blick wandert zu ihrem Mann, der nun ebenfalls die Veranda betritt, und zurück zu Rudolf. Der setzt sich gerade an die Stirnseite des Tisches, dorthin, wo sonst sein Schwiegervater der Tafel vorsitzt.

Erschrocken stellt Marie die Kaffeekanne ab. Stumm nimmt Gustav an der Längsseite Platz, stumm schiebt er die Tasse in Richtung seiner Frau. Kuchengabeln klappern, das Schweigen lastet. Die kleine Rosa trommelt ungeduldig mit den Füßen gegen die Beine ihres Kinderstuhls, den sie bei Tisch nicht verlassen darf.

»Opi, gehen wir noch zu den Enten?«

»Aber ja doch, Rosinchen, aber ja«, brummt Gustav.

Unterdessen liegt Clara oben in ihrem Schlafzimmer, wo sie seit einer Woche auf die Niederkunft wartet und nur die Hebamme und ihre Mutter in ihrer Nähe duldet. Selbst Rudolf und die kleine Rosa mag sie nur kurze Zeit um sich haben – Clara ist lahmgelegt von der Hitze. Nach ihrer Mutter läutet sie mithilfe der Klingelschnur, die in die Küche im Untergeschoss führt. Die verwandelt sich dann wie selbstverständlich in einen dienstbaren Geist und eilt herbei, um Bestellungen entgegenzunehmen. Hingebungsvoll huscht sie treppauf, treppab, als existierten weder ihre Knie noch die hochsommerlichen Temperaturen. Jeden Wunsch liest sie ihrer Tochter von Augen und Lippen ab. Wie eine Bienenkönigin lagert die in ihrem Mahagonibett zwischen Kissen aus zartrosa Leinen, bedruckt mit englischen Landschaften, inmitten von Büchern, Salben und Journalen, nur dass es anstelle von Gelee Royale täglich eine silberne Schale mit Eiskugeln gibt, die Rudolf eigens von Anton Tesstow, dem Konditor, besorgt und in einer Kühltasche heranschafft. Erdbeer und Vanille, bitteschön!

Das Hochamt des Eisholens würde sich Gustav zu gern mit Rudolf teilen, und so würde es wohl auch sein, hätte es nicht den Vorfall auf der Kellertreppe gegeben, der jedes Gespräch zwischen den beiden Männern bis auf Weiteres unterbindet. Clara, die im Obergeschoss vor sich hin brütet, ahnt nicht, wie sehr es das Herz ihres Vaters beschwert, dass er ihr sonst nichts zuliebe tun kann, außer dafür Sorge zu tragen, dass frische Levkojen und Lilien in einer Vase auf ihrem Nachttisch stehen, eine eigenwillige Mischung, aber sie liebt nun mal weiße Lilien und hat diese gegen jeden Brauch sogar als Brautstrauß getragen. Zu gern würde Gustav sie noch ein wenig mehr verwöhnen.

Und Clara? Clara ist einfach froh, dass sie so tun kann, als wüsste sie hier und jetzt in ihrer Kemenate von keinerlei Konflikt. Würde sie nicht dauernd so schrecklich schwitzen, könnte sie in vollen Zügen die Parade genießen, zu der die Vorbereitungen der Niederkunft geraten, die Betriebsamkeit der kleinen Schar von Menschen um sie herum: Wie eine Bienenkönigin liegt sie also in der schönsten Wabe und wartet.

Drei Tage später wird Mathilda geboren. Mit dichtem, strubbeligem Haar auf einem kantigen Köpfchen. Im milchigen Licht, das durch die Markisen dringt, döst sie in ihrer Wiege und ist so benommen von den Strapazen der Geburt, dass sie noch niemandem zeigt, wie kräftig ihre Stimme ist. Im ganzen Haus scheinen liebende Menschen keinen anderen Zweck zu kennen, als das Neugeborene und die junge Frau abzuschirmen: von der Hitze, von jeglicher Last des Alltags und vor der Zukunft, so, als ahnte die Familie, dass ihre Sommer in Stolp gezählt sind und etwas droht, für das das Wort Gewitter viel zu klein ist.

Rudolf ist hochzufrieden mit dem Kampf vor der Kellertür. Jetzt sind die Fronten geklärt. Der Alte wird sich erst mal nicht mehr in den Laden trauen, während Clara im Wochenbett liegt. Was taucht er da überhaupt noch auf? Neulich hat er doch tatsächlich die Zeitschrift *Das Bollwerk* verschwinden lassen! Ab sofort ist Schluss mit solchen

Übergriffen. Auch damit, dass der alte Hirsch ihm das Gefühl gibt, er habe ihn, den Schwiegersohn, beschenkt. Als wäre er ein Mitgiftjäger! Jede noch so kleinliche Forderung hat Rudolf erfüllt. Das Friseurgeschäft hat Gustav vor drei Jahren übergeben. Alleinige Eigentümerin: Clara. Obwohl beide, Clara und Rudolf, im Laden stehen. *Salon Sahlcke* wollte Rudolf den Laden nun nennen – statt *Friseur Hirsch*. Er biss auf Granit, bis Clara die Sache löste, indem sie ihren zweiten Taufnamen vorschlug: *Salon Amelie*. In Wahrheit ist der Kerl doch nur eifersüchtig, dass Rudolf dem Clärchen jetzt nähersteht als er selber. Aber das ist nun mal der Lauf der Welt.

Ja, die Rauferei auf der Treppe war überfällig.

Die Politik, der braune Glaube, vertieft den Graben, der zwischen ihm und seinem Schwiegervater liegt. Der Alte ist von gestern, denkt Rudolf, dass er den Deutschnationalen vertraut hat, passt ins Bild, mit denen war wirklich kein Staat mehr zu machen. Genugtuung verschafft ihm nicht nur, dass er den alten Mann in die Schranken gewiesen hat, sondern auch dies:

Endlich räumt Hitler auf! 1935, im Jahr von Mathildas Geburt, drängeln sich die Leute, um in die NSDAP einzutreten.[18] Es ist wie nach einer Premiere, die das Publikum begeistert: Die Leute hören nicht auf zu klatschen und übertreffen einander mit Bravo-Rufen. Rudolf ist bereits seit 1932 in der Partei. Das wird ihm noch nutzen.

Als junger Mann ist er in Stettin bei einem Tabakhändler in die Lehre gegangen, ein paar Jahre später ist er zurückgekehrt nach Hinterpommern. Das Leben in der Stadt – der einzigen Großstadt in Pommern –, hat ihn ziemlich angestrengt. Nur zu gern ist er mit dem Zeugnis in der Tasche heimgekommen nach Stolp, wo er geboren und aufgewachsen ist, um Clara zu heiraten. Die beiden kannten sich schon als Kinder. In manchen Ohren mag das ein wenig traurig klingen, so als besäße das Leben kein Geheimnis und erst recht keine Überraschungen mehr. Aber es ist schon so, dass er und Clara ganz versessen aufeinander waren und es immer noch sind.

Nebenbei war Clara eine gute Partie.

Seit seiner Zeit in Stettin hängt Rudolf den Nationalsozialisten an. Während er dort aber für alle der Jüngling aus Hinterpommern war, ist er in Stolp ein Pionier. Hier ist er wer. Er ist Teil der Bewegung, die an der Uni Greifswald begann, Stettin ergriff, um dann ganz Pommern zu erfassen. *Grenzland in Not*, diese Parole intonierten zwar auch andere,[19] aber allein die NSDAP, davon ist Rudolf schon 1930 überzeugt, kann das Problem mit Polen lösen. Das Diktat von Versailles muss weg und mit ihm der polnische Korridor!

Friseure schauen dem Volk aufs Maul. Anfang der Dreißigerjahre klagen die Leute viel – wo sonst könnten sie sich aussprechen, wenn nicht beim Barbier? Rudolf stimmt zu, und er setzt gern noch einen drauf. Dafür muss er kein großer Redner sein, nichts liegt ihm ferner. Zwar kommen Friseure (genau wie Tabakhändler) gut durch die schlechte Zeit – Haare und Bärte muss man immer schneiden, geraucht wird auch in der Krise. Aber was eint so sehr, wie gemeinsam zu schimpfen? Berlin hat lange genug gestümpert, ohne die Wirtschaftskrise zu bewältigen.

»Mein Fuhrpark ist halbiert. Das Geschwätz les ich nicht mehr!«, sagt Erwin Lehmkuhl zornig und versetzt der *Zeitung für Ostpommern* einen Schlag. Er ist Holzhändler – und die Stolper Möbelfabriken produzieren immer weniger. Von Rasur zu Rasur – er gönnt sich die Behandlung im Salon einmal pro Woche – wird Lehmkuhl ungehaltener.

»Warum hilft Berlin Ostpreußen, aber nicht Pommern?«, fragt er. In der Zeitung steht, der Reichstag habe neue Zuschüsse für ostpreußische Frachten beschlossen. Die polnische Bahn lässt sich jeden deutschen Transport nach Danzig und ins Reich teuer bezahlen. Solche Unterstützung bräuchten pommersche Händler und Gutsbesitzer genauso dringend![20] »Wir haben immer den Weg über Danzig genommen. Wissen sie's nicht oder wollen sie's nicht wissen?« Lehmkuhl knetet seine Hände – es sind Pranken –, er hat zwei weitere Fahrer entlassen müssen.

»Jemand aus der Schwatzbude müsste mal so einem Familienvater ins Gesicht sehen. Der bleibt nicht hier, der nimmt seine Kinder und zieht an die Ruhr.« Die Abwanderung aus dem ohnehin dünn besiedelten Pommern ist ein Problem.

»Die haben keine Ahnung von uns. Wenn überhaupt, waren die mal in Kolberg zum Baden«, sagt Rudolf, »dann glauben sie, Pommern zu kennen – die schönste Provinz in Deutschland.« Es geht auch um Gefühle.

»Hinterpommern? Für die sind wir der Rand der Welt! Die meinen, auf uns herabschauen zu können.«

»Genau. Hinterpommern wie Hinterwäldler!«, pflichtet Rudolf ihm bei.

Hitler redet von Ostpommern. Fünfmal ist er allein 1932 in der Provinz gewesen. Jedes Mal hat er vor Massen gesprochen – in Pasewalk, Stettin, Lauenburg, Köslin und Stralsund. In Stralsund warteten sie auf ihn bis zum Morgengrauen – sein Flugzeug hatte wegen der Witterung Verspätung. Ins grenznahe Städtchen Lauenburg pilgerten mehr als zwanzigtausend Pommern, um ihn zu hören. Das vergessene Grenzgebiet, rief Hitler, gelte es in ein lebendiges *Bollwerk* zu verwandeln. *Das Bollwerk*, so heißt auch die Zeitschrift, die Rudolf im *Salon Amelie* auslegt und die sein Schwiegervater da partout nicht haben will. Bei der Reichstagswahl 1932 stimmen die pommerschen Handwerker und Kaufleute in Scharen für die NSDAP.[21] Und als Hitler an der Macht ist, hält er Wort. Lauenburg kriegt eine neue Lehrerhochschule. Hitlerjungen aus ganz Deutschland erwandern das *Ostland*, Großstadtkinder sollen deutsches Blut und deutschen Boden erleben. Täglich liest man, dass Schulungslager entstehen – genauso wie Strom- und Wasserleitungen, Pumpen und Straßen.

Es ist auch neumodischer Kram dabei, findet Rudolf: Kindergärten für Landarbeiterinnen. Er weiß nicht … Aber da widerspricht ihm Lehmkuhl vehement, genau das findet er richtig: »Saisonarbeiterinnen aus Polen kommen ja nicht mehr genug«, wirft er ein. »Also brauchen wir deutsche Frauen für die Ernte.«

1934 zählt die SA viereinhalb Millionen Mitglieder in Deutschland. Sechstausend sind es in der Kreisstadt Stolp. So viele Männer? Die Stadt hat nur knapp 48 000 Einwohner. In der SA sind beileibe nicht nur junge Schläger, Arbeitslose und Trinker. Nein, die SA in Stolp wäre nichts ohne ihre ehrbaren Familienväter. Von Rudolfs Bekannten sind etliche dabei: Gärtnermeister Peitz, Assessor Salewski und auch Holzhändler Erwin Lehmkuhl.

Dass Rudolf nicht in der SA mitmarschiert, liegt an seiner Frau. Clara bremst ihn: »Zweimal die Woche Appell? Hast du nichts Besseres zu tun? Wir erweitern das Geschäft, und du wirst bestimmt bald wieder Vater!« Außerdem: Die Sturmabteilung agiere roh, sagt Clara. Darin spiegelt sich, was die besseren Damen, die sie frisiert, so reden. Clara hat Sensoren und richtet sich lieber nach denen *oben* als nach dem Geschwätz da *unten*. Dieser Wind ist allerdings alles andere als stetig, das wird sich noch zeigen.

»Wir formen aus der Masse ein Volk, jeder Mann muss mittun«, widerspricht Rudolf markig.

»Ja, ja«, sagt Clara. Und nach einer Pause: »Entweder du spielst Tennis oder du bist in der SA. Für eins reicht deine Zeit nur.«

Da hat sie recht. Rudolf ist dreimal in der Woche auf dem Tennisplatz, mindestens. Von nichts kommt nichts: Er will Pommernmeister werden.

»Also gut«, sagt er versöhnlich. Eigentlich hat er mit dem Militärischen eh nicht viel am Hut. Rudolf ist ein guter Sportler, ein Tennis-Ass, aber er hat auch viel Sinn für Gemütlichkeit – und er ist gern Vater. In diesem, dem einzigen Punkt fühlt er anders als die Nazis: Wenn ihm etwas schnuppe ist, dann das Gerede vom *Stammhalter*. Nein, ob ihm eine Tochter geschenkt wird oder ein Sohn, das ist nicht wichtig. Hauptsache ein gesundes Kind! Claras und sein Kind. Er glüht vor Stolz, wieder Vater geworden zu sein. Stundenlang kann er sitzen und die kleine Mathilda anschauen – besonders gern an der Brust der Mutter.

»Geh, Rolli! Du Busen-Fanatiker, du!«, sagt Clara dann zärtlich.

Rudolf ist Kaufmann, darauf legt er Wert. Er ist nicht bloß Friseur – das ist kein angesehener Beruf, das weiß jeder, und er hätte ihn nie erlernt, wenn sein Schwiegervater ihn nicht dazu gezwungen hätte. Ohne das Handwerk hätte er Clara nicht heiraten dürfen: die erfolgreiche, jüngste Friseurmeisterin Pommerns. Wenn er für Geschäfte mit der Bahn nach Berlin reist, was vorkommt, und er sich im Hotel eintragen muss, dann schreibt er: *Rudolf Sahlcke,* und unter Beruf: *Kaufmann.* Stimmt ja auch. Für den *Salon Amelie* führt er die Bücher und sorgt für den Einkauf. Gerissen darum, Haare zu schneiden, hat er sich nie – rasieren, das geht schon eher. Seine Frau und er teilen sich die Aufgaben: Clara leitet den Damen- und er den Herrensalon, sie hat Ideen, Rudolf macht die Honneurs und führt ihre Ideen aus. Sie will außer Friseuren und Friseusen noch zwei Fräuleins als Kosmetikerinnen? Er setzt die Verträge auf. Bessere Konditionen bei den Lieferanten? Er fährt hin und verhandelt. Wozu ihn der sture Alte nie zwingen konnte, ist, einen weißen Kittel anzuziehen. Rudolf denkt nicht im Traum daran, schließlich ist er kein Drogist.

Er, Herr Sahlcke, steht im dunklen Anzug im Geschäft.

Unter den Kundinnen sind auch Damen von den umliegenden Gütern, sie sind von Adel und haben alte Namen wie von Zitzewitz, von Puttkamer und von Stojentin. Wenn sie sich die Haare machen lassen, fahren sie mit dem eigenen Automobil vor – oder lassen sich fahren. Der Chauffeur von Frau von Stefanis aus Quatzow parkt den Horch immer an der Wasserstraße, es versammeln sich dann nicht nur kleine Jungen, um ihn zu bewundern. Clara hat Gespür: Der *Salon Amelie* ist inzwischen *die* Adresse für Schönheit in der Kreisstadt. Da geht man hin. Frau Sahlcke hat die Damen aber unbedingt persönlich zu bedienen.

»Gnädige Frau sehen heute wieder bezaubernd aus!« Rudolf verbeugt sich und nimmt den Mantel ab – er gibt für sie den Theo

Lingen, mit einem Schuss Selbstironie. Die Damen lachen und nehmen Platz. Clara und Rudolf müssen nicht groß darüber reden, es eint sie die Absicht, gesellschaftlich mitzuspielen.

Vorsicht, was die SA angeht? 1934 erweist sich, dass Claras Instinkt ins Schwarze trifft! Die SA wird gesäubert. Verhaftungen, Todesurteile, Morde. Nichts wird verhehlt. Ein Putschversuch, erfolgreich niedergeschlagen, heißt es in der *Pommerschen Zeitung*, dem Parteiorgan der NSDAP. Die Vorgänge schlagen Wellen, täglich kommen neue Nachrichten, und im Salon geht der Gesprächsstoff nicht aus. Die Gauzentrale in Stettin wird umgekrempelt. Gauleiter Karpenstein ist geflohen! SA-Männer in Stettin werden verhaftet, wegtransportiert und umgebracht. Auch die SA in Stolp – ein wichtiger Pfeiler des Gaus – ist betroffen. Gotthard von Arnim, der Führer der SA-Standarte 176, wird nach sechs Wochen Haft entlassen, aber nie wieder rehabilitiert.

»Karpenstein und seine Leute haben es einfach zu wüst getrieben«, sagt Frau von Stefanis bei ihrem Besuch im *Salon Amelie* zu Clara. »Die Folterungen! Unsäglich!« Sie sucht Claras Blick im Spiegel, und fast hätte sie den Kopf geschüttelt, wäre Clara nicht gerade dabei, mit dem Stielkamm eine Strähne an ihrer Schläfe zu ziehen.

»Wie gut, dass du dich zurückgehalten hast, Rolli«, sagt Clara später zu ihrem Mann.

~

An dem Tag, als Mathilda geboren wird, ist der neue Gauleiter genau seit einem Jahr in Stettin. Der Führer hat Franz Schwede-Coburg geschickt, um Ordnung zu schaffen. Schwede-Coburg ist nun auch Oberpräsident der Provinz Pommern. Sein Name klingt ein bisschen so, als wäre der Mann von Adel, dabei war er früher Maschinenschlosser und Matrose. Adolf Hitler hat ihm den Namen *Coburg* als Zusatz verliehen, um diesen Getreuen auszuzeichnen: Schwede ist nach der Stadt in Bayern benannt, wo es dem gebürtigen Ostpreußen als erstem Nationalsozialisten in Deutschland gelungen ist, bei Wahlen das Amt des Bürgermeisters zu erobern. »Ein lieber Junge mit einem großen Herzen«, so nennt ihn der Führer. Gemäß seinem Wunsch macht Franz Schwede vom ersten Tag an etwas anders als sein Vorgänger im Amt: Er hört auf, gegen die Gutsbesitzer zu agitieren.

In der Bevölkerung hat der neue Gauleiter bald den Spitznamen *Nero*. Manche sagen auch *Papa Schwede*. *Nero* ist nicht unbedingt kritisch gemeint. Die meisten Pommern sind von den Nationalsozialisten begeistert; 56,6 Prozent haben im März 1933 den Nazis ihre Stimme gegeben, dreizehn Prozent mehr als der Durchschnitt in Deutschland. Aber die besondere Brutalität dieses Mannes notieren sie doch. *Veste Coburg* nennen sie nun das Landeshaus der NSDAP in Stettin. Und Brutalität kommt auch an. Die *Pommersche Zeitung* kündet täglich davon: Klarheit verlangt Härte! Aufbau verlangt Opfer! Endlich sind Männer am Ruder, die schlagkräftig sind und diszipliniert. Das ist befreiend! Es geht um das große Ganze. Bei den Reichstagswahlen 1936 werden 99 Prozent der Pommern ihre Stimme den Nazis geben. Andere Parteien dürfen längst nicht mehr antreten, dennoch: Mehr Rückhalt als in Pommern gibt es nirgends.

Kein Lüftchen bewegt die Hakenkreuzfahnen im Juli 1935, während Mathilda die kleinen Hände zu Fäusten ballt und Clara die Tage als Wöchnerin genießt. Schlaff hängen sie vorm Kreishaus herab. Das Gebäude liegt am anderen Ufer der Stolpe, gegenüber dem weißen Haus, dessen Eigentümer zwar dem Papier nach immer noch Gustav Hirsch ist, dessen tatsächlicher Hausherr aber nun Rudolf Sahlcke heißt.

Das Kreishaus ist aus Backstein und weißem Tuffstein gebaut und so solide, stattlich und ehrwürdig, wie es typisch für die Kaiserzeit war. In diesem Gebäude mit dem imposanten Uhrenturm tagten im Jahr 1933 die gewählten Vertreter aus dem Landkreis das letzte Mal, die Macht übernahmen dann die Ausschüsse, im selben Jahr stellten auch sie ihre Arbeit ein: Die demokratische Mitwirkung ist inzwischen erledigt. Die Verwaltung im Landkreis, vom Bauamt bis zur Forstverwaltung, wird jetzt von der NSDAP kontrolliert. Den Landrat gibt es noch, aber seine Zuständigkeit ist nicht klar abgegrenzt von der der Partei.[22] 1937 ersetzt der Gauleiter ihn durch einen Mann seines Vertrauens – wie er überhaupt durchgreift: Die Polizei wird verstärkt, Uniformierte ziehen ins Erdgeschoss. Fast alle Leiter der siebenundzwanzig Kreise der NSDAP im Gau wechselt Schwede-Coburg aus.[23] Auch Stolp bekommt einen neuen Kreisleiter – Walter Anschütz ist ein schlagkräftiger Mann. Rudolf Sahlcke kennt ihn vom Tennisplatz. Die deutlich bessere Rückhand hat Rudolf.

Im Juli 1935 ist es viel zu heiß, um Tennis zu spielen.

Rosa ist vier Jahre alt und ratlos. Man hat sie vertröstet. Zum Entenfüttern mit ihrem Opi ist es noch zu früh, das kann sie erst am Abend. Dann wird er sie abholen. Dass auch ihr Großvater gerade einen Thron verloren hat so wie sie selbst, davon hat sie keine Ahnung. Niemand außer ihrer Mami hat ihr bislang jeden Morgen die dunklen Haare gebürstet, aber seit ihr Schwesterchen da ist, macht das ihre Oma Marie. Rosa steht mit einer großen weißen Schleife im Haar ehrfürchtig neben der Wiege, in der die neugeborene Mathilda schlummert. Ein himmlisches Lächeln huscht über das kleine Gesicht und verschwindet wieder – Rosa betrachtet es und fühlt sich verloren.

Was Erwachsene einer Erstgeborenen so erzählen, wenn sie durch ein Geschwisterchen entthront wird, das hat sie alles gehört: Freu dich, eine neue Spielkameradin! Du bist ja schon soo vernünftig! Und still, das soll Rosa sein, ihre Mutter schläft ebenfalls im abgedunkelten Zimmer. Also hockt sie sich hin und tut so, als würde sie dem Säugling eine Geschichte zuflüstern. So sitzt sie und wartet.

Irgendwann aber hat Rosa lang genug still gesessen. Die kleine Schwester in der Wiege ist eine Enttäuschung. Was kann sie tun? Sie könnte Tante Steinlein besuchen, unten in ihrem Laden mit den süßen Bonbons … oder, nein! Das ist besser: Sie läuft durch die stille

Wohnung und holt ihre Murmeln aus dem Spielzimmer. Schon hüpft sie die Treppe hinunter – mit Mühe reicht ihre Hand an das Holzgeländer, das in einem schönen Schneckenknauf endet.

Dort unten im kühlen Treppenhaus kommt ihr Frau Oswald entgegen. Die Nachbarin lächelt und bleibt stehen.

»Gehst du raus in den Hof, liebe Rosa?! Da wird sich Georg aber freuen!«

Rosa nickt. Wie sie vermutet hat, sitzt Georg draußen im Schatten in seinem Stuhl. Sie hüpft schneller. Georg ist der Sohn von Frau Oswald. Allein laufen kann er nicht, deswegen müssen seine Eltern ihn immer zusammen in den Hof tragen. Sie wohnen im ersten Stock, direkt gegenüber von Rosas Opa und Oma, sie führen das Geschäft mit Papierwaren im Erdgeschoss.

Mit Murmeln spielen kann Georg ja nicht, dafür ist er viel zu tapsig mit seinen Händen. Aber er schaut gern zu, wenn sie ihre bunten Glaskugeln über den festgestampften Boden rollen lässt. Sie hat eine hölzerne Rampe, die ihr Opa gebaut hat, die stellt sie jetzt vor ihm auf, und schon klickert sie los. Georg gluckst vor sich hin, so wie er es immer macht, wenn er sich freut.

»Osa!«, sagt er mit Mühe. »Osa!«

Seine großen braunen Augen wandern von Rosa zu den Murmeln und zurück, und manchmal, wenn die rote Murmel besonders weit rollt, nickt er Rosa wild zu. Ein Speichelfaden fließt dann an seinem Kinn hinunter und sickert in das Lätzchen, das seine Mutter ihm um den Kragen gelegt hat. Das macht Frau Oswald immer, wenn sie ihn im Rollstuhl nach draußen schiebt. Georg ist viel größer als Rosa, aber richtig reden wird er nie, weil er krank ist. Das hat Omi ihr erklärt. Ab und zu schaut Rosa aus der Hocke auf und guckt nach ihm, um sich zu vergewissern, dass sie seine Aufmerksamkeit hat. Der Junge sieht zu, das tut ihr gut. Sie spielt weiter, ein Lächeln im Gesicht.

Es ist ein stilles Einvernehmen, es braucht keine Worte.

Gustav hat sich in den Garten geflüchtet. Er leckt die Wunden, die ihm sein Schwiegersohn zugefügt hat. Was für ein Trost ist ihm dieses Stück Grün! Es ist, als hätten Marie und er mit ihm etwas aus ihrem früheren Leben bewahrt und gerettet. Der Garten liegt flussaufwärts an der Stolpe, ein Stück Land, das sie gepachtet haben, als an eigenen Grundbesitz noch nicht zu denken war. Dahin gelangt man über einen Pfad, der sich am Flussufer zwischen Schilf und Gras windet, beschattet von Weiden und gesäumt von Grundstücken, die nur vereinzelt bebaut sind. An seinem Ende liegt er, versteckt hinter hohen Holunderhecken.

Es ist eine Pracht von einem Gemüsegarten, kein bloßes abgezäuntes Areal für ein paar Kopfsalate und Schnittlauch, das angelegt ist, der häuslichen Küche ein bisschen Frischzeug zuzuliefern. Nein, es ist eine paradiesische Pflanzung, in der Ordnung und Natur eine Verbindung eingehen, geschaffen vom unermüdlichen Fleiß der beiden Gärtner: Reihen von Porree, Möhren, Salatköpfen und Rosenkohl staffeln sich zu beiden Seiten des Wegs. Die Symmetrie durchbrechen nur die Spargelbeete mit ihrem Kraut, während ansonsten zu beiden Seiten Üppigkeit herrscht: rechts die krausen Blätter von Rettich und Radieschen; dann Petersilie, Liebstöckel, Thymian und Zitronenmelisse. Links von der Spargel-Brache gedeihen, frisch gehäufelt, die Kartoffeln, dann klimmen Tomaten, weiter hinten stehen Spaliere von Bohnen und Erbsen stramm, in schöner Harmonie zum Spalierobst auf der anderen Seite des Wegs. Bezwungen ist der Wunsch des Apfelbaums, in die Höhe zu schießen, bezwungen die Lust der Kirsche, ihre Zweige wie Finger in die Luft zu strecken und sich zu fächeln. Fixiert an Holzlatten, an die Mauer des Schuppens gelehnt, seufzen sie unter der Last ihrer Früchte. Seitlich begrenzen den Garten Büsche von Himbeeren und Johannisbeeren, Marie hat sie mit Netzen vor den Amseln geschützt. Ganz hinten, jenseits des Schuppens, beschattet von einem alten Fliederbaum, steht eine Bank, daneben der alte Rhabarber. Gustav setzt sich und streicht mit der Hand über die riesigen Blätter: wie toll der wuchert – aller Trockenheit zum Trotz.

Das Licht schwindet. Die Amseln singen. Er weiß nicht, wie lange er so gesessen hat, als er hört, wie jemand die Pforte öffnet. Mit leisen Schritten kommt Marie auf ihn zu und setzt sich neben ihn auf die Bank. Eine Weile sind nur die Amseln zu hören.

»Sie singen, als wären sie Nachtigallen«, sagt sie schließlich.

»Das Schlimmste sind seine schwarzen Ideen«, sagt Gustav.

Marie sieht ihn von der Seite an: »Bist du ganz aufrichtig?« Er ist überrascht.

»Ich glaube, Rudolf ist dir sehr ähnlich.« Gustav rutscht ein wenig zur Seite und verschränkt die Arme vor der Brust.

»Er hat viel Familiensinn, so wie du auch. Und er packt genauso zu!«

Muss er das begreifen? Rudolf ist bestimmt nicht faul, aber dass sie ihn gleichsetzt mit ihm? Den Lackel! Pomadenheini! Während er all das erschaffen hat, mit Fleiß und List? Sein Lebtag zehn Stunden am Tag im Laden stand?

Es bricht aus ihm heraus: »Rudolf sitzt im gemachten Nest! Die Buchführung – das hab ich nebenbei gemacht! Und diese garstigen Reden! Ich kann nicht immer den Mund halten.«

»Er passt zu Clara. Du wirst auskommen müssen mit ihm.«

Das ist Gustav schon klar, er hat bereits viel guten Willen an den Tag gelegt. Es war ja sein größter Wunsch, dass seine Tochter mit ihrer Familie in das gemeinsame Haus einzieht. Aber jetzt gehen Männer in Stiefeln in seinem Haus ein und aus. Nicht nur im Laden. Wie stolz Clara auf diese ihre Bekanntschaften ist! Hochgestellte Persönlichkeiten! Von wegen.

»Es ist eine neue Generation«, sagt Marie.

Zwei Dinge stören Gustav an den Nazis: Viele, die schlimmsten, nennen sich *gottgläubig* und treten aus der Kirche aus. Das nennt er Lästerung. Sie vergotten sich selbst, das ist anmaßend. Zuwider sind ihm auch die Schmähreden gegen die Juden.

»Jesus war auch Jude«, sagt Gustav unvermittelt zu seiner Frau. »Wenn Rudolf über Zeeck redet, ist das Neid, purer Neid!«

Die Kaufhäuser der Familie Zeeck sind ein Begriff entlang der

Ostsee, sie stehen in Rostock, Kolberg, Rügenwalde – die Niederlassung in Stolp am Stephanplatz ist das größte Kaufhaus der Stadt.

»Es ist eine neue Zeit.«

Gustav schnaubt nur. Er kennt seine Marie. Zu viel Konflikt, das macht sie krank. Sein Miezeken kann nicht anders. Zärtlichkeit fliegt ihn an – und gleich darauf macht sich tiefe Niedergeschlagenheit in ihm breit. Ihm fallen die Worte nicht ein für das, was er sagen will. Nur so viel weiß er, es geht um mehr als einen Konflikt zwischen Alt und Jung.

Da wird sie eindringlich: »Clara wirst du nicht überzeugen können. Den Kampf verlierst du.«

Die Amseln flöten ihr Abendlied. Wie kommt es, dass die Welt so herrlich ist und so grausam zugleich? Eine Weile sagt keiner etwas. Dann drückt Marie seinen Arm:

»Gustav, es war richtig von dir nachzugegeben! Denk an die kleinen Mädchen!«

Und nach einer Pause fügt sie hinzu: »Unsere Enkelkinder werden im Glauben erzogen. Du kannst sicher sein, dass Clara alle taufen lässt!« Gustav atmet tief ein. Er ist fromm. Vielleicht hat sie recht, überlegt er, solange es Einsegnungen gibt, ist diese Familie nicht vom Weg abgekommen. Die unselige Politik ist nur ein Irrpfad, der sich verlaufen wird.

Es wird wieder eine Taufe geben! Darauf kommt es an. Er schlägt die Hände auf die Schenkel und steht auf.

»Hast du die Tomaten schon gewässert?«, fragt Marie.

Die Tomaten sind seine ganz besonderen Zöglinge. Sie brauchen in der Tat Wasser. Er geht zum Beet, beugt sich zu den Blättern – wie sehr liebt er den würzigen Duft, den die Pflanzen besonders am Abend verströmen. Es wird ein gutes Jahr für Tomaten, die Stängel drohen zu brechen, so sehr biegen sie sich unter den Früchten. Während Gustav Wasser holt, pflückt Marie eine besonders große ab – sie ist schon reif. »Du bist auch so ein Ochsenherz«, sagt sie und streicht über die Tomatenfurchen.

»Hier hast Du mich aufgestellt, Herr, und hier bin ich dein Diener«, so betet Gustav sonntags in der Marienkirche. An diesen Satz lehnt er sich an, dieser Satz ist sein Gerüst. An einem Tag im Januar 1898, er war einundzwanzig Jahre alt, kam er aus New York zurück. Seine Mutter fand er in tiefer Trostlosigkeit vor, denn seinen kleinen Bruder gab es nicht mehr. Richard, stellte sich heraus, war nicht an Tuberkulose gestorben, sondern hatte sich mit neunzehn Jahren erhängt. An einem Haken an der Decke in seiner Kammer. Warum? Das weiß bis zum heutigen Tag niemand. Das Loch, das sein Verlust in Gustav riss, war tief. Es war bereits der zweite Bruder, der sich für immer abgemeldet hatte und ihn mit Schuldgefühlen zurückließ.

Fast zwei Jahre hatte er in Amerika verbracht. Er barst von dem Drang zu erzählen. Aber was er erlebt hatte, war den Menschen um ihn herum herzlich gleichgültig. Sie stellten keine Fragen.

Er stopfte den Abgrund mit seiner Tüchtigkeit. Arbeit fand er bei Friseurmeister Jablonski, dessen Geschäft sich damals bereits im Haus in der Schmiedestraße befand. Die Dollar, die ihm Max Brausewetter vermacht hatte, brachte er in die Kreissparkasse. Sechs Jahre später, er war längst Meister und Jablonskis Nachfolger, kaufte er, der Sohn eines Schmieds in Budow, das großbürgerliche Haus an der Stolpe. Jawohl! Das riesige Haus gehörte ihm!

Ein Eckhaus in bester Lage. Den zweiten Stock, man muss sich das vorstellen, nahm eine einzige Wohnung ein, sie umfasste drei Schlafzimmer, eine Küche, Bad mit separater Toilette, den Salon, ein Herren- und ein Esszimmer, davor die Veranda mit Blick über den Fluss. Alle Räume hatten prächtige weiß gekachelte Kaminöfen. So lebten Herrschaften!

Die beiden Wohnungen darunter waren halb so groß, sein besonderer Stolz war sofort das gediegene, mit Mahagoni getäfelte Treppenhaus. Im Parterre gab es drei Läden (einer mit Aufgang vom Geschäft in die Wohnung), zwei davon gut vermietet. *Süßwaren und Konfitüren Steinlein,* das konnte er noch nicht wissen, würde hier auch eine Generation später noch Kunden anziehen. Das dritte Geschäft lag links neben dem Hauseingang und war seines: *Friseur Hirsch* stand da in breiten Lettern auf einer Glasfront, die sich auf einem hüfthohen Sockel erhob. Dieser Laden war die Zelle von Gustav Hirschs Wohlstand. Ab sofort zahlte er dort keine Miete mehr.

Er war Vermieter! Er vermietete das Haus bis unter das Dach – in die Dachkammern steckte er seine Friseure. So beherzigte er den Rat von Anton Paruske in New York City: Ein Händler darf sich nicht abhängig machen von Vermietern! Das galt für einen Friseurmeister ebenfalls. 1902 hatten Marie und er geheiratet, aber es dauerte noch bis 1909, bis sie selbst in ihr Haus einziehen konnten.

Er würde den Tag nie vergessen. Es war ihm ein Feiertag, als der größte Mieter, ein Korvettenkapitän a. D., auszog und er die ausgeräumte Wohnung mit der verglasten Veranda das erste Mal betrat. Er legte die Hände auf den Rücken und stolzierte ebenso gravitätisch hin und her, wie er es an dem alten Offizier beobachtet hatte. Die Dielen knarrten unter seinen Schuhen. Er blieb stehen und beschloss, sie vor dem Einzug noch sanieren zu lassen. Marie stand neben ihm, wies auf den Stuck an der Decke und lächelte. Als sie aus dem Haus traten, trafen sie auf den scheidenden Mieter.

»Na, Meister Hirsch, ich wünsche Ihnen alles Gute. Hoffentlich haben Sie sich nicht übernommen«, sagte der Kapitän herablassend, während er sich die Handschuhe anzog. Er war im Begriff, das letzte Fuhrwerk zu besteigen, das seine Habe und ihn in die Stiftstraße und in eine kleinere Wohnung bringen sollte. Die Gattin war schon vorgefahren.

Gustav kniff die Augen zusammen, senkte den Kopf und linste den Herrn von unten an. »Herr Admiral, ich bin ebenfalls besorgt, denke aber, der Herr Sparkassendirektor wacht über mich«, antwortete er. Das war eine Anspielung. Der Korvettenkapitän a. D. hatte seine Ersparnisse aufgebraucht, das pfiffen die Spatzen von den Dächern. Der Offizier tat Gustav nicht leid. Er mochte zwar nur Friseurmeister sein, aber er war nicht auf den Mund gefallen. Vielmehr hatte er sich angewöhnt, gegenüber solchen hoffärtigen Herrschaften ein bisschen blöder zu tun, als er war – um dann, wenn die Gelegenheit kam, seinen Stich auszuspielen.

Anders als manche dieser Leute lebten Gustav und Marie nie über ihre Verhältnisse. Im Gegenteil: Sie hielten das Geld eisern zusammen – und genauso zueinander.

»Jetzt endlich schaffst du dein Klavier an! Ich bestehe darauf!«, sagte er fröhlich zu Marie, während er dem Möbelwagen nachblickte. Der Sohn des Kapitäns gab dem Pferd die Peitsche. So, so, sogar den Kutscher hatte der Herr Korvettenkapitän einsparen müssen.

Das Klavier zog am selben Tag mit ihnen ein. Die fünfjährige Clara erhielt ab sofort Unterricht und spielte bald sehr passabel *Die Forelle* von Franz Schubert.

An einem Sonnabend im August 1935 versammeln sich zehntausend SA-Männer in der Hindenburg-Kampfbahn in Stolp. Tausende Schaulustige verfolgen den Aufmarsch der Brigade 107 Ostpommern von den Rängen aus. Es ist eine gewaltige Zahl von Menschen und ein Bekenntnis: Die Kreisstadt steht hinter dem Führer. Nicht alle SA-Leute sind Einwohner der Stadt, viele sind mit Sonderzügen gekommen. Ihre Parade durch die Stadt, angeführt vom Spielmannszug der HJ, ist der erste Teil des Spektakels. Über der Kampfbahn wehen die »Fahnen des Lichts und des arischen Menschen«, so beschreibt es am nächsten Tag die *Pommersche Zeitung*.[24] Dieselbe Ausgabe spekuliert über ein »Badeverbot für Fremdrassige« auch in England.

Clara und Rudolf haben an diesem Tag ihren angestellten Friseuren und Friseusen freigegeben, um dabei zu sein. Einer, Fritz Behnke, gehört der SA an, er marschiert mit. Freigeben, das machen Unternehmen, die auf sich halten, vom Handwerks- bis zum Großbetrieb. Rudolf ist erpicht darauf, die neuen NS-Führer leibhaftig zu sehen. Er hat Clara überredet mitzukommen. Die Töchter geben sie in die

Obhut der Großmutter. Clara hat sich ausgerechnet, dass sie es schaffen kann, rechtzeitig zurück zu sein, um Mathilda zu stillen. Die Straßenbahn, die sie nehmen, hält ja vor ihrem Haus.

Der korpulente Riese Schwede-Coburg thront auf der Ehrentribüne, gerahmt von SS-Oberführer Emil Mazuw, SA-Gruppenführer Friedrich und – sie sehen ihn tatsächlich – Rudolfs Sportsfreund Walter Anschütz, NSDAP-Kreisleiter in Stolp. Als der feierliche Einmarsch vollendet ist und alle versammelt sind, wird der Hauptredner und Ehrengast im Wagen direkt vom Flugplatz zur Kampfbahn eskortiert: SA-Stabschef Viktor Lutze ist der Mann, den Hitler anstelle von Röhm eingesetzt hat. Acht NSKK[25]-Motorräder fahren in Zweierreihen vor seinem Wagen her.

Diese Männer sind – bis auf Anschütz – alle hässlich. Clara ist etwas enttäuscht. Schwede-Coburg ist stiernackig wie ein Landsknecht. Lutze hat ein Glasauge, das hat sie gelesen, aber das muss man wissen, man kann es aus der Ferne nicht sehen. Mazuw, heißt es, war früher Schwedes Chauffeur.

»Wir sind auch heute, genau wie wir es früher waren, bereit, all denen, die sich am Staat versündigen und am Aufbauwerk Sabotage treiben wollen, unsere brutale Faust entgegenzusetzen«, schreit Lutze. Die SA verbürge sich dafür, dass der Nationalsozialismus weiter fortschreite im deutschen Volk bis zur Vollendung des Werks. Nach seiner markigen Rede marschieren die Männer in Sechserreihen an ihm vorbei. Dann formieren sie sich in Blöcken neu im Oval der Bahn. Wie sie marschieren und immerzu neue Einheiten bilden, das ist imposant anzusehen. Sie stehen still, und der Stabschef spricht erneut: von jüdischen Demonstranten und Provokateuren in Berlin, von Devisenschiebern und Verbrechern im Smoking und Straßenanzug.

»Wir alle, die wir hier sind … haben dem Führer gehört in der Zeit des Kampfes, wir gehören ihm auch im Sieg, und wir gehören ihm, wenn es sein muss, auch im Tod.« Heil-Rufe tosen durch die Arena.

»Menschenskinder!«, sagt Clara und schaut Rudolf an. Sie ist jetzt doch beeindruckt.

»Die Fahne hoch … die Reihen dicht geschlossen …« Alle, auch die Zuhörer, stimmen in das Marschlied ein. Dann folgt der festliche Auszug: Das Musikcorps des NSKK begleitet das Finale, der Mann mit dem Dirigentenstab ist Claras Schwager, der Mann von Rudolfs Schwester Elfi. Viktor Lutze reist gleich im Anschluss mit dem Wagen weiter: zum Aufmarsch der Brigade 7 Grenzland Ost in Neustettin.

Clara ist mit ihrer Begeisterung nicht allein, sie beide sind Teil einer euphorischen Welle, die die Menschen aus der Hindenburg-Kampfbahn spült und nach Hause trägt. Rudolf ist geradezu ergriffen. »Wen's heute nicht gepackt hat …«, sagt er kopfschüttelnd, »Clärchen, ich sag's dir, ein solcher Mensch, der muss stumpf sein.«

Am nächsten Tag kommt der Holzhändler Lehmkuhl in den Salon zum Rasieren. Bei guten Bekannten wie ihm greift Rudolf selber zum Messer.

»Na, drückst du dich immer noch vor der Standarte?«, foppt Lehmkuhl ihn, während Rudolf ihn einseift. »Was sagt denn die Frau Gemahlin dazu?« Dann streckt er dem Friseur seine Kehle entgegen und hält den Mund. Rudolf muss ihn nicht ermahnen stillzuhalten, so viel Verstand hat der freche Kerl immerhin.

~

Die Liebe deutscher Menschen zur Uniform ist phänomenal. Wer a. D. ist und Offizier schon unter dem Kaiser war, trägt bei festlichen Anlässen die schmucke Graue oder Blaue. Der verstorbene Reichspräsident Hindenburg hat es vorgemacht. Wer zu den Mannschaften gehörte, was ja für die meisten gilt, hat seine Montur beim Ausscheiden aus dem Dienst meist zurückgeben müssen. Für alle, die nicht mehr beim Militär sind oder es nie waren, sind die neuen Uniformen kleidsam: Zwar kann man über die Braunhemden geschmacklich streiten, außer Zweifel steht jedoch, dass Koppel und vor allem Stiefel der SA jeden Träger sehr männlich erscheinen lassen.

Die Farbe der SS ist Schwarz, als eigenständige Organisation ist sie neu, angeführt von Heinrich Himmler tritt sie seit dem Röhm-Putsch – so heißen die Säuberungen der SA offiziell – immer mehr in Erscheinung. Es heißt, sie genieße das besondere Vertrauen des Führers. Diese Anzüge findet auch Clara schick. In Stolp haben sie Tradition: Die SS-Uniformen ähneln denen der Totenkopfhusaren, einer preußischen Elite-Einheit, die einen großen Totenkopf am Tschako trug. Das Abzeichen der Totenkopf-Verbände der SS: Anfang der Dreißigerjahre ist es in der Kreisstadt Ausdruck von Respekt und Kontinuität. Jeder in Stolp kennt das Foto, das Generalfeldmarschall August Mackensen mit der gewaltigen Haube zeigt. Auf Lebenszeit, dafür hat noch der Kaiser gesorgt, gehört der Held aus dem Weltkrieg den Danziger Leibhusaren an. Adolf Hitler ernennt den alten Heerführer 1936 zusätzlich zum Chef des Kavallerie-Regiments 5 in Stolp: eine Ehre nicht nur für die Husaren, sondern für die ganze Garnisonsstadt. Nach August Mackensen ist eine Straße benannt, in der Gustav Hirsch, der Friseur mit dem Händchen für Immobilien, bereits 1931 ein Haus gekauft hat. Dort vermietet er an Herrschaften, die a. D. sind, aber nach wie vor hoch dekoriert ausgehen: Vermieter von Offizieren zu sein ist ihm ein Vergnügen.

~

Rudolf schlägt weiter Bälle. Gleich zwei Mal holt er den Titel »Pommernmeister«. 1936 und zum zweiten Mal 1938. *Rolli*, wie ihn nicht nur Clara, sondern auch seine Tennispartner nennen, hat eine unschlagbare Rückhand und ist ausdauernd. Die *Zeitung für Ostpommern* bringt einen Bericht mit Foto. Shorts kann er gut tragen, auch Weiß steht ihm gut. Und er ist immer gut gelaunt. 1936 ist überhaupt ein strahlendes Jahr für alle, die glauben, dass es mit Deutschland aufwärtsgeht: Zu den Olympischen Spielen im August werden Sportler aus neunundvierzig Nationen erwartet.

Spontan lädt Clara Rollis Tennispartner ein, die drei Herren aus dem Doppel mitsamt ihren Frauen: Walter Anschütz, Albert Peitz und Jockel von Banditz. Das Quartett spielt immer sonnabends. Rudolf ist ihr Held, der Star der Herrenabteilung vom Tennis-Club Blau Weiß, Gau II Pommern-Grenzmark. Der Sport schlägt Brücken, heißt es, er verbindet. Die gemeinsame Weltanschauung tut es nicht minder, auch wenn sie gar nicht viel politisieren. Die vier sind ein Beispiel dafür, wie einend sie ist, die Kraft aus dem Volk. Sie überwindet Klassenschranken: Zwei Handwerksmeister (Rudolf bindet niemandem auf die Nase, dass er keine Meisterprüfung absolviert hat) sind sie, ein NSDAP-Kreisleiter (er war früher Assessor in Köslin) und ein Landwirt, der seine Vorfahren seit dreihundert Jahren nachweisen kann.

»Man muss Ihren Mann einfach gernhaben«, sagt Jockel von Banditz zu Clara, und sie meint zu spüren, wie er in Gedanken den Satz vollendet: eine gutmütige Haut, wenn auch nicht der Hellste.

Clara lächelt sibyllinisch und blickt ihm ebenfalls tief in die Augen: »… und wissen Sie, warum ich ihn soo liebe, meinen Rolli?« Pause. »Er zielt nie ins Aus!« Sie reicht ihm ein Glas mit Erdbeerbowle und hebt das ihre.

Sie stehen im Salon neben der geöffneten Flügeltür, die Herren- und Esszimmer verbindet, und blicken auf die Ufer der Stolpe. Das Sommerlicht fällt flirrend durch die hohen Verandafenster, es zaubert tanzende Punkte auf den Rosenstrauß auf dem Klavier. Sein Duft ist betörend. Claras Kleid mit der tief geschlungenen Schlaufe hat eine Farbe wie Schlagsahne und kontrastiert mit ihrer gebräunten Haut.

Irgendwie überrascht ist von Banditz, Herr über achthundert Hektar, schon. Vom Sehen kannte er ja diesen vierschrötigen alten Kerl, den Friseurmeister Hirsch. Dass der kein armer Mann ist, war ihm schon klar. Aber er war noch nie im Haus an der Schmiedebrücke.

Und dann diese Frau!

»Sie sind eine fantastische Gastgeberin, Frau Sahlcke.« Er verneigt sich knapp und stößt mit ihr an.

Clara ist amüsiert, so offensichtlich bedacht ist gleich darauf Walter Anschütz, der Einzige in Uniform, dem Gutsherrn nicht nachzustehen, was Umgangsformen angeht: »Ich verstehe sehr gut, gnädige Frau, dass es Vorgänge gab, die eine deutsche Frau erschrecken müssen, aber: Die SA hat sich gewandelt«, sagt er galant, »unserem neuen Gauleiter sei Dank.« Für Benehmen, das findet sie auch, braucht es kein blaues Blut. Wichtig ist das Thema, das Anschütz anspricht, Clara will es unbedingt vertiefen. Es geht ja um Rolli.

Nebenan im Herrenzimmer entzünden Albert Peitz und Jockel von Banditz unterdessen ihre Zigarren. Die Damen sind im Begriff, es sich auf Claras Vorschlag in den Sesseln im Salon bequem zu machen.

»Ich versichere Ihnen, Frau Sahlcke, der Führer braucht keine Schläger«, sagt Anschütz und dann, an Rudolf gewandt: »Wir müssen zwar alle mit der Waffe umgehen können«, Clara und Rudolf tauschen einen Blick, »aber unsere Aufgaben sind auch vielfältig.« Für jede Aufgabe, sagt Walter, gebe es die richtige Truppe, das könne die Schutzstaffel, der SD oder die Ordnungspolizei sein. »Für jeden gibt es den passenden Platz, Rolli. Glaub mir.« Es ist nicht das erste Mal, dass sie über seine Zukunft sprechen.

Von Banditz langweilt sich derweil nebenan mit Peitz. Jenseits des Tennisplatzes findet er die Gesellschaft des Gärtnermeisters öd. Eigentlich reicht es, wenn seine Frau mit Albert über neue Rabatten spricht – vielleicht hätte er sich diesen Abend unter Kleinbürgern doch nicht antun sollen? Ungeduldig wartet er darauf, dass Anschütz zu ihnen stößt. Endlich lösen sich Walter und Rudolf von Clara und gesellen sich zu den Herren. Der Kreisleiter wirft sich in einen tiefen Sessel. »Schön habt ihr's, Rolli!«

»Der Führer war lange genug so milde mit Polen«, setzt Jockel an, »ich wundere mich. Das Diktat muss endlich weg! Fürchtet er die Franzosen und Engländer?« Die Rede ist vom Vertrag von Versailles. Er hat der Provinz eine zweihundert Kilometer lange Grenze mit Polen beschert; dort, wo vorher die Provinz Westpreußen war, ist jetzt Ausland. Mehrere Landstraßen und Wege enden als Sackgassen. Anders als erwartet hat Hitler einen Nichtangriffspakt mit Marschall Pilsudski geschlossen – aber Pilsudski ist vor einem Jahr gestorben.

»Der Führer ist ein Stratege«, erwidert Walter und an Rudolf gewandt: »Rolli, wie war das mit dem Cognac?«

»Bestellung notiert!«, sagt Rudolf, er deutet eine Verbeugung an und präsentiert erst mal den Kasten mit den Zigarren.

Walter schlägt genüsslich die Beine übereinander und setzt an: »Der Nichtangriffspakt mit Polen ist eine Etappe, wenn du mich fragst …«, er streift die Banderole von der Zigarre, kappt die Spitze mit dem Zigarrenschneider und zündet sie an, »… klar muss Danzig zurück.«

»Aber wie lange noch? Es ist schwer genug, wieder auf die Beine zu kommen«, insistiert Jockel. »Warum stellt er keine Bedingungen?«

»Woher willst du wissen, dass er's nicht längst tut?«

»Das will ich ja nicht bestreiten …«, Jockel hebt beschwichtigend die Hände, eine Bewegung, bei der Rudolf kurz den Atem anhält, denn die Asche seiner Zigarre droht aufs Parkett zu fallen.

Einen Moment lang herrscht Schweigen. Es ist ein Thema, das alle bedrückt. Hinterpommerns Gutsbesitzer haben 1921 ihr Hauptabsatzgebiet in der Danziger Gegend verloren – sie können Güter zwar weiter nach Danzig transportieren, aber die Kosten sind zu hoch, die Reichsbahn ist verpflichtet, Aufschläge an die polnische Bahn zu zahlen, ein Verlustgeschäft. Von Banditz, der wie andere Landwirte hauptsächlich Kartoffeln und Roggen anbaut, hätte die Jahre ohne das Erbe seiner Frau nicht überstanden: zwei Missernten und die Weltwirtschaftskrise, Inflation und steigende Zinsen.

»Die Inflation ist gestoppt. Die Zinsen …«, Anschütz kommt nicht weiter.

»Hitler räumt diesseits der schändlichen Grenze auf. Die neuen Straßen«, ruft Rudolf, während er die Cognacschwenker verteilt, »der neue Flugplatz in Reitz«, er denkt an Lehmkuhl, »das sind Aufträge für mindestens zwanzig Unternehmen! Und die Itzigs kommen noch dran …«

»Nur noch 1,4 Millionen Arbeitslose, der Sinkflug der Zahlen geht weiter!«, stimmt Peitz zu. »Und habt ihr heute die Zeitung gelesen? Wie es im Ausland aussieht?« Die *Zeitung für Ostpommern* meldet Streiks in Dünkirchen, Sevilla, Paris (da explodieren die Preise) und im ehemals westpreußischen, jetzt polnischen Thorn. »Kuhhändler!«, wettert Rudolf, der noch immer steht, die Flasche in der Hand, »die Parlamente waren Kuhhändler! Nur der Führer hat das Vertrauen von Unternehmern und Arbeitern … er ist unser größter Volksmann.« In etwa so hat es in der Zeitung gestanden. Er hat etwas zu viel getrunken.

»Hitler löst erst mal das Problem in Oberschlesien!«, fährt Walter Anschütz an Jockel von Banditz gewandt fort, als hätte er Rudolf nicht gehört, »dann kümmert er sich um den Korridor.«

»Kameraden! Auf Adolf Hitler – und auf mich, den Pommernmeister«, dröhnt Rudolf.

3. KAPITEL

Stolp, 1938

Hush hush hush, here comes the bogeyman, hush hush hush …
Children have you ever met the bogeyman before?

Aus dem Kinderzimmer ist ein Wispern zu hören, das wie Papierrascheln klingt. Es sind die beiden kleinen Mädchen, die schon im Bett liegen. Ihr Großvater liebt Henry Hall, und er hat eine ganz eigene Auffassung davon, wie dessen Song vorzutragen ist. Zuerst, während er die Treppe hinaufstapft, summt er leise, sobald er den Absatz im zweiten Stock erreicht hat, summt er lauter und löscht dann das Licht. Dabei achtet er darauf, dass seine Schritte zu hören sind, er ist ja ein schwerer Mann. Dann stößt er die Tür zum Flur vernehmbar auf und schaltet auch dort das Licht aus. Das Rascheln im Zimmer verstummt.

»Ich glaube, er kommt!«, flüstert Rosa eindringlich in Richtung von Mathildas Bett.

»Uiiee!«

Das ist das Signal für Gustav zu singen, er singt mit rauer Stimme, so akzentuiert, dass es unheimlich klingt: *Hush hush hush, here comes the bogeyman. Children have you ever met the bogeyman before?*

Auf Zehenspitzen trippelt er, soweit ein runder, schwerer Mann trippeln kann, ins Kinderzimmer, während er die Hände auf Hüfthöhe von links nach rechts bewegt und sich dabei in den Hüften wiegt. »*Uh, Ah, Hu! No, of course you haven't for you're much too good, I'm sure … Don't you be afraid of him …*«

Die Mädchen kreischen, verschwinden unter den Bettdecken und lugen wieder hervor, um erneut zu kreischen. Im Kaminofen zischt die Kohle und glüht, das Licht wirft einen roten Schein in das dunkle Zimmer, als wollte der Ofen mittun, während der Opa sein Späßchen macht.

»*… If he should visit you, he's a great big coward, so I'll tell you what to do: hush, hush hush, here comes the bogeyman …*«

Die Mädchen lachen, bis sie keine Luft mehr kriegen. Nur Ursel fängt vor Schreck zu heulen an, sie ist ja erst ein paar Monate alt und versteht noch nichts. Deshalb kommt ihre Mutter ins Kinderzimmer und schimpft mit dem Großvater – sie ist aber nicht wirklich böse, das ist Mathilda und Rosa klar.

Vom Lachen und Kreischen sind beide ganz ermattet.

»*Oh, die geliebten Kleinen*«, sagt ihr Opa. Er wiegt sich in den Hüften und faltet die Hände zum Abendgebet.

Den ganzen Tag schon haben sich die Verbände vor dem neuen Ehrenmal abgewechselt. Hitlerjungen, SA, SS, NSKK – alle stehen still, und jeder trägt mal die Fahnen.

Als es dunkel ist, setzen sich am Schraderplatz Kolonnen mit Fackeln in Bewegung, auch ihr Ziel ist das Ehrenmal. Kampfverbände der Partei und der Wehrmacht marschieren schweigend durch die Stadt. Entlang der Ringstraße stehen die Pimpfe mit Fackeln Spalier. »Nur der wuchtige Gleichschritt drang dröhnend an den Hauswänden empor«, berichtet am nächsten Morgen die *Zeitung für Ostpommern*. Fackeln brennen auch rund um das Kirchlein, der kleine Platz an der Ecke Schlossstraße und Ringstraße erstrahlt. Rudolf ist ebenfalls eingeteilt, Wacht zu halten, es passen ja unmöglich alle Männer in die Kapelle. »Die Formationen stellten sich im riesigen Viereck auf«, notiert die Zeitung.

Die St. Georgskapelle, achteckig, mit einem Turm in der Mitte, ist eines der ältesten Gebäude der Stadt, zu Zeiten der Pest geweiht. Nach jahrelanger Instandsetzung findet sie an diesem Abend ihre neue Bestimmung als »Ehrenhalle der Gefallenen des Weltkrieges«. Neu ist, dass sie ebenfalls Helden würdigen soll, die »für die nationalsozialistische Revolution fielen«. Im Spitzbogen der Tür prangt nun das Hakenkreuz. Vor der Kapelle warten die Veteranen, flankiert von Berittenen des berühmten Kavallerieregiments 5.

Drinnen senken Hitlerjungen die Fahnen, als Sturmhauptführer Franz die Namen der *pommerschen Helden* verliest, die vor der Feldherrnhalle in München fielen. Kaum hat er geendet, heben die Jungen die Fahnen; Walter Anschutz halt die Weiherede, er spricht von Opfern und von der Pflicht, die aus ihren Opfern erwächst. Dann überreicht er Oberbürgermeister Sperling das Goldene Buch mit den Namen der Toten des Weltkriegs – Namen von 960 Stolper Männern. Der verspricht feierlich, das Buch und den Auftrag zu behüten, und legt den Band auf einen Sockel in der Mitte der Kapelle. Licht strahlt an den alten Wänden empor, Trompeten erklingen. Draußen empfängt das Spalier der Fackelträger die Vertreter von Partei, Wehrmacht und Staat; eine Allee von Flammen führt vom Rosenplatz durch den Rosengarten, und durch das Spalier entfernen sich die Honoratioren in die Nacht. Im Rund um das Ehrenmal bleiben noch SA-Männer, dann formieren sich alle neu. Sie begleiten Kameraden bis zur Gemeindeschule 1, wo die SS (die Stolper Standarte ist vollzählig an der Kapelle erschienen) Anwärtern den Schwur auf Adolf Hitler abnimmt: In ganz Deutschland schwören an diesem Abend neue SS-Männer ihre Treue zum Führer.

Am nächsten Morgen stellt Gustav seinen Schwiegersohn zur Rede: »Was habt ihr getan? Ihr kommt aus einem Gotteshaus und brennt ein anderes nieder?«

»Was redest du?« Rudolf sitzt am Küchentisch und funkelt ihn böse an. Er ist ärgerlich, dass er nicht in Ruhe frühstücken kann. Clara ist schon hinuntergegangen ins Geschäft, Gerda, die Küchenhilfe, wäscht ab, nun stört ihn der Alte beim Zeitunglesen. Es hat Nachteile, die Schwiegereltern im Haus zu haben. »Kann sein«, murrt er, »dass welche von uns auch in der Arnoldstraße vorbeigekommen sind.« Er nimmt vom Brombeergelee und streicht es aufs Brötchen. »Wir haben übrigens gestern den Gefallenen unsere Ehre erwiesen. Es haben sich nämlich nicht alle gedrückt, weißt du!«

Das ist eine Anspielung darauf, dass Gustav keinen Hehl daraus macht, wie froh er war, dass er 1914 nicht an die Ostfront musste, sondern mit Schere und Kamm in der Etappe diente.

Rudolf wendet sich wieder seiner Zeitung zu. »Hebt die Fahnen! – Denn die Toten leben!«, lautet die Zeile unter dem Foto vom Lichtermeer.

Gustav läuft auf wie ein Fischkutter, der zu nah an den Strand gekommen ist. Ihm fallen nun auch keine Worte mehr ein, da der andere ihm die Antworten verweigert; er steht noch einen Moment unschlüssig neben der Spüle, bis Gerda ihn fragend ansieht. Da trollt er sich. Es ist immer dasselbe Spiel, Gustav weiß nicht, wieso.

Sobald die Schule aus ist, muss Rosa auf direktem Weg nach Hause kommen. Das gilt zu jeder Jahreszeit und ist eine Order, die strikt zu befolgen ist; so wie es verboten ist, Lakritze zu essen. Deswegen kann sie nicht mit, als es heißt: »Heute dürft ihr früher gehen«, und die anderen begeistert in die Arnoldstraße laufen. Es haben schon am Morgen alle Kinder davon geredet: Die Synagoge brennt! Fräulein Schwetzke musste die Klasse zur Ordnung rufen.

Am nächsten Tag erzählt Laura, die neben Rosa sitzt: »Von der Oberschule waren viele Kinder da und Lehrer. Wie es gequalmt hat! Und davor lagen lauter Trümmer und auch Papier. Ich hab auch deinen Papa gesehen. Er hätte bestimmt nicht geschimpft, wenn du gekommen wärest.«

Noch tagelang schließen Hausfrauen ihre Fenster, weil so viel Rauch aus der Synagoge schwelt. Sie ist nicht ganz so riesig wie die Marienkirche, aber mindestens so solide gebaut. Mauern und Kuppel sind aus hellem Stein und so dick, dass der Brand sie nicht zu vernichten vermag – es brennen das Gestühl und die Thorarollen. Jedes Kind kennt das Gebäude in der Arnoldstraße. So wie das Raphael-Wolff-Stift, das von einer Kaufmannsfamilie als Heim für arme alte Menschen gegründet wurde, ist die Synagoge ein prägender Bau der Stadt. 1902 errichtet, zeugt sie vom Wohlstand und der Gottesfurcht der Gemeinde. Und ganz bestimmt auch von ihrer Zuversicht: Siebenhundert Plätze schufen sie, obwohl die nie alle zu besetzen waren, so viele waren sie nicht: In den Zwanzigerjahren zählten Stadt und Landkreis sechshundert Gläubige. Zehn Jahre später sind viele Familien aus Stolp fort. Als letztes der neun Geschäfte mit jüdischen Inhabern am Markt gibt Herr Blaustein auf, Herrenausstatter an der Ecke zur Schmiedestraße. Lange hat der alte Herr Blaustein noch nachmittags vor seinem Geschäft gestanden und versucht, Kunden in seinen Laden zu komplimentieren – vergeblich. Trotz der Verfolgung hat die Gemeinde im Jahr nach dem Brand noch Bestand: Vorsitzender ist der Fischhändler Emil Gottschalk, der sein Geschäft in der Holstentorstraße, Ecke Bismarckplatz, führt, wo viele Stolper ihren Weihnachtskarpfen holen. Silvester 1938 ist Schluss, denn ab November müssen alle jüdischen Geschäfte schließen.[26]

~

Der Konflikt ist nicht ausgeräumt, kein Konflikt wird durch Schweigen ausgeräumt. Immer wieder entzweien sich Gustav und Rudolf wegen der Juden. Gustav erzählt so gern von Jablonski. Und es schmeckt ihm nicht, wie Rudolf ihm dann in die Parade fährt, während er redet. Mit dieser Wut. Was fällt ihm ein?

Jablonski war nicht mal Pole – und Jude sowieso nicht. Jablonski war der Friseur, der Gustav angestellt hat, als er als junger Mann zurück aus New York kam. Er hat Gustav ausgebeutet, wie ein Meister nun mal einen Gesellen ausbeutet, aber darum geht es nicht. Gustav versteht das, es gehört dazu, er hat es später selbst so gemacht. Solange man in einer guten Position ist, kostet man sie aus. Jeder ist irgendwann am Drücker.

Also, Gustavs Lieblingsgeschichte ist, wie Jablonski den alten Kroner rasieren sollte. Kroner war ein Hausierer und ein Jude, der kam immer zum Haareschneiden und zum Rasieren. Das durfte kein anderer machen als Jablonski. Die beiden mochten sich. So viel kriegte Gustav mit: Der Hausierer war sparsam, er verhandelte um jeden Groschen. Jablonski nahm es hin, der Alte unterhielt den ganzen Laden.

»Wenn der alte Petrus wird aufschlagen sein großes Buch und wird nachsehen, ob er sie schon alle hat nach Hause gerufen, dann wird er auch meinen Namen finden und wird sagen: Ah, Kronerchen, mein Jungchen, nu is es Zeit, nu komm man!« Und dann drehte er sich um und fragte den Friseur: »Kommst dann du und rasierst mich? Hörst du, Jablonski? Wenn ich trete durch Himmelspforte, ich will sein rasiert!« Sie kicherten beide, und Jablonski versprach es.

Nun, das war eigenwillig, denn die frommen Juden dürfen nicht rasiert werden, wenn sie tot sind.

Als der alte Kroner gestorben war, ging Jablonski mit seinem Scherenbeutel tatsächlich zu der Leichenhalle der Juden. Es war nicht schwer, den Hausierer zu finden, der Sarg stand offen. Aber als er so am Werk war, stand plötzlich ein Jude vor ihm – Friedrich Schöps, ein wichtiger Mann der Gemeinde, mit einem schwarzen Rauschebart.

Der war entrüstet: »Was machen Sie da?« Und dann ganz laut: »Was fällt dir ein?«

Meister Jablonski kam nicht dazu, etwas zu erklären. Er konnte gerade noch seine Siebensachen zusammenraffen und verschwinden. So kam es, dass Kroner beerdigt wurde, mit einem Kinn, das zur Hälfte glatt war – und zur Hälfte schwarz.[27]

»Hör doch auf«, zischt Rudolf. Er unterbricht Gustav schon, wenn der in seiner Erzählung noch nicht mal bei der Leichenhalle angelangt ist. »Dieses *rraaaaraaaa.*« Er macht ein angewidertes Geräusch, es soll ausdrücken, wie die Juden untereinander reden: »Widerlich! Juden und Polacken. Gesindel sind sie! Dass du mir nie wieder Juden reinlässt in unser Geschäft!«

»Dir? Euer Geschäft?«, fragt Gustav drohend. Er steht auf.

An diesem Abend liegt er betrunken im Hauseingang und singt: *»Wenn der Mensch was leisten soll, braucht der Körper Alkohol … wenn er etwas leisten muss, dann gebraucht er Spiritus …«*

Marie holt ihn rein. Sie zieht ihn ins Treppenhaus, er ist schwer, sie eine zierliche Frau.

»Mach, mach zu«, sagt sie und sieht ängstlich über die Schulter.

»Wenn er etwas leisten will, braucht er beides, und sehr viel …«

»Schh!« Dass bloß kein Kindchen ihn so zu sehen und zu hören bekommt!

Gustav bleibt wankend auf der Treppe stehen, eine Hand aufs Geländer gestützt, den anderen Arm um seine Frau gelegt. Er schaut sie rührselig an: *»Wenn er nichts mehr leisten kann, fängt er mit dem Wasser an …«*

Im Suff verschwimmen manchmal die Menschen in Gustavs Erinnerung: Kroner ist dann der Hausierer Morgenthaler, der in seiner Kindheit ins Dorf kam, dann wieder ist er ein Maronenverkäufer in Amerika … *Jungchen* sagt jemand zu Gustav: Er sieht den Hausierer Bartek mitsamt seinen Krallen und den Friseur Franz Samtmann, wie er Reden schwingt, mit seinem gezwirbelten Schnurrbart, seinem Augenzwinkern: Samtmann, Jablonski und Kroner werden eins. Ein bisschen Schaum schlagen, ein Witzchen erzählen … Leben und leben lassen. Ein Mensch sein! Was ist dagegen einzuwenden, wie schlecht muss ein Herz sein?

Die Festgesellschaft geht selbstverständlich zu Fuß – sie müssen ja nur über den Marktplatz. Die Marienkirche in Stolp ist eine evangelische Burg aus Backstein, an der Herr Luther seine Freude hätte. Dickbauchig und scheinbar unerschütterlich steht sie im Süden des Platzes, nur wenige Minuten vom Haus in der Schmiedestraße entfernt. In der Marienkirche sind Marie und Clara getauft worden, hier empfangen auch die Enkelinnen die Taufe. Zur Einsegnung von Ursel 1938 trägt Rudolf bereits Uniform – die Uniform der Ordnungspolizei. Mattgrüne Jacke, die orangefarbenen Kragenspiegel der Gendarmerie und schwarze Stiefel. Gustav brummt, als Rudolf in diesem Aufzug in die Kirche geht – immerhin nimmt er wenigstens die Kappe ab.

Bei der nächsten Taufe, im Mai 1940, als Sofie an der Reihe ist, wird Gustav stumm bleiben. Rudolfs Kappe ziert dann am Tschako der Totenkopf – und am Arm trägt er mit Stolz die Runen: Wie viele Polizisten gehört er auch der SS an und zeigt das bei festlichen Anlässen.[28] Der Krieg ist dann schon ein Dreivierteljahr alt, und – es ist ein Segen – Rudolf ist nicht eingezogen, er kann auch dann zu Hause bleiben, als die Westfront eröffnet wird. Am 10. Mai rücken deutsche Truppen in den Niederlanden, Belgien und Luxemburg ein. Anders als Hunderttausende leistet Gustavs Schwiegersohn den Dienst fürs Vaterland daheim. Seine Kameraden necken ihn, er ist nun *der kinderreiche Rottwachtmeister Sahlcke.*

»Du hattest recht«, räumt Gustav gegenüber Marie ein, »diese Beziehungen sind ein Segen.« Es ist ein offenes Geheimnis, dass es der Tennisfreund war, der dafür gesorgt hat, dass Rudolf nicht an die Front muss.

»Je früher du deine Verwendung bei Daluege beantragst, desto besser«, hat Walter Anschütz ihm 1938 geraten und bedeutungsvoll hinzugefügt: »Es wird was kommen.«

Clara hat es ihnen im Vertrauen erzählt. Kurt Daluege, so heißt der oberste Chef der Ordnungspolizei.

Selten hat sich Gustav seinem Schwiegersohn so nah gefühlt

wie im Mai 1940, an dem Tag, als Sofie, seine vierte Enkelin, getauft wird. Sie sitzen alle im Gestühl der Kirche – die ganze Sippe – und brauchen drei Reihen: Rudolfs drei Schwestern sind da – Elfi hat drei, Irmtraud zwei Kinder –, und auch Rudolfs Vater ist gekommen. Marie und Gustav sitzen neben ihnen in der zweiten Reihe, schräg versetzt vor ihnen Clara und ihr Mann mit den Töchtern. Alle frösteln ein bisschen. Es ist einer der ersten warmen Tage des Frühlings, aber in der Kirche ist es kühl. Als Clara, schlank und hochaufgerichtet, mit dem Kind im Arm an das goldene Taufbecken tritt und der Pastor den Taufsegen spricht, sieht Gustav, dass Rudolf mit den Tränen kämpft – genau wie er selbst.

Vier gesunde Enkeltöchter. Und seine Tochter bleibt davor bewahrt, Witwe zu werden. Gott im Himmel sei Dank und Preis! Denn Krieg, Gustav macht sich nichts vor, ist Krieg. Das Wesen des Kriegs ist Vernichtung.

Mit einem Mal war der Krieg da.

Sie alle hielten eine Bestrafung der Polen für überfällig, aber als es so weit war, war selbst Rudolf – und der sogar am meisten – erschrocken: Das Artilleriefeuer war bis nach Stolp zu hören, die Danziger Westerplatte ist ja gerade mal 120 Kilometer weg. *»Seit 5.45 Uhr wird zurückgeschossen«*, rief Hitler im Volksempfänger. Aber es war etwas ganz anderes, die Einschläge selbst zu hören, sie zu spüren, nicht nur auf der Straße, sondern auch in den eigenen vier Wänden, als Berichte darüber im Radio zu vernehmen: Es fühlte sich bedrohlich an. Auf dem neuen Flugplatz Stolp-Reitz starteten unentwegt Bomber: die JU 87 auf dem Weg nach Gdingen. Militärfahrzeuge voller Soldaten verstopften die Straßen; Verbände der 4. Armee nutzten seit August Stolp als Etappe. Die berühmten Stolper Husaren waren aufgelöst, ab sofort standen sie der Aufklärung zur Verfügung.

Aber es ging ja gut! Der Feldzug dauerte nur achtzehn Tage.

Gdingen heißt ab sofort Gotenhafen. Das Erschrecken weicht der Erleichterung, und die verwandelt sich in Begeisterung. Noch ehe sie die Bilder vom triumphalen Empfang, den die Danziger dem Führer bereiten, in der Wochenschau anschauen, hören sie die »Rede des Führers im befreiten Danzig«.

Dazu versammeln sich alle im *Salon Amelie*. Clara hängt ein Schild an die Tür: »*Wegen Gemeinschaftsempfang geschlossen*«. Das Schild tät gar nicht not: Niemand sucht in diesen Stunden den Friseur auf, die ganze Stadt hockt vor den Rundfunkgeräten. Auch ihre Eltern und Angestellten sitzen auf den Frisierstühlen, auf Schemeln und Hockern. Frau Steinlein, die Süßwarenhändlerin, hat nebenan abgeschlossen und verteilt Tüten mit sauren Bonbons, bevor sie auf Claras ausdrücklichen Wunsch auf einem der Sessel mit den zierlichen Beinen Platz nimmt, auf denen üblicherweise die Damen warten, ehe sie zum Frisieren gebeten werden. Hildegard, das Kindermädchen, hat Clara mit den Töchtern in den Park geschickt.

»*Seine Organisation war polnisch*«, sagt Hitler über den militärischen Widerstand der Polen, und im *Salon Amelie* lachen sie, zusammen mit den Zuhörern vor Ort im Danziger Artushof. Ansonsten versagen sie sich Beifall, um nichts zu verpassen. Rudolf wedelt mit dem Zeigefinger, sobald in Danzig geklatscht wird. Mit Trauer in der Stimme erzählt Hitler, wie intensiv, aber vergeblich er sich um eine friedliche Lösung bemüht habe. England und Frankreich hätten das vereitelt, zusammen mit der polnischen Regierung. Polen habe den Krieg gewählt.

»*Alle diese Gebiete, die damals Polen einverleibt worden sind, verdanken ihre Entwicklung ausschließlich deutscher Tatkraft, deutschem Fleiß und deutschem schöpferischen Wirken.*

Polen, das aus den Blutopfern zahlloser deutscher Regimenter entstanden war, hat sich auf Kosten alten deutschen Siedlungsgebietes und vor allem auf Kosten jeder Vernunft und jeder wirtschaftlichen Möglichkeiten ausgedehnt …«

Sie sehen einander an und nicken. Keiner wagt zu klatschen, so atemlos bemüht sind sie, an jedem Wort dranzubleiben. Hitler kann sehr gut sprechen. Er liest nicht ab, das hört man, und er verspricht sich nie.

»… Der Pole, der diese Kultur nicht begründet hat, war nicht einmal fähig, sie auch nur zu erhalten …«

»Das stimmt!«, entfährt es Gustav, er sitzt vornübergebeugt, die Arme auf die Oberschenkel gestützt, die Aufmerksamkeit in Person. Er denkt an die verkarsteten Felder in Pommerellen, das 1920 an Polen kam und vorher zur Provinz Westpreußen gehörte. Wo sie früher, als er ein Junge war, mit dem Leiterwagen durch wogende Weizenfelder fuhren, um im nächsten Dorf Pferde zu beschlagen. Dort hat er selbst struppige Weiden gesehen, noch öfter hat sie die *Grenz-Zeitung* beschrieben. Viele Wege hatten die Polen dichtgemacht, abgeschnitten, hinter der Grenze standen ehedem deutsche Bauernhöfe leer oder verkamen. Wie gut, denkt er, dass das vorbei ist.

»… Das Los der Deutschen in diesem Staat war entsetzlich. Dabei ist es noch ein Unterschied, ob ein Volk von einer niederen kulturellen Bedeutung das Unglück hat, von einem kulturell bedeutenderen regiert zu werden, oder ob ein Volk von hohem Kulturstand dem tragischen Schicksal unterworfen wird, von einem kulturell minder entwickelten vergewaltigt zu werden …«

Claras Familie kennt persönlich niemanden, dem es böse ergangen wäre. Freilich, viele Deutsche sind aus dem Korridor weggegangen, haben ihre Höfe aufgeben müssen. Die, die für Deutschland optierten, wies die polnische Regierung aus, andere fürchteten kommende Repressionen und gingen von selbst. Der Reichstag hatte sich schon in den Zwanzigerjahren mit Verkehrsschikanen der Polen beschäftigt. Die Zugverbindungen nach Danzig sind seit vielen Jahren reduziert und haben oft Verspätung, noch schlimmer ist es Richtung Ostpreußen. Mit den Polen fühlt keiner. Zwanzig Jahre haben sie in allen Variationen gehört und gelesen, die seien ein tief unter ihnen stehendes Volk. Da empfinden sie es als großmütig, dass Hitler gleich zu Beginn seiner Rede anerkennend vom »einfachen polnischen Soldaten« spricht – Schuld gibt er denen, die Befehle geben. Mit Marschall Pilsudski wäre Verständigung möglich gewesen, aber sein Tod habe jede Hoffnung zunichtegemacht.

Eine ganze Stunde dauert seine Rede. Die Zeit vergeht wie im Nu, der Führer hält sie in Bann. Schließlich muss Clara doch aufstehen, um den Apparat auszuschalten.

»Der Führer zieht also nach allen Seiten die Grenzen neu. Alle Achtung, was er sich vorgenommen hat«, sagt sie anerkennend. Dass jemand da ist, der umfassend für sie sorgt und viel weiter schaut als sie selbst, dieses Gefühl hinterlässt die Rede bei ihr.

Der Krieg scheint weit weg zu sein. Fühlbar ist er nicht, jedenfalls nicht dergestalt, dass die Familie Einschränkungen erleben oder sich gar Sorgen machen muss. Neu sind die Lebensmittelmarken und Bezugsscheine – aber es gibt etwas dafür. Der Krieg spielt sich weiter im Volksempfänger ab, eine Abfolge von Siegen und Erfolgen. Wenn nicht begeistert gesprochen wird, ertönen Lieder, Märsche und Unterhaltung. Pommern grenzt – Hitler sei Dank – nicht mehr an Polen, sondern wieder an den Reichsgau Danzig-Westpreußen.[29]

Es ist ein Rausch, und es ist bequem: Rudolf muss nur über die Schmiedebrücke gehen, um in seine Amtsstube zu kommen. Das Kreishaus ist ein kleiner wilhelminischer Palast aus Backstein, mit weiß verputzten Ornamenten und im Zentrum der Turm mit der Uhr, die der Familie beim Blick aus den Fenstern ihres Hauses die Uhrzeit verkündet. Der untere Teil des Kreishauses ist von Kastanien verdeckt, doch der Turm und der pommersche Greif unter dem Giebel sind gut zu sehen. Überquert man die Brücke über die Stolpe, fällt das Wappen über den Hakenkreuzfahnen allerdings nicht mehr ins Auge: Es nimmt sich geradezu zierlich aus. Mittags hängt

Rudolfs Kappe oft an der Garderobe, wenn die Mädchen aus der Schule kommen, zum Essen kann er nach Hause gehen.

Manchmal besuchen ihn die Töchter nachmittags im Kreishaus. Dann sitzt er auf dem Drehstuhl und macht Faxen. Er kneift ein Auge zu und zieht die Schublade seines Schreibtischs auf: Sie ist voller roter und gelber Bonbons.

»Liebeken. Mach einen Knicks!«

Papier knistert. Rudolf Sahlcke freut sich zuzusehen, wie Rosa und Mathilda – später auch Ursel und Sofie – auspacken und lutschen.

Das Grübchen vertieft sich an seinem Kinn, wenn er lächelt.

Für Rosa und Mathilda ist es eine herrliche Zeit, trotz der vielen Vorschriften. Sonntags besuchen sie oft den Garten der Großeltern. Es geht durch Parkanlagen, zur Waldkatze.

»Mattus! Latsch nicht so über den Onkel!«, dröhnt ihr Vater von hinten.

Sie marschieren im Festtagsstaat vor den Eltern her: weiße Blusen mit dem obligaten Matrosenkragen und auf dem Kopf steife Matrosenmützen mit seitlich flatternden Bändern. Mathilda hasst diesen Aufzug, und in dieser Ablehnung sind sich die Schwestern einig: Der dunkelblaue Faltenrock kratzt. Ewig rutschen die weißen Kniestrümpfe. Die schwarzen Lackschuhe mit Querriegel sind zwar hübsch, aber man muss sie auch schonen. Ihre Eltern – der Vater ebenfalls in Uniform – genießen den Auftritt; sie grüßen nach links und rechts. Manchmal bleiben andere Spaziergänger stehen und beglückwünschen sie: Sie sind die Sahlckes mit den vier niedlichen Töchtern. Im Winter spielen die Mädchen im unteren Geschoss der Veranda, das ebenerdig ist und in das ihr Opi, sobald die dunkle Jahreszeit beginnt, Seesand streuen lässt. Erwin Lehmkuhl, Holzhändler und Fuhrunternehmer, liefert ihn eigens aus Stolpmünde.

Die Papierwarenhandlung Oswald ist im Herbst immer wie ein Märchen anzuschauen. Frau Oswald stellt Papierlaternen mit selbst gemachten Scherenschnitten ins Fenster, sie haben transparentes Papier und leuchten, sobald es dunkel wird, in heimeligen Farben – rot, orange und gelb. Man sieht das Rumpelstilzchen, wie es versucht, den Bart aus dem Baumstamm zu reißen, und, wenn Weihnachten näher rückt, natürlich auch den Weihnachtsmann, der zwischen schwarzen Tannen stapft, den Sack auf den Schultern.

In diesem Jahr aber ist alles anders. Verdunkelung ist angeordnet, und die Märchenwelt verschwindet. Die Oswalds machen Umsatz mit dem Verkauf von schwarzem Tonpapier, sie verkaufen es meterweise, und selbstverständlich müssen sie damit auch ihr eigenes Schaufenster zukleben. Dunkelheit senkt sich über die pommerschen Städte.

Gauleiter Schwede-Coburg ist grausam und schnell. Im Oktober und November 1939, unmittelbar nach dem Überfall auf Polen, lässt er die pommerschen Heilanstalten räumen: in Stralsund, Lauenburg, Ueckermünde und Treptow. Es sind große Häuser, in denen geistig und seelisch Kranke leben. Männer, Frauen und Kinder werden in Zügen nach Neustadt westlich von Danzig gebracht. Ein SS-Kommando erschießt sie in einem Kiefernwald.[30] Über manche Verbrechen der Nazis berichten die Zeitungen unverblümt – über Zwangssterilisationen, Zuchthausstrafen für Abweichler, die Morde an SA-Mitgliedern. Diese Massaker hingegen sind strikt geheim. Mindestens zehn Transporte gibt es allein 1939. Aus Treptow, Stralsund und Ueckermünde führt die Fahrt über den Stolper Bahnhof. Die SS räumt auch die Heilanstalt Lauenburg, fünfzig Kilometer im Osten, sie ist eine Institution und ein wichtiger Arbeitgeber in Lauenburg, das halb so groß ist wie Stolp.

An einem Novemberabend steht plötzlich Frau Oswald bei den Hirschs in der Küche. Gustav schaut Marie und Rosa zu, die Äpfel sortieren: Die besonders schönen reiben sie mit Öl ein, polieren sie und legen sie zurück für den Weihnachtsbaum. Frau Oswald hat Mühe zu sprechen. Sie bekommt keine Luft.

»Frau Hirsch, Herr Hirsch: Unser Georg! Er ist weg«, stammelt sie. Dann: »Abgeholt!« Sie habe ihren Sohn besuchen wollen, so viel bringt sie heraus. Georg ist doch schwachsinnig, er war in der Anstalt in Lauenburg.

»Alle, alle Patienten sind weg!« Sie sinkt auf die Küchenbank.

Frau Oswald besucht Georg jede Woche am Mittwoch, ihr Mann ist dann allein im Geschäft. Mit der Bahn fährt sie gut vierzig Minuten, dann hat sie noch zehn Minuten zu Fuß. »Das ganze riesige Haus: leer! Abgesperrt.« Sie ringt die Hände.

Die Heil-Provinzialanstalt Lauenburg liegt am Rande des Städtchens, jenseits der Bahntrasse, umgeben von einem hübschen Park. Vor zehn Jahren fingen die Ärzte hier an, auf neue Methoden zu setzen: Kranke sollten in den Park gehen und sich möglichst viel bewegen. Nur ein Teil der Fenster war vergittert. Sie wollten eine Heilanstalt, kein Gefängnis sein. Der Landrat war stolz darauf.

»Kein Patient, kein Arzt, keine Krankenschwester!« Niemand sei plötzlich mehr da gewesen. Mit bebender Stimme erzählt Alwine Oswald, wie sie erst zum Bahnhof und dann zum Postamt lief, auf der Suche nach einem Fernsprechgerät. Ihr war dann aber der Nachname gar nicht eingefallen von der Schwester Ingeborg, so aufgeregt war sie. Ingeborg, das ist ebendie sehr nette Schwester, die ihr vor zehn Tagen gesagt hatte, es sei was in Gang.

»*Wollen Sie und Ihr Mann den Georg nicht besser nach Hause holen? Machen Sie das*«, so habe sie ihr dringend geraten, »*Frau Oswald, behalten Sie das aber unbedingt für sich!*«

»Ich wollt fragen, Frau Hirsch, ob Ihr Schwiegersohn etwas weiß?« Frau Oswald weint jetzt hemmungslos.

»Rosa, lauf du schon mal nach oben. Du musst zu Bett«, sagt Marie zu ihrer Enkelin.

Sie setzt sich neben ihre Nachbarin. Nach einer Weile hat die sich so weit gefasst, dass sie, wenn auch stockend, weiter berichten kann.

Der Nachname der Krankenschwester sei ihr schließlich doch noch eingefallen, zusammen mit ihrem Mann habe sie angerufen. »Aber die Schwester wollte nicht reden. Sie dürfe nicht! »*Es tut mir so leid*«, habe sie nur immer wieder am Telefon gesagt.

Frau Oswald wendet sich an Gustav: »Wo haben sie ihn hingebracht, Herr Hirsch? Sie tun ihm was an!«

Marie macht einen Tee. Gustav sagt: »Sie werden bestimmt bald Nachricht erhalten! Sie haben den Georg wohl woandershin verlegt.« Und dann, nur um etwas zu sagen: »Frau Oswald, es wird sich schon alles klären!«

Er erinnert sich an Georg, als der ein kleiner Wicht war. Er lernte nicht richtig reden und konnte nicht laufen. Georg freute sich immer, wenn im Hof die Spatzen landeten. Frau Oswald gab ihm altes Brot, genauso geschnitten, dass der Junge die Stücke halten konnte, aber sie nicht zu groß waren für die Spatzen. Wie sehr er das Füttern liebte. Und Gustav trieb seinen Schabernack mit ihm: Er zielte mit Kieseln scharf in die Schar, um die frechsten zu vertreiben. Georg schüttelte dann jedes Mal wild mit dem Kopf, bis Gustav abließ. Aber lachen musste er doch.

Der Junge wuchs schnell. Solange sie konnte, schob Frau Oswald ihn in der Karre. Dann im Rollstuhl. Jetzt ist er groß und schwer wie ein erwachsener Mann.

Frau Oswald und ihr Mann, dem ein krankes Bein als Andenken an den Weltkrieg geblieben ist, konnten ihn allein nicht mehr heben.

»Es ist doch gut, dass die Anstalt so nah ist«, so hat Marie ihre Nachbarin zu trösten versucht, als sie sich dazu durchgerungen hatten, ihr Kind in fremde Obhut nach Lauenburg zu geben. Das war vor vier Jahren.

Jedes Mal, wenn Clara schwanger ist, betet Gustav dafür, dass auch dieses Kind gesund sein und alles gut gehen möge. Anders als Clara und Rudolf hat er nie dieses Gefühl der Gewissheit. Oder haben die beiden doch recht und es ist christliche Zuversicht? Manchmal denkt Gustav: Es ist Hochmut.

Es dauert lange, bis sich Alwine Oswald ein wenig beruhigt hat. »Ihre Tochter kennt doch die Frau vom Landeshauptmann?«, fragt sie. »Kann sie nicht mir ihr sprechen? Ich mein, der Herr von Zitzewitz ist doch Chef vom Provinzialverband.«

»Aber Frau Oswald, von Zitzewitz[31] ist doch längst abgelöst!« Gustav wundert sich. Liest die Frau denn keine Zeitung? Den Landräten vorgesetzt ist seit Jahren SS-General Emil Mazuw.

»Was weißt du?«, fragt er später am Abend seinen Schwiegersohn. Clara und Rudolf sitzen einander gegenüber in ihrem Wohnzimmer, in den geblümten Sesseln am Fenster. Clara näht an einer Kinderjacke. Rudolf ist ja Gendarm und die Polizei zuständig für die Sicherheit der Reichsbahn im Landkreis. Zu ihren Aufgaben gehört auch die Überwachung des Stolper Bahnhofs.

»Die Wehrmacht braucht Lazarette«, wehrt Rudolf ab und fügt dann unwirsch hinzu: »Herrje, es ist Krieg! Glaubst du, Schwachsinnige gehen unseren verletzten Soldaten vor?«

»Aber wo sind sie hin? Warum kriegen die Eltern keine Nachricht?«

Rudolf zuckt mit den Schultern. »Weiß ich nicht. Die Verlegung regeln die höchsten Stellen im Gau. Stettin und der Gau Danzig. Das geht uns in Stolp nichts an.«

»Tun sie ihnen was an?« Gustav steht jetzt dicht vor seinem Schwiegersohn.

»Was redest du bloß?« Rudolfs Ton wird scharf. »Eins weiß ich: Unser Volk steht im Überlebenskampf!«

»Das wird schon seine Ordnung haben«, sagt Clara beschwichtigend. Und dann: »Müssen wir denn alles wissen?«, sie beißt den Faden an ihrer Nadel ab. »Es gibt Sachen, Papa, da vertraue ich. Das muss man in diesen Zeiten.«

Das psychiatrische Krankenhaus in Lauenburg gibt es 1940 nicht mehr, auch das in Stralsund schließt. Im Dezember 1939 meldet die Verwaltung in Stettin dem Oberpräsidenten Schwede-Coburg 990

Betten in Lauenburg frei. »Die durch die Schließung der beiden Anstalten erzielte Ersparnis beläuft sich für 1940 auf 350 000 Reichsmark«, bilanziert der interne Bericht.[32] Alwine und Albert Oswald erhalten auf wiederholte Nachfrage im Februar 1940 ein Schreiben der Provinzialverwaltung. Es teilt mit, dass Georg Oswald, geboren 1919 in Stolp, im Januar 1940 gestorben sei an einer Lungenentzündung in der Heilanstalt Meseritz-Obrawalde. Und dann steht da noch: *Sehen Sie von weiteren Nachfragen ab*. In der Provinzial-Heilanstalt Lauenburg, in der ein halbes Jahrhundert Kranke lebten, wird 1940 eine Unterführerschule der Waffen-SS eingerichtet.

Alwine Oswald spricht nicht mehr viel. Ihre Besuche bei den Hirschs stellt sie ein. Überhaupt geht sie nur noch selten aus dem Haus. Ihr Mann und sie haben weiterhin viel zu tun mit dem Verkauf von Verdunkelungspapier, das in den Fenstern jetzt Pflicht ist. Frau Oswald schneidet auf Wunsch die Namenszeilen der Geschäfte so aus dem Papier aus, dass der Laden dunkel wird, sobald es angeklebt ist, man aber doch von draußen sehen kann, um welches Geschäft es sich handelt. Diese Arbeit, das verzeiht sie sich nie, war auch der Grund, warum sie Georg nicht umgehend abgeholt hat, nachdem Schwester Ingeborg es ihr geraten hatte. Wenn Frau Oswald ihre Vermieter auf der Straße trifft, grüßt sie, senkt den Kopf und huscht vorbei.

So wie manche Menschen verblassen, blühen andere auf. Die Garnisonsstadt Stolp entwickelt sich prächtig im ersten Kriegsjahr. Die Geschäfte laufen so gut wie seit Jahren nicht mehr. Viele junge Soldaten sind in der Stadt, sie nutzen den Ausgang zum Rasieren und Haareschneiden. Zum Glück ist Clara eine gute Geschäftsfrau und nie der Versuchung erlegen, den Herrensalon dichtzumachen und nur auf die Damen zu setzen. Der *Salon Amelie* in der Schmiedestraße ist für beide Geschlechter eine gute Adresse. Die »Rennbahn« für Einkäufe befindet sich zwar zwischen Neuem Tor und Markt, aber auch die Schmiedestraße zieht wegen ihrer Läden viel Kundschaft an. Die alteingesessene Kürschnerei existiert zwar nicht mehr. Als das Gesetz den Juden Ende 1938 jegliche Betriebsführung untersagte, hatte Meister Kutnewski schon aufgegeben. In seinem Laden hat der Florist Petersen eine Filiale eröffnet.

Im Salon regelt Clara jetzt alles allein. Sie hat nicht nur ein Händchen für die Finanzen, sondern ist auch Ästhetin. Sie investiert, aber vorher reduziert sie die Gemälde ihres Vaters im Schaufenster. *Ein* Seestück, findet sie, reicht. Eine Vase mit Lilien passt gut auf die andere Seite, drum herum drapiert sie Kunstseide, und wie Chormädchen, die im Begriff sind zu jubilieren, stellt sie im Zentrum Köpfe mit Perücken auf. Grundfarbe der Inszenierung ist Weiß.

Die neuen elektrischen Geräte, mit denen sich selbst Schnittlauchlocken in dauerhafte Wellen verwandeln lassen, hat Clara bei Wella in Thüringen bestellt. Die Dinger haben ein fahrbares Stativ, mit einem Stromkasten oben, aus dem eine Unmenge Kabel quellen. Rot ist plus, minus ist schwarz, mit Steckbuchsen an den Enden. Die Behandlung ist eine Tortur – und deshalb für die Friseurin ein Risiko.

Sie muss die Haarsträhnen der Kundin mit flachen Klammern so feststecken, dass deren Kopfhaut bedeckt ist. Sonst drohen Verbrennungen. Dann dreht sie Strähne um Strähne sehr fest um einen Metallwickler, den sie vorher mit einem chemischen Wellmittel getränkt hat. Wenn der Dauerwellwickler dicht genug an der Klammer sitzt, deckt sie ihn mit einer Metallfolie ab, und eine weitere Klammer hält ihn an Ort und Stelle. Sobald alle Haare aufgedreht sind, steckt sie an jeden Wickler je ein rotes und schwarzes Kabel. Von da ab sind Kopf und Standgerät fest miteinander verbunden, und beide – die Kundin und sie – sind in Gottes Hand. So denkt Clara jedes Mal, wenn die Kundin mit dem Gewicht auf dem Kopf vor ihr sitzt. In dem Augenblick, bevor sie den Strom einschaltet, muss eine Friseurmeisterin Psychologin sein. Clara erläutert alles, was gleich passieren wird und warum das so sein muss und es keinerlei Problem darstellt. Jeder Arzt könnte sich von ihr eine Scheibe abschneiden.

Sie holt tief Luft, dann legt sie den Schalter um. Es zischt und brodelt. Die Wickler werden heiß – und es brennt dort, wo die Welllösung auf die Kopfhaut tropft. Also steht sie daneben und tupft. »Oh, Verzeihung. Das haben wir gleich!« Die Prozedur dauert nur ein paar Minuten. Für die Kundin ist der Blick in den Spiegel danach erst mal ein Schreck. Das Haar ist kribbelkraus: eine kritische Phase.

»Wunderbar! Sie werden genau die Fülle im Haar haben, von der sie geträumt haben«, versichert Clara, die hinter ihr steht, und strahlt: »Gleich ist es geschafft!« Nun muss sie das Haar nur noch waschen und auf größere Wickler legen. Ein feines Band entspinnt sich zwischen ihr und der Kundin, die ja ihre Schönheit in die Hände einer Fremden legt – nur sie als Friseurin darf ihre Haare berühren. Das ist ein Privileg! Clara genießt diese Intimität und versäumt nie, am Ende einer Behandlung, auch wenn sie diese den Angestellten überlässt, die Frisur jeder Kundin persönlich zu begutachten – und deren Haare zu berühren: Der Bund ist besiegelt.

Freilich, das Chemiezeug für die Dauerwellen ätzt an ihren Fingernägeln. Geeignete Handschuhe gibt es nicht, und gäbe es sie, würde Clara sie nicht verwenden: Nur so hat sie das nötige Feingefühl und ist fix. Jeden Abend vor dem Schlafengehen sitzt sie, ölt sorgfältig die Hände und feilt die Nägel.

Sie ist jetzt sechsunddreißig, eine blühende Frau, deren einzige Eitelkeit darin besteht, dass sie sich selbst für etwas Außerordentliches und Besonderes hält. Ihr besonderer Schmuck sind die Kinder. Das Mutterkreuz, mit dem die Partei kinderreiche Frauen auszeichnet, interessiert sie hingegen herzlich wenig. Was hat sie mit diesen Gebärerinnen zu tun? Weibern in Schürzenkleidern? »Würde mich das für dich attraktiver machen?«, fragt sie Rolli eines Abends, als sie am Frisiertisch sitzt und ihre Hände pflegt. Dann antwortet sie selbst: »Ich finde das trutschig.«

Rudolf beantragt trotzdem das Mutterkreuz in Bronze für seine Frau. Es bringt einige Vergünstigungen mit sich – und es gehört sich für einen Rottwachtmeister der Ordnungspolizei auch so. Clara trägt den Orden nie. Einmal spricht sie im Salon mit Frau von Banditz, die zu den gebildeten unter ihren Kundinnen zählt. Die beiden Frauen reden im Vertrauen.

»Hitler braucht diese Dinge für die einfachen Leute«, sagt diese und nickt Clara anerkennend zu: »Sie haben das nicht nötig. Das nennt sich Understatement.«

Understatement: ein englischer Begriff, den Clara an diesem Tag lernt. Sie bedauert sehr, dass ihre Eltern sie nicht aufs Lyzeum, sondern nur auf die Mittelschule geschickt haben. Es wäre ihnen doch möglich gewesen! Mit Rosa wird sie es anders machen. Sie ist eine so gute Schülerin, für Clara ist ausgemacht, dass ihre Tochter die Lessingschule besuchen wird – wenn möglich bis zum Abitur.

»Rolli, was sagst du dazu?«, fragt sie ihren Mann noch am selben Abend, während sie an ihrer Frisierkommode sitzt. Sie sucht seinen Blick im Spiegel. Rolli stimmt zu.

4. KAPITEL

18. Januar 1942
Vor drei Tagen ist Schnee gefallen, und wir gehen jeden Tag raus, um zu spielen.

Es ist ein neues Mädchen in unserem Haushalt. Luzie. Sie ist nicht groß, nur einen Kopf größer als ich, und sehr schüchtern. Zuerst konnte sie gar kein Deutsch. Das ist jetzt besser. Du jetzt aufstehen. Du anziehen. So hört sich das an, wenn sie spricht. Mami meint, Deutsch muss sie gut können, erst dann lässt sie das Mädchen mit uns Kindern allein.

Rosa hält inne und kaut auf ihrem Bleistift. Es sieht ja keiner. Sie sitzt an dem kleinen Schreibtisch, den ihre Eltern ihr geschenkt haben, nachdem sie die Prüfung für das Lessing-Gymnasium bestanden hatte. Es macht ihr Mühe, Tagebuch zu schreiben. Anfangs war sie fleißig, jetzt werden die Einträge seltener – ihre Disziplin erlahmt, vielleicht weil ihre Disziplin an so vielen Stellen gefragt ist. Ihre Großmutter hat sie getröstet: »Das Tagebuch soll dein Vertrauter sein«, hat sie gesagt, »keine weitere Pflicht.« Über die Polin zu schreiben ist Rosa keine Pflicht, sondern ein Bedürfnis: Sie mag Luzie.

Luzie hilft in der Küche, aber die Gerda will sie dort nicht haben. Sie ist richtig böse zu Luzie. Luzie wohnt in der Dachkammer. Lächeln tut sie nie.

Nur einmal, als Edouard ihr einen Schneeball ans Fenster geworfen hat, da hat sie gelächelt. Sie stand am Tisch vor dem Fenster in der Küche und knetete Teig – und dann hat sie gelächelt. Einmal hat sie laut gelacht. Da hab ich ihre Zähne gesehen. Es ist traurig, dass sie so wenig lächelt.

Ich will noch etwas über Edouard schreiben. Edouard ist ein Kriegsgefangener. Er kommt aus der Dordogne. Dorrdonnje, so spricht man das aus. Hat er mir vorgemacht. Edouard hat schwarze Haare, ein richtiger Franzose! Er hat Opi geholfen, im Hof einen Bunker zu bauen. Er ist für den Fall, dass die Russen oder die Engländer auf uns Bomben aus der Luft werfen. Der Bunker ist eine Freude. Er hat ein schräges Dach und ist jetzt ganz weiß. Wir klettern rauf aufs Mäuerchen und rutschen da runter. Die Schneedecke ist toll! Edouard klopft uns den Schnee von den Mänteln ab. Er sagt nicht viel, aber er lächelt oft. Manchmal wirft er einen Schneeball ans Küchenfenster.

Rosa liest ihren Text noch einmal durch. *S'il vous plaît, Mademoiselle*, sagt Edouard oft zu ihr, aber sie weiß nur, wie sich das anhört, nicht, wie man das schreibt. Französisch gibt es ja erst in der Quarta, Rosa freut sich schon darauf, es zu lernen. Ins Tagebuch schreibt sie: *Die Franzosen haben Kultur, sagt meine Omi.*

~

»Komm doch Dienstag um drei, den Termin halt ich frei!« Clara taxiert ihre Mutter, die ihr gegenübersitzt, sie ist auch deren Friseurin. Die nachmittägliche Kaffeestunde auf der Veranda geht zu Ende. Volumen in Maries feinem Haar zu erhalten ist nicht ganz einfach. Grau meliert und an der Seite gescheitelt, trägt sie es in leichten Wellen, die bis zum Kinn fallen. Eine Tönung lehnt sie ab.

Der Stuhl am Kopfende des Tisches ist leer, denn Rudolf hat

Sonntagsdienst. Sein Schwiegervater hat dort nie wieder Platz genommen seit dem Julitag vor sieben Jahren, als Mathilda geboren wurde und Rudolf und er aneinanderstießen wie zwei Keiler.

»Wenn du jünger wärest, würde ich dir einen Bubikopf schneiden«, sagt Clara. Mutter und Tochter haben beide diese feinen Haare, für die es stete Pflege braucht.

»Sei vorsichtig, sonst versuch ich es!«, erwidert ihre Mutter mit einem Lächeln. Sie zwei wissen, dass es bei ihrer damenhaften Frisur bleiben wird.

Aber Bubikopf finden beide schick. Besonders Marie Hirsch mag diesen Stil; oft trägt sie Marlene-Hosen in Schwarz, bei ihrer zierlichen Figur kann sie sich das leisten. Zöpfe, gar rund um den Kopf gelegt, verbieten sich für Haare wie ihre. Haarteile einarbeiten? Das kommt für Mutter und Tochter nicht infrage, auch wenn das jetzt modern ist. Einmal hat Rudolf versucht, Clara dazu zu bewegen, Bubiköpfe im Salon nicht mehr zu schneiden – sie passten nicht zur nordischen Rasse. Clara ignoriert derlei Unfug. Es gibt Dinge, von denen verstehen Männer nichts. Der Schnitt wird selten verlangt, leider, aber wie borniert muss man sein, um ihn abzulehnen?

Gustav und Marie wollen gerade aufbrechen und in ihre Wohnung gehen, als ihr Schwiegersohn eintrifft.

»Geht ihr schon? Wo ist mein Sofiechen?«, ruft Rudolf in bester Laune, lässt sich in seinen Stuhl fallen, nimmt die kleine Sofie auf den Schoß und schäkert mit ihr. »Hoppe, hoppe, Reiter, wenn er fällt, dann schreit er!

»Stellt euch vor, ich komme aus Damnitz, da haben wir heute einen aus dem Mehltrog gezogen!« sagt er dann, an die Erwachsenen gewendet, während er Sofie auf seinen Knien reiten lässt. »Der Kerl war weiß gepudert, sah aus wie Max und Moritz bei Wilhelm Busch. Der hatte so einen ulkigen Namen: Brausewetter.«

Gustav, der schon aufgestanden ist, dreht sich zu ihm: »Brausewetter? Sagtest du Brausewetter?«

»Sagte ich, wieso?«

»Weil ich einen Brausewetter kannte … was hat er angestellt?«

»Erst dachte ich, da klaut einer Brot. Aber der hat was auf dem Kerbholz, da bin ich sicher. Der Kerl hatte sich in der Backstube der Bäckerei versteckt – ausgerechnet im Mehl. Hinterher sah er selbst aus wie ein Brot, fertig für den Ofen.« Rudolf lacht. »Wir hätten ihn am besten gleich reinschieben sollen, die hatten so schöne große Schaufelbleche dort.«

Die Vorstellung ergötzt ihn immer noch sichtlich. Er setzt das Sofiechen zurück in den Kinderstuhl und streichelt Ursel, die neben ihm steht, die Wange. »Wisst ihr, wie bei Max und Moritz kam ich mir vor.« Er hat es mit seinen Wiederholungen. »Ich hab ihn am Schlafittchen gepackt und dann erst mal im Hof unter den Schlauch, der konnte ja unmöglich so in den Wagen. Da kam die Kluft zum Vorschein: Der war aus dem Lager getürmt! Aber der Bäckergeselle war tüchtig. Zuerst hatte er gedacht, da rumort eine Ratte, als er dann sah, dass es ein Kerl ist, hat er die Türen abgeschlossen und uns gerufen.«

»Wie alt ist er?«, fragt Gustav.

»Schlecht zu sagen … So alt wie ich? Nicht mehr jung. Zu Fuß laufen kann er noch ganz gut, ist vom Lager Pölitz die meiste Strecke zu Fuß gelaufen.«

»Woher kommt er? Ich meine, aus welchem Ort?«

»Was ist denn los mit dir? Was interessiert dich der Kerl? Der hat wohl auf der Werft agitiert. Und jetzt wollt er sehen nach seinen Kindern in Lauenburg, behauptet er. Ich hab ihn in die Wasserstraße gebracht.«

In der Wasserstraße, da ist das Gestapo-Gefängnis. Gustav ist still.

Rudolf zieht sein schweinsledernes Notizbuch aus der Brusttasche und blättert darin. »Otto Brausewetter, geboren 1906 in Kolberg. Also eindeutig jünger als ich, aber nicht viel. Kommunist! Nicht wirklich jemand, für den dein Herz schlägt, oder?« Rudolf erwartet keine Antwort von seinem Schwiegervater und steckt das Buch weg.

Clara stellt ihm ein Glas hin. Er lächelt sie an, offenbar hat sie seine Gedanken gelesen.

»Ich hol dir dein Bier. Was passiert mit dem Mann?«, fragt sie, schon auf dem Weg in die Küche, ein Tablett mit Kaffeetassen in der Hand.

»Jetzt ist er in Gewahrsam. Morgen bringen wir ihn zurück nach Stettin.«

Gustav folgt seiner Tochter aus dem Raum. Seine Gedanken jagen einander, eins weiß er sofort: dass nicht viel Zeit ist. Dieser Brausewetter ist sehr wahrscheinlich mit Max verwandt. Max, dem er so viel verdankt. Vier Briefe gingen noch hin und her zwischen New York City und Stolp in Hinterpommern. Der letzte, der aus New York kam, teilte ihm die Vermählung mit: Lisbeth und Max Brausewetter. Das war 1902, vor vierzig Jahren. Gustav war da schon mit Marie verlobt – dieser Brief löste gleichwohl einen Sturm von Gefühlen in ihm aus, er erinnert sich, wie lange er an dem Glückwunsch, den er über den Atlantik schickte, feilte.

Ihm fehlten die Worte, und dann schlief der Briefwechsel ein. Max und er, sie waren Handwerker, keine Literaten … Aber in seinen Träumen, da sind sie noch beide: Lisbeth und Max. Sie tauchen auf und wandern durch seine Nächte. Er sieht Max, wie er sich von einer Wand löst, an der er lehnt, die Mütze im Gesicht. Gustav kann seine Augen nicht sehen, aber dann zieht Max sich die Kappe vom Kopf und lacht … und geht weg … Lisbeth steht am Ufer, weit hinten, er will zu ihr hin … Träume eben.

Dieser Bengel, dieser Kommunist. Wenn der aus Kolberg ist, heißt das, dass er ein Neffe von Max sein kann. Max hatte fünf Brüder. Brüder sind wichtig, Gustav hat zwei verloren. Ich muss handeln, denkt er. Nur Rudolf kann helfen, aber der Weg, das hat er gelernt, führt nicht direkt zu ihm.

In der Küche stellt Clara das schmutzige Geschirr in die Spüle und sortiert das Besteck in eine Schüssel mit Wasser. »Clara«, sagt Gustav. »Hör mir mal zu.«

Die Küchenuhr tickt leise. Clara sagt eine Weile nichts. Bis eben hatte sie es eilig, sie ist gewohnt, alltägliche Aufgaben zügig zu erledigen, um alles zu schaffen. Jetzt kämpft sie mit einem Anflug von Unwillen. Was hat ihr Vater da gerade vor ihr ausgebreitet? Dass er – irgendwie – einem Wohltäter in Amerika den Grundstock seines Vermögens verdankt? Dass er das Haus, in dem sie leben, nicht hätte kaufen können ohne dessen Geld? Und dann behauptet er noch, das Subjekt, das Rudolf verhaftet hat, sei angeblich verwandt mit diesem ominösen Freund in Amerika.

Der reibungslose Ablauf ist gestört. Clara bemerkt kühl: »Ich denke, Rudolf und ich haben unseren Teil dazu beigetragen, dass unser Geschäft floriert, dass wir stehen, wo wir stehen.« Sie sagt es zum einen, um Zeit zu gewinnen, aber auch, weil sie ihr Licht nie unter den Scheffel stellt.

»Ja! Natürlich …« Gustav pflichtet ihr bei. Dann ist er schon wieder bei seinem Max Brausewetter: »Aber weißt du, ich hab ihm niemals danken können. Ich fühle mich tief in seiner Schuld.« Er versucht seine Hand auf Claras zu legen, doch die zieht ihre spontan weg.

Sie fragt: »Was droht seinem Neffen denn, wenn der wieder eingesperrt wird?«

»Das weiß Rudolf besser als ich.«

»Wir übersehen doch gar nicht, was er verbrochen hat, also wieso …«, Clara hebt die Schultern, »sollten wir uns einmischen?«

Gustav stutzt, das hat er doch eben erklärt. Er sieht seine Tochter an. Dann sagt er schlicht: »Einen besseren Freund im Leben hatte ich nicht. Ich bitte dich, für seinen Neffen ein gutes Wort einzulegen bei deinem Mann.«

Sie setzt an, etwas zu erwidern, da steht plötzlich das neue Dienstmädchen in der Küche. Luzie. Es ist Sonntag, sechs Uhr abends, da muss sie zurück sein. Claras Blick gleitet die Wand hoch zur Uhr. »Es wird auch Zeit«, sagt sie zu der Polin, »mach den Mädchen das Abendbrot.«

Gustav hat ein ganz schlechtes Gefühl, als er sich am Abend zu Bett begibt.

»Was hast du, Gustav, alter Brummbär?«, fragt Marie, während sie ihm das Kopfkissen aufschüttelt. Marie weiß von seinem Freund Max, aber nichts von den Dollars aus Amerika. Über alles hat er mit ihr gesprochen, aber nicht über die Finanzierung seiner Häuser. Männersache. Und eben auch nicht über das Geschenk aus New York. Obwohl das etwas anderes ist, etwas ganz anderes.

»Ich fürchte, dieser Sträfling ist der Neffe von meinem Freund Max.«

Ihrem Vater einen Gefallen tun aus Sentimentalität, warum sollte Rudolf das tun? Damit würde er seine Pflicht verletzen. Clara hat das schon bedacht. Deshalb zäumt sie es anders auf und redet davon, dass ihr die Kinder von diesem Entsprungenen leidtun. Dass die Hirschs der Familie Brausewetter verbunden seien, sagt sie dann noch. Sie und Rudolf liegen bereits im Bett.

»Kannst du nicht ein Auge zukneifen?«

»Nein. Kommunistengesindel. Ich denke nicht dran. Was stellst du dir vor, der Vorgang ist aktenkundig!«

Dumm ist Rudolf nicht, den Namen Brausewetter hätte er schon gehört, wenn Clara diese Familie kennen würde. »Rück mit der Sprache raus, Liebeken!« Er drückt sie, und sie kichert.

Rudolf lässt sich die ganze Geschichte erzählen, von Gustav, dem Brausewetter-Onkel in Amerika und den Dollars. Ihn interessieren die Dollars. »Die waren bestimmt geklaut«, sagt er entschieden. Er fühlt Genugtuung. Sieh mal an, lieber Gustav, so ein großer Geschäftsmann, wie du tust, bist du nicht, du hast einen Koffer voll Geld einfach geschenkt gekriegt …

»Nun, wenn der Kerl dir morgen wegliefe, mein Rolli, wär das so schlimm? So was passiert doch«, sagt Clara, sie liegt in seinem Arm. »Aber das übersiehst du besser als ich.«

Sie lauscht einen Augenblick, ob er was entgegnet. Als er nichts sagt, fährt sie fort:

»Nach dem, was du erzählt hast, scheint er ja eher ein Fantast zu sein, keiner, der Leute umbringt. Oder?«

»Er ist ein Staatsfeind – und ich bin Polizist«, sagt Rudolf. Er fühlt sich gut.

Seine Gedanken sind in Gang. Könnte er das tun? Diesen Brausewetter türmen lassen auf der Fahrt von Stolp zum Lager: Pinkelpause mit Flucht? Der Weg ist ja weit genug, dass der mal austreten muss … und er würde dann, wenn überhaupt, in die Luft schießen. Sein zweiter Mann würde am Steuer sitzen … Niemand würde glauben, dass es Rudolfs Absicht war, zumal er es war, der den Brausewetter geschnappt hat. Sie würden allenfalls denken, dass er blöd ist. Für Clara wäre er ein Held.

Auch für seinen Schwiegervater.

Für das ganze Haus.

~

Jeder Mensch hat Spielraum. Was immer Clara und Rudolf in dieser Nacht aushecken, wie immer sich Rudolf entscheidet, es hat keinen Einfluss auf das Leben von Otto Brausewetter. Als Rudolf am nächsten Morgen aus seinem Amtszimmer telefoniert, um die Überstellung zu vereinbaren, erfährt er, dass der Häftling Brausewetter nicht mehr im Gefängnis ist. Der Oberwachtmeister habe einen Kollegen mit dem Transport nach Köslin beauftragt. Dort wollen ihn SS-Wachleute aus dem Arbeitslager Pölitz abholen.

Die Familie hört nie wieder etwas von dem Mann namens Brausewetter. Clara teilt ihrem Vater mit, dass Rudolf nichts ausrichten konnte, weil der Gefangene schon weggebracht worden war, und betrachtet die Sache als erledigt. Rudolf findet den Verlauf optimal; Punktsieg für ihn, ohne Anstrengung oder gar Risiko. Gustav spürt den Triumph seines Schwiegersohns. Dass Rudolf keine Lust hatte, einen Finger krumm zu machen, davon ist er überzeugt. Falls – er hat da Zweifel, und dieser Zweifel schmerzt – seine Tochter überhaupt mit ihm gesprochen hat. Seine Clara. Sein einziges Kind. *Kinder nehmen alles von dir, sie interessieren sich nicht dafür, woher es kommt. Sie leben ihr eigenes Leben, und sie lassen dich im Stich.*

Selten hat Gustav sich so allein gefühlt in seinem Leben, er bringt keine weitere Silbe zu diesem Thema über die Lippen, auch nicht zu Marie.

Joachim Lachotzke erhält böse Nachrichten. Am 20. Juni 1942 muss er in Stolp die jüdische Schule schließen. Siebenundzwanzig Jungen und Mädchen dürfen ab sofort nicht mehr unterrichtet werden. Der Erziehungsminister in Berlin hat angeordnet, dass niemand, ob besoldet oder unbesoldet, jüdische Kinder beschulen darf. Bis zu diesem Tag ist die Schule im Gemeindehaus neben den Resten der Synagoge untergebracht. Die meisten Trümmer in der Arnoldstraße sind 1939 abgeräumt worden, die Kosten musste die Glaubensgemeinschaft tragen.

Lachotzke ist der letzte Lehrer und Kantor der jüdischen Gemeinde von Stolp. Er ist noch keine dreißig und erst 1938 mit seiner Frau und seinem kleinen Sohn von Schneidemühl nach Stolp gekommen. Ihm zur Seite in der Schule steht Frau Seelig, eine Frau Ende fünfzig, verheiratet mit dem Glasermeister Seelig. Sie hat unendlich viel Geduld mit den kleinen Kindern, während Lachotzke, er macht keinen Hehl draus, ein besserer Lehrer für die ist, die das Lesen schon raushaben. Die beiden sind zwei, die ungeachtet aller Widrigkeiten weitermachen, die auf ihre Weise den Zeiten trotzen. Viele der Stolper Juden sind ja bereits fort. Untergetaucht in Berlin, geflohen nach Shanghai, in die USA und nach Haifa.

Die Familie Lachotzke hat Räume über der Leichenhalle am jüdischen Friedhof bezogen. Das mag gruselig klingen, ist aber für die junge Familie ein Glück: 1940 und '41 müssen viele Juden in

Stolp ihre Wohnungen aufgeben. Wer jüdisch und jünger als fünfzig ist, muss unter der Woche Bauarbeiten verrichten und in einem Lager übernachten. Anders die Lachotzkes. Das hell verputzte Gebäude mit dem sanft geschwungenen Giebel, in dem unten die Totenhalle ist und oben ihre Wohnung, liegt mitten im Grünen zwischen Birken und Fliederbäumen. Der Frühling zwitschert hier aus tausend Kehlen, sagt Hanni Lachotzke zu ihrem Mann. Sie will ihn mit diesen Worten ein wenig trösten.

1941 im Mai wird die jüdische Gemeinde gezwungen, ihren Friedhof zu übergeben. 2780 Quadratmeter der Fläche erhält, nach einigen Verhandlungen, der Friedhofsgärtner Albert Peitz, die andere Hälfte die Kirchengemeinde St. Marien. Die Gräber werden eingeebnet. Aus Erdhügeln ragen menschliche Gebeine, alte Grabsteine liegen zertrümmert. Von diesem Tag an öffnet Hanni Lachotzke die Vorhänge an den Fenstern zur Friedhofsseite nicht mehr. Ihr fällt auch kein tröstendes Wort mehr ein. Herr Peitz, der eine Gärtnerei im Freyschmidtweg führt, benötigt Platz für Kalthaus-Gewächshäuser. 1943 wird der Gärtnermeister in der jüdischen Leichenhalle, die dann nicht mehr genutzt wird, dreiundzwanzig *Fremdarbeiter* unterbringen. Dafür erteilt die Stadt ihm im Januar 1943 die Genehmigung. Im selben Jahr verkauft sie an Glasermeister Schönfeldt für 26 000 Mark das Grundstück der Synagoge.

Aber noch ist das Jahr 1942, ein Abend im Juli.

Rolli und Clara sitzen auf der Veranda, es ist ihre blaue Stunde, die schönste am Tag, alle vier Kinder sind im Bett, das Tagewerk getan. Für Clara war es ein schwieriger Tag. Sie hatte Ärger. Einer Kundin ist ein Stück Kopfhaut verätzt, und Clara kann niemand anderem die Schuld geben als sich selbst: Sie stand direkt daneben, aber diese Kopfhaut war einfach empfindlicher als andere. Diese Heißwelle ist wirklich eine viegeliensche Sache! Mit Worten allein konnte sie den Schaden nicht wettmachen. Sie holte ein Präsent aus dem Kosmetiksalon, einen kostenlosen Haarschnitt gab es sowieso.

»Vor allem wollt ich kein langes Aufheben im Laden machen! So was spricht sich ja rum.«

»Das hast du richtig gemacht!«, tröstet ihr Mann. »Wenn es irgendwie geht, immer dafür sorgen, dass der Kunde nicht im Zorn über die Schwelle geht!«

»Ich glaub, ich krieg Kopfschmerzen«, sagt sie kleinlaut.

Nun ist Rudolf dran mit Erzählen. Er hat gerade viel zu tun mit einem Sammeltransport. Stettin sitzt seiner Dienststelle im Nacken – die Juden werden mit Zügen nach Osten gebracht. »Heute war der Lehrer bei mir, so ein ganz junger Bengel, und hat gewollt, dass wir seine Familie verschonen. Seine Frau, sagt er, hat schon Wehen.«

Clara hat sofort Mitgefühl. »Ihr Männer habt ja keine Ahnung!« Sie hält mit ihrer Meinung nicht hinter dem Berg: »Ich finde das ungeheuerlich. Ihr könnt doch einer Hochschwangeren nicht so eine Reise zumuten?!« Sie kennt die Leute nicht, aber sie ist völlig entrüstet. »Soll die Frau ihr Kind im Zug kriegen? Rolli, tu was! Das musst du, wir sind doch keine Unmenschen!«

Nach diesen Worten steht sie auf. Mehr wird sie dazu nicht sagen. Sie schiebt den Stuhl mit der geflochtenen Rückenlehne zurecht, damit er wie die anderen am Tisch steht. »Rolli, ich bin so müd! Ich will nur noch schlafen!« Der Tag ist wirklich anstrengend gewesen.

~

»*Eine nicht transportfähige Person. Rückstellung*«, tippt Rudolf Sahlcke auf zwei Fingern in seine Olympia-Schreibmaschine. Es ist der folgende Tag. Normalerweise macht er das nicht selbst, Berichte und Mitteilungen diktiert er Fräulein Fiebelstrauch. Listen, die er handschriftlich gefertigt hat, händigt er ihr aus: zur Reinschrift, zum Übertragen und anschließender Ablage. Weiterleitung der Kopien nicht zu vergessen. Doch die Sekretärin hat gerade Urlaub, sie heiratet und wird in zehn Tagen nicht mehr als Emma Fiebelstrauch, sondern als Emma Krotkowski an den Schreibtisch zurückkehren. Sie verschlechtert sich – darin stimmen Rudolf und Clara überein.

»Dafür muss ihr Bräutigam sie eigentlich entschädigen. Hoffentlich kann er das«, findet Clara. Der Name Krotkowski ist ja fast wie ein Leid. Sie haben beide geschmunzelt, als sie ihn zum ersten Mal hörten. Über alle nennenswerten Vorgänge im Kreishaus ist Clara informiert. Was diese Lehrersfrau angeht, denkt Rudolf, hat sie recht, so geht man nicht mit einer Gebärenden um, auch wenn sie ein Judenweib ist.

»Rückgestellt werden auch Ehemann und Kind. Wiedervorlage: 23. Juli.«

Clara hat keine Ahnung, wie viel Arbeit sie ihm gemacht hat! Der Vorgang – mit Kopie an den Landrat – geht ja hier im Haus nicht nur über seinen Tisch, sein Vorgesetzter muss ganz nach Stettin berichten. Emil Mazuw, SS-Obergruppenführer und General der Polizei, leitet die Operation. Rudolf kennt ihn nicht, aber er fürchtet ihn. Dieser allmächtigen Instanz hat er zu gehorchen, und ihm imponiert, wie der Mann organisieren kann: Von Stettin aus hat er Waggons und Wachpersonal disponiert. Die Dienststellen der Reichsbahn, der SS und der Ordnungspolizei so zu orchestrieren, dass alle Räder ineinandergreifen, dazu gehört was. Es sind ja nicht nur Köslin, Küstrin und Stolp beteiligt, sondern auch die Landgemeinden.

Rudolf ist damit ausgefüllt, Namens- und Adresslisten von Stadt und Landkreis aktuell zu halten und für die Aufrufe und Appelle zu sorgen. Die Juden anzubrüllen, das kann denen nicht schaden.

Am 9. Juli müssen sich die Juden von Stolp in der Turnhalle der Schule in der Wollmarktstraße einfinden, jeder mit maximal fünfzig Kilo Gepäck. Johanna Seelig kommt nicht, dem Appell fern bleibt auch die Familie Lewinsohn – Vater, Mutter und Tochter. Die vier haben sich am Vortag das Leben genommen. Die Lachotzkes erscheinen ebenfalls nicht, aber das war ja so vorgemerkt.

Auf dem Bahnhof von Stolp treffen Sonderzüge ein, mit ihnen jüdische Bürger aus dem ganzen Regierungsbezirk Köslin. Sie gehen in Kolonnen durch die Hitlerstraße, biegen ab in die Friedrichstraße, manchmal müssen sie das schwere Gepäck absetzen, bevor sie weitergehen – die Doppeltüren der Turnhalle sind weit geöffnet. Die Nacht verbringen sie alle auf dem Fußboden.

Am nächsten Tag, dem 10. Juli, gehen sie wieder zu Fuß zum Bahnhof und fahren dann nach Küstrin, wo der Zug mit anderen Waggons verkoppelt wird, darin sind Familien aus Mecklenburg und Berlin. Am Ende sind es etwa tausend Menschen, die in Konzentrationslager gebracht werden. Die letzten Lebenszeichen der Juden aus Stolp sind Postkarten, eingesteckt in Küstrin, wahrscheinlich von Passanten. *Unsere Stimmung ist gefasst,* heißt es auf einer Karte.

Was ist mit den Lachotzkes? *Halten Sie sich zur Verfügung!,* weist das Schreiben an, das Joachim Lachotzke am 8. Juli erhalten hat. Verfasst hat es Rudolf. Ihm folgt ein zweites Schreiben im August, das Frau Krotkowski, ehedem Fräulein Fiebelstrauch, in seinem Auftrag mit zehn Fingern getippt hat. Vier Wochen, nachdem Hanni Lachotzke von einer gesunden Tochter entbunden wurde, muss das Ehepaar mit seinen Kindern einen Zug nach Osten besteigen.[33] Ihre Fahrt führt über Frankfurt an der Oder, die Dienststelle in Stolp hat reichlich telefoniert wegen dieser Nachmeldung auf einen Transport.

In Stolp bleiben noch die alten Menschen, die im Raphael-Wolff-Stift leben. Ende August werden auch sie deportiert, nach Theresienstadt. »Stolp ist judenfrei«, meldet die Stadt nach Stettin. Rudolf findet, es hat hier wirklich genug Extrawürste gegeben. Wenn Clara nach den Leuten fragt, sag ich es ihr, nimmt er sich vor.

Aber Clara fragt nicht danach.

»Weißt du noch? Wenn wir vom Baden aus Stolpmünde kamen und auf dem Bahnhof die Schnitterinnen eingestiegen sind?« Clara blickt von ihrem Buch auf. Die Schnitterinnen, das ist eine Erinnerung an den Sommer. Jetzt steht schon wieder der Herbst vor der Tür. Mutter und Tochter sind allein, ein seltener Moment der Muße – abgesehen von den Strümpfen, die Marie stopft. Sie kann nicht einfach nur dasitzen und nichts tun.

Früher, als Clara noch ein junges Mädchen war, kamen Schnitterinnen aus Polen, um im Landkreis bei der Ernte zu helfen. Sonntags fuhren sie nach Stolp, um die katholische Kirche zu besuchen. »Natürlich! Die Mädchen sahen besonders hübsch aus.« Marie hat sofort die Bilder vor Augen: »Ihr Sonntagsstaat! Die weit ausgestellten schwarzen Röcke und die reich bestickten Westen über den weißen Blusen!« Wanderarbeiter kamen nach dem Weltkrieg in großer Zahl nach Hinterpommern, die Grenze zu Polen liegt ja seither nah, erst mit der Wirtschaftskrise wurden sie weniger.

Seit zwanzig Jahren geht es in den Zeitungen um die *Abwehr der polnischen Gefahr* und um die Grenze, die eine *Wunde* ist. Polnische Menschen kennen weder Marie noch Clara persönlich. Aber in ihren Büchern kommen Polen vor, und sie lesen viel. »Wir und die Slawen, es ist ein alter Kampf«, zitiert ihre Mutter gern Fontane, den sie verehrt.

Clara hat *Effi Briest* und die Novellen gelesen, aber im *Stechlin* aufgegeben.

Es gibt einen Roman – und es ist der einzige, von dem man das sagen kann –, den haben alle gelesen, nicht nur sie beide, sondern selbst ihr Vater und Rudolf. Es ist Gustav Freytags »Soll und Haben«. Ein Bestseller mit Millionenauflage. Clara hat ihn zweimal gelesen, weil die Geschichte so großartig ist: die Geschichte von Anton Wohlfart und wie er, aus kleinen Verhältnissen aufsteigend, es dank seiner Rechtschaffenheit zu Glück und Ansehen als Kaufmann in Breslau bringt. Eine schwarze Rolle spielen Juden – und Polen. Anton bereist die Weiten im Osten, trifft auf deutsche Bauern, die gewissenhaft das Land bestellen: ein ungeheurer Kontrast zur verschlampten *polnischen Wirtschaft!* (»Polnische Wirtschaft« heißt übrigens ein anderer Roman, aber von dem hat ihr die Mutter abgeraten: »Die Polen sind darin nur böse, die Deutschen nur gut, das ist langweilig.«) Wohin es führt, wenn Fleiß und Tüchtigkeit einem fremd sind, zeigt in Gustav Freytags Roman das Schicksal der Familie von Rothensattel, denen Anton Wohlfart zur Seite steht. Mit Dekadenz und Dünkel haben sie den ererbten Besitz ruiniert. Gegenspieler von Anton ist der Jude Veitel Itzig. Zusammen mit dem Spekulanten Hirsch Ehrenthal trägt er, von Habgier getrieben, zum Ruin der Adelsgüter bei. (*Auch so ein Itzig* ist eine Redensart, die sich Rudolf nach der Lektüre angewöhnt hat.)

Die Adligen, obwohl von Anton Wohlfart selbstlos gestützt, erweisen sich am Ende als unzuverlässig. Die geliebte Leonore heiratet einen Herrn von Stand, und endlich erkennt Anton, dass sein Lebensglück die demütige, kluge Tochter des Handelsherrn ist, bei dem er gelernt hat. Die Zukunft gehört den fleißigen Bürgern, nicht den degenerierten Adligen.

»Soll und Haben« ist mehr als achtzig Jahre alt – ein Beispiel dafür, wie zeitlos gute Literatur ist, findet Clara. Die Lektüre hat ihr Selbstbewusstsein im Umgang mit den Gattinnen der Gutsbesitzer gestärkt, die sie so gern als Kundinnen empfängt. Vor dem Adel haben tüchtige Leute ganz gewiss nicht das Haupt zu senken. Freilich, dieses Gefühl mischt sich mit anderen: Die Herrenhäuser findet sie wunderbar, das ist Tradition, deutsche Kultur! Das ist zu beneiden, zu achten – und immer auch zu bewundern.

Während ihre Mutter Strümpfe stopft, hat Clara ein anderes Buch auf dem Schoß, sie blättert lustlos darin. Zumindest hat es einige Zeichnungen. »Die deutsche Mutter und ihr erstes Kind« ist ebenfalls ein Bestseller, ein Buch über Säuglingspflege, empfohlen vom Verband Deutscher Hebammen. Eine Frau Doktor Johanna Haarer schlägt darin einen autoritären Ton an: über den deutschen Volkskörper und wie deutsche Frauen ihn zu erhalten haben. Dass die Gesundheit der Kinder wichtig sei, weil sie dem Volke diene. Clara hält sich damit nicht auf, sie interessiert nur der praktische Teil, den aber beherzigt sie und ist damit – wie sie findet – erfolgreich: Der Säugling darf nicht verwöhnt werden; Erziehung beginnt ja mit dem Tag der Geburt. Eine deutsche Mutter hält also feste Stillzeiten ein. Schreit das Kind planwidrig, darf sie es keinesfalls aufnehmen: Das würde solch ein Verhalten ermuntern. Nicht verzärteln! Man zieht sonst einen Haustyrannen heran. Das wäre Affenliebe, keine Mutterliebe.

»Ich weiß nicht«, sagt Marie und deutet auf das Buch in der Hand ihrer Tochter, »ist diese Dame nicht ein bisschen zu rigoros?« Sie legt die gestopften Strümpfe in den Korb und greift zu ihrem Strickzeug.

»Du hast dir das Buch also auch angeguckt?« Ihre Mutter nickt. Es kommt nicht so oft vor, dass sie so miteinander reden können, jetzt, wo so viele kleine Mädchen da sind. Sie genießen es beide. »War das denn zu deiner Zeit etwa anders?«, fragt Clara.

»Nein. Aber ich hab mich nicht stur dran gehalten.«

»Du hast nur zwei Kinder gehabt«, entgegnet Clara trocken. Sie fühlt sich ihrer Mutter in dieser Hinsicht überlegen und verhehlt es auch nicht. Zartfühlend ist ihre Bemerkung nicht. Tatsächlich hat sie einen kleinen Bruder gehabt, Conrad, das zweite Kind ihrer Mutter.

Conrad ist gestorben, als er zwei Jahre alt war. Eine Lungenentzündung. Kein Wunder, dass ihre Mutter sich so sorgt, eine ihrer Enkelinnen könnte ebenfalls schwer erkranken. Sie ist voll Aufmerksamkeit und Zärtlichkeit im Umgang mit den Mädchen. Stundenlang kann sie vorlesen – und sich vorlesen lassen. Eine Zärtlichkeit, die ihrer Tochter Clara bei allem Stolz auf ihre Töchter fremd ist. Kinder müssen spuren. Sie hat schließlich ein Geschäft zu führen.

Einmal spurt Mathilda nicht.

Es ist Hochsommer, und Claras Töchter erhalten eine Einladung ins Gut Quatzow. Sommerfrische! Frau von Stefanis, eine

Kundin, mit der sich ihre Mama angefreundet hat, lädt sie ein, eine Woche auf dem Gut im Kreis Schlawe zu verbringen. Die Sommerferien haben gerade begonnen. Das Kindermädchen Hildegard begleitet die Sahlcke-Töchter. Ursel und Mathilda rennen in den Fluren des Herrenhauses um die Wette, niemand tadelt sie. Sie entdecken ein Treppenhaus, wo sie auf dem blanken Holzgeländer hinunterrutschen. Das machen sie zu Hause auch, aber irgendjemand kommt immer und ertappt sie, im schlimmsten Fall gibt es den Rohrstock auf die Waden.

Dass ein Haus so groß sein kann! Sie dürfen überall hin, auch in die Ställe. Sie sehen, wie ein Fohlen geboren wird. Bei Tisch werden sie bedient. »Wir sind Prinzessinnen«, sagt Mathilda zu Ursel. Am letzten Tag organisiert die Gutsherrin für sie einen Ausflug mit der Kutsche. Während Rosa, Mathilda, Ursel und Sofie noch an dem weiß gedeckten Frühstückstisch sitzen, klingelt sie und lässt anspannen. Der Kutscher, der den Wagen vorfährt, heißt Johann und trägt tatsächlich eine Livree. Es ist herrlich.

Doch bevor alle aufstehen und einsteigen können und es die Allee hinuntergeht, fängt Mathilda an zu bocken. Sie weigert sich, die frische, kuhwarme Milch zu trinken, die allen Mädchen zum Abschluss des Frühstücks aufgetischt worden ist. Ein Würgen steigt ihr in der Kehle hoch, wenn sie die Milch nur riecht.

Rosa schämt sich ihrer kleinen Schwester: »Wirst du das sein lassen!«, zischt sie und kneift Mathilda, die neben ihr sitzt, in den Oberschenkel. Die Mutter hat alle verpflichtet, artig zu sein. »Sei doch brav!« Mal wieder fühlt sich Rosa für alle verantwortlich.

Doch Mathilda bleibt stur. Der Teufel ist in sie gefahren!

»Dann bleibst du den Tag hier und du darfst auch nicht raus«, verfügt Frau von Stefanis.

Das Kindermädchen schleift sie in eine Abstellkammer, da muss sie den Tag zwischen Federbetten verbringen – bei Wasser und Brot. Immerhin kann sie, wenn sie sich auf die Zehenspitzen stellt, aus dem winzigen Fenster schauen. Sie sieht die Kutsche. Ihre Schwestern mit den Schleifen im Haar. Während der Wagen fort über das Kopfsteinpflaster rattert, erprobt sie ihre Lungen. Eine ungeahnte Kraft durchströmt sie.

»Dann bin ich eben ein Monster«, schreit sie, und dann singt sie aus vollem Hals: »Wasser und Brot macht Wangen rot.«

Es ist ihr eine Lust! Besonderes Vergnügen macht ihr die Missbilligung, die ihre Schreie beim herrschaftlichen Personal auslösen. Kopfschüttelnd stellt ihr ein Dienstmädchen mittags einen Krug Wasser in die Kammer. Wieder befällt Mathilda eine wilde Lust. Sie springt auf den Bettgestellen herum und schreit, bis sie heiser ist.

Wer weiß, wie ihre Strafe noch ausgefallen wäre, wenn nicht die Aufmerksamkeit aller durch ein anderes Ereignis abgelenkt worden wäre: Unterwegs gerät das Fuhrwerk dem Kutscher Johann außer Kontrolle – in einer Kurve kippt der Wagen um. Es ist ein großes Glück, dass niemand unter die Räder gerät. Rosa, Ursel und Sofie sowie das Kindermädchen Hildegard landen im Gras und rappeln sich auf; alle müssen zu Fuß zurück. Der alte Johann kann den Wagen unmöglich wieder aufrichten.

Durchs Fenster sieht Mathilda, wie die beiden Pferde, neben denen der lädierte Kutscher hinkt, mit Mühe den auf der Seite liegenden Wagen durch die gepflasterte Allee auf den Hof zurückziehen – hinter ihm trotten die weiß gekleideten Mädchen. Rosa hat Sofie an der Hand. Und jetzt läuft auch noch die Dame des Hauses aufgeregt nach draußen.

Ha, ohne mich haben sie kein Glück, denkt sie, das habt ihr davon! Und: Ich habe Kraft!

Müde von der Aufregung des Tages, doch voller Vorfreude aufs Wiedersehen sitzen alle am Abend in der Kleinbahn. Nur Rosa ist unglücklich, sie ist den Tränen nahe.

»Du bist unmöglich. Frau von Stefanis wird es Mami sagen«, kündigt sie drohend an, »deine Strafe kommt noch.«

Ihre große Schwester ist Mathilda fremd in diesem Moment, was hat sie nur?

»Du bist nicht ich«, stößt sie hervor. Sie spürt ihre Beine, wie sie baumeln, ihre Füße erreichen beim Sitzen nur knapp den Boden.

Allmählich erwacht ein dunkles Gefühl in ihr, es wäre nicht das erste Mal, dass ihr Verhalten als schändlich gilt und sie Haue kriegt. Der Rohrstock fällt ihr ein. Das Gefühl saugt jede Freude ab.

Wider Erwarten steht kein Empfangskomitee am Gleis. Kein Papi, der das Gepäck aus der Hand nimmt und seine *Liebeken* in die Wangen kneift. Keine Mami, die spitze Küsse verteilt und sagt: »Mein Röschen, wirst du wohl …, ich schiebe die Karre!«

Rosa muss auf die Kleinen aufpassen, während das Kindermädchen Hildegard zwei Koffer zur Gepäckaufbewahrung schleppt. Dann gehen sie zu Fuß, Sofie sitzt in der Karre. Am Bismarckplatz kommt ihnen ihr Opi entgegen, sie freuen sich riesig.

»Liebeken! Da seid ihr!« Gustav Hirsch hievt Ursel auf den Gepäckträger seines Fahrrads. Aber er wirkt nicht so vergnügt wie sonst.

»Herr Hirsch, ist etwas passiert?«, fragt Hildegard.

»Es gab mal wieder Ärger mit den Polacken«, knurrt der Großvater. »Das ist alles. Marsch, ihr kleine Bande, es geht nach Hause!«

5. KAPITEL

Florcia. Kein Name könnte besser zu ihrer Freundin passen, findet Lucja. Der Name strahlt Fröhlichkeit aus, aber auch Schönheit. Es stimmt, Florcia ist eine Zierde. Sie hat grüne Augen und viele Locken, die sie bändigen muss, um einen gesitteten Zopf draus zu machen. Einen »gesitteten Zopf«, das hat die Hausfrau, für die sie arbeitet, von ihr verlangt. Lucja und Florcia sind Polinnen, beide arbeiten in einem deutschen Haushalt.[34] Luzie und Flora nennt man sie dort.

»Dein Herr Sahlcke, das ist einer von den Schlimmsten«, sagt Florcia gern zu Lucja. Diese Bemerkung ist überflüssig.

»Das ist nicht *mein Herr Sahlcke*«, stellt Lucja dennoch jedes Mal klar, und zwar umgehend.

Für Lucja hat das Leben erst wieder begonnen, als sie Florcia kennenlernte. Das war 1942, da war sie schon fünf Monate in Stolp bei den Sahlckes. Es ist, als habe Gott ihre Gebete erhört und ihr diese Freundin geschickt. Sie hat auch die kleinen Mädchen der Familie gern, aber das ist ganz was anderes, das sind ja Kinder – die Kinder der Deutschen. *Antreten! Aufstellen*! waren die ersten deutschen Worte, die sie lernte, die anderen lehrten sie die Kinder.

»Mein erstes Wort? Das weißt du doch. Mein erstes deutsches Wort war *gesittet*«, behauptet Florcia. Dabei lacht sie und zwinkert ihr zu. Lucja versteht, warum: Die Deutschen glauben, sie haben Kultur – die Polinnen hingegen keine.

Florcia hat sie in der St.-Otto-Kirche kennengelernt. Die Kirche der Katholiken ist klein, überschaubar wie die Gemeinde, sie liegt auf einer Anhöhe. In die Messe hatte sich Lucja erst nach einigen Wochen getraut, als sie feststellte, dass sich dort auch andere Polen einfanden. Auch ohne das P am Ärmel hätte sie die erkannt. Florcias Locken quollen unter ihrem Kopftuch hervor, und sie hatte lustige Augen. Sie saß in der vorletzten Bank, links. Ihr Sopran war so voll und schön, dass die Leute sich jedes Mal umguckten, wenn sie zu singen begann.

»So nimm doch meine Hände und führe mich.« Die Melodie ist wundervoll, Lucja findet sie zum Weinen schön. Die letzten von den vielen Strophen sang Florcia mit besonders starkem polnischen Akzent: *»Wenn ich auch gleich nichts fühle von Deiner Gnad' …«* Das machte sie extra.

Seit dieser Messe, nach der Florcia ihr dies anvertraut hat, sind die Mädchen unzertrennlich. *»… du führst mich doch zum Ziele, auch durch die Nacht.«*

Es tut so gut, eine Freundin zu haben!

Die beiden treffen sich sonntags und mindestens einmal in der Woche am Abend. Manchmal ist Jerzy dabei, Florcias Bruder. Jerzy arbeitet in der Möbelfabrik von Max Zebrowski. Im selben Waggon wie Florcia ist er 1942 von Warschau nach Stolp gebracht worden. Mit dieser Arbeit geht es ihm vergleichsweise gut: In seiner freien Zeit kann er sich in der Stadt bewegen – er muss erst abends im Lager sein.[35]

Kühn, wie er ist, gelingt es ihm auch, sich ins Kino zu mogeln, obwohl Kinobesuche den Polen verboten sind. Einmal nimmt er die Mädchen mit. Sie sehen *»Späte Liebe«*, einen Film, in dem eine adlige, aber arme Frau einen reichen grobschlächtigen Mann heiratet. Sie erkennt erst spät, welch ein gutes Herz er hat. »Bloß nicht reden! Kein Wort, keinen Ton!«, hat Jerzy ihnen vorher eingeschärft. Umso lebhafter ist ihr Gespräch hinterher, als sie wieder draußen sind und über den Stephanplatz schlendern. Es ist ein riesiger Platz. Dass es ihn gibt – und viele Parks wie den Rosengarten, ist ein Segen. Die Badeanstalt oder Cafés und Restaurants besuchen dürfen sie nämlich nicht. »Hunde und Polen verboten«, steht an einem Laden. Das Schild kennen sie schon, dennoch bricht Lucja mitten im Satz ab, als sie vorbeigehen. Scham und Entsetzen springen sie jedes Mal an, wenn sie das liest. Sie müssen auf der Fahrbahn gehen, polnischen Menschen ist verboten, sich auf den Bürgersteigen zu bewegen.

Der Film! Lucja findet die Hauptdarstellerin einfach wundervoll, ihr romantisches Herz ist berührt. Sie will das eine noch sagen: »Am Ende siegt die Liebe, sie muss nur stark genug sein!«

»Du bist ein Kindskopf«, meint Jerzy, »das war doch Schmarren!«

Jerzy hat dunkle Haare und über der Stirn eine Tolle. Wenn er lachen muss, was oft vorkommt, vertiefen sich die Grübchen in seinen Wangen. »Mein Bruder träumt von nichts so sehr, als selber Schauspieler zu sein!«, sagt Florcia. Sie lässt keine Gelegenheit aus, Jerzy zu foppen.

Das Kino macht sie übermütig.

An einem Sonntag im Juli 1943 wagen die drei, mit der Bahn nach Stolpmünde zu fahren. Sie wollen auf die berühmte Steilküste mit den Kiefern und an den Strand. »Blaue Wälder krönen weißer Dünen Sand …«, so heißt es in dem Lied, dessen Melodie sowohl in Florcias als auch in Lucjas Haushalt oft gesummt wird.

Die Armbinden mit dem P nehmen sie ab, denn Stolp zu verlassen ist »Fremdarbeitern« strikt untersagt. Sie verstoßen also gegen zwei wichtige Vorschriften. Aber der Wunsch, die Ostsee zu sehen, ist stärker. Die Mädchen haben zwar keine Badeanzüge, aber einmal am Strand die Schuhe ausziehen! Auf dem Weg von der Bahnstation dorthin kann man das salzige Meer schon riechen. Möwen schreien, der Wind lächelt. Lucja schäumt über vor Glück, sie spürt den Sand schon zwischen den Zehen und kann nicht anders: Sie muss sich einmal um die eigene Achse drehen – mit ausgebreiteten Armen.

»Ich bin ein Kreisel«, ruft sie und fühlt, wie sich der Stoff ihres Rocks bewegt – und dann, wie er sich wieder legt: Vor ihnen stehen Uniformierte.

Ausweiskontrolle!

Die Gendarmen bringen Jerzy, Lucja und Florcia in einem Polizeiwagen zurück nach Stolp. Es fährt tatsächlich ein Motorrad vorneweg. Lucja liefern sie in der Schmiedestraße ab. Es ist Sonntagnachmittag. Die Eskorte mit der Delinquentin trifft Herrn Sahlcke in seiner Veranda an, wo seine Frau Clara, seine Schwiegereltern und er soeben den Nachmittagskaffee beendet haben. Rudolf thront am Kopfende mit Blick Richtung Schmiedebrücke. Die Markisen dämpfen das Licht, Tassen klappern. Die Großmutter ist dabei, das Geschirr abzuräumen. Gerade legt sie den Kaffeewärmer mit den blaugrünen Wellensittichen auf den Teewagen.

»Wir bringen Herrn Rottwachtmeister Sahlcke seine Polackin zurück!« Der das ruft, hat vorher salutiert und die Hacken zusammengeschlagen. Es klingt auch in Lucjas Ohren höhnisch. Dann erstattet der Mann Bericht, während Rudolf Sahlcke rot anläuft.

Als die Polizisten weg sind, springt er auf und beginnt zu schreien: »Ich werde dich kleines Aas Mores lehren. Dass du mich nie wieder in meinem eigenen Haus verhöhnst!«

Er ist ja selbst Gendarm, zuständig für den Einsatz der anderen. Darauf prescht er in den Flur, wo an einem Haken neben der Küche eine Lederpeitsche hängt. Lucja steht mit eingezogenem Kopf. Das Ding hat sie schon gesehen. Die Kinder nennen es den Korbatsch. Er hängt neben dem Rohrstock und ist ein Holzknauf mit mehreren Lederriemen.

»Komm mit in die Küche!«, schreit der Herr Sahlcke.

»Ich möchte nicht, dass in diesem Haus ein junges Mädchen geschlagen wird«, sagt da die alte Frau Hirsch. Ganz ruhig. Sie hat sonst nichts zu bestimmen, aber dieses eine Mal spricht sie bestimmt.

Einen Moment lang ist es ganz still. Draußen, hört man, fährt eine Straßenbahn über die Schmiedebrücke. Weit weg, in der Ferne lacht jemand. Bald ist Abend.

Rudolf ist puterrot angelaufen, als wolle er platzen. Man hört ihn schnaufen. Dann holt er aus. Die Peitschen des Korbatschs knallen mit voller Wucht gegen den Türrahmen. Ein Ende streift Lucja am Hals. Es hinterlässt, wird sie später sehen, einen feuerroten Striemen.

»In den Hof! Du kriegst deine …!« Doch bevor ihr Mann den Satz beenden kann, spricht Frau Sahlcke. Sie hat sich bereits erhoben, als die Männer mit Lucja hereingekommen sind, und steht nun mit verschränkten Armen neben dem Kaffeetisch. Sie macht zwei Schritte auf Lucja zu und dann eine winzige Bewegung mit dem Kopf: »Raus! Uns aus den Augen, in deine Kammer!«

Blind vor Tränen rennt Lucja durch den Flur und dann das Treppenhaus hinauf in ihre Dachstube. Am nächsten Tag müssen Florcia und Lucja ins Kreishaus kommen und an der Kasse fünf Reichsmark Strafe zahlen, weil sie ohne Armbinde aufgegriffen worden sind. Und zehn Reichsmark für das unerlaubte Entfernen von ihrem Aufenthaltsort. Das sind drei Viertel von ihrem Monatslohn. Schlimmer ist die Strafe, die Jerzy kriegt: Er darf nicht mehr in der Fabrik von Max Zebrowski arbeiten und kommt in ein größeres, von der SS bewachtes Arbeitslager. Er hat nun viel seltener Ausgang als vorher. Er gilt als Wiederholungstäter. Einer, der andere anstiftet.

~

Mathilda liest ihrer Omi vor. Es ist die Geschichte von Kiboko, dem Negerjungen[36], der sich im Dschungel verirrt hat und einen Stall findet, in dem eine Ziege angepflockt ist. In der Nacht wacht er auf, weil das Tier, an das er sich gekuschelt hat, vor Angst zittert. Im nächsten Moment weiß Kiboko, warum: Um den Stall schleicht ein Leopard, und er faucht entsetzlich.

Die Geschichte ist sehr spannend, Mathilda liest sie bereits das zweite Mal, aber ihre Großmutter sagt, dass sie jetzt müde sei und sich hinlegen müsse. Sie würden das Lesestündchen nachholen. Also geht Mathilda nach oben, um Luzie abzuholen. Die hat ihr versprochen, an diesem Wochenende wieder mit ihr in den Wald zu gehen: Pilze sammeln! Mathilda ist begeistert von diesen Ausflügen. Luzie kennt alle Pilze. Blutreizker, Täublinge, Maronen, Steinpilze und Pfifferlinge – und sie weiß auch genau, worauf man achten muss, um niemals einen giftigen Pilz oder gar einen Knollenblätterpilz in den Korb zu tun. (Mathildas Opi sagt, mit Pilzen kennen sich die Polen aus. Ihre Omi sagt, die brate sie trotzdem nicht, auf keinen Fall werde sie diese Pilze verwenden.) Auf jeden Fall ist es im Wald schön, Mathilda liebt es, das Moos anzufassen und die feinen Blätter der Farne. Der Boden unter den Füßen fühlt sich anders an, wenn man geht, er federt ganz leicht.

Mathilda steigt die Treppen hoch bis unter das Dach. Die Tür von Luzies Kammer steht offen – sie sieht Luzie und dann, dass sie etwas Seltsames tut: Sie sitzt am Tisch, und vor ihr sind Fotografien ausgebreitet. Offenbar hat Luzie sie nicht kommen hören. Ein Foto hält sie in der Hand – es ist das Bild, das normalerweise im Wohnzimmer auf dem Klavier steht. Ein Fotograf hat es gemacht, alle Sahlcke-Mädchen mussten dazu die Matrosenkleider anziehen.

Was macht Luzie da? Sie sitzt da und sticht mit einer Stecknadel allen die Augen aus: Mami, Papi, Opa und Omi! Allen Erwachsenen sticht sie die Augen aus! Nur den Kindern nicht. Mathilda steht und schaut zu. Sie bekommt Angst. Ganz langsam schleicht sie von der Tür weg und dann ganz vorsichtig die Treppe hinunter, damit bloß keine Stufe knarrt.

Sie weiß gar nicht, wo sie jetzt hingehen soll. Dann entschließt sie sich und geht in die Wohnung ihrer Eltern. Sie schaut im Wohnzimmer nach: Das Foto auf dem Klavier ist noch da. Es ist ganz heil. Wie kann das sein? Sie ist ganz sicher, dass sie sich das alles nicht eingebildet hat.

1943 ist Lucja neunzehn Jahre alt. Sie stammt aus Vilnius. Soviel sie weiß und hofft, ist ihre Mutter dort noch immer. Noch können sie einander schreiben, erst 1944 wird der Kontakt abreißen, und ihre Briefe werden von da an unbeantwortet bleiben. Eigentlich hätte Lucja im Sommer 1941 ihren Schulabschluss machen sollen. Doch der Krieg hat alles verändert: Erst besetzten sowjetische Truppen Vilnius, in den folgenden Monaten deportierten die Russen viele Tausend Polen nach Sibirien. Im Sommer 1941 kamen plötzlich die Deutschen und vertrieben die Russen – Hitler brach sein Abkommen mit Stalin. Und nun überrollten deutsche Panzer Litauen.

Anders als ihre Freundinnen Dorota, die schon ein Jahr als Telefonistin arbeitete, und Valeria, die im Geschäft ihres Großvaters lernte, Bilderrahmen zu bauen und zu vergolden, ging Lucja auch unter den sowjetischen Besatzern weiter zur Schule. Erst die Deutschen schlossen die Einrichtung: Polnische Kinder durften fortan nicht länger als vier Jahre unterrichtet werden. Unter den Deutschen gingen die Deportationen weiter, in andere Richtungen und noch schneller: Sie machten sich gar nicht die Mühe, alle Menschen auf das Arbeitsamt oder anderswo einzubestellen, bevor man sie wegbrachte. Sie verhafteten arbeitsfähige Menschen, wo es ihnen gefiel. Es wurde gefährlich, auf die Straße zu gehen. Aber zu Hause bleiben, das ist schwer, wenn man siebzehn Jahre alt ist und draußen der Sommer zu Ende geht. Lucja und ihre Freundinnen waren auf dem Rückweg vom Kino, als sie verhaftet wurden. Eine *Greifaktion* – das, wovor alle und besonders ihre Mutter sie immerzu gewarnt hatten. Dabei war es noch hell. Ihre Mutter, die sich Sorgen wegen eventueller Razzien machte, hatte Lucja beschwichtigt:

»Wir gehen ja nur in die Nachmittagsvorstellung. Wir passen auf!«

Lucja fühlt sich schuldig gegenüber ihrer Mutter. Wenn sie nicht einschlafen kann, und das ist oft, denkt sie immer: Ich hab mich nicht verabschiedet.[37]

Lucja ist nicht die einzige Ausländerin im Dienst der Sahlckes. Auch ein Franzose ist dem Haushalt zugeteilt, dank Rudolfs Verbindungen. Edouard ist ein stiller Mensch, er ist vielleicht zehn Jahre älter als Lucja und geht dem alten Hirsch zur Hand. Abends muss er zurück ins Lager auf dem ehemaligen Gelände der Likörfabrik Decker & Blau; die meisten Zwangsarbeiter aus Polen sind im Osten der Stadt im Lager Elysium untergebracht.

»Elysium! Paradies!«, Florcia verdreht die Augen.

»Was für ein hübscher Mann, dieser Edouard!«, sagt sie und setzt hinzu: »Wo dein Herr Sahlcke den wohl aufgetrieben hat?«

Lucja seufzt genervt. »Das ist nicht mein Herr Sahlcke!«

Gern würde Lucja mit Edouard reden, aber er kann kein Deutsch, geschweige denn Polnisch, und sie spricht nicht Französisch. Er säubert die Ställe der Gössel, die der alte Hirsch seit dem zweiten Kriegsjahr im Hof hält. Dann füttert er sie. Er repariert die Fahrräder, hackt Holz und lackiert das Geländer an den Verandatreppen. Dabei muss er aufpassen, dass die Zweige des wilden Weins nicht beschädigt werden.

Stunden verbringt er bei der Gartenarbeit. Die alte Frau Hirsch hat ihm gezeigt, was er machen soll. Darum, dass er dort, in dem Garten weit weg an der Stolpe, für sich allein sein darf, darum beneidet ihn Lucja. Sie putzt derweil die Holztreppen, die müssen auf den Knien geschrubbt und, wenn sie durchgetrocknet sind, geölt werden. Dann geht sie in die Waschküche, um die Wäsche einzuweichen. Die geplätteten Handtücher trägt sie in den Frisiersalon und holt dort die Schmutzwäsche ab. Bestimmt hätte der Edouard was zu erzählen. Aber er weigert sich, Deutsch zu sprechen, das durchschaut keine so gut wie Lucja: Er lächelt lieber. Komisch, von Lucja haben alle sofort verlangt, Deutsch zu lernen! Mit ihm sind sie milder. Er ist eben ein Mann, und der alte Nussknacker mag ihn. Das merkt sie genau.

Wie ein Schießhund passt der alte Hirsch auf, dass Lucja nur keine Zeit mit Edouard allein verbringt.

»Geh, hast du schon die Schuh' geputzt?«, herrscht er sie an, als sie einmal auf der Schwelle stehen bleibt und sich freut, während Edouard die Gössel fängt. Er hat sich hingehockt, wie gelber Flaum fließen ihm die Tierchen durch die Hände, ganz sanft fasst er die Geschöpfe an. Was der Alte bloß denkt!

Die Tür fliegt auf.

»Schere und Rasiermesser! Schnell!« Rudolf stürmt in den Salon Amelie.

»Rolli, was ist los?« Clara blickt auf, sie steht an der Kasse und hat gerade festgestellt, dass sie am Abend noch zur Kreissparkasse muss. Das Kleingeld geht aus. Vor dem Eingang sieht sie zwei von Rudolfs Männern stehen, sie haben Haltung angenommen, Clara blickt auf die Hinterköpfe, auf Kappen mit schwarzem Rand.

»Erzähl ich dir später! Es gibt eine Abreibung!« Rudolf atmet schwer. So etwas mag Clara gar nicht, dass ihr Mann Unruhe ins Geschäft trägt. Aber das wird sie jetzt nicht austragen. Unter den Hauben sitzen Damen. Eine hat den Blick von ihrer Illustrierten gelöst und schaut interessiert zu ihnen herüber.

Clara wendet sich um, greift in den Schubladen nach Schere und Rasiermesser und reicht sie ihrem Mann. Der macht auf dem Absatz kehrt. Die Türklingel schrillt, draußen donnern drei Paar Stiefel über den Gehsteig von dannen.

Sehr unangenehm ist ihr dieser Auftritt.

Am Abend sind Tante Helene und ihr Mann Otto zu Besuch, sie sind gerade erst eingetroffen. Helene ist Gustavs jüngste Schwester. Clara hat die Tante gern, sie ist eine ganz treue Seele. Dafür, dass sie in Berlin lebt, könnte sie freilich eleganter sein, findet sie, das fängt bei den Haaren an, die Helene etwas spießig in kleinen grauen Löckchen trägt: Dauerwelle, nicht gut gelegt und keinerlei Tönung. Dabei kann auch eine ältere Frau etwas machen aus ihrem Typ.

Aber die Tante hat ganz andere Sorgen. In Berlin haben Bomben erst ihren Blumenladen am Kurfürstendamm zerstört und jetzt ihre Wohnung in Charlottenburg.

Diese jüngste Hiobsbotschaft hatte Clara noch gar nicht erreicht. Sie ist bestürzt.

»Bleibt doch bei uns«, bietet sie sofort an, »Platz haben wir doch genug! Nicht wahr, Mutti?« Sie wendet sich ihrer Mutter zu.

»Das ist doch selbstverständlich, dass wir jetzt für euch da sind!«, bekräftigt die. Sie hat ein kaltes Abendessen für alle gerichtet, sie sitzen in der Veranda zu Tisch. Die Kinder sind schon zu Bett gebracht.

Onkel Otto und Tante Helene blicken einander an. »Vielen Dank, liebe Clara, danke, ich weiß deine Güte und Hilfsbereitschaft zu schätzen«, sagt die Tante. Sie zögert.

»Wir sind da, um uns zu verabschieden«, fährt Onkel Otto fort.

»Otto hat einen Freund in Thüringen, da hat er schon zugesagt«, setzt die Tante hinterher.

»Wie bitte? Warum das denn?«, insistiert Clara. »Eure Familie, das sind doch wir!«

»Es ist doch so … Polen, ich mein, das Generalgouvernement, alles ist nah …«, der Onkel sucht nach Worten. Dann sieht er Rudolf von der Seite an, und plötzlich spricht er schnell und leise: »Stalingrad ist nur der Anfang. Wir machen uns nichts vor. Hitler wird diesen Krieg nicht gewinnen. Einen Krieg gegen die ganze Welt kann die Wehrmacht nie gewinnen.«

Einen Augenblick schweigen alle entsetzt. Auf Äußerungen wie diese steht Zuchthaus, wenn nicht der Tod.

»Falsch!«, sagt Rudolf scharf. »Unsere Truppen stehen im Osten, Westen, Norden und Süden und verteidigen das Vaterland heldenhaft. Jeder in diesem Haus steht hinter ihnen. Nur weil die Italiener Verräter sind, wird das am Endsieg nichts ändern!«

Erst jetzt fällt Clara auf, dass die beiden an diesem Abend mit Rudolf nur das Nötigste gesprochen haben. Wäre sie aufmerksamer gewesen, hätte sie bemerkt, dass ihre Tante ihn nicht einmal angeschaut hat.

Jetzt bricht es aus der Tante heraus: »Es ist Unrecht, Rudolf, was du treibst! Ich kann darin nichts anderes sehen als Unrecht!«

Clara ist erschrocken. »Wovon ist die Rede, bitte?«

»Wir haben dich auf dem Marktplatz gesehen, als wir kamen.« Helenes Blick ist jetzt starr auf Rudolf gerichtet.

Clara sieht ihren Vater an, er hat seine Schwester und ihren Mann vom Bahnhof abgeholt, er muss wissen, worum es geht. Gustav ist ganz grau im Gesicht und sagt keinen Ton.

»Was war los?«

»Wir haben so ein Luder geschoren. Ein Polacken-Liebchen!«, sagt Rudolf. Er schiebt seinen Stuhl nach hinten und lehnt sich zurück. »Die hat es mit einem Fremdarbeiter getrieben. Solche Weiber dürfen froh sein, dass sie nicht selber im Lager landen!«

Einen Augenblick sagt niemand etwas.

»Von der Marienkirche bis zum Marktplatz standen die Leute«, sagt Rudolf, greift zum Messer und streicht sich Butter aufs Brot. »Nicht mal der Pfaffe hat sich beschwert, aber dass ...«

Helene hebt an, etwas zu entgegnen, doch er kommt ihr zuvor: »... dass du kein gesundes Empfinden hast, Helene, das hat Berlin aus dir gemacht! Eins rate ich euch beiden: Lasst diese zersetzenden Reden, während deutsche Soldaten ihr Leben für uns geben!«

Der Rest des Abends verstreicht ungemütlich. Am nächsten Morgen reisen die Tante und der Onkel ab. Sie haben ihre Koffer nicht ausgepackt und fahren weiter, in irgendein Nest in Mitteldeutschland, das Evakuierte aus Berlin aufnimmt und wo sie bleiben wollen. Zu ihrem Geburtstag im April 1944 erhält Marie eine Karte, auf der ein Biber aus Stein zu sehen ist, mit Grüßen an Gustav, Clara und *die vier lieben Kleinen*.

~

Einmal, am Anfang des Kriegs, es ist schon eine Weile her, da hatte Rudolf eine Anfechtung. Es war ihm schon klar, dass *Anfechtung* ein christliches Wort ist, kein nationalsozialistisches, aber es gibt kein besseres für das, was er fühlte. Eine Nacht lang sagte ihm eine innere Stimme, dass er auf dem falschen Weg ist. Dass er umkehren muss.

Das war in der Nacht nach dem Schwur auf Adolf Hitler.

Nach der Feier standen die Kameraden um das Lagerfeuer, das rot in den Nachthimmel loderte, ringsum atmete der riesige Park. Es war ein gewaltiges Feuer, und als hätte ihn der Führer bestellt, ging der Mond über den alten Bäumen auf. Die SS-Unteroffiziersschule Lauenburg hatte ihre Tore zu Ehren der Neuen geöffnet, *Anwärter* wie Rudolf waren ab sofort SS-Männer. Auch wenn er nichts getrunken hätte, dieser Abend hätte ihn trunken gemacht: Hunderte Männer des Nordens vereint in der großen Sache. Der Sturmbann hatte Gäste aus Danzig. Sie soffen, und zwar kräftig. Und dann fingen die Danziger damit zu prahlen an, was sie im Wald bei Neustadt getan hätten. Dass sie auch Kinder erschießen mussten und wie hart das gewesen sei, aber dass sie es geschafft hätten, sich zu ermannen.

Sie hatten Kinder erschossen?

Dass sie immer zu zweit gegangen waren, ein Kind in ihrer Mitte, seine Hände in ihren, durch den Wald und bis an den Rand der Grube. Dort wartete der Dritte, der trat jeweils dazu und schoss. »Du sprichst beruhigend ein auf so ein Balg. Die Mutter ist ja schon weg, es hat Angst. Dann geht es mit. Nur ganz am Ende musst du aufpassen: Wenn das Gör die anderen Leiber sieht, wird es widerspenstig.« Die SS-Männer hatten einander abgelöst: Einer schoss, zwei führten ein Kind bis an die Grube. Jeder kam dran.

In jener Nacht liegt Rudolf wach. Die Tätowierung unter seinem Arm schmerzt. Irgendwie waren sie mit dem Auto zurück nach Stolp gekommen, er war froh, als sie fuhren. Er ist so viel Bier nicht gewohnt, und auch der Kopf tut ihm weh.

Einem Kind in den Hinterkopf zu schießen, das ist … entsetzlich. Er sieht, er fühlt den weichen Flaum im Nacken seiner Töchter. Unruhig wälzt er sich im Bett, so lange, bis Clara aufwacht. Sie macht die Lampe auf ihrem Nachttisch an und setzt sich auf. Sie schaut ihn an.

Da drängen die Worte heraus aus ihm, und er erzählt. »Was soll ich tun?«, fragt er schließlich.

Seine Frau sagt eine Weile nichts. Dann steht sie auf, setzt sich im Nachthemd auf den kleinen Sessel vor ihrer Kommode. Sie sieht ratlos aus, ratlos und jung.

»Rolli, kann es nicht sein, dass sie nur angegeben haben?« Und nach einer Pause, als er nicht antwortet: »Haben sie so was von dir verlangt?«

Er schüttelt zwei Mal den Kopf.

Da sagt sie: »Du hast doch deine Aufgaben … hier, vor Ort. Drängle dich einfach nicht vor.« Sie spielt nervös mit ihrer kleinen Bürste, die sie in die Hand genommen hat. »Männer untereinander … schneiden doch oft auf …«

»Nein. Das haben sie sich nicht ausgedacht.«

Da wird Clara ärgerlich. »Warum belastest du mich damit? Mein Gott, wir haben Krieg!« Sie wirft die Bürste so heftig zurück auf den Frisiertisch, dass eine der Parfümflaschen umfällt. Die anderen klirren. Kleinlaut fährt sie fort: »Ich dachte, du machst das alles für uns, um uns zu schützen.«

Nun steht plötzlich infrage, dass er für die Familie da ist! Wenig später kriecht Clara zurück ins Bett, knufft ihr Kissen und macht das Licht aus. »Du stinkst übrigens nach Schnaps.«

Er liegt noch eine Weile wach. Aber die Nacht geht vorbei, und dies bleibt Rudolfs einzige Anfechtung. Er wird den Rat seiner Frau beherzigen und sich nicht vordrängeln. Sich vordrängeln, das wollte er sowieso nie.

~

Kurz vor ihrem vierzehnten Geburtstag nehmen die BDM-Mädchen Rosa Sahlcke auf. Zweimal die Woche trägt sie jetzt einen dunkelblauen Rock sowie eine weiße Bluse mit schwarzem Lederschlips. Es setzt sie ab von ihren kleinen Schwestern, aber auch von ihren Eltern. Sie kann wählen zwischen Gruppen für Fechten, Tanzen, Querflöte, dem Chor und der Theater-Schar. Sie will Theater spielen.

Und sie bekommt eine Rolle: Rosa spielt die Klassensprecherin in einem Stück, das zeigt, wie eine Schulklasse einen Diebstahl aufklärt. Die Erwachsenen verdächtigen den Falschen, die Mädchen ermitteln selber und finden heraus: Der Dieb ist ein reisender Händler. Rosa würde lieber die Lehrerin, das *Fräulein Herlind*, spielen, aber sie ist eine der Jüngsten und darf froh sein, dass sie überhaupt mittun und die Klassensprecherin geben darf. Sie nimmt ihre Rolle sehr ernst.

Abends sitzen sich Mathilda und sie auf den Betten im Kinderzimmer gegenüber. Im Ofen knackt es gemütlich, der Herbst kündigt sich in diesem Jahr früher an als sonst, die Mutter hat Luzie aufgetragen einzuheizen. Mathilda, die sich nichts sehnlicher wünscht, als beim BDM dabei zu sein, fragt Rosa den Text ab. Selbst ist sie ja noch zu klein, um mitzumachen. Aber sie birst vor Vorstellungskraft.

»Ich? Was fällt euch ein, mich zu verdächtigen!«, ruft sie mit tiefer Stimme und wirft sich in die Brust. »Euch Gören werd ich es zeigen!«

Lucja bleibt mit dem Schürhaken in der Hand neben dem Bett stehen und lacht. »Mattusch, du bist richtige Künstlerin!« Dann merkt sie, wie Rosa den Kopf senkt. »Rosa, du bist doch schon groß«, sagt sie, »du kannst sowieso … du bist so …«

Aber es ist nicht wiedergutzumachen, jedenfalls nicht an diesem Abend.

Rosa hat eine großzügige Seele.

»Ich besorge Karten für alle, auch für dich«, sagt sie zu Lucja. Und die vorlaute kleine Schwester darf mit zu den Proben in die Lessingschule. Rosa steht auf einer richtigen Bühne, mit einem Vorhang, der von allein aufgeht! Dann, kurz vor der Aufführung, kommen schlechte Nachrichten: Die Schule ist ab sofort ein Lazarett. Am nächsten Tag schon stehen Krankenbetten in mehreren Klassenräumen. Zwei ganze Klassen des Gymnasiums sind abgerufen und fahren nach Usedom zum Schwesternhelferinnen-Kurs. Ihre Cousine Traudl, Tante Elfis Tochter, ist auch mit dabei. Drei Darstellerinnen sind weg, und die Aufführung steht auf der Kippe. Alle sind todtraurig.

Doch dann lässt die BDM-Führerin Hilda ihre Darstellerinnen antreten. »In dieser schweren Zeit«, sagt sie, »ist es unsere Pflicht, an der Heimatfront Freude zu stiften. Wir schaffen das!«

Sie erficht die Erlaubnis, die Aula noch einmal zu nutzen. Nun erhält Rosa doch noch die ersehnte Rolle. Sie ist *Fräulein Herlind!* Mathilda oder Rosa – wer ist mehr aus dem Häuschen? Mathilda kann inzwischen das ganze Stück auswendig; bei der Aufführung spricht sie alle Rollen ganz leise mit. Rosa ist ein wundervolles *Fräulein Herlind.*

Dann geschieht es: Eine der jungen Schauspielerinnen stockt im Text. Sie schnappt nach Luft, wird weiß, dann wieder rot, alle leiden mit. Das ist Mathildas Einsatz:

»*Wie kann man dieses Beweisstück übersehen? Der Hut hing gestern noch an der Garderobe!*«, soufflicrt sic laut aus der fünften Reihe im Zuschauerraum.

Alle lachen, die Stimmung ist riesig. Ihre Mami, die neben ihr sitzt, runzelt erst die Stirn und lächelt dann. Das Stück kann weitergehen und ist am Ende ein großer Erfolg. Weil Rosa darauf bestanden hat, dass sie zur Premiere mitkommen darf, ist auch Luzie dabei. Nach der Vorstellung, während sie auf Rosa warten, strubbelt sie Mathilda über den Kopf, schüttelt den eigenen und sagt: »Du hast Köpfchen, Mattusch!«

Dann beginnen die Sirenen zu heulen.

~

Im August 1944 erheben sich die Polen in Warschau gegen die deutschen Besatzer. Statt einzugreifen, wartet die Rote Armee hinter der Weichsel. Rudolf Sahlcke untersagt Lucja daraufhin, mit der Familie gemeinsam zu essen. Zumindest unter der Woche hat sie oft mit Eltern und Kindern am Küchentisch gesessen – wie Gerda, die Küchenhilfe, und Edouard, der Franzose. Nur am Wochenende versammeln sich Großeltern, Eltern und Kinder im Esszimmer im zweiten Stock, ohne Personal. Nun ist Lucja also von den gemeinsamen Mahlzeiten verbannt und isst allein, nachdem sie für die anderen abgeräumt und abgewaschen hat.

Anfang Oktober muss Herr Sahlcke plötzlich fort. Eingezogen, heißt es, nach Thorn. Frau Sahlcke sagt drei Tage lang keinen Ton. Lucja ist so froh, fast hätte sie in die Hände geklatscht und laut gejuchzt.

Dann spürt sie wieder ihre Sorgen. Was ist mit Jerzy? Die Stadt ist voll von Gefangenen, er ist einer davon. Nicht die vorrückenden Truppen der Roten Armee, sondern die SS macht ihr Angst. Die SS ist so präsent in der Stadt wie nie. Noch im August haben SS-Männer Hunderte Menschen aus dem KZ Stutthof hergebracht, fast so viele Frauen wie Männer. Juden aus ganz Europa. Ihr Arbeitslager ist das Ausbesserungswerk der Reichsbahn nahe dem Bahnhof. Die Männer reparieren Maschinen, Werkzeuge und Gleise, putzen die Kessel der Lokomotiven. Die Frauen, viele aus Ungarn, haben die körperlich schwerere Arbeit: Sie asphaltieren. Man sieht sie an den Ausfallstraßen, von schwarzen Wolken umdampft, wie sie den Teer ausbringen, den dann kleine Dampfwalzen einebnen. Im Spätherbst 1944, als sowjetische Verbände erstmals in Ostpreußen vorstoßen, werden die KZ-Arbeiter vom Straßenbau abgezogen. Von nun an müssen sowohl Frauen als auch Männer am Pommernwall schippen, an Gräben zum Schutz gegen Panzer. Auch viele Schüler und Schülerinnen sind dort eingesetzt – so viel weiß Lucja von Rosa –, die Schulen braucht man für verletzte Soldaten.

Der Pommernwall liegt im Westen von Stolp, das provoziert Groll. Einmal, als Lucja die Wäsche aus dem Frisiersalon abholt, hört sie eine Frau leise schimpfen. Noch sind es vereinzelte Stammkunden im *Salon Amelie,* und noch senken sie die Stimme, wenn sie es sagen, aber sie sprechen es aus:

Unsere Stadt wird preisgegeben.

Für wie blöd halten sie uns?

Abends sieht Lucja oft, wie die Elendsgestalten zurück ins Lager an der Geersstraße marschieren. Wenn Jerzy doch auch in dem

Lager am Bahnhof wäre, denkt sie, Florcia und ich würden einen Weg finden, die Wachmannschaft zu überlisten! Dort sind immer Passanten, sie würden nicht auffallen, wenn sie einem der Unglücklichen etwas Brot zusteckten. Zwei junge Mädchen, die miteinander schnatternd neben dem Bürgersteig und dicht an der Kolonne laufen. Der Gehsteig ist sowieso den Deutschen vorbehalten – die beiden müssten nur höllisch aufpassen, dass die Wachmänner nichts merken. Und dass keiner von den Fußgängern sie verpfeift.

Aber Jerzy steckt in einem Lager am Schliepgrund, das ist im Osten der Stadt. Von dort wird seine Kolonne täglich mit Lastwagen weggebracht, um Gräben zu bauen.

~

Seit Rudolf Sahlckes polizeilicher Ordnungssinn nicht mehr im Hause waltet, ändert sich die Atmosphäre. Es ist die Stunde der Bibelkreise. Der alte Hirsch schart eine kleine Runde von Alten um sich: die Vietzkes, Frau Schwolow und Lembke, den Bäcker. Sie legen die Heilige Schrift aus und sprechen murmelnd Gebete. Bis auf den alten Herrn Vietzke würdigt niemand Lucja auch nur eines Blicks. Ihr Vogelscheuchen, denkt sie. Aber niemand pfeift Rosa zurück, wenn sie Lucja Zeichnungen zeigt oder die beiden Mädchen sich gemeinsam über eine Handarbeit beugen. Der alte Herr Hirsch schenkt Lucja sogar eine deutsche Bibel. Da ist sie platt. Manchmal, wenn sie hereinkommt, senken die Erwachsenen die Stimmen und verstummen; sofort weiß sie, sie haben von der drohenden Niederlage gesprochen.

Wochentags sitzen sie wieder gemeinsam am Küchentisch. So besorgt Lucja um Jerzy ist, so unmöglich ist es ihr gleichzeitig, sich der Bedrückung dieser Menschen zu entziehen.

~

Die Mutter hat Mathilda aufgetragen, zu Tante Elfi zu gehen und ein Päckchen abzuholen. Sie nimmt die Abkürzung über die Gasse. Als sie dort einbiegt, steht da ein Mann mit den Armen über dem Kopf, Gesicht an der Hofmauer. Zwei andere mit Pistolen davor, ein dritter reißt ihm den Mantel vom Leib. Das Hemd darunter, sieht Mathilda, ist bereits zerrissen. Im selben Moment knallt es, und er fällt. Ein Geräusch wie ein Knacken – das ist ein Kopf, sein Kopf auf dem Kopfsteinpflaster! Es klingt fürchterlich.

Mathilda dreht sich um und rennt weg. Ihr Herz klopft wild, es will gar nicht mehr aufhören zu klopfen. Sie rennt, bis sie so außer Atem ist, dass sie ihre Schritte verlangsamen muss. Ob das ein Deserteur war? Bei ihren Großeltern im Bibelkreis haben sie von Deserteuren geredet. So viel hat sie gelernt, ein Deserteur ist ein Soldat, der nicht mehr mitmacht. Sie waren nicht einer Meinung, wie mit einem solchen Mann umzugehen sei, das hat Mathilda verstanden. Dann haben sie nach Stellen in der Bibel geguckt. Das Rascheln der Buchseiten erfüllte die Luft, so viel blätterten sie. Die alten Leute sind so ehrwürdig, sie beeindrucken Mathilda, alle sind ganz dunkel gekleidet und reden sehr ernst.

Sie hat das Päckchen noch in der Hand. Sie wiegt es in den Händen und betrachtet es, dann schlägt sie einen weiten Bogen, einen Umweg, bloß weit weg von der Schmiedetormauerstraße und vom Marktplatz wird sie sich halten, aber irgendwie wird sie zu Tante Elfi kommen und auch wieder nach Hause.

»Da bist du endlich. Ich hab mir Sorgen gemacht, warum bummelst du so?«, fragt ihre Mutter, als sie zurückkommt.

Mathilda sagt niemandem, was sie gesehen hat. Sie ist mucksmäuschenstill.

~

An der immer strengen und herrischen Frau erlebt Lucja eine neue Seite. Die Sahlcke kann anders sein. In den letzten Januartagen '45 steht an der Eingangstür zum Treppenhaus eine Mutter mit einem

Kinderwagen, einen kleinen Kerl hat sie an der Hand. Seit Wochen strömen Flüchtlinge über die Brücken der Stolpe stadteinwärts; viele sind Frauen mit Kindern, die meisten sind zu Fuß unterwegs. Sie übernachten im Schützenhaus auf Feldbetten und ziehen am nächsten Tag weiter.

Lucja hat Frau Sahlcke gerade geholfen, den *Salon Amelie* leer zu räumen. Alle Kosmetika in den Keller, alle Handtücher in die Wäschekammer. Die Zeit der Friseurbesuche ist vorbei. Jetzt wollen sie so rasch wie möglich aus der Kälte ins geheizte Haus.

Die fremde Frau trägt ein dickes Umschlagtuch und flüstert: »Meine Kleine will nicht trinken.« Frau Sahlcke nimmt ihr das Fläschchen ab, das sie in der Hand hält, darin ist eine bräunliche Flüssigkeit. Sie reicht sie weiter an Lucja, die Flasche ist kalt.

»Sie hat Durst, aber sie will nicht trinken«, sagt die Frau eindringlich. Ihre Stimme klingt seltsam fiebrig, mit dem Tonfall der Ostpreußen. In der Karre sitzt ein kleines Mädchen, vielleicht anderthalb Jahre alt.

Es ist tot.

Frau Sahlcke und Lucja, die mit dem Wäschekorb neben ihr steht, erkennen es im selben Moment. Sie wechseln einen Blick.

»Kommen Sie herein«, sagt die Sahlcke dann, »wir geben Ihnen etwas Warmes.«

Die Frau besteht nun darauf, das Kind aus der Karre und auf den Arm zu nehmen und mit nach oben in die Küche zu bringen. Lucja könnte schwören, dass Frau Sahlcke das nicht zulassen wird. Sie sieht, wie sie zögert. Dann hört sie sie sagen: »Luzie, sorg dafür, dass die Mädchen im Kinderzimmer bleiben!« Und der Frau zugewandt: »Ich nehme Ihren Jungen an die Hand.«

Als Lucja in die Küche kommt, hantiert Frau Sahlcke am Herd. Die Frau, das tote Kind im Arm, sitzt stumm auf der Küchenbank, der Junge, vielleicht acht Jahre alt, daneben. Vor ihnen Becher mit Tee. »Ich mach noch einen Schlumps«, sagt Frau Sahlcke leise zu Lucja. Die Gasflamme macht einen kleinen blauen Schubs, als sie anspringt, und züngelt dann verlässlich. Es ist so still, dass es beinahe anheimelnd ist. Schlumps, das ist ein warmer Haferbrei, der in diesem Haushalt immer, auch schon im Morgengrauen, gegessen wird.

Frau Sahlcke geht hinaus in die Diele und telefoniert mit dem Pfarrer der Mariengemeinde. Wenig später kommt er und holt das tote Mädchen. Vorher spricht er lange mit der Frau, die zusammengesunken auf der Küchenbank sitzt. Hinter ihr auf dem weißen Fensterbrett überwintern die Geranien. Fahles Winterlicht fällt auf ihre Blätter und auf die junge Frau. Die Blätter sind auch ohne Blüten kräftig und grün, dank der Pflege, die ihnen zuteilwird.

Jetzt, wo die Frau das Umschlagtuch abgelegt hat, sieht man, dass sie jung ist und lange blonde Haare hat, die sie in Zöpfen um ihren Kopf gewunden trägt. Es muss lange her sein, dass sie diese Zöpfe geflochten hat, denn das Haar ist verfilzt. Sie lehnt einen Kamm ab und spricht auch nicht.

»Sie können hier übernachten«, sagt Frau Sahlcke zu ihr.

Die Frau und ihr Sohn schlafen später in der Dachkammer, die neben der von Lucja liegt.

Mitten in der Nacht wacht Lucja auf. Ein langer hoher Ton dringt aus der Kammer nebenan, es klingt wie der Schrei eines Tieres. Am nächsten Morgen, zieht die Mutter mit ihrem Sohn weiter. Von Lucja fällt eine Last ab. Die Kinderkarre bleibt wie eine Riesenheuschrecke im Treppenhaus stehen.

Am Abend hört Lucja, wie Frau Sahlcke im Wohnzimmer weint. »Ich kann nicht. Ich kann nicht riskieren, ein Kind zu verlieren. Dass eins von ihnen erfriert, das ist es nicht wert. Das darf ich nicht!« Sie hört auch die Stimmen ihrer Eltern. Aber was ihr Vater, der alte Hirsch, sagt und was ihre Mutter, die sanfte Marie, das kann Lucja nicht verstehen.

6. KAPITEL

Stolp, 6. März 1945

Rosa ist, als schöbe sich eine gläserne Wand zwischen sie und die Welt. Die Erwachsenen reden seit Tagen, reden und telefonieren. Ihre Mutter ist nervös, sie lässt keine Tochter mehr aus dem Haus. Die Kleinen sind so bedrückt, dass sie sowieso nicht mehr im Schnee spielen wollen, obwohl die Sonne doch scheint. Sie machen Augen wie dunkle Teller. Keine freut sich an den riesigen Eiszapfen, die vom Dach hängen und bis vor die Fenster lugen. Alle sind unruhig. Die Mutter ist immer wieder bei den Großeltern unten, oder Opi kommt zu ihnen nach oben. Treppauf, treppab geht das. Omi liegt im Bett, mit einer Venenentzündung. Die Rucksäcke haben sie schon vor Tagen gepackt, zwei große und drei kleine – die kleinen dürfen nicht zu schwer sein. In Ursels und Mathildas Ranzen haben Luzie und Rosa Wäsche und Strümpfe gepackt.

Tante Elfi ruft an. Ihr Mann ist beim NSKK, sie kennt Leute: Heute Nachmittag verlässt ein Zug den Bahnhof, vielleicht ist es der letzte. Ich melde euch mit an, sagt sie. Haben alle ihre Handschuhe? Als Rosa den Mantel anhat und die Mütze auf, will ihre Mutter, dass sie sich noch einmal ans Klavier setzt. »Kind, spiel: *Harre, meine Seele, harre des Herrn!*« Rosas Kopf ist plötzlich leer: keine Ahnung, wie man die Tasten bedient. Dann spielt sie. Ihr Opa steht neben ihr. Als sie fertig ist, betet er das Vaterunser, alle murmeln es mit.

»Dann los!«

Mami übernimmt die Sportkarre mit Sofie. Rosa hat Ursel und Mathilda an der Hand. Opa und Luzie ziehen den Fahrradanhänger mit den Rucksäcken – obendrauf packt Opa noch eine Daunendecke.

Der Anhänger bleibt im Schnee stecken, Luzie zieht ihn heraus. Schnee überall, niemand räumt ihn mehr weg. Von überall bewegen sich Menschen in Richtung Bahnhof. Der Zug steht schon da. Gott sei Dank, da sind die Verwandten!

Es dauert furchtbar lange, bis sie auf den Bahnsteig dürfen.

»Nimm diese Tür«, sagt Mami. »Hier kriegen wir den Anhänger rein! Pass du auf die Kinder auf, Rosa!«

Opa und Luzie hieven den Fahrradanhänger hoch. Ihre Mutter verstaut mit den Tanten das Gepäck.

»Ursel, Mathilda, setzt euch hin«, sagt Rosa streng.

Ursel setzt sich artig auf ihren Rucksack. Sofort knirscht es grässlich – der Kopf ihrer Puppe zerbricht. Sie weint bitterlich.

»Es tut mir so leid«, schluchzt Rosa, »ich hab's nicht bedacht! Ich muss doch achtgeben auf Sofie, damit sie nicht aus der Karre fällt.«

Die Erwachsenen steigen wieder aus und stehen stumm auf dem Bahnsteig, stumm sitzen die Sahlcke-Mädchen mit ihren Cousinen im Waggon. Das Warten beginnt. Schnee treibt in den Wagen und bleibt liegen. Nach einer Ewigkeit ist es so weit, alle steigen ein, die Tür donnert ins Schloss. Im Abteil wird es duster.

Der Zug rumpelt los, niemand spricht. Ich hab mich nicht von Opi verabschiedet, fällt Rosa ein, und auch nicht von unserer Luzie. Wie furchtbar ist das Geräusch von zerbrechendem Porzellan.

Auf dem Bahnsteig liegt ein Kinderschuh. Gustav bückt sich und hebt ihn auf. Lange betrachtet er ihn. Er spürt noch Clara in seinen Armen. *Rosa, Ursel, Mathilda, Sofie …* Als er ausschließen kann, dass der kleine Stiefel einer seiner Enkelinnen gehört, legt er ihn sorgfältig auf den Sims eines der Pfeiler, die das Dach über dem Bahnsteig tragen. Weder er noch Lucja sagen etwas. Kein Wort fällt. Lautlos fällt der Schnee auf die Gleise; dann gerät die kalte Luft in Bewegung und zerwirbelt den Schleier aus Flocken, der fällt. Ein Geräusch bricht die Stille: Wind.

Als wäre es selbstverständlich, geht Lucja an Gustavs Seite. In der Bahnhofshalle sammeln sich noch immer Leute, die NSV-Schwestern versuchen sie zu beruhigen; ob noch ein Zug fährt, weiß keiner. Schnee, den viele Füße hereingetragen haben, liegt auf dem Boden, ohne zu schmelzen. Eine kalte Böe fegt durch eine geöffnete Tür.

Die Hälfte der Einwohner von Stolp ist fort. Wer bleibt, ist meist alt oder krank so wie Gustav und seine Frau Marie. Viele haben sich das Leben genommen und liegen jetzt tot und kalt in der Wohnung.

Vor dem Bahnhof empfängt sie das Schneegestöber. Lustig tanzen die Flocken, herrschsüchtig reißt der Wind den weißen Flaum gleich wieder fort. Den ganzen Tag sind Menschen mit Handwagen, sind Motorräder, Lastwagen und Autos mit abgeblendeten Scheinwerfern zum Bahnhof geströmt. Jetzt ist es still. Von diesem Bahnhof ist Gustav einst aufgebrochen nach Amerika. Damals war das Gebäude neu, es stand ganz nackt auf freier Fläche vor der Stadt. So wie dieser hier sehen Hunderte Bahnhöfe in Deutschland aus – kleine Tore zur großen Welt. Jeder Mensch, auch ein Junge wie er, konnte wegfahren und wiederkommen. Heute gibt es nur die eine Richtung: weg aus der Stadt.

Vielleicht sterben sie noch heute Nacht. Meine vier kleinen Mädchen und Clara.

Gustav geht schneller, aber nicht schnell, er ist so alt.

Uns werden die Russen morgen töten.

Er und das Mädchen gehen stadteinwärts. Die Häuser zu beiden Seiten der Hitlerstraße sind dunkel. Früher hat sie Bahnhofstraße geheißen, das war ein reeller Name. Sie ist wie eine Miniatur der berühmten Allee *Unter den Linden* in Berlin, mit einem Grünstreifen in der Mitte, darin ein hübscher Weg für die Spaziergänger. Auch hier ist er von Linden gesäumt, die kahlen Äste sind weiß von Schnee.

Gustav erinnert sich an den Tag der Umbenennung, den 5. April 1933, und wie begeistert alle waren: Hitlerstraße! Zwei Wochen später trug die Stadt dem Führer die Ehrenbürgerschaft an.

Wie kommt es, dass der Schnee Geräusche dämpft? Wie kann er Stille über die Erde legen? Miezeken, sein Frauchen, hat ihm das einmal erklärt. Er hat es vergessen. So was weiß sie, sie liest so viel und interessiert sich für alles. Wie auch immer es zusammenhängt, Gustav und sie sind immer einig gewesen: Es ist herrlich, wenn der Winter an manchen Tagen die Welt in Schnee und Schweigen hüllt.

Es ist der 6. März, und die Russen stehen zwanzig Kilometer südlich von Stolp. Das heißt, wo genau sie sind, weiß keiner. Nur dass sie nicht aufzuhalten sind. Als Gustav und Lucja das Bismarck-Denkmal erreichen, hören sie Geschützdonner, so stark, dass kein Schneegestöber ihn abschirmen kann. Sie schauen sich um: Der Himmel hinter dem Bahnhof leuchtet. Wahrscheinlich sind die Russen heute Nacht noch da.

~

Lucja schaut den alten Mann von der Seite her an. Sonst treibt ihm die Kälte die Röte ins Gesicht, jetzt sieht er aschfahl aus. Er hat Angst – so kennt sie ihn nicht. Wie ein Nussknacker kommt er ihr ja immer vor, aber jetzt wie einer, der sich nicht mehr auf das Holz, aus dem er geschnitzt ist, verlassen kann. Weil es bröselt und splittert … in Auflösung ist.

Vor dem Bahnhof hatte es eine Menschenmenge gegeben und eine Absperrung. Selbst jetzt noch versuchten die Deutschen es mit Ordnung. Sie ließen nicht alle zu den Gleisen. Frau Sahlcke brauchte einen Schein oder so etwas, jedenfalls musste sie unbedingt vor dem Bahnhof die Schwägerin treffen. Später, nachdem sie stundenlang vor dem Zug gestanden hatten, als seine Tochter schließlich eingestiegen war und der Zug aus dem Bahnhof rollte, sah Lucja Herrn Hirsch mit den Tränen kämpfen. Sie sah, wie er um Fassung rang, als er den Kinderstiefel fand. Sie hat diese kleinen Mädchen ebenfalls lieb. Rosa, die Älteste, hat sie gern. Es ist leicht, kleine Kinder zu mögen. Mathilda, Ursel und Sofie. Sie wissen noch nichts von der Gemeinheit der Welt.

Die Eltern hingegen, die hat sie vom ersten Tag an gehasst, und bis zum heutigen Tag hat sie auch Herrn Hirsch verabscheut. Frau Hirsch, die alte Dame, ist noch die Sanftmütigste von allen. Diese Abneigung ist ein Gefühl, das groß ist wie ein See, mit Dämmen drum rum, damit es nicht überläuft. Aber randvoll. Obwohl sie fromm ist, schämt sie sich kein bisschen für dieses Gefühl.

»*Wie? Lucja? Das klingt italienisch, nicht polnisch … Wir werden dich Luzie nennen. Wie viel Deutsch kannst du denn? Nichts? Das musst du lernen!*«

Die Frau sprach laut. Dass sie nicht nur Befehle gab, sondern auch Fragen stellte, erkannte Lucja daran, dass sie ihre Stimme am Ende der Sätze hob. Die Frau strahlte Ungeduld aus und Energie. Sie sah gut aus.

»*Ich*«, die Frau legte eine Hand auf die Brust, »*ich bin Frau Sahlcke – meine Mutter*«, sie wies mit der Hand auf eine alte, schwarz gekleidete Dame, die neben ihr auf dem Treppenabsatz stand, »*ist Frau Hirsch. Komm mit, ich zeige dir deine Kammer, dann kommst du zu mir in die Küche.*«

Lucja erinnert sich haargenau.

Sie war gerade achtzehn geworden. Den Geburtstag hätte sie fast vergessen, denn sie saß eingepfercht mit anderen in einem dunklen Güterzug und fror. Es war im September, und der Zug war einen Tag vorher von Vilnius abgefahren – er fuhr und fuhr, und sie wusste nicht, wohin.

Der Schnee fällt, als wollte der Himmel die Welt ersticken. Sie geht mit Herrn Hirsch zurück zu dem großen Haus, das nun leer ist. Diesmal also musste Frau Sahlcke Abschied nehmen – und lernen, wie es ist zu tun, was man nicht tun will. Ob sie auch noch in einen Viehwaggon muss? Das Mädchen erschrickt bei diesem Gedanken. Die Kinder tun ihr so leid. Lucja hat noch ein Schaffell gefunden und es dem Sofiechen in die Karre gepackt. Wollhandschuhe sind bei dem Schnee auch nicht gut: Sobald es über null geht, werden sie feucht … Ob Frau Sahlcke, die immer meint, alles zu wissen, klug genug ist, das Fell der Sofie direkt an den Leib zu legen, so, dass die Seite mit dem Pelz innen liegt?

Damals, 1941, war sie zuerst noch mit Dorota und Valeria zusammen gewesen. Ihre Gruppe bestand aus vielleicht siebzig Personen, fast alle weiblich und jung. Man brachte sie mit Lastwagen zum Bahnhof, nahm ihnen ihre Papiere ab, dann ging es in den Zug. Sie mussten umsteigen, mussten raus aus dem Bahnhof. SS-Leute trieben sie in ein Barackenlager. Dort waren schon andere, wieder die meisten Polinnen. Zwei SS-Männer schlugen eine junge Frau, die nahezu unbekleidet war: Sie hatte im Viehwaggon nicht an sich halten können und in ihre Sachen geschissen. Daraufhin hatte ein junger Mann, der mit eingesperrt war, ihre Kleider genommen und durch eine Luke geworfen, die er am Boden aufhebeln konnte. In dem Waggon mussten sie ja stehen, so eng war es.

In dem Lager wurden sie desinfiziert. Sie wurden aufgerufen, man gab ihnen Ausweise. Die Prozedur dauerte einen Tag. Am nächsten Morgen, in Danzig, wurde sie von ihren Freundinnen getrennt. Sosehr sie sich auch bemühte, sie verlor die beiden anderen aus den Augen. Sie wurden auf verschiedene Züge verteilt. Das Letzte, was sie von Dorota sah, war der kleine grüne Hut mit der Feder, den sie sich gekauft hatte für ihren ersten Lohn. Aufgekratzt sah sie aus damit. Dorota hatte ihn sich trotzig immer wieder aufgesetzt, auch in dem dunklen Waggon. Dann war sie weg; von Danzig an war Lucja allein. Ihre Fahrt dauerte nun nicht mehr lange. Die letzte Strecke bis Stolp fuhren sie in einem Waggon mit Abteilen. Sie konnten sitzen und nach draußen schauen. Sie sah blauschwarze Kiefern und weite Stoppelfelder. Die Ostsee ist nah, sagte die Frau, die neben ihr saß, Stolp ist eine *kleine Stadt*. Du wirst sehen, *Pomorze* ist besser als *Sibirien*. Wir werden nicht hungern.

Zum Glück ging es nicht nach Berlin! Lucja dachte, dass in Berlin die meisten Nazis sind.

Sie marschierten in Zweierreihen durch die Hitlerstraße. Ein Lager war gleich in der Nähe. *Fremdarbeiterinnen antreten! Antreten*, das Wort lernte sie schnell. Das lange Wort davor auszusprechen dauerte länger. Im Lager durften sie sich waschen. Waschen? Von Zähneputzen und Haarwaschmittel konnte nicht die Rede sein. Sie erhielten den Armstreifen mit dem P. Wenigstens durften sie ihre eigenen Sachen anbehalten. Und wieder wurden sie sortiert. Sie standen in Reihen und warteten. Für die meisten ging es weiter zu Bauern- und Gutshöfen im Landkreis, die Landwirte holten sie ab. Einige Mädchen, verstand sie, sollten in der Stadt bleiben und in Haushalten arbeiten. Lucja wurde aufgerufen und erhielt einen Namen und eine Adresse. Herr Sahlcke, erfuhr sie viel später, hatte sie selber ausgesucht. Er gehörte zu denen mit den Stiefeln. Sie hatte ihn gar nicht wahrgenommen, so gleich sahen die Männer aus in ihren Uniformen.

Und jetzt sind diese Leute selber dran. Nun spürt der alte Herr Hirsch den gleichen Schmerz, den ihre Mutter empfunden haben muss, als die Deutschen sie verschleppten. Ihre Mutter wusste zwei Monate lang nicht, ob sie noch lebte. Erst als sie sechs Wochen hier war, erlaubte ihr Frau Sahlcke zu schreiben.

»So sind die Regeln«, sagte sie, und: »Gewöhn dich erst ein!«

Ob ihre Mutter noch lebt? Lucja hat seit Monaten keine Nachrichten mehr erhalten. Keine Karte, keinen Brief: nichts. Die deutschen Truppen sind seit dem Sommer aus Vilnius vertrieben, überall ist jetzt die Rote Armee.

Die Russen hassen die Deutschen, aber mindestens genauso verachten die Russen Polinnen, die bei den Deutschen sind. In ihren Augen sind sie *Schlampen* und *Kollaborateurinnen*. Das weiß sie von Florcia. Gemeinsam mit ihr hat sie entschieden, nicht auf eigene Faust nach Osten zu gehen. Das ist der sichere Tod, meint Florcia. Sie hat Grauenvolles erzählt von zwei Mädchen, denen haben sie Gewalt angetan und sie hinterher erwürgt. Keine Kugel waren sie den Soldaten wert. Eine dritte hat sich erhängt, um dem Schicksal zu entgehen. Das wird sie nicht tun. Aber eine Chance zu entkommen hat sie nicht.

»Luzie, du kannst gehen, es ist alles zu Ende«, hat Frau Sahlcke vor zwei Wochen zu ihr gesagt.

»Wo kann ich denn hin?«, hat sie erwidert.

Einträchtig stapfen Lucja und Gustav Hirsch nebeneinander. Sie erreichen die Paradiesstraße. Die Straße heißt wirklich so, Lucja liebt den Namen. Das heißt, in den ersten Wochen in Stolp hat sie ihn verabscheut, da dachte sie: Wie teuflisch diese Deutschen doch sind, was für eine Verstellung sie überall üben! Ihr Blick wandelte sich erst, als Florcia in ihr Leben trat: Die Familie, für die sie arbeitete, wohnte nämlich in der Paradiesstraße. Lucja hat sie hier oft abgeholt. »Du musst es so sehen: Die Deutschen meinen es gut und können alles«, sagte Florcia gut gelaunt. »Die Herrenmenschen haben uns ins Paradies geholt!«

Sie sind schon auf dem Markt, als der alte Hirsch abrupt stehen bleibt.

»Geh du schon voran nach Hause«, sagt er zu ihr. »Ich komm hinterher.«

Zur Schmiedestraße sind es nur noch wenige Minuten zu Fuß. Sie sieht ihn erstaunt an.

»Herr Hirsch … Ihre Frau …« Sie macht eine Pause, »wollen Sie mir etwa Schlüssel geben?«

Noch nie haben Lucja, hat Edouard, noch nicht einmal Hildegard, das deutsche Mädchen, die in der häuslichen Hierarchie weit über den beiden steht, von der Familie einen Hausschlüssel erhalten. Der Polin den Schlüssel geben? Oder dem Franzosen? Da kann man das Silber ja gleich aus dem Fenster werfen!

Er zieht wortlos das Schlüsselbund aus der Tasche.

»Luzie. Bitte verzeih. Wir haben dir Unrecht getan.« Den letzten Satz flüstert er.

Lucjas Gesicht verrät nicht, was sie denkt. Sie hat mandelförmige Augen, mit denen sieht sie ihn an: »Ihre Frau …, nicht, dass Sie sich etwas tun an, Herr Hirsch!«

Das ist zu viel, merkt sie. Zuwendung, ein Übergriff. Er wendet sich ab.

»Geh, Mädchen, geh zu Frau Hirsch. Sag ihr, ich bin gleich da.«

Lucja sieht ihn forschend an. So viele bringen sich jetzt um … Nein, der nicht! Dazu ist der Nussknacker viel zu fromm, so wie sie selber. Aber es ist ihr schon recht. Sie wird vorausgehen und nach der alten Frau sehen.

»Mein Kind, ich danke dir. Willst du nicht auch versuchen, irgendwie nach Hause zu kommen, zu deiner lieben Mutter?«, hat Frau Hirsch sie doch tatsächlich gefragt, als sie ihr neulich den Tee ins Zimmer brachte. Sie sah sie aus ihren alten Augen an. Es war das erste Mal, dass einer dieser Menschen Gedanken darüber äußerte, wie es Lucja und ihren Angehörigen geht.

Die Russen, das sagen alle, werden die Bewohner aus der Stadt treiben. Oder sie gleich umbringen. Die Alten müssen also irgendwie raus aus dem Haus. Soll Lucja sie allein lassen?

»Hau ab da, komm in unseren Keller«, hat Florcia geraten.

Sie hastet allein über den Platz. Die Deutschen erschießen sich gegenseitig. Besonders gefährlich sind die vom Volkssturm. Drei junge Soldaten hat sie mit eigenen Augen tot auf der Straße liegen sehen. Der Volkssturm zielt nicht nur auf Deserteure – für Leute wie Lucja ist es die Hölle. Mit oder ohne P am Arm, egal, für die sind sie alle Saboteure. Florcia meint, es gehe darum, die ersten Tage unter der Roten Armee zu überleben, dann würde es besser. Sie kann viel besser Russisch als Lucja. Das ist viel wert. Es gibt einen Keller, den kennen nur Florcia, Lucja und Jerzy. Das heißt, Jerzy kennt nur die Adresse. Der Keller gehört zu dem Haus, in dem Florcias Familie gewohnt hat. Die Leute sind schon vor zwei Wochen geflohen. Sie beide haben dort unten einen kleinen Vorrat an Lebensmitteln angelegt.

»Bring noch mehr mit«, hat Florcia sie gedrängt. »Wir brauchen auch Sachen zum Tauschen!«

Gut, dass Frau Sahlcke weg ist. Sie hat solche Argusaugen. Wie sie sich immer angestellt hat, wenn sie Lucja die zwanzig Reichsmark gab! Dabei war das ihr Lohn, das stand ihr zu. Aber sie tat, als wäre es eine Gnade. Lucja beschließt, einen warmen Mantel und Pullover aus dem Schrank dieser Frau mitzunehmen. Und aus dem Schrank ihres Mannes Schuhe für Jerzy. Mit Holzschuhen kann er ja unmöglich laufen. Ansonsten wird sie kein Stück aus dem Haushalt anrühren. Florcia kann reden, was sie will.

Im Schneetreiben erreicht sie das Haus in der Schmiedestraße. Von der Brücke, ihr entgegen, kommen Gestalten. Sie sind grau, bewegen sich langsam, geduckt, wie Figuren aus einem Märchen. Lucja nimmt den Schlüssel aus ihrer Tasche.

Gustav steht auf dem Marktplatz von Stolp, kein Fußabdruck stört die weiße Decke. Es ist ein vollkommener Marktplatz in einer vollkommenen kleinen Stadt. Jahrzehnte hat er das so empfunden. Dies ist seine Stadt, die Stadt seines Aufstiegs und Glücks.

Keine Straßenbahn fährt, keine Lampe brennt. Allein der Schnee leuchtet. Einen Moment glaubt er, dass er den Marktplatz für sich allein hat, so gespenstisch ist die Stille. Kann denn das sein? Dann sieht er die Flüchtlinge. Sie kauern in Gruppen, graue Gestalten mit Paketen und Handwagen. Pferdefuhrwerke. Ihr Strom hat sich umgedreht – sie wollen nun raus aus der Stadt, nicht mehr nach Westen, wo die Russen schon sind. Vor *Munds Hotel* erkennt er Lastwagen. Die Scheinwerfer abgeblendet, stellen sie sich in Fünferreihen auf, die Schnauzen auf die Sparkasse gerichtet. Die Wehrmacht sammelt sich zum Abrücken.

Die Häuser am Markt sind kompakt, die kleineren haben Giebel. In den Augen der Großstädter mögen es Häuschen sein, aber Gustav hat nie gestört, dass man den Himmel noch sehen kann, wenn man vor einem Gebäude steht. Das erscheint ihm eine gute Relation zu sein zwischen Mensch und Haus. Das größte Gebäude ist die Kreissparkasse, sie hat eine Art Turm, fünf Stockwerke hoch. Alle Kredite, die er je brauchte, kamen von hier und sind abbezahlt. Heute wurde das Gebäude geräumt. Mit Akten, die liegen geblieben sind, füttern Obdachlose ein kleines Feuer.

War Beflaggung angeordnet, war die Sparkasse imposant, dann streckten sich die Hakenkreuzbanner vom Dach bis zum Erdgeschoss. Ob sie es geschafft haben, so viele Quadratmeter Stoff zu verbrennen? In Öfen und Kaminen, auf Feuern in Hinterhöfen qualmt es seit Wochen. Wer noch in Stolp ist, verbrennt Papiere, Fotos und seine Fahne. Jedes Fenster am Markt war beflaggt. Rot-Weiß-Schwarz. Jetzt sind die Fenster über den Läden schwarz. Flackert da etwa Licht überm *Medizinischen Kaufhaus Johann Seb. Bach?* Ob von der Familie noch jemand da ist? Besucher von weither haben immer gelacht. Was? Ihr habt ein Kaufhaus *Johann Sebastian Bach?* Genau! Bach wie der Komponist, hier in Stolp!

Er geht zum Denkmal auf der Mitte des Platzes. Zu Füßen des Marschall Blücher haben sich immer alle verabredet, vor Jahrzehnten sein Miezeken mit ihm, Gustav, vor wenigen Wochen noch seine Enkelinnen mit ihren Freundinnen. Und natürlich Clara mit ihrem Rudolf. Er mag nicht an Rudolf denken. Er denkt an Clara. Frieren die Kinder, können sie schlafen? Wie lange mögen ihre Vorräte reichen? Ob überhaupt noch ein Schiff ausläuft? Wenn nicht, wohin gehen sie dann? Dass sie bloß nicht zu Fuß umkehren werden!

Gustav sinkt auf die Stufen des Denkmals. Der Schnee, der wie Pelz auf den Stufen liegt, fühlt sich kalt und trocken an in seiner Hand. Schwarz steht die Marienkirche hinter den Dächern des Markts, als schütze sie den Markt von Süden her. Seit Marie krank liegt, ist er nicht mehr da gewesen. Sie haben zu Hause gebetet. Auch jetzt betet er.

Wieder ein Donnern. Am Himmel flackert es. Im Westen, bei Köslin, sind die russischen Truppen schon bis zur Ostsee vorgestoßen. Nur der Danziger Raum, der Nordosten, mitsamt der Bahnverbindung nach Stolp, heißt es, sei noch frei. Die Richtung, in die Clara fährt. Gustav will glauben, dass die Panzer aus Westen und Süden kommen.

Vater im Himmel. Nimm unsere Leben! Nimm nicht die unserer Kinder!

Ein Licht geht an über dem Konfektionsgeschäft von Herrn Mohns, das früher Herr Blaustein führte. Er hat, wie alle anderen Juden, irgendwann aufgegeben. Gezwungen zu verkaufen, verließen sie die Stadt. Von neun jüdischen Geschäften am Markt ist keines übrig. Wo heute das *Waffengeschäft Voß & Co.* ist, bot früher Moritz Gelbstein seine Damenmoden an, wo Noah Simon Textilien verkaufte, prangt heute der Name Walter Pachur. Der Kaufmann hat nebenan auch *Tuchler & Neumann* mitsamt Haus übernommen. Es war ein stiller Auszug, aber für jeden, der sich für Immobilien interessierte, waren die Vorgänge klar zu sehen. Das waren viele, denn jeder, der in einer kleinen Stadt Gewerbe betreibt und ein wenig Erfolg hat, interessiert sich für Immobilien.

»Ergreif die Chance! Nie wieder kommst du so günstig an ein Haus am Markt!«

Rudolf hatte ihn gedrängt, aber er sah das anders. Warum sollte er an den Markt? Der *Salon Amelie* blühte ja prächtig, keine hundert Meter weiter in der Schmiedestraße. Clara hatte den Betrieb erweitert, sie alle wohnten schön in dem Haus an der Stolpe. Vom Unglück der anderen profitieren? Das wollte er nicht. Ausgerechnet Rudolf, der selber nie Vermögen aufgebaut hatte! Gustav blickt über den Platz. Bei *Tuchler & Neumann* kaufte seine Frau erst Textilien, als Gustav über vierzig war und sein drittes Haus bereits finanziert. Es war nicht das letzte, das er erwarb – Handwerk hat goldenen Boden.

Claras Aussteuer hat sein Miezeken bei Franziska Silbermann gekauft. Weißwaren und Putzgeschäft. Stundenlang hatten die Frauen beraten: eine rätselhafte weibliche Lust. Der Laden verwandelte sich später in das *Seifengeschäft Heimchen*. Was geschah mit der Betreiberin? Musste sie auf einen der Züge? Niemand, auch er nicht, hat es wissen wollen.

Herr, mein Gott, nun trifft uns dein Zorn.

Er steht auf, er muss nach Hause. Vor der Kreissparkasse fangen Bewaffnete damit an, das Feuer auszuschlagen. Richtig … offenes Feuer, das ist doch Wahnsinn. Am Mittag gab es Fliegeralarm. Die Kreissparkasse ist das einzige Haus, das erst in den Dreißigerjahren errichtet wurde. Die Leute entrüsteten sich damals über die moderne Form, es war albern. Aber da hatte er schon aufgehört, von New York zu erzählen. Als die Nationalsozialisten – und Rudolf voran – alles *versifft* und *jüdisch versippt* nannten, was mit Amerika zu tun hatte, war er verstummt. Den Ton gaben ab da andere an. Clara und Rudolf, was für ein Kraftfeld! Er atmet tief. Nur wenn er mit Miezeken allein war, kam er ins Erzählen, sie hörte ihm zu. Immer hört sie ihm zu.

Miezeken. Sein Herz krampft sich zusammen. Wenn sie morgen früh kommen, kann sie nicht laufen. Die Flüchtlinge haben von Menschen erzählt, die sie im Bett erschossen haben … und Schlimmeres. Vielleicht … wenn es brennt, wenn … wie bringt er sie weg?

Mittags ging noch das Telefon. Aber wen soll er anrufen?

Die Schmiedebrücke ist ein strategischer Punkt. Seit Tagen sind dort Sprengsätze angebracht. Sie konnten von Claras Wohnzimmer sehen, wie Soldaten unter die Brücke kletterten und etwas an die Stützen montierten, während über die schmale Fahrbahn der Treck der Flüchtlinge rüttelte und polterte. Im Kreishaus am anderen Ufer der Stolpe herrschte hektische Betriebsamkeit. Wagen fuhren vor und wieder ab, Leute vom Volkssturm luden Akten ein. Der Kreisleiter ließ sie in den Grünflächen im Aucker verbrennen, Akten mit Listen, die auch Rudolf geführt hatte. Clara zögerte, sie wartete auf den Räumungsbefehl an die Zivilisten. Anschütz stand doch im Kontakt zum Gauleiter.

»*Das ist falsch, Clärchen*«, beschwor Gustav sie.

Der Feind wird zu diesem Markt kommen, mit seinen Panzern. Früher ritten Husaren über die Brücke, um auf dem Marktplatz zu paradieren. Zu ihnen hatte auch Gustav gehört, im letzten Krieg. Da folgte er dem Rat, den ihm einst Franz Samtmann gegeben hatte, der Mann, bei dem er sein Handwerk lernte: Ein Barbier kommt ohne Bajonett durch den Krieg! Einen Barbier brauchte auch sein Regiment, und es bedeutete: Etappe. Die meiste Zeit durfte Gustav in der Garnisonsstadt bleiben. Was für ein Segen! Das ist die einzige Ähnlichkeit, die Gustav zu seinem Schwiegersohn sieht, die aber verbindet: Sie haben beide, wo sie nur konnten, mit Schläue den Fronteinsatz vermieden. Aus Familiensinn. Freilich, Gustav atmet tief … Böses getan hat Rudolf auch hier. Wo er jetzt ist, weiß keiner.

Gustav stapft in der Mitte der Schmiedestraße, unter ihm die verschneiten Gleise der Straßenbahn. Durch den Schleier aus Schnee schieben sich plötzlich Silhouetten, Männer mit Gewehren, sie kommen ihm entgegen – einen entsetzlichen Augenblick lang hält er sie für Russen, aber dann erkennt er die Mäntel der Wehrmacht – die Soldaten stolpern eher, als dass sie gehen. Mein Gott, wie jung sie sind. Er muss aufpassen, dass er nicht ausrutscht.

Der Schuh auf dem Bahnsteig fällt ihm ein. Das bedeutet, dass ein Kinderfuß bloß ist – bei Frost auf Strümpfen tappt. Kleine Zehen erfrieren, und eine Mutter verzweifelt. Er beschleunigt seine Schritte. Er wird Miezeken sagen, dass Clara und Elfi voll Zuversicht waren und es genug Platz für alle gab.

Die Haustür steht offen, im Treppenhaus brennt Licht. Auf dem Boden liegt Stroh, das Clara vor Wochen aus dem Stall im Hof geholt und hier ausgelegt hat: Manche Flüchtlinge bleiben Minuten, andere eine Nacht. Je deutlicher wurde, dass ihr eigenes Schicksal dasselbe sein würde wie das der Menschen, die unter ihren Fenstern vorbeizogen, umso mehr Mitleid zeigte seine Tochter. Jetzt hat eine Familie Zuflucht gesucht. Auf dem Stroh hocken drei kleine Kinder, notdürftig eingehüllt in Decken. Zwei Frauen bücken sich zu ihnen. Eine richtet sich auf und dreht sich zu Gustav um. Es ist Lucja. Wieder schaut sie ihn an, auf diese ausdruckslose Weise. Sie hat zwei Paar Kinderstiefel in der Hand, über dem Arm trägt sie einen blauen Kindermantel. Er gehört Mathilda, das erkennt er an dem rosa Kragen.

Gustav stockt. Dann geht er an allen vorbei hinauf in den ersten Stock.

7. März 1945

Rosa sitzt im dunklen Zug. Mit einer Hand hält sie Sofies Karre, damit sie nicht wegrollt, auf die Bremse ist kein Verlass, so sehr rumpelt der Zug: Mal fährt er schnell, mal langsam. Ursel und Sofie sind eingeschlafen.

Um zwei Uhr früh bleibt der Zug stehen. Die Türen werden aufgerissen. Raus! Schnell!

Ihre Mutter springt zuerst: »Gib mir die Karre! Halt den Anhänger fest!« Draußen schneit es. Kein Bahnhof, sondern freies Feld. Der Schnee liegt knöcheltief, es ist, als wollte er sie festsaugen. »Sofie, du marschierst auch!«

Sie stapfen hinter den anderen her, dahin, wo es nicht mehr

weiß ist: Ganz hinten müssen die Anleger von Gotenhafen sein. »Hier lang«, ruft ein Hitlerjunge. Ein anderer zeigt auf ein Haus, sie müssen im Korridor warten. Dann öffnet sich eine Tür zu einem Raum, in dem nichts zu sehen ist außer Matratzen. Immerhin, sie können sich hinlegen. Rosa fühlt sich so bleischwer, dass sie sofort einzudämmern beginnt. Selbst das hämmernde Geräusch, das daher rührt, dass Männer Schießscharten in die Wände hauen, hält sie nicht davon ab. Sie wird jäh aus dem Schlaf gerissen, als ihre Mutter sie an der Schulter rüttelt. »Pass auf, ich stell mich an für Lebensmittelkarten.«

Später kehrt sie ohne Rationen zurück. Stunden vergehen, eine NSV-Schwester kommt und fragt ihre Mutter: »Sie haben vier? Sie können morgen in der Früh weiter. Mit vier Kindern dürfen sie gleich auf ein Schiff!«

Rosa ist sofort hellwach. »Wir kommen dran, wie gut!«

Sie kann nicht verstehen, dass ihre Mutter den Kopf schüttelt. Sie redet mit Tante Elfi. Rosa spürt ihre Angst – die Mutter will nicht ohne die Tanten weiter, und die dürfen nicht weg, weil sie nicht genug Kinder haben. So kennt Rosa ihre Mutter nicht. Es ist, als zerfiele etwas in Stücke, in ganz kleine Teile.

»Mami, können wir nicht ...?«, hebt sie an – und wird schon abgewürgt: »Schweig still!«

Kein Zug geht mehr nach Osten, die Straßen sind von Trecks blockiert. Und es gibt noch einen weiteren Grund, warum Florcia und Lucja in Stolp bleiben müssen: Jerzy. Ob er aus dem Lager am Schliepgrund entkommen kann? Die Mädchen sind hin- und hergerissen zwischen Angst und Hoffnung. Sie hoffen, dass die Rote Armee kommen und die Menschen aus den Lagern befreien wird. Sie fürchten jeden Tag mehr, dass die Rache der Russen auch Polinnen trifft. Lucja zweifelt nicht eine Sekunde an den Gräueln, von denen die Menschen in den Trecks berichten.

Seit Anfang Dezember hat Jerzy das Lager nicht mehr verlassen dürfen. Ob er noch lebt?

»Keine Nachrichten sind gute Nachrichten!«, sagte Florcia. »Eins steht fest: Sie brauchen ihn. Ihren Pommernwall kriegen die Nazis nicht allein mit BDM-Mädchen gebaut!«

Als im Januar die Arbeiten zum Erliegen kamen, schöpfte Lucja Hoffnung: »Der Frost hilft, da kriegt keiner mehr eine Schaufel in die Erde! Das kann selbst die SS nicht erzwingen.«

»Sei nicht naiv«, widersprach Florcia. »Als hätten die Deutschen je Rücksicht auf ihre Sklaven genommen. Sie denken sich eine neue Teufelei aus!«

Im Februar beobachtete Lucja, wie SS-Männer eine Kolonne von erbärmlich gekleideten Ungarinnen über die Herzogsbrücke Richtung Danziger Straße trieben, viele in Holzpantinen, die meisten ohne Mäntel.

Die marschieren zurück nach Stutthof, hieß es.

»Glaubst du, von denen kommt eine an?«, fragte Florcia entrüstet, um dann selbst zu antworten: »Sie erfrieren. Guck dir nur die Landkarte an!«

Wenn Florcia besonders viel Angst hat, redet sie immer besonders energisch. Lucja war aufgewühlt: Nach Stutthof sind es fast zweihundert Kilometer. Was, wenn die SS auch Jerzys Kolonne wegtreibt – wie die Häftlinge aus dem KZ? Wenn Jerzy bloß nicht morgen schon dran ist!

Das Lager am Schliepgrund hat einen Zaun, an einer Stelle kann man die Baracken erspähen, aber manchmal auch Menschen. Ohne stehen zu bleiben, laufen Florcia oder Lucja dort seit Januar vorbei – sie kontrollieren, ob es weiterhin Appelle gibt. Wenn Bewegung zu erkennen ist, freuen sie sich: Noch sind die Gefangenen da.

Am frühen Morgen des 7. März hört es auf zu schneien. Der Winter macht eine Pause. Was Florcia und Lucja nicht wissen: Russische

Arbeiterinnen müssen in der Waldkatze eine Grube ausheben. Es ist schier unmöglich, denn der Boden ist tiefgefroren. Nach Stunden türmen sich dennoch schwarze Erdhügel im weißen Schnee. Gegen 15 Uhr treiben fünfzehn SS-Männer eine Gruppe aus dem Lager Schliepgrund die Mackensenstraße und dann die Walkmühlenstraße hinunter. In der Waldkatze erschießen sie einundzwanzig Männer und eine Frau. Alle sind Polen. Jerzy ist zweiundzwanzig Jahre alt, als er stirbt. Angeblich hätten die Leute Falschnachrichten über die nahende Niederlage gestreut.

Im Lager befinden sich noch mehrere Hundert Menschen.

In der Nacht ziehen die deutschen Verbände ab, nachdem sie die Sprengsätze gezündet haben. Die großen und kleinen Brücken über der Stolpe detonieren, die Schmiedebrücke birst um Mitternacht. Die Explosion zerstört alle Fenster des Hauses an der Schmiedestraße 4. Die Scheiben der Veranda zersplittern wie eine dünne Eisschicht auf einem Teich, wenn man mit dem Stiefel drauftritt. Dann bricht der ganze Vorbau weg. Mit ihm fallen Claras Tisch und die Stühle mit den geflochtenen Rückenlehnen in die Tiefe. Der Kaffeewärmer, auf dem die grünen Wellensittiche schnäbeln, landet in den Weiden. Dann trägt ihn der Wind fort.

Lucja ist auf dem anderen, dem nördlichen Ufer der Stolpe, als die Brücken gesprengt werden: Sie hat Herrn und Frau Hirsch zum Luftschutzkeller gebracht. Weil die alte Frau nicht laufen konnte, hat Lucja kurzerhand ein Brett quer über die Kinderkarre gelegt, die die unglückliche Frau aus Ostpreußen stehen ließ. Herr Hirsch und sie hoben die alte Dame darauf. Sie wiegt ja wenig mehr als ein Kind. So sind sie dann los.

Jetzt aber ist der Weg zurück versperrt: Lucja schafft es nicht mehr zu Florcia in die Paradiesstraße, sie kann ihre Verabredung nicht einhalten.

Panzer der Roten Armee rollen am Morgen des 8. März über die Schlawer und die Kublitzer Chaussee in die Stadt. Sie kommen von

Südwesten. Auf dem Markt bleiben sie stehen – alle Brücken über die Stolpe sind ja gesprengt. Wieder fällt Schnee. Rotarmisten stürzen das Blücher-Denkmal. Stunden später lodern Feuer.[38] Die Häuser in den Straßen rund um den Markt brennen … die ganze Altstadt geht in Flammen auf. Am Markt bleiben außer der Kreissparkasse – und die nur wenige Tage – drei Häuser stehen, eines ist die alte Hofapotheke. Die Soldaten plündern, vergewaltigen und morden. Als es dunkel wird, brennt auch die Marienkirche lichterloh, das Dach des Turms sackt gegen Mitternacht in sich zusammen.

Florcia ist allein im Keller in der Paradiesstraße. Weder Jerzy noch Lucja sind gekommen. Sie stirbt, als über ihr die brennenden Balken nachgeben und die Decke einstürzt. Lucja weiß das alles noch nicht.

Ihre Verzweiflung kennt bereits jetzt keine Worte.

Gotenhafen, 9. März

Mathilda steht vor einem Schuppen im Hafen und schaut nach oben. Von der Dachkante hängen gewaltige Eiszapfen, dick wie ihre Arme, und sie glänzen so schön. Wie Glas sehen sie aus in der Sonne, manche sind blau, andere durchsichtig.

Niemand hat ihr verboten, ins Freie zu gehen, sie darf nur nicht zu nah ans Wasser. Sie genießt es, allein zu sein. Im Hafen liegen nicht viele Schiffe, nur ein einziges großes Boot liegt an der Pier. Frauen mit Kindern warten davor, von Weitem sind ihre Gesichter nicht zu erkennen. Sie sind nur Silhouetten, die sich im Licht abzeichnen. Auf dem schwarzen Wasser dümpeln Eisschollen mit zackigen Rändern, die aussehen wie Zähne – bestimmt haben auch Eisbären solche Zähne.

Gerade will sie hingehen, um sich das näher anzusehen, da kommen plötzlich viele Leute vom Hafengebäude gerannt. Offenbar wollen sie alle an Bord des großen Boots. Aber keiner hält bei den Wartenden an, stattdessen drängeln, schubsen und treten sie sich den Weg über die Gangway frei. Ein Kinderwagen kippt um, und Leute trampeln drüber. Eine Frau kreischt schrill. Das Schiffsdeck ist augenblicklich so überfüllt, dass der Platz nicht ausreicht – auf der anderen Seite fallen Menschen ins Hafenbecken. Sie schreien um Hilfe, und dann versinken sie, ohne dass jemand eine Hand rührt, sie zu retten. Kommandogebrüll weht zu Mathilda herüber: Matrosen an Bord versuchen, die Menge mit Gewehrkolben zurückzutreiben. Sie steht wie angewurzelt da und schaut zu. Die Eisschollen, die eben noch durch Menschenleiber in Bewegung gerieten, beruhigen sich und dümpeln leicht. Auf so ein Schiff müssen sie auch. Es ist bereits der dritte Tag, an dem ihre Mutter für Karten ansteht. Bislang hat sie vergeblich gewartet.

»Schnell! Ein Minensuchboot nimmt uns mit! Die anderen sind schon an Bord. Gleich laufen wir aus, schnell, kommt!«

Traudl, eine der Cousinen, ist völlig außer Atem, so schnell ist sie gerannt.

Rosa wartet das Kommando ihrer Mutter gar nicht ab, sondern beginnt sofort, Habseligkeiten zusammenzuraffen. Die Matratzen, auf denen sie kampierten, sind weg, kaum, dass sie aufgestanden sind: Flüchtlinge, die im Flur gelagert haben, rücken nach. Das Boot liegt hinten im Hafen, abseits an einem Steg. Es ist erschreckend klein, viel zu klein, fürchtet Rosa. Sie haben den Anhänger und die Sportkarre, beides hochbepackt; Sofie rennt tapfer mit, an der Hand ihrer Mutter.

Aber dann scheitern sie an einem Soldaten. Er hält sein Gewehr quer über der Brust.

»Ausgeschlossen«, sagt er. »Wir haben schon zu viele Flüchtlinge an Bord.« Sehen können sie niemanden, auch ihre Verwandten nicht, alle sind schon unter Deck. Ein Offizier kommt dazu, schüttelt mit dem Kopf: »Mehr geht nicht! Verstehen Sie doch, wir entschärfen Minen!«

»Habt Erbarmen«, ruft ihre Mutter und ringt die Hände, der Mann aber bleibt stur. Noch nie hat Rosa ihre Mutter weinen sehen.

»Komm, Sofie«, ruft sie schließlich, »wir müssen zurück!« Nun fangen auch Ursel und Mathilda zu heulen an. Rosa ist ebenfalls danach, aber sie reißt sich zusammen, sie muss achtgeben, um den Fahrradanhänger auf dem Steg zu wenden.

Plötzlich ruft hinter ihnen jemand: »Komm her, kleine Sofie!« Ein Mann steht an der Reling, es ist der Kapitän.

Und sie dürfen an Bord! Sie müssen hinunter in den Bauch des Schiffs, der nackt wirkt, weil er überhaupt nicht ausgekleidet ist, außer den Spanten und der Außenhaut aus Metall gibt es nichts. Es ist dunkel. Erst als sie über ein fremdes Bein stolpert, erkennt Rosa, dass der Raum voll ist mit Menschen. Die Maschine springt an, das Innere des Schiffs vibriert. Schon läuft das Schiff aus.

Ihre Mutter herzt Sofie: »Schätzchen, du hast uns Glück gebracht!«

Später kommt der Kommandant zu ihnen unter Deck. Er streichelt Sofie über den Kopf. »Ich hab zu Hause auch eine kleine Sofie, meine ist erst zwei«, sagt er zu ihrer Mutter. »Ich hab sie noch nie gesehen.«

Rosa zieht Ursel und Mathilda die ausgeteilten Schwimmwesten an – sie sind ihnen viel zu groß.

~

Danziger Bucht, 9. März

Befehl vom Kapitän: Alle müssen unter Deck bleiben! Mathilda steht schon eine Weile unten am Niedergang und guckt nach oben. Es ist Nacht, aber sie ist hellwach, und sie friert nicht, obwohl es bitterkalt ist. Ihr Mantel wärmt, außerdem trägt sie zwei Strumpfhosen unter der langen Hose. Hinter ihr kauert ein Mensch neben dem anderen. Hin und wieder übergibt sich jemand da, wo er sitzt, und das stinkt schrecklich. Sie rümpft die Nase, und ein Matrose muss lachen.

»Wie heißt du?«

»Mattus!«

Dann hat sie Glück, sie darf nach oben. Der Mann hat extra den Kapitän gefragt. Sie trägt ihre Mütze mit den roten Bommeln, die an den Ohrenklappen baumeln. Ihr Platz ist an der Reling, neben einem Kasten.

»Posten Ausguck, nicht wegrühren!« Der Matrose macht mit den Bommeln einen Knoten unter ihrem Kinn. Mathilda verspricht, ihm zu gehorchen.

Obwohl die Nacht rabenschwarz ist, sieht sie weiße Schaumkronen auf den Wellen und dann die Umrisse anderer Schiffe, die ihnen folgen. Das Minensuchboot pflügt voraus durch die See. Plötzlich ist da ein Lichtschein, sie erkennt Land und klar die Schiffe achteraus: ein großes und drei kleine. Über der Küste fallen Lichter vom Himmel. In der Schwärze der Nacht taucht eine gleißende Spitze auf, dann sind es mehr, sie werden breiter, unten sind viele Lichter. Da ist es fast taghell. Das Land beginnt, feurig zu flackern. Das sieht schön aus und schaurig. Es sind Bomben.

Die Männer stehen einen Moment lang still, ihre Gesichter sind bleich. »Mattus, du bist unser Maskottchen! Frierst du auch nicht?«

Sie schüttelt den Kopf. »Mir ist ganz warm!«

»Du hast ja auch einen warmen Mantel!«

»Aus Kaninchenfell, den hat der Weihnachtsmann gebracht!«

Der Matrose guckt plötzlich seltsam, dann knufft er ganz leicht ihre Wange, und sie schauen wieder nach achtern.

Irgendwann sind am Himmel keine Lichter mehr. Zu sehen ist nur die schwarze See ringsum, zu hören ist nur der Motor. Dann, von einer Sekunde zur nächsten, kommt Hektik auf: Kommandos und Rufe fliegen hin und her, die Männer vergessen die Passagierin an Deck.

Mathilda klammert sich fest an die Reling. Sie spürt, dass unter ihnen etwas schlürft. Es schabt und kratzt unter dem Rumpf, als lauere im Meer ein Ungeheuer. Sie sind über eine Mine gefahren!

Nun knirscht es am Heck. Die Männer drehen an Winden, eine Trosse geht ins Wasser. Daran hängt etwas Großes, Schweres, das wie ein Anker aussieht. Ein Knall! Hinter ihnen eine weiße Fontäne! So geht es weiter in dieser Nacht. Immer wieder das Schlürfen, Knirschen, Hektik und Explosion. Hinter den Fontänen folgen die anderen Boote. Wir sind die Beschützer dieser Schiffe, denkt Mathilda, ja, wir beschützen all diese Schiffe!

Swinemünde, 10. März

Rosa bleibt stehen, um Mathilda das Blut aus dem Gesicht zu wischen, sie hat starkes Nasenbluten. Wie Ursel trägt sie den Lederranzen vor die Brust und den Rucksack auf den Rücken geschnallt. Sie müsste sich hinlegen, aber der ganze Tross – sie sind bestimmt zweihundert Menschen – muss zu Fuß weiter: vom Hafen zur Bahnstation. Da soll ein Zug stehen.

Mathilda war die Einzige, die an Bord nicht seekrank gewesen ist. Erst an Land ist ihr übel geworden. Jetzt klagt sie, alles schwanke um sie herum. Blut tropft auf ihren Mantel, bildet Perlen auf dem Kaninchenfell. Alle fünfzig Meter bleiben sie stehen. Dadurch sind sie langsam, zu langsam, sie können nicht mithalten mit den anderen. Schon bilden die fünf die Nachhut – eine Frau, vier Kinder, Fahrradanhänger und Karre.

Als sie im Bahnhof ankommen, ist der Zug voll, die Türen lassen sich nicht mehr öffnen. Die Verwandten stehen davor und warten. Immerhin, Mathilda kann sich setzen und bekommt von NSV-Schwestern etwas zu trinken. »Ich muss so nötig«, klagt Ursel. Also geht Rosa mit den beiden Kleinen hinaus in den Schnee. Ursel ist schon sieben, Rosa kann sie nicht halten. Für Sofie ist es zu spät, sie weint.

»Wie kriegen wir sie bloß wieder trocken? Was ist mit dir? Hast du schon?«, fragt Mami, die bei Mathilda geblieben ist. Rosa schüttelt den Kopf, draußen sind Soldaten. Sie reiht sich lieber in die

Schlange vor den Toiletten. Endlich kommt ein neuer Zug, und die Leute beginnen zu rennen.

»Mach, mach, mach!«, ruft ihre Mutter.

Wieder das Heben und Hieven von Karre und Anhänger. Im ersten Abteil sitzt nur eine Person, Rosa freut sich: Da ist Platz! Warum drängt ihre Mutter vorbei? Sie geht weiter, schiebt die Karre mit Sofie und zieht Ursel an der Hand. Da erst sieht Rosa, dass die Frau im Abteil tot ist. Ihre Augen und der Mund stehen offen, ihr Gesicht ist fahl wie Stein.

Die nächste Tür gehört zur Toilette. Rosa kommt mit dem Anhänger nicht dran vorbei, die Tür steht halb offen, festgefroren in der Scheiße am Boden. Ihre Mutter kommt zurück, um ihr zu helfen. Dann ist da ein großes Abteil voller Soldaten. In der hinteren Ecke sieht Rosa ihre Tanten mit den Cousinen. Sie winken ihnen zu, sie haben Plätze ergattert. Die Männer rücken zusammen, zwei Soldaten nehmen die Kleinen auf den Schoß. Irgendwie schämt sich Rosa wegen Sofie und ihrer nassen Hose. Aber nichts ist zu riechen, so bitterkalt, wie es ist. Erst am Morgen fährt der Zug los.

Wittenberge, 12. März

Sofie hat hohes Fieber. Die dunklen Haare kringeln sich an ihrer schweißnassen Stirn. Dann krampft sie, der kleine Körper bäumt sich in Claras Armen. Niemals hat sie eine ihrer Töchter so fiebern gesehen.

»Ist ein Arzt im Zug? Bitte Elfi, geh durch die Wagen, frag, ob ein Arzt im Zug ist«, fleht sie ihre Schwägerin an.

Es ist kein Arzt im Zug. Da entscheidet Clara, beim nächsten Halt auszusteigen. Ihre Schwägerinnen senken den Blick und schütteln den Kopf: den Zug verlassen? Kommt nicht infrage. Es ist unsicher, ob ein neuer kommt, unsicher, wen er mitnimmt. Sie bleiben bei ihrem Plan und fahren mit ihren Kindern weiter nach Schleswig-Holstein, da haben sie die Adresse einer Freundin.

Clara steigt mit ihren Kindern aus. Genau das, was sie all die Winterwochen gefürchtet hat, ist eingetreten: Sie steht von einem Tag auf den anderen ganz allein mit den Mädchen da, ohne eine einzige Verwandte. Welcher Bahnhof ist das hier? Wittenberge in Brandenburg, westlich von Berlin. Einen Arzt gibt es nicht, aber NSV-Schwestern helfen, Sofies Fieber zu lindern. Clara kann sich mit ihren Kindern in der Ecke eines Schalterraums einrichten, drei Feldbetten sind noch frei. Erst Tage später besteigen die fünf wieder einen Zug.

Wo sollen sie hin? Der Zug fährt und steht und fährt wieder. Clara hat eine einzige Anschrift, die steht auf einer Ansichtskarte, darauf ein Biber. Sie ist von ihrer Tante Helene: Bad Bibra in der Provinz Sachsen. Die Postkarte ist schon ganz zerfleddert, so oft hat sie die in die Hand genommen, sie hütet sie wie einen Schatz.

Einmal, im Morgengrauen, heißt es: Endstation Bremen. Dass der Bahnhof kein Dach mehr hat, sieht sie erst, als sie ausgestiegen sind. Das Gebäude ist eine Ruine. Clara wartet vergeblich, dass sich die Menschenmenge lichtet – viele stehen wie sie ratlos neben den Gleisen. Da befiehlt sie Rosa, auf die drei Kleinen aufzupassen, und macht sich auf die Suche nach irgendwem, den sie um Auskunft bitten kann. Schließlich findet sie eine nicht zerstörte Tür. Sie klopft an und öffnet. Drinnen sitzt ein NSV-Mann mit blank geputzten Stiefeln und dicker Zigarre. Er steht auf und schlägt ihr die Tür vor der Nase zu. Einer in Uniform! Sie muss sich erst mal beruhigen.

»Schau mal!«, sagt Rosa, als sie zu den Kindern zurückkommt: In einer Ecke ist Gewühl, etwas ist im Gang. Eine Gepäckwaage und Leute, die sie bedienen!

»Rosa, wenn ich dich nicht hätte, mein Schatz!« Manchmal freut sich Clara so, dass sie weinen möchte. Es muss wohl damit zu tun haben, dass sie so lange nichts gegessen hat. Während ihre Älteste weiter die Kleinen bewacht, läuft sie den Bahnsteig entlang:

Gepäck Richtung Magdeburg über Halle. Offenbar die einzige Verbindung, die noch funktioniert! Abfahrt in fünfzehn Minuten.

Das ist eine Fügung! Wir werden sie finden, Helene und Otto, beschließt Clara. Die Schwester meines Vaters und ihren Mann, in diesem Dorf in Thüringen. Wenn ich Rosa nicht hätte, würde ich das hier nie schaffen. Niemals.

Magdeburg, 16. März

Vier kleine Mädchen brauchen Wasser, Nahrung und müssen zur Toilette. Sie müssen warm gehalten werden! Keine darf man aus den Augen verlieren! Clara ist wie ein Tier, das seine Jungen hüten muss. Nachts döst sie für kurze Zeit weg und schreckt auch dann ständig auf, wenn die Menschen um sie herum einmal nicht in Bewegung sind, niemand lärmt oder über sie stolpert. Sie reißt sich selbst aus dem Schlaf, als wäre er eine Bedrohung. Ihre Hände tasten ins Dunkle: Alle vier sind noch da …

Es gibt Momente der Stille. Der Augenblick, in dem Clara das Ausmaß der Katastrophe klar wird, ist so einer. Es ist der Morgen, an dem der Zug langsam, ganz langsam in Magdeburg einrollt. Er schlängelt sich durch Gerippe, die einmal Häuser waren. Rauch steigt aus den Trümmern – der letzte Luftangriff ist sechsunddreißig Stunden her.

Dies soll einmal die Hauptstadt der Provinz Sachsen gewesen sein?! Berühmt für ihre Barockbauten! Wer soll denn hier leben? Luftangriffe gab es in Stolp nie, diese Seite des Kriegs hat sie verschont. Welch ein Glück sie hatten … in welch unsagbarem Glück haben sie gelebt! Schon stürzt die nächste Sorge auf sie ein: Wenn hier alles in Schutt liegt, ob Tante Helene überhaupt noch lebt?

»Ja, Schätzchen, gleich!«, tröstet sie die weinende Sofie. Noch mehr Bomben werden fallen … Vielleicht wäre es doch besser gewesen, in Stolp bei den Eltern zu bleiben? Hier sind sie obdachlos und in der Fremde.

Clara wartet, bis ein Kind nach dem anderen aus dem Zug geklettert ist. Sie steht auf dem Bahnsteig und schaut sich um. Die Füße müssen versorgt werden. Da vorn ist das Rote Kreuz, da gehen sie hin. Erstmals nach zehn Tagen können sie dort Schuhe und Strümpfe ausziehen. Clara bückt sich, um die Schnürsenkel zu lösen. Als sie Ursels kleinen Fuß in die Hand nimmt, wird ihr plötzlich schwarz vor Augen.

Gleich bin ich weg. Was, wenn ich weg bin?

Ein Kokon aus Liebe hat sie ihr Leben lang geschützt und genährt. Alle haben sich immerzu darin überboten, Clara zu lieben. Vom ersten Atemzug geliebt, konnte sie nichts anderes glauben als: Das steht mir zu. So bin ich, mir gelingt alles.

Hier reißt der Kokon, die Kraft flieht. Sie bleibt in der Hocke, stützt sich mit beiden Handflächen auf den Asphalt und zwingt sich, tief einzuatmen. Der Moment geht vorüber.

Schwankend richtet sie sich wieder auf. »Reißt euch zusammen!«, stößt sie hervor. Sie ruft es sich selber zu.

Die Mädchen brauchen etwas zu essen. Auch sie selbst muss dringend etwas essen, wenn sie durchhalten will. Vorher aber muss sie zur Gepäckausgabe, den Fahrradanhänger holen.

Was? Nicht mitgekommen! In Bremen war er noch da.

~

»Reißt euch zusammen! Ich will kein Jammern hören!«

Rosa weiß nicht, wie oft sie diese Sätze gehört hat. Mit bloßen Füßen sitzen die drei Kleinen nebeneinander auf einer Holzbank. Bei Mathilda löst sich die Haut, wo der Stiefelrand gescheuert hat. Bei Ursel hängt sie fahlweiß und in Fetzen an den Fersen. Augenblicklich fliegt Rosa ein schlechtes Gewissen an: Hab ich zu eng geschnürt?

Mattus weint, Ursel ist stumm.

Es ist unheimlich. Vom Roten Kreuz haben sie Puder und Verbandszeug bekommen. Nun du, sagt ihre Mutter zu ihr, als die Kleinen verbunden sind. Nachher findet Rosa eine Toilette. Die Schüssel quillt über, jemand hat Kübel in den Vorraum gestellt. Es gibt einen Spiegel, sie wischt den Dreck mit dem Ärmel weg – ihr Gesicht kommt ihr vor wie ein Pfannkuchen. Als sie zuletzt in den Spiegel geschaut hat, das war noch in Stolp. Wie hat ihre Mutter gesagt, um sie zu trösten?

»Mein Rosinchen, jetzt bist du ein bisschen pummelig, aber irgendwann einmal bist du ein Schwan!«

Das war am Tag ihrer Konfirmation. Die Konfirmation war ja vorgezogen, auf den Mai wollte der Pastor nicht warten. Einunddreißig Jungen und Mädchen waren sie, alle eingesegnet im Januar. Sollten sie sterben, wäre der Segen des Herrn mit ihnen.

Das Leben in Stolp … all das ist so lange her.

7. KAPITEL

Bad Bibra, April 1945

Der Winter war lang. Erst in den letzten Tagen ist es warm geworden, und jetzt ist der Frühling da. Das fahle Laub auf dem Waldboden ist unter Buschwindröschen verschwunden, die zu Tausenden ihre Blätter entfalten und Blüten öffnen. Wie ein Sternenteppich schmiegen sie sich an den Grund, bedecken die Auen mit Grün und Weiß und wandern bis an den Saum des Saubachs, der sich hinein in den Ort schlängelt. Die Eschen im Wald bewegt kein Lufthauch. Gerade erst beginnen sie auszuschlagen, jeder Stamm wirft gegen den nächsten einen schwarzen, harten Schatten, als zöge er einen Strich – so sehr flutet das Sonnenlicht.

Ursel hat Sofie an der Hand. Es ist der erste Ausflug ins Freie, den ihre kleine Schwester nach langer Krankheit unternehmen darf. Zu den Gärten sollen sie gehen, hat ihnen die Mutter eingeschärft, nicht in den Auenwald, der hundert Meter hinter dem Haus beginnt, in dem sie jetzt wohnen.

»Komm, ich zeig dir die Ziegen«, sagt Ursel.

»Erst mal pflücke ich Blumen«, erwidert Sofie bestimmt, bückt sich und fasst erst wieder nach der Hand ihrer Schwester, als sie einen Strauß Waldanemonen beieinander hat. »Und jetzt zu den Ziegen!«

Ursel hat ihr die ganze Zeit, in der sie das Haus hüten musste, versprochen, ihr die Zicklein zu zeigen.

Die Ortschaft schmiegt sich in eine liebliche grüne Senke, in der Steinbach und Saubach zum Biberbach zusammenfließen. Über die Anhöhe gegenüber zieht sich Mischwald, auf den Hängen zur anderen Seite liegen Felder, so weit das Auge reicht: fruchtbare Böden, die in diesem Frühling auf die Bestellung durch Menschen und Maschinen warten. Viele Pflüge stehen still, weil Landarbeiter fehlen. Es ist Frühling, und die Welt ist aus den Fugen. Doch hier, im nördlichen Thüringer Vorland, ist die Welt so schön, als wären Tod und Vernichtung nur ein Albtraum, der mit jedem Morgen, an dem die Sonne aufgeht, zerstäubt.

Den Pfad, der zu den Gärten führt, ist von Schlehen, Holunder und Weiden gesäumt. Jetzt ist er ein Tunnel aus Licht: Die Sonnenstrahlen blenden so sehr, dass Ursel beinahe an den Tieren vorbeigelaufen wäre, wenn nicht ein leises Meckern erklungen wäre. Sie bleibt abrupt stehen: Fünf Zicklein lagern direkt am Drahtzaun, kaum einen Schritt weit entfernt von ihren Füßen, halb verdeckt von Forsythienzweigen.

»Oh!«, ruft Sofie entzückt und kniet sich nieder. Sofort gerät Leben in die kleine Schar. Die Zicklein kommen meckernd auf die Füße und drängeln sich an den Zaun. *Schwupp* hat eine in den Blumenstrauß gebissen. *Schwupp* verschwindet er zur Hälfte durch die Maschen im Zaun.

»Oh, oh!«, ruft Sofie immer wieder. »Komm, wir holen noch mehr und füttern sie!«

»Nein, lieber nicht! Aber vielleicht können wir sie streicheln!«

»De woolln en Leckschdeen, nich Blum!«, tönt eine Stimme hinter den Sträuchern hervor.

So lernen sie Peter kennen, den Bauernjungen. Er weiß alles über die Tiere, die Ziegen gehören seinem Vater. Er öffnet ein Törchen zwischen den Büschen und lässt sie in das Gehege eintreten. Dann flitzt er in den Stall, um den Salzstein zu holen. Zu lustig zuzuschauen, wie sich die Tiere danach strecken! Aber selber in der Hand halten wollen die Schwestern den Stein lieber nicht.

In diesem Moment schlägt die Glocke vom Kirchturm und erinnert Ursel daran, dass sie nach Hause müssen. Sofie winkt Peter mit dem zerrupften Strauß in der Hand, während sie schon den Pfad zurück und dann die Gasse hinunterlaufen, die zur Auenstraße führt.

Von dort kommt ein Dröhnen. Es schwillt an und wird ohrenbetäubend. Wie angewurzelt bleiben sie stehen: Durch den Ortseingang rollen Panzer und offene Wagen, eingehüllt in eine riesige Wolke Staub, es hört nicht auf. Männer mit Helmen, Gewehre in der Hand, sitzen darauf. Die schweren Ketten der Fahrzeuge rasseln auf dem sandigen Boden. Alles, was sich bewegt, trägt die Farben von altem Laub.

Ursel und Sofie trauen sich nicht weiterzugehen, obwohl es nur wenige Meter bis zu dem Haus sind, in dem sie wohnen – sie müssten direkt neben diesen Ungetümen laufen. Oben sehen sie die Nachbarn aus den Fenstern lehnen, sie haben weiße Tücher herausgehängt; in der Tür unten steht ihre Mutter mit Mathilda. Erst als die sie entdeckt und ihnen winkt, trauen sie sich vom Fleck und rennen los.

Als sie vor ihr stehen, holt sie tief Luft. Einen Augenblick schweigt sie und sieht sie nur an, dann lächelt sie und sagt: »Die Amerikaner sind da. Der Krieg ist aus.«

Sie weist auf das Grünzeug in Sofies kleiner Faust: »Sind die für mich?«

Sofie nickt. Clara nimmt Sofie aus der Hand, was von den Buschwindröschen noch übrig ist, und zieht ihre beiden Töchter in den Hauseingang.

»Heute Nachmittag sammelt ihr keine Kienäpfel. Ich will nicht, dass ihr in den Wald geht«, sagt sie eindringlich. »Ihr bleibt hier. Ursel, hol einen Korb aus dem Hof.«

Wenn Ursel befürchtet hatte, dass ihre Mutter böse ist, weil die beiden spät sind, hat sich das angesichts der Ereignisse erledigt. Draußen lärmt es ununterbrochen. Offenbar machen einige Fahrzeuge vor dem Rathaus halt, die anderen fahren weiter. Am *Badeplatz* geht eine Bank zu Bruch, als ein Panzer wendet. Es bleibt der einzige Schaden, von dem an diesem Tag berichtet wird. Schon am Nachmittag steht auf einem Feld oben an der Landstraße ein Zeltlager.

Kaum ist die Straße wieder frei, hören sie Friedrich, den Ausrufer, mit seiner Glocke durch die Gassen ziehen. Friedrich ist ein alter Mann, der in Bad Bibra die wichtigen Neuigkeiten bringt. Er arbeitet in der Schmiede und ist außerdem auch der Nachtwächter der Gemeinde. Weil hier nur wenige Leute ein Radio haben, geht er durch den Ort, wenn es etwas Wichtiges zu berichten gibt. Die Mitteilung, die er an diesem Tag zu überbringen hat, ist diese:

»Der US-Kommandierende ordnet an: Von acht Uhr abends bis sechs Uhr früh ist der Ausgang untersagt. Bleibt alle in den Häusern.«

»Ist jetzt Frieden? Können wir zurück?«, fragt später am Abend Rosa. Sie sitzen am Tisch, er ist – abgesehen von den Strohsäcken – eines von sechs Möbelstücken, die sie besitzen. Clara sitzt auf einem Hocker und nimmt Sofie auf den Schoß, damit Tante Helene auf dem einzigen Stuhl Platz nehmen kann. Sie erörtern die Lage. Keiner verlässt sich allein auf den Ausrufer und die Bekanntmachungen, die am *Badeplatz* an einer Tafel hängen. Dass die Amerikaner im Anmarsch sind, wussten sie von den Städtern, die aufs Land kommen, um Lebensmittel zu ergattern.

»Mami, ich bitte dich, lass uns zurückgehen!«, fleht Rosa sie an. »Selbst wenn Stolp in Schutt und Asche liegt! Bitte, lass uns nach Hause gehen! Alles ist …« Sie bricht ab. Rosa ist vierzehn. Clara weiß, was sie sagen will: Alles ist besser als das hier. Gut, dass sie die Bemerkung hinunterschluckt, es wäre taktlos gegenüber der Großtante, die sie in diesem Nest nach Kräften unterstützt.

Bad Bibra hat zweitausend Einwohner und einen herrlichen Forst. Einst standen hier eine Burg und ein Kloster, schon im hohen Mittelalter gab es einen Markt. Die meisten Einheimischen sind Bauern, mit Höfen, die sich hinter hohen Toren verbergen, die sie nur zur Ein- und Ausfahrt öffnen. Große Städte sind fern: Sechzig Kilometer nordwestlich liegt Halle, sechzig Kilometer südwestlich Erfurt. Von dem kleinen Bahnhof gibt es Verbindungen in die Kreisstadt Kölleda und nach Laucha und damit Anschluss nach Naumburg an der Saale – wenn von den demolierten Zügen denn einer fährt.

»Wir müssen zusehen, dass wir mehr in Erfahrung bringen«, sagt Clara zu Rosa.

»Aber wie? Von den Segnungen der Moderne«, sagt Rosa trocken, »wurden die Bauern hier ja verschont.«

Helene lacht. »Wem sagst du das?« Fließend Wasser gibt es nicht. Sie kennen niemanden, der ein Telefon besitzt, immerhin haben ihre Vermieter ein Radio. Post kommt nicht an in diesen Wochen, Zeitungen erscheinen nicht.

»In wessen Hand bleibt Pommern, jetzt, wo der Krieg aus ist?«, überlegt Clara laut. So viel weiß sie, die Russen haben Stolp erreicht. »Aber vielleicht sind sie bald weg?«

»Moment, wer sagt, dass der Krieg aus ist?«, fragt die Tante. Was Verstand angeht, kann niemand sie schlagen. Sie war einmal eine rundliche Frau, jetzt wirkt nur noch ihr Hals fleischig. Die Not der vergangenen zwei Jahre hat aber nichts daran geändert, dass ihre Augen hinter den runden Brillengläsern oft vergnügt funkeln.

Helene und ihr Mann Otto sind schon seit zwei Jahren in Bad Bibra, zwei von 800 000 Großstädtern, die vor den Bomben flohen und in Sachsen-Anhalt[39] bis Ende 1944 Zuflucht fanden. Für Clara und ihre Kinder waren die beiden die Retter in der Not. Als sie zu fünft vor der Tür standen, haben Onkel und Tante sie mit offenen Armen empfangen. Schlafen mussten sie erst einmal auf den Dielen im Flur, aber alles war besser als das, was sie auf der Flucht erlebt hatten, sie waren gerettet. Inzwischen bewohnen sie zwei Kammern und eine Küche im selben Haus.

Den Einwand der Tante kann Clara nicht ignorieren. »Ja, was wir wissen, reicht nicht aus«, sagt sie niedergeschlagen. Ihre Tochter Rosa hat ausgesprochen, was sie fühlt: nach Hause, so schnell wie möglich!

»Aber wohin fährt die Eisenbahn überhaupt noch?«, fragt sie nachdenklich. »Wir müssen uns erkundigen. Vielleicht müssten wir es einfach versuchen … uns durchschlagen.«

Tante Helene ist augenblicklich entsetzt: »Wie bitte, zurück nach Stolp?«

Clara nickt.

»Clara! Was für eine absurde Idee!« Wenn die Tante sich aufgeregt, schwillt ihr der Hals rot an, sie gleicht dann einer Glucke in Aufruhr. »Wieso tust du so, als ob der Krieg vorbei wäre? Wir wissen nur, dass Deutschland von Feinden besetzt ist. Hier sind jetzt die Amerikaner, die sind das geringste Übel!«

»Ich bin froh, dass ich alles mit dir beraten kann.« Claras Ton ist versöhnlich. Die Tante hat recht. In diesen Apriltagen ziehen US-Truppen in Magdeburg ein, in Erfurt und in Halle. Weder von amerikanischen Übergriffen noch von einer deutschen Kapitulation haben sie gehört. Zwar erfahren sie in Bad Bibra vieles erst später, aber irgendwann erfahren sie es. Im Mai bringt Friedrich, der Ausrufer, die Nachricht, dass die Wehrmacht kapituliert hat, ohne eine einzige Bedingung zu stellen.

»Ich hab euch immer gesagt, dass dieser Krieg nicht zu gewinnen ist«, sagt Tante Helene. Auch das stimmt.

Früher gab Clara nichts auf das politische Urteil ihrer Tante. Sie kam ihr überängstlich vor, was sie auf deren Verlust zurückführte: Innerhalb von drei Wochen hatten Bomben ja alles dem Boden gleichgemacht, was sie und ihr Mann aufgebaut hatten, erst ihr Geschäft am Kurfürstendamm und dann das Haus, in dem sie wohnten. Dass sie selbst alles verloren hat, glaubt Clara noch nicht: Das hier ist ein Provisorium, mehr nicht. Zwei winzige Kammern im Erdgeschoss einer alten Schnitterkaserne, dunkel und zugig. Rohe Dielen, Holzwände zum Treppenhaus, mittendrin die Küche und – zum Entsetzen der Mädchen – Mäuse, die an der Wand entlanglaufen. Die Latrine ist hinter dem Haus. Aber sie können sitzen, auf Strohsäcken liegen und haben einen Herd. Die Zwangsarbeiter, die vorher hier hausten (sie sind Richtung Frankreich davon), haben anständige Haken an den Wänden hinterlassen. Regale hat ihnen der Onkel angebracht – einen Schrank gibt es nicht.

Achtung! Macht euch bereit! Der Alliierte Kontrollrat beschließt Austausch!, ruft Friedrich, der Ausrufer, am Abend des ersten Juli.

Und dann skandiert er noch etwas, und das steht nicht auf dem Befehl, den er beim US-Kommandanten im Rathaus abholen musste. Dreißig Jahre lang hat der alte Friedrich sich immer an den offiziellen Text der Papiere gehalten, und schlechte Nachrichten waren wahrhaftig dabei. Dieses Mal löst er sich davon, Friedrich verstößt gegen die Vorschrift, als er ruft:

Macht euch bereit! Die Russen kommen!

Es ist ein Paukenschlag: Die Amerikaner ziehen aus Sachsen-Anhalt und Thüringen ab! Von US-Truppen besetzte Gebiete, mit ihnen Bad Bibra im Kreis Eckartsberga, gehen an die Rote Armee. Die Russen geben Amerikanern, Briten und Franzosen dafür einen Teil von Berlin, so viel versteht Clara. Eine Konferenz auf der Krim hat die Weichen neu gestellt für diesen Winkel der Welt.[40] Während die Soldaten abziehen, flüchten alle vier Töchter mit Tante Helene, Onkel Otto und Clara in den Keller. Da hocken sie zusammen mit ihren Nachbarn. Ganz Bad Bibra hält sich versteckt. Vaterunser werden gemurmelt und Rosenkränze gebetet, obwohl dies eine protestantische Gegend ist. Als sich die Einwohner wieder hinauswagen, stehen Pferde und kleine Wagen vor dem Rathaus. Die Pferde sind genauso bescheiden wie die Gefährte, vor die sie gespannt sind, sie haben durchhängende Rücken und zottige Mähnen. Russen übernehmen die stattlichen Häuser am Töpfermarkt, in der Dreesstraße und Lauchaer Straße, in denen sich zuvor die Offiziere der US-Armee eingerichtet hatten.

»In unsere Behausung will keiner, sieh mal, was für ein Segen diese Hütte ist«, bemerkt Rosa. Sie hat eindeutig meine sarkastische Ader geerbt, findet Clara.

Wieder tagt der Familienrat.

»Warum soll es in der Heimat jetzt schlechter sein als hier?«, fragt Clara. »Russen sind hier wie dort!« Es ist schon klar, dass in Pommern kein Wunder geschehen ist. Aber hier, unter Menschen, die sächseln, wird sie nicht bleiben, das ist ein Obdach, mehr nicht, es ist klar, dass sie zurückmüssen.

»Sei nicht wahnsinnig!«, warnt Tante Helene, sie beschwört Clara geradezu. »Ihr begebt euch in Lebensgefahr!«

Das weiß keine besser als Clara, eine zweite Flucht, wer will das schon?! Aber die Sehnsucht ist größer, ihre Unruhe so tief, dass sie nicht mehr schlafen kann. Von ihrem Mann hat sie keine Nachricht. Wenn Rudolf noch lebt, wird er sie hier kaum suchen … Und was ist mit ihren Eltern? Sie will heim; und Rosa, ihre Große, bestärkt sie darin.

»Es ist Sommer, das macht es viel einfacher!« Claras Entschluss steht.

»Tu mir nur einen Gefallen, sichere dir die Unterkunft! Für den Fall, dass du umkehren musst«, sagt Tante Helene resignierend. Clara zahlt die Miete für die Kammern im Voraus, noch hat sie Bargeld und kann es nutzen – anders als ihr Sparkonto, das nicht mehr existiert. Dann packen sie zwei große und drei kleine Rucksäcke, gehen zum Bahnhof von Bad Bibra und warten.

Vom Hörensagen weiß Clara, dass man zunächst bei Dessau über die Elbe muss, um auf der anderen Seite einen Zug zu bekommen. Was sie nicht ahnt, ist, wie viele Menschen dasselbe Ziel haben.

Die Brücken über Elbe und Saale sind ja gesprengt, kein Zug kann passieren. Sie hangeln sich von Station zu Station und brauchen zwei Tage, um sich bis Dessau durchzuschlagen. Es riecht furchtbar schlecht dort am Ufer, nach Fäulnis oder Verwesung. Der Fluss schleppt seine schlammigen Wasser träge und stumm an dem Schauspiel an seinen Ufern vorbei. Im grauen Himmel rührt sich nichts, es ist so drückend, dass nicht einmal die Vögel fliegen, vielleicht wollen selbst sie diese Szene nicht sehen: Fliegen schwärmen über einem Pferdekadaver, der im Schilf liegt und stinkt, sie formen sich zu Wolken und wabern dorthin, wo sich Menschen bewegen.

Beide Ufer der Elbe quellen über von Menschen. Am Ostufer lagern die, die ihre Heimat verlassen mussten und so weit wie möglich nach Westen wollen. Am westlichen Ufer warten befreite Kriegsgefangene sowie Frauen und Männer, die kein Zwang mehr in deutschen Fabriken und Bauernhöfen hält; die nun getrieben sind von der Sehnsucht, heim zu gelangen – nach Polen, Litauen und Russland. Und dann sind da noch Deutsche wie Clara und ihre Kinder, die wieder zurück nach Osten wollen im Glauben, der Krieg sei vorbei und sie könnten nach Haus.

Viele warten seit Tagen, stündlich kommen neue dazu. Sie warten auf das Ruderboot, das als Fähre dient. Nur wenige Personen passen in den Kahn, ein übellaunig aussehender Rotarmist ist der Fährmann.

Schweigen lastet über allen, die hier kampieren, die meisten scheinen das Sprechen aufgegeben zu haben. Während Clara versucht, einen Flecken zu finden, wo sich ihre Kinder setzen können, sieht sie eine Frau, die eben die kleine Fähre verlassen hat. Sie fasst sie am Arm und fragt sie, woher sie komme.

»Aus Bärwalde«, sagt die Frau und wendet ihr Gesicht Clara zu. Es ist mit Schürfwunden übersät, die eine Hälfte ist blau.

»Wie ist es, wie steht es in der Heimat?« Clara spürt, wie sehr sie die Antwort fürchtet.

Da rinnen Tränen über das Gesicht der anderen. Statt zu antworten, entgegnet sie: »Was, du willst zurück?«, und mit einem Blick auf die Kinder: »Sind das deine Töchter?« Dann schreit sie: »Töte sie lieber selbst!«

Sie packt Rosa am Arm, reißt ihn in die Höhe und schreit: »Komm schon, nimm ein Messer und schneid deiner Tochter die Kehle durch! Wenn du eine Mutter bist, mach es selbst!«

Dann lässt sie ab von Rosa, presst die Hände an die Schläfen und schreit. Sie sieht aus wie die Gestalt auf dem berühmten Gemälde von … diesem Norweger. Clara fällt der Name nicht ein.

»Kinder, wir kehren um!« Mehr bringt sie nicht über die Lippen. So bitter ist dieser Moment, dass sie die nächste Stunde braucht, um sich zu sammeln.

Nach Bad Bibra sind es mehr als hundert Kilometer, für die Rückkehr brauchen sie drei Tage, denn die Züge sind eine Katastrophe. Schlimm sind die Nächte. Zwar ist es jetzt Hochsommer und warm – einmal schlafen sie in einem Bootshaus, die andere Nacht unter freiem Himmel –, aber sie haben Angst: vor vagabundierenden Männern, vor den Russen. Ein Glück ist, dass sie ein Feld mit Möhren finden. Die kochen Rosa und Clara am Feldrand in einer Konservendose. Bis es ihnen gelingt, ein Feuerchen zu entzünden, dauert es fast eine Stunde.

»Was habt ihr eigentlich beim BDM gelernt?«, fragt Clara gallig.

»Offenbar das Falsche«, erwidert Rosa.

~

Alle hocken in der Küche, es ist Abend, und die Tante gibt den Kindern kühles Wasser aus dem Brunnen zu trinken.

»Das Wasser ist sehr schön«, sagt die siebenjährige Ursel mit tiefem Ernst. Blass und dünn sehen die Kinder aus, wie sie dasitzen und andächtig trinken. Die Frauen schauen sie an und schweigen.

Clara kämpft mit den Tränen.

Tröstend will die Tante ihre Hand auf ihren Arm legen, doch sie zieht ihn weg und schüttelt heftig mit dem Kopf, sie kann nicht anders. Zum Glück hat sie den Rat der Tante befolgt und die Miete im Voraus bezahlt. Sechs Tage waren sie weg, außer den Möhren, die sie am Feldrand gekocht haben, haben sie in den letzten beiden Tagen nichts gegessen. Helene ist kein Mensch, der Wert darauf legt, recht zu behalten, sie ist voll Erleichterung über die Rückkehr der fünf, aber eines muss sie nun doch loswerden: »Du bist nicht allein, Clara, weißt du. Wir alle sind nur Staubkörner in diesem Sturm. Sieh dir den Anschlag am *Badeplatz* an.«

Später am Abend, als die Kinder eingeschlafen sind und die Amseln ihr Abendlied singen, geht Clara die Auenstraße hinunter und schaut, was auf der Tafel steht.

Aufruf von CDU, LDP, SPD und KPD vom 24. Juli 1945:

»Wir wenden uns an die Flüchtlinge: Das deutsche Volk ist bereit, den letzten Bissen Brot mit euch zu teilen. Doch wir fordern mit Recht: Stellt alle unnützen Wanderungen ein, die nur unnötige Unruhe auf das Land tragen. Stellt euch an Ort und Stelle der Erntearbeit zur Verfügung. Die große Not zwingt zu hartem Gebot: Alle Arbeitsfähigen müssen Brot und Unterkunft durch Arbeit verdienen.«

Clara ist so empört, dass sie noch einmal bei ihrer Tante klopft, obwohl es schon spät ist: »Was soll das heißen, gehören wir denn nicht zum deutschen Volk?«, schimpft sie. »Wie können diese Parteien so tun, als gehörten wir nicht dazu? *Unnütze Wanderungen!* Diese Leute wissen nicht, wovon sie reden.«

»Sei bloß froh, Clara, dass du schon im März hier warst: Sie errichten jetzt Lager für alle, die neu ankommen, sie sagen, es sei der Quarantäne wegen«, entgegnet die alte Frau. »Sieh doch das Gute. Glaub mir, die ersten Monate, als ich hier war, saß ich auch auf dem Sprung. Jetzt weiß ich, erst mal müssen wir bleiben. Wir können sehr wenig selbst bestimmen.«

»Das«, entgegnet Clara mit Nachdruck, »werde ich bis zu meinem letzten Atemzug nicht glauben.«

Sieben Millionen Deutsche strömen in die sowjetisch besetzte

Zone, mehr als eine Million davon nach Sachsen-Anhalt, vertrieben aus Pommern, Ostpreußen, Schlesien und dem Sudetenland. Bad Bibra liegt im Auge dieses Sturms, ein liebliches Dorf in den Auen des Biberbachs.

»Du und ich, wir haben hier einen eigenen Herd«, sagt die Tante und dann: »Glaub mir, auch für die Behörden ist das schwer.« Wie immer sucht sie zu vermitteln.

Die Buchstaben sind so schön. Mathilda malt mit hoher Konzentration, ihr Blick wandert von der Tafel zu ihrem Heft und zurück an die Tafel. Sie mag die Stimme dieser Lehrerin. Sie mag auch, dass sie nicht sächselt. Zwei Apostel, sagt Fräulein Schimmert, haben diese Buchstaben nach Russland gebracht, und dann entstand die russische Sprache daraus. Kyrillisch. Ein dicker Bauch mit einem Strich durch, das ist wie das deutsche F, ganz einfach zu erkennen. Es gibt Zischlaute, Buchstaben, die lauter runde Wellen sind, einer hat einen Haken. Man muss genau hinschauen, denn es macht einen Unterschied, wie man sie ausspricht. Mit der Zunge, vorn hinter den Zähnen, gibt man dem Laut Schärfe.

Etwas ganz Besonderes geschieht, spürt sie, wenn sie sich von den fremden Buchstaben löst und einen deutschen Satz liest. Die Worte sind so vertraut, aber plötzlich auch geheimnisvoll: Jeder einzelne Buchstabe erscheint wieder neu, ein Zeichen mit einem Charakter. Wie das wohl kommt?

Mathilda stellt sich die beiden Apostel in langen kratzigen Kutten vor, wie sie auf Wanderschaft gingen und die Buchstaben ins große verschneite Russland brachten. Das große bauchige F konnten sie bestimmt über die eisigen Wege rollen. Vielleicht kratzte der lange Strich ein wenig im Schnee …

Wegen der Geschichte von den Slawenaposteln Kyrill und Method wird Fräulein Schimmert später noch Ärger mit der Sowjetischen

Militäradministration bekommen, aber das weiß noch niemand. Ende Oktober herrscht allseits nur Fröhlichkeit, selig machender Neubeginn: Seit drei Wochen gehen die Kinder in Bad Bibra wieder zur Schule! Der Verwaltung ist es ernst damit, die Nazis aus den Schulen zu entfernen: 4500 Lehrer wurden allein in Sachsen-Anhalt entlassen, weil sie dem Nationalsozialistischen Lehrerbund angehört hatten. Junge, gut ausgebildete Kräfte wie Hannelore Schimmert sind rar.

Fräulein Schimmert läutet eine Handglocke. Die Stunde ist leider vorbei. Die Volksschule liegt oben am Hang, auf dem Schulberg. Mit den Kindern müssen es die Erbauer einst gut gemeint haben: Das Sandsteingebäude und auch der kleine Schulhof liegen immer im Licht. Gegenüber, auf der anderen Seite des Tals, erhebt sich die alte Kirche mit ihrem schiefergedeckten Turm. Aus den Fenstern der Klassenräume blicken die Kinder weit ins Land und auf den Forst. Sobald sie sich setzen, verschwindet die Aussicht, vielleicht ist das so vorgesehen, überlegt Mathilda, denn wenn sie sitzen, sollen sie ja lernen. In jedem Klassenraum sind zwei Klassen, die sich einen Lehrer teilen.

»Mattus! Hier!« Auf dem Schulhof steht Ursel und wartet. Wenn sie sich beeilen, sind sie als erste am Schlachthof. Heute ist Dienstag, dreimal in der Woche können sie sich dort anstellen, um Reste aus dem Brühkessel zu bekommen. Dann steht da ein Schlachter mit einer riesigen Kelle und klatscht die Wurstbrühe in die mitgebrachten Gefäße. Ursel ist umsichtig, sie hat ihre Mami schon morgens nach der Kanne gefragt und sie mit zur Schule genommen. Denn diese Brühe ist wunderbar! Wenn man Glück hat, sind nach dem Erkalten Fettaugen drauf, die man dann aufs Brot streichen kann. Oft genug ist die Suppe aber so dünn, dass sie auf solche Augen vergeblich warten. Auf dem Rückweg zwingen sich die beiden, nicht stehen zu bleiben und etwas abzuschöpfen. Dazu hat ihre Mutter sie verpflichtet: »Wehe, wenn ihr euch vorher bedient!«

Hungrig sein, das ist ein Grundgefühl: Es ist fünf Stunden her, dass sie ein Stück Brot gegessen haben.

»Gleich auf den Herd!«, ordert Clara, als Mathilda und Ursel durchs Tor kommen. Sie steht im Hof und schüttet Kienäpfel in einen Korb. Neben ihr stützt sich der Nachbar, Franz Bechtmann, auf seinen Stock und macht, was er immer tut: Er redet.

»Ich bitte Sie, Frau Sahlcke, Sie haben nicht mal eine Axt, ich hab eine kleine, damit spalte ich Ihnen Holz, das mache ich doch gern!«, sagt er gerade.

»Besten Dank, ich komm mit dem Reisig klar«, wehrt sie ab und lächelt in Richtung der Mädchen. »Da seid ihr ja. Sofie ist schon drinnen.« Ihm nickt sie zu: »Ich muss mich beeilen!«

Sie hebt den Korb, lässt den Töchtern mit der Kanne den Vortritt und folgt ihnen ins Haus. Sie ist nicht böse, dass sie den Bechtmann allein lassen muss. Er wohnt in der Wohnung schräg über ihnen, er ist aus dem Sudetenland. 1941 ist er verwundet worden und seither invalid. Irgendwo in einem Lager sei ihm die Achillessehne durchtrennt worden, hat er erzählt, und sie sei nie wieder richtig zusammengewachsen.

Clara hat nur mit halbem Ohr zugehört, es ist ihr egal, was er erzählt, sie findet den Nachbarn etwas aufdringlich. Sonderbar. Ein spitzbärtiger Mann mit großen Augen, der immerzu liest. Ist es nicht merkwürdig, dass er ganz ohne Familie aus Karlsbad gekommen ist?

»Ein Antifa-Umsiedler«, hat Tante Helene bemerkt, »sei bloß vorsichtig!« Die Antifa-Leute sollen angestiftet sein, jeden anzuschwärzen, der in der Partei war.

Jetzt, wo der Herbst da ist, erweist sich der große eiserne Herd in der Küche als wahrer Schatz. Sie befeuern ihn mit den Kienäpfeln und dem Reisig, den die Mädchen im Wald sammeln, und neuerdings auch mit Briketts. Das Feuer brennt schon. Unter den Ringen in der Ofenplatte lodert es rot.

Clara stellt beide Töpfe, die sie haben, auf den Herd, einen mit einem Mus aus Rüben und wenigen Kartoffeln und einen mit Zuckerrübensirup. Von der Brühe schöpft sie die Fettaugen und rührt sie unter das Mus. Die Brühe bewahrt sie auf. Der Sirup wird sehr schnell heiß – damit er nicht anbrennt, muss sie die zähe Flüssigkeit ständig rühren. »Setzt euch. Sind die Hände sauber?«

Die Hände waschen sie in einem Eimer. Das Wasser holt Rosa vom Brunnen am *Badeplatz* – wie alle im Ort, denn kein Haus hier hat fließendes Wasser. Der *Badeplatz* verdankt seinen Namen nicht etwa Badenden, die in den Biberbach oder den Saubach springen, sondern dem Umstand, dass Bad Bibra vor langer Zeit seiner heilenden Quellen wegen Kurort der Herzöge von Weißenfels war. Später kamen auch Bürgersleute. Das gute Wasser schöpften sie am Platz neben dem Bach, davon zeugt bis heute die kleine Brunnenhalle. Wahrzeichen der Stadt ist der steinerne Biber, der lebensgroß vor dem Rathaus hockt, als beobachte er jeden, der sich auf den Weg zu den Quellen macht. Der Krieg hat diesen bescheidenen Kurbetrieb zum Erliegen gebracht und die Gastwirte am Platz in Not.

Am *Badeplatz* gibt es jetzt, wo Kirmes ist, ein Kettenkarussell, das ist einer der Gründe, warum Sofie und Ursel so gern dort hingehen. Da sitzen nachmittags russische Soldaten und rauchen. Zu Kindern sind sie gut. Sie lachen und helfen ihnen, das Karussell zu besteigen. Dann geben sie Schwung.

Wot tak, sagen sie. Oder etwas Längeres, es fängt an mit *schelaju* und endet mit *wremja*.

Dass sie mit Russen reden, verschweigen Ursel und Sofie zu Hause, sie müssen das gar nicht verabreden. Sie wissen genau, dass ihre Mutter es nicht gern sehen würde.

»Haltet euch von den Mähren fern, wenn ihr nachher rausgeht«, ermahnt sie ihre Mutter jedes Mal.

Anders als die Amerikaner sind die Russen auf Pferden gekommen. Die Tiere sind zwar keine solche Sensation wie die Schokolade, die die Amerikaner verteilten, aber eine Attraktion sind sie auch. Es gibt ein hellbraunes Pferd, das Ursel besonders gernhat und – sooft sie kann – besucht. Es ist alt, hat einen tief hängenden Bauch und steht neben dem Postamt an der Saubacher Straße. Sein Maul ist ganz weich, eine samtweiche Pferdeschnauze mit ein paar stachligen Haaren daran, damit schlürft es über Ursels kleine Hand. Einer der Russen hat ihr gezeigt, wie sie die Hand halten muss, damit das Pferd ihr nicht in die Finger beißt, wenn sie ihm Löwenzahn reicht. Quer über eine Flanke zieht sich eine noch frische Narbe. *Waina*, sagt der Mann, *Krieg. Das war Krieg*, und dann streichelt er dem Tier den Rücken.

Das Pferd und das Karussell erwähnen Ursel und Sofie bei Tisch besser nicht.

»Wo bleibt Rosa?«, fragt Clara. Sie sieht ihre drei kleinen Mädchen an, die am Tisch vor ihren Tellern sitzen und erwartungsvoll die Holzlöffel recken, und unterdrückt einen Seufzer: jeden Tag der Hunger in diesen Augen.

Rosa geht nicht mehr zur Schule, sondern hilft auf dem Bauernhof. Gerade sind die späten Kartoffeln eingebracht. Die Ernte fiel knapp aus, nur ein Teil der Böden war ja im Frühjahr bestellt – dabei sind die Äcker der *Goldenen Aue* und der *Finne,* wie sie den Höhenzug bei Bad Bibra nennen, Land, das fruchtbarer kaum sein kann. Aufs Feld gehen auch Rosas kleine Schwestern, sie stoppeln im Spätsommer Ähren (wenn sie geduldig sind, schaffen sie zu dritt ein Kilo Weizen), aber nur Rosa verdient Geld. Mehr wert als Geld wären Naturalien, aber Milch oder Eier kriegt Rosa nie.

Wie blass sie ist, denkt ihre Mutter, als ihre Große zur Tür reinkommt. Rosa setzt sich ohne ein Wort.

»Hat sie dir keine Schuhe gegeben?«, fragt Clara.

Rosa schüttelt den Kopf.

Clara seufzt. Die Hartherzigkeit dieser Bäuerin ist groß. Auf dem Bauernhof stehen gebrauchte Lederschuhe, Holzpantinen und Galoschen in allen Größen, sie stehen da wie wartende Soldaten, aufgereiht längs der gekalkten Wand im Stall. Die meisten trägt keiner mehr. Aber Rosa bekommt kein Paar, nicht einmal leihweise, sie muss in ihren Halbschuhen aufs Feld und in den Stall. Diese Schuhe sind die einzigen, die Rosa besitzt, und auch das Lederfett, das ihre Mutter besorgt hat, hilft nicht, sie vor dem Zerfall zu bewahren.

»Gibt es heute Nachmittag Kundschaft?«, fragt Rosa.

Sie nickt: »Zwei Wasserwellen.«

»Dann hol ich gleich Wasser.«

Clara verteilt das Rübenmus, wobei sie Rosas Teller zuerst füllt. Die langt aber nicht zu. Den Löffel in der Hand, rührt sie lustlos darin herum. Sie muss doch vor Hunger vergehen, sie ist morgens schon um fünf aufgestanden! Clara ist besorgt. Ihre Tochter wächst jetzt so sehr. Sie wird doch nicht krank werden?

Da sieht Rosa sie mit ihren dunklen Augen an. »Ich geh nie mehr zum Bauern«, sagt sie fest, »ich arbeite nur noch für dich.«

Dann taucht sie den Löffel ein und fängt an zu essen.

Schon im Sommer hat Clara begonnen, die Frauen im Ort zu frisieren – zunächst nur ihre Nachbarinnen, dann auch Bäuerinnen aus dem Ort. Sie empfängt sie im Hof hinterm Haus und macht sie schön. Rosa geht ihr, wenn sie nicht auf dem Feld ist, zur Hand. Die Sache läuft so gut an, dass sie jetzt, drei Monate später, im Begriff ist, im Haus mit der Schmiede einen Raum zu mieten. Frisierstube ist ein hochtrabender Begriff für die kleine Klitsche, aber melken gehen will Clara nicht. Warum auch, das, was sie kann, ist gefragt: Auch die Frauen in Bad Bibra wollen gut aussehen.

Statt Lockenwickler nimmt sie Wattebäusche, die ihr die Frau des Kaufmanns Soff überlassen hat. Schere und Kamm waren vorhanden – sie nimmt ihre eigenen. Der einzige Friseur im Ort war nicht bereit, ihr einen Stielkamm zu verkaufen. Ein Problem ist die Seife, sie ist Mangelware, Haarwaschmittel erst recht. Tante Helene hat, als die Amerikaner noch da waren, mit dem ihr eigenen Weitblick etwas eintauschen können, das ist ein Segen. Da Clara anfangs keine Trockenhaube besaß, schickte sie die Frauen mit dem gelegten Haar zum Trocknen erst einmal nach Hause. Das luftgetrocknete Haar lässt sich am nächsten Tag beim Frisieren wundervoll legen. Dass sie improvisieren kann und ihr Handwerk versteht – das sind die Gründe, warum die Frauen wiederkommen.

Jetzt, wo es kalt wird, hat Clara mit den Kundinnen die Vereinbarung, dass jede zwei Briketts für den kleinen Bullerofen mitbringt, außerdem ein Handtuch und das Wichtigste: Stullen. Die Stullen bekommen Claras Töchter. Das ist ihre Bezahlung. Das Geschäft ist inzwischen so weit in Schwung, dass sie glaubt, bald auch Geld zu verdienen und ihre Möbel abbezahlen zu können: die Hocker und den Waschtisch, den sie hat zimmern lassen, mit einem Loch in der Platte, in das eine Emailleschüssel passt. Die Schüssel ist geliehen, den Schrank hat sie selbst gebaut: eine Kiste vom Kaufmann, an die sie an einer Leiste einen selbst genähten Vorhang angebracht hat.

»Ist das Paket gekommen?«, fragt Rosa ihre Mutter.

Clara schüttelt den Kopf.

Sie warten täglich darauf, dass ihnen Herr Danilow aus der Kreisstadt Apolda Chemikalien schickt, die sie unbedingt benötigen, um Dauerwellen zu legen. Ohne diese Produkte nutzen ihnen die elektrischen Geräte wenig, die sie im September angeschafft hat: einen Dauerwellapparat und eine Trockenhaube. Mit ihnen soll aus der primitiven Frisierstube ein richtiges Geschäft werden.

Sie zu bekommen war ein Abenteuer, bei dem sie und Rosa eine Verhaftung riskierten. In Apolda, daran erinnerte Clara sich, liegt ein Werk der Firma Wella. Für die Reise in die dreißig Kilometer entfernte Kreisstadt standen sie im Morgengrauen auf und gelangten auf Umwegen über Naumburg dorthin. Weil es keine

Brücke über die Saale mehr gibt, mussten sie aus der Bahn aussteigen und bei Roßbach auf einem Ponton übersetzen, um drüben wieder einen Zug zu erreichen. Ob die Brücke schon im Krieg zerstört worden war oder die Russen Stahl und Schienen abmontieren ließen, nachdem die Amerikaner abgezogen waren, wusste Clara nicht, doch einmal mehr fand sie es niederschmetternd, dass die Amerikaner fort waren.

Die Firma Wella war von den Besatzern beschlagnahmt, ein Rotarmist saß an der Pforte, nichts deutete darauf hin, dass im Werk noch produziert wurde. Aber Clara ließ sich nicht abweisen. Schließlich gelangten sie zum Betriebsleiter. Alfons Danilow – sein Name stand an der Tür – saß an dem brütend heißen Tag bei geschlossenem Fenster in einem kleinen Raum und strich irgendetwas aus Listen. Als sie eintraten, blickte er auf und nahm die Brille ab. Er wirkte niedergeschlagen.

Clara stellte sich vor: »Wir sind Ihre Kunden in zweiter Generation.« Sie erzählte von Stolp, ihrem Vater und davon, dass sie jetzt in der Biberstadt waren und versuchten, wieder auf die Beine zu kommen.

»Mal jemand, der unsere Produkte schätzt!«, sagte der Herr. Er stand auf, ging nach nebenan, kam mit einem Aktenordner zurück und fand den Namen Sahlcke tatsächlich darin. Dann schüttelte er bedauernd den Kopf.

»Verkaufen darf ich Ihnen nichts. Das Problem ist: Wir haben auch gar keine Ware mehr.« Rosa, die bislang kein Wort gesprochen hatte, entfuhr ein Laut der Enttäuschung. Es war so stickig in dem Kabuff, dass sie sich setzen musste.

Clara blieb stehen. »Herr Danilow, Sie sind unsere ganze Hoffnung«, sagte sie und nach einer Pause: »Ich habe Schmuck.«

Er machte eine hastige, abwehrende Bewegung, so als ob ihm das peinlich wäre. »Kommen Sie mal mit.«

Sie gingen zu dritt über das verwaiste Gelände. Beifuß spross aus den Fugen zwischen den Betonplatten – es musste eine Weile her sein, dass hier Geschäftigkeit herrschte. Herr Danilow sah sich um und öffnete, als er keinen Bewacher erblickte, die Tür zu einer kleinen Halle.

»Hier haben wir früher unsere Vorführapparate aufbewahrt.« Tatsächlich fand er zwei, zerlegte sie in Teile und wickelte die Kabel sorgfältig um die Geräte. »Haben Sie auch Strom?«, fragte er komplizenhaft. »Sonst nützen die nichts.«

Clara lachte, irgendwie befeuerte die Geheimaktion ihre Lebensgeister. »Steckdosen gibt es. Nur das Wasser ist ein Problem.«

Nun geriet auch der Transport zum Problem: Niemand durfte sie mit den Geräten sehen.

Clara und Rosa hasteten ohne Fracht zum Marktpatz. Die Zeit wurde knapp, sie mussten am Abend den Zug erreichen, eine Übernachtung konnten sie sich nicht leisten. Dennoch, es war nicht zu übersehen, wie bezaubernd der Platz war, der Platz einer richtigen Stadt: »Schau mal das Rathaus, Mami. Warum können wir nicht hierbleiben?«, fragte Rosa. Derweil feilschte Clara mit einer Marktfrau – und ergatterte einen Wäschekorb.

»Der kommt mich fast so teuer wie die Apparate«, sagte sie erbost.

»Du solltest nur bei Männern kaufen«, erwiderte Rosa.

Clara schaute erstaunt auf. Sieh an, dachte sie, meine Tochter wird erwachsen.

»Wir holen Wäsche ab«, erklärte sie dem Uniformierten am Tor, als sie wieder vor der Werkspforte standen. Zum Glück war es ein anderer als bei ihrem ersten Besuch. Ein gelangweilter Blick streifte sie – und blieb an Rosa hängen. Er winkte sie durch. Als sie den Mann wenig später mit der vermeintlichen Wäschefracht wieder passierten, schenkte Rosa ihm ein bezauberndes Lächeln.

»Nicht zu viel!«, zischte Clara. »Pass auf!«

Fast wäre nur Rosa mit dem Korb auf den Zug nach Naumburg gekommen, denn er war so voll, dass die Leute schon auf den Trittbrettern standen.

»Geh rein und zieh ihn! Sei stur!«, befahl Clara.

Der Korb war an Bord, Clara noch nicht, da fuhr der Zug bereits los – ihre Hand verfehlte den Türgriff. Sie schrie, ja brüllte verzweifelt und rannte nebenher, bis Männerarme sie packten und in den Zug hoben. Den Wäschekorb schleppten sie später an den russischen Soldaten vorbei, die die provisorische Brücke bewachten. Der schmale Steg schwankte bedrohlich unter ihren Füßen. Schmuggel und Schwarzhandel! Es war pures Glück, dass kein sowjetischer Soldat sie aufforderte zu zeigen, was sich in dem Korb befand.

»Hat Herr Danilow deine Kette genommen?«, fragte Rosa.

Clara schüttelte den Kopf. »Nein. Geld. Solche Menschen gibt es auch noch.«

Jetzt, drei Wochen später, fehlt nur das Dauerwellmittel.

»Wenn unser Paket nächste Woche nicht da ist«, sagt Clara, »muss ich noch mal nach Apolda.« Briefe liefert die Post wieder aus. Pakete hingegen laufen Gefahr zu verschwinden.

Rosa schiebt ihren Stuhl zurück. »Ich geh Wasser holen.«

Bis zum Brunnen am Badeplatz sind es gut dreihundert Meter. Dort angekommen, lässt sie die beiden Eimer einen nach dem anderen in der Tiefe ins Wasser klatschen; Sekunden kommen ihr vor wie eine Ewigkeit. Auch heute wird der Eimer keinen Frosch bringen und erst recht keine goldene Kugel. Nie geschieht etwas Schönes … nicht einmal etwas Neues!

Vom geschöpften Wasser kippt sie ein wenig zurück. Acht Liter pro Eimer schafft sie maximal, wenn sie beide trägt. Das ist dennoch effektiver, als nur einen ganz vollen zu schleppen. Bevor sie sich beladen wie ein Maulesel auf den Rückweg macht, bleibt sie einen Moment stehen und schaut den spielenden Dorfkindern zu. Sie juchzen und jagen einander, sie springen über den Bach. Gerade kommt auch Sofie. Anmutig hüpft sie im Bachbett von Stein zu Stein. Wie sie da auf dünnen Beinchen springt, sieht sie aus wie eine Bachstelze. Hübsch schaut sie aus! Wie gut kleine Kinder es doch haben. Sie gehen zur Schule, sie lernen, und sie spielen. Für Rosa sind diese Zeiten vorbei.

Welche Wahl hat sie? Die zwischen Frisierstube und Stall.

Rosa hat ihr Leben so satt. Sie blickt auf ihre Schuhe. Ein wenig rote Erde bröselt noch daran, obwohl sie sich beim Putzen solche Mühe gegeben hat. Die Böden hier sind so fett wie die Bauern! Ein weiterer Tag auf dem Feld und ihre Schuhe würden auseinanderfallen. Noch schlimmer aber empfindet sie die Demütigung durch die Bäuerin. Wie kann man so reich und so geizig sein? Wahrscheinlich wird sie dieser Frau Kettler bald wieder die Haare aufdrehen müssen. Na klar, bei der Flüchtlingsfrau Sahlcke kann sie was sparen!

Mami wird zuvorkommend sein, weil sie das Geld braucht. Rosa fühlt sich wie in einem Gefängnis. Sobald sie nach Hause kommt, wird ihre Mutter sie fragen, ob Russen da waren am *Badeplatz* und ob die sie in Ruhe gelassen haben. Was wird Rosa sagen? »Mami, es waren keine Russen da.« Dann wird ihre Mutter sie ermahnen, vorsichtig zu sein. »Ja, ich pass auf, Mami«, wird sie erwidern. »Ich sehe mich vor.«

Es gibt kein Entrinnen.

»Sofiechen!«, ruft sie. Sofie sieht kurz auf – und dann rasch weg, sie wendet sich ihren Freunden zu, ohne ihren Gruß zu erwidern. Rosa fühlt einen Stich. Entschlossen tritt sie den Rückweg an. Dabei zählt sie in Gedanken immer bis sieben. Das Zählen macht die Eimer nicht leichter, aber den Marsch einfacher. Eins, zwei, drei, vier, fünf, sechs, sie-ben. Die sieben verteilt sie auf zwei Schritte. Dann fängt sie wieder von vorn an.

Sechsmal am Tag geht Rosa zum Brunnen. Sie beliefert den Frisierladen in der Lauchaer Straße – für die Haarwäschen der Kundinnen; und auch dort, wo sie wohnen (sie denkt nicht: zu Hause), brauchen sie viel Wasser. Die eine Strecke ist zweihundert, die andere dreihundert Meter lang. Sie sieht ein, dass sie das zu tun hat, sie ist nun mal die Kräftigste: Es hat keinen Zweck, diese Pflicht Mathilda aufzuladen.

Dass sie diese Bürde bald los sein wird, ahnt Rosa noch nicht. Das Jahr geht zu Ende, und Hilfe naht. Jemand wird ihr diese Last von den Schultern nehmen – im wahrsten Sinne des Wortes.

Rosa und ich, wir haben das eingehend beraten, sagt sich Clara. Meine Älteste hat sich entschieden, den gleichen Beruf wie ich zu erlernen. Und doch, so übermächtig die Zwänge des täglichen Überlebens auch sein mögen, pocht in ihr auch ein schlechtes Gewissen. Tief im Inneren weiß sie, dass ihre Tochter nicht Friseurin werden will. Sie ist so gern auf die Lessingschule gegangen und ist so begabt! Es kommt ja nicht von ungefähr, dass sie dafür gesorgt hat, dass ihr Kind auf die Oberschule geht …

Aber was soll sie machen? Eine weiterführende Schule gibt es in Bad Bibra nicht. Und sie muss fünf Mäuler stopfen, von *satt machen* kann nicht die Rede sein. Acht Mark kriegt sie, sobald die Produkte aus Apolda da sind, für eine Dauerwelle, das ist die höchste Einnahme, die sie erzielen kann. 25 Mark kostet ein Würfel Margarine auf dem Schwarzmarkt.

Jetzt gibt es neuen Ärger, und er frisst Clara schier auf. Sowohl ihr Meisterbrief als auch ihr Gesellenbrief sind weg. Einfach verschwunden! Dabei hat sie diese Papiere während der Flucht in einem Beutel um den Leib getragen und wie ein Kleinod gehütet. Mit dreiundzwanzig Jahren ist sie die jüngste Friseurmeisterin Pommerns gewesen – es hat 1927 in der Zeitung gestanden, die Innung hat es bis nach Stettin gemeldet. Jetzt fehlen die Unterlagen. Ohne Meisterbrief gibt es aber auch hier kein Gewerbe.

Einziger Friseur im Ort war bislang Friseur Keller, und er hat sich – sie kann es ihm, wenn sie ehrlich ist, nicht verdenken – im Rathaus beschwert und verlangt, dass sie ihr Gewerbe anmeldet. Und wenig später war auch schon die Aufforderung da, die Briefe der sowjetischen Kreis-Kommandantur in Kölleda vorzulegen. Wie dumm von ihr! Sie hätte längst persönlich vorsprechen sollen. Zumal es zum Rathaus nur wenige Meter sind.

Im Rathaus empfängt sie Herr Klapproth, er ist der neue, von der Kommandantur ernannte Bürgermeister; die alten sind überall in der Sowjetischen Besatzungszone entlassen worden, sie waren ja alle in der Partei. Der Mann ist ihr freundlich gesinnt, das weiß sie, er hat ihr geholfen, die winzige Wohnung zu erhalten. In dieser Sache, gibt er zu, habe er allerdings wenig Befugnis.

»Sie müssen zur Kommandantur. Und fahren Sie auch nach Halle zur Handelskammer, Frau Sahlcke. Erklären Sie Ihre Situation. Vielleicht können die was für sie tun.«

Und er fügt etwas hinzu, das er wahrscheinlich gut meint, das in Claras Ohren aber doppeldeutig klingt: »Sie sind nicht die Einzige, die in dieser Zeit nicht alle Papiere zusammen hat!«

Sie könnte heulen. Wie steht sie da? Als sie vor das kleine Rathaus tritt, vor dem der Biber aus Stein seinen hundertjährigen Schlummer hält, vernimmt sie plötzlich Kinderstimmen:

»Ich komm aus dem Osten und such einen Posten, meine Papiere sind alle verbrannt, Hitler hab ich nie gekannt!«

Sie fährt herum und sieht nur noch kleine Beine, die um die Ecke flitzen. Eine Welle von Scham und Zorn erfasst sie. Bitterarm sein, ein Flüchtling, ist das eine, aber als Betrügerin dazustehen, das andere. In einem Kaff hinter dem Wald, voller Leute, die sächseln! Wie herrlich war es doch in der Heimat. In einer richtigen Stadt! Die Nähe des Meeres war zu spüren, auch wenn es Kilometer entfernt war – und sie war eine respektierte Bürgerin. Wer ist sie hier?

Als sie das Haus in der Auenstraße erreicht, sieht sie wieder, wie heruntergekommen es ist, den Putz, der sich verabschiedet hat, die Fensterrahmen, die splittern. Das Fachwerk ist morsch. Während des Kriegs hatten sie hier Franzosen oder Polen untergebracht, die auf dem Feld arbeiten mussten. Sie will es gar nicht wissen.

Kaum hat sie die Küche betreten, muss sie ihren Kindern von dem Erlebnis erzählen.

Sie hebt an: »*Ich komm aus dem Osten und such …*« Da schmettern die drei schon im Chor: »… *einen Posten, meine Papiere sind alle verbrannt, Hitler hab ich nie gekannt!*«

»Woher kennt ihr das?«

»Aus der Schule!«, sagt Ursel und strahlt.

Clara lässt sich auf einen Stuhl fallen. »Setzt euch!« Sie wartet, bis alle Töchter Platz genommen haben. »Hört mir mal zu. Zu niemandem sagt ihr einen Ton über meinen Gewerbeschein. Habt ihr verstanden? Kein Wort über den Meisterbrief! Egal, wer euch fragt, ihr haltet den Mund!«

Ursel und Sofie gucken erschrocken. Sie verstehen nicht. Begreifen tun sie nur, dass es um etwas Schlimmes geht.

»Und so haltet ihr es mit allen Dingen! Lasst euch nicht ausfragen! Keinen geht es etwas an, dass euer Vater bei der Polizei war. Kein Wort von der Polizei, kein Wort von der Partei! Euer Vater war an der Front. Jetzt ist er in Gefangenschaft. Habt ihr das verstanden?«

Rosa senkt den Blick.

»Warum, Mami?«, fragt Mathilda.

»Weil wir Flüchtlinge sind und uns schützen müssen. Seid also vorsichtig!«

Alle vier nicken schweigend, auch wenn Clara ihnen nie wird erklären können, warum das, worauf sie früher stolz war, jetzt schlimm ist. Sie ist froh, dass sie keine Fragen stellen. Stillschweigen wahren über die Vergangenheit, das ist jetzt eine Frage des Überlebens.

Bloß vorsichtig sein, nicht drüber reden!

Dass dies ihre Pflicht ist, senkt sich tief in die Kinderseelen. Nicht drüber reden, das wird den Schwestern selbstverständlich. Sobald eine Situation heikel erscheint, schweigen sie still. Sie rühren an alles, was schwierig ist, nicht mit Worten.

Clara hat mal wieder Instinkt. Ein neuer Anschlag hängt an der Tafel am Badeplatz. Es ist eine lange Liste mit den Namen der lokalen NSDAP-Mitglieder. Daneben steht, dass alle weiteren Personen, deren Verbindungen zum Nationalsozialismus bekannt sind, dem Antifa-Kreis-Komitee in Kölleda zu melden sind. Der Aufruf betrifft ausdrücklich Angehörige der SS, der Polizei und des SD. Wer verhaftet wird, kommt nach Buchenwald, raunen die Kundinnen im Frisiersalon.

Das KZ Buchenwald ist vierzig Kilometer entfernt. Als die Amerikaner noch da waren, hatten sie diesen Film gedreht und im Kino im Deutschen Haus gezeigt. Tante Helene weinte, als sie die Aufnahmen sah. Sie mochte den anderen Film, der folgte, nicht mehr anschauen. Sie stand einfach auf und ging.

Clara blieb sitzen. Leichenberge. Eine Lampe aus Menschenhaut. Menschen als lebende Gerippe. Sie kann sich nicht vorstellen, dass es in Thorn, wohin Rudolf '44 eingezogen wurde, genauso zugegangen war. In Stolp gab es so was doch sowieso nicht. Lager ja, oder vielmehr Baracken. Nein, aber so etwas nicht! Sie will das nicht glauben. Es ist ein ganz düsteres Gefühl in ihr, stoisch und hart. Sie verpanzert ihr Inneres, richtet ihre Gefühle auf ein Nebengleis: Wir sind die Besiegten, deshalb können sie uns zwingen, so etwas anzusehen.

Aber Gefühle sind souverän. Die schaurigen Bilder kehren in der Nacht zurück. Kann das sein? Dass die SS derart Entsetzliches angerichtet hat? Die Nacht fällt ihr ein, in der Rudolf betrunken nach Hause gekommen war. Als er erzählte … und sie nichts hören wollte.

Was diese Dinge angeht, ist es ein Glück, dass Rolli nicht hier ist, denkt Clara. Sie hat keine Nachricht von ihm. Dass er irgendwo in Kriegsgefangenschaft hockt, ist ihre Hoffnung. Falls die sich hier in der Sowjetischen Zone jetzt gegenseitig zerfleischen, wird sie auf der Hut sein. Sich in kein Gespräch ziehen lassen, auch im Laden nicht. Das erweist sich als gar nicht schwierig, das Thema ist tabu – jedenfalls gegenüber der Fremden, die sie ist.

Zwar sind in Bad Bibra von dem Aufruf einige Familien betroffen, aber was immer und wem in der Folge passiert, wer angezeigt wird und von wem, darüber wird im Frisiersalon eisern geschwiegen. Mehr als zwanzig Männer kommen in Haft, und nicht alle kehren zurück. Nur einmal seufzt eine Bäuerin, als sie mit Clara allein ist: »Sie haben es gut! Nach euch fragt keiner!«

Flüchtlinge sind nicht im Visier, die lokalen Register der Jahre '33 bis '45 kennen ihre Namen nicht. Und wo keine Dokumente sind, ist der Mensch ohne Geschichte. Zur Abwechslung hat es Vorteile, ein Flüchtling zu sein. Jetzt schmutzige Wäsche zu waschen und die Verantwortlichen des Nazi-Regimes zur Rechenschaft zu ziehen, dafür hat Clara kein Verständnis.[41] Als ob ihr Alltag nicht schon beschwerlich genug wäre – obendrauf laden die Besatzer jetzt noch ein weiteres Gefühl der Bedrückung.

Immer mehr Vertriebene strömen nach Sachsen-Anhalt. Bald stellen sie ein Viertel der Bevölkerung.

»Hast du gesehen? Herr Klapproth lässt jetzt Baracken bauen«, sagt Helene. »Mit Zwangseinweisungen schafft er es nicht mehr.«

Der Kreis Eckartsberga, in dem Bad Bibra liegt, nimmt besonders viele Menschen auf: 1947 wird fast jeder dritte Einwohner ein Flüchtling oder Vertriebener sein.

Clara sieht nun auch, dass sie vergleichsweise Glück hatten. So bescheiden ihre Bleibe ist, ihre Kinder und sie haben immerhin ihre zwei Kammern und die Küche, nur die Latrine im Hof teilen sie mit neuen Nachbarn: 1946 bringen Züge Deutsche, die aus der Tschechoslowakei ausgewiesen wurden.[42] Einen Koffer pro Person, nicht schwerer als dreißig Kilogramm. Das ist das Gepäck, das die Menschen tragen, die vom Bahnhof kommen.

Clara und Tante Helene stehen vor der Tür, als die Kolonne durch die Auenstraße marschiert. Ein trauriger Anblick! Viele Frauen mit Kindern, so wie sie. Wir hatten nur Rucksäcke, keine Koffer, denkt Clara, aber sie schweigt, Helene würde diese Bemerkung missverstehen. Die *Sozialistische Einheitspartei Deutschlands*, die mittlerweile die Aushänge am *Badeplatz* unterschreibt, spricht nicht mehr von *Vertriebenen*, sondern von *Umsiedlern*.

»Sie tun, als ob die Leute«, Clara hält inne und korrigiert sich: »Sie tun, als ob *wir* aus freien Stücken gekommen sind.

Das ist falsch.«

8. KAPITEL

An einem Abend im November klopft es. Clara sitzt über dem Octavheft, das ihr für ihre Buchführung dient, sie ist hundemüde und fühlt sich gestört. Ob es schon wieder Herr Bechtmann von oben ist? Sein Interesse ist zwar immer freundlich, aber es ändert nichts daran: Ihr ist es zu viel. Außerdem ist er Kommunist. Kommunisten – für sie, die sich begeistert hat für die Nationalsozialisten, sind das Erzfeinde.

Gleichzeitig ist ihr klar, dass es vernünftig ist, sich mit ihm gut zu stellen. Seine anzüglichen Bemerkungen zu ihren neuen Frisierapparaten, die jeder durch das Fenster in der Lauchaer Straße sehen kann, klingen ihr noch im Ohr:

»Offenbar haben Sie ja beste Beziehungen zu den Russen«, hat er gesagt, und ein dickes Fragezeichen schwang mit.

Gut, dass sie die Kinder verpflichtet hat, keinen Ton über ihre fehlenden Papiere zu sagen. Zu niemandem. Morgen fährt sie zum zweiten Mal nach Halle. Eine eidesstattliche Erklärung hat sie der Handelskammer bereits vorgelegt. Wenn alles gut geht, erhält sie morgen Ersatz für ihren Meisterbrief.

Sie steht auf und entriegelt die Tür. Vor der Tür steht ihr Vater.

»Papa«, ruft sie. Und dann leise: »Papa.«

Der alte Mann hat bestimmt zehn Kilo abgenommen. Die unrasierten Wangen hängen schlaff im Gesicht, die Augen liegen tief in den Höhlen. Und die Hose, die er trägt, ist viel zu kurz. Lang und fransig schauen seine Unterhosen hervor. Mit einem Schlag sind die Mädchen auf den Beinen.

»Opi ist da!« Alle sind jetzt hellwach. Sie können ihren Augen nicht trauen.

»Opi«, fragt die kleine Sofie, »wieso siehst du so komisch aus?«

Während die Kinder ihren Großvater umringen, erfasst Clara der Schmerz. Tränen schießen ihr in die Augen, sie umklammert mit beiden Händen die Stuhllehne. Vater ist ohne die Mutter gekommen, das kann nur eines bedeuten. Er schaut sie an und nickt. Erst als er sitzt, Sofie auf dem Schoß, den Arm um Ursel gelegt, beginnt er zu sprechen. Mathilda und Rosa frieren in den Nachthemden, die Tante Helene aus alten Bettlaken geschneidert hat, aber sie stehen und lauschen.

»Deine Mutter ist an Typhus gestorben. Ich hab getan, was ich konnte, um ihr ein Begräbnis zu verschaffen, sie musste nicht mit anderen in eine Grube.«

Massengräber, so was war üblich. Er muss sich räuspern. Er war nicht bei Marie, als sie starb. »Ich hatte auch Typhus. Sie haben Männer und Frauen getrennt, wir waren nicht im selben Krankenhaus. Als ich rauskam«, er stockt, »war Miezeken schon zwei Tage tot.« Gustav legt eine Pause ein. »Clara, ich lag noch im Krankenhaus«, sagt er beschwörend. »Frau Vietzke aus dem Bibelkreis hat sich gekümmert. Der Sargtischler Hofmann hat einen Sarg aus rohem Holz gemacht. Er hat auch geholfen, sie im Handwagen zum Friedhof zu ziehen.« Gustav sagt nun gefasst: »Sie liegt neben deinem kleinen Bruder. So wie es sich gehört. Ich hab Blumen aus der Gärtnerei besorgt.«

Was er Clara nicht erzählt, und das ist nur eine der Erfahrungen, die er für sich behält, wenn auch die schmerzlichste, ist, dass Miezekens Grab geschändet wurde. Zweimal haben russische Soldaten den Sarg aus der Erde gerissen. Die Kerle machten alles Mögliche, wenn sie betrunken waren. Auf dem Friedhof suchten sie nach Goldzähnen.

Clara stellt noch eine einzige Frage: »Was ist mit unserem Haus?«

Stumm hört sie zu, als ihr Vater ihr die Verwüstung schildert. Bilder erfüllen den Raum wie dunkle Schatten. Das weiße Haus und die Weiden davor. Sie schließt die Augen, sieht sich mit ihren Kindern wieder in der Sommerhitze an der Elbe stehen, gezogen von Heimweh … doch nun stürzt die Brücke. Für immer. Das Stolp ihrer Eltern, die Stadt ihrer Kindheit und Jugend existiert nicht mehr.

Rosa, Mathilda und Ursel blicken stumm von einem zur anderen. Nur das Sofiechen fragt: »Was heißt das: gesprengt?«

»Es ist kaputt, es steht nicht mehr!«, sagt Mattus. »Sei still!«

Clara schweigt. Dann steht sie abrupt auf und sagt: »Wir müssen für dich einen Schlafplatz richten, Opi.«

Hoffentlich gibt ihm Otto morgen eine Hose. Es ist ihr unerträglich, seiner Geschichte zuzuhören, wie polnische Plünderer ihm im Zug nach Stettin die Hose abgenommen haben und er später an deutsche Türen klopfte und vergeblich um eine andere bat. Schließlich war es ein Flüchtling, der Mitleid mit ihm hatte und ihm eine gab.

~

Draußen ist noch schwarze Nacht, als Clara am nächsten Morgen aufsteht. Sie muss ja einen Zug kriegen und nach Halle gelangen. Sie überlegt, ob sie die Fahrt verschieben soll. Ihr Vater hat ja noch nicht mal einen Strohsack, auf dem er schlafen kann! Doch ihr Zögern währt nur kurz. Vater kann ja zu Tante Helene gehen. Sie darf keine Zeit verlieren, sie braucht ihren Meisterbrief. Die Kundinnen für heute hat sie abbestellt, also fehlen die Einnahmen. Und das, wo jetzt an ihrem Tisch ein weiterer Esser sitzt. Sie hat für alle zu sorgen, und sie ist allein.

»Was kann ich tun? Wie kann ich euch helfen?«, hört sie eine Stimme aus der Dunkelheit fragen. Ihr Vater rafft sich auf.

»Wasser holen kannst du, Papa!«

Von diesem Morgen an ist es er, der zum Brunnen geht. Rosa ist die Fron los. Vierzehn Eimer schleppt er am Tag. Hinterher setzt er sich hin und schält Kartoffeln, was in diesen Wochen recht schnell geht: Täglich eine Handvoll, mehr haben sie nicht.

~

Sofie hat eine Puppenstube aus zwei Kartons, in denen sich vor dem Krieg Damenschuhe befanden. Eine Frau aus dem Laden neben der Meierei hat ihr die Schachteln geschenkt. Ursel hat sie ihr gebaut: Sie hat jeweils eine Seitenwand entfernt, und so sind hübsche kleine Zimmer entstanden. Die Fenster hat sie vorsichtig mit der Schere ausgeschnitten, die die Mami ihr geliehen hat. Sie gibt Ursel auch einen Rest von dem Stoff, aus dem sie den Vorhang für das Regal in ihrer Frisierstube genäht hat. Beide Kartons kann man übereinanderstellen. Ein richtiges Haus ist es dann!

Ursel möbliert es mit allerlei Dingen aus dem Wald. Aus Moos hat sie sogar einen Teppich gemacht, aber der hielt nicht lange. Sofie gab etwas Wasser darauf, damit er wieder grün würde. Zu dumm! Danach mussten sie den Boden mit Papier verstärken.

Wertvoll war der Draht, den Herr Bechtmann ihnen geschenkt hat. Ursel hat damit Kastanien und Eicheln so durchbohrt und verhakt, dass daraus Figuren wurden. Besonders schön sind die Püppchen, die einen Hut aufhaben. Zu Weihnachten will sie einen Kienapfel mit kleinen roten Beeren schmücken, als Christbaum.

Und jetzt haben sie ihren Opa, der schnitzt ihnen Stühle und einen Tisch!

»Schaut mal, was ich gefunden habe«, ruft der plötzlich. Durch Ursel fährt der Schreck wie ein Blitz. Der Großvater hält zwei Stücke Papier in der Hand und wedelt damit in der Luft. Zwei Blätter aus festem Papier – Claras Meister- und Gesellenbrief. »Die Originale! Die waren das Fundament von diesem Schloss!« Er lacht.

»Das darf doch nicht wahr sein!« Clara muss sich setzen. Deswegen hat sie sich die Hacken wund gelaufen, ist in Halle und Kölleda gewesen, bei Innung und Behörden zu Kreuze gekrochen! Schlaflose Nächte hat ihr der Verlust der Dokumente bereitet. Der unselige Morgen fällt ihr ein, als sie in Dunkelheit und Kälte zum Bahnhof aufbrach, immer bereit, sich in den Graben zu werfen aus Angst vor den Russen. »Warum hast du nichts gesagt, Ursel? Ich hab euch alle immer wieder gefragt!«

Nun trifft Ursel die Strafe. Sie muss sich über einen der roh gezimmerten Hocker beugen, es setzt Hiebe auf den Hintern. Auch Sofie schluchzt. Aus einem unerfindlichen Grund war Ursel taub für die Fragen. Die Sorgen der Mutter waren wie ein Rauschen im Dickicht, ein Wind, der weht und vergeht. So herrlich war es, ein Haus zu bauen und es auf festen Grund zu stellen! Was hat das Papier mit Mamis Brief zu tun? Ein Brief sieht doch ganz anders aus!

Ursel weint. Sie kann nicht aufhören zu weinen. Sie weint auch um ihre Puppe, die im dunklen Zug verloren gegangen ist. Sie hört wieder das Knirschen und das böse Rattern des Wagens auf den Gleisen. Es ist ihr unmöglich einzuschlafen in dieser Nacht.

Das wacklige kleine Puppenhaus mit den Stofffetzen an den Stellen, wo ihre Hände Löcher für die Fenster in den Karton geschnitten haben, rührt sie nie wieder an.

~

Gustav leidet mit. Warum hat er es gleich herausposaunt, als ihm der Meisterbrief in die Hände fiel? Wie unbedacht von ihm. Urselchen ist ein so zartes, ein so feines Ding! Mit dem rotblonden Haar und den grünen Augen fällt sie heraus aus der Reihe der Mädchen, die anderen sind alle brünett; sie sind robuster, sie nehmen mehr Raum ein. Ursel zieht die Aufmerksamkeit nicht so auf sich wie der kleine Kasper Sofie. Sie ist nicht so schlau wie Mattus und nicht so schön wie das Röschen. Er beschließt, diese Enkelin mehr unter seine Fittiche zu nehmen. Ich alter Kerl, hab ich denn Fittiche? Urselchen, mein Urselchen, brummt er. Es wird schon wieder gut.

Gustav ist neuerdings schweigsam. Er fühlt sich wie damals, als er aus Amerika kam. Kaum war die Sensation seiner Ankunft vorbei, interessierten seine Erlebnisse nicht. Wie er überlebt hat, das ist auch jetzt seine Sache. Claras Alltag ist hart, sagt er sich, und er will sie nicht belasten … Damals, vor einem halben Jahrhundert, war ihm, als versuchten die anderen, einen Quell, der sprudelte, zu stopfen. Aus Neid. Aus Missgunst. Jetzt ist es anders. Zu reden kostet ihn Überwindung, gleichzeitig sehnt er sich danach. Aber um über die Schrecken zu sprechen, bräuchte es Ruhe – und wenn es im Leben seiner Tochter eines nicht gibt, dann ist es Ruhe.

Ach, Miezeken! Sein Miezeken ist tot. Um diesen Verlust herum ist erst mal nichts, nur ein Krater.

Wenn Gustav nachsinnen wird über sein Leben (was er immer macht, wenn er Kartoffeln schält, und er wird noch viele Kartoffeln schälen), dann wird er sich eingestehen, dass Clara und er nie über das gesprochen haben, was sie wirklich bewegte. Früher hat er gedacht, dass es an Rudolf lag; dass der diese Ferne, nein, diese Kluft verursacht hatte. Aber nein, an Rudolf allein liegt es nicht. Schon damals nicht, in Stolp.

~

Clara hat es eilig, sie steigt die Gasse hinauf und hat keinen Blick für die ersten Osterglocken, die in der Sonne nicken. Es ist Nachmittag, sie ist auf dem Weg zur Volksschule. Innerlich rüstet sie sich. Fräulein Schimmert hat sie gestern versetzt: Sie hatte einen Termin für eine Wasserwelle, ist aber nicht im Laden erschienen. Alles andere als vorbildlich findet Clara ein solches Verhalten, absonderlich auch deshalb, weil die Lehrerin genau weiß, dass Clara heute in die Schule kommt. Der Direktor und Fräulein Schimmert haben Mathildas Mutter zum Gespräch geladen.

Der Weg führt sie am Betrieb des Bauern Kettler vorbei. Noch bevor sie das Tor erreicht hat, hört sie die Schreie. Die Schreie sind grässlich, nur ein Lebewesen in existenzieller Not kann so schreien, und deswegen klingen die Schreie irgendwie auch menschlich, es ist zum Erbarmen. Das Tor zum Hof ist geschlossen, so ist es üblich – niemand im Ort lässt sein Tor länger geöffnet, als es für die Ein- und Ausfahrt nötig ist. Schon gar nicht, wenn es ans Schlachten geht. Es ist ein offenes Geheimnis, dass auf den Höfen schwarz geschlachtet wird. Auf der Tafel am *Badeplatz* hängt zwar zur Abschreckung ein Gerichtsurteil aus dem Kreis Haldensleben, dem zufolge sechs Bauern wegen nicht erfülltem Abgabesoll, Schwarzschlachtung und Schmuggel zu Zuchthausstrafen zwischen drei und sechs Jahren verurteilt worden sind. Aber das macht die Bauern nur vorsichtiger – sie hören nicht auf, sich ihren Teil zu nehmen. Sie sorgen einfach dafür, dass sich hin und wieder ein Schwein oder eine Milchkuh in ihrem Stall das Bein bricht. Die Besitzer sind dann genötigt, eine Notschlachtung vorzunehmen.

Die Schreie dieses armen Viechs verfolgen sie den ganzen Hang bis zum Schultor hinauf – einfach grauenvoll. Nie wird sie diese Bauern und ihr Leben verstehen! Wie eine Zuflucht erscheint ihr das Schulhaus, wie es da liegt im Sonnenschein. Sie atmet tief ein, betritt den Flur und klopft an die Tür des Schulleiters.

Die Lehrerin ist schon im Raum. Clara gibt beiden die Hand und schaut, sobald alle drei sitzen, nur Herrn Petjuweit an. Das Vorurteil, dass der Dorflehrer der ärmste Mann weit und breit sei, bestätigt dieser Mann durch seinen Anzug, so abgewetzt sieht er aus.

Er lächelt sie freundlich an. »Ihre Tochter Mathilda«, erklärt er, »ist eines von zwei Mädchen, die die Prüfungen zur Aufnahme an die weiterführende Schule bestanden haben. Die Schule bietet Ihrer Tochter ein Stipendium an. Sie müssen nichts zahlen.«

Offenbar denkt der Mann, sie wüsste nicht, was ein Stipendium ist.

»Es ist eine besondere Schule«, fährt er fort. »Die Franckeschen Stiftungen sind eine ehrwürdige Einrichtung in Halle. Dazu gehört ein Gymnasium, das auch die alten Sprachen lehrt. Eine bessere

Ausbildung kann Ihre Tochter nicht erhalten. Ich kann Ihnen dazu nur gratulieren.«

»Ihre Tochter ist sehr begabt«, ergänzt Fräulein Schimmert, »wir sind alle sehr stolz auf die Franckeschen Stiftungen.« Nach einer Pause wendet sie sich zu Herrn Petjuweit: »Das darf man doch sagen, oder?«

Der legt ihr die Hand auf den Arm, beinahe tröstend, wie es Clara scheint. »Aber natürlich, das darf man noch sagen.«

Blass sieht sie aus, die junge Frau. Clara hat sie kühler begrüßt, als sie es normalerweise gegenüber einer Lehrerin für angebracht hält. Sie ist schon am Ausgang, als Fräulein Schimmert ihr nachkommt.

»Bitte entschuldigen Sie, Frau Sahlcke, ich musste gestern nach Mühlhausen. Eine Befragung.« Sie blickt zu Boden. »Sie wurde kurzfristig angeordnet.«

Clara nickt.

Die junge Frau sieht so bedrückt aus, da mag sie nicht den Eisbrocken geben, zumal sie ebenso erfreuliche Nachrichten erhalten hat. Oder sind das etwa keine erfreulichen Nachrichten? Solch eine Chance für Mathilda! Aber sie wird allein entscheiden müssen. Zu gern würde sie das mit ihrem Mann beraten.

»Ich hoffe, es klärt sich für Sie. Ich hatte auch solche Scherereien, meiner Papiere wegen.« Sie sieht, wie die junge Frau mit den Tränen kämpft.

»Was ist passiert?«

»Angeblich habe ich den Kindern etwas Falsches erzählt über das kyrillische Alphabet.«

Clara muss lachen, sie kann sich so etwas gar nicht vorstellen. Sie sieht die Frau ungläubig an.

»Sie denken, ich wollte die Sowjetunion herabwürdigen. Aber …«, die andere zögert, »… damit möchte ich Sie nicht behelligen, Frau Sahlcke«, sagt die Lehrerin dann entschlossen. »Ich bitte Sie nur, meine Entschuldigung anzunehmen.«

Sagt's und macht auf dem Absatz kehrt.

Clara sieht ihr nachdenklich nach, wie sie eilig die Treppe hinaufläuft; im nächsten Moment klappt oben eine Tür. Andere Menschen haben auch ihre Sorgen. Was hat der Schulleiter gemeint, als er sagte, man dürfe noch stolz auf die Franckeschen Stiftungen sein? Machen die Kommunisten das jetzt auch streitig? Mathilda schwärmt immer so von diesem Fräulein Schimmert. Sollte sie wegen der Wasserwelle doch noch kommen, werde ich ihr das sagen, beschließt Clara.

Wenige Tage später nimmt Fräulein Schimmert tatsächlich in der Frisierstube Platz. Sie hat dichte dunkelblonde Haare, die mit Fülle auf ihre Schultern fallen, als Clara die Haarnadeln am Hinterkopf löst. Es ist eine Freude, dieses Haar zu frisieren, und sie hat Zeit: Es ist nichts los, im Frühling herrscht Hochbetrieb in der Landwirtschaft, und die Bauersfrauen haben alle Hände voll zu tun. Trotzdem herrscht im Salon Sahlcke kein Müßiggang: Rosa muss im Auftrag der Mutter das Fenster putzen. Als sie nach draußen geht, fängt Hannelore Schimmert zu sprechen an.

»Wie alt ist Ihre Tochter?«

»Rosa? Fast fünfzehn.«

»Genauso alt wie meine kleine Schwester Erika. Sie hat auch Friseuse gelernt, so wie Ihre Rosa.«

Die Lehrerin schaut zu, wie ihre Tochter draußen die Scheibe einseift, bis ihr dunkler Schopf hinter dem Schaum verschwindet.

»Stellen Sie sich vor, Frau Sahlcke, die Kleine ist in Haft, schon seit Dezember. Da war sie erst vierzehn!«

Clara erschrickt. »Aber was wirft man ihr vor?«

»Sie hat eine Schleife an den Bart des Genossen Stalin gemalt!«

»Wie bitte?« Clara stellt einen Augenblick das Frisieren ein.

»Sie hat die neue Schule besichtigt, da hat sie mit ihrem Lippenstift sein Foto bemalt. Aus reinem Übermut.«

»Schule, welche Schule?«

»In Mühlhausen, da sind wir her. Und wissen Sie, was vorher geschehen war? Eine russische Offizierin kam in das Friseurgeschäft, in dem meine Schwester arbeitet, sie hatte den Kopf voller Läuse, und Erika hat sich geweigert, sie zu bedienen.«

Clara kennt solche Situationen. Wenn Ungeziefer über die Kopfhaut krabbelt, kann man von einer Friseuse nicht erwarten, dass sie die Haare wäscht. Clara hat deshalb immer ein Pulver da. Damit schickt sie solche Leute nach Hause. Freilich, da muss man taktvoll sein, um die Person nicht vor den anderen Kundinnen bloßzustellen.

»Es gehört sich nicht, verlaust beim Friseur zu erscheinen«, pflichtet sie Fräulein Schimmert bei.

Die Unterhaltung stockt, den Kopf in einer Emailleschüssel zu waschen ist für beide Beteiligte nicht ganz einfach.

Als Clara die feuchten Haare kämmt und auf Wickler dreht, erzählt die Lehrerin weiter. Sie klingt verzweifelt: »Meine Mutter und ich wissen nicht, wo Erika jetzt ist, zuletzt war sie in Torgau.«

Torgau ist ein riesiges Gefängnis an der Elbe.

»Sie soll noch mal vor das Militärtribunal. Ich hab eine Eingabe gemacht. Sie ist doch noch ein Kind! Nun überprüft der NKWD[43] mich ebenfalls, ob ich der Sowjetunion loyal gegenüberstehe. Niemals, nie, Frau Sahlcke, hätt ich mir das vorstellen können!«

Betroffen hört Clara zu. Passende Worte des Trosts fallen ihr nicht ein. Die Schimmert ist doch Sozialistin, sonst könnte die kein Russisch. So gehen die also sogar mit ihren eigenen Genossen um …

Sie rollt die elektrische Haube an den Hocker.

»Mathilda schwärmt sehr von Ihrem Unterricht«, sagt sie, bevor sie die anstellt. »Sie lernt so viel von Ihnen und ist dankbar dafür.«

~

Oben an der Landstraße nach Lossa haben sie einen Obstbaum, Bürgermeister Klapproth hat Clara darauf hingewiesen, dass jeder einen mieten kann. Im Sommer trägt der windschiefe Baum kleine gelbe Äpfel mit roten Backen. Der Großvater und die Mädchen gehen mit dem Bollerwagen hin, erst um Fallobst aufzusammeln und dann – viel zu früh – um zu ernten. Die Äpfel wollen sie weder Vögeln noch Dieben überlassen. Der alte Mann steigt mit einer Leiter, die Clara geliehen hat (ein Tauschgeschäft im Frisiersalon), in den Baum.

Die Mädchen sind jeden Tag beschäftigt zu sammeln, was die Natur schenkt: von den Feldrändern Löwenzahn und Sauerampfer für Salat. Im Wald kennen sie einen Hang, der übersät ist von wilden Erdbeeren, die pflücken sie schüsselweise. Im Spätsommer sammeln sie Brombeeren, später Pilze und im Herbst Haselnüsse und Bucheckern. Kienäpfel gehen das ganze Jahr mit. Jetzt kommt Mathilda gut zupass, was Lucja sie lehrte. Wenn sie Peter im Gemüsegarten helfen, erklärt sie ihm, wie Champignons zu unterscheiden sind von Knollenblätterpilzen. Im Gemüsegarten arbeiten, das mögen alle Schwestern. Als Lohn fürs Schneckensammeln und Jäten kriegen Ursel und Sofie Johannisbeeren und Möhren – aber nur, wenn sie bei der Arbeit nichts essen. Die Polen, die früher auf dem Bauernhof waren, sind ja fort; deshalb, sagt Peter, sei auch seine Mutter froh über jede Hand.

»Wir hatten auch eine Polin«, sagt Mathilda, »Luzie.« Sie sieht Lucja mit ihren mandelförmigen Augen lächelnd vor sich stehen.

»Bei uns durften die Polen in der Küche nicht mit am Tisch sitzen«, erzählt Peter, »die hatten einen eigenen Tisch. Das fand ich schlimm. Als die Amerikaner kamen und die Traktoren holen wollten, hat unser Marek sich ans Tor gestellt und denen gesagt, lasst das, das ist ein guter Bauer.«

»Und wie ging es aus?«, fragt Mathilda, die immer die praktische Seite der Dinge sieht.

»Sie haben den Traktor trotzdem mitgenommen.«

Mathilda denkt daran, wie Luzie in der Kammer saß und ihren Eltern auf dem Foto mit der Nadel die Augen ausstach. Wo nahm sie eigentlich ihre Mahlzeiten ein? Manchmal hat sie mit ihnen am Tisch gesessen, erinnert sie sich. Manchmal auch nicht.

Sobald alle Aufgaben erledigt sind, streicheln Sofie und Ursel die Ziegen, Mathilda geht derweil den Domberg hinauf, zum Platz vor der Kirche, weil sie allein mit ihren Gedanken sein will. Die Schule langweilt sie jetzt, wo klar ist, dass sie auf diese Franckesche Stiftung kommt. Sie ist schon ganz gespannt: ein Internat! Ein Internat besuchen sonst nur Mädchen in Büchern. Der Wechsel erfüllt sie mit tiefem Ernst, sie spürt die Hochachtung, aber auch den Neid ihrer Schwestern. Wie wird es sein? Sie wird nur noch alle drei bis vier Wochen für zwei Tage nach Hause kommen.

Der einzige erklärte Kommunist, den Clara persönlich kennt, ist ihr Nachbar Franz Bechtmann. Seit Kurzem hat er ein Ehrenamt, er ist Vorsitzender des *Umsiedler-Ausschusses.* Er versucht, Clara als Mitglied zu gewinnen.

»Überlegen Sie doch bitte, Frau Sahlcke. Wir, die wir unsere Heimat verloren haben, müssen unsere Interessen gemeinsam wahrnehmen! Wer tut es sonst?«

Bechtmann ist neuerdings ihr Kunde. »Bitte, machen Sie mich wieder zum Menschen!«, sagt er vergnügt, als er etwas unbeholfen Platz nimmt und seinen Stock an die Wand lehnt. »Mein erster Friseurbesuch seit …«, er überschlägt in Gedanken, »… seit mehr als zwei Jahren!«

»Gepflegte Haare gehören zur Kultur!«, bekräftigt Clara. »Schön, dass Sie meinen Laden beehren!« Sie ist zu allen Kunden höflich, auch wenn dieser hier stolz darauf ist, *Antifaschist* zu sein. Kommunist, sagt er, war er, solange er denken kann. Bechtmann ist froh, dass der Haarschnitt einen Anlass bietet, in der Nähe seiner Nachbarin zu sein. Während er auf einem der Schemel hockt und Clara ihm die spärlichen Haare kürzt, hält er eine flammende Rede über die Bodenreform, die dank der Partei gewaltig vorangekommen sei.

»Die Bodenreform ist eine Chance für die Umsiedler«, meint

er. »Wer will, kann Land bekommen, jetzt, wo alle, die über hundert Hektar besitzen, Grund abtreten müssen.«

Den Bauersfrauen, die Clara bedient, gefällt die Reform nicht, sie müssen den Großteil ihrer Ernte abgeben, das finden sie schlimm genug – aber mehr als dreißig Hektar hat sowieso kein Betrieb im Ort. Clara lächelt und hütet sich, etwas zu entgegnen, das kritisch klingt oder gar die Sowjets und die Nationalsozialisten berührt.

Inzwischen kennt sie Bechtmanns Geschichte. Vor dem Krieg hatte er in Karlsbad eine Stelle als Buchhalter in einem Unternehmen, das Porzellan herstellte. Als die Deutschen tschechische Gebiete besetzten, verhaftete ihn die Gestapo. Er kam ins Lager Flossenbürg. (Die SS ist schuld an seinem schlimmen Bein, meint Tante Helene und warnte sie: »Sei vorsichtig!«) Nach dem Krieg kam die Ausweisung für alle Deutschen. In einem der ersten Züge, in denen Sudetendeutsche saßen, erreichte er Sachsen-Anhalt.[44]

»Machen Sie doch mit! Wir Umsiedler sind viele«, beschwört er sie, »23 000 allein im Landkreis Eckartsberga! Wir können Einfluss nehmen.«

Clara schüttelt entschieden den Kopf. Bloß keiner Organisation beitreten! Dieser Umsiedler-Ausschuss ist eng mit der SED verknüpft, das hat sie sehr wohl bemerkt. Sie und die SMAD[45] fördern die Gruppen.

»Ich lass Ihnen was zu lesen da!«, sagt er freundlich und reicht ihr eine Broschüre. »Neue Heimat« prangt auf dem Titel.

Bechtmann ist heute die gute Laune in Person. Sie spürt, dass ihm das Amt und die Aufgabe Auftrieb verleihen.

»Ha!«, ruft er plötzlich und deutet in die Ecke des Zimmers, »Sie haben Gesellschaft!« Eine Maus flitzt die Wand entlang und verschwindet unter dem Schrank mit dem Vorhang.

»Die sind überall, obwohl es nichts zu beißen gibt!«, sagt Clara ergeben.

»Ich stell Ihnen ein paar Fallen auf!«, verspricht Bechtmann.

»Die Mäuse machen allen das Leben schwer. Es ist das alte Holz um uns rum!«

Dabei ist das Haus mit dem Friseurgeschäft und der Schmiede grundsolide. Die Wände sind so dick, dass man das Hämmern auf dem Amboss nebenan nur wie ein fernes Echo vernimmt.

»Was Ihnen ebenfalls fehlt, liebe Frau Sahlcke, ist ein schönes Schild!«

Clara lacht. »Da haben Sie recht!«

Vom Handwerk der benachbarten Werkstatt kündet ein Schild an der Hauswand: drei ineinander verschlungene Hufeisen. Auf Claras Gewerbe hingegen fehlt jeder Hinweis. Aber die Lage ist gut, direkt an der Brücke über den Bach, wo die wichtigste Straße von Bad Bibra sich in die Kurve legt und der Kolonialwarenhändler Soff in der guten Zeit Kunden anzog, inzwischen hat er allerdings kaum Ware. Die Häuser hier haben zwei oder drei Stockwerke – wenn am Abend die Fenster erleuchtet sind, wirkt das wie ein Abglanz von städtischem Leben.

Entgegen ihrer Absicht beginnt Clara nun doch, etwas zu erzählen – sie schildert, wie ihr Salon in Stolp aussah … schon muss sie sich bremsen, um nicht von den Husaren und vom Blücherfest vorzuschwärmen. Er erzählt von Karlsbad, vom Kurbetrieb und der Porzellanmalerei, beides auf Weltniveau.

»Ja, und jetzt wohnen wir in einer Schnitter-Kaserne«, stellt Bechtmann fest. Er sagt das ohne Bedauern. Wie kann man keinen Verlust empfinden? Das kann Clara nicht begreifen. Sie leben hier unter Bauern. Im Haus in der Auenstraße hausten Landarbeiter, die ärmsten in der Gegend. Landwirtschaft ist ihr so wie Bechtmann eine fremde Welt. Da geht es beiden gleich. Wenigstens da haben sie ein Thema, das sie verbindet und das nicht heikel ist.

»Ich hab mal zu melken versucht, aber offenbar bin ich mit den falschen Händen zur Welt gekommen!«, erzählt er.

Wenn er lächelt, wirkt er wie ein junger Mann. Wie alt mag er sein? Fünfundvierzig, vielleicht fünfzig?

»Bitte nicht bewegen!« Clara setzt die Schere an, um die Haare über seinen Augen zu schneiden. Es ist bemerkenswert, wie viel sympathischer ihr dieser Mensch heute erscheint, als hätte er sein altes Ich abgestreift: das des arbeitslosen Miesepeters mit dem kaputten Fuß. Was so ein Ehrenamt ausmacht!

Früher führte er die Bücher einer Fabrik, die nach ganz Europa exportierte. In diesem Winkel der Welt hat er keine Aussicht, den Lebensunterhalt in seinem Beruf zu verdienen. Da hat Clara es besser. Selbstständigkeit wird zwar nicht gefördert, aber sie darf ihr Gewerbe betreiben. Der harmonische Augenblick verfliegt so schnell, wie er gekommen ist. Schon erscheint ihr Franz Bechtmann wieder ganz der Alte, denn er fragt neugierig: »Und, gehen Sie zur Wahl?«

»Mal sehen«, antwortet sie unbestimmt, »wenn ich es schaffe. Mein Laden nimmt mich in Beschlag.«

Sie hat nicht vor, Zeit für Politik zu verschwenden. Am 8. September 1946 finden in Sachsen-Anhalt die ersten Gemeindewahlen statt. Wenn überhaupt würde sie ganz bestimmt nicht die SED wählen. Eher diese CDU, doch nach allem, was sie so hört, tritt die vielleicht gar nicht an. Aber sie wird sich hüten, mit Bechtmann über dieses Thema zu reden.

»Sie müssen wählen, Frau Sahlcke«, bekniet er sie. »Dass wir wählen dürfen, ist nicht selbstverständlich! Nur weil wir mehr als drei Monate hier sind, haben wir das Recht.«

Die Deutschen aus den von Polen und Russen besetzten Gebieten sind für die SED eine unsichere Klientel, denn die meisten von ihnen wollen nur eins: zurück in die Heimat. Sie hegen wie Clara tiefes Misstrauen gegen die Sowjetische Militäradministration.

Als Bechtmann gegangen ist – »Ich bring Ihnen Mausefallen!« –, setzt sich Clara einen Moment auf den Hocker und blättert in der Broschüre, die er dagelassen hat:

Umsiedler! Wie findet Ihr eine Heimat? Die SED baut die Wirtschaft auf, verbessert die Ernährungslage und kämpft für die Interessen der Umsiedler gegen bürokratische Hemmnisse, Engherzigkeit und Engstirnigkeit. Sie will ein Bindeglied zwischen Eingesessenen und Neuangekommenen sein.

Und dann ist die Rede von *Neubauernsiedlungen*, *Wiedereingliederung* in den Arbeitsprozess und *Gebrauchsgütern*.

Das Pamphlet endet mit den Worten:

Umsiedler, hilf mit am Neuaufbau, Du hilfst Dir selbst! Deine Stimme der SED.

»Meine Güte!«, entfährt es Clara. Sie legt die Broschüre so abrupt aus der Hand, als drohte, eine Falle zuzuschnappen.

Kurz vor den Sommerferien ist Fräulein Schimmert plötzlich weg. Was ihr widerfahren ist, weiß keiner genau. Sie kommt auf jeden Fall nicht mehr in die Schule. An einem Tag, der so heiß beginnt, dass das Geißblatt in den Gärten schon am Morgen die Blätter hängen lässt, warten Mathilda und die anderen Kinder lange vergeblich im kühlen Klassenraum. Dann erscheint Herr Petjuweit, der Schulleiter. Er sieht griesgrämig aus, verzichtet auf jeden Gruß, geht nach vorn und klopft mit dem Holzlineal auf das Pult.

»Bis auf Weiteres übernehme ich den Unterricht für die beiden Klassen, die sonst Frau Schimmert unterrichtet hat«, sagt er. Keine weitere Erklärung. Nichts.

Fünf Lehrer hatte die Schule, jetzt sind es nur noch vier. Auf die Frage, ob Fräulein Schimmert krank sei, antwortet er nicht, sondern befiehlt: »Schlagt eure Rechenbücher auf!«

»Wir haben doch Russisch!«, ruft Mathilda.

»Der Russischunterricht pausiert«, sagt Herr Petjuweit, und es klingt grimmig.

»Sie ist im Roten Ochsen!« Irgendein Kind setzt in der Pause das Gerücht in Umlauf. Roter Ochse heißt das berüchtigte Zuchthaus in Halle. Verhaftungen, das passiert.

»Sie bringen sie weg«, behauptet ein anderes Kind.

Sie haben kein anderes Thema. *Mühlberg* ist auch so ein Gefängnis, erfährt Mathilda, alles habe mit der russischen Kommandantur zu tun. Mit dem NKWD.[46] Mathilda kommt ganz bedrückt nach Hause, wo ihr Großvater gerade eine Miete für das Obst zimmert, das sie sammeln.

Clara ist fröhlich. Das hat mit dem Strauß Kornblumen zu tun, den Sofie und Ursel ihr gepflückt haben und der nun in einer Kanne auf den rohen Dielen steht. Aber die Freude darüber ist nichts gegen die über den Brief, der schon zwei Wochen alt ist und den sie immer wieder liest. Er stammt von Rudolf, er hat ihn aus der Kriegsgefangenschaft in Ostfriesland geschrieben. Er ist am Leben! Das Gefühl von Glück und Dankbarkeit überlagert ihre Sorgen.

In der Woche darauf hat sie nämlich ein unsägliches Schreiben erhalten, einen Drohbrief, kann man fast sagen. Als wolle eine höhere Macht ihre Freude dämpfen, als wolle sie verhindern, dass sich ihr Leben entspannt. Beide Briefe beschäftigen sie so, dass sie Mathilda nur mit halbem Ohr zuhört.

»Was passiert mit Fräulein Schimmert?«, beharrt Mathilda. »Wo kommt sie hin? Die anderen sagen, sie kommt nach Sibirien!«

»Ich weiß nicht, Herzchen. Ich weiß es wirklich nicht. Wir werden das nicht durchschauen.« Wie entsetzlich, dass die Frau in Ungnade gefallen ist. Sie ist so sympathisch. »Mathilda, es geht uns nichts an, und wir sind gut beraten, auch nicht zu fragen. Geh raus, wasch dir die Hände und setz dich hin.«

Der böse Brief ist von der Kreis-Kommandantur. Zwar haben sie mittlerweile auch eine Umsiedlerstelle im Rathaus von Bad Bibra, aber diese Angelegenheit ist offenbar so wichtig, dass Kölleda ihn verschickt hat. Der Bescheid teilt ihr mit, dass ihr die Lebensmittelkarten gekürzt werden. Laut Verordnung *0008/10, § 4* sei ihre Ration »dem Status des Gewerbetreibenden« anzupassen. Da »kein Arbeits- und Angestelltenverhältnis« mehr vorliege, halbiere sich ihr Anspruch. Zugeteilt sind ihr nun pro Tag 150 Gramm Brot, 150 Gramm Kartoffeln, 10 Gramm Zucker, 10 Gramm Fett, 6,5 Gramm

Salz und 2,5 Gramm Kaffee-Ersatz. Die Lebensmittelkarten seien bis zum 15. Juli 1946 im Rathaus abzuholen.

»Die deutsche Bürokratie kommt wieder auf die Beine! Sie ist unverwüstlich!« So kommentiert ihr Vater diesen Brief, während er am Küchentisch sitzt und die paar Kartoffeln schält.

»Genau wie du, Papa«, entgegnet Clara. Sie fühlt sich ein bisschen getröstet.

Elf Kartoffeln hatten sie zu Pfingsten, heute sind es neun. Das Kartoffelwasser hebt Clara immer auf, sie verlängert damit die Brühe, die die Kinder vom Schlachthof holen. Wie sie diese Kommunisten, wie sie die Russen verabscheut!

Jemand klopft hart gegen die Scheibe. Clara sieht auf – gerade trocknet sie einer Kundin mit dem Tuch die Haare. Vor dem Fenster steht Franz Bechtmann. Er ist der Letzte, den sie jetzt braucht, aber sie kann nicht so tun, als hätte sie ihn nicht gesehen. Er steht direkt vor dem Laden, beide Hände hinter dem Rücken. Einmal mehr sieht ihr Nachbar wie ein Inspektor aus. Ein Spitzel, würde Tante Helene sagen.

Jetzt gestikuliert er. Clara solle herauskommen. Will er ihr die Leviten lesen, oder was kommt nun?

»Rosa, übernimm bitte mal!«, sagt sie, legt das Handtuch um die Schultern der Kundin und überlässt ihren Platz der Tochter. Sie haben inzwischen so viel zu tun, dass Clara noch einen zweiten Lehrling eingestellt hat.

Draußen auf der Straße ist es heiß. Die Sonne knallt gegen die Häuser. Sie muss eine Hand über die Augen legen, weil sie so geblendet ist. Gerade will sie den Mund aufmachen, um zu behaupten, dass sie partout keine Zeit habe, da zieht Franz Bechtmann ein Brett hinter dem Rücken hervor. Er dreht es langsam um. »Salon Sahlcke« steht darauf. Und darunter, sehr schön geschnitzt, ist ein Barbierbecken zu sehen, das Zeichen der Friseure. Er strahlt übers ganze Gesicht.

»Ich bring es Ihnen an! Keine Widerrede!« Ohne ihre Reaktion abzuwarten, klettert er die mitgebrachte Trittleiter hinauf.

»Wo wollen Sie es haben?«, ruft er. Trotz seines Hinkebeins ist er erstaunlich behände. »Es passt gut hier, unter dem Vorsprung, mal sehen, wie ich das mach.«

Clara schüttelt perplex den Kopf. Dann überkommt sie auf einmal eine unbändige Freude. »Am besten genau in der Mitte«, ruft sie, »ein klein bisschen nach rechts!«

Mit Schwung die Auenstraße hinunter kommt Peter auf seinem Roller, im schönen Bogen biegt er nach links und gleitet hinein in die Lauchaer Straße. So viel Fahrt hat er, dass er nicht mehr abzustoßen braucht, sondern einfach rollen lassen kann. Hinter ihm hergetrabt kommen Ursel und Sofie. Vor der Schmiede stoppt er.

»Schaut mal, was Herr Bechtmann da veranstaltet!«

Die beiden sind froh, dass Peter stehen geblieben ist und sie erst mal verschnaufen können. So ein Roller ist eine fantastische Sache, ein Spielzeug, das sie zu Hause ebenfalls besaßen. Mathilda hatte sogar einen Tretroller. Wenn sie Glück haben, dürfen sie Peter ablösen.

»Jetzt weiß ich, wie euer Vater heißt!«, kräht der stolz. Er hat sich das Schild angeschaut. »Er heißt *Saalonn! Saalonn Sahlcke!*« Sein Kopf ist ganz rot vor Vergnügen. Und schon setzt er die Fahrt fort, das Schutzblech über dem Hinterreifen blinkt in der Sonne. Sofie rennt hinterher, während Ursel verdutzt ihre Mutter anschaut, auf deren Gesicht sich Verblüffung und Freude spiegeln.

»Saalonn Sahlcke …«, Clara schüttelt den Kopf. »Lauf schon, Ursel, geh spielen!«

Bei den Gemeindewahlen im September 1946 erhält die SED 59 Prozent der Stimmen in Sachsen-Anhalt. Allerdings gab es nicht überall Konkurrenz. Viele Ortsgruppen der bürgerlichen Parteien sind aufgelöst oder gar nicht zugelassen worden. Ein Druck existiert, der undurchschaubar ist und von oben kommt. Clara und ihr Vater gehen nur deshalb zur Wahl, weil es unmöglich ist, sich dem Urnengang zu entziehen. Durch die Dörfer treiben eifrige Sozialisten einen Ochsen mit einem Schild, auf dem steht: *Ich gehe nicht zur Wahl, ich bin ein …*

Außerdem geht das Gerücht um, dass denen die Lebensmittelkarten entzogen werden, die nicht zur Wahl erscheinen.

»Unfug«, sagt Onkel Otto. Er ist der politische Kopf der Familie. Er meint, die Sozialdemokraten seien erledigt in der Zwangsehe mit der KPD. Alle sind sich einig darin, die SED, diese *Russenpartei*, nicht zu wählen. Es gäbe verdächtige Äußerungen, berichtet er – er hat es tatsächlich geschafft, ein Radio anzuschaffen; was er dagegen eingetauscht hat, verrät er nicht.

Ulbricht oder Grotewohl[47], einer von beiden soll bereits im Frühjahr in Berlin gesagt haben, die Oder-Neiße-Linie[48] sei als Grenze anzuerkennen. Die Flüsse Oder und Neiße als deutsche Grenze im Osten: Das würde bedeuten, Pommern und Schlesien, all das ginge an Polen und Tschechen! Ganz zu schweigen von Ostpreußen, wo bestimmt die Russen bleiben würden. Clara, ihr Vater und die Kinder könnten niemals zurück. Onkel Otto sagt, nur der Wahl wegen habe die SED Kreide gefressen und rede nun von der *Wiederherstellung der alten Grenzen*. Die richtige Partei sei die liberale Partei, mit ihrem Chef Hübener an der Spitze, besser noch als die CDU.

Clara will nichts wissen von der Politik. Was ist das für ein Land, das einer alleinstehenden Mutter, die alles dransetzt, um mit ihrer Hände Arbeit ihre Kinder durchzubringen, die Lebensmittelration kürzt? Warum nimmt man den Bauern die Ernte weg und schafft einen großen Teil davon in die UdSSR? Der Bürgermeister versucht Abhilfe zu schaffen, wo er kann, aber befohlen wird in Berlin und Moskau. Die Spatzen pfeifen es von den Dächern, dass sie mit den demontierten elektrifizierten Gleisen in der Sowjetunion gar nichts anzufangen wissen, sie machen das nur, um den Menschen hier zu schaden.

Glaubt man Onkel Otto, der sich mehr mit diesen Dingen beschäftigt als sie, ist die politische Situation noch nicht entschieden.

Im Oktober 1946 sind Landtagswahlen. Die SED wird mit 46 Prozent der Stimmen zwar stärkste Kraft, aber die CDU und die liberale LDP erringen zusammen 52 Prozent, gemeinsam haben sie mehr Sitze im Landtag als die SED. Ministerpräsident wird der Liberale Erhard Hübener. Fantastisch, ein guter Mann, findet der Onkel. Im Kreis Eckartsberga sehen das offenbar viele so, die LDP holt hier sogar mehr Stimmen als die SED. Als das Jahr 1946 zu Ende geht, gehören trotzdem vier von fünf Bürgermeistern in der sowjetischen Zone der SED an – Erhard Hübener ist der einzige Ministerpräsident der ostdeutschen Länder, der sie nicht vertritt.[49]

Der große Mann der SED, präsent im *Neuen Deutschland*, wird Walter Ulbricht. Später werden sie ihn oft im Radio hören. Sie finden ihn alle furchtbar.

»Ein schlimmeres Idiom, als es dieser Mann spricht«, sagt die sonst so sanfte Tante Helene, »ist auf dieser Erde schlicht nicht vorstellbar.« Ausnahmsweise ist es nicht Clara, die sarkastisch wird.

~

Familie Sahlcke
Auenstraße 1
Bad Bibra

Halle, den 2. September1946

Liebe Mami, lieber Opi, liebe Schwestern,

ich bin jetzt schon drei Tage von zu Hause fort, und es gibt so viel zu erzählen. Wir sind gut in Halle angekommen und haben alles gefunden. Morgen kommen fünf andere Mädchen, mit denen teilen wir den Schlafsaal. Wir haben hier acht Betten und einen Schrank für die Wäsche. (Mami, da drin ist jetzt auch mein Bettbezug zum Wechseln.)

Vorgestern kamen wir durch ein Tor, es ist in einem sehr großen alten Haus. Hinter dem Tor liegt die Stiftung, sie ist wie eine eigene Stadt. Der Pförtner kontrollierte uns streng, er sitzt hier Tag und Nacht, stellt Euch vor! Alle Internatsschüler müssen sich ausweisen und immer eine Erlaubnis von Erziehern vorzeigen, sonst dürfen wir weder raus noch rein. Hinter dem Tor ist eine Straße mit Bäumen, am Ende steht das Denkmal von August Hermann Francke, unserem Stifter.[50] Zwei Kinder stehen neben ihm und schauen zu ihm auf. Das eine Kind ist ein Mädchen. Ich glaube, ich habe noch nie ein Denkmal gesehen mit einem Mädchen.

Also, auf der einen Seite der Straße sind die Wohngebäude, auf der anderen die Wäscherei und die Küche und daneben der Speisesaal.

Unsere Erzieherin heißt Frau Sawranski. Sie ist sehr Respekt einflößend. Sie trägt ein knöchellanges schwarzes Kleid mit langen Ärmeln und einem Stehkragen aus Spitze. Ihre dunklen Haare sind zu einer Hochfrisur aufgesteckt. Wir mussten uns vorstellen und dann ihr folgen. Wir sind im ersten Stock, sie hat uns die Zimmer gezeigt, die wir mit den Stubenkameradinnen teilen. Der Waschraum ist auf halber Treppe. An einer Wand ist die Waschrinne. Die Toiletten haben keine Türen, nur Zwischenwände. Der Fußboden ist aus Beton mit einem Abfluss im Boden. Es ist furchtbar kalt hier. Aber ich glaube, ich werde mich schon eingewöhnen.

Der Aufenthaltsraum für die Mädchen aus meinem Schlafsaal hat einen langen Tisch und acht Stühle. An den Wänden steht für jeden von uns ein Pult mit zwei Schubladen. Die Schreibplatte kann schräg nach oben geklappt werden. Mein Pult lässt sich sogar abschließen, das finde ich gut! Wenn ich etwas zu essen habe, kann ich es hier einschließen. Aus den Fenstern sieht man die Küche und den Speisesaal gegenüber. (Vom Speisesaal schreibe ich gleich, es sieht darin aus wie in einer Kirche.) Der dritte Raum geht zum Nachbarhaus, wo die älteren Schülerinnen wohnen. Es ist ein Aufenthaltsraum für Besucher, sagt Frau Sawranski.

Um sechs Uhr dreißig morgens schrillt die Glocke. Raus aus den Federn! Ab in den Waschraum. Frau Sawranski kontrolliert, ob wir uns ordentlich waschen. Dann schellt es wieder: Betten machen! Es darf keine Falten geben, sonst wird alles wieder heruntergerissen. Es muss nach Vorschrift sein. Ich muss das noch lernen.

Um sieben Uhr ertönt wieder die Glocke. Frühstück im Speisesaal. Die langen Tische sind eingedeckt, und auf den Tellern liegt für jeden ein Stück Brot und etwas Margarine. Dreimal täglich ruft diese Glocke, ich beeile mich immer. Heute Mittag hatten wir Rübenmus, ich war aber danach noch hungrig. Es schellt immer, wenn das Essen zu Ende ist.

Morgen kommen die anderen Mädchen. Ob sie nett sind? Ich bin so froh, dass Hilde mit mir hier ist. Ich hab ein bisschen Heimweh.

Herzliche Grüße sendet Euch Eure Mathilda.

PS: Mir geht es gut.

Sie sitzen alle am Tisch und lauschen. Als Rosa, die auf Geheiß der Mutter den Brief vorliest, geendet hat, legt die das Stopfzeug aus der Hand und wischt sich die Augen.

»Clärchen«, sagt der Großvater begütigend. Er räuspert sich, rutscht verlegen auf dem Hocker und brummt: »Liebeken, ich hol sie doch schon in drei Wochen ab.«

Rosa steht wortlos auf. Sie nimmt die Blechschüssel, die neben dem Herd steht, füllt sie mit Seife und dem warmen Wasser, das sie im Topf auf dem Herd erhitzt hat, und trägt sie hinaus in den Hof, wo die Zinkeimer auf einer Bank stehen. In einem türmt sich schmutziges Geschirr. An der hölzernen Wand dahinter hängt die Bürste an einem Haken.

»Rosa, der Abwasch ist noch nicht erledigt, dabei wird es schon dunkel«, sagt sie laut zu sich selbst. Sie nimmt die Bürste und haut sie mit solcher Wucht gegen die Wand, dass ihr das Handgelenk schmerzt. Dann greift sie nach einem Teller, taucht ihn ins Seifenwasser und beginnt, ihn mit solcher Wut zu schrubben, dass das halbe Wasser über den Schüsselrand schwappt.

Die Bahnverbindung von Bad Bibra nach Osten ist zeitweilig unterbrochen. Mit dem Bollerwagen, in dem Platz fürs Gepäck ist, wandert der Großvater einmal im Monat zur acht Kilometer entfernten Bahnstation in Laucha, um Mathilda abzuholen. Von Obstbäumen gesäumt, führt die schmale Straße über den Rücken des Höhenzuges und eröffnet den Blick über das Land.

Jede Ankunft der Internatsschülerin ist ein Fest: Clara spart während ihrer Abwesenheit kleine Leckereien für Mathilda auf. Ein Bonbon, eine Scheibe Wurst, etwas Marmelade … Bei der Abfahrt geht es schon morgens um zwei Uhr los, Mathilda und ihre Freundin Hilde aus dem Dorf müssen den Zug ja rechtzeitig erreichen.

Missgunst lauert unter den Schwestern und ist wie ein hungriges Tier. Es sind die Extraportionen. Es ist die große fremde Welt, in die Mathilda immer wieder aufbrechen darf. Sie darf lernen, während die anderen in Bad Bibra bleiben, wo Schweine in Todesangst brüllen, bevor sie heimlich geschlachtet werden. Wo Mäuse an ihren Strohsäcken nagen. Wo sie niemals satt werden. Dass auch Mathilda niemals satt wird, mag ihre Mutter zwar immer wieder betonen, aber das sind nur Worte in ihren Ohren. Vorstellen können sie es sich nicht. Sie fühlen den eigenen Hunger.

Brüder zur Sonne zur Freiheit, singen die Kinder in der FDJ von Bad Bibra. Ursel und Sofie mögen die schmucken blauen Dreieckstücher, nur Rosa sagt, sie habe genug von Uniformen. Überhaupt habe Hitler die Melodie auch schon benutzt, für *Brüder in Zechen und Gruben*. Das würde sie stören. Aber Rosa muss ja sowieso arbeiten, während die Kleinen zum Appell gehen und singen. Zu

Weihnachten haben die Lieder nichts mit Politik zu tun. An der Schule üben die Schüler und Schülerinnen wie jedes Jahr ein Krippenspiel ein.

Sofie ist das Nesthäkchen. Das Wohlgefallen ihrer Mutter umhüllt sie wie ein Mantel aus Licht. Auch in der Schule trägt sie ihn, sie kann darin überall hinwandern. Während der Vorbereitungen für die Weihnachtsfeier hatte der Lehrer zunächst die dumme Idee, sie im Krippenspiel einen Hirten spielen zu lassen. Ohne Text! Aber sie ist ja kein Junge und will keine stumme Rolle. Was fällt ihm ein?! Sie heult vor Entrüstung.

»Sofiechen, mein Engel«, tröstet die Mutter sie, als sie schluchzend auf ihren Schoß krabbelt. »Setz dich nur durch! Sag ihm aber selbst, was du willst!«

Die große Schwester Rosa wird eingeschaltet, sie lehrt Sofie ein Weihnachtsgedicht. Sofie nimmt ihren ganzen Mut zusammen und tritt vor den Lehrer. Er hört zu.

»Gut«, entscheidet er. »Du kommst gleich am Anfang und sagst es auf. Erst dann beginnt das Stück.« Sie ist als Erste dran! Das findet sie nur richtig so.

Am letzten Schultag vor Weihnachten fällt der erste Schnee, die Flocken wirbeln und schmelzen im schwarzen Bach. Eltern, Kinder und Lehrer, alle versammeln sich am Nachmittag in der Schule, wo eine kleine Bühne aufgebaut ist. Nur eine fehlt. Wo bleibt Sofie? Ursel wird ausgeschickt. Sie findet Sofie am Bach, wo sie beim Spielen die Zeit vergessen hat. So schnell sie können, rennen sie zum Schulberg, sind aber so spät, dass Sofie sich nicht mehr umziehen kann. Die anderen haben schon angefangen, deshalb schickt der Lehrer sie notgedrungen als Letzte auf die Bühne.

Da steht sie erhitzt in ihrer schmutzigen Hose und rezitiert:

»Von drauß' vom Walde komm ich her.
Ich muss euch sagen, es weihnachtet sehr …«

Mit der gar nicht sauberen Tatze streicht sie sich das zerzauste Haar aus dem Gesicht. Das Publikum schmunzelt.

»Allüberall auf den Tannenspitzen, sah ich goldene Lichtlein blitzen …«

Sie rollt ihre großen braunen Kulleraugen, dann hüpft sie und droht mit der imaginären Rute:

»Knecht Ruprecht, rief es, alter Gesell. Hebe die Beine und spute dich schnell …«

Die Leute klatschen und drehen sich lächelnd zu Sofies Mutter um.

»Hast denn die Rute auch bei dir?« Sofie verdunkelt die Stimme:

»Ich sprach: Die Rute, die ist hier; doch für die Kinder nur, die schlechten, die trifft sie auf den Teil den rechten!«

»Ist die niedlich«, ruft jemand.

Niedlich? Natürlich bin ich niedlich! Sofie reckt das Kinn und schaut nach ihrer Mami. Ihre Mami lächelt stolz.

9. KAPITEL

Im Januar 1947 wird es bitterkalt. Sie haben zwei Kammern, aber sie schlafen jetzt alle in der Küche. Der riesige alte Herd spendet Wärme. Er verzehrt ohne Unterlass Kienäpfel, Reisig und Briketts, noch haben sie genug davon. Es ist gefährlich, Kinder ohne warme Mäntel bei diesem Frost nach draußen zu lassen. Sie könnten erfrieren. Schulleiter Petjuweit besteht zwar darauf, dass die Schule geöffnet bleibt – erst wenn die Temperatur im Schulraum keine vierzehn Grad mehr erreicht, falle sie aus. Trotzdem kommen nicht alle Kinder zur Schule, schon deshalb, weil es an schneefesten Schuhen fehlt. Ursel und Sofie haben ein Paar Filzstiefel, die sie abwechselnd tragen. Rosas Füße sind zu groß dafür.

Mathilda hat noch Ferien. Ende der ersten Januarwoche muss sie zurück nach Halle. Am Morgen macht sie sich auf den Weg zum Thüringer Hof, um Hilde zu treffen, mit der sie das Internat besucht. Sie trödelt ein bisschen, obwohl es so eiskalt ist – und auch, weil es noch so früh ist. Sie können ja nicht immerzu im Haus und aufeinander hocken. Mathilda ist gern mal für sich; sie hatte gedacht, im Internat sei es eng, aber zu Hause ist es viel enger. Die Straßen und Wege in Bad Bibra sind weiß, aber nicht von Schnee, es ist die Eisschicht, die der Frost auf Sand und Pflastersteine legt. Ganz fahl sieht sie aus, wie ein altes Tuch.

Mit jedem Atemzug haucht sie kleine Rauchwolken aus. Die Straße ist menschenleer, die Halme der Gräser am Saubach biegen sich unter Kronen aus Raureif. Gerade will sie den Bach überqueren, da sieht sie am Badeplatz einen Mann im langen Mantel vor der Tafel stehen und die Bekanntmachungen studieren. Der ist nicht von hier. Er tritt ein paar Schritte zurück und guckt die Straße zur Rechten hinauf, dann dreht er sich um und schaut in ihre Richtung. Was glotzt denn der so?

Plötzlich beugt der Fremde sich vor und fängt an, in die Hände zu klatschen. Er ruft etwas. Und kommt auf sie zu. Sie bleibt stehen, weicht zurück und will schon wegrennen, da hört sie ihn rufen: »Mattus! Mattus! Mattus!« Und immerzu hört sie das Klatschen der Hände.

»Papi!« Das ist Papi! Papi ist wieder da!

Wer fühlt jetzt noch, dass Winter ist? Dass es der kälteste Januartag seit Menschengedenken ist?

Für Mathilda ist es ein leuchtender Tag des Glücks. Die Erinnerung an diesen Tag wird sie ein Leben lang wärmen. Ein Krieg geht vorüber, böse Zeiten enden, alles kann gut werden. Alles, alles kann heilen, man muss nur drauf vertrauen.

»Papi ist wieder da!« Mathilda stürzt mit vor Begeisterung überschnappender Stimme in die Küche. Ursel und Sofie schauen dem Glück still zu, während ihre Mutter und Rosa dem Fremden um den Hals fallen. Sie kennen den Mann nicht, der da plötzlich im Raum steht. Zwei Jahre und vier Monate sind vergangen, seit ihr Vater fortging. Der Fremde ist freundlich zu ihnen. Als er sie in den Arm nimmt, wehren sie sich nicht, das würde der Mutter, die sie mit den Augen suchen, sicher nicht gefallen, aber unbehaglich fühlen sie sich schon.

In der Unterkunft wird es noch enger.

Am nächsten Tag lässt die Mutter alle vier Schwestern antreten. Wie die Orgelpfeifen stehen sie vor den Eltern.

»Ihr sagt keinen Ton!«, schwört die Mutter sie ein. »Verstanden? Keine Silbe! Zu niemandem, nicht in der Schule, nicht im Laden, nicht beim Spielen! Wenn jemand danach fragt, sagt ihr, euer Vater war Soldat. Jetzt ist er zurück. Mehr sagt ihr nicht.«

Mit vielen Polizisten hat die Rote Armee bei ihrem Vormarsch kurzen Prozess gemacht und sie erschossen. Seither schicken Militärtribunale ehemalige NS-Polizisten in die *Speziallager.*

»Habt ihr verstanden? Ursel? Das ist ganz wichtig! Hörst du, Sofie? Über alles, was früher war, reden wir nicht.« Sie legt den Finger auf die Lippen, Sofie macht es ihr nach.

Dann sagt die Kleine: »Mucksmäuschenstill! Wir sind mucksmäuschenstill.«

Die Schwarzmarktpreise klettern. Im Juni 1947 erreichen sie fünfzig Reichsmark für ein Glas eingekochtes Fleisch oder Wurst und fünf Reichsmark für ein Ei. Zweihundert Reichsmark kostet ein Zentner Kartoffeln. Clara hat, beraten durch Tante Helene, gleich nach ihrer Ankunft Ringe und ein Armband gegen Möbel und Hausrat getauscht. Jetzt kriegt man für Schmuck nichts mehr. Klunker, wie die Bauern es nennen, sind keine realen Werte mehr.

Den Bauern geht es selber nicht gut. Die billigen Zwangsarbeiter sind weg, viele Männer nicht wiedergekehrt aus dem Krieg. Die Amerikaner haben Vieh mitgenommen, als sie abrückten. Dünger ist nicht zu bekommen; zwei Ernten sind schlecht ausgefallen, und das bisschen, das eingebracht wird, gehört den Bauern nicht: Die Abgaben drücken. Bis 1947 geht die Demontage von Gleisen und Industrieanlagen, an denen das Land Sachsen-Anhalt reich war, weiter. Jetzt ist der Mangel allgegenwärtig.

Rudolf ist kaum angekommen, da hat er Glück. Kleinvieh, so will das die Partei, sollen auch Umsiedler erhalten, und als wider Erwarten tatsächlich ein Laster am *Badeplatz* vorfährt und Küken und Kaninchen verteilt werden, ist er mit Claras Bezugsschein zur Stelle. Ab sofort kümmert er sich persönlich um das Viehzeug. Karnickeln das Fell abzuziehen ist ihm zuwider, alle merken es, aber Rudolf macht es: Der nächste Winter kommt bestimmt.

Was das Geflügel angeht, ärgert Gustav sich, dass sein Schwiegersohn sich gegen seine Ratschläge taub stellt. Schließlich war er es, der während des Kriegs im Hof Gänse gehalten hat. Rudolf versteht nichts davon, die Gössel sterben eins nach dem anderen – oder, was schlimmer ist, werden von den Ratten geholt.

»Nicht eine einzige Ratte wagte sich je auf meinen Hof«, murrt Gustav. Schweigend sieht er zu, wie Rudolf weitere Ställe zimmert. Den Hammer schwingen, das kann er immerhin. Weniger geschickt erweist er sich, wenn Clara ihn mit dem Rucksack, den sie auf der Flucht auf dem Rücken trug, zum Hamstern schickt.

Schwarzhändler und Hamsterer: Die hat Rudolf im Krieg verfolgt. Wer hamstert, ist ein Schädling, hieß es seinerzeit auf einem Plakat im Kreishaus. Darauf standen bis zu drei Jahre Zuchthaus. Betrug am Volk, hat er es noch bis vor Kurzem genannt. Verschärfend wirkten sich Vorstrafen aus.

Einmal hat er so einen Kerl geschnappt, der war aus dem Lager geflohen, und nun brachte Rudolf ihn gleich wieder rein. Der hatte sich im Mehl versteckt. Weiß war er, als sie ihn da rauszogen, wie in der Geschichte von Max und Moritz. Er muss heute noch darüber schmunzeln. Wie hatte der gebettelt und gefleht. »Jetzt kommst du in den Ofen«, hat er dem Halunken zugerufen. So war das damals.

Nun ist er selber so ein bettelndes Subjekt – und darf sich nicht erwischen lassen. Wie er diese Rolle verabscheut! Er ist sehr angestrengt von der praktischen Seite der Dinge.

Die beste Zeit für den Besuch eines Hamsterers ist der frühe Vormittag, hat er festgestellt. Dann ist der Bauer garantiert nicht mehr in der Küche (sonst hat er immer verloren), und die Bäuerin ist eher zu erweichen. Er macht dann ein bisschen auf Theo Lingen. »Gnä' Frau, wie blitzblank ist Ihre Küche – Sie erwarten wohl den Kurfürsten?« Über seine alte Nummer aus dem *Salon Amelie* muss dann manchmal auch so eine untersetzte sächsische Deern lachen.

Das klappt leider nicht immer, wahrhaftig nicht. Viele dieser Weiber sind einfach humorlos. So auch an diesem Morgen. Clara hat ihn ins nächste Dorf geschickt. Das sei sicherer, als in Bad Bibra an die Türen zu klopfen. Am Ortsrand von Golzen liegt ein schöner Bauernhof aus rotem Klinker. Der Stall ist rechts, das Wohnhaus links, dort steht eine Tür offen, das muss die Küche sein.

»Verschwinde, du Vieh!«, gellt es von drinnen. Eine Katze sucht mit erhobenem Schwanz das Weite. Wenigstens war er nicht gemeint. Er klopft einmal kurz am Türrahmen und tritt ein. Die Bäuerin, das Haar unter dem Kopftuch, steht am Tisch über diverse Schüsseln gebeugt. Herz, Nieren und Magen: Rudolf weiß, wie Innereien aussehen. Aha, ertappt bei der Schwarzschlachtung.

»Guten Morgen, gnä Frau. Die guten ins Töpfchen, die schlechten ins Kröpfchen! Haben Sie für mein Kröpfchen eine Gabe?« Die Frau schaut erschrocken auf, er strahlt sie an.

»Eine Zigarette ist auch zur Hand!«, setzt er nach und schnalzt mit der Zunge, aber das macht es noch schlimmer.

»Wooln se mech ofn Orm nähm, se Grätäng?!«, ruft sie wütend und stemmt die Hände in die Hüften: »Forhohnebibln? Wot treim se her? Do hörgelloofne Käl. Isch näm gleech de Laatschen on dresch de.«

Sein Fall sind diese sächsischen Frauen nicht.

Zum Kotzen findet er sie! Wie ein jüdischer Hausierer aus dem Haus geworfen!

Vielleicht, so schwant es Rudolf, wäre sein Schwiegervater an dieser Front besser. Ein Dingchen drehen, ein Türchen öffnen … In den Lücken des Lebens fühlt der Alte sich wohl … Aber er holt ja Wasser, schält Kartoffeln und macht die Ställe sauber. Rudolf möchte trotz allem nicht tauschen mit ihm. Grollend stapft er über die Kuppe zurück nach Bad Bibra.

Die Regale in den Läden werden immer leerer. Selbst Futter für die Karnickel ist nirgends zu kriegen. Im Sommer kommen sie mit dem Löwenzahn, den Ursel und Sofie sammeln, über die Runden. Aber was soll im Winter werden? Es ist zum Verzweifeln. Immerhin, für die zwei Zigaretten, die Clara von einer Kundin bekommen hat, kriegt er bei einer Bäuerin an der Straße nach Altenroda reichlich Heu. Vorsichtshalber verzichtet er auf jegliche Fisimatenten. Er ahnt, dass Clara über seinen Handel nicht glücklich sein wird. »Was, gleich alle beide bist du losgeworden?« Das wird sie sagen.

Als Rudolf mit dem prall gefüllten Rucksack die Auenstraße erreicht, steht Franz Bechtmann vor der Tür und raucht. Zwei breite Hosenträger ziehen ihm den Bund bis über den Bauchnabel, die Hose und auch das Hemd schlottern ihm um den mageren Körper. Ausgerechnet jetzt steht der da, der Russenknecht! Der Rucksack mit Heu sieht nach mehr aus, als es ist – nach viel mehr. Dass ihn dieser Kerl schon eine Weile im Visier hat, das ist Rudolf klar. Der hat gehofft, dass er nicht aus dem Krieg zurückkehrt! Er beschließt, ihn knapp zu grüßen und an ihm vorbei in den Hof zu gehen.

»Aber Herr Sahlcke! Der volkseigene Sektor in der Konsumgüterversorgung ist im Aufbau. Und jeder, der Güter abschöpft, schadet diesem Aufbau«, schnarrt Bechtmann und dreht ihm, ohne eine Antwort abzuwarten, den Rücken zu.

Einmal in der Woche fährt Rosa zur Berufsschule nach Kölleda. Sie mag diese Tage. Sie mag sie, weil sie dem Alltag im Geschäft entfliehen kann, es die Bahnfahrt gibt und vor allem: weil sie allein ist. Sonst steht sie immerzu unter der Regie ihrer Mutter, die ja auch ihre Chefin ist. Dauernd sind die anderen da. Nachts schläft Rosa mit den beiden Kleinen in der einen, die Eltern in der anderen Kammer. In der Küche richtet sich jeden Abend ihr Opa ein. Die unterdrückte Wut zwischen ihrem Vater und Großvater spürt sie fast körperlich. Gut, dass es noch Sommer ist und alle raus ins Freie können.

Wie es wohl wäre, alleine zu wohnen? Ein Bild fliegt sie an: von einem geöffneten Fenster in einem alten Bürgerhaus am Marktplatz von Apolda. Sie war mit ihrer Mutter dort, es ist lange her. Im Fenster hing eine weiße Gardine, die sich im Wind bauschte. So einen Raum stellt sie sich vor, darin würde sie an einem kleinen weißen Schreibtisch sitzen, einem, wie sie ihn in Stolp hatte. Und darauf eine Vase mit Rosen. Keine Topfpflanze! Das Zimmer hätte keine Schräge, und sie würde einen Morgenrock tragen, Bücher lesen und Briefe schreiben, solange es ihr gefiele. Wenn überhaupt es in dieser idealen Welt Männer gäbe, dann würden sie keine Soldaten sein, sie würden nicht stinken, nicht grölen und keine Stiefel tragen. So kuriose Gedanken kommen ihr manchmal, wenn sie im Zug sitzt.

Wenn sie sich sehr beeilt, wird sie es schaffen, sich vor der Rückfahrt Bücher in der Stadtbibliothek zu holen. Bahnhof, Berufsschule und Bücherei liegen weit entfernt voneinander; es ist eine Plackerei, am Abend den Zug zu erreichen, zumal der nie nach Fahrplan fährt. Aber alles, hat ihre Mutter sie gelehrt, ist auch eine Frage des Willens.

Wenn die Bahn die Senke von Bad Bibra hinter sich lässt, ist Rosa jedes Mal beeindruckt. Sie kann sich nicht sattsehen: So weit das Auge reicht, dehnen sich die Felder und in der Ferne Wälder. Scheinbar unendlich, wie eine Dünung wellt sich das Land gegen den Horizont. Kartoffel- und Rübenäcker, Getreide. Der Krieg ist seit zwei Jahren vorbei, und noch ist das Land nur zum Teil bewirtschaftet, aber dass es gewaltigen Wohlstand bedeutet, das erkennt Rosa. Eine solche Weite! Sie erlebt, wie die Felder mit der Jahreszeit die Farben wechseln. Im Winter Schwärze und gefrorenes Grau. Rotbrauner Boden und blassblauer Himmel im Frühling … und so oft: kein Wölklein in Sicht. Jeder Morgen in der Bahn erscheint ihr wie eine Fahrt durch ein Gemälde.

Dieselbe Landschaft, die ihren Sinn am Morgen hebt, bedrückt sie am Abend. Dann kommen ihr diese Weiten eintönig und uferlos vor. Auch Pommern ist nicht platt und hat Wald, aber in der Landschaft verstreut liegen Gehöfte und Güter, zu denen schöne alte Alleen führen. Wenn sie doch wieder einmal eine Möwe, nicht nur Krähen und Tauben zu Gesicht bekommen würde … Wie ihr die Ostsee fehlt!

Was sie untertags in der Berufsschule erlebt, drückt ihre Stimmung. Es will ihr einfach nicht gelingen, sich den anderen Mädchen dort anzuschließen. Einerseits ist sie schüchtern, andererseits fühlt sie sich ihnen turmhoch überlegen. Mir und mich verwechseln die, die können noch nicht einmal Hochdeutsch sprechen. Sie mag nicht von hier sein, aber Magdeburg, Naumburg und Apolda hat sie schon gesehen … ganz zu schweigen von Danzig und Stettin. Dass sie jeden Donnerstag nach Schulschluss nichts Eiligeres zu tun hat, als die Bücherei aufzusuchen, macht sie bei den anderen nicht beliebter.

In der Bibliothek lief anfangs auch nicht alles glatt.

»Was für Papiere ham Se denn, Frollein? Was, Flüchtling? Umsiedlerin meinen Sie! Wo sin Se gemeldet?«, fragte die Herrin der Bücher und musterte Rosa misstrauisch.

Einen Personalausweis hatte Rosa nicht, sie war ja erst fünfzehn. Tatsächlich bestand die Frau darauf, dass sie ein Schreiben vorweisen müsse, das ihren Besuch der Berufsschule Kölleda bestätigte.

»Umsiedler sind verpflichtet, sich auszuweisen!«, sagte die Bibliothekarin schmallippig, als sie zwei Wochen später – nach Vorlage eines Schulformulars – Rosas Büchereiausweis stempelte. Prompt hatte Rosa die neuesten Bücher ausgesucht, aus der ersten Lieferung seit zwei Jahren.

»Wer nicht sesshaft ist, macht sich schnell hinne mit em Buch.«

»Nicht nur mit em Buch«, tönte eine Stimme hinter ihr aus dem Dunkel der Bücherregale, und dann folgte ein meckerndes Lachen.

»Zum deutschen Volk gehören wir alle«, stieß Rosa hervor. Sie hätte heulen können vor Wut, so zuwider waren ihr all diese Sachsen oder Thüringer und solche alten Weiber wie dieses, das seine struppigen Haare im Knoten trug.

Aber sie hatte die Bücher! Seit sie ihren Leseausweis hat, versinkt sie in den Welten von Tolstoj, Dostojewski und Turgenew. Im Zug verliert sie keine Minute mehr mit der Betrachtung der Landschaft. Den ersten Roman von Dostojewski beginnt sie zu lesen, kaum dass sie im Abteil Platz genommen hat. Beinah wäre sie über Bad Bibra hinausgefahren, so sehr gefangen nimmt sie ihre Lektüre.

Rosas Bahnfahrt nach Kölleda führt über Lossa. Im November 1947, als sie ein Jahr Schülerin in der Kreisstadt ist, wird der Bahnbetrieb ab Lossa eingestellt: Die Sowjets lassen beide Gleise demontieren, nicht nur eines wie auf anderen Strecken, um sie in die Sowjetunion zu schaffen. Eine Reparationsleistung, heißt es auf der Tafel am *Badeplatz*.

Ihre An- und Abreise wird von nun an beschwerlich: Sie muss den Unterricht eine halbe Stunde früher verlassen, um erst den Bus und dann den Zug zu erreichen, der am Abend nach Bad Bibra fährt, und hat dem Meister noch dankbar zu sein, dass er sie gehen lässt, denn eine Alternative gibt es nicht.

»Auf keinen Fall läufst du auf der Landstraße zu Fuß«, darauf besteht ihre Mutter. In Lossa gibt es viele Kasernen der Russen.

Mit dem wöchentlichen Besuch in der Bücherei ist es natürlich vorbei. Rosa hätte nicht übel Lust, die geliehenen Bücher zu behalten und so das Vorurteil zu bestätigen, das gegen Umsiedler herrscht. Aber sie wagt es nicht, sie wäre ja über die Berufsschule für die Autoritäten zu finden. Noch zwanzig Monate bis zur Gesellenprüfung, dann ist sie erlöst!

Dass sie diese Prüfung verpassen wird, ahnt sie noch nicht.

An einem Abend im Oktober 1948 empfangen sie in der Auenstraße Besuch. Wolf, der jüngste Sohn von Tante Helene und Onkel Otto, sitzt am Tisch. Auf dem Tisch liegen vier Tafeln Schokolade. Wolf ist Lehrer und leitet in Mülheim an der Ruhr eine Hauptschule, obwohl er erst neunundzwanzig ist. Mit seinem jugendlichen Alter ist er in dieser Funktion eine Ausnahme – im Westen haben sie, anders als in der SBZ, viele der alten Lehrer behalten. Immer wenn Wolf zu Besuch bei seinen Eltern ist, kommt er auch zu den Sahlckes. Und nie versäumt er, etwas mitzubringen. Clara ist dankbar und auch gerührt: Es erinnert sie an Stolp, an die Zeit der gegenseitigen Besuche in der großen Familie.

Als Rosa eintritt, steht Wolf auf und – errötet. Es ist zwar dämmrig in der Küche, aber Clara irrt sich nicht: Wolf meint tatsächlich Rosa … Es gibt nicht einen einzigen jungen Mann im Ort, der interessant wäre für meine Tochter, schießt es Clara durch den Sinn. Was hat sie hier für Aussichten?

Rosa gibt ihm die Hand. Wolf räuspert sich.

»Wo war ich stehen geblieben«, fragt er und lächelt sie an.

»Dass in Wolfsburg der Volkswagen vom Band läuft«, sagt Rudolf. »Setz dich wieder hin!«

Schon lauschen alle konzentriert – Vetter Wolfs Berichte aus der Westzone saugen die Sahlckes auf wie ein staubiger Acker den Regen. Dass es steil aufwärtsgehe seit der Währungsreform, berichtet er. Alles sei da: Butter, Milch, Kaffee und Werkzeug, ganz abgesehen von Zigaretten. Er redet vom Marshallplan, mit dem die Amerikaner ihre Zone wieder aufbauen, der Trizone – und vor allem von der Luftbrücke.

»Habt ihr von Reuters Appell an die Welt gehört?«

Natürlich nicht. Sie schütteln alle den Kopf.

»*Völker der Welt, schaut auf diese Stadt!* Die Rede war einfach großartig! 200 000, vielleicht sogar mehr, haben sich vor dem Reichstag versammelt.« Wolf zitiert ganze Passagen auswendig, er ist so begeistert darüber, wie Reuter den Sowjets Paroli bot. Der

Oberbürgermeister von Westberlin hat die SED »erbärmliche Kümmerlinge« genannt, »die für dreißig Silberlinge sich selbst und ihr Volk an eine fremde Macht verkaufen wollen«.

Die Kundgebung in Westberlin kommt in den Anschlägen am *Badeplatz* und der *Täglichen Rundschau*, dem Organ der SMAD, nicht vor. Dabei war Reuter mal Oberbürgermeister von Magdeburg. Aus Onkel Ottos Radio, ihrer anderen Quelle, wissen sie, dass die Sowjetmacht den Westteil der Stadt abgeriegelt hat als Reaktion auf die Währungsreform in der Westzone. Ulbricht attackiert Westberlin als »Brückenkopf, von dem der Stoß gegen die Wirtschaft der sowjetisch besetzten Zone geführt werden soll«. So steht es im *Neuen Deutschland*. Dass die Westalliierten Kohle und Lebensmittel per Flugzeug bringen und es gelingt, die Stadt zu versorgen, erfahren sie von Wolf.

»Die Amerikaner werden Berlin nicht aufgeben, General Clay ist ein guter Mann«, meint er, »aber Stalin wird hart bleiben. Notfalls lässt er es an euch aus.«

»Was denkst du, wie es hier weitergeht?«, fragt Clara.

»Wir müssen damit rechnen, dass alles immer weiter auseinandergeht und es schwierig wird, die Ostzone zu verlassen.«

»Was? Das ist doch unvorstellbar, dass Deutsche sich nicht mehr frei in Deutschland bewegen können!«

Wolf wiegt den Kopf. »Es ist das erste Mal, dass ich keine Zeitung mitbringen durfte. Ich sag euch, sie schneiden euch ab.« Gedrucktes im Gepäck ist neuerdings verboten.

»Clara, ihr solltet überlegen, ob ihr nicht rüberkommt. Meine Eltern hab ich so weit, sie sind auf dem Sprung.«

Das ist neu, eine eisige kleine Brise berührt Clara. Sie schluckt. »Wie bitte, Tante Helene … will rüber?«

Wolf legt den Zeigefinger auf die Lippen. Sein Blick geht zu Sofie und Ursel.

»Da ist noch jemand auf dem Sprung!«, sagt er schmunzelnd und überreicht beiden je eine Schokoladetafel – Ursel führt ihre spontan an die Nase. Beide Schwestern lieben den Duft so sehr, dass sie immer das Stanniolpapier ganz glatt streichen und aufbewahren, sobald die Tafel verzehrt ist. Ursel holt es dann manchmal hervor, um daran zu schnuppern. Wenn sie dabei die Augen schließt und einatmet, stellt sie sich vor, wie die Schokolade auf ihrer Zunge zerschmilzt.

Bevor Wolf auch Rosa eine Tafel reicht, zögert er. Er wird ein klein wenig verlegen. »Ich hab dir ein Buch reingeschmuggelt. Wenn du willst, kann ich es holen.«

Sofie und Ursel spielen am Bach. Sie sind wie zwei Waldwichtel, die ihr Lebtag nichts anderes getan haben, als am Ufer von rechts nach links zu springen, und zwar so, dass kein Fuß abrutscht zusammen mit der fetten dunklen Erde, die den Bachlauf säumt. Sie kennen hier jeden Stein und jeden Stock. Am besten findet der Fuß Halt auf einem morschen Ast, der an der Böschung liegt. Sofie hat das besonders gut raus, sie ist schneller als ihre Schwester. Der Förster hat ihnen verboten, einen Damm zu bauen. Wenn einer das macht, dann nur der Biber, hat er gesagt. Sie bezweifeln, dass es hier lebende Biber gibt, sonst hätten sie die längst zu Gesicht gekriegt. Der einzige Biber, den sie kennen, befindet sich auf einem Sockel vor dem Rathaus und ist aus Stein. Trotzdem, es gibt eine gute Stelle, wo die Mädchen nichts tun müssen, um das Wasser zu stauen, da wollen sie hin. Große weiße Steine liegen dicht unter der Oberfläche und bilden ein Becken, in dem sich das Wasser sammelt, bevor es weiter fließt. Ganz klar ist es, und es steht fast still. Schwarze Molche haben sie da schon beobachtet. Manchmal stehen kleine Fischlein darin, die Köpfe in die Richtung, aus der sachte das Wasser fließt.

Ursel sieht den Fisch zuerst. Eine Forelle. »Schau!« Sofie ist als Erste da. Sie kniet sich auf die Steine – und greift mit beiden Händen ins Wasser. Im nächsten Augenblick reißt sie die Arme hoch über den Kopf, das Wasser spritzt, und etwas zappelt: Sie hat ihn! Ein riesiges Exemplar!

Ursel gleitet zu ihr auf die Steine.

Dann kämpfen sie.

Sofie auf den Knien, Ursel in der Hocke. Ursel greift mit beiden Händen nach dem Leib der Forelle, ein Daumen krallt sich in die Kiemen. Sofie lässt nicht los. Keine von beiden lässt los. Ursel wirft sich auf Sofie. Sie fallen hin, Füße und Schuhe sind im Wasser. Die sich windende Forelle ist noch immer in Sofies Händen. Da, Sofie hat sie wieder allein! Sie packt das Tier, kommt ins Sitzen – ein Triumph – und schlägt damit ihre Schwester. Die Forelle trifft Ursel mit Wucht im Gesicht. Sie holt ein zweites Mal aus – doch da rutscht der Fisch und ist plötzlich nicht mehr da. Der Leib klatscht in den Bach, ringelt sich über einen Stein und verschwindet.

»Das hast du davon!« Sofie ist mit Matsch bedeckt, die Haare quellen aus dem Band, mit dem sie auf dem Kopf zusammengehalten sind. Mit einem Satz hat sie sich aus dem Bachbett befreit und steht oben am Rand. Sie keucht, so sehr ist sie außer Atem.

»Du bist so eine …«, Ursel findet zuerst kein Wort für ihre Entrüstung, »du bist bist so … ein Luder.« Sie muss aufstehen und einen Schuh aus dem Bach fischen. Erst da bemerkt sie, dass etwas von ihrem Daumen rinnt – Blut.

Auf einmal ist ihr furchtbar kalt.

10. KAPITEL

September 1949

Rudolf nutzt den Vormittag zur Körperpflege. Die Mädchen sind in der Schule, Clara und Rosa im Geschäft. Der Schwiegervater hockt in der Kirche, vermutet er. Es ist ein frischer Tag Anfang September 1949, aber im Hof ist es geschützt; im Stall mümmeln die Karnickel und auf der Mauer, die den Hof begrenzt, sitzen Tauben und gurren. Sie fühlen sich so heimisch, dass sie sich nicht stören lassen, als er den Hof betritt. Er knöpft sein Hemd auf, hängt es über die Wäscheleine und überlegt, ob er sich draußen waschen soll. Lieber nicht. Den Hof können die Nachbarn, die über ihnen wohnen, einsehen, und er mag sich nicht zuschauen lassen, es wäre ihm peinlich. Die verdammte Zeit im Lager, in der es kein bisschen Privatsphäre gab, ist schließlich vorbei. Nein, er nimmt den Eimer, schöpft Wasser aus der Tonne und geht zurück in die Küche, wo er den Herd schon angefeuert hat: Zumindest lau muss das Waschwasser sein. Die Tonne ist eine echte Verbesserung; Clara hat sie bei der Frau des Kaufmanns getauscht gegen zwei Dauerwellen.

Rudolf gießt das erwärmte Wasser in eine Emailleschüssel. Sein Rasierzeug hat er fein säuberlich aufgereiht. Kaum hat er auch das Unterhemd ausgezogen, klopft plötzlich jemand hart gegen die Tür und reißt sie dann auf, ohne eine Antwort abzuwarten. Auf der

Schwelle zum Treppenhaus steht Franz Bechtmann. Sein Gesicht ist kalkweiß. Mit der linken Hand umklammert er den Knauf seines Stocks, in der rechten Hand hält er Rudolfs Gürtel: Wie ein toter Aal hängt er in seiner Faust, die Spitze des Leders berührt den Boden.

»Sie haben da etwas Wichtiges vergessen!« Er spuckt jedes Wort aus, seine Stimme ist voller Ekel.

Rudolf sagt nichts. Er legt sich das Handtuch um den Hals und blickt den Nachbarn an. Der rührt sich nicht von der Stelle.

»Da!« Er wirft den Gürtel in Rudolfs Richtung. Rudolf fängt ein Ende auf. Die Schnalle knallt auf den Holzboden.

»Wollen Sie mir noch was zeigen?«, fragt Bechtmann verächtlich. Sein Blick gleitet angewidert über Rudolfs nackten Oberkörper. »Heben Sie doch mal den Arm!« Dann bricht es aus ihm raus: »Sie sind ein verdammtes Nazi-Schwein, Sahlcke!«

Rudolf war noch nie Diplomat. Konflikte löst er auf die brutale Art. Wenn er spürt, dass er unterlegen ist, ist er ihnen zeit seines Lebens ausgewichen. Situationen unter diesem Gesichtspunkt einzuschätzen und nicht zu überreizen, darin besteht seine Schläue. Einen Augenblick lang erwägt er, Bechtmanns Kopf in die Tonne im Hof zu drücken … ein Sprung nach vorn und …

»Was willst du?«, fragt er stattdessen. »Uns denunzieren? Soll meine Frau ins Lager?«

Franz Bechtmann schweigt.

Rudolf fädelt den Gürtel langsam in seinen Hosenbund. Das eingestanzte Hakenkreuz an der Schnalle hat er in vielen Stunden im Lager in Ostfriesland mit einem Kiesel schön flach geklopft. Deutsche Wertarbeit.

In Esterwegen[51] waren sie zweieinhalbtausend Männer, die meisten ehemals SD, Polizei und SS. Rudolf wusste lange nicht, ob Clara und die Kinder überlebt hatten. Das Foto seiner fünf Mädchen (Clara und Rosa, dazwischen die drei Kleinen) war am Ende fast in Stücke zerfallen, so oft hatte er es in die Hand genommen. Dass Gauleiter Schwede-Coburg Frauen und Kinder Pommerns schmählich im Stich gelassen habe, während er seine Haut rettete, diese Ansicht hatten einige im Lager, freilich waren die in der Minderheit. Rudolf war froh, dass Manneszucht und schneidiger Ton weiter herrschten: Die SS-Kameraden hielten zusammen, ihre straffe Hierarchie brachte Vorteile im Lageralltag, sie hatten die besten Informationen.

Rudolf war wieder Barbier, er schnitt Haare und kannte jeden. Die Männer einte die Empörung über die Urteile in Nürnberg: Die SS galt seit dem Tribunal der Alliierten (von Gerichtshof sprach kein Gefangener) als verbrecherische Organisation.[52] Mag ja sein, dass es einzelne Gräuel gegeben hatte, bestimmt sogar, fürchterliche Sachen, aber dafür alle verantwortlich machen? Rudolf misstraute den Briten, die das Lager verwalteten. Sie vertrösteten die Internierten auf ihr Spruchgerichtsurteil.[53] Davor war ihm bang. Was glaubten diese Engländer eigentlich, wie sie gegen den Ostblock klarkommen wollten, wenn sie die deutsche Elite, die Männer der SS, verfolgten? Dass ein neuer Krieg vor der Tür stand, dieses Mal gegen die Russen, davon waren alle überzeugt.

»Lauter Nazis unter sich … *a breeding ground*«, befand der britische Offizier, der sich von Rudolf die Haare schneiden ließ. »*That's shit. How do you say that in German? Das ist eine Brutstätte.*« Den Engländern war daran gelegen, das Lager bald zu schließen; sie stellten nicht alle Gefangenen vor Gericht – die, die sie für kleine Fische hielten, ließen sie gehen.

Rudolf hatte in Thorn Zwangsarbeiterinnen bewacht, seine Wachmannschaft hatte sich rechtzeitig absetzen können. Zusammen mit einem Verband der zurückflutenden Wehrmacht war er in Gefangenschaft geraten. Seinem Bewacher zeigte Rudolf das Foto von Clara und den vier Töchtern und machte sich angenehm. Als die Spruchgerichte im Juni 1947 ihre Arbeit aufnahmen, war er schon frei. Eines Morgens musste er sich am Lagerausgang melden und erhielt einen Entlassungsschein. Höchste Zeit, fand Rudolf. Wie hatte sein Schwiegervater immer gesagt? Ein Barbier kommt gut durch den Krieg. Einmal hatte der Alte recht.

Und nun ist das alles vorbei. Man muss die Gürtelschnalle schon sehr genau anschauen, um das Hakenkreuz noch zu erkennen. Aber genau das hat dieser Kerl offenbar gemacht.

»Hör auf, uns zu bespitzeln«, fährt Rudolf ihn an. »Wann willst du endlich aufhören mit den alten Geschichten?«

»Geh zur Hölle und schmore darin«, zischt Bechtmann, »Fluch über dich, dreifacher Fluch …« Über dich und die Deinen hat er sagen wollen, aber nein, das meint er ja nicht …

~

Als Clara nach Hause kommt, steht Bechtmann vor der Tür. Er blickt sie traurig an. »Bei der Sache mit den Apparaten hab ich ja ein Auge zugekniffen, Frau Sahlcke.« Er stockt: »Sie wissen schon, die Dinger aus Apolda.« Dann macht er eine Pause. »Auch der Rest war nicht recht. Aber was ist das schon? Geklautes Federvieh und Margarinewürfel!« Ihm versagt die Stimme, er muss sich sammeln, um weiterreden zu können.

»Muss ich's Ihnen sagen, Frau Sahlcke? Ihr Mann … Leute wie er haben Leute wie mich ermordet. Menschen wie Sie! Sie sind Mörder!« Dann stapft er, ohne eine Antwort abzuwarten, mit schweren Schritten die Treppe hinauf.

Das Tappen seines Stocks schmerzt in Claras Ohren.

~

Clara und Rudolf sind den Domberg hinaufgegangen, um hier ihre Ruhe zu haben – für ein Gespräch unter vier Augen. Was wird der Bechtmann tun? Was tun sie selber?

»Er wird erst mal gar nichts tun«, ist Clara überzeugt. »Den Gürtel hat er dir wiedergegeben, daran siehst du, dass er nichts geplant hat. Er hat spontan reagiert und deshalb nichts gegen dich in der Hand. Das ist gut.«

Sie sitzen auf einer Bank auf dem Kirchplatz von St. Maria

Magdalena. Über ihnen wölbt sich das Laubdach einer alten Linde, ihnen gegenüber steht mitten im Rasen ein Denkmal, das an die Gefallenen des Ersten Weltkriegs erinnert. Es ist ein Platz, wie es ihn in Deutschland tausendfach gibt.

»Der Gürtel muss sofort weg!«, sagt Clara. »Wieso hast du ihn überhaupt noch, das ist ausgesprochen dumm! Versprich mir, dass du ihn sofort vernichtest. Hörst du? Sofort!«

Rudolf brummt. Es ist ja nicht so, dass seine Frau den Gürtel zum ersten Mal sieht.

»Gibt es sonst noch irgendeinen Beleg?«, fragt sie.

»Nichts ... nur die Tätowierung!« Rudolf nagt an seiner Unterlippe. »Die werd ich nicht los. Wenn Sie mich untersuchen, bin ich dran ...«

»Davon ahnt er nichts!«

Rudolf zuckt die Schultern und wiegt den Kopf: »Weiß nicht. Bin nicht sicher. Er hat so eine Anspielung gemacht.«

»Was für eine Anspielung?« Clara ist alarmiert.

Fünf Jahre hat ihr Mann als Polizist die Runen der SS mit Stolz getragen. Das darf ihnen jetzt nicht zum Verhängnis werden. Offiziell ist in der SBZ ein »Schlussstrich« unter die Entnazifizierung gezogen, es stand in der Zeitung, aber darauf wird sich Clara nicht verlassen. Es ist kein Geheimnis, dass es weiter Gerichtsverfahren gegen Nationalsozialisten gibt.[54]

»Rolli, wir müssen weg«, sagt sie am nächsten Morgen. Anders als ihr Mann hat sie ganz schlecht geschlafen. »Lass uns jetzt ernst machen. Es langt. Vielleicht hält Bechtmann dicht, aber vielleicht auch nicht. Möglich, dass er uns in zwei Tagen, vielleicht in zwei Monaten anzeigt? Willst du das riskieren? Ich nicht!«

~

Eine Woche später kommt Wolf. Einen Staatsgast könnten sie nicht aufwendiger empfangen, sie ahnen, dass dies sein letzter Besuch in Bad Bibra sein dürfte. Tante Helene und Onkel Otto haben schon im Sommer eine Fahrt zu ihm nach Mülheim genutzt, um sich abzusetzen.

Gustav hat einen alten Hahn organisiert, der auf dem Herd mit Kartoffeln, Möhren und Zwiebeln in einen richtigen Eintopf verwandelt wird.

Nach dem Essen nimmt Clara Wolf in Beschlag. Unter dem Vorwand, ihm den Frisiersalon zeigen zu wollen, eist sie ihn in der Auenstraße los. Sobald sie im Laden sind, kommt sie ohne Umschweife darauf, dass sie so schnell wie möglich fortwill. Und dass sie überzeugt ist, einen Pass gewiss nicht zu erhalten: den für Rudolf.

»Aber hat er nicht einen Entlassungsschein? Aus dem Lager?«, fragt Wolf.

»Ja, er ist auch gemeldet, aber jeder Gang aufs Amt ist für ihn ein Risiko.«

Wolf stutzt. Sie sieht ihn bedeutungsvoll an. »Aha, verstehe, die alten Sachen.«

Sie nickt. Über diese Dinge braucht es zwischen ihnen nicht viele Worte.

»Dass es hier noch so schlimm ist, habe ich nicht gedacht.«

»Es ist unser Nachbar. Dieser Mensch nährt sich vom Antifaschismus. Das hört nie auf.«

Um nach Westdeutschland zu fahren, benötigt Clara eine Reiseerlaubnis. Die gibt es nur befristet. Wer zurückkehrt, ist verpflichtet, sich zurückzumelden. Die Kontrollen der Reisenden in den Zügen sind streng. Für immer auszureisen, das ist nicht vorgesehen; die SED hat nicht vor, Einwohner an den kapitalistischen Feind zu verlieren.

»Mit jedem Monat wird es schwieriger«, stimmt ihr Wolf zu. »Es ist eine Sache von Tagen, dann ist die SBZ ein eigener Staat. Dann ziehen sie eine Grenze durch Deutschland.« Schon seit Mai existiert die Trizone nicht mehr, die Bundesrepublik hat sie abgelöst.

»Wo willst du hin? Nach Mülheim?«, fragt Wolf.

Clara schüttelt den Kopf: »Nach Schleswig-Holstein zu meinen Schwägerinnen. Ich fahre hin und suche mir Arbeit. Dann hol ich den Rest der Familie.« Es ist nicht das erste Mal, dass sie darüber sprechen, wohin und wie sie alle in den Westen gehen könnten.

»Mmh. Vorbereitung ist alles. Das will sorgfältig geplant sein. Mach es nach und nach.« Er sitzt auf der Fensterbank in ihrem Laden, die Arme verschränkt, und überlegt.

»Die Kinder brauchen doch keinen Pass?«

»Nein.«

»Dann nimm wenigstens eine von den Kleinen gleich mit und lass sie da!«

»Hab ich auch schon gedacht. Schwierig wird es mit Mathilda«, sagt Clara, »wie hol ich sie aus dem Internat, ohne Aufsehen zu erregen?«

Wolf schaut sie nachdenklich an. Dann hat er eine Idee.

Am 7. Oktober 1949 wird in Berlin die Gründung der DDR ausgerufen. Am selben Tag erscheint Rosa im Rathaus der Sechstausend-Einwohner-Stadt Kölleda und beantragt ihren ersten Personalausweis. Ihr Kopftuch wird klitschnass, denn es regnet in Strömen, als sie über den Platz auf das kompakte rote Gebäude zuläuft, einen Würfel mit schwarzem Schieferdach, aus dem in der Mitte ein Turm ragt. Während sie drinnen auf der Holzbank sitzt und darauf wartet, bei der Kreispolizei vorgelassen zu werden, fällt ihr Blick auf den Kalender, der über dem Regenschirmständer hängt. Es ist auf den Tag genau vier Jahre und sieben Monate her, dass sie in einem eisigen Hafen an der Ostsee ihre kleinen Schwestern aus dem Zug hob und alles dransetzte, eine Schiffspassage zu ergattern. Nun zieht die Karawane weiter, weil ihre Mutter es so will, und Rosa gibt ihr recht: Drüben kann es nur besser sein.

Sie ist achtzehn, das Lichtbild für den Ausweis hat sie schon mitgebracht. »Ohne erlernten Beruf« steht darin, als der Beamte der Kreispolizei Eckartsberga ihn abstempelt. Die drei Worte schmerzen sie. Soll das ihr letztes Andenken an Bad Bibra sein? Zwei Wochen sind es noch bis zur Gesellenprüfung, aber die wird sie nicht mehr absolvieren können – dann sind sie schon weg. Nicht, dass sie großen Wert darauf legen würde, wenn unter »Beruf« Friseuse stünde. Aber ohne erlernten Beruf?

»Hübsches Foto«, sagt der junge Polizist bewundernd, als er ihr das Papier aushändigt. Er hat recht, obgleich sie ein wenig melancholisch blickt auf dem Bild. Sie weiß, dass sie hübsch ist mit ihren hohen Wangenknochen und dem fast schwarzen Haar, das sie in einer zum Nest gekämmten Welle über der Stirn trägt. Aber was bringt es schon, gut auszusehen? Man fällt auf, ob man es will oder nicht. Und darauf könnte sie gern verzichten.

Draußen wartet Wolf, sie haben es eilig, sie wollen so schnell wie möglich nach Halle. Aber etwas hat Rosa noch zu erledigen. »Ich muss noch kurz zur Stadtbibliothek«, vertröstet sie ihn. Dort angekommen, geht sie schnurstracks zum Bord mit der russischen Literatur und zieht »Schuld und Sühne« aus dem Regal. Ohne Zeit zu verlieren, steuert sie zur Ausleihe und legt den Roman und ihren Bibliotheksausweis der biestigen Bücherfrau auf den Tisch. Dann knöpft sie ihren Mantel auf und schüttelt ihn, dass die Regentropfen nur so fliegen und die Frau erschrocken zurückweicht.

Dieses Buch, Genossin, siehst du nie wieder. Dieses Buch schuldet ihr mir.

~

»Pack deinen Ranzen. Pack möglichst viel rein von dem, was du zum Anziehen hast. Und mach schnell!« Vor Mathilda steht ihre große Schwester. Neben ihr Wolf. »Onkel Wolf«, wie sie ihn nennt. Sie ist wie vor den Kopf geschlagen. Noch nie in den vergangenen zweieinhalb Jahren hat sie Besuch bekommen in Halle, niemand aus ihrer Familie hat die mehr als zweistündige Bahnfahrt über Naumburg und Weißenfels unternommen, um sie hier zu besuchen.

Bis eben hockte sie hundemüde am Pult und lernte ihren Text für das Theaterstück. Ihre Lieblingslehrerin hat es selbst geschrieben, und Mathilda will alles dransetzen, eine gute Figur zu machen. Hundemüde ist sie, denn sie haben in der vergangenen Nacht einen Ausflug gemacht – die Mädchen aus ihrem Schlafsaal zusammen mit den Jungen aus dem Haus gegenüber. Es ist eine wohlige Müdigkeit, denn sie haben es tatsächlich geschafft, allen Verboten zum Trotz um 23 Uhr die Anlage zu verlassen und eine Stunde durch die Innenstadt zu ziehen. Dass in Halle offenbar alles schlief und sie nicht mal vor einem Vopo fliehen mussten, war allerdings enttäuschend: In der Stadt war nachts nichts, aber auch gar nichts los.

Auf dem Rückweg unternahmen sie wieder die Kletteraktion: Per Räuberleiter halfen ihnen die Jungen über die Mauer; an den geknoteten Laken, die – gottlob – in der Zwischenzeit niemand entdeckt hatte, hangelten sie sich dann zurück in ihr Fenster. Hilde tat sich schwer, bis Mathilda ihr den Trick mit den Füßen zeigte: Sobald man mit denen Halt an der Wand fand, reichte die Kraft in den Armen. Der Pförtner merkte nichts. Es war einfach herrlich.

Und nun das.

»Zieh so viel an, wie nur geht! Den Rest pack in den Ranzen!« Rosa ist nervös.

»Wir erklären dir alles später«, sagt Wolf. Sie stehen im Besucherraum und haben nicht mal die Zeit, sich zu setzen. Viel besitzt Mathilda nicht. Die Kaninchenjacke ist löchrig und platzt aus allen Nähten, die Strumpfhosen sind an Knien und Hacken gestopft. Sie hat nur den Wollrock, den sie trägt. Aus ihren langen Hosen ist sie herausgewachsen, obwohl sie noch immer schmächtig ist für ihre vierzehn Jahre.

Der Pförtner winkt ihnen freundlich zu, als sie durchs Tor gehen, er kennt Mathilda. Für ihn sieht es so aus, als ginge sie mit ihren Verwandten in die Stadt einen Spaziergang machen.

»Sag, dass du erst dreizehn bist«, schärft ihre Schwester ihr unterwegs ein. »Sonst kommst du nicht über die Grenze!« Wer älter als vierzehn ist, braucht einen Ausweis, den hat sie noch nicht.

Eine Stunde später sitzt sie mit Onkel Wolf in einem Zug, der über Leipzig nach Westen fährt. Als er ausläuft, steht sie noch eine

Weile am Fenster, sieht ihre Schwester winken und wie sie dann kehrtmacht und die Treppe hinunter verschwindet. Sie will die Bahn nach Bad Bibra erwischen.

Seufzend sinkt Mathilda zurück auf ihren Sitz. Ein zweites Mal in ihrem Leben hat sie sich nicht verabschieden können, nicht von Hilde, nicht von den anderen Mädchen aus ihrer Stube. Nicht von Frau Sawranski, von keinem der Lehrer. Und auch nicht von Michael, dem Jungen, den sie besonders mag.

»Darf ich nie wieder zurück?«, fragt sie Onkel Wolf.

Der schüttelt den Kopf. »Jedenfalls nicht, während du zur Schule gehst. Deine Eltern haben entschieden, dass ihr nach Kiel zieht. Wir müssen uns alle entscheiden, in welchem Deutschland wir leben wollen.«

»Das Deutschland, das ich kenne, hat mir gefallen.« Mathilda hat die Schule geliebt. Auch die FDJ war in Ordnung, findet sie. Bei den Pionieren hat es allen Spaß gemacht. Dass ausgerechnet Rosa sich drüber lustig macht, ist nicht recht. Rosa, die im BDM war …

»Glaub mir, Mathilda, eines Tages wirst du deinen Eltern dankbar sein.«

»Was ist besser im Westen?«

Wolf überlegt einen Moment. »Du wirst satt, und du brauchst keine Angst zu haben«, sagt er dann. »Du kannst denken und sagen, was du willst.«

Mathilda schaut aus dem Fenster, gegen das ein satter Regen klatscht, der Rinnsale bildet, die vor dem Ort, zu dem sie fahren, zu fliehen scheinen. Sie bleibt eine Weile stumm. Dann sagt sie leise, ohne den Onkel anzusehen: »Ich hab aber gar keine Angst.«

Sie denkt an ihre Klasse. Was werden die anderen denken, wenn sie merken, dass ich plötzlich verschwunden bin? Dass ich etwas Böses getan habe? Gestern haben wir ein Geheimnis geteilt, heute stehle ich mich davon wie ein Dieb. Aber das bin nicht ich, es sind die Erwachsenen, die mich entführen! Noch nie hat sie sich so ohnmächtig gefühlt.

11. KAPITEL

Sofie ist begeistert. Das erste Mal darf sie mit ihrer Mutter allein verreisen – und sie muss nicht zur Schule. Sie fahren nach Schleswig-Holstein, sie hat ihre Mami zwei Wochen lang ganz für sich! Ihren Ranzen hat sie dabei, aber es sind keine Schulsachen darin, sondern Unterwäsche und Socken zum Wechseln. Ihre Mami hat ihr aus dem feinen braunen Haar einen Zopf geflochten. An den Schläfen kringeln sich Locken, wie immer bei Regenwetter. Sie hat sogar neue Schuhe und ein paar lange Hosen bekommen. Dafür ist ihre Mutter mit ihr extra in Naumburg aus dem Zug gestiegen. In dem Geschäft hat sie sich zum ersten Mal von Kopf bis Fuß im Spiegel anschauen können. Dann sind sie wieder in einen Zug gestiegen.

Irgendwann, als es dunkel ist und sie schon eingeschlafen war, spürt sie, wie Mami ihr die Lippen aufs Haar drückt. »Wir sind im Westen«, murmelt sie.

Sofie zieht die Beine an, rollt sich zusammen und nickt wieder ein. Sie fühlt sich geborgen. Erst spät in der Nacht kommen sie an. Irgendwer holt sie ab. Sofie sieht nichts von der Stadt, die Heide heißt, und nichts von der kleinen Wohnung. Sie schläft – und wacht am nächsten Morgen im Bett neben einer Fremden auf.

»Hallo, Sofie! Ich bin Traudl«, sagt die und reibt sich verschlafen die Augen. Sofie muss so erschrocken geguckt haben, dass die Frau lachen muss. »Mensch, ich bin deine Cousine! Keine Angst!«

Sofie erinnert sich weder an Traudl noch an die anderen beiden Mädchen, die im Bett gegenüber schlafen. Sie beobachtet sie verstohlen, während sie sich aufrichtet und ihr Nachthemd über den Kopf zieht. Sie ist schon eine erwachsene Frau, ohne sich zu schämen, zeigt sie ihre nackten Brüste, die groß und weiß sind, und zieht einen Büstenhalter an.

Ich mag das nicht, denkt Sofie, Mami zeigt ihren Busen nie, und außerdem ist sie dünn. Sie gleitet aus dem Bett und auf die Füße. Wo ist nur ihre Mami?

Später sitzen sie alle in der Küche, Sofie auf dem Schoß ihrer Mutter. An Tante Elfi erinnert sie sich nur vage, und gar nicht an den Mann, mit dem sie verheiratet ist und den sie nun Onkel Edgar nennen soll.

»Mäuse haben wir nicht!«, darauf ist Tante Elfi stolz.

Die Wohnung ist so klein wie die in Bad Bibra, aber neu. Es gibt grüne Kacheln und einen Boiler und sogar ein eigenes WC.

»Vertriebene bringt der Bürgermeister jetzt nur noch auf dem Land unter«, erzählt die Tante. »Wir hatten Glück, dass wir so früh hier waren. Sonst wären wir jetzt auch dort draußen.« Ihr Blick wandert zu Sofie. »Was hältst du davon, Clara, wenn ihr mit Irmi in die Schule geht und Sofie gleich anmeldet?«

Sofie durchfährt ein Schreck: Was? Sie soll hier zur Schule gehen? Sie schaut ihre Mutter an.

»Ich erklär dir das später«, sagt die.

Irmi ist die jüngste der Cousinen und nur ein Jahr älter als Sofie. Während die anderen ihr riesig vorkommen und sie einschüchtern, ist sie klein, dunkelhaarig und freundlich. Sofie mag Irmi sofort gern.

Fünf Tage später, als Sofie und Irmi aus der Schule kommen, ist ihre Mutter weg.

»Aber Sofie, mein Schatz, deine Mami hat dir doch alles erklärt:

Du bleibst eine Weile bei uns«, sagt Tante Elfi tröstend, als sie ganz furchtbar zu weinen beginnt. »Sie holt dich wieder ab, wenn sie alles geregelt hat«.

Sofies Schultern beben.

»Kind, das Inserat stand heute Morgen in der Zeitung. Sie musste sofort nach Kiel fahren, um sich vorzustellen.«

Ein Inserat? Sofie hat keine Ahnung, was das ist.

Es ist eine unwirtliche, zugige Stadt, dieses Kiel. Mitte Oktober prescht der Wind durch Straßen, die sich durch spärlich bebautes Gelände ziehen, und treibt die Menschen wie Unrat vor sich her. Wo wohnen die Leute bloß, fragt sich Clara. Vom blauschwarzen Wasser der Ostsee, die sich bis tief in die Stadt schiebt, sieht sie nichts. Sie hat keine Zeit für Besichtigungen. Kiel ist eine Großstadt, ein Platz, um eine Existenz aufzubauen. Dies ist ihre einzige Chance.

In den *Kieler Nachrichten* hat sie von einer Tordurchfahrt gelesen, die zu verpachten sei. Sie sei zum Ausbau als Ladengeschäft geeignet. Es ist die einzige Anzeige, die halbwegs geeignet schien in der ganzen Woche, in der sie in Heide war. Nun hat sie einen Termin.

Ihre letzten fünf D-Mark hat sie in die Fahrt nach Kiel investiert. Hätte sie gewusst, dass in Kiel fast zehntausend Menschen in Nissenhütten und Baracken leben, viele von ihnen aus Pommern, wäre sie vielleicht nicht hingefahren.[55] Am Exerzierplatz – der Name wirkt seltsam deplatziert, so verwaist sieht er aus – findet sie das Büro eines gewissen Herrn Bernheim. Kinobesitzer sei er, erklärt er zur Begrüßung, und dies eine gute Zeit für Unternehmer.

Herr Bernheim ist von ihr angetan, das merkt sie gleich. Sie müssen etwa der gleiche Jahrgang sein. Er ist beleibt und sein Benehmen das eines großen Mannes. Sie ist eine Frau, die Grund hat, bescheiden zu sein: Außer der Rückfahrkarte nach Bad Bibra besitzt sie nichts.

In einer schwarzen Limousine fährt er sie in die Herder Straße. Wie durch ein Wunder sind die Häuser dort von den Bomben verschont geblieben. Er deutet auf zwei nebeneinanderliegende Hofeinfahrten.

»Eine ist genug. Die andere kann ein Laden werden«, erklärt Herr Bernheim und mustert sie wohlwollend. Er weist an der Fassade nach oben: »Meine Frau und ich wohnen übrigens dort, im zweiten Stock.«

Mein Junge, denkt Clara, du hast keine Ahnung, welch ein Glück du gehabt hast!

»Ich würde ja in Vorleistung gehen und das hier ausbauen ...« Wie eine Angelrute lässt er das Ende seines Satzes vor ihrer Nase baumeln. »Was für Sicherheiten haben Sie denn, junge Frau?«

Clara sieht ihm direkt ins Gesicht. »Meine Sicherheit sind diese beiden Hände«, sagt sie und dreht ihre Handflächen nach oben. Er schmaucht seine Zigarre.

»In diesem Fall ist eine Bürgschaft beizubringen.« So viel Geschäftsmann ist er doch.

Clara lächelt, um Zeit zu gewinnen. Edgar, denkt sie. Der Schwager in Heide. »Könnte ich irgendwo telefonieren?«

Edgar kommt tatsächlich. Es wird spät an diesem Abend. Es gibt viel zu verhandeln und viel zu beraten. Frau Bernheim bereitet für alle ein Abendbrot.

Als Clara am nächsten Tag zurückfährt nach Naumburg, hat sie ihr letztes Armband bei einem Pfandleiher versetzt, sie braucht Westgeld für das, was sie vorhat. Zwei Zusagen hat sie: eine für einen Laden, der noch nicht existiert, die andere für ein Dach über dem Kopf. Carl Bernheim vermietet ihnen eine Mansardenwohnung und wird mit dem Ausbau des Ladens beginnen. Er wird sogar helfen, ihre Familie aus der Zone zu holen! Am Abend zuvor war Clara von dem Projekt und allen Vereinbarungen geradezu berauscht. Als sie in Hamburg umsteigt und im Zug nach Süden sitzt, ändert sich ihre Stimmung. Dass sie nichts Schriftliches hat, nährt in ihr eine Sorge, die wächst, je weiter sie sich von Kiel entfernt. Ist es klug, aufgrund einer mündlichen Zusage ihre Existenz aufzugeben – und sei diese noch so bescheiden?

Fünf Stunden später und vierhundert Kilometer weiter ist sie froh, dass sie keinen Vertrag in der Tasche hat. Als der Zug spät in der Nacht bei Bebra die Grenze zwischen den beiden deutschen Staaten passiert und Thüringen erreicht, bauen sich zwei Grenzsoldaten vor ihr im Abteil auf und befragen sie.

»Wo waren Sie? Was haben Sie dort gemacht?«

Dann weisen sie sie an, ihnen in ein anderes Abteil zu folgen. Dort unterziehen sie Clara einer, wie sie das nennen, Leibesvisitation.

»Haben Sie Devisen dabei? Das werden wir gleich sehen!«

Bis auf den Unterrock muss sie sich ausziehen. Sie möchte im Boden versinken. Das Abteil ist verglast, einer der beiden stellt sich mit dem Rücken zum Gang, verschränkt die Arme und grinst.

Es ist schon fast ein Uhr in der Nacht, als Eisenach ausgerufen wird. Die Räder quietschen, der Zug verlangsamt die Fahrt. Menschen schieben sich durch den Gang, schauen gleichgültig in das Abteil.

Der Uniformierte gibt ihr ihren Passierschein zurück, und sie atmet auf. Noch mal gut gegangen.

In Eisenach zugestiegen sind russische Soldaten, die den Gang vor den Abteilen blockieren. Einer, in der Uniform eines Offiziers, spricht sie an. Er lallt. Sie hat Mühe, ihm auszuweichen, aber sie geht einfach weiter. Solange ich mich bewege, ist alles gut, denkt sie. Ich hab alles im Griff. Das Gepäck festhalten und dann das Geld holen! Ihre hundert D-Mark hatte sie, bevor sich der Zug der innerdeutschen Grenzen näherte, in weiser Voraussicht in zerknülltem Papier im Papierkorb der Bahntoilette versteckt. Westgeld einzuführen ist streng verboten! Was sie für das Armband bekommen hat, ist lachhaft, es war das einzige Andenken an ihre Mutter, das sie noch hatte, aber nun gut. Vor dem Ausstieg in Naumburg muss sie das Geld haben. Sie öffnet die Tür zum WC.

Alles hat sie bedacht, nur den Mann bemerkt sie zu spät. Er ist ein Schatten hinter ihr. Er knallt sie mit dem Kopf gegen die Wand und dreht ihr den Arm auf den Rücken. Umwabert von einem Dunst aus Alkohol drängt er sie in den Abort.

Gott, der du im Himmel bist, bitte, lass mich ohnmächtig werden! … davor, davor muss ich meine Töchter bewahren … nie mehr fahre ich Bahn.

Später versucht sie, ihr gutes Kleid, das einzige, das sie besitzt, zu reinigen. Aber der Wasserhahn an dem verdreckten Becken funktioniert nicht, und ihr Taschentuch ist viel zu klein. Reiß dich zusammen, sagt sie sich. Dann fischt sie die D-Mark aus dem Müll.

War das die Strafe dafür, dass sie so kühn ist und meint, diesen friedlichen Platz verlassen zu müssen? Die Strafe dafür, dass sie fortwill?

Als sähe sie alles zum ersten Mal, geht Clara nach ihrer Ankunft in Bad Bibra durch den kleinen Ort. Wie der Bahnhof da liegt in der tief stehenden Morgensonne, mit seinem roten Dach, dem schwarz-weißen Fachwerk und Wiesen zu den Seiten, könnte ihn keine Modelleisenbahnanlage hübscher präsentieren. Tau glitzert im Gras, das sich herbstmüde auf die Erde legt. Über die Straße, an deren Rand Büsche in lohgelbem und rotem Laub leuchten, watscheln Gänse, getrieben von Peter, dem Bauernsohn.

Als er sie erkennt, winkt er ihr fröhlich zu. »Guten Morgen, Frau Sahlcke!«

Clara winkt zurück. Seinen Gruß mit Worten zu erwidern, schafft sie nicht, sie bleiben ihr im Halse stecken. Es kommt ihr vor, als kehrte sie aus einer Wüste zurück, wo nichts als Gewalt lauert – zurück an einen Platz mit einem Brunnen. Wasser, sie braucht Wasser und Seife.

Im Salon Sahlcke haben sie alle Hände voll zu tun. Alles geht seinen vertrauten, bescheidenen Gang. Die Stimmung ist gut. Rudolf steht und frisiert, Rosa wäscht einer Kundin die Haare. Eine andere wartet. Die Kettler-Bäuerin hat doch tatsächlich vier Eier mitgebracht und vorn auf das Regal neben dem Spiegel gelegt, wo Rosa eine Vase mit Hagebuttenzweigen aufgestellt hat. Die sonst so verhärmte Frau sieht glücklich aus. Sie hat Nachricht von ihrem Sohn, der als vermisst gegolten hatte. Vielleicht ist er zu Weihnachten zu Hause.

Die Tür geht auf, und Clara tritt ein. Strahlend lässt Rudolf den Stielkamm sinken.

»Willst du etwas essen, mein Clärchen?«, fragt er und legt den Arm um sie. Die Kundinnen schmunzeln – und stellen die Ohren auf.

»Nein, nein. Ich war schon zu Hause …«

Blass sieht sie aus, es ist sicher anstrengend gewesen.

»War schon zu Haus. Hab mich frisch gemacht«, sagt sie. »Später leg ich mich hin. Komm einen Moment vor die Tür.«

Den Kamm noch in der Hand, tritt er mit ihr vor die Schmiede. Über ihnen leuchtet das von Bechtmann angebrachte Barbierzeichen in der Sonne.

»Ist es klug, das hier zu besprechen?« Die Straße ist zwar menschenleer, kein Lauscher in Sicht. Er schaut durch das Fenster – aber neugierige Zuschauerinnen. Er lächelt sein freundlichstes Lächeln.

»Nur ganz kurz, Rolli. Nur das Wichtigste. Sonst platze ich. Der Salon! Es gibt ihn noch nicht, aber ich sag dir, es wird großartig!«

Der Vermieter sei ein gewisser Herr Bernheim. Der würde ihnen eine Toreinfahrt zum Laden ausbauen und auch eine Wohnung vermieten. Dass sie alle über Berlin müssen, um nach Kiel zu kommen. Alles sei bereits eingefädelt.

»Von Berlin können wir dann auf einem Lastwagen mitfahren! Verstehst du, ohne Papiere! Vorher geh ich zum Bürgermeister und überrede ihn, uns einen Verwandtenbesuch in Berlin zu genehmigen. Das wird schwierig, aber wir müssen es wagen!« Sie redet wie aufgezogen.

»Leg dich erst mal hin«, sagt er besorgt, »du siehst erschöpft aus.«

»Ach was! Ich muss noch zur Kommandantur nach Kölleda.« Ihre Reiseerlaubnis ist ja abgelaufen, sie muss sich zurückmelden. Das hätte sie zuerst machen können, vom Bahnhof von Bad Bibra gleich weiter nach Kölleda.

»Aber ich wollte dich unbedingt vorher noch sehen.«

Sie unterdrückt ein Schluchzen. Die Nerven, denkt er.

»Wie spät ist es? Schon halb elf?«, fragt sie erschrocken. »Ich muss mich beeilen. Ich muss los.«

Rudolf bleibt noch stehen und sieht Clara nach, wie sie entschlossen zurückstrebt Richtung Bahnhof. Wie dünn sie ist. Einen Moment meint er, sie schwanken zu sehen. Kein Wunder, sie saß die ganze Nacht im Zug … Wenn sie sich umdreht, denkt er, dann winke ich ihr. Aber sie dreht sich nicht um. Clara ist schon wieder in Gedanken.

~

Zwei Kinder sind drüben – Mathilda in Mülheim, Sofie in Heide. Am 6. November um elf Uhr wird ein Lastwagen in Westberlin bereitstehen, um die anderen Sahlckes nach Kiel mitzunehmen. Vermittelt hat die Fahrt Carl Bernheim: Sein Bruder betreibt ein Fuhrunternehmen, die Wagen verkehren regelmäßig auf der Strecke zwischen Hamburg und Berlin. Seine Fahrer sind verschwiegen. Sie dürfen diesen Termin auf keinen Fall verpassen, sonst war alles vergebens.

Clara grübelt die ganze Nacht. Wie kommen sie hin? Am Morgen stellt sie Rudolf ihren Plan vor – und Rolli findet ihn genau richtig. Zum Ränkeschmieden fehlt ihm die Fantasie. Sein Zuspruch tut trotzdem gut. Auszureisen ist verboten. Die Demarkationslinie heißt jetzt, seit es die DDR gibt, »Grenze der Volksdemokratie« und wird scharf kontrolliert. Wer ohne Passierschein in Bahn oder Auto erwischt wird, gilt als Verbrecher und Verräter. Schon 1949 gibt es 172 Festnahmen von angeblichen Spionen und Saboteuren. Abtrünnigen Grenzsoldaten drohen hohe Freiheitsstrafen. Clara beschließt, nur zwei Pässe zu beantragen, für Rosa und für sich selbst. Pässe für die anderen zu beantragen ist zu gefährlich – für Rudolf sowieso, aber auch ihr Vater muss schwarz rüber: Eine ganze Familie, die Anträge stellt, macht sich verdächtig.

Claras Herz klopft, als sie mit ihrer Tochter die Formulare ausfüllt und in der Nachbarstadt Kölleda im Rat des Kreises vorlegt. Wenn jemand fragt, wird sie sagen: ein Trauerfall. Es fragt aber niemand. Rosa, die schöne Blume, zieht alle Augen auf sich. Der Uniformierte, dem sie die Personalausweise vorlegen, guckt erst ihr Foto und dann das junge Mädchen freundlich an.

»Kommen Sie in sieben Tagen wieder!«

So lange! Und sie prüfen den Antrag noch, das ist schlecht … Hoffentlich stolpert niemand darüber, dass sie erst vor Kurzem in Schleswig-Holstein war!

Doch sie haben Glück. Eine Woche später klatschen die Stempel auf die Papiere.

Dann kommt ein schwerer Gang für Clara, sie sucht Bürgermeister Klapproth auf. Wenn ein Mensch sie mit Wohlwollen behandelt hat in Bad Bibra, dann ist er es. Er hat ein gutes Wort eingelegt, damit sie ihre Wohnung bekam, und später ein Auge zugedrückt, als herauskam, dass sie ihr Gewerbe nicht zügig beantragt hatte. Er hat sogar dafür gesorgt, dass sie ihre Lebensmittelkarten in vollem Umfang zurückbekam! Ihn zu belügen fällt ihr schwer. Aber ihr bleibt keine andere Wahl. Sie bittet ihn um eine Genehmigung für einen Wochenendbesuch in Berlin. Solche Reisen sind eine Ausnahme.

»Alle Verwandten kommen zusammen«, erklärt sie. Und: »Wir haben die Schwiegereltern so lange nicht gesehen.«

»Gute Fahrt«, sagt er lakonisch, nachdem er die Namen der

Reisenden persönlich in das Formular eingetragen, es unterschrieben und ihm seinen Amtsstempel aufgedrückt hat. Dann will er ihr noch den Gemeindesaal zeigen, den er gerade im Rathaus einrichtet. Der Raum ist dunkel getäfelt wie ein klassisches Bierlokal, Herr Klapproth ist stolz darauf, weil es sehr schwer war, Material für die Renovierung zu bekommen.

»Ich bin fest entschlossen, das Rathaus zu einem Platz zu machen, an dem sich die Gemeinde trifft. Vielleicht dürfen wir hier ja eines Tages auch wieder einen Ausschank haben.«

Clara schämt sich, diesen Mann zu täuschen. Als sie sich endlich verabschieden kann und die Stufen vor dem Rathaus hinuntergeht, vor denen der Biber aus Stein seine ewige Wache hält, tut ihr der Kopf weh, und im Herzen sticht es auch.

Heide, Oktober 1949

Vom ersten Tag an hat diese Lehrerin Sofie auf dem Kieker. »Noch 'ne Sonnental«, sagt sie, und es klingt böse, »setz dich auf den Platz in die dritte Reihe und untersteh dich zu schwatzen!«

Dabei heißt Sofie doch gar nicht Sonnental, nur Irmi heißt so. Die Lehrerin heißt Oberath.

»Sie denkt, wir sind Juden«, sagt Irmi ungerührt, als die beiden Mädchen nach Hause trotten. Sofie bleibt vor Schreck stehen.

»Irmi, wir sind doch keine Juden«, wispert sie, »wir sind doch arisch …«

Dann passiert diese furchtbare Sache. Sofie hatte sich vor der Rechenarbeit gefürchtet und sich einen Spickzettel gemacht. Sie ist nämlich nicht mehr die Beste in der Klasse.

Plötzlich schreit das Mädchen in der Bank hinter ihr: »Die hat einen Spicker! Und der auch!« Sie zeigt auf Sofie und dann auf einen Jungen, der Ernst heißt.

Sofie versucht noch, sich den Spickzettel unter den Po zu schieben, aber das wird ihr übel angerechnet, Frau Oberath reißt sie am

Arm vom Stuhl und keift: »Du wartest nach der Stunde, ihr kriegt beide einen Brief mit nach Hause. Morgen ist der unterschrieben zurück, verstanden?!«

Auf dem Weg nach Hause stellen Irmi und Sofie die Ranzen auf einer Bank ab. Obwohl es regnet und sie bereits nass sind, öffnet Sofie den Brief. Dann liest sie vor:

Sehr geehrter Herr Sonnental,
Sofie ist heute bei der Rechenarbeit durch einen Täuschungsversuch aufgefallen. Sie erhält eine Rüge: Ihr Verhalten ist mangelhaft. Bitte bestätigen Sie die Kenntnisnahme.
Unterschrift der Pflegeeltern:

Hochachtungsvoll,
Oberath.

»Ich glaube nicht, dass du Haue kriegst«, sagt Irmi treuherzig und sorgt damit dafür, dass Sofie sich noch schlechter fühlt. Am Abend liegt sie wach und grübelt. Als alle anderen schon eingeschlafen sind, steht sie noch einmal auf, kramt den Bleistift aus ihrem Kasten und unterschreibt: »E. Sonnental«.

Am nächsten Tag presst Frau Oberath die Lippen zusammen. »Sonnental! Ich wusste gleich, in dir fließt böses Blut!«, schreit sie. Tante Elfi muss in die Schule kommen, und Sofie erhält einen schriftlichen Tadel. Am Abend hört sie, wie die Tante zu Onkel Edgar sagt: »Lass sein, kümmere dich nicht! Die Zeit geht so schnell vorbei, bald ist sie fort.«

Das ist falsch: Die Zeit hat die Macht, sich unendlich in die Länge zu strecken. Wochen vergehen, aber für Sofie sind es Jahre. In Bad Bibra war Sofie die Beste, alles war warm und gut. Das Schulhaus lag oben in der Sonne, ein Platz im Licht. Nach dem Unterricht spielten sie alle zusammen am Bach. Es gab so schöne runde Steine! Hier ist kein Bach, und morgens müssen sich alle neben die Bank stellen und die Hände an die Hosennaht legen, so verlangt es die

Lehrerin. Auch die Mädchen, obwohl die doch Röcke tragen. Und nach der Schule gehen alle nach Hause.

Der Junge, der Ernst heißt, ist einen Tag nicht zur Schule gekommen. Irmi sagt, seine Mutter habe ihn so verdroschen, dass er nicht sitzen konnte. So wütend war sie über den Brief aus der Schule. Sofie versteht das nicht. Der Ernst, denkt sie, hat doch viel weniger verbrochen als ich. Eine Fälscherin, das bin doch nur ich.

Die Beklommenheit wächst von Minute zu Minute.

»Zur Not fahren wir einfach zurück. Wir gehen noch mal den Ku'damm rauf und runter, dann fahren wir wieder«, sagt Clara tapfer. Sie bemüht sich, fröhlich zu klingen. In diesem Augenblick kommt der Laster um die Ecke gedonnert. Es ist ein alter MAN mit Hamburger Kennzeichen und einem Aufbau über dem Laderaum, der in der Kurve gefährlich schwankt, so viel Gas gibt der Fahrer beim Abbiegen. Er bremst abrupt neben ihnen.

In der Rankestraße, vor der Pension Wecker, warten sie schon seit mehr als einer Stunde: Rudolf und sie, Gustav, Rosa und Ursel. Ohne den Motor abzustellen, springt der Fahrer aus dem Wagen; er ist ein drahtiger kleiner Kerl mit abstehenden Ohren. Sein Blick verdüstert sich, kaum dass er vor ihnen steht:

»Wieso fünf? Ich weiß nur von zwei Erwachsenen und zwei Kindern, die ich mitnehmen soll«, herrscht er sie statt einer Begrüßung an. »Zeigen Sie mal Ihre Papiere!«

Es ist Sonntagvormittag, niemand stört sich an dem Lastwagen, der mit ratterndem Motor auf der Fahrbahn steht. Ein zweiter Mann, offenbar sein Kollege, steigt auf der anderen Seite des Führerhauses aus, und sie beugen sich beide über die Ausweise.

»Und auch das noch! Nur zwei von euch ham 'nen Pass?« Der Fahrer schiebt die Mütze in den Nacken, kratzt sich den kahlen Kopf und wirkt noch übellauniger. »Ich will gar nicht wissen, wieso!«, wehrt er ab, als Clara Anstalten zu einer Erklärung macht. »So ham wir nich gewettet. Nur einen Kerl ohne Papiere nehm ich mit. Was stellt ihr euch vor? Ich riskier, dass mich der Russe kassiert. Wenn einer in Teufels Küche kommt, dann bin ich das!«

Clara nestelt ihre hundert D-Mark aus der Manteltasche und drückt sie dem Mann in die Hand – besprochen sind fünfzig. »Mehr hab ich nicht!«

Der Anblick von Bargeld dämpft seinen Ärger. Während er mit der einen Hand die Scheine in der Hosentasche verschwinden lässt, gleitet sein Blick die Fassade des Hauses hinauf, vor dem sie stehen. Mit der anderen winkt er ungeduldig.

»Erst mal weg hier! Rein mit euch! Die Kerle nach hinten, wir reden woanders.«

Immerhin, sie dürfen an Bord!

»Pitt, knüpf die Plane auf«, ruft er seinem Kollegen zu.

»Die Frauen nach vorn, das Kind zu dir.« Ursel muss hinter den Fahrersitz rutschen. Gustav und Rudolf klettern auf die Ladefläche, Rosa und Clara auf die Fahrerbank. »Willkommen in meiner Kiste. Icke bin übrigens Herbie«, sagt er und grinst.

Herbie lässt die Kupplung unsanft kommen und gibt Gas. Mit quietschenden Reifen biegt der Laster in die Augsburger Straße und hält erst wieder an einer Brücke in Zehlendorf, am Rande einer Geröllhalde, die aussieht, als könnte hier jederzeit Munition hochgehen. Dort stellt er den Motor ab und lässt sie alle aussteigen.

»Fies ist die Kontrolle in Helmstedt. Da stellen die Grenzer sich besonders an. Sie filzen alles. Kann aber sein, dass sie damit schon in Drewitz anfangen.« Drewitz, das ist der Übergang aus dem Westsektor. Er wendet sich an Gustav und Rudolf: »Deshalb müsst ihr gleich hier in die Perser.«

»In die Perser?«, fragt Rudolf argwöhnisch.

»Teppiche, beste Stücke, Mann! Siehste doch, ick hab Möbel geladen. In die Vorleger rollt ihr euch ein.« Er mustert Rudolf von oben bis unten. »Du bist zu lang, Kumpel, mal sehen, was wir mit dir und deinen Quadratlatschen machen.« Dann taxiert er Gustav. »Der Alte ist kürzer, den krieg ich eingewickelt.«

Gustav schnaubt unwirsch. Er weiß nicht, was ihn mehr stört, die Aussicht, in einem Fußabtreter zu liegen, oder die respektlosen Worte des Fahrers.

»Halten auf der Transitstrecke is nich«, sagt der. »Also rollt euch gefälligst so ein, dass ihr Luft kriegt.«[56]

Rosa friert. All die Stunden im Lastwagen hat sie ihren Mantel nicht ausgezogen, das war ein Fehler, jetzt wird ihr nicht warm. Sie beugt sich zu Ursel, nimmt deren Hände zwischen ihre eigenen und reibt sie. Die ganze Familie steht vor dem Hamburger Hauptbahnhof, und zwar am denkbar ungünstigsten Platz: Von überall strömen Menschen. Weil die Leute so drängeln, rücken die fünf dicht zusammen, um das Gepäck zu schützen, das sich in ihrer Mitte stapelt. Sie ernten Püffe und böse Blicke. Straßenbahnen rattern, und Autos hupen. Vorn an der Ecke hasten Leute über die Straße. Eine Ampel springt auf Grün. Immer wieder kehren Ursels und Rosas Augen zurück zu der Lichtanlage, die über der Kreuzung hängt und den Verkehr mit Farben regelt. So was kennen sie nicht.

Es ist Anfang November, und es wird dunkel. Wolken verhängen den Himmel, so schwarz, als wollten sie sich im nächsten Augenblick entladen. Der Westen sieht grau und nicht golden aus, denkt Rosa enttäuscht. Dem Vorplatz schräg gegenüber liegt eine Brache, auf der sich der Schutt in Bergen türmt, davor, auf Pfosten gespannt, ein Plakat: »Es gibt wieder Sunlicht-Seife«. Die Zeichnung zeigt eine alte Frau auf einem Sofa, die die Hände zusammenschlägt: »Dass ich das noch erleben darf!« Sie strahlt die Tochter und die Enkelin an, die ihr die Seife reicht: »Das kernige Stück zu fünfzig Pfennig.«

Ihre Eltern kratzen die Groschen zusammen, die sie noch im Portemonnaie haben, um zu telefonieren. Der Rest ihres D-Mark-Bestands reicht nicht aus für die Weiterfahrt nach Kiel, jedenfalls nicht für alle fünf. Ihre Mutter macht sich auf, einen Fernsprecher zu finden. Sie will Herrn Bernheim anrufen. Bernheim, das ist jetzt ein magischer Name: Herr Bernheim in Kiel ist ihrer aller Gönner, er hat sich für sie ins Zeug gelegt, damit die Flucht aus der Zone gelingt.

Rosa hat ihre Zweifel, dass dieser Herr so großartig ist, wie ihre Mutter glauben will, aber das behält sie für sich. Früher hat die Mami alles mit ihr beraten. Das hat sich geändert, seit der Vater aus dem Krieg zurückgekommen ist. Wer weiß, vielleicht ist der Mann bloß ein Angeber? Herbie, der Lastwagenfahrer, den er geschickt hat, hat sie zwar sicher durch alle Kontrollen gebracht, anders als verabredet hat er sie dann aber nicht in Kiel, sondern in Hamburg abgesetzt.

»Ich bin raus aus der Nummer«, rief er, warf ihr Gepäck auf die Straße – und weg war er mit dem Laster. Gepäck ist eine hochtrabende Bezeichnung für die drei mit Bindfäden verschnürten Pakete und die beiden Rucksäcke. Mehr besitzen sie nicht. Ihr sonstiges Hab und Gut ist in Bad Bibra geblieben, es wäre verräterisch gewesen, mehr einzupacken, denn offiziell sind sie ja nur für ein Wochenende verreist.

Rosa tritt von einem Fuß auf den anderen, die Halbschuhe aus Ibulit wärmen kein bisschen. Etwas stupst sie von der Seite:

»Nimmst du die?« Ursel hat eine Banane in der Hand, die ihr Großvater am Obststand geholt hat: die ersten Bananen, er wollte ihr was Gutes tun. »Das Ding ist so mehlig«, sagt sie leise und schüttelt sich angewidert.

»Gib her.« Rosa fängt sofort an zu essen. Auch sie enttäuscht der Geschmack, aber sie ist hungrig.

»Hast du denn keinen Hunger?«

Ursel schüttelt den Kopf. »Meinst du, wir kommen je an?«, fragt sie.

»Aber ja!« Rosa schaut ihre Schwester überrascht an. »Jetzt dauert es nicht mehr lang.«

Wie blass Ursel ist. Sie reicht ihr mittlerweile bis zum Kinn, so schnell gewachsen ist sie in letzter Zeit.

»Alles wird gut. Glaub mir.« Sie streicht ihr übers Haar.

»Der Mann im Laster war so eklig.« Ursel senkt den Blick. »Er hat mir die Beine gestreichelt und …« Sie seufzt und schluckt den Rest der Geschichte.

Rosa drückt der Schwester die Hand. Sie weiß nicht, was sie sagen soll, und sagt deshalb nichts.

Sobald sie die Zonengrenze passiert hatten, war die Erleichterung groß. Noch nie hatte Rosa ihre Mutter so jubeln hören. Der Fahrer hielt auf dem nächsten Parkplatz hinter Helmstedt. Alle stiegen aus, Großvater und Vater kletterten aus dem Laderaum. Während der Opa sich noch den Staub von der Kleidung klopfte, umarmten sich ihre Eltern.

»Die Russen, das ganze Elend sind wir los!«, schniefte ihre Mutter ergriffen und suchte vergeblich ein Taschentuch. Der Vater strich ihr die Tränen von den Wangen und küsste sie.

»Mein tüchtiges Frauchen! Unser Mütterchen!«

Dann unternahm er auf offener Straße ein Tänzchen mit ihr, drehte sie einmal um ihre Achse. Die Fahrer rauchten und schauten lachend zu.

»Wo ist das Urselchen«, fragte Gustav und blickte sich um. Ursel war als Einzige nicht aus dem Wagen geklettert. »Urselchen, haben wir dich vergessen?«, rief die Mutter. »Ursel, ist alles gut? Musst du mal zur Toilette?«

12. KAPITEL

Die Kasse ist die Krönung. Sie kam einen Tag vor der Eröffnung, so ein hässliches beigefarbenes Ding aus Metall, das ist jetzt modern, und diese Kasse klingelt jedes Mal, wenn sie aufspringt: welch lieblicher, selig machender Klang! Wie ein Kind freut sich Clara, während Rudolf kassiert.

»Habe die Ehre«, Rudolf begleitet die Kundin zur Tür und entlässt sie persönlich. Er macht eine Verbeugung und wartet, bis sich die Tür hinter ihr geschlossen hat, um dann seiner Gattin verschwörerisch zuzuzwinkern. Es ist fast wie vor dem Krieg, als sie in Stolp gemeinsam im Laden standen.

Clara strahlt in sich hinein und widmet sich weiter dem Haar ihrer Kundin. Ganz Kiel, so scheint es, will sich bei den Sahlckes die Haare machen lassen. Der *Salon Rosalie* hat vor einer Woche geöffnet, die Leute reißen sich geradezu um Termine, jeder und jede will gut aussehen zum Fest. Rudolf, Rosa und sie (beide in weißen Schürzen) haben von morgens bis abends zu tun. Wenn es so bleibt, müssen sie bald Personal einstellen, genügend Plätze im Laden haben sie ja. Ihre Mühen werden unmittelbar belohnt: Mit den Tageseinnahmen vom 22. Dezember im Portemonnaie macht sich Clara auf den Weg und kauft für Heiligabend ein.

Eigentlich müssten es ja Karpfen sein. So haben sie es immer gehalten, Karpfen blau, mit frisch geriebenem Meerrettich, Salzkartoffeln und geschmolzener Butter. Hier holt man die besten auf dem Markt am Exerzierplatz, sagt Frau Bernheim. Aber Clara ist so hungrig! Entgegen der Tradition entscheidet sie sich dieses Jahr für Geflügel. Karpfen kann es zu Silvester geben.

Sie kauft zwei Enten. Diese Besorgung lässt sie sich von keiner ihrer Töchter abnehmen, denn dieser Einkauf ist ihr ein Fest. Es ist früh am Morgen des 23. Dezember und noch dunkel, als sie sich beim Schlachter in der Metzstraße in die Schlange der Hausfrauen reiht, die die letzten Besorgungen für die Festtage machen. Das schmale Haus ragt wie ein alter Zahn zwischen Trümmergrundstücken in den schwarzen Himmel. Ihm gegenüber ist die Ruine bereits durch ein schmuckloses Mietshaus ersetzt, das erste neue in der Straße. Arbeiter sind dabei, das Gerüst abzubauen.

Während Clara noch vor dem Laden steht – die Schlange ist lang –, schaut sie zu, wie nach und nach die Lichter in dem Haus angehen. Sie zählt fünf Geschosse – die wenigen Häuser, die hier den Krieg überdauert haben, sind vierstöckig, aber genauso hoch. Die niedrigen Decken sind den Mietern bestimmt egal, sie werden sich freuen, wieder ein Dach überm Kopf zu haben. Glücklicher als Clara können sie trotzdem nicht sein: So wie auf dieses Weihnachtsfest 1949 hat sie sich zuletzt als Kind gefreut. Sie genießt sogar das Schlangestehen, etwas, das sie immer verabscheut hat. Heute schürt es ihre Vorfreude, denn jedes Vorrücken bringt sie den vorbestellten Enten näher. Sie malt sich aus, wie es sich anfühlen wird, den Zeigefinger in die kühle weiße Haut der Entenbrüste zu bohren. Endlich kann sie ein Weihnachtsessen wieder so zubereiten, wie sie es in Stolp getan hat. Weihnachten in Bad Bibra, das bedeutete, wenn es hochkam, Gänseklein.

Getrockneter Majoran und Boskopäpfel für die Füllung sind bereits in Claras Tasche, es fehlt noch das Schmalz für den Rotkohl. Dass sie in Zukunft ihr Schmalz wieder selbst machen wird, versteht sich von selbst. Es wird wieder viele Braten geben. Allein bei dem Gedanken daran läuft ihr das Wasser im Mund zusammen. Den Rotkohl wird sie kochen, sobald sie am Abend aus dem Geschäft kommt. Rotkohl, Kartoffeln und Zwiebeln holt ihr der Vater vom Markt. Sie darf nicht vergessen, ihm zu sagen, dass er den Rotkohl schon hacken soll.

Abends haben Rudolf und sie Münze für Münze die Einnahmen gezählt: unglaubliche 125 D-Mark – so emsig hat die Kasse geklingelt! Claras Hochgefühl wird durch die Aussicht verstärkt, dass sie die Enten bequem braten kann – die Mansarde, in der sie wohnen, hat einen Gasherd. Sie überlegt, ob sie die Viecher nacheinander wird in den Ofen schieben müssen, weil sie so groß sind.

Eine Woche vor Weihnachten ist der *Salon Rosalie* fertig geworden. Wochenlang hatten Rudolf und sie geplant, gebaut und Anträge an Behörden gestellt. Nun macht Clara wieder das, was sie am besten kann: frisieren. Verlernt hat sie nichts, es tat gut, in so viele erfreute Gesichter zu sehen.

»Danke schön, endlich fühl ich mich wieder wie ein Mensch!«, hat eine Kundin zu ihr gesagt. Clara ist in ihrem Element. Es ist doch großartig, wie viel Einfluss sie hat, mit etwas Geschick kann sie eine müde Hausfrau in eine strahlende Dame verwandeln. Dass die Menschen in Kiel noch dazu alle hochdeutsch reden, das ist wie nach Hause kommen, zumindest ein bisschen.

Jetzt ist die Reihe beim Schlachter an Clara. Sie schaut auf die weißen Entenleiber.

»Entschuldigen Sie. Wo sind die Innereien?«

»Die nehmen Sie auch?«

Clara nickt. Das ist doch selbstverständlich, was die sich denkt! Man muss wirklich aufpassen wie ein Schießhund. Das muss sie unbedingt den Mädchen sagen, wenn sie sie das nächste Mal schickt. »Die Hälse bitte auch!«

Die Schlachtersfrau schlägt alles in Papier und reicht ihr das schwere, kühle Paket über die Theke. Clara packt es sorgfältig in ihre karierte Tasche (so viel genäht wie in diesen Wochen hat sie noch nie). Die nachfolgenden Kunden mögen noch so sehr drängeln, sie nimmt sich ihre Zeit, sie weicht keine Sekunde zu früh von der Theke. Erst dann verlässt sie den Laden und macht sich auf den Rückweg. Draußen fegt ihr ein scharfer, kalter Dezemberwind entgegen – sie empfindet ihn wie eine erfrischende Brise.

Am Heiligabend ist die Familie wieder vereint: Mathilda und Vetter Wolf reisen aus Mülheim an. Sofie, die Jüngste, ist schon da. Die Tante hat sie bereits vor zwei Wochen nach Kiel gebracht.

Für Clara ist die Zeit verflogen. Aber was ist die Zeit? Jeder erlebt sie anders. Der neunjährigen Sofie kamen zehn Wochen wie die Ewigkeit vor. Sie weicht ihrer Mutter nicht von der Seite. Einmal lehnt sie sich an ihre Schulter, während sie von Hand Vorhänge säumt.

»Du wirst mir doch nicht krank werden?«, fragt Clara, ohne aufzublicken. Sie ist vollkommen konzentriert auf ihre Handarbeit. Die Ausstattung des Salons muss ja gelingen. »Eigentlich könntest du mal fegen, wie wär's damit?«

Die erste Tat ihres Vaters in Kiel war, die ganze Familie in der Kirchengemeinde am Schrevenpark anzumelden, wie sich das gehört. Da von der Lutherkirche im Bombenkrieg nur der Kirchturm übrig geblieben ist, findet der Gottesdienst am Heiligabend in einem Gemeindesaal statt. Die Hauptkirche St. Nikolai ist ebenfalls zerstört, wie die meisten Kirchen der Stadt: Neunzig Mal hatten alliierte Bomber Kurs auf Kiel, den Marinehafen am Ausgang des Nord-Ostsee-Kanals, genommen und Bomben über die Stadt und ihre drei Großwerften regnen lassen.[57]

Zur Christvesper begleitet nur Ursel den Großvater – so fromm ist Clara nicht, dass sie am Heiligabend in einem Mehrzweckbau betet. Zudem kommt gleich Mathilda! Während Rosa den Tisch deckt und Clara die Enten mit Salzwasser begießt, damit ihre Haut schön kross brät, holen Rudolf und Sofie Mathilda und Wolf vom Bahnhof ab.

Mathilda hat die letzten Kilometer der Zugfahrt am Fenster gestanden, so aufgeregt ist sie. Im Kieler Hauptbahnhof springt sie mit einem Satz auf den Bahnsteig. Als sie ihre kleine Schwester dort neben ihrem Vater stehen sieht, erschrickt sie: Wie sehr Sofie gewachsen ist! Staksig ist sie wie ein mageres Fohlen. Vom üblichen Mitteilungsdrang ist nichts zu spüren. Das Plappermaul schweigt – kann es sein, dass Sofie neuerdings schüchtern ist?

Ihr Vater dagegen begrüßt sie stürmisch. Mit dem Arm um ihre Schulter gelegt, schüttelt er Wolf die Hand.

Mathilda versucht, Sofie aus der Reserve zu locken: »Na, Schoßhund, hast du deine Rute schon gekriegt?« Doch die zeigt keine Reaktion.

»Fabelhaft«, ruft derweilen ihr Vater. »Wir können gar nicht so viele Kunden bedienen wie kommen«, erzählt er. »Termine über Termine! Zuerst müsst ihr den Laden angucken! Ich hab's deiner Mutter versprochen.«

Die Straßenbahn ist fast leer, ihr Bimmeln verhallt. Es gibt niemanden auf der Straße, den der Fahrer warnen müsste: Der Heilige Abend ist da, die Menschen sind zu Hause; still liegen die Häuser da, die den Krieg überstanden haben. Einmal hat Mathilda das Gefühl, über freies Feld zu fahren, nicht aber durch eine Stadt. Das letzte Stück gehen sie zu Fuß. Sie biegen in eine Straße, die diesen Namen tatsächlich verdient, hier scheinen die Häuser völlig intakt zu sein.

Vor einem Gebäude bleibt ihr Vater stehen.

»Wartet hier«, weist er sie an, »ich hab das Licht ausgemacht, für den Effekt!« Er klingelt an der Eingangstür und deutet mit dem Kopf gen Himmel. »Ganz oben ist unsere Wohnung.«

Da treten auch schon ihre Mutter und Rosa vors Haus.

Wie dünn sie sind, denkt Mathilda. Alle beide. Sie spürt, wie auch sie gemustert wird. Ja, dünn ist sie auch. Als alle umarmt sind, schließt die Mutter die Ladentür auf. Das Schaufenster ist so breit wie der Laden. Drinnen flammt Licht auf und enthüllt eine Pracht. Mathilda ist überwältigt. Gestern hatten wir eine Klitsche, denkt sie und schaut sich staunend um. Und heute dies …

Auf dem Podest in der Mitte des Salons steht ein Weihnachtsbaum mit elektrischen Kerzen. Die Lichter vervielfachen sich in den Spiegeln an den Wänden und blitzen auf dem tiefroten Linoleum. Alles strahlt. Die ehemalige Tordurchfahrt ist ein richtiges, echtes Friseurgeschäft – dank des Vaters, der sieben Wochen lang gebaut hat, dank des Vermieters, der Wort gehalten und bei allem geholfen hat: bei der Kreditaufnahme, der Gewerbeanmeldung, der Zuzugsgenehmigung und bei den Kontakten zu den Handwerkern. In dem großen, rundum hellgrün gekachelten Raum hat Rudolf acht Plätze geschaffen, alle mit hellen Waschbecken und hohen Spiegeln bis fast an die Decke.

»Schau, wie praktisch das Podest ist«, sagt Clara und umrundet den Weihnachtsbaum. »Es gliedert den Raum, der wär sonst ein Schlauch. Und es teilt die Waschküche ab.« Ihre Eltern platzen schier vor Stolz.

Mathilda und Wolf bewundern die blinkenden Waschtische, die Konsolen, den Zuber und die Wanne in der Waschküche. Sogar eine Kammer mit einem Wasserklosett existiert. »Haben wir oben in der Wohnung auch!«, sagt Sofie. Weihnachtsmusik erklingt. Radio, sie haben Radio!

Der Vater grinst über beide Ohren. Während ein Kinderchor im NWDR »Oh, du fröhliche« singt, deutet er auf die Steckdosen: »Anschlüsse an jedem Waschbecken!« Föhn und Trockenhauben, alles ist da. Clara zeigt die Frisierumhänge und Handtücher, die sich in den Regalen stapeln. Alles selbst genäht.

»Wisst ihr, was ich von den ersten Tageseinnahmen kaufen konnte?«

Mathilda schüttelt den Kopf. Sie wagt kaum, ihr mit Bindfaden verschnürtes Paket, in dem sie eine selbst gefertigte Krippe aus Ton transportiert, zu ihren Füßen abzustellen. So sehr blitzt der neue Boden.

»Ein richtiges Weihnachtsessen. Nach all diesen Jahren.« Vor Freude klatscht ihre Mutter in die Hände, sie sieht aus wie ein Kind. »Und nun lasst uns feiern. Kommt, wir gehen hoch!« Bevor sie die Tür abschließt, schaltet sie die Lampen aus. Der Weihnachtsbaum darf weiter leuchten – das Schaufenster erstrahlt in Grün, Rot und Weiß. Während der Tross fünf Stockwerke hoch durchs Treppenhaus stapft, schlägt ihnen von oben der Dunst von gegartem Rotkohl entgegen. Später, als auch die beiden Kirchgänger eingetroffen sind und sie alle am Tisch sitzen, entkorkt Papa eine Flasche mit Wein.

Wolf und Mathilda erfahren, dass der *Salon Rosalie* bereits Werbung macht.

»Ursel und ich haben Flyer verteilt«, erzählt Sofie. Endlich macht die Kleine den Mund auf.

»Flyer?«

»Heißt das denn bei euch nicht so, Wolf?« Clara ist erstaunt. »Mülheim, das liegt doch auch in der Bundesrepublik!«

»Flyer ist englisch, das heißt Flugblatt«, lässt Sofie sich vernehmen. »Wir sind hier in der britischen Zone. Und Flyer sagen die Engländer genauso wie die Amerikaner.«

»Das ist Rotspon, der kommt aus Lübeck, das Beste vom Besten«, verkündet Vater mit sichtlichem Stolz und zeigt das Etikett der Flasche. »Mit Rotspon hat schon die Hanse gehandelt. Die Holsteiner führen ihn aus Frankreich ein.«

»Achtung! Vorsicht! Köpfe einziehen!« Die Enten brutzeln noch, als Clara sie im Bräter auf den Tisch balanciert – eine Platte, die groß genug wäre, besitzen sie nicht. Den Entenbräter hat Clara zwei Tage zuvor bei Haushaltswaren Schmielau in der Innenstadt erstanden – sie hatte Glück, es gab gerade noch zwei. Jetzt fällt ihr ein: »Wir haben noch keine Geflügelschere! Die hab ich vergessen. Rolli, nimmst du ein Messer?«

Die Messer aber sind alle zu klein. Sie gehören zur Ausstattung, die Frau Bernheim besorgt hat. Das Nötigste war da, als sie einzogen. Jetzt kommt jeden Tag Neues dazu. Sie können kaufen, was sie brauchen, sie verdienen ja Geld.

Der Vater hat die zündende Idee: »Wir haben neue Scheren im Laden!« Gleich nimmt er Ursel ins Visier: »Mädel, flieg runter und hol die beiden größten!« Im nächsten Atemzug zögert er: »Nein, nein, lass man. Lass mich das lieber selber machen.«

Mathilda lächelt im Stillen. Den Schlüssel für den neuen Salon mag Papa keinem Kind überlassen. Während sie auf ihn warten, betrachten sie die knusprigen Geflügeltiere, und das Wasser läuft ihnen im Mund zusammen. So hinreißend riecht der Braten – der Duft tut fast weh im Magen.

»Rolli ist so praktisch. Er macht einfach alles!«, lobt Clara. »Wolf, schenk du doch bitte den Wein aus!«

Wolf füllt ihr, Rudolf und dem Großvater das Glas. Dann sieht er Rosa fragend an. Ihre dunklen Augen glühen. »Du bist doch schon achtzehn?«

»Ja, aber …« Sie schüttelt den Kopf und senkt den Blick. Da schenkt Wolf sich selbst ein.

Clara verteilt unterdessen Kartoffeln und Rotkohl. »Frohe Weihnachten«, wünscht sie, als Rudolf in der Tür steht, zwei Scheren in der Hand. Sie heben alle die Gläser. Die Mädchen trinken Wasser und lassen die Augen nicht vom Braten. Irgendwie zerteilt Rudolf die Tiere, es ist ein Gemetzel. Die Haut zerreißt, die braune Brust springt auf.

»Bewahrt mir ja die Bürzel auf. Die werden nicht weggeworfen«, verlangt Clara. Selbst die Talgdrüsen verzehrt sie zum Schrecken der anderen. Dazu die herrliche, fette Bratensoße! Ihr steigt der Wein zu Kopf. »Wie lange haben wir keinen Wein mehr getrunken?«, kichert sie, ein Entenbein in der Hand. »Ich kann mich daran nicht mehr erinnern.«

»Meine lieben Kinder«, sagt sie später, »von diesem Tag an werden wir immer satt. Heute haben wir einen Weihnachtsbraten, und er ist redlich verdient. Merkt euch, eins gilt immer: Handwerk hat goldenen Boden. Nicht wahr, wem sage ich das, lieber Vater?« Der nickt, er will anheben zu einer kleinen Ansprache und darin auch die Rolle des Herrgotts nicht unerwähnt lassen. Aber Clara ist schneller: »Nicht einen einzigen Tag mehr gehen wir hungrig zu Bett!«

Im Januar – im nagelneuen *Salon Rosalie* steht noch der Tannenbaum – beauftragt Clara Mathilda, ihre jüngeren Schwestern und sich selbst an geeigneten Kieler Schulen anzumelden.

»Du warst auf der Franckeschen Stiftung«, sagt sie, »du kennst dich aus. Such die richtigen Schulen aus.« Der Betrieb verlangt ihre Präsenz, er hat zu Silvester gebrummt, in den ersten Januartagen kurz pausiert und nimmt gerade wieder Fahrt auf.

Also geht Mathilda ins Rathaus und holt Erkundigungen ein. Vom Rathaus ist im Krieg nur der Turm geblieben, er blieb, weil er der zentrale Punkt war, von dem die Royal Air Force ihr Koordinatennetz über die Stadt legte, um die Stadt zielgenau bombardieren zu können. Noch immer ist das Dach des neuen Rathauses nicht fertig. So provisorisch wie die Verwaltung untergebracht ist, erfährt Mathilda, sind es auch die meisten Schulen.

Sie wählt die Ricarda-Huch-Schule für Ursel und Sofie – ein Mädchengymnasium am Ravensberg. Die beiden haben zu lange im Bach gespielt, findet sie. Etwas Schliff auf einer höheren Schule kann ihnen nicht schaden. Und für sich selbst kommt nur die Kieler Gelehrtenschule infrage. Eine Jungenschule zwar, aber die einzige, an der sie weiter Griechisch lernen kann.

Die Kieler Gelehrtenschule versteht sich als das erste Haus am Platz – so wie Hoteliers ihre Häuser einsortieren, machen das ja auch Schuldirektoren. Kieler Bürgersfamilien, die Wert auf eine humanistische Bildung legen, schicken ihre Kinder seit Generationen dorthin.

Der Nationalsozialismus trübte diese Ideale vorübergehend, aber diese Zeit ist weder an dieser noch an einer anderen Schule ein

Thema, schon gar nicht im Unterricht. Kein Lehrplan in der Bundesrepublik sieht eine Beschäftigung mit dem hässlichen Dritten Reich vor – und das wird auch noch lange so bleiben. Man hat andere Sorgen. 1950 ist die Kieler Gelehrtenschule als Folge des Luftkriegs noch ohne eigenes Gebäude und genießt Asyl im Humboldt-Gymnasium am Schrevenpark. Als Mathilda die Tür zum Geschäftszimmer öffnet, sie hat nach dem Klopfen gebührend gewartet, herrscht eine weibliche Stimme sie an: »Kein Zutritt für Schüler! Oder hast du eine Vorladung?«

Mathilda ist erst vierzehn, und ihre Strumpfhosen sind an den Knien gestopft. Entschlossen tritt sie ein. »Ich möchte Herrn Oberstudiendirektor Wirtz sprechen. Ich will mich für die Untertertia anmelden.«

Herr Wirtz hat, wie sich erweist, keinerlei Interesse an weiteren Schülern, an weiblichen schon gar nicht. Aus Platzmangel werden die Klassen im Wechsel vormittags und nachmittags unterrichtet. Aber es gibt drei Mädchen an der Schule, verteilt auf zwei Klassen (allerdings nur, und das weiß Mathilda nicht, weil deren Väter bereits Schüler waren und den Direktor massiv bekniet haben). Als Mathilda sich auf sie beruft, hebt er die Augenbrauen. Aha, es ärgert ihn, dass sie das weiß! Aber solche Dinge sprechen sich nun mal rum.

Mathilda hält seinem kritischen Blick stand. Was sieht er in ihr? Ein dünnes Mädchen mit dunklen Augen im kantigen Gesicht, die Haare von einer Spange aus der Stirn gehalten. Durchschnitt. Mit einer Handbewegung aus dem Weg zu fegen.

»Warum willst du ausgerechnet zu uns?«, fragt er unwirsch.

»Ich will Medizin studieren«, sagt sie schlicht. Das ist kein Argument, mag sein, aber irgendwie kommt es an.

An jenem Tag erlebt Mathilda zum ersten Mal, dass bestimmte Namen Türen öffnen. Dass sie ein Flüchtlingskind ist, ein zweites Mal geflohen aus der DDR, beeindruckt den Direktor herzlich wenig. Die Stadt Kiel läuft über von solchen Habenichtsen – mehr als ein Fünftel der Bevölkerung stammt aus dem Osten.[58] Man ist ihrer Geschichten überdrüssig. Nein, was zieht, ist die Erwähnung der

Franckeschen Stiftung. Ein Abgangszeugnis hat Mathilda zwar nicht, aber sie schildert diese Schule so lebhaft, dass sie selbst einem herausragenden Pädagogen wie ihm Neues zu berichten hat.

Vielleicht nützt auch die Art, in der sie Herrn Wirtz ihre Gedanken über die griechische, russische und lateinische Sprache darlegt und bemerkt, dass es längst überfällig sei, jetzt ebenfalls Englisch zu lernen.

»Ich werde alles tun, um meine Lücken aufzuholen«, verspricht sie in einem Ton, der keine Beteuerung, sondern Ankündigung ist.

Der Direktor schaut sie lange an. »Also gut«, meint er dann. »Wir probieren es mit dir.«

»Das Mädchen?«, hört sie die Sekretärin entsetzt in ihrem Rücken sagen, als sie schon halb durch die Tür ist.

»Ja«, sagt Herr Wirtz. »Ein Mädchen. Wir nehmen sie trotzdem. Die ist wirklich gut.«

Vier Jahre später wird Mathilda auf der Kieler Gelehrtenschule ihr Abitur machen. Sie wird nicht das beste aller Zeugnisse haben (Englisch fällt ihr immer noch schwer), aber sie schafft es. Und Freunde findet sie auch.

~

Rosa ergeht es anders. Sie kann von englischen Vokabeln, von Integralrechnung, von Ostrom und Ovid nur träumen. Sie steht jeden Tag im Salon und frisiert. Drei Wochen vor ihrer Gesellenprüfung sind die Sahlckes raus aus der Zone. (Sie reden immer von der Zone, auch wenn die jetzt DDR heißt und ein eigener Staat ist.) Also hat Rosa keinen Gesellenbrief. Clara muss ihren Dauereinsatz im Salon wohl oder übel unterbrechen, um sich für ihre Älteste einzusetzen: Rosa hat fast vier Jahre Heiß- und Kaltwellen gelegt, Haare für Damen und Herren geschnitten, sie onduliert und geföhnt, gefärbt und blondiert, mit Kämmchen und Klemmen Wellen und Locken gesteckt, Mähnen in Frisuren verwandelt, sie macht das so geschickt und schnell wie keine Zweite – aber sie hat kein beglaubigtes Zeugnis.

Mutter und Tochter werden vorstellig beim Obermeister der Innung. Herr Gottsched hat sie in die Räume der Berufsschule bestellt. Er ist ein untersetzter kleiner Mann mit Stirnglatze, sein Gesichtsausdruck verkniffen. Neuerdings hat er Probleme mit seinen Augen.

Clara läuft ein mit der ihr eigenen Energie.

Er deutet auf die beiden Besucherstühle, die vor seinem Schreibtisch stehen.

In Claras Augen ist die Ausstellung dieses Gesellenbriefs eine reine Formalie. Rosa braucht das Papier, und sie kennt die Fähigkeiten ihrer Tochter. Also legt sie dem Mann die Situation dar, sie ist schließlich wer. Sie war einmal die jüngste Friseurmeisterin Pommerns.

»Hm.« Der Obermeister betrachtet sie durch seine dicken Brillengläser. Dann schüttelt er skeptisch den Kopf. »Da könnte ja jeder kommen.«

Das sagt er tatsächlich. Clara setzt sich kerzengerade auf, so verblüfft ist sie. Seit Silvester ist sie im Besitz einer schweinsledernen Handtasche mit Bügelverschluss, ihre erste Handtasche seit Jahren, die den Namen verdient – Rudolf hat sie kurz vor Mitternacht damit überrascht. Diese Tasche nimmt sie jetzt von ihrem Schoß und stellt sie dem Widersacher – ja, sie empfindet ihn so: als Widersacher! – direkt vor die Nase auf den Tisch, hinter dem er sich verschanzt hat. Die Partie ist eröffnet.

»Das Fräulein kann sich der regulären Prüfung im Juli unterziehen.«

»Das ist zu spät. Meine Tochter ist qualifiziert. Sie muss sich ab sofort auf die Meisterprüfung vorbereiten.«

»Hm«, macht er wieder. »Der theoretische Teil ist nicht minder wichtig.«

»Das bestreitet keiner, aber wenn Sie sehen, wie sie arbeitet, ist sofort klar, dass sie auch theoretisch bewandert ist. Bitte überzeugen Sie sich davon.«

»Wir haben unsere Verfahren, an die wir uns halten. Sie gelten für alle, Ausnahmen kann ich nicht machen.«

»Meine Tochter hat in Stolp das Gymnasium besucht, bevor sie die Lehre begann.« Das ist das falsche Stichwort.

»Haben Sie vielleicht etwas gegen Volksschüler?«

»Ich betone nur, dass sie ihr Fach versteht!«

Die beiden stoßen zusammen wie zwei Dampfloks nach einer falschen Weichenstellung.

»Was halten Sie davon, Herr Gottsched, wenn Sie mich erst mal praktisch prüfen«, versucht Rosa zu vermitteln. »Damit Sie sich ein Bild machen können?« Ihre dunkle Stimme klingt so weich, als streichele sie ein Baby.

»Gut«, schnarrt Obermeister Gottsched. »Und zwar am lebenden Kopf. Ondulation, Wickelwelle und Wasserwelle. Die jungen Mädchen vernachlässigen alle den Herrenschnitt, aber im Herrensalon erweist sich das Handwerk. Einen Herrenschnitt will ich auch sehen.«

»Und das erübrigt dann die theoretische Prüfung?« Clara ist hartnäckig.

»Sie bezahlen beide Köpfe«, sagt Herr Gottsched, ohne auf sie einzugehen. Und zu Rosa: »Rufen Sie morgen an. Dann teile ich Ihnen den Termin mit. Die Prüfung findet in meinem Geschäft statt.«

»Was für ein entsetzlicher Gnom«, schimpft Clara, als sie draußen durch den Flur gehen. »Hinterher kassiert er die Modelle ab, das garantier ich dir, das ist so ein Charakter. Am lebenden Kopf«, äfft sie ihn nach. »Mumpitz! *Am Modell* heißt das.«

Rosa muss sich praktisch und theoretisch prüfen lassen. Obwohl sie alle Aufgaben mit Bravour löst, traktiert der Obermeister sie ausgiebig mit immer neuen. Dann verlangt er noch, dass sie eine selbst gefertigte Damenperücke nachliefert – mit Echthaar und tamburiertem Scheitel.[59] Er wacht sogar darüber, dass sie den Scheitel selber knüpft – sie muss es vor seinen Augen tun … Meister Gottsched hat diese Familie Sahlcke auf dem Kieker, diese hochmütigen Menschen aus Pommern, und Rosa darf es ausbaden. Hergelaufene sind sie, aber sie führen sich auf, als wären sie Coiffeure aus Paris! Er sagt es nicht laut, aber Clara und Rosa wissen, dass er so denkt.

Sie aber sehen es genau anders: Dieser Kerl verübelt ihnen, dass sie Flüchtlinge sind und sich trotzdem nicht klein vor ihm machen. Im Übrigen sind sie halt tüchtiger als andere.

~

In jedem Jahr eröffnen Rudolf und Clara einen weiteren Salon. Während die Ruinen und Brachen in der Stadt neuen Häusern und Wohnungen weichen, während die Kirchtürme wieder in den Himmel wachsen, schaffen sie kleine Tempel der Schönheit. In ihren Salons praktizieren sie ein offenes Konzept, und dabei sind sie Pioniere: keine Bedienung in Kabinen, sondern im offenen Raum, dekoriert nach Claras Vorstellungen. Alles muss attraktiv gestaltet und durchs Fenster gut zu sehen sein, um Lust zu machen, den Laden zu betreten und als neuer Mensch wieder herauszukommen.

Clara tauft alle Salons auf den Namen *Rosalie*. *Amelie,* Claras zweiter Taufname, hat ausgedient, zumindest als offizielle Geschäftsbezeichnung. Rosa – Taufname Rosalie – legt im Jahr 1953 ihre Prüfung zur Friseurmeisterin ab. Ihre Eltern vertrauen ihr die Leitung der neuen Filiale an, die sie in der Holtenauer Straße gründen. Den neuen Namen empfinden sie als höchst generöse Geste: So viel Zutrauen demonstrieren sie damit in ihre älteste Tochter! Sie ahnen nicht, dass Rosa darüber nur seufzen kann, freilich tut sie es nur, wenn allenfalls Mathilda es hört.

13. KAPITEL

Es ist zwölf Uhr, und Rosa wartet auf Hermann. Je länger sie wartet, umso mehr klopft ihr Herz. Was normal ist, denkt sie. Schließlich ist sie verliebt. Sie sitzt auf einer Bank am Schlossgarten, wo sie mit ihrem Künftigen verabredet ist, um gemeinsam den Hofjuwelier Hansen aufzusuchen. Sie hat ihm die Verabredung abgerungen. Er kommt ihr zuliebe, denn eine Mittagspause hat er in der Chirurgie nicht: »Ich komme, sobald ich kann, stell dich drauf ein, dass du warten musst.« Sie selbst hat im Salon alles, was möglich war, an ihre Angestellten übertragen, erst um 15 Uhr hat sie den nächsten Termin: Diese Verabredung geht vor.

Sie will Hermann das Silberbesteck zeigen, die Serviettenringe und die Schalen, die sie sich zur Hochzeit wünscht und für die sie eine Liste auslegen lassen möchte.

»Engelein, muss das sein«, hatte er protestiert. »Ich vertrau dir doch, dass du das Richtige nimmst, warum muss ich das vorher sehen?«

Sie verzog enttäuscht das Gesicht. Sie konnte nicht anders. Es war ihr so wichtig.

»Jetzt flunsch doch nicht!« Er hob ihr Kinn mit dem Finger und schaute sie ernst an.

Es gibt sehr oft diese Momente zwischen ihnen. Sie sind wie ein Gabelpunkt, an dem es in zwei Richtungen gehen kann: Entweder wird Hermann besonders nett oder besonders ungnädig. Sie fürchtet sich vor seinem Unmut, sie blüht auf, wenn er liebevoll ist.

Dieses Mal blieb er zugewandt. »Du weißt doch, dass ich nichts von solchen Dingen verstehe. Ich will doch nur sagen: Du sorgst für Schönheit, dafür liebe ich dich. Ich bin nichts als ein versprengter Soldat.« Er küsste die Innenflächen ihrer Hände. »Und dieser alte Soldat ist in deiner Hand.«

Hermann ist dreiunddreißig. Sie bald sechsundzwanzig.

»Es ist mir aber wichtig«, sagte sie ernst. »Heiraten, das macht man doch nur einmal im Leben.«

»Aye, aye, meine Königin. Du befiehlst, und ich füge mich«, seufzte er.

Ihre Armbanduhr – das Verlobungsgeschenk von Hermann – zeigt 12.23 Uhr. Sie steht auf und geht zum Reiterstandbild von Kaiser Wilhelm I. Sie hat es noch nie näher betrachtet. Der Sockel ist ramponiert von den Bomben. Der alte Kaiser scheint davon unbehelligt, er sitzt entspannt im Sattel. Auf einer kleinen Tafel vor dem Denkmal liest sie, dass ihm zu Füßen früher drei Figuren gesessen haben. Doch die hat man im Krieg eingeschmolzen und zu Munition gemacht: Eine Bäuerin versinnbildlichte Holstein, eine Fischerin Schleswig und eine dritte die Marine.

Sie umrundet den Kaiser langsam und schlendert dann in der Grünanlage auf und ab. Sie trägt ihren hellen Staubmantel, er wird sie schon sehen, zumal sie die einzige Spaziergängerin ist. Es ist ein windiger Tag, und der Himmel über der Förde zieht sich unheilvoll zu. Der Westwind kann ungebremst durch die Schlossruinen und den Schlossgarten fegen, die einstige Residenz steht seit 1944 nicht mehr. Die Landeshauptstadt hat ihre Trümmer geräumt, nur mit dieser Ruine tut sie sich schwer. Rosa schaut Richtung Hörn, von den Hellingen der Werften am anderen Ufer wehen Geräusche über die Innenförde, als würde Rübezahl auf den Amboss hauen.

Ihre Wohnung hat Rosa schon eingerichtet. Sie hatte freie Hand. Hermann gefiel alles, was sie machte.

»Du bist meine Königin. Glaub mir, diese Wohnung ist nur ein Sprungbrett. Ich trag dich noch in ein Schloss. Da gehörst du hin, nicht in einen Frisiersalon.« Er küsste nicht nur ihre Hände, sie bekam Gänsehaut. »Du bist ein Juwel, dem noch die richtige Fassung fehlt.« Hermann ist gerade Oberarzt geworden, er hat hochfliegende Pläne.

Rosa beginnt zu frieren. Sie hat nichts gegessen, und es war ihr unelegant vorgekommen, sich ein Butterbrot in die kleine weiße Handtasche zu packen. Das bereut sie jetzt, sie war ja schon um acht Uhr im Geschäft.

12.46 Uhr.

»Frollein, wie wär's mit uns beiden? Beschützer gefällig?« Vom Fuße des kaiserlichen Reiters löst sich eine Gestalt, die sie eben, als sie direkt davorstand, gar nicht gesehen hat. Der Kerl ist offensichtlich alkoholisiert. Für eine Bordsteinschwalbe hat sie noch niemand gehalten.

Fröstelnd tritt sie den Rückzug an. Am besten geht sie Hermann direkt entgegen. Sie läuft Richtung Brunswiker Straße, von dort wird er ja kommen, sie können einander nicht verfehlen. Sie beschleunigt ihre Schritte und ignoriert die Rufe in ihrem Rücken. Der Kerl soll sie bloß in Ruhe lassen!

Da packt sie jemand am Ärmel. »Mädchen, was ist denn los mit dir?«

Es ist Hermann, ganz außer Atem und ärgerlich. »Ich laufe schon die ganze Zeit hinter dir her!« Sein Mantel flattert im Wind.

Er nimmt ihren Ellenbogen, und schon überqueren sie die Straße. M. HANSEN steht in goldenen Lettern auf dem Fries des kleinen Hauses, das mit seinen gestreiften Markisen über den nicht zu großen Schaufenstern wie ein Relikt aus einer anderen Welt aussieht – einer Welt, die hübsch ist und wohlhabend und in der die Sonne scheint. Für Rosa war es ein Ereignis, als sie den Laden erstmals betrat, sie musste an ihre Schuhe aus Ebulit denken, ihre alte Strickjacke und dass sie all das nun los ist. Drinnen waren die Wände dunkel getäfelt, es gab Auslagen unter Glas. Sie begutachtete Bestecke, die auf blauem Samt dekoriert waren. Was für eine Freude würde es sein, das Hermann zu zeigen!

Jetzt aber ist ihre Vorfreude verflogen, doch damit nicht genug. Als sie auf das Geschäft zukommen, fällt Rosas Blick auf das Schild in der Glastür. Es durchfährt sie ein Blitz:

Öffnungszeit 10 bis 13 Uhr und 14 bis 18 Uhr.

Hermann, dessen Hand schon auf der Klinke liegt, liest es im selben Moment wie sie. Es ist 12.59 Uhr und die Tür bereits abgeschlossen.

»Das hättest du besser vorbereiten können!« Sein Ton ist schneidend. »Diese Aktion stiehlt mir zwanzig Minuten – für nichts!«

»Wie redest du denn mit mir? Ich bin doch nicht deine Sekretärin.« Rosa ist empört. Aber er behandelt mich so, denkt sie. Wieder klopft ihr das Herz bis zum Hals. Sie möchte es ihm doch recht machen.

»Krieg dich ein, Mädchen.« Hermann winkt angewidert ab, mit seiner unnachahmlichen Handbewegung, die ihr jedes Mal Pein bereitet. So wischt eine Majestät das niedere Volk beiseite, auf dass es ihm nicht mit seinem Pesthauch zu nahe komme.

»Was meinst du eigentlich, was ich zu tun habe?«, schimpft er. »Was ich unternommen habe, um hier zu sein?! Unglaublich!« Und schon stiebt er mit langen Schritten davon. Über die Schulter ruft er statt eines Abschieds: »Mach das allein! Klar? Und gewöhn dich dran!«

Zu allem Übel öffnet der Himmel im nächsten Augenblick alle Schleusen, und die Straßenbahn lässt auf sich warten. Als sie endlich in der Bahn sitzt, sind die Scheiben so nass, dass die Außenwelt verschwimmt. Warum auch etwas sehen? Grau und hässlich ist alles, grau und hässlich ziehen die Häuserfronten der Holtenauer Straße vorbei.

Ich muss mich dran gewöhnen. Was hab ich denn geglaubt?

Sofie soll im Juni von der Schule abgehen. Das ist ein Schock, der ihr den Boden unter den Füßen entzieht.

»Du machst noch die Mittlere Reife, dann gehst du ab«, spricht der Vater und köpft sein Frühstücksei. »Du machst eine Lehre wie deine Schwestern.« Vor ihm liegt das Halbjahreszeugnis der Ricarda-Huch-Schule, das Sofie ihm eben hingelegt hat. So wenig, wie sich ihre Eltern darum gekümmert hatten, geeignete Schulen auszusuchen, so wenig interessieren sie sich für die Berufswünsche ihrer Töchter.

»Eine Leuchte bist du ja sowieso nicht«, schiebt der Vater nach, als er das Entsetzen in ihrem Gesicht sieht. »Warum passt du nicht wenigstens im Rechnen auf? He? Wie viel ist 17 mal 13?«, fragt er. Er hat eine sadistische Ader.

»Das weißt du doch auch nicht«, schreit Sofie.

Rudolf schaut sie perplex an – Widerspruch kennt er nicht, so was kommt unter seinem Dach einfach nicht vor. Genauso wie alle um zehn zu Bett gehen, ist es selbstverständlich, dass keine Tochter den Eltern widerspricht.

Aber Sofie ist so wütend, sie kann jetzt nicht schweigen: »Ich will zur Schule gehen! Es reicht doch, dass ich täglich putze. Was noch? Ich mach und ich tu!« Sie spürt, wie ihr die Tränen über die Wangen laufen. Tatsächlich fegen und bohnern Ursel und sie den Linoleum-Boden des Salons, sie wienern die Spiegel, Konsolen und Waschbecken, andere Putzkräfte gibt es in der Herder Straße nicht. Hinterher kümmern sie sich um die Wäsche: Handtücher, Augentücher, Schürzen. Sie waschen, sie bügeln und plätten.

Das Anstrengendste aber ist der Fußboden: erst fegen und wischen, dann bohnern. Wie Schlittschuhläufer ziehen sie mit Tüchern an den Füßen über das rote Linoleum. Wenn doch nur jemand ein Bohnergerät erfinden würde. Ihr Vater kontrolliert am Ende, ob auch alles blitzblank ist. Abends lässt er die elektrische Beleuchtung an, damit man durchs Schaufenster sehen kann, wie tipptopp der Laden ist.

»Was denn, was wollt ihr noch?«, schreit Sofie unter Tränen.

Ihre Mutter, die dem Vater am Frühstückstisch gegenübersitzt, zieht nur eine Augenbraue hoch. Der isst seelenruhig weiter. »Noch ein Wort, und ich hau dir eine runter.«

Die Eltern sind inzwischen zwei proppere Dicke, rund und zufrieden sehen sie aus, wie sie da sitzen am Sonntagmorgen und Butter auf knackfrische Brötchen schmieren. *Gute Butter.* Rudolf versäumt nie, das Papier mit dem Messer sorgfältig auszukratzen und zusammenzufalten, wenn er ein frisches Stück in die Butterdose füllt. Wehe, er würde sehen, wie jemand in dieser Familie es anders macht. Wir haben die schlechte Zeit erlebt! Wir lassen nichts verkommen! Schinken, Mettwurst, Gürkchen, Honig und Marmeladen von Johannisbeeren, Erdbeeren und Brombeeren gehören zu so einem Sonntagsfrühstück. Eier, gern für jeden zwei, Kaffee, die Milch mit Rahm natürlich.

»Nächste Woche mach ich wieder Rührei mit Speck, das ist sonntags doch schöner«, verspricht Clara.

»Ist nicht noch etwas kalter Braten da, mein Dickel?«, fragt Rudolf.

»Ich hol ihn dir.«

Auch Koseworte passen sich dem Wandel der Zeiten an. Die beiden kredenzen sich dieses Frühstück gegenseitig – und lassen die Töchter merken, dass sie dabei ganz gern allein sind.

Aber an diesem Tag tut Sofie ihnen nicht den Gefallen. Sie weiß, dass ihre Eltern sie für einen renitenten Backfisch halten. Und auch, dass sie eine denkbar schlechte Verhandlungsposition hat. Ihre Noten in allen Fächern lassen zu wünschen übrig, abgesehen von den Einsen in Sport und Kunst. Das macht es ihnen leicht, sie vom Gymnasium abzuziehen und sie dem Friseurhandwerk zuzuführen.

Die Rechnung ist einfach: Das Ehepaar Sahlcke, Flüchtlinge aus Pommern, beschäftigt im Jahr 1956, sechs Jahre nach ihrer Ankunft, sechsunddreißig Angestellte in vier Geschäften. Wenn vier davon ihre jederzeit einsetzbereiten Töchter sind, ist das höchst effizient, jedenfalls, so wie sich die beiden das vorgestellt haben: billige, gut lenkbare Arbeitskräfte!

Das Wirtschaftswunder entfacht einen solchen Sog, dass ihre Mutter sich gelöst hat vom einstigen Ideal, allen Töchtern eine ausgezeichnete Schulbildung zu geben. Dass Rosa so früh aus der Schule gerissen wurde durch höhere Gewalt (denn was war die Flucht anderes als höhere Gewalt?), dient jetzt als Argument dafür, ihre Schwestern ebenfalls an die Kandare zu nehmen. Die Kasse klingelt so wunderbar in all den Salons mit dem Namen Rosalie!

Dass sie überhaupt ein Gymnasium von innen gesehen haben, verdanken Sofie und Ursel ihrer Schwester Mathilda. Sie ist quasi die Bildungsbeauftragte der Familie, ihre intellektuelle Überlegenheit allseits anerkannt. So selbstverständlich sie im Januar 1950 Claras Auftrag ausgeführt hat, die Schwestern an geeigneten Schulen anzumelden, so ungerührt führt sie sechs Jahre später die Abmeldung ihrer kleinen Schwester am Gymnasium aus.

Soll Sofie doch Rotz und Wasser heulen. Sie tut ihr kein bisschen leid.

»Warum hast du nicht mehr gelernt? So könntest du es Mama und Papa schwer machen. Du musst büffeln, wenn du es zu was bringen willst.«

»Ich will kein Ladenschwengel sein«, schluchzt Sofie. »Warum hilfst du mir nicht? Du durftest Abitur machen!«

»Das ist keine Frage von *dürfen*, sondern von *können*. Ich glaub nicht, dass du das schaffen würdest.«

»Ich war bisher nur zu faul.«

»Du willst bloß keine Friseuse sein, weil das vor deinen Verehrern aus Düsternbrook schlecht aussieht. Du fühlst dich deklassiert. Es geht dir nicht ums Lernen.« Wer in Düsternbrook wohnt, gehört zu den alteingesessenen, den guten Familien.

»Genau.« Sofie schnieft. »Ich will meine Freundinnen treffen. Ich bessere mich! Ich schaffe die Versetzung.«

»Ist dir schon aufgefallen, dass es mit meinem Medizinstudium nichts wird?«, fragt Mathilda. »Erst hat unser Vater gesagt: Wenn du den Gesellenbrief in der Tasche hast, kannst du dich einschreiben! Jetzt bin ich fertig mit der Lehre und stehe im Laden in Gaarden.«

Sofie sagt nichts.

»Übrigens, wo war deine Solidarität mit Ursel?«

Ursel hat im Jahr zuvor die Schule verlassen müssen. Mit passablen Noten und Mittlerer Reife, um dem Wunsch der Eltern zu entsprechen und eine Friseurlehre zu beginnen. Niemand hat Einspruch erhoben. Ursel schon gar nicht, sie hat keine Sekunde gewagt, sich zu beklagen.

»Glaubst du, du bist was Besseres als Ursel?«

»Ich hau ab. Ich mach das nicht mit.«

Es ist nicht lange her, da hat Mathilda das selber erwogen. Nun zuckt sie die Achseln.

»Du wärest geächtet. Wir alle würden dich ächten. Du hast keine Chance. Wo willst du denn hin? Du bist nur ein Mädchen.« Ihr ist, als spräche sie zu sich selbst.

»Ihr alle würdet mich ächten? Du auch?« Sofie schaut sie bestürzt an. Ganz leise sagt sie: »Das verzeih ich dir nie.«

Nachts, wenn sie nicht schlafen kann, geht Clara in die Küche. Bevor sie es tut, liegt sie eine Weile wach, sie zögert den Augenblick hinaus, in dem sie in die Küche tappen wird, aber es wäre falsch zu behaupten, dass sie mit sich kämpft. Nein, sie verschiebt nur den Moment, und dadurch verstärkt sich die Lust. Wenn sie sich aufsetzt, achtet sie darauf, die Pantoffeln anzuziehen. Ihre Füße sollen nicht kalt werden auf dem Terrazzoboden.

Rolli schnarcht. Ihr ist warm, und sie hat Hunger.

Die Speisekammer in der Küche liegt links neben der Balkontür. Sie macht das Licht nicht an. Schon eine Weile, noch im Bett liegend, hat sie sich vorgestellt, was sie zuerst essen wird. Die Fleischwurst. Wenn sie sich beherrschen kann, pellt sie die erst ab, mit einem kleinen Messer, das sie links aus der Lade im Küchenschrank zieht, bevor sie die Wurst in grobe Stücke zerlegt. Manchmal aber kann sie sich nicht beherrschen und hackt die Wurst zuerst, was es mühsamer macht: Die Pelle muss ja noch ab. Fleischwurst ist immer da, sie liegt oben auf dem dritten Regal in der Speisekammer.

Dazu Weißbrot, das sie mit den Händen vom Laib reißt, sie vergeudet keine Zeit mit dem Schneiden. Ihr Hunger ist so groß. Sie muss essen. Irgendwo ist der Senf, aber das Glas aus dem Fach zu nehmen und ihn aufzustreichen würde sie Zeit kosten. Die ersten Bissen sind herrlich. Sie beißt voll Wut in die Stücke, und ihre Wut ist groß. Es schmeckt gut, aber der Geschmack ist ein leises Gefühl – das andere Gefühl ist lauter: satt werden! Niemals werde ich wieder hungern, niemand verweigert mir Nahrung! Ich bin da, und ich esse.

Während sie schlingt, nimmt sie die Schmerzen in Kauf: die Wurst, das Brot, die Speiseröhre drückt, wenn die Bissen hinunterrutschen. Sie ist zu gierig. Na und? Sie ist hungrig.

Irgendwann ist es genug. Dann ist sie auf einmal ganz ruhig. Wie schön doch die Nacht ist. Sie steht in ihrem Morgenmantel, an den Küchentisch gelehnt, noch ist kein Vogel erwacht. Stille. Kein Morgenlied stört. Sie ist satt.

Es ist Frieden.

~

»Du siehst …«, Sofie sucht nach dem passenden Wort, »du siehst … einfach hinreißend aus!«

Rosa steht in dem Zimmer, in dem sechs Jahre lang alle vier Schwestern gemeinsam geschlafen haben und aus dem sie jetzt auszieht. Der Raum mit den beiden Sofas, die sich nachts in zwei Doppelbetten verwandeln, ist vorbereitet für den Hochzeitsempfang. Eingedeckt ist die Tafel, die sich von hier durch die geöffnete Doppeltür zieht, quer durch das Esszimmer bis hinein in das kleine

Wohnzimmer mit den großen Fenstern, das Clara nicht müde wird, Herrenzimmer zu nennen.

Heute ist ihr großer Tag. Sie trägt ein schmal geschnittenes langes Kleid aus schimmernder Seide, das ihre makellosen Schultern und Arme frei lässt, der Stoff schmiegt sich an ihren Leib bis kurz über den Knien, von wo er glockenförmig ausgestellt weiterfällt, sodass seine Fülle bei jedem Schritt in Schwingung gerät. Ihr schwarzes Haar kontrastiert mit dem Weiß ihrer Schultern und des Stoffs, keine junge Diva könnte schöner sein als Rosa.

Sofie, in blassgelbem Petticoat und Ballerinas, umrundet Rosa und bleibt direkt vor ihr stehen, um den Ausschnitt des Hochzeitskleids zu begutachten. Er hat die Form eines V, eines sanft gerundeten V.

»Hier fehlt was, ich hoffe, Hermann weiß das«, befindet sie und macht Anstalten, mit dem Zeigefinger Rosas Dekolleté zu berühren. »Du brauchst ein Collier. Am besten eine große weiße Perle!«.

Rosa wehrt mit der einen Hand den vorwitzigen Finger ab, mit der anderen prüft sie, ob die Perlenohrringe sitzen. Dann sagt sie nachsichtig: »Kind, reich mir bitte die Handschuhe! Und bring mir die Stola.«

Über das Sofa gebreitet, neben den langen Handschuhen, da liegt sie, die Stola. Sie ist aus dem gleichen perlmuttfarbenen Stoff wie ihr Kleid. Einen Schleier oder gar eine Schleppe hat Rosa verworfen. Eigens für die Kirche hat sie ein Jäckchen schneidern lassen. Entworfen hat sie selber, genäht hat die Robe ihrer aller Schneiderin, Frau Barenthien. Jede Schneiderin näht gern ein Hochzeitskleid, doch Rosa hat es fast geschafft, sie zu beleidigen, so rigoros hat sie ihre Ideen gebremst: bloß keine Krinoline, kein Gepluster, um Gottes willen, diese Bräute heutzutage sehen ja aus wie Knallbonbons!

Pur sollte es sein. Rosa hat ein untrügliches Gespür für Stil. Sie ist wie eine Fee, die durchs Dickicht ans Licht schwebt, ohne einen Kratzer davonzutragen. Das Vorurteil mag Friseurinnen unterstellen, das Vulgäre zu lieben – sie ist ein lebender Beweis für das Gegenteil.

Ihre Mutter hat es sich natürlich nicht nehmen lassen, ihr höchstpersönlich das Haar hochzustecken. Im Prinzip ist es dieselbe Frisur, die Rosa alltags trägt, doch heute mit mehr Volumen als sonst, dank Wicklern und geschicktem Toupieren. Den Kopf geschüttelt hat sie allerdings, als ihre Mutter von den Lilien anfing. Sie hatte es schon befürchtet, jede Tochter kennt die Geschichte, wie Mami seinerzeit mit weißen Lilien an den Altar trat – das Hochzeitsfoto ging ja mit auf die Flucht. Totenblumen! Bloß nicht! Rosa trägt eine kleine Kamelie im Haar, eine weiß-rosa Blüte, wie sie in keinem Kieler Blumenladen zu finden ist, sie hat sie in Hamburg bestellen müssen. Aus Kamelien ist auch der Brautstrauß, der in einer Vase auf der Fensterbank wartet: Um 15 Uhr findet die Trauung in der Jakobi-Kirche statt.

Solche Blüten hat einst Kaiserin Sissi getragen, das hat sie auf einem Bild gesehen, doch darüber sagt sie zu niemandem ein Wort, nicht einmal zu Mathilda: Sie macht sich ja nicht lächerlich.

»Wie ich dich beneide«, Sofie kann kaum an sich halten vor Begeisterung. Die kleinen Schwestern waren nicht zugelassen zum zeremoniellen Frisieren und Ankleiden der Braut. Es sei eine Angelegenheit zwischen Mutter und Tochter, wurde von höchster Instanz befunden, wenn überhaupt, wurde allenfalls Mathilda zugelassen. Sofies Hartnäckigkeit und Neugier siegten ausnahmsweise nicht – sonst gelingt es ihr meistens, ihre Mutter weichzuklopfen.

Die Stola über den Arm gelegt, kündigt sie an: »Ich werde mein Hochzeitskleid auch einmal selbst entwerfen.« Was sie nicht dazusagt, ist, dass sie ihre große Schwester übertrumpfen wird. Sie wird nämlich ihre schönen Beine zeigen. Laut sagt sie: »Aber *mit* Schleier. Das macht geheimnisvoll!«

Ursel steht vom Sofa auf, nimmt die Lackschuhe mit den Pfennigabsätzen, die heute ebenfalls Premiere haben, und stellt sie ihrer großen Schwester vor die Füße. Dann tritt sie ein paar Schritte zurück. »Hermann kann glücklich sein«, sagt sie mit Wärme. »Er bekommt die schönste und liebste Frau im ganzen Land.«

»So, ich denke, ihr habt jetzt eurer Schwester genug gratuliert.« Clara zwängt ihre runde Gestalt hinter dem eingedeckten Tisch durch die geöffnete Flügeltür. Sie trägt ebenfalls bereits das Kleid, in dem sie in der Kirche erscheinen wird – ein schokoladefarbenes mit rundem Ausschnitt und Halbärmeln bis zum Ellenbogen. Um es zu schützen, trägt sie darüber noch eine der gestärkten weißen Schürzen, mit denen sie, wenn auch nicht mehr täglich, im Geschäft antritt.

Sie legt ein Leinentuch über die Lehne eines der Stühle, die in Reih und Glied aufgestellt sind. »Sofie, kontrolliere doch bitte die Gläser an allen Gedecken! Und du, Ursel, zieh du noch mal eine Schürze an und geh der Kochfrau zur Hand.« Die Kochfrau ist eine gelernte Köchin, die Clara seit zwei Tagen dirigiert, als wäre es ihre Leibeigene. Jetzt steht diese Frau in der Küche der Nachbarin und kümmert sich um die Soßen. Die Nachbarin ist auch aus Pommern, Clara hat ihr die Wohnung vermittelt – eine Freundschaft unter Flüchtlingen, die sich in diesen Tagen sehr bewährt: Zwei Küchen im Haus dienen dem Zubereiten des Menüs, drei Balkone der Bevorratung der Getränke. Töpfe und Pfannen, Schüsseln und Platten, Tranchiermesser und Vorlegelöffel aus beiden, aber auch noch weiteren Haushalten versammeln sich wie Truppenteile am Vorabend der Schlacht. Seezungen, Perlhühner und Kalbsbraten gilt es zuzubereiten und mitsamt Beilagen – in ebendieser Reihenfolge – zu zerteilen und vorzulegen. Das Fürst-Pückler-Eis für den Nachtisch ist soeben geliefert worden und eisummantelt in die letzte verfügbare Lücke der Speisekammer verbracht worden. Bis zum frühen Abend muss es durchhalten, sie wünscht, sie hätte doch einen Kühlschrank gekauft!

Besteck, Geschirr und Kristallgläser hat Clara geliehen – sie sind dreißig, nein neunundzwanzig Personen beim Festschmaus. (Vetter Wolf hat abgesagt, wen wundert's ...) Eigens angeschafft hat sie die silbernen Leuchter. Alte Stücke mussten es sein. Sie rechnet bei solchen Ausgaben nicht mehr in Tageseinnahmen, aber täte sie es, dann käme heraus, dass alle vier Läden für diese Investition zahlten.

Mit Genugtuung lässt sie den Blick über die festliche weiße Tafel schweifen. Dann wendet sie sich ihrer Ältesten zu.

»Rosinchen, mein Schwan, ruh dich noch ein bisschen aus. Leg im Schlafzimmer noch zehn Minuten die Beine hoch. Nimm den Sessel.«

Dann zu Ursel: »Worauf wartest du denn? Hopp, hopp!«

Rosa ist dankbar für die kleine Pause, die ihr die Mutter verordnet hat. Mit einer Hand beschattet sie die Augen, obwohl es dämmrig ist im Raum. Ihre Schläfen pochen, als kündigten sich böse Kopfschmerzen an. Ein schlechtes Omen. Hoffentlich verknittert ihr Kleid nicht vom Liegen. Auf dem Küchenbalkon hört sie es poltern, offenbar hantiert jemand mit dem Eis, um die Getränke zu kühlen. Sekt, Wein, Bier. Wenn sie an Bier denkt, wird ihr schlecht.

Die Schlafzimmertür öffnet sich einen Spalt, Mathilda gleitet ins Zimmer und drückt das Türblatt mit der Schulter zu. Sie hat zwei Gläser in der Hand, hinter dem Rücken zieht sie eine dunkelgrüne Flasche hervor.

»Nein, nein«, hebt Rosa an.

»Schschschsch.« Mathilda schenkt schon ein. »Sei einmal nicht vernünftig, es ist deine Hochzeit!« Und als Rosa keine Anstalten macht, das Glas entgegenzunehmen: »Komm, wir stoßen an auf dein Entkommen. Endlich bist du raus aus der Mädchenkammer!« So nennen sie das Viererzimmer, in dem nichts so rar ist wie ein freier Bügel im einzigen Schrank.

»Rosa, du kannst zu Bett gehen, wann du willst. Du kannst nach Hause kommen, wann du willst. Und du hast den Mann, den du willst! Wie ich dich beneide!«

»Ach, du denkst an Jürgen. Mattus, du bist ja so verliebt.«

»Du etwa nicht?«

Rosa greift nun doch nach dem Glas. Dann lächelt sie. »Aber natürlich!«

»Fehlt noch, dass du mich *mein Kind* nennst!«

Rosas Lächeln vertieft sich. »Komm, lass uns anstoßen! Ich hoffe, du kriegst deinen Herzbuben bald! Und heute siehst du ihn ja!« Jürgen ist Hermanns bester Freund und also Trauzeuge.

Rosa steht auf. »Sieht man auch wirklich nichts?«, fragt sie und streicht sich den Stoff über dem Bauch glatt. Sie sieht, wie in den Augen ihrer Schwester ein Schreck aufflackert. Ob man die Rundung tatsächlich sieht?

»Nein, du bist gertenschlank«, versichert Mathilda. »Kein Mensch merkt was!« Sie zögert. »Halt dir aber besser den Strauß davor!«

Seit der Fahrt nach Köln haben Mathilda und Rosa nicht mehr über die Schwangerschaft gesprochen. Nicht dran rühren, alles auf dem Gleis lassen – vielleicht, das will Rosa glauben, lässt sich das Leben am besten bezwingen, wenn man sich das zum Leitsatz macht.

Ein beklommenes kleines Schweigen entsteht. Eine Weile lauschen sie dem geschäftigen Treiben im Flur und in der Küche. Mathilda wüsste zu gern, ob Rosa inzwischen mit Hermann gesprochen hat und wie es zwischen den beiden steht. Stattdessen sagt sie: »Ich bin so erleichtert«, als läse sie Rosas Gedanken. »Alles wird gut!«

Sie heben die Gläser, Rosa setzt sich wieder.

»Pass bloß auf, dass Sofie nachher nicht zu viel trinkt. Sie ist auf Krawall gebürstet.« Sie ist wieder ganz die große Schwester.

»Ja, sie rennt sich zurzeit den Kopf ein.«

»Am Bollwerk der Dicken«, ergänzt Rosa.

Mathilda guckt verdutzt, dann prustet sie los. Der Sekt zeigt offenbar Wirkung – so respektlos spricht Rosa sonst nie von den Eltern.

~

Die Luft ist schwer von Feuchtigkeit. Dieser Mai beginnt nass, Regen tropft von den biegsamen Ästen der jungen Bäume, die erst kürzlich vor der Jakobi-Kirche gepflanzt wurden. Die Kirche ist eines der Gotteshäuser, die in Kiel jetzt wieder stehen und wo Sakramente würdig erteilt werden können. Aus dem ehedem neugotischen Bau strebt ein verglaster runder Turm in den Himmel – das Hallelujah-Gasometer, sagen die Kieler.

Seit Stunden haben alle in den Himmel gespäht. *Na, ob sich das gleich entlädt? Nimm, lieber einen zweiten Regenschirm mit! Wenn es gießt, halte ich meinen über die Braut. Wer hält den für den Bräutigam?*

Das Brautpaar fährt im dunkelblauen BMW vor, Hermanns Freund Jürgen kutschiert. Junge Männer reißen die Wagentüren auf. Die Stimmen schwirren, und in den Pfützen baden die Spatzen.

Später, als sie die Kirche verlassen, schiebt die Sonne die Wolkenbänke zur Seite wie ein Weib mit kräftigen Armen, das zusehen will, wie es dem Brautpaar ergeht. Rosa und Hermann strahlen und schütteln Hände, aber plötzlich zieht Hermann sie fort von den anderen: Er kann nicht anders, als Rosa noch einmal zu küssen. Die Kamelie rutscht aus seinem Knopfloch und fällt zu Boden. Sie lacht überrascht: solche Leidenschaft! Hier vor der Kirche! Sie will sich bücken, er verhindert das, indem er ihre Hände fasst, beide küsst und sie erneut in die Arme schließt. »Pass doch auf, Hermann, meine Haare!«, wehrt Rosa lachend ab, sie ist so beglückt, dass sie den Kopf schütteln muss. Sehr jung sieht sie aus. Was immer sie für Zweifel über diese Heirat hatte, und es waren viele, in diesem Moment sind sie zerstoben.

»So glücklich sahen sie aus! Ich bin froh. Sie lieben sich doch!«, sagt Ursel erleichtert, als sie mit Hans, der an diesem Tag als Fotograf fungiert, den kurzen Weg nach Hause läuft.

»So hab ich Hermann noch nie strahlen sehen«, stimmt Hans zu. Ein Fotograf sieht mehr als die anderen.

»Warum trägt seine Mutter Schwarz«, fragt sie dann. »Sein Vater ist doch schon vor dem Krieg gestorben.«

Diese Frau Vornstädt – jetzt Rosas Schwiegermutter – soll so vornehm sein, dass sie sich zu fein ist, mit der Straßenbahn zu fahren. Das hätten ihr angeblich erst die Eltern, dann ihr Mann verboten. »Sie wirkt irgendwie traurig.«

»Na ja, ihr Sahlckes – ihr seid viele. Ich vermute, sie fühlt sich allein.«

An der Hochzeitstafel hat Clara ihren Vater zwischen seine Schwester Helene und Hermanns Mutter platziert. Einen Moment lang hatte sie gezögert. Ihr Vater neben der vornehmen Frau Vornstädt … Gegenüber sitzt die Scholle, Nachbarin aus dem Haus, die eigentlich Frau Schulze heißt und mit der ihr Vater ständig im Zwist liegt.

Gustav ist hungrig, besonders bei der Seezunge langt er tüchtig zu. Der Weißwein macht ihn gesprächig. Er erzählt von den Hochzeiten in Stolp: keine unter fünfzig Personen, immer mit Musikanten. Helene und er schwelgen in Erinnerungen.

»Bei Ottos und meiner Hochzeit hast du noch selber gefiedelt«, sagt sie. »Wie alt warst du da?«

»Boccherini!«

»Wie?«

»Und Haydn!« Gustav summt die Serenade Opus 3, Nr. 5. Wenn er summt, hört er sich wie eine mächtige Hummel an.

»Welchen Rang hatte Ihr Gatte?«, wendet er sich jovial der Tischnachbarin zur anderen Seite zu. »Marine, Luftwaffe oder Heer?«

»Heer.«

»Hat Hermann keine Geschwister?« Der Dame muss man jedes Wort einzeln aus der Nase ziehen. Es ist ihm nicht entgangen, dass sie sich jeder lobenden Bemerkung über Rosa enthält – Rosa, seinem Augenstern, der perlmuttschimmernd am Kopf der Tafel sitzt. Der übliche Hochmut von Offiziersfrauen? Sollte der sein Rosinchen nicht gut genug sein?

Gustav hat Claras Warnung noch deutlich im Ohr: Der Vater

von diesem Schlingel Hermann sei ein ganz hoher Herr gewesen, die Familie sei eine von Akademikern, und er solle sich gut benehmen. Er weiß sehr wohl, dass Vornstädt senior im Krieg Oberstabsarzt war.

»Wir Barbiere haben alle nicht gedient«, teilt er Frau Vornstädt mit. Er kann es sich nicht verkneifen. Er hebt sein Glas, »Barbiere überleben immer, sie müssen nicht fahnenflüchtig werden.«

Ach, sein pommersches Gemüt ist schon etwas anderes als das dieser holsteinischen Stockfische, die die Kiemen nicht auseinanderkriegen, weil ihr Blut so kalt gefroren ist.

»Mein Enkelienchen«, ruft er in die Runde, er spricht das Wort mit einem langen I, und wendet sich seiner Schwester zu. Helene hat eine mitfühlendere Seele als die Person zu seiner Rechten. »Mein Enkelienchen!«, ruft er noch einmal. »Möge der liebe Gott sie auf allen Wegen beschützen. Meine geliebte Kleine!«

Dann kommen die Perlhühner. Wo bleibt die Rede des Brautvaters? Die wäre längst angebracht.

Da erzählt Gustav die Geschichte vom Schutzmann aus Düsseldorf und wie der eines Nachts einen besoffenen Randalierer ertappte, der nichts Besseres zu tun hatte, als Ladenscheiben einzuschlagen, Gott weiß warum. Der Schutzmann packte ihn und führte ihn in Handschellen ab. Als der Rabauke des Kittchens ansichtig wurde, war er plötzlich stocknüchtern.

»Soll mich der Jäger totschießen, wenn das meine Mutter am Neutor wüsste! Sie stürbe vor Kummer.«

»Sag nicht, dass du ein Pommer bist?«, fragte der Ordnungshüter. Dann ließ er ihn laufen: »Schieß in den Wind, Stolper Jungchen, gib Fersengeld.« Der Schutzmann war ebenfalls Pommer.

Die Scholle, die Gustav gegenübersitzt, lächelt ihr abscheuliches Lächeln und behauptet glatt, er habe die Pointe vermasselt. Der Wein in seinem Glas schwappt über. Während er den Fleck noch mit der Serviette betupft, klirrt es, und endlich schiebt Rudolf seinen Stuhl zurück.

»Herhören!«, ruft Clara. »Jetzt spricht Rolli!«

Der schlägt die Hacken zusammen: »Habe die Ehre, heute hier in diesem Hause Hochzeit zu feiern.« Er wendet sich an »Rosa, mein Töchterchen« und an Hermann, nennt ihn den »hochwillkommenen Bräutigam und Herrn Doktor«, dann deutet er eine Verbeugung an in Richtung von Frau Vornstädt, wie Clara ihm eingeschärft hat: »Gnädige Frau, liebe Hochzeiter, liebe Gäste«, sagt er, »habt keine Sorge, ich fasse mich kurz!«

Er lobt Anmut und Anstand der Tochter und dass sie der Mutter immer die erste Stütze war – ein Mediziner an ihrer Seite könne diese wundervolle Verbindung jetzt nur noch verstärken.

»Die schlechte Zeit ist vorbei, und ihr habt die Zukunft vor euch. Lasst uns nun alle nach vorn blicken.« Er macht eine Pause. »Und weil keine so gerackert hat dafür wie mein geliebtes Frauchen, soll nun auch für sie eine bessere Zeit anbrechen!«

Und wie um diese Zeit einzuläuten, zieht er ein Schlüsselbund im schwarzen Etui aus der Jackentasche und hält es hoch, sodass die Schlüssel herausfallen. Er wedelt damit und bringt sie zum Klingeln.

»Mein geliebtes Clärchen, du sollst es ab sofort auch ein wenig bequemer haben. Auf dem Land wartet eine Überraschung für dich!«

»Rolli, sag nicht, dass du ein Schloss gekauft hast!«, ruft Clara und springt auf. »Oh, Rolli!«

Gustav hat nur sein Rosinchen im Blick. Sie und Hermann sitzen da und sehen zu, wie sich Clara und Rudolf in die Arme fallen. Der Toast auf die Frischvermählten fällt erst einmal aus. Hermann schüttelt lachend den Kopf. Als er versucht, den Arm um seine Braut zu legen, bleibt die stocksteif sitzen. Und später, als zum Abschluss das Fürst-Pückler-Eis serviert wird, rührt Rosa ihr Schnittchen nicht an.

Er könnte seinen Schwiegersohn erwürgen. Was für ein Trampel er doch ist.

»Wenn einem so viel Gutes widerfährt, das ist schon einen Asbach Uralt wert!«, verkündet Rudolf derweil, die Zigarre schon in der Hand.

»Lasst Luft rein, macht die Balkontür auf!«, ruft Clara.

Sie hat recht, denkt Gustav. Es fällt einem schwer, in einem Raum mit diesem Kerl zu atmen.

Als Rosa Mathilda aus der Küche kommen sieht, nickt sie ihr zu – das vereinbarte Zeichen, den eigens für die Hochzeit angeschafften Plattenspieler anzuwerfen. Die Schellackplatten hat Mathilda zusammen mit Jürgen besorgt.

»Aber keine Negermusik!«, dröhnt ihr Vater aus dem Nebenraum. Er schenkt weiter eifrig Alkohol an die jungen Leute aus, die sich um ihn drängen. Wer angefangen hat zu singen, ist unklar, Rosa vermutet, dass es Gehlhaar war, mit dem ihr Vater sich so gut versteht.

Die Fahne hoch!
Die Reihen fest geschlossen!

Ihr Vater stimmt mit ein, und mindestens fünf andere krakeelen mit.

»Jetzt das noch«, sagt Rosa bitter, als Mathilda zu ihr tritt. »Das hat mir gerade noch gefehlt.«

»Lasst das sein!«, ruft Mathilda. Das Glas in der Hand, geht sie auf Hermann und Jürgen zu, doch Hermann wehrt sie lachend ab.

SA marschiert
Mit ruhig festem Schritt
Kam'raden, die Rotfront und Reaktion erschossen …

»Hört auf!«, ruft Rosa. Es reicht ihr! »Schluss, und zwar sofort!« Sie ist aufgesprungen. Sie knallt die Balkontür so laut zu, dass sich ein kalter Luftschwall in den Mief mischt. Das Grölen erstirbt und macht betretenem Schweigen Platz.

»Was willst du? Das kann man nicht gestern anstellen und heute ausknipsen«, sagt Hermann mit einem Achselzucken in ihre Richtung. Und dann, an die Männer gewandt: »Schon gar nicht, wenn es lauter Wichtigtuer sind, die es verbieten. Leute, die keine Ahnung haben, wie es war.«

Er lässt sich in einen Sessel fallen, zückt eine Zigarettenschachtel und kramt nach seinem silbernen Feuerzeug.

Hermann und Jürgen sind zusammen im Krieg gewesen. Sie sind auf demselben Panzer gefahren, schon mit zwanzig, sie waren auf Sizilien und später Teil der Ardennen-Offensive. Hermann hat öfter versucht, Rosa von seiner Division zu erzählen, vom Winter '44, einer räudigen Aufgabe … von einem Todesurteil gegen Kameraden. Sie hat höflich zugehört. In Wahrheit ist ihr Widerwille mächtig. Zwei von drei Soldaten der Grenadier-Einheit haben laut Hermann nicht überlebt. Sie bremst ihn, so unmerklich es eben geht, wann immer er zu erzählen beginnt. Interessiert sich jemand dafür, wie es ihr ergangen ist, wie es für sie war, morgens um halb fünf beim Bauern anzutreten? Aus dem Schweinetrog Reste zu klauben, weil sie so hungrig war?

Jetzt, heute und hier, jetzt ist Schluss! Dass sie nicht mal an ihrem eigenen Festtag im Mittelpunkt steht, haben ihr soeben die Eltern demonstriert – nun auch noch Kriegsgeschrei, das duldet sie nicht! In Rage bringt sie weniger der Umstand, dass das Lied verboten ist, als die Rücksichtslosigkeit, mit der die anderen ihre Wünsche ignorieren. Dieses Suhlen in der Vergangenheit!

»Es ist auch meine Hochzeit«, sagt sie zu Hermann, und ihre Stimme ist fest.

Der zieht an seiner Zigarette und winkt mit der anderen Hand ab – es ist diese typische, angewiderte Geste, die sie so verabscheut. Die festliche Stimmung, das spüren alle, droht davonzupoltern wie Geröll, das ein Kipper entlädt.

Da löst sich Jürgen aus der Gruppe. »Zeig doch mal, was du für Musik dahast?«, sagt er zu Mathilda und tritt neben sie an den Plattenspieler. Er nutzt die Gelegenheit, ihr den Arm um die Hüfte zu legen.

Wenig später singt Freddy Quinn »Rosalie«:

Sie wohnte im weißen Haus am Meer und war die Tochter vom Gouverneur und keine der vielen Orchideen war auf der Insel so schön wie Rosalie, wie Rosaliiiee …

Es ist ein richtig schöner Schieber, etwas fürs Herz. Und sie haben die Platte extra für Rosa besorgt. Für Rosa und Hermann! »Geh hin, sag ihm, er soll mit ihr tanzen«, flüstert Mathilda Jürgen zu.

Es war kein reicher Mann, es war kein armer Mann, es war ein Seemann, der ihr Herz gewann …

Jürgen, das erweist sich wenig später, ist wie für den höheren diplomatischen Dienst gemacht.

»Herrje, da bist du ja!« Clara rauscht durch die Küchentür. »Das untersage ich!«

Die Scholle macht tatsächlich Anstalten abzuwaschen, sie hat schon die Schürze um. Soeben hat sich Frau Vornstädt verabschiedet. Ein plötzlicher Kopfschmerz. Hätten sich Helene und Gustav nicht ein wenig mehr um sie bemühen können? Clara ist nicht für alles verantwortlich.

»Fürs Spülen sind die Mädchen da. Komm wieder mit rein!« Die Hochzeit hätte sie ohne ihre Nachbarin nie gestemmt. Sie beiden helfen sich gegenseitig, mit Mehl und Eiern, sie tauschen Gewürze, Rezepte und Ratschläge. Bei Festen der Sahlckes stellt die Scholle ihren Herd zur Verfügung. Sie versteht sich darauf, Porzellan zu kitten und Nylonstrümpfe zu reparieren. Die gute Frau hilft immer. Obwohl sie es im Leben schwer hatte, ist sie stets guter Dinge. Die Butter vom Brot nehmen lässt sie sich indes nicht. Sie weiß vieles gut und manches besser.

'45 ist sie mit ihren drei Kindern aus Köslin geflüchtet, noch ehe die Russen den Danziger Raum eingekesselt hatten. Sie nahm auch ihre Nichte mit, weil ihre Schwester die kranke Mutter in Stolp nicht allein lassen wollte. Auf einem Bahnhof in Vorpommern hat Frau Schulze sich dann noch zwei weitere Kinder aufgebürdet. Hitlerjungen hatten auf dem Perron gestanden und gerufen: Wer nimmt die mit? Ein Junge von sieben und ein Mädchen von fünf.

Auf dem Treck hatten sie im Gewühl ihre Mutter verloren. Fremde Leute setzten sie am Bahnhof ab und zogen weiter. Da hat sich die Scholle gemeldet. »Wie sie dastanden, Hand in Hand, ich konnte nicht anders«, hat sie Clara erzählt. »Dieses Bild hätte mich sonst mein Leben lang verfolgt.« Sie hatte nun plötzlich sechs Kinder im Schlepptau. Mit denen fuhr sie dann weiter.

Clara kennt die Scholle von der Landsmannschaft der Pommern; die Frau imponiert ihr. Sechs Kinder zwischen fünf und dreizehn, und alle allein großgezogen? Respekt! Und aus allen ist inzwischen etwas geworden.

Früher hätte sie über eine wie sie hinweggesehen. Schick war sie nie, das sind Lehrersfrauen selten. Sie ist eine kleine Frau mit großem Busen, mit grauem Dutt und einem Hemdblusenkleid unter der Schürze. Ihre Füße sind so geschwollen, dass sie plumpes Schuhwerk trägt.

Die Scholle verdankt ihren Spitznamen dem Umstand, dass sie denselben Namen hat: Zweimal Clara, das ging schlecht. Aber Scholle, wie sie darauf kam? Sie erinnert sich nicht.

»Es entspricht wohl meiner Körperform«, befand die Nachbarin gutmütig, als Clara den Namen vorschlug. »Aber ein Fisch bin ich nicht.«

Sosehr Clara die Scholle mag, ihr Vater und Rudolf mögen sie nicht, da stimmen sie ausnahmsweise überein. Ihrem Mann gibt sie zu viel mit ihren Kindern an. Mit sechsen sei sie doch überall vorgezogen worden.

»Genau«, versetzt Clara, wenn er das sagt, »so wie ich auch überall vorgezogen worden bin. Das fängt bei vieren an.«

Der Mann der Schulze ist im Krieg geblieben. »Vielleicht ist der aus gutem Grund *verschollen*«, kalauert Rudolf, auch wenn Clara es nicht mag. Er kann sie auch deshalb nicht leiden, weil sie ihm jedes Mal in die Parade fährt, wenn er die Gendarmerie nur erwähnt. Das tut er hin und wieder, und zwar mit Stolz.

»Andere Männer mussten an die Front«, hat sie mehr als einmal gesagt und einmal, als die Scholle dachte, niemand höre es, da murmelte sie: »Nicht alle haben sich gedrückt.«

Dass ihr Vater etwas gegen die Scholle hat, liegt an den Sachen im Keller, die er dort aufbewahrt. Alter Krempel, Genaues weiß Clara nicht und will es nicht wissen. Es war ohnehin reine Nettigkeit der Scholle, denn eigentlich gehört der Raum ihr. Sie hat ihn den Sahlckes großzügig überlassen. Clara versteht ihren Vater wirklich nicht.

~

Tonight's the night, singen Bill Haley and His Comets, während Gustav die Treppe hinuntergeht, er ist ein bisschen torkelig auf den Beinen. Er will nur schnell die Kartonpaletten sicherstellen, auf denen die Konserven mit Erbsen und Möhren geliefert wurden. Er braucht etwas mehr Zeit mit dem Schlüssel. Als er gerade dabei ist, die Kartonagen hinter das Regal zu schieben – der Platz ist knapp und will gut genutzt sein –, schießt plötzlich die Scholle hinter ihm aus dem Dunkel hervor. Sie hat ihn die ganze Zeit schon im Auge gehabt, der Likör hat ihre Streitlust entfacht.

Gustav kriegt einen solchen Schreck, dass er den Sack mit den Nussschalen umstößt und die Schalen über den Estrich verteilt.

»Was machen Sie da? Was soll das hier alles?« Gustav hat im Keller alle Jahrgänge der *Kieler Nachrichten* sowie der *Pommerschen Zeitung* gestapelt. Außerdem leere Konservendosen, säuberlich abgewaschen, nach Größen sortiert. Es gibt eine Bindfadensammlung und eine für Kronkorken, für Weckringe, für Packpapier (die Briefmarken sind sorgfältig abgelöst). Mit jedem Weihnachtsfest schwillt der Bestand an Pralinenschachteln und eben auch Nussschalen an (nur die unversehrten Hälften von Walnüssen bewahrt er auf). Zur Kollektion gehören auch Säcke. Er kann nicht über den Markt gehen, ohne mitzunehmen, was die Marktleute fahrlässig zurückgelassen haben. Alles kann einem noch nützlich sein. Man weiß nicht, was kommt.

»Nussschalen! Das ist ja grotesk!« Die Scholle tritt nun absichtlich zu und zermalmt, was sie unter die Füße bekommt. »Bald werden Sie hier noch Kartoffelschalen auftürmen!«, ruft sie entrüstet. »Sie sind verrückt, alter Schrat!«

Da macht Gustav einen Satz auf sie zu. Die Schalen knirschen, und das Licht flackert. Atemlos flieht die Scholle aus dem Keller und die Treppen hinauf.

»Clara!« Sie trifft ihre Nachbarin oben an der Wohnungstür, wo sie Helene verabschiedet. »Clara, dein Vater ist auf mich los! Er ist mir an die Gurgel. Das geht zu weit!« Mit der einen Hand klammert sie sich ans Treppengeländer, mit der anderen umfasst sie ihren Hals.

Gustav hat Frau Schulze tatsächlich am Hals berührt, aber es stimmt nicht, dass er sie gepackt hat – und schon gar nicht geschüttelt. Im letzten Augenblick hat er sich beherrscht. Aber danach fragt ihn jetzt keiner. Es ist ein Skandal. Die Scholle zieht sich wutschnaubend in ihre Wohnung zurück, wo sie mit den schmutzigen Tellern der Sahlckes allein ist.

Am nächsten Tag gibt Clara ihm zwei von den übrig gebliebenen Flaschen Moselwein, er muss in den Stock nach oben und sich bei der Scholle entschuldigen. Für den Gang nach Canossa zieht er sich tadellos an.

Was den Keller angeht, sind Gustav und Rudolf sich einig. Es ist der eine Winkel in ihrem Leben, in dem sie sich ohne Worte verstehen. Auch Rudolf hortet hier Dinge, die noch zu gebrauchen sind und die man auf keinen Fall wegtun darf. Leisten, Nägel, Schrauben, was vom Bau des Frisiersalons übrig blieb – alles steht noch im Regal. Pinsel in Terpentinpfützen, ausgebrannte Glühbirnen, Tapetenreste und Spanplatten.

Zwei Tage nach der Hochzeit rafft Gustavs Schwiegersohn all das zusammen. Er besitzt jetzt ein Haus. Eigentum! Spanplatten, Kabelstränge, Leisten und Nägel holt er aus dem Keller und verfrachtet sie in den DKW, um sie umzubetten in einen lichtlosen Schuppen an der Schlei. Nur das Terpentin, das schüttet er weg.

~

»Wie groß ist das Grundstück an der Schlei?«

»Dreitausend Quadratmeter.«

»Donnerwetter!«

Es geschieht nicht oft, dass Rudolf den alten Mittelschulrektor Zühle beeindrucken kann. Sie besichtigen gemeinsam das neu errichtete »Haus der Heimat« in der Wilhelminenstraße. Der Einladung zur Besichtigung sind Clara und er gern gefolgt. Das Ehepaar Zühle kennen beide noch aus Stolp, während sie Frau Paulus, die mit ihnen von Etage zu Etage stapft, erst in Kiel kennengelernt haben.

»Fabelhaft hat der Verband das mit dem Lastenausgleich gemacht!«, findet Rudolf. Der *Lastenausgleich* ist sein Lieblingsthema. Zu Hause, das nimmt er durchaus wahr, verschließen die Töchter reflexartig ihre Ohren, wenn er davon spricht, umso dankbarer ist er dafür, dass Herr Zühle gern zuhört. Der Staat unterstützt Vertriebene und Flüchtlinge mit Entschädigungen und billigen Darlehen. Das Haus an der Schlei hätte er ohne solche nicht erwerben können.

Sie alle, die sie an diesem Tag hier versammelt sind, gehören der Pommerschen Landsmannschaft an – genauso zahlreich wie die Pommern sind in Schleswig-Holstein nur die Ostpreußen.[60]

Führerin durchs »Haus der Heimat« ist die Scholle, sie kennt sich aus, denn sie arbeitet für den Verband. Dreimal die Woche ist sie hier und berät Menschen, die rauswollen aus den Baracken. Bis vor zwei Jahren hat sie selbst in einer Nissenhütte gelebt, sie weiß, wie es ist, wenn man auf Hilfe anderer angewiesen ist. Ihre unverbrüchliche Freundschaft zu Clara rührt auch daher, dass diese für sie ein gutes Wort beim Vermieter in der Herder Straße eingelegt hat.

»Das kann man sich nicht aussuchen«, sagt sie gerade zu Frau Paulus, »so ist es gekommen. Aber alle meine Kinder leben. Das nenne ich Glück.« Sie redet von ihrem Mann, vermisst vor Moskau seit 1942. Clara weiß, dass ihre Nachbarin bis zuletzt die Hoffnung hegte, er könne in russischer Gefangenschaft sein. Doch auch der letzte Zug mit Spätheimkehrern, der im Januar in Hessen eintraf, brachte ihren Mann nicht zurück. Sie hat nun Gewissheit, dass er nicht mehr lebt. Wo er begraben ist, weiß sie nicht. Sie seufzt, und Frau Paulus schaut zu Boden.

Das *Lastenausgleichgesetz* hat Rudolf geradezu geschüttelt, um jeden erdenklichen Vorteil für seine Familie und den Betrieb herauszuholen. »Mit gleich drei Ausgleichsämtern«, brüstet er sich, »hab ich mich wegen des Kaufs rumgeschlagen. Ihr ahnt nicht, was ich alles beibringen musste. Dickel, ich erzähl dir das noch im Einzelnen.« Er ist so froh. Eine Immobilie erworben zu haben, das heißt, den Fuß hier in die Erde zu kriegen: Boden zu besitzen bedeutet, kein flüchtiger Wandler in der Fremde mehr zu sein, sondern Wurzeln zu schlagen. So kann man sich Achtung in den Augen der Alteingesessenen erwerben.

Ein Drittel der Bevölkerung Schleswig-Holsteins stammt aus verlorenen Gebieten; dabei sind 1956, mitten im Wirtschaftswunder, bereits viele wieder fort: nach Nordrhein-Westfalen und Baden-Württemberg, der Arbeitsplätze wegen. Um die Übrigen bemüht sich die Landesregierung, sie nennt sich Patin der Pommern. Die Vertriebenen, das sind so viele Wähler, dass auch im Bund alle Parteien um sie werben.[61] Adenauer und die CDU machen sich ihre Anliegen aus gutem Grund zu eigen: Zur Landtagswahl 1950 errang der neu gegründete »Bund der Heimatvertriebenen und Entrechteten« aus dem Stand mehr als 23 Prozent der Stimmen.[62] Ein Erdrutsch! Im Bundestag sitzt die Partei ebenfalls, Adenauer holte einen der Gründer des BHE ins Kabinett. Einen besseren Minister in Bonn als Theodor Oberländer können sie sich in dieser Runde nicht vorstellen.

»Ohne ihn würden wir auch in zehn Jahren noch in Baracken hausen«, behauptet Rudolf.

»Der Lastenausgleich ist nur der Anfang. Oberländer ficht weiter für die Grenzen von '37«, stimmt Zühle ihm zu. »Der Oberländer, der hat Energie, ich kenne ihn persönlich.«

Das ist ein wenig übertrieben, wie alle wissen. Vor zwanzig Jahren hat der Rektor in Stolp sich Oberländers Vortrag über den Grenzkampf angehört, da war der noch Vorsitzender des »Bunds Deutscher Osten« und Vertrauter des Gauleiters von Ostpreußen. Damals, im Schützenhaus, hatte er im Braunhemd ein »biologisches Problem« angeprangert: den fünffachen Bevölkerungszuwachs in Polen. Es fordere mutige Kerle und die ganze Kraft im Abwehrkampfe, es gelte, vor der Geschichte zu bestehen. Der Saal kochte, so aufrüttelnd sprach der Professor aus Königsberg.[63]

Das Misstrauen gegen die Polen ist heute nicht kleiner. Frau Zühle erzählt, und auch diese Geschichte kennen sie alle, wie es war, von den Polen aus der Stadt geworfen zu werden. »Sie haben uns bespuckt und beschimpft. Im Zug nach Stettin ist ein Plündererrupp nach dem anderen gekommen, bis wir nichts, aber auch gar nichts mehr besaßen.« Dass Stolp nicht für immer Slupsk heißen wird und Hinterpommern nicht Pomorze, dafür wird Oberländer schon sorgen. Er ist ihr Mann, auch im Kampf gegen die sogenannte DDR: Im Görlitzer Vertrag hat Ostberlin 1950 die Oder-Neiße-Linie als deutsche Ostgrenze anerkannt.

»Auch Adenauer«, glaubt Herr Zühle, »wird alles dafür tun, damit ein Friedensvertrag das rückgängig macht.« Allerdings lässt sich der Bundeskanzler Zeit damit.

»Grotewohl[64] hatte niemals das Recht dazu«, wirft Clara ein. »Wie bin ich froh, dass wir diesen Verbrechern entronnen sind!«

»Wie seid ihr eigentlich aus Thüringen herausgekommen«, will Frau Paulus wissen.

»Bei Nacht und Nebel. Ein großes Ränkespiel«, antwortet Clara knapp. Mit jedem Jahr, das vergeht, wird ihr Blick zurück auf die Zeit in der Zone weniger freundlich. »Bad Bibra, das war ein Kaff. Die Bauern haben da Inzucht getrieben über Generationen.«

Rudolf lächelt sein Frauchen an, er ist selig, morgen wird er ihr das Grundstück zeigen. Gerade erst hat er die älteste Tochter unter die Haube gebracht, nun besitzt er Haus und Grund – die Seinen sind in der neuen Welt angekommen. Da kann Zühle, so ein verknöcherter kinderloser Beamter a. D., natürlich nicht mithalten.

»Polen ist ein sowjetischer Vasallenstaat«, trägt der vor, »und die DDR kein Staat, sondern sowjetisch besetztes Gebiet«. Das ist die Position des Verbands.

Die im Osten revanchieren sich und nennen den Bund der Vertriebenen *Kreuzritter in Tracht.* Jeder vierte Bürger der DDR, die für sie auf ewig *die Zone* bleibt, hat die Heimat verloren, muss sich *Umsiedler* nennen und, weil die Partei es wünscht, von ihr schweigen. Vom Lastenausgleich können die Familien dort nur träumen.

Wie viel besser es ihnen geht, dafür haben die neuen Westdeutschen kaum Antennen. Sie sehen ihren eigenen Verlust. Dass die Polen, die jetzt in Hinterpommern leben, nicht freiwillig dort sind, sondern aus Ostpolen vertrieben wurden, und auch diese ihr Zuhause verloren haben, blenden sie aus.

»Ich schüttle mich, wenn ich höre, dass sie jetzt Kolberg Kolobrzeg nennen und Stettin Szczezin«, Frau Paulus spuckt die Worte aus. »All diese schrecklichen Zungenbrecher.«

»Ob Sofie vielleicht in die Volkstanzgruppe eintreten will«, fragt die Scholle an Clara gewendet. Sie hält sich wie immer beim Schimpfen zurück. »Sie ist doch so sportlich! Wir haben eine gegründet, wir tanzen in Jamunder Tracht.«

Clara zupft mit gut manikürten Fingern ihren Rock zurecht. Sie lächelt. »Aber liebe Scholle, so haben wir doch in der Heimat auch nicht getanzt!«

14. KAPITEL

Clara setzt sich mit einem Ruck im flachen Wasser auf und schüttelt sich. Schlickgrün spritzt es nach allen Seiten, sie prustet. Wie ein Nilpferd sieht sie aus, ein besonders schönes, pralles Nilpferd. Das Haar steckt unter einer weißen Badehaube, das Braun ihres Badeanzugs verschwimmt im bräunlichen Schleiwasser. Tropfen glitzern auf ihrem gebräunten Nacken, auf Schenkeln und Oberarmen, alles an ihr scheint sich der Sonne entgegen zu wölben.

»Kiboko. Du siehst aus wie Kiboko!«, ruft Mathilda.

Kiboko. Die Abenteuer eines Negerjungen und wie er die Welt kennenlernte, hieß das Kinderbuch, das sie als kleine Mädchen geliebt haben. *Kiboko* bedeutet eigentlich Nilpferd, aber so heißt der Junge, der unbedingt weiße Menschen treffen will. Er reißt aus, und am Ende erfüllt sich sein Traum: Nach allerhand Abenteuern im Busch darf er als *Boy* in einen Haushalt weißer Pflanzer arbeiten.

Clara lacht. Übermutig reißt sie sich die Badekappe vom Kopf und winkt Ursel und Mathilda damit zu: »Los kommt rein, ihr Schisser!«

Ihre Töchter, in weißen Shorts, ziehen es vor, am Ufer zu bleiben und nur ihre Füße zu baden. Dort, wo sie stehen, lichtet sich das junge Schilf und gibt einen kleinen Strand frei, an dem die Wellen lecken. Durch die Halme streift Wind, wärmer als sonst im Mai, und bringt sie zum Rauschen. Ein Platz, perfekt zum Baden, doch das Wasser ist noch kalt.

»Kommt anbaden! Aber dalli!«, ruft Clara. Ihre Zähne blitzen weiß in ihrem gebräunten Gesicht. Sie wälzt sich prustend auf den Bauch – der Vergleich mit dem molligen Flussbewohner scheint ihr Vergnügen zu machen. »Meine Pfunde sind pures Glück«, schnauft sie. »Zu essen kriegt nur, wer gebadet hat.«

Sie winkt Rudolf, der weiter hinten im Schilf steht und an seinem Steg baut. Dann gibt sie vor zu kraulen, was im seichten Wasser unmöglich ist, sie sieht wirklich aus wie ein strandendes Ungetüm. Mathilda schüttelt den Kopf und lacht: Wie wunderbar meine Mutter doch ist. Wie sehr ich sie liebe.

Zu Abend essen werden sie auf der Terrasse vor dem Haus, wo ein kleiner Wind in den Blättern der Blutbuche spielt. Haus und Terrasse liegen auf einer Anhöhe, von der sich der Blick weit nach Westen über die Schlei öffnet. Die Schlei ist ein Meeresarm der Ostsee, so schmal und gewunden, dass ihn Ortsunkundige für einen Fluss halten, weil er sich von Schilf gesäumt durch die Landschaft schlängelt. Im Mai dehnen sich jenseits der Ufer gelbe Rapsfelder und Löwenzahnwiesen aus, darin Inseln von Buchen und Eichen.

Der Tag heute ist aus purem Blau, Gelb und Grün. Später im Sommer türmen sich oft Wolken im Himmel und bewegen sich, als wollten sie einander überbieten, ein immerwährendes Schauspiel über der Förde, die in der Ferne ihre breiteste Stelle hat und dort so präzise wie prosaisch bezeichnet wird als *Große Breite*. Noch weiter im Westen endet die Schlei bei Schleswig. Dort brachten die Wikinger einst ihre Schiffe an Land, um sie dann weiter Richtung Nordsee über festen Grund zu ziehen. Rheider Au, Treene und Eider nutzten sie, um diese Plackerei abzukürzen.

Rosa und Mathilda haben die Picknickkörbe ausgepackt: Fleisch- und Kartoffelsalat, Rollmöpse, Frikadellen, schwarzes Brot und weiße Brötchen, hart gekochte Eier, Ananas aus Dosen, Rhabarberkuchen, all das kommt auf den Tisch. Ihre Schwestern sind in der Küche, um Sahne zu schlagen und Kaffee zu kochen. Rosas

Hochzeit ist schon zwei Wochen her. Das junge Paar hat seine Hochzeitsreise – eine Woche in Meran – hinter sich, und Rosa hatte nichts Eiligeres zu tun, als sich gleich wieder der Familie anzuschließen: An diesem Sonntag hat Hermann Dienst im Krankenhaus.

»Wann willst du es ihnen sagen?«, fragt Mathilda. Noch ist Rosas Schwangerschaft ein Geheimnis, sie zögert, damit rauszurücken.

»Irgendwie wäre es netter, wenn Hermann dabei wäre. Findest du nicht?«, fragt Rosa zurück.

Die Unterhaltung versiegt, als beide ihren Vater sehen, der mit watschenden Stiefeln Richtung Terrasse stapft. Die Buche wirft flirrende Schatten über den Rasen.

»Hast du schon was gefangen?«, ruft Mathilda. Alle wissen, der Vater erfüllt sich mit dem Haus an der Schlei auch selbst einen Traum: Er ist hier, um zu angeln. Dorsche fängt man in der Schlei zwar nicht, aber die Heringszeit ist kolossal. Leib an Leib blinken die Fische dann im Wasser. Das war das Erste, was Rudolf im April sah, als er über die Brücke ging. Man wäre dumm, die nicht herauszuholen. Inzwischen hat er sich erkundigt: Barsche und Brassen beißen verlässlich, mit Glück auch einmal ein Aal. Dafür baut Rudolf den Steg durch das Schilf. Das Material lässt er unter der Woche liefern. Sonntags steht er in Gummistiefeln im Wasser und haut hölzerne Pfosten in den schlickigen Grund.

Auf die Frage seiner Tochter reagiert Rudolf nicht, so versunken ist er in seine Gedanken.

Alles hat er doch Clara zuliebe gemacht! Das kleine Haus mit dem großen Grundstück hat er von der Bahn gekauft, ein Schienenwärter hat hier früher gewohnt. Wie oft hatte sie ihm in den Ohren gelegen: Wir wohnen ganz schön, aber nur zur Miete. Was wir brauchen, ist Grundbesitz. Seinen Schwiegervater hat er nicht zurate gezogen. Dem Alten ist alles Materielle inzwischen abhold, er ist gänzlich ins fromme Fach abgewandert und auf dem Weg, sich zur Witzfigur zu machen. Wenn er nicht gerade in der Kirche sitzt, nimmt er der Familie ein Zimmer weg und schält Kartoffeln.

Kartoffelkraut wird irgendwann … untergepflügt. Aussprechen würde Rudolf so was nie, ein Mann der Worte ist er ja nicht.

Er war so erfüllt von dem Projekt. Ein Ruderboot wollte er kaufen und Angelruten. Gartengeräte und neue Gartenstühle. Einen Strandkorb. Jedes Gespräch, das er seit Rosas Hochzeit mit Clara führt, verlängert die Einkaufsliste: Es muss so vieles angeschafft werden! All diese Dinge haben ihn so in Beschlag genommen, dass er nicht nach dem Ergebnis von Claras Untersuchung im Krankenhaus gefragt hat.

Heute früh hat Clara ihm die böse Neuigkeit mitgeteilt – und dass sie es sofort hinter sich bringen wird. Während er vorhin im Wasser stand und den riesigen Hammer schwang, kam ihm die Einsicht, dass sie das alles schon eine Weile mit sich herumgetragen haben muss. Sie hat es für sich behalten wegen der Hochzeit!

Jetzt platzt er fast. Die Sache muss auf den Tisch!

»Hör auf! Lass das Gezeter.« Clara ist ärgerlich. »Das ist meine Angelegenheit, und die Angelegenheit ist entschieden.« Rudolf hatte Anweisung, den Mund zu halten, und nun sitzt er hier und lamentiert, noch dazu vor den Kindern.

»Aber es ist doch gar nicht sicher, dass es bösartig ist, mein Dickel. Warum schneiden? Wenn sie es doch gar nicht wissen.« Rudolf ist sichtlich verstört.

Beim Wort *schneiden* zuckt Clara innerlich zusammen, sie spürt das kalte blanke Messer an ihrer Brust. Rolli verdirbt ihr mit seiner Weinerlichkeit den Nachmittag. Und sie mag über dieses intime Thema einfach nicht mit anderen sprechen. Nicht einmal in der Familie.

»Lass doch alles, wie es ist, es geht vorbei! Ich bitte dich«, sagt er flehentlich. »Es wird alles wieder gut.«

»Ich werde mich operieren lassen und damit Schluss!«

Der Knoten ist seit Langem zu tasten. Er schmerzt nicht, aber

Clara ist nicht dumm; dass er nicht wehtut, ist nicht als gutes Zeichen zu werten. Sie war in einer Sprechstunde im Städtischen Krankenhaus. Sie wurde die Woche drauf noch einmal einbestellt, dann war der Brief da. Er ist voller medizinischer Fachbegriffe; Clara liest ihn so: Da die Ärzte nicht ausschließen können, dass der Tumor bösartig ist – das ist nicht mit Sicherheit zu sagen –, sei die einzig vernünftige Maßnahme eine Operation. Weil der Tumor groß ist, will ihr der Professor die ganze Brust entfernen.

»Ablatio Mammae, rechts.« Mit diesen Worten hat er sie seinen Studenten vorgestellt. Drei Jünglinge in Weiß (sie erfuhr später von Hermann, dass es Medizinstudenten in der Ausbildung waren) hatte er mitgebracht. Sie saß mit entblößtem Oberkörper da.

»Stehen Sie auf. Bitte nehmen Sie beide Arme hoch!«

Dann ließ er die drei jungen Männer tasten: »Sie merken, der Tumor ist halb so groß wie ein Hühnerei, leicht beweglich. Wir entfernen total …«

Die Studenten traten vor und zurück, dabei senkten sie den Blick und vermieden, ihr in die Augen zu sehen. Der Chefarzt zeichnete imaginäre Linien auf ihre Haut. Es folgten allerlei Fachbegriffe. Er sprach von *Mastektomie*, dem *musculus pectoralis major* und *nodi lymphatici*.

»Bitte übersetzen Sie mir das«, sagte Clara. Sie fühlte noch immer die kalten fremden Finger auf ihrem Fleisch.

Der Mann rückte seine Brille zurecht und suchte offenbar ihren Namen in den Unterlagen, die er auf einem Klemmbrett vor sich hatte.

Sie kam ihm zuvor: »Sahlcke, Clara Sahlcke.« Sie sprach laut und deutlich, wie sie es ihren Töchtern beigebracht hatte. Der Professor räusperte sich: »Wir werden auch den Brustmuskel und sämtliche Lymphknoten entfernen.«

Später setzte sie sich neben dem Eingang des Krankenhauses auf die einzige Bank. Die spärlichen Büsche wirkten staubig, obwohl es doch Frühling war. Eine Krankenschwester führte einen schlottrigen alten Mann am Ellenbogen ins Haus, er sah aus, als würde nur Haut seine Knochen zusammenhalten, als steckte alles, was er war, in einem alten Beutel. Um ihren Körper hatte Clara sich zeitlebens nicht viel geschert, er war ihr gegeben, und sie mochte ihn, es war ein ganz sicheres, selbstverständliches Gefühl, das sich dadurch verstärkte, dass ihr Mann diesen Körper liebte.

Amputation, was für ein Wort, es betraf immer die anderen. Männer mit einem Bein oder einem Arm gehörten zum Straßenbild: Wer vor die Tür ging, sah sie. Was war schlimmer, ein Bein zu verlieren oder eine Brust? Die Stadt war voll von Versehrten, die, das zweite Hosenbein eingeschlagen und mit einer Sicherheitsnadel hochgesteckt, auf Krücken daherkrebsten. Einmal hatte Clara beobachtet, wie Kinder mittags aus der Sternschule auf den Wilhelmplatz gerannt kamen – ungebremst. Sie warfen so einen unglücklichen Krüppel um und liefen einfach weiter. Jedes Schulkind durfte so einen Amputierten ungestraft umrennen; sie waren nichts, ein drittes, ein minderes Geschlecht. In Städten, in denen Häuser aus Trümmern entstanden, gab es keinen, der ihnen Prothesen baute.

Clara würde ihre Gliedmaßen behalten. Sie beschloss, das als ihr Glück zu betrachten. Wie würde ihre Haut sich anfühlen, wenn die Brust weg war? Haut auf Rippen? Hatte die Haut Empfinden? Darauf hätte sie gern eine Antwort. Sie dachte an die Brustwarze, die feine Spitze. Brustwarzen können Signale in alle Teile des Körpers senden. Sie legte ihre Hände auf die Brüste, wie wunderbar war das, was ihr gegeben war: zwei Brüste, ein Busen. Eine Frau.

Tränen schossen ihr in die Augen, als sie dort saß, auf der Bank vor dem Krankenhaus. All diese Jahre, in denen sie gerannt war, immer voran. Hauptsache: voran. Hinter ihr war der Feind, sie spürte seinen keuchenden Atem im Nacken. Mit einem Mal war der Feind neben ihr, er rannte an ihrer Seite, grinste sie hechelnd an und schien sie zu überholen. Nun fiel der Feind zurück, aber die Flucht hörte nicht auf.

Sie fühlte sich wie ein Ballon, aus dem die Luft langsam wich, sah sich schrumpeln und hängen bleiben in einem der Büsche. Sie war unendlich müde.

Abendsonne scheint auf die Reste des Rhabarberkuchens und die Teller mit den Krümeln. Davor sitzen ihre vier Töchter mit erschrockenen Gesichtern. Bis zu diesem Sonntagnachmittag hat Clara mit niemandem außer Rudolf und ihrem Schwiegersohn über die Operation geredet. Das, findet sie, war mehr als genug, denn beide Gespräche halfen ihr nicht. Rudolf ist larmoyant, und Hermann … Der trat auf wie eine Zweitausgabe des Professors. Wieder hörte sie medizinische Fachbegriffe und das Fazit: Er, Hermann, würde dem *Rat der Kollegen* folgen. Zu allem Übel war er so taktlos, sich eine abfällige Bemerkung über seinen Schwiegervater zu erlauben: Vertrauen, dass alles gut werde, könne er in der Kirche haben – ein Ort, an den ihn ja sonst nichts ziehe. Die medizinischen Autoritäten, ihr Schwiegersohn inbegriffen, sprachen über ihren Kummer, als handelte es sich darum, ein Stück Schinken abzuschneiden.

Sich ihren Töchtern anzuvertrauen lag Clara fern, sie wusste einfach nicht, wie das gehen sollte. Es wäre gewesen, wie von einem Sprungbrett in ein Becken zu springen, von dem sie nicht weiß, ob es mit Wasser gefüllt ist. Da gibt es nichts zu reden, da ist leerer Raum. Der Raum hat ein Oben und Unten, scharfe Kanten und Ecken, ihm fehlt im Inneren jegliches Geflecht, das sie jetzt umhüllen und tragen könnte.

Sie weiß eins: Ihren Mann mit seiner Weinerlichkeit muss sie sich vom Leibe halten.

»Es wird Zeit, dass wir einpacken und nach Kiel zurückfahren.« Sie steht auf, nimmt die Kaffeekanne und geht zum Haus. Ihr Körper wirft einen langen Schatten, die Sonne steht schon tief über dem Wasser und der kleinen Lagune, die im Westen der Schlei liegt. Ratlos bleibt der Rest der Familie am Tisch sitzen. Plötzlich fühlen sie sich wie Versprengte, eine Gruppe, die ihr Zentrum verloren hat. Die Sonnenstrahlen spielen auf dem Tisch, gefiltert vom Laub der Blutbuche tanzen sie zwischen Platten mit Aufschnitt, Käse, Kuchen und Brot.

Clara geht durch die Küche hinters Haus, wo sie ihren Badeanzug auf die Leine gehängt hat. Ein ganz falscher Platz zum Trocknen, stellt sie fest, als sie ihn abnimmt. Es ist zu schattig hier, viel zu schattig. Rolli muss die Pfosten der Wäscheleine verrücken. Für den Badeanzug wird sie genau wie für ihre Büstenhalter Einlagen brauchen, die kann sie von Frau Barenthien anfertigen lassen. Am besten sollte sie Maß nehmen am lebenden Modell – solange noch was da ist, sie muss sich sputen. Clara schnaubt in sich hinein. Ob sie je wieder wird baden können, ist eine der Fragen, die sie gern einem Menschen gestellt hätte.

Ob sie den Arm noch wird heben können? Arbeiten?

Ihr fällt ihr Vater ein. Seine Frömmigkeit, die sie und Rolli – zumindest in den letzten Jahren – oft gemeinsam belächelt haben, versteht sie mit einem Mal besser. Er fügt sich in das, was unabänderlich ist. Sie denkt an das Trommelfeuer ihrer Aufträge und fühlt einen Anflug von Beschämung. An die Schlei haben sie den Alten noch nicht einmal mitgenommen. Sie sind viele und sitzen im DKW bequemer nur zu viert. Andererseits … Mathilda ist mit ihrer Schleuder ebenfalls hergefahren, sie besitzt ja inzwischen einen alten BMW.

Ich vertraue mich meinem Schöpfer an. Das würde sie sagen, wenn jemand sie wieder fragen sollte.

Mein Schöpfer. Ich bin in deiner Hand.

Und fertig.

Nach der Amputation soll sie zwei Wochen im Krankenhaus bleiben. Mittwoch ist der Termin.

15. KAPITEL

Am Dienstag, am Dienstag, da schlaf ich bis um zehne,
und wenn mich dann der Meister weckt,
dreh ich mich um und gähne …

Ursel schneidet ihrem Großvater die Haare. Er hat nicht mehr viele, und die, die er hat, bilden eine Art natürliche Tonsur, sie wachsen nur noch am Hinterkopf und über den Ohren, dort, wo seine Haut kleine Speckfalten bildet. Er lässt das keine andere machen als diese Enkeltochter. Er hat es so gern, wenn sie an seinem Schädel hantiert und ihn dabei ein bisschen zaust. Dann hebt er die Schultern und neigt den Kopf, fast kriegt er mit der Wange ihre Finger zu fassen, es ist nur eine winzige Zärtlichkeit, und sie ist erlaubt.

Gustav bewohnt das kleine Zimmer, das – wie er vermutet – nicht nur Rudolf ihm neidet und in dem er sich deshalb als Okkupant fühlt. Es ist nicht recht, dass sie ihn das spüren machen, denn er tritt jeden Monat einen Teil seiner Rente an Clara ab. Seine Tochter hätte ihn nicht darum bitten müssen. Mit dem Geld sind Rudolf und Clara kleinlich, es reicht ihnen nicht, dass er sich nützlich macht, dass er Kartoffeln schält. Das Malen hingegen hat er eingestellt; seine Staffelei steht schon eine Weile in der Ecke.

Als sie herkamen nach Kiel, hatte er noch einmal richtig losgelegt. Es gab ja alles zu kaufen, und er bekam eine Rente. Vertriebene, die alt sind, bekamen ja von Anfang an Rente. Diese neue Bundesrepublik versucht, alles zu ordnen, so weit verdienstvoll. Das hilft in diesen Zeiten des Übergangs. Eines Tages, da ist Gustav sich sicher, wird Pommern frei sein, und sie alle können in die Heimat zurück.

Staffelei, Ölfarben und Leinwand besorgte er bei *Hugo Hamann*. Er konnte sich nicht sattsehen angesichts des Angebots der Papierwarenhandlung. So ein Laden war der Beweis, dass Adenauer und seine Republik der DDR und ihrem Sozialismus überlegen waren – andererseits aber auch dafür, dass den Leuten im Westen die Demut fehlte.

Wenn er bedenkt, was er darum gegeben hätte, einen einzigen Pinsel zu ergattern und ein Stück Leinwand, als sie noch in Bad Bibra waren. Hier schmeißen die Leute Pinsel nach dem Gebrauch weg. Das muss man sich vorstellen!

Meister Haar, der Schuster aus Ostpreußen, versteht ihn. Ja, er übertrifft ihn noch. Mag Gustav jede leere Konservendose in den Keller tragen, Otto Haar löst von allen Büchsen, die seine Frau öffnet, die Banderole und legt das Papier feinsäuberlich auf einen Stapel, der inzwischen ein ganzes Regal in seiner Werkstatt füllt: Papier, das grüne Erbsen und orange Möhren zeigt.

»Weiß man's? Ob die schlechte Zeit wiederkommt?«, sagt Haar und wiegt wissend den Kopf.

Ein Grund für Gustav zu malen war der Eindruck, den die Ostsee auf ihn machte. Als er das erste Mal zum Hindenburgufer spazierte und nach Jahren die See sah, wollte er das Meer auf die Leinwand bringen. Die blauschwarze Förde, meist von kurzen Wellen gebürstet, erinnert ihn an Stolpmünde. Kutter legen wenige an, aber die Möwen, wie sie im Wind segeln, sind mindestens so hübsch wie die Segelboote auf dem Wasser.

Wer die See malt, für ihn ist das selbstverständlich, der malt auch Schiffe. Mit dem Pinsel verbrachte er viele Stunden in seiner Kammer, aber etwas war anders als in Pommern, wie soll er es sagen: Die Liebe fehlte. Daran, dass er aufgab, war nicht Hermann schuld mit seinen giftigen Bemerkungen über seine Gemälde. Der ist bloß ein Bübchen, eins der Bürschlein, die die Welt beherrschen. Nein, er war es irgendwie leid.

Wenn Ursel ihm die Haare schneidet, sitzt Gustav auf dem Schemel vor der Balkontür, ein Handtuch um die Schultern. Ursel kriegt fünfzig Pfennige dafür. Er steckt allen seinen Mädchen das eine oder andere zu. Wenn die Rente ausgezahlt wird, geht er auf den Markt und holt für sie Orangen, je nach Jahreszeit auch Birnen und Ananas.

»Magst du ein Karamellbonbon?«, fragt er Ursel.

Die lacht. »Du weißt doch, dass keine von uns die mag.«

»Du verschmähst sie?« Er tut entrüstet. »Ich bin halt alt und schäbig.«

»Opi! Du und schäbig?! Nie im Leben.«

Wohl wahr. Etwas hat er nie aufgegeben in all den Jahren: den feinen Zwirn und die guten Schuhe. »Ich war einer der bestgekleideten Herren auf der Hochzeit.«

»Einer? Du warst eindeutig am besten gekleidet!«

Jetzt lächeln sie beide.

Nach einer Pause sagt er: »Ich würde dieses Grundstück gern sehen. Kannst du es mir beschreiben?« Er denkt an Marie und den Garten, und sein Herz pocht vor Schmerz.

»Wo soll ich anfangen? Es liegt an der Schlei und …«

»Kann man Gemüse ziehen?«

»Ja, es gibt Beete.«

»Da möchte ich meine Tomaten pflanzen!« Er hat schon immer gern Tomaten gezogen, das ist eine Marotte von ihm. Auf dem Balkon vor seinem Zimmer mühen sich drei Pflänzlein darum, den ein oder anderen Sonnenstrahl zu erhaschen. »Die Samen hab ich mitgebracht aus Amerrika! Sie sind mit mir über den Atlantik gereist.«

Ursel hört die Geschichte nicht zum ersten Mal. »Ach? Wirklich?«, fragt sie gutmütig.

»Ich hab diese Tomaten in New York gegessen … später hat sie Miezeken in Stolp im Garten gehabt. Weißt du noch, wie süß sie waren?«

Ursel schüttelt den Kopf.

»Wir haben so viele geerntet, aber du warst noch klein. Sie sehen aus wie das Herz eines Ochsen. Davon haben sie den Namen.«

Er kann nicht aufhören, von seinen Tomaten zu reden. »Im Nachttisch hab ich noch eine Tüte. Wenn man dafür sorgt, dass sie trocken bleiben, halten sie viele Jahre.«

»Wer? Die Tomaten?«

»Liebeken! Natürlich die Samen! Erinnerst du dich an den Garten?«

»Nicht so genau, Opi.«

Gustav verstummt. Woran sich niemand erinnert, wovon niemand mehr spricht, das geht unter, das ist einfach weg. So wie Menschen, wenn sie sterben. Ein Lebtag hat er geglaubt, dass auf gute Menschen das ewige Leben wartet, aber in letzter Zeit sieht er das etwas anders. Nicht dass er zweifelt, nein, was das angeht, ist er zuversichtlich. Gott wird ihn schon in seine Hand nehmen.

Was ihn umtreibt, ist die Frage nach den Spuren, die so ein Menschenkind hinterlässt. Wo können sie sein, wenn sie einem die Heimat abschneiden? Die Heimat, sie braucht doch ein Gedächtnis, um lebendig zu sein. Wer schweigt, tut, als wären die vor ihm, als wären sie alle nicht gewesen …

Was mag aus dem Garten in Stolp geworden sein? Ob die Polen ihn dem Erdboden gleichgemacht haben? Er weiß nicht, was ihm weniger lieb wäre, dass ein Pole jetzt seinen Garten pflegt und nutzt oder dass das Gelände als struppige Wiese brachliegt. Solche Gedanken bedrängen ihn, sie kommen ihm unchristlich vor, auch deswegen beugt er sich oft über die Bibel.

Wie kann er Ursel solche Dinge erklären? Er hadert mit diesen Gedanken wie mit den Erinnerungen an den Tag, als er mit anderen

Deutschen Stolp verlassen musste und polnische *Neubürger* am Straßenrand standen und die Ausgewiesenen beschimpften. Gleich nach den Russen kamen die Polen in die Stadt. Russen und Polen. Wie er diese Leute verabscheut. Er will ihnen nicht gut sein.

»Was sagst du?« Gustavs Gedanken sind davon geglitten, er hat nicht zugehört, was Ursel erzählt.

»Wir können mit Mathilda fahren. Sie hat doch ein Auto! Ja, lass uns zusammen nach Kiboko-Land fahren!«

Baujahr 1937, weinrot. Mathildas Auto ist ein echtes Geschoss. Sie hat lange gespart und dann für 450 Mark zugeschlagen: ein 327er BMW-Coupé mit weit geschwungenen Kotflügeln und kleinem Rückfenster. So lang wie das Auto vorn ist, ist es hinten kurz: Ursel hat es im Fond nicht gerade bequem. Damit donnern sie an die Schlei. Der Wagen heult beim Anfahren auf, als wollte es den Motor zerreißen. Hinterm Steuer versinkt Mathilda in den Polstern, draußen ist sie kaum zu sehen, was nicht an ihrer Körpergröße liegt, denn sie misst stattliche eins siebzig.

Gustav sitzt neben ihr, die Tomatenpflanzen balanciert er in einer offenen Pappschachtel auf den Knien.

»Meinst du nicht, dass das die falschen Schuhe sind?«, hat Mathilda ihn mit Blick auf seine Halbschuhe beim Einsteigen gefragt. (Er nennt zwei solche Paare sein Eigen, beide handgefertigt von Meister Haar.)

Wortlos zeigt er auf den Karton zu seinen Füßen. Darin sind die Galoschen, die er vier Jahre in der Zone getragen hat, die will er bei der Gartenarbeit benutzen.

Mathilda gibt Gas. In Eckernförde führt die Straße direkt am Ostseestrand entlang. Dann wird sie einspurig und windet sich durch das sanft gewellte Land, sie fahren durch schattige Alleen und an Getreidefeldern entlang, die der Wind streichelt wie grüne See. Gustav schaut aus dem Fenster: Wie freigebig die Natur ist, Rundungen und kleine Polster hat diese Landschaft, genau die richtigen Maße. Anders als in Pommern sind die Feldränder mit Brombeergestrüpp bewehrt, wie lebende Wälle ziehen sich diese durch Äcker und Felder.

»Knicks nennen die das hier«, ruft Ursel, eingeklemmt auf dem Rücksitz, sie hat in der Schule aufgepasst.

»Merk dir die Stelle, Mathilda!«

Clara liegt ihnen seit ihrer ersten Fahrt an die Schlei in den Ohren, dass sie hier im August Brombeeren pflücken müssen. Mit Eimern sollen sie kommen. Sie schwärmt jetzt schon von der guten Marmelade.

»Ihr müsst eure Mutter schonen, nach der Operation«, mahnt Gustav.

»Ach was, die wird schon wieder«, sagt Mathilda.

»Unkraut vergeht nicht«, stimmt Ursel zu. Das sagt ihre Mutter doch selber.

Gustav schüttelt brummend den Kopf.

Wenig später müssen sie anhalten, Dampf quillt aus dem Motorraum – so viel, dass er die Windschutzscheibe vernebelt.

»Explodiert das Ding gleich?« Gustav ist sichtlich nervös.

Mathilda bleibt gelassen, sie kennt das schon. »Der Zylinderblock hat einen Riss. Ich muss Kühlwasser nachfüllen. Nur ein bisschen Geduld!« Sie steigt aus und macht die Motorhaube auf. Es zischt, aber sie weiß inzwischen, dass es schlimmer aussieht, als es ist. So heiß wird es nicht, der Kühler selbst ist ja intakt. Sie holt einen Lappen und den Kanister aus dem Kofferraum: Dann vierfach gefaltet den Lappen drauf, den Deckel aufgeschraubt und das Wasser fließen lassen!

»Liebeken, wie schaffst du das, dieses große Gefährt«, fragt ihr Großvater, als sie wieder einsteigt, er tätschelt respektvoll den Türgriff. Wie sie einen solchen Wagen mit 35 Mark Lohn unterhält?

»Ich esse nix«, antwortet sie, »und es gibt ja Trinkgeld.« Sie schaut ihn von der Seite an. »Ist es nicht zu früh, um Tomaten zu setzen?«, erkundigt sie sich.

»Ja, es ist früh, Liebeken«, sagt der Großvater und lächelt leise. »Vor allem, weil sie allein sein werden. Aber sie müssen in die Erde. Was gedeihen soll, braucht guten Boden.«

~

Es gibt einen Albtraum, der Mathilda immer wieder befällt. Jemand wirft sie in den Schnee. Sie muss Deckung suchen! Der Schnee ist tief, und sie versinkt. Er will sie festsaugen – aber sie muss doch mit den anderen laufen! Sie kommt nicht voran. Motoren dröhnen. Schatten fallen. Dann wird gefeuert. Jemand ruft: *Lauf, Mattus, lauf!* Sie sieht den Waldrand, sie will dahin. Wo sind die anderen? Sie sind weg. *Ich bleib stecken! Nehmt mich mit!* Plötzlich ein Ruck, die Türen schlagen zu, und sie weiß: Der Zug fährt los. *Der Zug fährt ohne mich ab!* Sie schlägt mit den Armen in den Schnee. Davon wacht sie jedes Mal auf. Ihr Herz klopft wild.

Es ist nur der Traum, immer wieder derselbe Traum. Es dauert lange, ehe sie wieder einschlafen kann.

~

Die Sonne geht unter, das Wasser ist spiegelglatt, eine einzige schimmernde Fläche, die sich ganz sacht bewegt. In der Ferne ist ein Motorboot zu hören, das leiser wird – zu sehen ist es nicht, es muss weit hinter der Brücke sein. Rudolf sitzt auf einem Hocker auf dem Steg und wartet. Seine Augen sind auf den Schwimmer am Ende der Angelleine gerichtet, der draußen vor der kleinen Bucht unmerklich auf dem Wasser wippt. Da, wieder ein Zupfen! Das Schilf steht still, kein Abendhauch rührt sich.

Just in diesem Moment muss sie ihn stören. »Rolli! Wie lange bleibst du denn noch?«, ruft Clara von der Terrasse. Es liegt etwas Klagendes in ihrer Stimme. Rudolf sitzt von Blicken geschützt im Schilf, er kann seine Frau nicht sehen. Was will sie denn? Er hat ihr doch gesagt, dass es spät wird! An solchen Abenden beißen sie gut.

Gestern hat er einen Hecht herausgeholt und drei Brassen. Heute geht er auf Aal.

»Wenn Fische schreien könnten, würdet ihr Männer anders mit ihnen umgehen, sie nicht so leiden lassen«, hat Clara genörgelt, als er hinunter ans Wasser ging. Sie hat es neuerdings mit den Fischen, sie will, dass er sie immer sofort erschlägt, sobald er sie aus dem Wasser zieht.

»Das ist ihr ganzes Unglück, dass sie nicht schreien können. Tun die Fische dir gar nicht leid?« Das hat sie ihn allen Ernstes gefragt. Ob es an ihrer Operation liegt, dass sie so empfindlich geworden ist? Das Blut von Fischen ist doch kalt!

Früher war Clara robuster. Er weiß nicht, warum, aber wenn er hier sitzt, allein auf dem Steg, und sich wohlfühlt, fliegen ihn manchmal Gedanken an, sie sirren durch seinen Kopf wie die Angelschnur überm Wasser, wenn er sie auswirft. Er wehrt sie ab. Er sagt sich: Ich war SS-Mann, und ich habe nie einen Menschen umgebracht. Auf keinen Abzug gedrückt, mit keinem Spaten auf Köpfe eingeschlagen, ich hab keinen Hund auf Leute gehetzt, um sie zu zerfleischen, ich habe niemanden ersäuft, gehenkt oder erstochen. Mag sein, dass das andere taten. Gesehen hab ich so was schon. Damals, am Ende des Kriegs in Thorn, aber ich hab nicht gern zugesehen. Das kann mir keiner vorwerfen.

Was meine Kameraden gemacht haben, das war ihre Sache. Sie hatten das Lager auflösen müssen, die Gefangenen wurden zurück nach Stutthof getrieben. Die Übergabe war hässlich, zugegeben. Die Peitsche einsetzen, Judenweibern eins überziehen, damit sie spuren, das hab ich getan. Ich hab für Ordnung gesorgt, das war meine Aufgabe. Aber gemordet, das habe ich nicht. Das soll mal ein normaler Wehrmachtssoldat von sich sagen! Ich hab mich nicht vorgedrängelt, und Mutproben haben sie nicht verlangt. Es gab Kameradschaft in der SS. »Rudolf mit dem weichen Herzen« haben sie mich genannt, aus gutem Grund. Den kinderreichen Rudolf, Rottwachtmeister der Polizei, Rottenführer der SS.

Die Angelleine hat sich beruhigt. Geduld muss er haben, und das hat er. Clara sagt neuerdings: ein dickes Fell. Das Abendrot verglüht allmählich, jetzt wird es kühl. Zum Glück hat er die Jacke dabei, die zieht er jetzt über. Wieder sirrt so ein Gedanke. Vielleicht ist es das Abendrot, das ihn an Lauenburg denken lässt. An jene Nacht muss er denken, als er die Anfechtung hatte. Er war damals fast vierzig, ein gestandener Familienvater und guter Nationalsozialist. Da hatte er Grund zu zweifeln. Als diese Leute in Lauenburg mit ihren Morden prahlten. Davon, dass sie Kinderchen etwas angetan hatten. Das war einfach grauslich.

Und was war mit Clara? Sie hatte von alldem nichts hören wollen. Und heute stellt sie sich wegen ein paar Fischen an.

Etwas springt aus der glatten Schwärze und fällt klatschend zurück ins Wasser. Augenblicklich ist er gespannt: ein Fischleib! Aber schon wieder weg.

Heute Nacht werden sie beißen!

Prügel zu verteilen, statt einzustecken, das tut gut. Zu schreien befreit. Das ganze Leben ist Ungemach, davon ist er überzeugt. Schläge einstecken: Als Kind, als junger Mensch muss man das, und es hält an. Für ihn hörte es nicht auf, als er längst Kaufmann war, ein gestandener Mann, wie man so sagt. Er musste sich immer nach der Decke strecken. Clara. In ihrem Windschatten segelte er mit. Nichts, was sie nicht konnte – und dann noch so flink mit der Zunge. Seine Bewunderung ist immer aufrichtig gewesen. An ihrer Seite zu leben, das heißt: sich anstrengen und sich fügen.

In der SS war es anders. Da galt er etwas, ob er die Pommernmeisterschaft im Tennis gewann oder nicht. Er war wichtig, auch ohne Meisterbrief und Vermögen. Sein Schwiegervater mochte reich und Claras Zunge noch so scharf sein. Allein er, Rudolf, war Teil des Ordens und auserwählt, mit seinen Kameraden die neue Ordnung durchzusetzen. Er, der stolze Vater von reinblütigen, deutschen Kindern.

Rudolf holt die Leine ein. Sehr sacht macht er das, konzentriert – der Haken ist bloß, der Wurm fort. Er wirft noch einmal aus. In den Häusern am Ufer gegenüber gehen nach und nach Lichter an; ohne sie wären Ufer und Wasser nicht mehr zu unterscheiden. Tiefschwarz und ölig liegt die Schlei vor ihm und atmet Kälte aus.

Er seufzt. Klug ist sie, sein Frauchen, das muss man ihr lassen. Er ist gut damit gefahren, sich an Claras Rat zu halten. Sich vorgedrängelt hat er nie.

In seinem Eimer krümmt sich ein einziger Aal, seit einer Weile schon schlägt sein Leib gegen die Eimerwand. Heute, denkt Rudolf, während er die Schwimmer sorgfältig in seinen Angelkasten packt und die Handschuhe anzieht, sind Heuchler am Werk. Sie haben kein Recht dazu, die SS einen Verbrecherhaufen zu nennen. Das war eine andere Zeit. Heute wollen sie mit allen gut Freund sein, mit Juden, Polacken, jedem Pack. Ich nehm ihnen ihr Gefasel nicht ab, kein einziges Wort. Die tun nur so, alles reine Heuchelei. Aber warum denk ich so viel? Ich habe mir nichts zuschulden kommen lassen. Nie hab ich einen Menschen umgebracht – und fertig.

Er packt den Aal und erschlägt ihn mit einem Hammer.

Gustav liegt jetzt schon den dritten Tag im Bett. Er hat eine schwere Erkältung. Schon eine Weile denkt er über die Karamellbonbons nach, die er in der Schublade seines Schreibtischs aufbewahrt, direkt unter seiner Bibel. Er liebt sie, weil sie auf der Zunge so wunderbar schmelzen. Er holt sie von einer Bäckerei an der Eckernförder Straße in der Absicht, sie seinen Enkelienchen zuzustecken. Früher setzte er sich mittags, wenn Ursel und Sofie aus der Schule kamen, auf eine Bank in der Schillerstraße und wartete, dass die beiden nach Haus getrabt kamen. Sein Herz hüpfte, sobald er sie von Weitem sah; er griff nach der Papiertüte auf seinem Schoß, sie raschelte, als er sie öffnete, er blickte auf … aber dann waren die Mädchen plötzlich verschwunden. Sie waren weggewitscht – rein in den Park. Sie machten einen Umweg, um nicht an seiner Bank vorbeizumüssen. Sie waren jung, er ist alt. Er versteht schon, sie fanden ihn peinlich.

Er konnte es trotzdem nicht lassen, die Bonbons zu kaufen. Jetzt sind es so viele, dass die Schublade klemmt. Wenn er tot ist, werden sie sie wegwerfen. Ansonsten ist in seinem Zimmer nichts, was ihnen peinlich sein könnte.

Mühsam zieht er die Luft in die Lungen, der Schmerz zieht sich über den Schlund tief nach drinnen. Er hat sich schon eine Weile darauf verlegt, ganz flach und oben in der Brust zu atmen, wie um ein Loch in seiner Mitte herum. Manchmal aber atmet es ihn. Dann ist ihm, als würde die Brust zerreißen.

Wie alles gekommen ist, so wie es ist? Er kann das meiste nicht begreifen. Dass sich Menschen, Tiere und Dinge so schnell bewegen und immerzu von ihm fort. Vor allem die Kinder. Es ist nicht lange her, da hat er den Mädchen abends vorgesungen: *Hush hush, here comes the bogeyman.* Sie kreischten verzückt und zogen sich die Bettdecken über den Kopf. Das war in der Heimat. An seinen eigenen Großvater hat er keine Erinnerung. Er starb, kurz nachdem er geboren wurde, und hat sein fünfzigstes Jahr nicht erreicht. Gustav ist achtzig. Zeit, sich auf den letzten Schnaufer vorzubereiten.

Gestern ist er zum ersten Mal nicht um fünf Uhr früh aufgestanden, um sich kaltes Wasser zu holen und sich zu waschen. Das hatte er, solange er denken kann, so gemacht. New York fällt ihm ein, der Waschraum im Wohnheim, wo sie sich an der Rinne wuschen. Wie berstend vor Erwartung er später auf der Schwelle stand – draußen begann ein neuer Tag … Der Morgen seines Lebens. Wenn ihm nicht alles so wehtäte, würde er lächeln.

Es ist dämmrig in seiner Stube. Sein Blick gleitet über seinen Besitz: den Schrank, den Schreibtisch, den Hocker und den Nachttisch. Am Schrank hängt der gute Anzug. Gut, dass er ihn noch gebürstet hat. Clara hat heute einmal nach ihm gesehen. In ihrer Stimme schwang Ungeduld mit, als sie ihn fragte: »Na, immer noch nicht besser? Brauchst du was?«

Sie muss ihm ein Glas mit Wasser hingestellt haben, denn als er aufwachte, stand es bei ihm auf dem Nachttisch. Er war wohl weggedämmert. Die Wohnung ist still. Es ist Abend.

Ich gehe jetzt heim. Ob es einen Platz gibt, einen Ort, ist nicht wichtig.

Er sieht all die Möwen, die er beobachtet hat in seinem Leben. Die großen mit dem roten Punkt am gelben Schnabel und die kleinen mit den schwarzen Köpfen. Er sieht sie im Himmel segeln, schaut ihnen nach, und sie kommen und nehmen ihn mit, und er schwebt mit ihnen.

Jemand ruft, *America I kiss your ground.*
Dann fällt ihm ein: Er hat einen Freund.
An einer Schläfe ringeln sich dunkle Löckchen.
»Liebeken«, sagt er.
Erzähl doch, Gustav … ich höre dir zu.

Rosa liegt auf der Wöchnerinnenstation und betrachtet ihr Kind. Mit winzigen Fingerchen greift es ins Leere, die Nägel sind zu lang und die Kanten gebrochen, sie haben ein paar feine Kratzer in seinem Gesicht hinterlassen. Leise glucksend rudert der Kleine mit den Ärmchen. Gleich wird die Schwester ihn holen, sie bringt ihn ihr nur zum Stillen.

»Ob er schon was sieht?«, flüstert Mathilda, die auf der Bettkante sitzt und fasziniert ist. Gerade hat sie Rosa die Nachricht vom Tod des Großvaters überbracht. »Achtzig ist er geworden. Ein langes Leben.«

Rosa schweigt. Bis zu Mathildas Eintreffen hat sie die schneeweißen Laken und den Luxus genossen, dass andere Frauen für sie sorgen und sie sich um nichts kümmern muss. Jetzt ist in ihr nichts als eine große Leere. Sie schaut zu, wie ihre Schwester ihren Jungen auf den Arm nimmt.

»Es wird nicht mehr lange dauern, dann liegst du selber hier«, sagt sie trocken und erschrickt, ehe sie den Satz beendet hat. Warum fühle ich nicht, was meine Schwester fühlt? Es ist doch mein Kind! Und warum bin ich nicht traurig, weil Opa gestorben ist? Sie streichelt dem Neugeborenen über die Wange. Sie fühlt sich schuldig.

»Ich verstehe nicht, dass du wieder arbeiten willst«, bemerkt Mathilda, ohne aufzuschauen, so versunken ist sie in den Anblick des kleinen Gesichts.

»Noch ist Hermann nicht so großartig aufgestellt, wie alle glauben«, entgegnet Rosa. Ihr Mann hat eine neue Stelle mit mehr Verantwortung. »Wir haben das Auto und die Wohnung. Für alles reicht es einfach nicht. Bestimmt wird es uns finanziell bald gut gehen, aber noch sind wir nicht so weit.«

»Arbeiten gehen, in deiner Lage? Ich würde das tunlichst vermeiden«, sagt Mathilda mit Inbrunst. »Ich werde für meine Kinder da sein«.

Rosa seufzt. Auch sie war überrascht von Hermanns Eröffnung, dass sie *mitverdienen* soll. Offenbar war das mit der *Schlossherrin*, zu der er sie machen wollte, doch nicht so wörtlich gemeint. Nun wird sie vier halbe Tage in der Woche in den *Salon Rosalie* gehen, das kriegt sie hin. Sie wird ihre Mutter um Hilfe bitten, die hat schließlich auch etwas davon, dass Rosa weiter den Laden führt. Tief im Herzen ist sie erleichtert, dass sie nicht immer zu Hause hocken muss.

»Was ist mit Jürgen?«, fragt sie.

Mathilda schaut auf. Sie strahlt. »Stell dir vor, sein Scheidungstermin ist nächste Woche! Wir heiraten im Frühjahr!« Bislang war alles ein Traum – ein Spiel in Gedanken. Heiraten, Kinder haben. »Ich werde dann nicht mehr frisieren. Ich werde es bestimmt nicht so machen wie du.«

»Was macht dein Plan zu studieren?« Ein heikles Thema. Der Plan ist verblasst, obwohl der Vater ihr versprochen hatte, weiterzusehen, sobald sie den Gesellenbrief hat. Den hat sie in der Tasche, aber das Thema liegt auf Eis. Sie insistiert nicht, sie ist ja verknallt. Eigentlich hätte sie sich für diesen Herbst einschreiben können.

»Am Freitag ist die Beerdigung«, sagt Mathilda statt einer Antwort und legt Rosa vorsichtig den kleinen Jungen in den Arm.

»Wie soll er überhaupt heißen? Gustav? Das wäre doch schön.«

»Wir haben uns noch nicht entschieden. Ich muss mit Hermann reden.« Sie weiß, dass der Name ihres Großvaters bei Hermann auf etwa so viel Gegenliebe stößt, als schlüge sie vor, das Kind *Fidibus* zu taufen.

Mathilda steht auf und drückt ihrer Schwester einen Kuss auf die Wange: »Wie ich dich beneide, du musst vor Glück platzen!« Sie hat die Hand schon auf dem Türgriff: »Am Freitag bist du doch draußen?« Dann ist sie schon fort.

Rosa sitzt aufrecht im Bett mit dem Säugling im Arm. Sie hat alles vollbracht, und nun ist um sie herum eine große Stille. Ihr fällt der Abend in Bad Bibra ein, als ihr Großvater auf einmal in der dunklen Küche stand und alle vier Schwestern ihn umringten. Fast ein Dreivierteljahr hatten sie ihn nicht gesehen, und er war entsetzlich abgemagert. Neun Monate, so lange wie es braucht, um einen neuen Menschen auszubrüten.

Wie es ihm in der Zeit wohl ergangen war? Sie hat ihn nie danach gefragt. So wie sie selbst niemand fragt, wie es ihr geht … Sie erinnert sich daran, wie sie damals im Zug ihre Bücher las, voll Begeisterung, weil es Menschen gab, mit denen war sie – wo immer sie waren und wann sie auch lebten – auf geheimnisvolle Weise verbunden. Die Welt war groß, und es gab eine Verheißung, dass alles anders werden kann und irgendwie auch gut, ganz bestimmt gut … Ihre Tränen beginnen zu fließen.

»Ach Gott, ach Gott«, ruft die Säuglingsschwester, als sie ins Zimmer tritt. »Ich befreie Sie ja schon.« Und um die Wöchnerin zu trösten, sagt sie, was man in solchen Momenten so sagt: »Das kommt noch, das Glück.«

Mathilda hat es eilig. Ihr ist aufgetragen, die Todesanzeigen aufzugeben: eine in den *Kieler Nachrichten*, die andere in der *Pommerschen Zeitung*. Letztere erscheint weiter, auch wenn Stettin jetzt polnisch ist, die Chefredaktion sitzt am Rhein. Im Untertitel tritt sie ein »für ein freies Pommern im geeinten Deutschland und vereinten Europa«. Seit sie in Kiel sind, haben sie beide Blätter abonniert.

Sie fährt die Fleethörn hinunter, am Rathaus vorbei und direkt auf den Parkplatz vor den KN. Es ist nur ein kleiner Umweg, aber sie muss pünktlich das Geschäft in Gaarden aufschließen. Fast hätte sie das Heck eines parkenden Fords gestupst, so viel Schwung hat sie. Der Motor läuft noch, während sie die Papiere auf dem Beifahrersitz sortiert.

Seinen ersten Urenkel hat ihr Opi nicht mehr gesehen. Das ist traurig, wie hätte er sich gefreut über Rosas süßen kleinen Jungen! Das Baby könnte ein Trost für ihre Mutter sein, sie tut sich so schwer, den Tod ihres Vaters zu verkraften. Ausgerechnet sie, die immer so kurz angebunden zu ihm war … Vielleicht gerade deshalb, ahnt Mathilda. Sie selbst ist natürlich ebenfalls traurig, allerdings gibt es in ihrem Leben zurzeit nicht viel Raum für traurige Gefühle. Dazu sind die Nachrichten zu gut: Jürgen wird sie schon Freitag sehen, er kommt ja zur Beerdigung.

Ihr Großvater soll auf dem Südfriedhof beigesetzt werden. »Das erste Grab unserer Familie fern der Heimat«, hat ihre Mutter unter Schluchzen gesagt. Sie knetete ihr Taschentuch und konnte nicht aufhören zu weinen, während sie die Traueranzeigen entwarf.

Mathilda muss aufpassen, dass sie die Texte nicht verwechselt. Für die Vertriebenen-Zeitung hat ihre Mutter den hier verfasst:

Nach einem erfüllten Leben verließ uns unser geliebter Vater.
Friseurmeister Gustav Hirsch
geb. 20.8.1876 in Budow in Hinterpommern
gest. 9.10.1956 in Kiel
Sein inniger Wunsch, die Heimat wiederzusehen, blieb unerfüllt.
Clara Amalie und Rudolf Sahlcke
Kiel/Stolp

Diese Version muss sie zur Post bringen. Sie schiebt sie in den Umschlag. Die Marke klebt schon drauf. Die andere, die für die *Kieler Nachrichten*, klingt nüchterner. Darin hat die Mutter auf die beiden gefühlvollen Sätze wie auf den Zusatz *Stolp* verzichtet, aber die vollständige Anschrift in Kiel genannt. Sie schnappt sich das Blatt, springt aus dem Wagen und eilt hinüber zum Eingang.

~

Clara fühlt sich entsetzlich. Sie war nicht gut zu ihrem Vater. *Machmachmach,* zuletzt hat sie immer nur im Imperativ mit ihm gesprochen. Sie mochte sich in manchen Momenten selbst nicht, aber es gelang ihr nicht, sich zu beherrschen. Es war da diese merkwürdige Wut. Eine Wut, deren Ursache sie nicht kannte. Gewiss, es lag auch daran, dass sie Schmerzen hat, die Narben … der Arm, den sie kaum heben kann … Das ist alles so frisch. Sie sucht nach einer Entschuldigung und findet sie nicht. Seit sie nicht mehr im Geschäft steht, verbringt sie viel mehr Zeit in der Wohnung. Das tat niemandem gut. Ihr Vater ging schon zum Frühstück fort, holte sich beim Fleischer Wurst und beim Bäcker Brot und setzte sich zum Frühstücken auf eine Bank im Park.

Hätte sie bloß mehr Geduld gehabt! Nun ist er tot.

Die Heimat – von allem dort ist Clara jetzt abgeschnitten. Sie weiß nicht einmal, wo ihre Mutter begraben ist. Sie weint auch um sie und darum, dass sie nie einen Strauß vor einen Grabstein mit dem Namen *Marie Hirsch* legen wird. Sie weint um den verlorenen kleinen Bruder, an den sie sich gar nicht erinnern kann. Sie weint um den Frühling in Stolp. Um das Klimpern der Türglöckchen, wenn sie den *Salon Amelie* aufschloss. Die Geräusche der Straßenbahn, die von der Brücke zu ihr herüberwehten. Sie weint um ihre verwundete Brust. Es tut unglaublich weh.

Ihre alte Losung taugt nichts mehr, denn was heißt das schon: nach vorn schauen? Weiter, immer weitermachen? Wo soll es denn hin, dieses Weiter? Sie stürzt sich wie immer in die Pflicht. Um die

Trauerfeier vorzubereiten, braucht sie einen klaren Kopf. Sie muss den Pastor aufsuchen, Ursel soll eine Stelle aus der Bibel ihres Opas lesen, dafür wird sie sorgen. Sie tritt in die Kammer des Vaters und sieht das Buch auf dem Schreibtisch liegen. Wie zerfleddert es ist. Mit dieser Bibel ist er schon in Amerika gewesen. *Amerrika.* Sie muss schon wieder heulen.

Sie war mit Rudolf im Kino, als ihr Vater starb. Gemeinsam auszugehen hatte so gutgetan, es war das erste Mal seit der Operation. Sie genossen es beide. Jahrelang waren sie abends zu müde gewesen, um etwas zu unternehmen. Es gab einen Film über Vincent van Gogh, mit Kirk Douglas in der Hauptrolle. Sie hatte drauf bestanden, ihn anzuschauen, Rudolf wäre für *Charley's Tante* gewesen. Wie immer war er für die leichte Kost. Aber der Film lief doch niemandem weg …

In letzter Zeit fällt es ihr immer schwerer, Rolli von ihren Ideen zu überzeugen. Sie fühlt, wie ihre Kräfte schwinden.

Eines Tages, denkt sie, eines Tages sterbe ich auch. Und sie tun mich in fremde Erde.

~

»Warum werden wir nicht in der Anzeige erwähnt – seine Enkelinnen?«, fragt Ursel am nächsten Morgen, als die *Kieler Nachrichten* auf dem Frühstückstisch liegen, die Seiten mit den Todesanzeigen aufgeschlagen.

»Der Familienvorstand sind deine Mutter und ich. Außerdem haben wir das kleinste Format genommen«, antwortet ihr Vater.

Es ist auch das günstigste Format. Ursel versteht schon. »Warum?«, fragt sie trotzdem.

»Deinen Opa kennt in Kiel doch niemand.«

~

Das kleine Stübchen ist jetzt verwaist. Ursel setzt sich auf das frisch bezogene Bett. Die Bibel hat offenbar ihre Mutter schon an sich genommen, aber das Foto steht noch da: Gustav in der Uniform der Stolper Husaren, mit gezwirbeltem Schnurrbart, daneben Omi und davor Mami mit sechs Jahren. Optimistisch sieht er aus. Einen Fuß, der im glänzenden Langschäfter steckt, hat er auf die Sitzfläche eines Stuhls gestellt.

»Das glaubst du nicht, Liebeken«, hört Ursel ihren Großvater sagen. »Aber so kühn war ich mal.« Dann kneift er ein Auge zu und gesteht: »In Wahrheit war ich schlau genug, in der Etappe zu bleiben.«

Der gute Anzug, den er zu Rosas Hochzeit trug, hängt nicht mehr am Schrank. Den nimmt er mit ins Grab. Auf dem Balkon stehen auch keine Tomatenpflanzen mehr. Bei ihrem Ausflug an die Schlei hatte er sie im Karton dabei. Sie denkt daran, wie sie sich damals vornahmen, gemeinsam Brombeeren zu pflücken und wie sie es im Spätsommer auch taten, aber ohne ihn.

An jenem Tag grub der Großvater den Teil des Gartens um, in dem früher der Schrankenwärter und seine Frau ihr Gemüse zogen, und geriet dabei mächtig ins Schwitzen. Er setzte den Spaten ab und fing an zu singen:

Am Montag, am Montag, da schlaf ich bis um viere. Da kommt ein lust'ger Spießgesell, da gehen wir zu Biere.

»Du alter Kaschube!«, rief Mathilda, die den Rasen mähte. Da lachte er laut. So laut hatte sie ihn lange nicht lachen hören.

»Ich kann auch ein Preuße sein: *Ohne Arbeit früh bis spät kann dir nichts geraten. Neid sieht nur das Blumenbeet, aber nicht den Spaten!*«

Dann setzte er seine Handvoll armselige Pflanzen in die Erde und betrachtete sie versonnen, während er sich die Erde von den Händen klopfte.

Ursel hat ihre Zweifel, dass auf dem Grundstück an der Schlei je irgendwer eine Tomate ernten wird. Sie fallen da ja nur am Wochenende ein, mit der ganzen Sippe – laut, zahlreich und hungrig – und nur, um sich der Sommerfrische hinzugeben. Da kommt ihr plötzlich ein Gedanke: Ochsenherz! Sie öffnet die Nachttischschublade, und darin liegt es tatsächlich, genau wie ihr Opa gesagt hat: ein einsames Papiertütchen. Sie nimmt es heraus und schüttelt es sanft. Tomatensamen.

ENDE

DANKSAGUNGEN

Ich danke meinen Tanten von Herzen für die Gespräche, in denen sie ihre Erinnerungen mit mir geteilt haben. Wichtige Inspiration waren Johannas Aufzeichnungen sowie der Bericht über die Flucht, den meine Großmutter 1974 verfasst hat.

Mein besonderer Dank gilt Robert Kupisinski und dem Muzeum Pomorza Skrodkowego w Slupsku, dessen Archivar er ist. Unermüdlich hat er mir Quellen zur Geschichte Stolps und Pommerns erschlossen, die mir über deutsche Bibliotheken und Archive nicht zugänglich waren. Danke für all die Zeitungsartikel und Fotos, Übersetzungen und Einschätzungen! Sein Zutrauen hat dieses Buch beflügelt.

Das Museum in Slupsk eröffnet einen einzigartigen Zugang sowohl zur deutschen als auch polnischen Geschichte der Stadt. Besonders ist es auch deshalb, weil das Werk des Malers Witkazy dort seinen Platz gefunden hat.

Ich danke dem Verein Stolper Heimatkreise, dessen *Stolper Hefte* eine wichtige Lektüre und Quelle darstellten.

Dr. Christina Ziegler-McPherson, Expertin für die Geschichte deutscher Einwanderer in New York, danke ich für die kritische Durchsicht der Erlebnisse Gustav Hirschs im ausgehenden 19. Jahrhundert.

HAPAG-Lloyd in Hamburg half, Fragen zur rechtlichen Situation von Auswanderern zu klären.

Max Unger unterstützte mich darin, die Situation in der SBZ 1945 bis 1950 zu recherchieren.

Für Antworten auf meine Fragen danke ich dem Deutschen Rundfunkarchiv in Potsdam und der Landeszentrale für Politische Bildung in Sachsen-Anhalt.

Frederik Sandner, Bürgermeister in Bad Bibra, nahm sich Zeit und stellte Kontakte zu Zeitzeugen her. Besonders die Gespräche mit Klaus Tischner waren wertvoll für mich.

Das Stadtarchiv Kiel und Dr. Martin Rackwitz vom Verein für Stadtgeschichte halfen mir, ein Bild von Kiel und der Situation der Vertriebenen in den 50er-Jahren zu gewinnen.

Friseurmeister Gerhard Ruhl schilderte mir die Friseurarbeit in den 1950er-Jahren.

Ulla Rahn-Huber danke ich für das sorgfältige Lektorat.

Verbunden bin ich nicht zuletzt meinen ersten Lesern Konrad, Kristin, Jutta und Max: ihrer konstruktiven Kritik und Ermutigung wegen.

AUSGEWÄHLTE LITERATUR

New York um 1900

Edwin G. Burrows, Mike Wallace: Gotham. A History of New York City to 1898, Oxford 1999

Esther Crain: The Gilded Age in New York 1870–1910, 2016

Stanley Nadel: Little Germany Ethnicity, Religion and Class in New York Cty, 1845–1880, 1990

Christina Ziegler-McPherson: The Great Disappearing Act, New Brunswick 2022

New-York-Blog vom Schädel, forgotten-ny.com

Dorothee Schneider: Trade Unions and Community.

The German Working Class in NYC, 1870–1900, Illinois, 1994

Ein Schiff, das sich Gemeinde nennt. Festschrift zu 150 Jahre Deutsche Evangelisch-Lutherische St.-Pauls-Kirche in der Stadt New York, Berryville 1991

Ellen M. Snyder-Greiner: The House of Henry Street: The Enduring Life of the Lower-East-Settlement, NYU Press, 2020

Francis Marrone: Spaziergänge durch das alte NY, München 2009

Vince Staten: Do Bald Men get Half-Price Haircuts? In Search of America's Great Barbershops, 2002

Eric Hamberger: The Historical Atlas of New York City, 2005

Jane Ziegelman: 97, Orchard, An Edible History of Five Immigrant Families in One New York Tenement, 2017

Pommern und Nationalsozialismus

Pagel, Karl-Heinz: Stolp in Pommern – eine ostdeutsche Stadt, Lübeck 1977

Wolfgang Wilhelmus: Geschichte der Juden in Pommern. Ingo Koch Verlag, 2002

Gerhard Salinger: Zwischen Zeit und Ewigkeit - Ein Rückblick und Beitrag zum Leben und Schicksal der Juden in Stolp in Pommern, Wedel 1991; Ders. Die einstigen jüdischen Gemeinden Pommerns, Bd. 3, New York, 2006

Kyra Inachin: Der Aufstieg der Nationalsozialisten in Pommern, Schriften d. Landeszentrale f. pol. Bildung MV, Schwerin 2002

Hans-Christian Harten: Himmlers Lehrer. Die weltanschauliche Schulung der Polizei im Nationalsozialismus, Schöningh 2014

Digitales Interview-Archiv Zwangsarbeit 1939–1945.

Kooperation der Stiftung »Erinnerung, Verantwortung und Zukunft« mit der FU Berlin und dem Deutschen Historischen Museum.Mark Spoerer: NS-Zwangsarbeiter im Deutschen Reich, Vierteljahreshefte für Zeitgeschichte, Heft 4, München 2001

Wojcziech Skora, Slupsk – Stadt und Menschen 1945–1950, Skrodkowegow Slupsky, Text zur Ausstellung im Muzeum Pomorza.

Marek Orski: Stutthof subcamps system in: The US Holocaust Memorial Museum Encyclopedia of Camps and Ghettos 1933–1945, Vol. 1, 2009, Artikel über Außenlager Stolp und Thorn.

Heike Bernhard: Anstaltspsychiatrie und »Euthanasie« in Pommern 1933–1945. Die Krankenmorde an Kindern u. Erwachsenen am Beispiel Landesheilanstalt Ueckermünde, F. a. M., 2013.

Georg-Jescow von Puttkamer: Zwei Eichen und zwei Linden. Die Puttkamer: Geschichte einer dt. Adelsfamilie. Westend, 2018

»Pommersche Zeitung« u. »Zeitung für Ostpommern«, 1935, 1936, 1938. In: Pomerania ZBC. Zachodniopomorska Biblioteka Cytrowa

Hasso von Zitzewitz: Das deutsche Polenbild in der Geschichte, Köln 1991

Sachsen-Anhalt, 1945–1949 und die SBZ

Torsten Mehlhase: Flüchtlinge u. Vertriebene nach dem Zweiten Weltkrieg in Sachsen-Anhalt, Münster 1999

Manfred Overesch: Machtergreifung von links, Thüringen 1945/46, Olms, Hildesheim 1993

Helga A. Welsh: Revolutionärer Wandel auf Befehl? Entnazifizierungs- und Personalpolitik in Thüringen und Sachsen 1945–1948, VfZ, München 1989

Sowjet. Kommandanturen und dt. Verwaltung in der SBZ und der frühen DDR, hrsg. v. Institut f. Zeitgeschichte, Bd. 19, 2015.

Erika Riemann: Die Schleife an Stalins Bart, Hamburg 2017

Mathias Tullner: Zwischen Demokratie und Diktatur. Die Kommunalwahlen und die Wahlen zum Provinziallandtag in Sachsen-Anhalt im Jahre 1946, 1997

Alena Wagnerova, Hrsg.: Helden der Hoffnung. Die anderen Deutschen aus den Sudeten 1935–1989, Aufbauverlag, 2008

Heiner Wember: Umerziehung im Lager. Internierung und Bestrafung von Nationalsozialisten in der britischen Besatzungszone Deutschlands, Koblenz 1992

ENDNOTEN

1 Die 1892 errichtete Anlage auf Ellis Island brannte 1897 ab, war weitgehend aus Holz, aber sehr ähnlich proportioniert wie das bis heute existierende Gebäude von 1900.

2 Nachtasyle wie diese waren bis 1895 die Regel in Polizeistationen. Dann begann Theodore Roosevelt als Polizeichef, sie durch billige Lodging Houses zu ersetzen.

3 Jacob A. Riis veröffentlichte 1890 das an Fotografien reiche Buch *How the Other Half Lives*. Riis, ein gebürtiger Däne, begann 1877 als Polizeireporter der *New York Tribune* zu arbeiten.

4 Im Laufe des 19. Jahrhunderts erschienen 26 deutsche Tageszeitungen in New York City, in den 1890er-Jahren sind es neun.

5 1870 lebten an der Lower East Side 153 000 deutsche Einwanderer. Ihr Anteil nahm bis zum Beginn des 20. Jahrhunderts ab. 1890 waren 639 000 von New Yorks 1,5 Millionen Bürgern nicht in den USA geboren.

6 P. T. Barnum schuf das »Amerikanische Museum« am Broadway, eine Mischung von Kuriositätenkabinett und völkerkundlicher Ausstellung. Es brannte 1868 ab, existierte aber weiter als Wanderzirkus.

7 Halbautomatische Flaschenblasanlagen gab es in USA seit 1859, vollautomatische 1903.

8 Erst 1906 verbietet der »Pure Food and Drug Act« die Verwendung von wood grain alcohol (Methanol) und selbst gemischte alkoholhaltige Elixiere. Offenbar waren viele Schönheitsmittel hochprozentig.

9 Varzin (pl. Warcino) war seit 1867 das Landgut von Otto von Bismarck. Seine Frau Johanna und er verbrachten dort viele Sommer- und Wintermonate.

10 Der 1894 gegründete Ostmarkenverein setzte sich für die »Stärkung des Deutschtums« in den annektierten polnischen Gebieten ein. Die Wallfahrt zu Bismarck war Auftakt der Vereinsarbeit. Die Begebenheit ist ausführlich dokumentiert von Thomas Gräfe: Der Bismarck-Mythos in der politischen Kultur des wilhelminischen Kaiserreiches.

11 Die Sozialistische Arbeiter Partei Deutschland entstand durch den Zusammenschluss des Allgemeinem Deutschen Arbeitervereins und der marxistischen SDAP. Wilhelm Hasselmann errang zuerst ein Mandat für den ADAV, später saß er für die fusionierte Partei im Reichstag, an deren Gothaer Programm er mitschrieb.

12 Der Gottesdienst wurde in deutscher Sprache abgehalten, auch nach dem Beginn des Kriegs 1914.

13 Tatsächlich schlossen die Öffnungszeiten Arbeiter und Handwerker lange aus. 1891 reagierte der Stiftungsvorstand auf eine Petition, das Museum auch sonntags zu öffnen. 50 000 Unterschriften kamen von der Lower East Side. Wegen der Neuerung zogen sich einige Spender zurück. Das schildert Lillian Wald in ihren Erinnerungen: The House on Henry Street.

14 Edesanyam, (ungarisch): liebe Mutter.

15 Die Passage nach Europa war weniger gefragt als die nach Amerika und deshalb billiger und kurzfristig zu buchen. Keine Befragung, kein Gesundheitstest. Deutsche Reedereien waren in New York niedergelassen.

16 Nach 1945 stieg die Zahl derer, die in Kieler Lagern lebten, noch Jahre an. Ein Grund war die Auflösung der Lager in Dänemark. Lebten 1949 9102 Flüchtlinge in Lagern, waren es 1952 10 037 Menschen in 43 Lagern und Baracken und 1956 noch 5310 Personen. (Quelle: Verwaltungsberichte der Stadt Kiel)

17 »Schreven« ist eine Verschleifung des plattdeutschen »s gravens diek« = »des Grafen Teich«. An der Stelle war immer ein Teich: der Schreventeich.

18 Im Januar 1933 waren es 850 000 Mitglieder, 1935 2,5 Mio. 1945 8,5 Mio. Die Partei verhängte vorübergehende Aufnahmestopps, um sich, wie sie es nannte, »Konjunkturrittern« zu erwehren.

19 »Seit zehn Jahren ist die deutsche Ostgrenze eine blutende Wunde«, heißt es 1930 in *Unser Pommerland*, der illustrierten Monatsschrift für Heimatpflege und Kultur, und die Zeitschrift ist damit nicht allein. Pommern sei »gefährdetes Grenzgebiet im Kampf gegen das anstürmende Slawentum … Die Selbsterhaltung muss uns zu der Erkenntnis zwingen, dass das Schicksal der Ostmark auch das Schicksal der Nation ist. … Die schwerste Not ist behoben, wenn das Unrecht der Grenzziehung im Osten wieder gut gemacht wurde.«

20 »Osthilfe« gab es 1929 und 1930 für Ostpreußen, 1931 wurde sie auf alle ostelbischen Gebiete, so auch auf Pommern, ausgedehnt. Die Gesetze sahen vor allem die finanzielle Unterstützung großer Landwirte vor. Dabei kam es zu Unregelmäßigkeiten, und das Kabinett Brüning stürzte.

21 Mit 46,3 Prozent war die NSDAP am 6. 11. 1932 bei der letzten freien Reichstagswahl in der Provinz Pommern am stärksten, gefolgt von 45,7 Prozent in Schleswig-Holstein. In Berlin erhielt die NSDAP 22,5 Prozent der Stimmen.

22 Friedrich Wilhelm Dombois, Landrat seit 1922, ein Mann, auf den sich viele Jahre die Parteien im Kreistag einigen konnten, wird 1937 auf Schwede-Coburgs Betreiben abgelöst.

23 Lt. Pommerscher Zeitung (11. 2. 1934) waren es Anfang 34 noch 35 Kreise mit 60 000 Mitgliedern.

24 Die Ausgabe vom 18. August 1935 schildert das Ereignis. SA-Chef Lutze trug sich im Anschluss ins Goldene Buch der Stadt ein. Die Pommersche Zeitung war von 1932 bis 1945 das parteiamtliche Organ der NSDAP im Gau Pommern.

25 Nationalsozialistisches Kraftfahrcorps, paramilitärische Unterorganisation der NSDAP.

26 Nach dem Brand zwang die Stadtverwaltung die Gemeinde, den Abriss des Gotteshauses und die Abfuhr der Trümmer zu veranlassen und zu bezahlen. Im »Stolper Heimatblatt« erinnerte sich ein Leser viele Jahre später daran, wie er als Schuljunge oft Herrn Blaustein sah.

27 Die Geschichte vom alten Kroner wird in einem Heft der Stolper Heimatkreise e. V. berichtet.

28 H. Himmler hatte im Juni 1936 die Führung der Polizei mit dem Ziel übernommen, sie in die SS einzugliedern. 200 000 Männer seien »mit dem Geist der SS« zu durchdringen. Vgl. Hans-Christian Harten, Die weltanschauliche Schulung der Polizei im Nationalsozialismus, S.179 ff.

29 Schon 1937 sind in Pommern 120 Dörfer und Stellen umbenannt worden, Niemietzke im Landkreis Stolp wird Puttkamerhof, Zinzelitz im Landkreis Lauenburg Spechtshagen. Slawisch darf es nicht mehr klingen.

30 SS-Obersturmbannführer Kurt Eimann wurde 1968 in Hannover wegen des Mordes von mindestens 1200 Menschen zu vier Jahren Haft verurteilt, von denen er zwei verbüßte. Franz Schwede stand für den Massenmord von insgesamt 10 000 Menschen nie vor Gericht. Von den Briten gefangen, verurteilte ihn ein Spruchgericht 1948 zu neun Jahren Haft wegen Mitgliedschaft im NS-Führungscorps und internierte ihn im Gefängnis Esterwegen. Wegen 52-facher Körperverletzung in Coburg verurteilte ihn 1951 ein Bielefelder Gericht zu zehn weiteren Jahren. Anfang 1956 wurde Schwede freigelassen und lebte in Coburg, wo er 1960 starb.

31 1934 zwangspensioniert, war Ernst von Zitzewitz der letzte Landes-

hauptmann, der von Kreisdelegierten demokratisch gewählt worden war. Beim Einmarsch der Roten Armee wurde er 1945 zusammen mit seiner Ehefrau ermordet.

32 s. Heike Bernhardt, Anstaltspsychiatrie und »Euthanasie« in Pommern 1933 bis 1945.

33 Keiner der aus Stolp Deportierten überlebte. Vom Schicksal des Kantors Joachim Lachotzke und seiner Familie und auch von der Rückstellung berichtete der Stolper Gerhard Salinger. Nach Amerika ausgewandert, dokumentierte er die Geschichte der Juden von Stolp. Vgl. Ein Rückblick und Beitrag zum Leben und Schicksal der Juden in Stolp in Pommern, Wedel 1991.

34 Stolp hatte 48 000 Einwohner, der Landkreis 8000. Das Gau-Arbeitsamt Pommern notierte 1944 für Stadt und Land 17 000 ausländische Arbeiterinnen, Kriegsgefangene nicht mitgezählt. Für ganz Pommern gab es 225 000 Zwangsarbeiter an. Das waren zehn Prozent der Bevölkerung.

35 Über den Alltag der Zwangsarbeiter berichtete u. a. Jozef Chacinski aus Warschau, der 1942 bis 1945 Zwangsarbeiter in Stolp war. Dokumentiert hat seinen Bericht Wojciech Skora: Slupsk – Stadt und Menschen 1945–1950, Skrodkowegow Slupsky, Ausstellung im Muzeum Pomorza.

36 *Kiboko. Die Geschichte eines kleinen Negerjungen, der die Welt sehen wollte* war ein Kinderbuch von Else Morstatt aus dem Jahr 1931.

37 Mehr als zwölf Millionen Frauen und Männer wurden aus besetzten Gebieten nach Deutschland verschleppt, vor allem aus der Sowjetunion, Frankreich und Polen. Im Jahr 1942 waren vier, im Jahr 1943 neuneinhalb Millionen deutsche Männer eingezogen. Zwangsarbeiter schufteten auf Feldern, in Ställen, Fabriken, Werkstätten und privaten Haushalten – und zunehmend in der Rüstungsindustrie.

38 Dass die Rote Armee das Feuer legte, das die Altstadt von Stolp vernichtete, war lange unwidersprochen. Der polnische Historiker Wojcziech Skora wies dann auf abweichende Berichte deutscher Augenzeugen hin. Demnach habe die Wehrmacht auf dem Marktplatz einen Sprengsatz hinterlassen, der mit Zeitzünder hochging. Erst dies habe die wütende Zerstörung durch die Rotarmisten ausgelöst. Wojtech Skora, *Kto spalil Slupsk w marcu 1945 roku?* und Stolper Heimatblatt von 1952, darin u. a. Bericht von Meta Dähling.

39 In der Folge wird von Sachsen-Anhalt gesprochen. Die Verwaltungsgeschichte spiegelt die Umbrüche: Bad Bibra lag in der Provinz Halle-Merseburg (1944–1945). Die Sowjetische Militär-Administration machte

daraus im Juli 1945 zusammen mit der Provinz Magdeburg und dem Land Anhalt die Provinz Sachsen, 1946 die Provinz Sachsen-Anhalt und 1947 das Land Sachsen-Anhalt. Landeshauptstadt wurde Halle.

40 Die Alliierten teilten in Jalta Deutschland in Besatzungszonen auf. Sachsen-Anhalt gehörte demnach zur sowjetischen Zone, obwohl die Westteile von US-Truppen befreit worden waren. Vgl. Tullner, Zwischen Demokratie und Diktatur, Magdeburg 1997.

41 Die Direktiven 24 und 38 (Januar und Oktober 1946) des Alliierten Kontrollrats sahen die Verfolgung und Entfernung von Nationalsozialisten aus Ämtern und öffentlichen Einrichtungen vor. Die Umsetzung in den Zonen war sehr unterschiedlich. In der SBZ kam es zu massenweise – teils willkürlichen – Internierungen.

42 Sachsen-Anhalt nahm bis 1948 insgesamt 340 000 Vertriebene aus dem Sudetenland auf (s. Torsten Mehlhase, Flüchtlinge u. Vertriebene nach dem Zeiten Weltkrieg in Sachsen-Anhalt).

43 Die Episode von Hannelore Schimmert und ihrer Schwester greift das Schicksal von Erika Riemann auf, die als 14-Jährige in Mühlhausen verhaftet wurde und acht Jahre in sowjetischen und DDR-Lagern verbrachte. Vgl. Erika Riemann, *Die Schleife an Stalins Bart.*

44 Viele deutsche Kommunisten und Sozialdemokraten verließen – auch aufgrund von Repressionen tschechischer Behörden – bereits 1945 die Tschechoslowakei, noch bevor die Massenausweisung der Sudetendeutschen erfolgte. In der SBZ waren sie willkommen. Die SMAD setzte auf ihre Hilfe bei der Ansiedlung der nachfolgenden Vertriebenen.

45 Die Sowjetische Militäradministration war de facto die Regierung in der Sowjetisch Besetzten Zone.

46 NKWD. Das Volkskommissariat für Innere Angelegenheiten der UdSSR operierte auch in der SBZ. Besonders in Thüringen und Sachsen kam es zu teils willkürlichen Verhaftungen.

47 Otto Grotewohl war Vorsitzender der SED, Walter Ulbricht, Chef der Gruppe Ulbricht, hatte die Zwangsvereinigung von SPD und KPD betrieben.

48 Die Potsdamer Konferenz bestimmte, dass bis zur endgültigen Festlegung der Westgrenze Polens in einem Friedensvertrag die deutschen Gebiete östlich der Oder-Neiße-Linie unter die Verwaltung des polnischen Staates kommen und nicht als Teil der SBZ angesehen werden sollten. Damit war die Abtrennung dieser Gebiete, die mit der Übertragung der Zivilverwaltung auf die polnische Regierung faktisch vollzogen worden war, akzeptiert. Im Görlitzer Abkommen von 1950

erkannte die DDR-Regierung gegenüber der Regierung Polens diese Grenze offiziell an.

49 Erhard Hübener, Gründer der LDP, bis 1933 Landeshauptmann in der Provinz Sachsen, von den Nazis zwangspensioniert. Als Ministerpräsident von Sachsen-Anhalt setzte er 1947 gegen die SMAD die Teilnahme der ostdeutschen Ministerpräsidenten an einer gesamtdeutschen MP-Konferenz durch, sah sich aber von den westdeutschen Kollegen bei dem Versuch, für die Einheit Deutschlands einzutreten, nicht unterstützt. 1949 gab er auf. Sein Nachfolger war Werner Bruschke, SED.

50 August Hermann Francke, protestantischer Theologe und Pädagoge, gründete die Schulen 1698, um Waisenkindern Zuflucht und Bildung zu bieten. Später nahm die Schule nicht nur Waisen auf, sondern auch Stipendiaten aus Städten, Landkreisen und dem Ausland.

51 In Esterwegen im Emsland, während des Nationalsozialismus ein KZ, wurden mutmaßliche Kriegsverbrecher zusammengezogen, an denen der britische Geheimdienst kein Interesse hatte. Im Juli 1947 wurde Esterwegen als Lager für mutmaßliche Kriegsverbrecher aufgelöst.

52 Von Mai 1945 bis Juni 1949 durchliefen 90 800 Personen die Zivil-Internierungslager in der britischen Besatzungszone. Unter automatischen Arrest fielen politische Leiter der NSDAP, Angehörige von SS und Waffen-SS sowie Gestapo-Beamte und SD-Angehörige. Diese Gruppe, vom Militärgerichtshof in Nürnberg 1946 als verbrecherisch erklärt, umfasste 27 000 Personen. Automatischer Arrest galt auch für Führer von SA, HJ, NSKK, NFSK, BDM etc. sowie Polizisten, Angehörige der deutschen Abwehr und höhere Verwaltungsbeamte. Neben diesen warteten über 4000 als mutmaßliche Kriegsverbrecher identifizierte Personen in den Camps auf ihren Prozess. (Heiner Wember, Umerziehung im Lager, S. 7f und S. 81ff)

53 Spruchgerichte waren Strafgerichte, die in der Nähe der Lager errichtet wurden.

54 Einfache SS-, SD- und Gestapo-Mitglieder konnten nach Kontrollrats-Direktive Nr. 38 nur dann aufgrund ihrer Organisationszugehörigkeit verurteilt werden, wenn sie sich aktiv betätigt hatten. Die SBZ beachtete das nicht. Ein Nachweis individueller Schuld sei nicht nötig für eine Verurteilung, hieß es im Schulungsmaterial für Schöffengerichte im September 1947. SS-Angehörige konnten bestraft werden, wenn ihr Verband an verbrecherischen Aktionen beteiligt war, ausdrücklich erwähnt werden KZ-Wachmannschaften. Seit 1948 galt die Kollektivschuld. Es gab eine Muster-Anklage gegen einen ansonsten nicht weiter

belasteten SS-Mann – verurteilt wurde das »Organisationsdelikt«. Auf Grund dieser Vorgaben verurteilten die Gerichte zwischen April 1948 und Oktober 1949 3037 Personen, von denen 1055 der SS angehört hatten. Die meisten erhielten Freiheitsstrafen bis zu drei Jahren. (s. Hermann Wentker, Justiz in der SBZ/DDR 1945–1953, 2001) In scheinbarem Widerspruch steht die offizielle Verlautbarung aus dem April 1948, die Entnazifizierung in der SBZ sei abgeschlossen. Aus Verwaltung, Justiz und Polizei waren Personen mit früher NSDAP-Mitgliedschaft entfernt. Die Zahl der Menschen, gegen die bis zu diesem Zeitpunkt Zwangsmaßnahmen ergriffen wurden, schwankt in der Literatur zwischen 200 000 und 520 000. Die Säuberung betraf auch Gewerbetreibende. In Apolda schlossen im Zuge der Überprüfung zwei von zehn Handwerksbetrieben und Einzelhändler. (s. Helga A. Welsh, *Revolutionärer Wandel auf Befehl?*, 1989)

55 Nach 1945 stieg die Zahl der Menschen, die in Kieler Lagern untergebracht waren, noch Jahre an. Ein Grund war die Auflösung der Lager in Dänemark. 1949 lebten in Kiel 9102 Flüchtlinge in Lagern bzw. Baracken. 1952 waren es 10 037 Menschen in 43 Lagern. Am 1. April 1956 noch 5310 Personen. (Quelle: Verwaltungsberichte der Stadt Kiel)

56 Zwischen 1949 und 1951 verließen 455 000 Vertriebene die SBZ Richtung Westen. Das waren etwas mehr als zehn Prozent der Vertriebenen in der Sowjetischen Besatzungszone.

57 Drei Viertel der Gebäude waren bis 1945 zerstört oder beschädigt, ein Fünftel der Wohnungen unversehrt. Aufgrund der Massenevakuierungen hatte Kiel 1942 306 000 (darunter viele Zwangsarbeiter), am 1. Januar 1945 143 000 und im Dezember knapp 200 000 Einwohner.

58 Die Bevölkerungszahl in Schleswig-Holstein stieg zwischen Mai 1939 und Oktober 1946 von 1,5 auf 2,6 Millionen, eine Zunahme um 67%. In einigen Kreisen und Städten lag der Anstieg über 100%, in Kiel jedoch war die Einwohnerzahl um 17% gesunken, denn 35% der Häuser waren im Krieg total und 40% mehr oder minder stark zerstört worden. Dennoch lebten in Kiel viele Flüchtlinge. 1946: 21 800 (10% der Bevölkerung), 1951: 56 810 (22%).

59 Die Kunst des Tamburierens besteht darin, das Haar in der Innenseite der Perücke so zu verknoten und mit der Knüpfnadel durchzuziehen, dass der Ansatz echt aussieht.

60 Der Verband der Heimatvertriebenen, Kreis Kiel, gründete sich 1948. Bis 1958 wurden 68 000 Heimatvertriebene, Flüchtlinge und Kriegsgeschädigte beraten. 1955 gab es noch 513 Lager mit Baracken und

Nissenhütten in Schleswig-Holstein, die knapp 68 000 Menschen beherbergten. 1950 waren es 728 Lager mit 128 000 Menschen (lt. Statist. Landesamt).

61 Bundesweit gibt es viereinhalb Millionen Vertriebene.

62 Dank einer Koalition mit dem BHE kam der erste CDU-Ministerpräsident Schleswig-Holsteins, Walter Bartram, ins Amt.

63 Vgl. die Schilderung in der »Stolper Rundschau« vom 15.12.1936. Theodor Oberländer nahm 1923 am Hitlerputsch teil und legte eine schillernde NS-Karriere hin. 1933 SA-Obersturmführer, war er bis 1937 Leiter des Grenzlandamtes der NS-Gauleitung von Ostpreußen und Vorsitzender des BDO, überwarf sich dann mit dem Gauleiter, wechselte an Hochschulen in Greifswald und Prag, dann zur Abwehr unter Canaris. 1941 bis 1943 befehligte er Geheimdiensteinheiten in Lemberg und im Kaukasus, 1943 entließ ihn die Wehrmacht. In Denkschriften bekannte er sich zu Hitlers Kriegszielen, forderte aber einen anderen Umgang mit der Bevölkerung. Von 1953 bis 1960 Bundesminister für Vertriebene im Kabinett Adenauer, trat er nach heftiger Diskussion zurück, nachdem ein Schauprozess in der DDR ihn in Abwesenheit wegen angeblicher Beteiligung an Massenmorden in Lemberg zu lebenslanger Haft verurteilt hatte.

64 Otto Grotewohl war von 1949 bis 1964 Ministerpräsident der DDR.

Das ostpreußische Armageddon und die Flucht ins gelobte Litauen 1945–1948

Im eiskalten Februar 1946 fasst die 10-jährige Ursula Dorn einen folgenschweren Entschluss. Sie lässt ihre Familie in den Ruinen Königsbergs zurück, um sich selbst vor dem Hungertod zu retten.

Anhand Ursula Dorns bewegender Biografie und anderer Zeitzeugenberichte schildert Christian Hardinghaus das immer noch weitestgehend unbekannte Schicksal der ostpreußischen Wolfskinder und bettet ihre Tragödie authentisch und faktenreich in den historischen Kontext ein.

»Wir waren Raubtiere in Kindergestalt.« Ursula Dorn

Christian
Hardinghaus
Das
Wolfsmädchen
Flucht aus der Königsberger
Hungerhölle 1946
EUROPAVERLAG

MIX
Papier | Fördert gute Waldnutzung
FSC® C014889

Umschlaggestaltung und Motiv: wilhelm typo grafisch, Zollikerberg
Vorsatz: © Bromley, George Washington, Walter Scott Bromley, and G.W. Bromley & Co. *Atlas of the city of New York, Manhattan Island: from actual surveys and official plans*. Philadelphia: G.W. Bromley and Co, 1894. Map. https://www.loc.gov/item/2010587355/.
Karte Pommern auf S. 260/261:
© Huber Kartographie GmbH, Unterschleißheim
Nachsatz: © Oskar Eulitz Verlagsbuchhandlung, Stolp i. Pommern
Lektorat: Ulla Rahn-Huber
Layout und Satz: Robert Gigler, München
Druck und Bindung: Pustet, Regensburg
ISBN 978-3-95890-512-2

www.europa-verlag.com

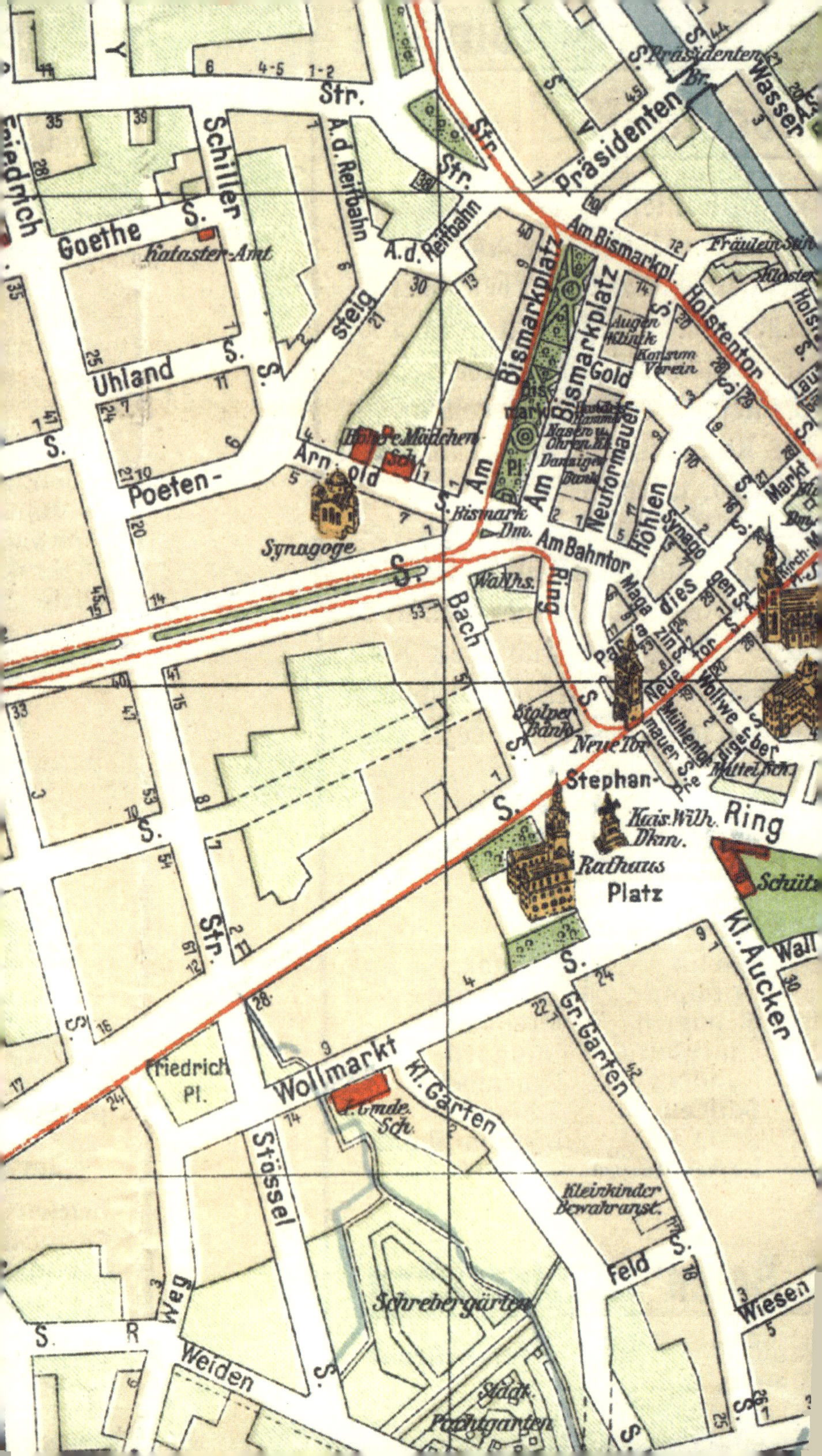

Str.
Präsidenten
Präsidenten Br.
Wasser
Friedrich
Schiller S.
A. d. Reitbahn
Goethe S.
Kataster-Amt
A. d. Reitbahn
Am Bismarkpl.
Fräulein Stift
Kloster
Holstentor
Steig
Uhland S.
Am Bismarkplatz
Augen Klinik
Konsum Verein
Gold
Höhere Mädchen Sch.
Poeten-
Arnold
Neutormauer
Höhlen
Danziger Bank
Synagoge
Bismark Dm.
Am Bahntor
Markt
Synago gen S.
Kirch.
Waldhs.
Bach
Ring
Magazin S.
Paradies
Neue Tor
Wollweber
Stolper Bank
Neue Tor
Mühlentor
Mittel Sch.
Stephan-
Ring
Kais. Wilh. Dkm.
Rathaus
Platz
Schütz
Str.
Kl. Aucker
Wall
Friedrich Pl.
Wollmarkt
Kl. Garten
Gr. Garten
Stössel
Kleinkinder Bewahranst.
Feld S.
Wiesen
Schrebergärten
Weg
Weiden
Städt. Pachtgarten